Baú de ossos

Baú de ossos

Pedro Nava

APRESENTAÇÃO
André Botelho

NOTA
Carlos Drummond de Andrade

POSFÁCIO
Davi Arrigucci Jr.

1ª reimpressão

COMPANHIA DAS LETRAS

Copyright @ 2012 by Paulo Penido / Ateliê Editorial
Publicado sob licença de Ateliê Editorial.
Estrada da Aldeia de Carapicuíba, 897, Cotia, SP — 06709-300
Copyright da apresentação © André Botelho
Copyright da nota © Carlos Drummond de Andrade © Graña Drummond
www.carlosdrummond.com.br
Copyright do posfácio © Davi Arrigucci Jr.

Todos os direitos reservados

*Grafia atualizada segundo o Acordo Ortográfico da Língua
Portuguesa de 1990, que entrou em vigor no Brasil em 2009.*

Capa e projeto gráfico
Elisa v. Randow

Imagem de capa
Obra sem título de Marina Rheingantz, lápis de cor sobre papel, 20 x 27,9 cm

Imagem de quarta capa
Fundação Casa de Rui Barbosa / Arquivo Museu de Literatura Brasileira.
Reprodução de Ailton Alexandre da Silva

Pesquisa iconográfica
André Botelho
André Bittencourt

Imagens do Acervo da Fundação Casa de Rui Barbosa/ Arquivo Museu de Literatura Brasileira.
Reprodução de Ailton Alexandre da Silva

Preparação
Claudia Agnelli

Índice onomástico
Luciano Marchiori

Revisão
Isabel Jorge Cury
Ana Maria Barbosa

Dados Internacionais de Catalogação na Publicação (CIP)
(Câmara Brasileira do Livro, SP, Brasil)

Nava, Pedro, 1903-1984.
Baú de ossos / Pedro Nava ; apresentação André Botelho ; nota Carlos Drummond de Andrade ; posfácio Davi Arrigucci Jr. — 1ª ed. — São Paulo : Companhia das Letras, 2012.

ISBN 978-85-359-2030-7

1. Autores brasileiros — Biografia 2. Memórias autobiográficas 3. Nava, Pedro, 1903-1984 I. Botelho, André. II. Andrade, Carlos Drummond de, 1902-1987. III. Arrigucci Junior, Davi. IV. Título.

12-00384   CDD-869.98

Índices para catálogo sistemático:
1. Autores brasileiros : Memórias : Literatura brasileira 869.98
2. Autores brasileiros : Reminiscências : Literatura brasileira 869.98

[2022]
Todos os direitos desta edição reservados à
EDITORA SCHWARCZ S.A.
Rua Bandeira Paulista, 702, cj. 32
04532-002 — São Paulo — SP
Telefone: (11) 3707-3500
www.companhiadasletras.com.br
www.blogdacompanhia.com.br
facebook.com/companhiadasletras
instagram.com/companhiadasletras
twitter.com/cialetras

As *Memórias* de Pedro Nava: autorretrato
e interpretação do Brasil,
por André Botelho — 7

Baú de surpresas,
por Carlos Drummond de Andrade — 21

Baú de ossos

1. Setentrião — 33
2. Caminho Novo — 129
3. Paraibuna — 219
4. Rio Comprido — 333

Móbile da memória,
por Davi Arrigucci Jr. — 433

Árvore genealógica — 475

Índice onomástico — 479

As *Memórias* de Pedro Nava: autorretrato e interpretação do Brasil

André Botelho

QUANDO CONTAVA QUASE 65 anos de idade, em 1968, um médico mineiro, que ia se aposentando meio amargurado com as adversidades acumuladas numa muito bem-sucedida (apesar de tudo) carreira como reumatologista, se pôs a escrever suas memórias. Foram dias e noites adentro em seu apartamento da rua da Glória, no Rio de Janeiro. Mas, entre as muitas definições do gênero literário que praticou entre o dia 1º de fevereiro de 1968 — como fez questão de anotar na primeira página dos originais da sua futura obra — e o seu suicídio, ocorrido em 13 de maio de 1984, atribuiu uma função terapêutica: "escrever memórias é libertar-se, é fugir. Temos dois terrores, a lembrança do passado e o medo do futuro. Pelo menos um, a lembrança do passado, é anulado pela catarse de passá-la para o papel".

O médico chegando à velhice com suas lembranças, reais e imaginadas é Pedro Nava. E suas *Memórias* simplesmente recriaram o gênero no Brasil, num estilo narrativo marcado pelo excesso, que privilegia um alto grau de percepção sensorial, e já corretamente identificado ao barroco. Um médico renomado, descendente de mineiros e também de cearenses, mas que se fez carioca, amigo de alguns dos mais importantes intelectuais e artistas da sua geração, ele próprio poeta, desenhista e pintor bissexto, que soube contar, como poucos, sua história, a de sua família e a do seu próprio tempo e país. Uma história como a de muitos brasileiros e de muitas famílias brasileiras, poder-se-ia dizer, ainda que não muitas dessas tenham podido cultivar seu anedotário próprio e, acima de tudo, transmitir suas histórias (e as alheias) e reproduzir seus narradores por meio da escrita. Afinal, como se sabe, em nossa sociedade as letras costumam ser privilégio de classe, para não falar do apreço pela linhagem, quase sempre um recurso de distinção social.

Mas se é possível entender as *Memórias* de Pedro Nava como a história da sua formação sentimental, moral e intelectual — o que elas efetivamente são num dos planos da narrativa —, é preciso, por outro lado, atentar para outras dimensões mais amplas que também encerram. Do ponto de vista temático, aliás, são muitos os assuntos tratados nas *Memórias* e que inclusive contribuíram para recolocar o gênero como referência para o conhecimento da história, da política e da cultura dos séculos XIX e XX: as vidas patriarcal e burguesa brasileiras; as cidades, especialmente Rio de Janeiro e Belo Horizonte; a cultura visual e material dos espaços domésticos, seus ritos e sociabilidades; os colégios, como o Pedro II, e as faculdades de medicina; as ruas e a vida artística e boêmia; a prática da medicina em diferentes níveis e lugares; acontecimentos políticos e culturais decisivos; inúmeros retratos e biografias de pessoas ilustres e desconhecidos etc. Além de uma sofisticada reflexão sobre a própria memória e sua escrita.

Assim, ao lado do relato acerca de si próprio, as *Memórias* de Pedro Nava contêm a crônica de toda uma época, e também desnudam aspectos fundamentais dos homens e do mundo social. Porém, mais do que isso, o modo como são construídas fazem da obra de Nava um autorretrato e uma interpretação do Brasil, uma maneira de sentir e pensar o país e de nele atuar, e de sentir, pensar e atuar no mundo a partir do Brasil. O empenho do autor na reconstituição do passado e em sua recuperação por meio da escrita acabaria por mudar a feição das memórias como gênero literário em nossa tradição, ocupando até então posição subalterna no cânone. Além de ter criado uma série de problemas duradouros para os especialistas, que as têm frequentado com assiduidade e logo reconheceram nelas uma das realizações capitais do gênero não apenas no Brasil, mas na língua portuguesa.

Se lembrarmos que, salvo exceções, narrativas autobiográficas voltadas direta ou indiretamente para a celebração dos feitos dos seus autores proeminentes eram comuns no memorialismo brasileiro, as *Memórias* de Pedro Nava se diferenciam em dois aspectos cruciais, embora formem parte dessa mesma tradição. O primeiro deles é a ironia com que o escritor narra os acontecimentos. Sua presença aguda nas *Memórias* faz com que elas desafinem do sentido comum do gênero, tão marcado pela consciência industriosa com que o narrador se coloca no mundo e o autoapreço com que se vê. A ironia, além disso, desestabiliza o padrão do memorialismo de tipo familiar predominante em nossas letras, no qual o passado funciona como uma espécie de patrimônio pessoal de toda uma classe. Padrão que, de tão entranhado na sensibilidade e na visão de mundo do memorialismo brasileiro, se faz presente inclusive em ensaios sociológicos como *Casa-grande & senzala* (1933), de Gilberto Freyre, que lança mão dos seus recursos.

O segundo aspecto refere-se à capacidade de "imaginação brasileira" que apresenta. As *Memórias* de Nava se afastam decididamente da "moléstia de Nabuco", como Mário de Andrade batizou em carta de 1925 a Carlos Drummond de Andrade certa disposição eurocêntrica da nossa intelectualidade em considerar que não haveria uma "imaginação brasileira", mas, no máximo, apenas um "sentimento brasileiro". Como distingue e afirma Joaquim Nabuco no terceiro capítulo das suas memórias, *Minha formação*, publicadas em 1900, observando que o "Novo Mundo, para tudo o que é imaginação estética ou histórica, é uma verdadeira solidão". Em Pedro Nava, ao contrário, há uma espécie de descolonização da matéria histórica que se revolve e permite que o Brasil das *Memórias* não seja apenas um *lugar de ser*, mas um *lugar de onde se ver* o mundo. Uma imaginação brasileira do mundo, em que os inevitáveis processos de tradução cultural a que também estamos submetidos não precisam levar inevitavelmente a uma simples adoção servil de modelos centrais hegemônicos, mas antes permite a sua interpelação ativa desde uma perspectiva própria.

Assim, apesar de médico eminente — pioneiro da reumatologia no Brasil —, Pedro Nava preferiu consagrar as suas *Memórias* como o seu principal feito. Talvez, por isso, não apenas a crítica tenha se deleitado com elas, mas também o leitor até então pouco habituado ao gênero. Mas que se deixou surpreender e envolver por uma prosa autobiográfica que se mostrava capaz de, narrando a história de um homem relativamente comum, passar em revista a história de todo um tempo e de toda uma sociedade, interpretando-os de um ponto de vista próprio. Lançado em 1972 pela editora Sabiá, o primeiro volume da obra, no qual Nava inicia a narração da sua história como parte da história dos seus antepassados, significativamente intitulado *Baú de ossos*, o livro que o leitor tem agora em mãos, esgotou rapidamente duas edições, vendendo cerca de 20 mil exemplares em menos de dois anos.

Em *Baú de ossos* Nava escreve sobre sua infância e sobre seus antepassados recuando a narrativa até o século XVIII. O livro está dividido em quatro capítulos, cada um dos quais correspondendo a categorias espaciais, como ocorre também nos outros volumes. Mas não se trata exatamente de categorias geográficas, pois nenhuma delas é definida meramente por sua localização, características climáticas, paisagem, população, atividades econômicas, fauna, flora etc. O percurso por esse espaço também se articula por meio de outras categorias que o qualificam: corpo (sexualidade, doenças, morte), gestos e atitudes transmitidas através de várias gerações, objetos materiais (incluindo-se aí casas, mobílias, roupas, retratos etc.), experiências culinárias (visuais, gustativas, olfativas).

Sua genealogia desloca-se entre essas categorias e no interior de cada uma delas, ainda que a trajetória desenhada na narrativa não seja linear (para auxiliá-lo, o leitor encontrará a genealogia do escritor ao final do volume). No primeiro capítulo, "Setentrião", Nava conta a história dos familiares paternos do Ceará e de uma parte do Maranhão, os próprios Nava; no segundo, "Caminho novo", nos conta sobre seu tronco mineiro materno. Os capítulos seguintes, "Paraibuna" e "Rio Comprido" narram a infância de Nava, respectivamente, em Juiz de Fora e no Rio de Janeiro, onde passou os anos de 1910 e 1911 na companhia dos pais e dos parentes paternos. O livro se encerra com a morte do pai de Nava, o também médico Pedro da Silva Nava, em 1911, na casa do Rio Comprido, e a volta da família para a Juiz de Fora natal — de onde se inicia a narrativa do volume seguinte, *Balão cativo*. O leitor deve ficar atento a uma oposição fundamental entre um polo positivo e outro negativo que estrutura *Baú de ossos* e que, em alguma medida, também se desdobra sob outras formas nos demais volumes das *Memórias*: no polo positivo, a família paterna, os cearenses, descrita como generosa, liberal, antiescravocrata e burguesa; no negativo, a família materna, os mineiros, descendente de mineradores do século XVIII, gente hostil, monarquista e escravocrata com fumaças de fidalguia.

A *Baú de ossos* se seguiram, num intervalo de pouco mais de dez anos, *Balão cativo* (1973), *Chão de ferro* (1976), *Beira-mar* (1978), *Galo-das-trevas* (1981) e *O círio perfeito* (1983), além de *Cera das almas*, o livro que daria continuidade à série, mas que foi interrompido pela morte do autor, e que permaneceu inédito até 2006. Tomando como eixo apenas uma das dimensões das *Memórias*, a da história da formação de Pedro Nava, a partir da qual muitas outras histórias vão ganhando sentido na narrativa, a obra pode ser assim dividida: os dois primeiros volumes tratam da família, dos antepassados e da infância, como se disse. O terceiro e o quarto volumes tratam da formação educacional de Nava, são os livros da sua adolescência e juventude; merecendo destaque, em *Chão de ferro*, a história do mais renomado colégio brasileiro do Império e da Primeira República, o Pedro II, no Rio de Janeiro, e a história do modernismo mineiro e suas relações com o modernismo paulista em *Beira-mar*. O quinto e o sexto volumes tratam da atuação profissional de Nava como médico, são os livros da sua chegada à maturidade, basicamente o mesmo tema sobre o qual ainda estava escrevendo em *Cera das almas*; merecendo destacar a reflexão fina sobre a própria prática memorialística feita no primeiro capítulo de *Galo-das-trevas* e, em *O círio perfeito*, a discussão sobre os dois tipos de médico que Nava conheceu em sua longa prática profissional: o ético e o não ético. Referida metaforicamente na expressão "O branco e o marrom", que enfeixa todo o volume e dá título à segunda parte do anterior, a distinção repõe, em certo sentido, a oposição estrutural entre positivo e negativo que já aparecia em *Baú de ossos* referida às famílias paterna e materna do escritor.

Porém essa sequência progressiva do mundo privado ao público, no esquema vida doméstica, escola e trabalho, não deve levar o leitor a imaginar que a narrativa das *Memórias* seja linear. Na verdade, ela é marcada por recorrentes suspensões do eixo temático e cronológico principal, a partir das quais histórias variadas ganham o primeiro plano da narrativa e vão se entrelaçando na central. Justamente por isso sente-se a mão do narrador das *Memórias* e sua maestria, que consegue conduzir o leitor com segurança, ainda que sem privá-lo de momentos de vertigem, pelo denso emaranhado da memória. Aliás, narradores no plural, já que nos quatro primeiros volumes a narração se dá por meio de um narrador em primeira pessoa; ao passo que, ao se aproximar do tempo presente da escritura das suas memórias, Nava opta por um narrador em terceira pessoa para contar a sua vida profissional. Assim, a partir de *Galo-das-trevas* é seu *alter ego*, Egon Barros da Cunha, que seria seu primo, que passa a ser o protagonista da história.

As memórias de Pedro Nava se revelam instigantes, entre outros motivos, porque sendo *suas* as memórias, elas também podem ser, em parte, as *nossas* memórias, seus leitores de ontem e de hoje. Ao narrar as suas histórias e as dos seus, Pedro Nava entrelaça de tal modo os fios que o ligam à vida brasileira que fica difícil estabelecer exatamente onde acaba esta e onde começam aquelas. Foi isso que observou seu amigo e leitor atento Carlos Drummond de Andrade ao comentar, dias após a morte de Nava, o método das memórias a propósito dos originais deixados inacabados pelo amigo suicida de 81 anos em artigo publicado no *Jornal do Brasil* em 27 de setembro de 1984, uma quinta-feira:

> O método mais rigoroso presidia à feitura dos capítulos, que eram fartos, desbordantes, em períodos fechados e rítmicos, um tanto à maneira, ou antes, ao espírito musical do seu mestre Proust, mas rigorosamente concebidos e executados como um imenso vitral em que a vida brasileira e a vida individual apareciam tão interligadas que não se podia estabelecer, criticamente, onde acabava esta e começava aquela: lição e exemplo de individualismo atuante e liberto de si mesmo, da vida intensamente vívida, e febril, passionalmente integrada na vida comum.

"Individualismo atuante e liberto de si mesmo"... Difícil imaginar definição melhor para o autor/narrador das *Memórias*, artes de uma memória que não se deixou disciplinar inteiramente por uma noção moderna de "eu" altamente individualizada, mas que, dividido e multiplicado nos outros, se deixa surpreender também como parte de experiências e coletividades sociais mais vastas. O sujeito da narrativa, tal como laboriosamente construído no texto, passa a ser então uma mediação ou via de acesso a essa totalidade que, num mesmo movimento, o constitui individualmente e também o transcende. Por isso, as memórias de Pedro Nava, embora compreendam as memórias do indivíduo "Pedro Nava", da "sua" família, dos "seus" amigos e dos "seus" companheiros de geração, não se limitam a esse tipo de relato. Pelo modo como a narrativa recupera essas experiências, conferindo-lhes sentidos mais amplos por meio de certos recursos que cabe especificar adiante, as memórias de Pedro Nava generosamente como que se abrem, no tempo e no espaço, de modo a permitir que também sejam de alguma maneira as nossas memórias. Longe de apenas iluminarem o indivíduo e sua biografia, ou mesmo aquele que se constrói como narrador, as *Memórias* de Pedro Nava oferecem uma narrativa em que é possível surpreender um vasto panorama do Brasil.

E embora elas sejam monumentais, nossa identificação às *Memórias* parece favorecida mais no detalhe do que no eixo central da narrativa. Detalhe, esse recurso estético fundamental justamente para enfocar, registrar uma impressão, fazer lembrar. E nas *Memórias* de Pedro Nava os detalhes parecem muito ligados aos sentidos. Memórias sensoriais — olhos, ouvidos, olfato, tato — percorrendo por dentro as histórias que o narrador quer nos dar a conhecer, de tal modo que, apesar das diferenças evidentes, o sabor da feijoada descrita já é o sabor da feijoada que nós efetivamente comemos um dia, por exemplo. E assim, não raro, num jogo fascinante de estranhamentos e reconhecimentos, o narrador das memórias de Pedro Nava como que nos surpreende em pleno ato de leitura recuperando voluntária ou involuntariamente nossas próprias lembranças. Afinal não são os sentidos justamente os meios através dos quais percebemos e reconhecemos os outros, o ambiente em que nos encontramos e, assim, a nós mesmos?

Para a composição desses detalhes contribuiu muito o extenso e diversificado material que Pedro Nava foi colecionando ao longo da vida, além dos relatos orais colhidos nas rodas familiares e dos amigos, e de que se serviu para escrever suas *Memórias*. São livros, diários, recortes de jornais, genealogias, receitas de cozinha, bulas de remédio, fotos, álbuns de retratos, quadros, desenhos, caricaturas, croquis, mapas. Esses e outros materiais fundamentais para a recuperação do passado, reconstituição e escrita das *Memórias* estão hoje guardados no arquivo que leva seu nome na Fundação Casa de Rui Barbosa, no Rio de Janeiro, alguns deles reproduzidos nesta edição.

A reunião desse material e o cuidado em seu acondicionamento em pastas, fichários e cadernos de anotações que depois serviam de suporte aos planos de trabalho dos capítulos dos seus livros a que chamava de "bonecos" ou "esqueletos" sugerem uma longa e metódica preparação para e na escrita das *Memórias*. Após traçar esses planos de trabalho, Nava passava propriamente à escrita: escrevia à máquina no lado esquerdo de uma folha dupla de papel almaço sem pauta, deixando o lado direito para correções, enxertos e diversas observações; bem como para colagens e desenhos que reforçam a memória visual do autor e da obra que vai criando, não sem reforçar também a tensão entre escrita e figuração. Tome-se como exemplo a anotação feita a lápis, datada de 2 de janeiro de 1970, com a letra do escritor à página 201 dos originais do que viria ser o terceiro capítulo de *Baú de ossos*: "2.I.1970. Um mês sem tocar nas memórias e preparando dois trabalhos médicos. A 29.XII.69 morte de tia Bibi que completaria noventa anos a 25. Foi a última da família de meu pai. Hoje sou o mais velho... o tempo urge".

O zelo e o capricho com o material colecionado e com a preparação para e na escrita das *Memórias* se fizeram acompanhar, como era de se esperar, por igual desvelo com a publicação dos seus volumes. Assim por exemplo, em carta datada de 24 de novembro de 1980 a Daniel Pereira, editor da José Olympio, para onde havia levado sua obra, Nava se dá ao trabalho de copiar trecho de carta mais antiga endereçada ao mesmo editor, datada de 23 de maio de 1978, em que dava instruções precisas sobre a diagramação e a impressão dos seus originais, o que ele fazia, conforme afirma, a cada vez que entregava "a Vces. um livro-filho".

Mas essa dimensão documental das *Memórias* não deve nos levar a tomá-las como um relato de tipo historiográfico. Não é possível, de fato, ensaiar abordagem alguma das *Memórias* sem reconhecer as dificuldades que seus críticos têm encontrando em classificá-las ordeiramente em um gênero literário específico ou unívoco. Memória ou imaginação? Documento ou ficção? No lugar de uma escolha exclusiva apressada, porém, cumpre antes reconhecer que a força e o alcance próprios das *Memórias* parecem estar justamente na heterogeneidade e na ambiguidade que lhes são constitutivas. Sua capacidade de interpelação está, assim, no jogo entre documento e ficção que provoca e que faz da memória um campo plástico e, do passado, gestos revividos postos em ação pela narração. Método que exigiu de Nava em medidas semelhantes, na verdade, praticamente indistinguíveis, a pesquisa, a inventividade e a longa meditação estética envolvida no árduo trabalho da escrita. E a crítica literária especializada tem feito notar a presença antes estrutural do que ocasional, e antes meditada do que inconsciente, de recursos estéticos próprios aos textos ficcionais nas *Memórias*.

São justamente os recursos ou artifícios estéticos que ajudam a formalizar certas circunstâncias individuais ou familiares rememoradas na narrativa das *Memórias* em elementos profundamente significativos como modos de existência coletiva e brasileira. Em geral tomados à forma romance, mas não apenas, esses recursos se mostram especialmente fecundos em algumas situações. Por exemplo, na construção das "pessoas" como "personagens", na superação do "genealógico" pelo "paradigmático", do "individual" pelo "grupal", fazendo-os se mover num mundo próximo ao de um romance, onde a reversão entre particular e universal é fundamental para a empatia estabelecida com o leitor. Recursos particularmente importantes em *Baú de ossos* justamente por ele se referir a histórias, tempos e pessoas anteriores ao narrador. Sua escassez de informações é completada, de um lado, pela imaginação, e, de outro, por sua abordagem privilegiada em momentos rituais e exemplares, como nascimentos, casamentos e mortes, que ajudam a imprimir não apenas força ao relato, como um sentido de grande generalidade.

Esta pode ser a deixa para realçar uma das referências cruciais de Pedro Nava na literatura e, se não na vida, na própria prática do gênero memórias: Marcel Proust e o seu monumental *Em busca do tempo perdido*, publicado entre 1913 e 1927 em seis volumes. Romance que já foi comparado a uma catedral e que recriou decisivamente o tema e a narrativa da busca e recuperação do passado, tão caro ao memorialismo. Imagem que, guardadas as diferenças, também poderia se aplicar à obra desse francófono assumido que foi Pedro Nava, que em *Beira-mar* confessa ter lido, até àquela altura, seis vezes o livro. São muitas as presenças de Proust na obra de Nava. Umas mais fáceis de apontar, como as temáticas, e outras mais difíceis de rastrear, a despeito da recorrência de referências explícitas. Como as relativas às concepções da prática do escritor e do memorialista, bem como ao desafio de recuperar o passado por meio da escrita, de ativar as suas imagens sedimentadas na memória por meio da arte de narrar, a que ambos os autores se lançaram.

Talvez por isso, Pedro Nava não tenha deixado também de suprimir certas referências mais diretas em que traçava o paralelo entre sua obra e a de Marcel Proust, como se pode constatar da leitura cotejada entre os livros publicados e seus originais datiloscritos. Como, por exemplo, nesta passagem de *Baú de ossos* sobre um dos retratos do avô paterno, Pedro da Silva Nava, em que a referência a Proust transcrita em itálico a seguir é suprimida da versão final editada do livro: "É por ser neto do retrato que sou periodicamente atuado pela necessidade de ir a São Luís do Maranhão — *com a mesma intensidade que o narrador de Proust punha no desejo de ir à quase impossível Veneza e no de ter coito com a inacessível* femme de chambre *do Madame Putbus*".

As *Memórias* de Pedro Nava, porém, são compostas de dimensões mais múltiplas do que apenas a da alta literatura, e de elementos, em verdade, das mais variadas procedências: da tradição oral dos contadores anônimos de casos e das conversas familiares, a que devem sua grande expressividade gestual, a um incomum e consistente saber erudito devido a muitas leituras literárias, artísticas e científicas. Conferindo sentido a todas essas dimensões, a que se deve acrescentar ainda a dos desenhos e pinturas que Nava também praticou toda a vida, está a experiência do modernismo brasileiro, que marcou toda a sua geração. Sua experiência literária, iniciada na década de 1920 em Belo Horizonte, tem realmente várias relações com o movimento modernista e deu-se na companhia de colegas que se tornariam não apenas amigos de toda a vida, como poetas de renome, como Carlos Drummond de Andrade, Abgar Renault e Emilio Moura. O próprio Nava, aliás, fez publicar naquele contexto alguns poemas seus em *A Revista*, mas ficaria rotulado como "poeta bissexto" em função de algumas de suas mais notáveis realizações poéticas, como "Mestre Aurélio entre as rosas" e "O defunto", reeditadas por Manuel Bandeira na *Antologia dos poetas bissextos* em 1946.

Quanto à composição formal das *Memórias*, o modernismo se mostra importante especialmente no emprego de recursos eruditos mesclados aos populares. Exemplo disso é o *Macunaíma*, de Mário de Andrade, publicado em 1928. Vale lembrar que em 1929 Pedro Nava ilustrou com oito guaches o exemplar de *Macunaíma* que havia recebido do próprio Mário — talvez como resposta à provocação da dedicatória (A/ Pedro Nava,/ pouco trabalhador/ pouco trabalhador)! De todo modo, não parece ter sido apenas esse o conselho de Mário que Nava acabou acolhendo, como sugere a correspondência trocada entre eles. Numa das cartas dos longínquos anos 1920, cinquenta anos antes da publicação de *Baú de ossos*, Mário o aconselhava novamente a trabalhar muito, pois o fundamental seria chegar a uma organização "geral" da linguagem capaz de incluir "todos os meios brasileiros burgueses e populares". Lição de "geral devoração" meditada e formalizada nas *Memórias* por meio da bricolagem, como observado. Nessa aproximação, contrapunha-se e, na verdade, contribuía para esvaziar a distinção costumeira entre norma culta — a língua portuguesa escrita de acordo com as regras gramaticais estabelecidas a partir de Portugal — e a língua portuguesa falada, adaptada e recriada no cotidiano brasileiro. Uma conquista modernista não apenas estética, mas também social e política, atualizada de modo próprio nas *Memórias* de Pedro Nava.

Mas também a experiência médica de Pedro Nava contribuiu decisivamente para a definição do seu perfil de memorialista e em especial para o método de escrita das *Memórias*. E isso não apenas em relação à presença de termos médicos, de situações e personagens da medicina. O texto remete também à chamada medicina popular, as práticas e crenças mágicas voltadas para formas de diagnóstico e cura. Em textos como *Território de Epidauro*, publicado em 1947, embora já fosse um médico de prestígio reconhecido, Nava tece elogios significativos a personagens, práticas e formas de conduta médica que tendem a ser condenados e excluídos da medicina oficial.

Mais importante ainda, as práticas e categorias da chamada medicina popular expressam um pressuposto que será fundamental na articulação de sua narrativa ao longo das *Memórias*, qual seja, o vínculo sensível e incontornável entre o microcosmo e o macrocosmo, entre o corpo humano e o universo. Esse pressuposto desempenha talvez um papel central na cosmologia que se configura ao longo das páginas das *Memórias*, e implica igualmente uma visão humanista integradora da prática médica perdida ou marginalizada pelo seu desenvolvimento científico. E mesmo essa valorização das práticas culturais populares da medicina não constitui atitude isolada no âmbito do modernismo, como tão bem expressam os estudos reunidos em *Namoros com a medicina*, de 1939, novamente do seu amigo, correspondente e paciente Mário de Andrade.

Enfim, Pedro Nava parece ter se preparado longamente para escrever suas *Memórias*. Desde a mania de colecionar vestígios do passado iniciada na infância até o modo como praticou a medicina, passando pela juventude modernista, em que ensaiou seus primeiros versos e desenhos. Preparação a que não falta a nota melancólica de quem praticamente devotou a vida a recuperar um passado fugidio, e tampouco, retrospectivamente, a nota trágica de quem se negou decididamente a um futuro incerto, apesar da idade avançada em que se encontrava quando se suicidou. Mas o seu êxito como escritor também se deve ao fato de ter conseguido, como poucos, conjugar a arte de contar à arte de viver, e ele parece mesmo ter vivido com prodigiosa intensidade tudo aquilo que nos restitui por meio da narrativa. Afinal, o narrador é justamente aquele que consegue trocar por palavras as experiências vividas, na conhecida definição dada por Walter Benjamin à antiga arte de narrar desaparecida no mundo moderno após o surgimento do romance. Narrar permitiu a Pedro Nava manter viva a tensão entre passado e presente, mortos e vivos, subjetivo e objetivo, individual e coletivo, particular e geral, o Brasil e o mundo. Narrar permitiu a Nava sobreviver a si mesmo. E, lidas hoje, as suas *Memórias* também constituem um instigante espaço de comunicação entre diferentes temporalidades da sociedade brasileira, entre seu passado e seu futuro. Que o leitor do presente também se permita envolver por essa narrativa, e nela se descobrir, é o nosso convite.

BIBLIOGRAFIA SELECIONADA SOBRE PEDRO NAVA

AGUIAR, Joaquim Alves de. *Espaços da memória. Um estudo sobre Pedro Nava*. São Paulo: Edusp/Fapesp, 1998.

BOTELHO, André & GONÇALVES, José Reginaldo Santos. "As *Memórias* de Pedro Nava: considerações preliminares". In: "Memorialismo em perspectiva comparada". 34º Encontro Anual da Anpocs. Caxambu, outubro de 2010.

BUENO, Antonio Sergio. *Vísceras da memória*. Belo Horizonte: Editora da UFMG, 1997.

CANÇADO, José Maria. *Memórias videntes do Brasil. A obra de Pedro Nava*. Belo Horizonte: Editora da UFMG, 2003.

CANDIDO, Antonio. "Poesia e ficção na autobiografia". In: *A educação pela noite*. 5ª edição. Rio de Janeiro: Ouro sobre Azul, 2006, pp. 61-86.

SAVIETTO, Maria do Carmo. *Baú de madeleines. O intertexto proustiano nas memórias de Pedro Nava*. São Paulo: Nankin Editorial, 2002.

SOUZA, Eneida Maria de. "Nava se desenha". In: SOUZA, E. M. & MIRANDA, W. M. (Orgs.). *Arquivos literários*. São Paulo: Ateliê Editorial, 2003.

Baú de surpresas

Carlos Drummond de Andrade

PEDRO NAVA SURPREENDE, assusta, diverte, comove, embala, inebria, fascina o leitor, com suas memórias da infância, a que deu o título de *Baú de ossos*. Seus guardados nada têm de fúnebre. Do baú salta a multidão antiga de vivos, pois este médico tem o dom estético de, pela escrita, ressuscitar os mortos.

    E não só eles, mas também o espaço e o tempo em que suas vidas se situaram são restituídos por um criador poderoso, que se vale da memória como serva da arte. Pessoas, lugares, dias, fatos e objetos começam a delinear-se, a desvendar-nos sua fisionomia e correlação, sua profunda unidade cultural e humana, em torno de um menino que tem dimensão normal de menino, e não a de monstro incumbido de fazer menção de tudo. Dois passados se justapõem e formam um tecido contínuo com o presente do narrador: o seu próprio passado de criança, e o de seus ascendentes, que vem desaguar no dele, impregnando-o de memórias, de pré ou pós-vivências concentradas num ser profundamente integrado no complexo familiar. (Integração que não estorva o senso crítico de um analista ao mesmo tempo carinhoso e acerbo — acima de tudo, perspicaz.)

Então, a crônica individual de Pedro Nava se converte em panorama social de várias regiões brasileiras, pois o itinerário do sangue o faz remontar a raízes de clã no Nordeste, e deter-se em terra carioca, antes de aflorar em Minas como produto do entrelaçamento de famílias que são forças em movimento no Brasil do século XIX. Doutores, políticos, intelectuais, comerciantes, aventureiros, senhoras donas de casa mandonas e enfezadas, ou suaves e porcelanescas, desfilam de maneira tão sugestiva que os julgamos nossos contemporâneos, seja porque avançaram até nós, seja porque nos transportamos até eles, à deriva da leitura envolvente. E é o Brasil de ontem, com sua estrutura doméstica e as decorrências públicas dessa formação, que vemos projetar-se nas páginas saborosas deste livro.

Pintor que se rotula de bissexto, e só o é porque não quis sê-lo contumaz (assim como também poeta de modulação afinadíssima, mas desinteressado de exercitá-la), Pedro Nava derivou para a forma verbal seu talento especial do retrato. Um retrato que parte da sutil captação do traço físico definidor para a revelação psicológica. O artista plástico de singular sensibilidade afirma-se ainda na visualização, que nos comunica, de cena, paisagem ou simples pertence de casa, marcado pela tradição. A minúcia descritiva e a aguda propriedade vocabular são recursos para identificar, através de cada pormenor, o sentido específico da coisa, a "alma do negócio". Nava exaure a sensação, com o máximo de finura em degustá-la e em no-la fazer degustar, sem a deixar "rota, baça", como fez o poleá com a sua mosca azul: ficará incorporada ao repertório antológico de nossos textos mais cativantes.

Para quem escreve e sente angustiosa necessidade de buscar o termo exato e ao mesmo tempo imprevisto, a expressão fluida, aérea, por assim dizer invisível mas ativa no casulo da palavra, o *Baú de ossos* é uma lição esmagadora. Como foi que o danado desse homem, preso a atividades profissionais duríssimas, que lhe granjearam fama internacional, consegue ser o escritor galhardo, lépido, contundente que é? Por que não quis manifestar-se até agora senão em circunstâncias esporádicas, quando a isso o obrigava o recebimento de uma láurea ou levado pelo desejo de homenagear um amigo?

A vida quis torcer Pedro Nava para o rumo exclusivo da ciência, mas viu-se, afinal, que esta não o despojou da faculdade, meio demoníaca meio angélica, de instaurar um mundo de palavras que reproduz o mundo feito de acontecimentos. Antes o enriqueceu com dolorida e desenganada mas, ainda assim, generosa experiência do humano.

Minha geração, a que ele pertence, tem orgulho de oferecer às mais novas um livro com a beleza, a pungência e o encanto da obra excepcional que Pedro Nava realiza com este primeiro volume de memórias, digno de figurar entre o que de melhor produziu a memorialística em língua portuguesa.

À MEMÓRIA DE

Pedro da Silva Nava e Ana Cândida Pamplona Nava Feijó, meus avós;

José Nava e Diva Jaguaribe Nava, meus pais;

Alice Nava Salles e Antônio Salles, meus tios;

José Hipólito Nava Ribeiro, meu sobrinho;

Alice de Luna Freire, minha prima;

Gastão Cruls, Joaquim Nunes Coutinho Cavalcanti e
Rodrigo Melo Franco de Andrade, meus amigos.

Profundamente

*À Nieta e aos meus amigos
Afonso Arinos de Melo Franco,
Carlos Drummond de Andrade,
Fernando da Rocha Peres,
Fernando Sabino,
Francisco de Assis Barbosa,
Francisco de Sá Pires,
João Gomes Teixeira,
Oiama de Macedo e
Rachel de Queiroz*

PROFUNDAMENTE*

Quando ontem adormeci
Na noite de São João
Havia alegria e rumor
Estrondos de bombas luzes de Bengala
Vozes cantigas e risos
Ao pé das fogueiras acesas.

No meio da noite despertei
Não ouvi mais vozes nem risos
Apenas balões
Passavam errantes
Silenciosamente

* Epígrafe e poema transcritos do livro *Libertinagem*, de Manuel Bandeira.

Apenas de vez em quando
O ruído de um bonde
Cortava o silêncio
Como um túnel.
Onde estavam os que há pouco
Dançavam
Cantavam
E riam
Ao pé das fogueiras acesas?

— Estavam todos dormindo
Estavam todos deitados
Dormindo
Profundamente.

Quando eu tinha seis anos
Não pude ver o fim da festa de São João
Porque adormeci.

Hoje não ouço mais as vozes daquele tempo
Minha avó
Meu avô
Totônio Rodrigues
Tomásia
Rosa
Onde estão todos eles?

— Estão todos dormindo
Estão todos deitados
Dormindo
Profundamente.

Ainsi, il me paraît, en ce moment, que la mémoire est une faculté merveilleuse et que le don de faire apparaître le passé est aussi étonnant et bien meilleur que le don de voir l'avenir.

ANATOLE FRANCE, *Le livre de mon ami*

1. Setentrião

> Eu sou um pobre homem da Póvoa do Varzim...
> EÇA DE QUEIRÓS, *carta a João Chagas*

EU SOU UM POBRE HOMEM do Caminho Novo das Minas dos Matos Gerais. Se não exatamente da picada de Garcia Rodrigues, ao menos da variante aberta pelo velho Halfeld e que, na sua travessia pelo arraial do Paraibuna, tomou o nome de rua Principal e ficou sendo depois a rua Direita da Cidade do Juiz de Fora. Nasci nessa rua, no número 179, em frente à mecânica, no sobrado onde reinava minha avó materna. E nas duas direções apontadas por essa que é hoje a avenida Rio Branco hesitou a minha vida. A direção de Milheiros e Mariano Procópio. A da rua Espírito Santo e do Alto dos Passos.

    A primeira é o rumo do mato dentro, da subida da Mantiqueira, da garganta de João Aires, dos profetas carbonizados nos céus em fogo, das cidades decrépitas, das toponímias de angústia, ameaça e dúvida — Além Paraíba, Abre Campo, Brumado, Turvo, Inficionado, Encruzilhada, Caracol, Tremedal, Ribeirão do Carmo, Rio das Mortes, Sumidouro. Do Belo Horizonte (não esse, mas o outro, que só vive na dimensão do tempo). E do bojo de Minas. De Minas toda de ferro pesando na cabeça, vergando os ombros e dobrando os joelhos dos seus filhos. A segunda é a direção do oceano afora, serra do Mar abaixo, das saídas e das fugas por rias e restingas, angras, barras, bancos, recifes, ilhas — singraduras de vento e sal, pelágicas e genealógicas — que vão ao Ceará, ao Maranhão, aos Açores, a Portugal e ao encontro das derrotas latinas do mar Mediterrâneo.

Além de dar assim leste e oeste para a escolha do destino, a rua Direita é a reta onde cabem todas as ruas de Juiz de Fora. Entre o largo do Riachuelo e o alto dos Passos, nela podemos marcar o local psicológico da rua do Sapo, da rua do Comércio, da rua do Progresso, da rua do Botanágua, com a mesma precisão com que, nos mapas do seu *underground*, os logradouros de Londres são colocados fora de seu ponto exato, mas rigorosamente dentro de sua posição relativa. É assim que podemos dividir Juiz de Fora não apenas nas duas direções da rua Direita, mas ainda nos dois mundos da rua Direita. Sua separação é dada pela rua Halfeld.

A rua Halfeld desce como um rio, do morro do Imperador, e vai desaguar na praça da Estação. Entre sua margem direita e o alto dos Passos estão a Câmara; o fórum; a Academia de Comércio, com seus padres; o Stella Matutina, com suas freiras; a matriz, com suas irmandades; a Santa Casa de Misericórdia, com seus provedores; a cadeia, com seus presos (testemunhas de Deus — contraste das virtudes do Justo) — toda uma estrutura social bem pensante e cafardenta que, se pudesse amordaçar a vida e suprimir o sexo, não ficaria satisfeita e trataria ainda, como na frase de Rui Barbosa, de forrar de lã o espaço e caiar a natureza de ocre. Esses estabelecimentos tinham sido criados, com a cidade, por cidadãos prestantes que praticavam ostensivamente a virtude e amontoavam discretamente cabedais que as gerações sucessivas acresciam à custa do juro bancário e do casamento consanguíneo. A densa melancolia dessas instituições transmitia-se aos que as mantinham — criação agindo poderosamente sobre os criadores e seus descendentes que levavam vida impenetrável nas suas casas trancadas, frequentando-se só nos apostolados e nas empresas, não conhecendo as passeatas noturnas da rua Halfeld, as cervejadas alegres do Foltran (a que era pontual o dr. Luís Gonçalves Pena), o Cinema Farol, o Politeama e o Club Juiz de Fora (onde estalavam carambolas de bilhar e o leque ciumento brandido por d. Cecinha Valadares na cara das sirigaitas que atiçavam o Chico Labareda). Alguns se descomprimiam jogando florete, outros caçando macuco, de paletó e boné de veludo, ou atirando aos pratos, aos pombos. Honrados, taciturnos, caridosos, castos e temperantes, esses ricos homens traziam geralmente na fisionomia um ar de fadiga, de contenção e de contraída tristeza que só não se via na face radiante daqueles que carregavam secretamente o remorso adquirido nas viagens frequentes ao Rio de Janeiro — onde muito se podia.

Já a margem esquerda da rua Halfeld marcava o começo de uma cidade mais alegre, mais livre, mais despreocupada e mais revolucionária. O Juiz de Fora projetado no trecho da rua Direita que se dirigia para as que conduziam a Mariano Procópio era, por força do que continha, naturalmente oposto e inconscientemente rebelde ao alto dos Passos. Nele estavam o parque Halfeld e o largo do Riachuelo, onde a escuridão noturna e a solidão favoreciam a pouca-vergonha. Esta era mais desoladora ainda nas vizinhanças da linha férrea, onde a rua Hipólito Caron era o centro do deboche e um viveiro de treponemas. Havia fábricas, como a do Eugeninho Teixeira Leite, e a mecânica, onde homens opacos se entregavam a um trabalho que começava cedo e acabava tarde no meio de apitos de máquinas e das palmadas dos couros nas polias. Foi dali e do lado do largo do Riachuelo que vi, um dia, bando escuro vir desfilar desajeitadamente na rua Direita, com estandartes, cantos e bandeiras (tão lento que parecia uma procissão!) e ser dispersado a espalderiadas diante da casa de minha avó, que aplaudia da janela a destreza dos polícias. Ouvi pela primeira vez a palavra greve — dita por uma de minhas tias, tão baixo e com um ar de tal escândalo, que pensei que fosse uma indecência igual às que tinha aprendido no Machado Sobrinho, e corei até as orelhas. Mas pior, muito pior que as fábricas onde os descontentes queriam ganhar mais do que precisavam; pior que o Cinema Farol e o Politeama onde se tentavam timidamente os ensaios precursores da bolina (o Politeama viu o primeiro mártir dessa arte nacional desmaiar de dor na sua plateia: marido furibundo lhe empolgara com um alicate dedo da mão audaciosa que se insinuara nas anáguas da mulher, para apertá-lo tão duramente e em tão demorado silêncio que ficaram esmagadas as carnes e quebrados os ossos do moço advogado), pior que os bordéis, pior que os colégios leigos e que o desaforo do colégio metodista para meninas, pior que a Cervejaria Weiss animada por Brant Horta, Amanajós de Araújo e Celso d'Ávila com guitarras, descantes, declamação de versalhada e as chegadas dos tílburis carregados de "mulheres-damas" — era a maçonaria. Sua loja ficava em plena rua Direita, entre as do Imperador e da Imperatriz, como desafio permanente ao clero diocesano e aos cristãos-novos e velhos do alto dos Passos.

Para cólera-que-espuma da sogra ("Cachorrão! Coitada da minha filha..."), repugnância das cunhadas ("Pobre de nossa irmã, casada com bode preto!"), consternação de minha Mãe ("Nossa Senhora, que pecado!") e escândalo da cidade ("Pobre moça! Também, casar com nortista...") e animado por nosso primo Mário Alves da Cunha Horta, pedreiro-livre emérito, meu Pai ousara tripingar-se! Primeiro, cavaleiro da rosa-cruz. Depois, da águia branca e negra. E frequentava noitantemente a casa maldita, sempre escura, de janelas e portas herméticas. Lembro-me bem: quando lhe passava em frente, com minha Mãe, ela descrevia uma curva prudente, largava o passeio e tomava a sarjeta para distanciar-se dos óculos gradeados do porão onde, diziam, havia um negro caprino cevado com carne podre de anjinhos e cujo bafo enxofrado era fatal.

Era de arrepiar, ouvir o Mário descrever as cerimônias iniciáticas daquele oriente... Nada, absolutamente nada se comparava aos horrores por que ele tinha passado. Pura brincadeira o que Tolstói descrevia na *Guerra e paz*. Pilhéria, água com açúcar, o que Alexandre Dumas traçava no *José Bálsamo*. Ele mesmo, Mário, filho do coronel Chico Horta e de d. Regina Virgilina, ali, em Juiz de Fora, depois de provações tremendas, de contatos cadavéricos, de ordálias de gelo, fogo, escuridão e vácuo, exausto, sentira-se finalmente arrebatado pelos cabelos, pelas orelhas, e esfocinhado à beira de um vórtice profundo. Os olhos, vendados, pés e mãos lhe fugindo na ribanceira movediça. E o vento. Em rodamoinhos, fazendo ruflar mortalhas e pendões. Ele não sabia bem se estava no morro do Imperador, nos altos da Mantiqueira, no pico do Cauê ou nos serrotes do Itatiaia! "Pula, irmão!" — ordenava-lhe voz cavernosa. "Pula, irmão!" — retomavam em coro outras vozes sepulcrais que o eco repetia de quebrada em quebrada. Sem hesitação ele se atirara abismo abaixo, escuridão abaixo, morte abaixo... Mas não caiu nem dois palmos. Sentiu logo um perfume inebriante, alcatifa sob os pés, o amparo de braços amigos, luz, aconchego, vozes conhecidas: "Seja bem-vindo, irmão!".

Esse lado de Juiz de Fora, revolucionário, irreverente, oposicionista, censurante e contraditor — dizia sempre não! ao outro, ao do alto dos Passos — conservador, devoto, governista, elogiador e apoiante. No primeiro ouvia-se o rompante do guelfo Duarte de Abreu, mau político e invariavelmente bom homem ("Absolutamente!"), e no segundo a anuência do gibelino Antônio Carlos, bom político e variavelmente bom homem ("Perfeitamente, perfeitamente!"). Pois foi naquele lado fronda que nasci, às oito e meia da noite, sexta-feira, 5 de junho de 1903. Foram meus pais o médico cearense dr. José Pedro da Silva Nava e a mineira d. Diva Mariana Jaguaribe Nava, de nascimento, e apelido a sinhá Pequena. Aquele, filho do negociante maranhense Pedro da Silva Nava e da cearense d. Ana Cândida Pamplona da Silva Nava. Esta, do major da Briosa Joaquim José Nogueira Jaguaribe, também cearense, e da mineira da gema d. Maria Luísa da Cunha Pinto Coelho Jaguaribe. Sobre as famílias de meus pais e da enorme influência que elas tiveram em mim, muito terei que falar.

A memória dos que envelhecem (e que transmite aos filhos, aos sobrinhos, aos netos, a lembrança dos pequenos fatos que tecem a vida de cada indivíduo e do grupo com que ele estabelece contatos, correlações, aproximações, antagonismos, afeições, repulsas e ódios) é o elemento básico na construção da tradição familiar. Esse folclore jorra e vai vivendo do contato do moço com o velho — porque só este sabe que existiu em determinada ocasião o indivíduo cujo conhecimento pessoal não valia nada, mas cuja evocação é uma esmagadora oportunidade poética. Só o velho sabe daquele vizinho de sua avó, há muita coisa mineral dos cemitérios, sem lembrança nos outros e sem rastro na terra — mas que ele pode suscitar de repente (como o mágico que abre a caixa dos mistérios) na cor dos bigodes, no corte do paletó, na morrinha do fumo, no ranger das botinas de elástico, no andar, no pigarro, no jeito — para o menino que está escutando e vai prolongar por mais cinquenta, mais sessenta anos a lembrança que lhe chega, não como coisa morta, mas viva qual flor toda olorosa e colorida, límpida e nítida e flagrante como um fato presente. E com o evocado vem o mistério das associações trazendo a rua, as casas antigas, outros jardins, outros homens, fatos pretéritos, toda a camada da vida de que o vizinho era parte inseparável e que também renasce quando ele revive — porque um e outro são condições recíprocas. Costumes de avô, responsos de avó, receitas de comida, crenças, canções, superstições familiares duram e são passadas adiante nas palestras de depois do jantar; nas das tardes de calor, nas varandas que escurecem; nas dos dias de batizado, de casamento, de velório. (Ah! as conversas vertiginosas e inimitáveis dos velórios esquentadas a café forte e vinho do Porto enquanto os defuntos se regelam e começam a ser esquecidos...)

Na linha varonil da minha família paterna essa guarda de tradições foi suspensa devido à sucessão de três gerações de morredores! A de meu Pai, que desapareceu aos 35 anos. A do seu pai, falecido aos 37. Meu bisavô, não sei com que idade morreu. Cedo, decerto, pois meu avô foi criado de menino por uma de suas avós ou tias-avós. É assim que cada uma dessas gerações ficou sabendo pouco das anteriores e não teve tempo de transmitir esse pouco às sucedentes. Por essa razão, também quase nada sei de meu avô paterno. O que se transmitiu até meu Pai e suas irmãs é que sua origem era italiana e que vinha de um certo Francisco Nava, que teria aportado ao Brasil no fim do século XVIII ou princípio do XIX. Ignoram-se seu nível social, as razões por que veio da Itália e que ponto do Brasil ele viu primeiro do paravante de seu veleiro. Onde desembarcou, onde se fixou, que ofício adotou? — tudo mistério. Como era, quem era, que era? Seria um revolucionário, um maçom, um liberal, um carbonário, um fugitivo? Onde e com quem casou? Nada se sabe. Dele só ficou o apelido. Essa coisa mística, evocativa, mágica e memorativa que o tira do nada porque ele era Francisco de seu nome; essa coisa ritual, associativa, gregária, racial e cultural que o envulta porque ele era Nava de seu sobrenome. O nomeado, porque o é, existe. Servo do Senhor, pode-se pedir por ele na missa dos mortos.

Da geração seguinte ficou alguma lembrança do filho de Francisco Fernando Antônio Nava, natural do Maranhão, pois é ali que nasceram, de seu casamento com d. Raimunda Antônia da Silva, não sei bem em que ordem, meu avô Pedro da Silva Nava e suas irmãs Maria Nava Rodrigues, Ana Nava Rodrigues e Paula Nava Guimarães. Das duas primeiras (de cujos maridos, ambos Rodrigues, não se conhecia parentesco) descendem os Nava Rodrigues do Maranhão, alguns dos quais deixaram o Rodrigues para conservar só o sobrenome que lhes veio do emigrante. Não ficou no nosso ramo notícia da descendência de Paula Nava Guimarães. Dela se sabe apenas o que se pode adivinhar da modéstia, do sacrifício e da utilidade da vida de uma mestra primária — que era esta sua profissão em Caxias.

Pedro da Silva Nava, meu avô, nasceu na freguesia de Nossa Senhora da Conceição de São Luís do Maranhão, a 19 de outubro de 1843, e foi batizado a 7 de setembro de 1844 na sua matriz, pelo reverendo Raimundo Alves dos Santos, tendo como padrinho João Joaquim Lopes de Sousa e como madrinha d. Maria Euquéria Nava. Sua avó mulher do italiano Francisco? Sua tia? Em todo caso, pessoa que deve ter marcado o espírito de meu avô, que, não tendo repetido nos filhos o paterno Fernando Antônio, nem nas filhas o materno Raimunda Antônia, retomou, para sua caçula, o estranho nome da madrinha e da poetisa menor do quinto século. Cedo meu avô terá ficado órfão, pois foi ser criado por sua tia-avó que era também a avó de seu primo, irmão adotivo, compadre e melhor amigo — Antônio Ennes de Souza, homem por todos os títulos admirável que tive a vantagem de ter como influência na infância e mestre na adolescência. E tive outra prerrogativa: a de, menino, perceber a qualidade do homem com quem lidava.

Sendo Pedro da Silva Nava o único de meus avós acima do qual eu não podia subir senão duas gerações, parando no emigrante Francisco — esta porteira fechada sempre me encheu de curiosidade. Apesar das advertências de Henrique Pongetti contra a indústria peninsular do conto do vigário genealógico — passando pela Itália, em 1955, dirigi-me ao Studio Araldico Romano para ver se apurava alguma coisa da família. Obtive informação de sua origem milanesa e notícia de seus ramos, um dos quais, colateral do *comitale*, extinguia-se no século XVIII com Gabrio ou Galzio Maria, bispo de Bréscia, e com um Francesco, de quem ainda havia notícia em torno de 1796.

> La Casata con detto Francesco fu creduta da taluni estinta, mentre altri vollero che Francesco espatriasse o por lo meno compisse lunghi viaggi lontano [...].

Se esse Francesco Nava, expatriado e de longas viagens longínquas, é o mesmo Francisco Nava que deitou vergônteas no Maranhão (como as datas fazem acreditar), por ele podemos ir de geração em geração até o *Quattrocento* e até um coetâneo e homem do duque de Milão:

> Giuseppe, figlio di Mattiolo, fu tra quelli che presentarano giuramento di fedeltà a Giovanni Maria Visconti [...].

E talvez ainda mais longe, pela mão de Francesco Grillo, que, na sua *Origine storica delle località e antichi cognomi della Republica di Genova*, dá o nosso nome como de origem lombarda e menciona, como primeiro documento onde o mesmo aparece, a confirmação, de 14 de fevereiro de 1192, da convenção concluída entre os cidadãos de Alessandria e Gênova em 4 de fevereiro de 1181. Entre as de outros *testi giurati* da primeira consta a assinatura de um Nava.

A notícia genealógica que me foi fornecida à fé do marquês Duranti d'Assoro, diretor do Studio Araldico Romano, mostra os Nava da Itália divididos em dois ramos. Um, morgado, *comitale*, brilhante e engrandecido pelas alianças adquiridas com senhoras de alto lá com elas (*del marchese Piantanida, del marchese d'Adda, del marchese Parravicini, del marchese Mantegazza* etc. etc.) e o outro de menor relevo e entre cujos membros predominavam os detentores de juspatronatos, de prelazias e de prebendas eclesiásticas. Era este o de Francesco-Francisco. Como toda família de todo lugar, os Nava atuais da Itália têm seus altos e baixos. No princípio deste século falava-se muito num papável — o cardeal Nava. Em Bolonha estive no armazém de um Nava que vendia todas as variedades de *pasta asciutta* e também tive notícia da condessa Nava, uma das dez mais da mesma douta cidade. Em Milão comprei aspirina na Farmácia Nava. Em Roma aplaudi "Le Tre Nava" — trinca de irmãs artistas de variedades, filhas de casal circense, e admirei a habilidade artesanal do marceneiro Nava, proprietário do Mobilificio di Cantù, ali mesmo na piazza Navona. E todos, com a púrpura de príncipe da Igreja, com a coroa contal, com a blusa de farmacêutico, com os ouropéis de palhaço ou com o macacão de operário, podiam usar o *stemma* familiar —

> *troncato: al primo d'oro all'aquila di nero coronata del campo; al secondo di rosso all'aquila d'oro, coronata dello stesso.*

Meu avô, negociante e dono de casa comissária, provavelmente nem sabia desses brasões. Sua grandeza, como se verá, vinha das qualidades — de que basta o homem ter uma — para tornar-se merecedor da vida. A retidão, a bondade, a inteligência. O maranhense Pedro da Silva Nava tinha as três. E outra mais, que não legou aos seus descendentes — uma harmoniosa beleza física.

Do tataravô Francisco ficaram o nome, a nacionalidade e o ponto de partida para a hipótese genealógica. Do bisavô Fernando, o que se pode tirar da certidão de batismo de meu avô. Esse documento dá a seu pai uma esposa — d. Raimunda Antônia da Silva; um local de residência — a freguesia de Nossa Senhora da Conceição de São Luís do Maranhão; uma confissão religiosa — a de católico, apostólico, romano; um sentimento nacional e uma admiração política. De fato, num tempo em que o batismo vinha logo depois do nascimento, meu avô esperou quase um ano para receber os santos óleos e ser chamado Pedro num dia 7 de setembro. E o Pedro, patrono do catecúmeno, não seria o nosso segundo monarca, que à época ainda não dissera muito a que tinha vindo, mas, certamente, o primeiro (homenagem ao Príncipe da Independência e demonstração de antagonismo — velha de duas décadas — às truculentas juntas provisórias do Norte e ao odioso sargento-mor Fidié). Mostra ainda espírito de família e compostura, pois a escolha dos padrinhos do filho não foi feita buscando compadrios importantes, mas, vinculando mais, gente de sua família e próxima do seu coração. Já do avô Pedro da Silva Nava possuo retratos, cartas e as reminiscências que colhi de minha avó, de tios, tios-avós e de um seu caixeiro — José Dias Pereira, pai de conhecido médico do Rio de Janeiro, o dr. Adolfo Herbster Pereira.

 Ficaram dele quatro retratos. Um, feito no "estabelecimento fotográfico" de L. Cypriano (que era à rua dos Ourives, 34), indica uma viagem à Corte pelos 1862 a 64. Representa um rapaz de dezoito a vinte anos, cabeleira à Castro Alves, barbicha e bigodes nascentes, sobrecasaca de mangas bufantes, punhos preguedos e a mão direita segurando a cartola clara contra o peito. Outro, óleo de Vienot, é de circunstância e de casamento, pois faz par com quadro congênere da mulher. Deve datar de 1871. O terceiro será de 1875, pois é fotografia feita durante sua viagem à Europa. Curiosa fotografia, diferente das convencionais que se usavam então. Ele, minha avó e o casal Ennes de Souza aí estão posando ao ar livre e à neve. O último, muito nítido, mostra-o na força do homem, os cabelos ondeados, a testa alta e sem nuvens, o oval perfeito do rosto, os olhos rasgados, o nariz direito, bigodes e barba curta à Andó, boca bem traçada, expressiva e forte. Exatamente a figura daquele Rodolfo Valentino que subiu aos céus da Broadway pelos 20 — substituindo-se o ar bandalho e lúbrico da fisionomia deste por uma expressão de majestosa calma e de ideal serenidade.

 Esse retrato é que ficou como documento comemorativo, como *ancestral tablet* chinesa, para veneração do deus lar que continuará a envultar a família enquanto o tempo não tiver aniquilado sua lembrança e enquanto esta chegue aos seus, de envolta com crenças atávicas, complexos animistas e pânicos metempsicóticos. Sem reencarnação integral, mas aparecendo no fim de certos risos, no remate de dados gestos, na possibilidade das mesmas doenças, na probabilidade de morte idêntica — reconhecemos o Avô, o antepassado, o manitô, o totem presente nas cinco gerações que dele defluíram e de que nenhum membro ainda se perdeu de vista, e de que todos se olham com a simpatia, a solidariedade e a compaixão que fazem de nós um forte *clã*. Não pela superioridade, porque não há famílias superiores nem inferiores — que todas são frágeis na carne provisória e indefectíveis na podridão final. Eu disse forte *clã* — pela nossa consciência de diferenciação tribal. É por ser neto do retrato que sou periodicamente atuado pela necessidade de ir a São Luís do Maranhão.

  Essa sempre procrastinada viagem, se não a faço com o corpo, realizo em imaginação. Desde menino, quando, de tanto ouvir falar em Ceará e Maranhão, eu enchia cadernos e cadernos do desenho de navios inverossímeis, onde havia um exagero de âncoras pendentes, gáveas em cada metro de mastro, mastros sem conta e as chaminés deitando uma fumaceira de erupção vulcânica. Nenhum barco da minha frota tinha menos de seis dessas chaminés e, além delas, velas, rodas e hélices para os grandes mares e os grandes ventos. É sempre na mezena mais alta de um deles que levanto minha flâmula e orço para o setentrião — quando certos sons, certas sílabas e certos nomes mágicos abrem para mim os caminhos do oceano. Ilha, rei, São Luís Rei. Ou então, mar, amar, aranha, arranhão — que se entrelaçam e emaranham na graça da palavra Maranhão. E mais a sombra de sinhá Graça que, menino, eu vi passar toda de negro. E ainda, Heráclito Graça, Graça Aranha... Quando tudo isto me dá a chave dos mares, vou ter inevitavelmente às baías de São Marcos e de São José e com meu companheiro de curso, Roberto Avé-Lallemant, chego a São Luís (que ele chamou de resplandecente e achou parecida com Funchal) naquele ano de 1859 — quando ela era a quarta cidade do Brasil, quando meu avô e Totó Ennes adolesciam e quando eu não tinha idade na antecipação do Tempo. Reluzem dominicalmente seus sobrados de vidraça e azulejo, treme de calor a distância das ruas limpas — que sobem e descem e se cruzam nas direções oeste-leste (rua do Sal) e sul-norte (rua dos Remédios). É nelas que, vindas da missa de são Tiago, de são Pantaleão, da catedral, passam as mulatas, caboclas, negras e puris descritas pelo viajante — ombros, braços, colo, espáduas completamente nus. Na cabeça, o pente "como uma torre" e o toucado de flores. Todas elas saborosas como os artocarpos da terra e doces como a compota de bacuri que aperta a garganta e estrangula de tanta doçura.

Somos agora três adolescentes vivendo os banhos salinos que ouvi narrar a Ennes de Souza. Fugas ladeira abaixo até o varadouro de canoas de pesca, a praia idílica e pobre, as gaivotas e as tapenas, nuvens de borboletas caindo nas ondas como flores que despencam, o mar todo crespo, espumoso e aderindo exatamente a cada saliência ou dobra do corpo, amargo ao gosto, ardendo nos olhos do mergulhador. Os peitorais novos em folha empurram-no de encontro ao horizonte. As areias para trás, mais para trás e o fuste das palmeiras que cresce ou diminui segundo a vaga molemente eleve ou abaixe os jovens tritões. E o repouso sob mangueiras olhando os curumins que tentam aventuras náuticas em arremedos de barco feitos com metades de melancias gigantescas. Para adoçar a boca, manga. Para refrescar o corpo, garapa de tamarindo. Para rebater o banho, pinga de macaxeira. E esse sorriso, essa lombeira, essas pálpebras pesando... Foi sonho ou tinha mesmo aqui aquela saia branca arregaçada e aquela pele escura? visão fugindo cheia de risos e se escondendo entre os verdes, os azuis, as folhas, os galhos, o potro vermelho e o cavalo branco da paisagem de Gauguin.

Resplandecente São Luís... Alegre São Luís — em que até os enterros eram motivo de festa. Lavado e amortalhado o corpo, bem-posto no seu caixão, saía imediatamente o cortejo para o velório na casa dos amigos. Porque cada um disputava o pobre morto e queria hospedá-lo em câmara-ardente uma ou duas das 24 horas que ele tinha para errar de porta em porta, no seu passeio derradeiro. Improvisava-se a essa, recoberta das mais ricas colchas, das mais belas rendas, das mais virentes flores, cercada dos castiçais de prata queimando altas velas, e armava-se a mesa para o festim funerário. Abancavam todos. Comia-se de rijo; águas ardentes e vinhos corriam como o Pindaré e o Itapicuru nas grandes cheias. Depressa, minha gente, que ainda temos muita casa para entrar antes da última... E seguia o préstito aumentado em cada esquina pela perspectiva da vinhaça e comezaina. No fim o caixão oscilava incerto em mãos variáveis, e o defunto, já passado a segundo plano, era apenas elemento acessório da procissão que seguia — festiva e lúgubre — com arrotos, soluços, ânsias de vômito, imprecações de órfãos, fungações de riso abafado e gritaria de viúva a todo pano. Só na hora do memento e do abismo dos sete palmos cessava o alarido e todos silenciavam num arrepio — cada qual pensando no dia da Cólera em que seria pretexto de bródio igual. Acredite na história quem quiser. Eu acreditei, quando a ouvi contada pelo mais veraz dos maranhenses: Antônio Ennes de Souza.

Estranha e perturbadora São Luís... A ela me levavam também outras associações mais perigosas, que vinham da adolescência e de uma conversa que eu surpreendera na casa de Ennes de Souza entre o Nestico e o "seu" Álvaro. O Nestico ou Ernestico era, de seu nome civil, Ernesto Pires Lima, sobrinho da mulher de Ennes de Souza. Por ele e pela sua conversa é que as imagens de bonecas e bruxas de pano passaram também a me sugerir o Maranhão. Um Maranhão menos confessável. O que eu ouvi referia-se a certas "bonecas inteiras" ou "bonecas completas" — indústria das velhas impuras de São Luís, e vendidas tão abertamente que suas fabricantes iam negociá-las a bordo dos navios de passagem. Muito procuradas. Não eram arremedos humanos mal enchumaçados, de braços e pernas cilíndricos saindo de um tronco cilíndrico. Não. A cara era linda, o corpo recortado de tal maneira e capitonado de material tão doce que imitava a graça das curvas e a suave consistência das mais deleitosas fêmeas. E tinham tudo. A boca não era um simples bordado de retrós vermelho, mas abertura comissural contendo dentes e a móbil língua. Tinham seios e umbigo. Mãos, pés, dedos, unhas. Pelo nos sovacos e pentelhos fornidos e crespos. Amplas nádegas, altas e roliças coxas que, quando afastadas, deixavam ver orifício anal, ninfas, clitóris e óstio vaginal. Uma verdadeira perfeição. Eram feitas de todas as cores de modo que imitavam brancas, negras e mulatas. Havia as pequenas, as médias e as especiais, grandes como uma criança bem crescida. Quase utilizáveis. O corpo era todo trabalhado em pano fino de algodão. Menos a boceta. Esta era sempre de cetim. Quando surpreendi esta história, tinha quinze anos e o coração me cresceu, batendo nos ouvidos como malho em bigorna... Ah! como, como encomendar do Maranhão logo uns dois ou três de tão fabulosos manequins? Não pude pedir detalhes ao Nestico de medo de ser escorraçado e fiquei sem saber a quem se destinavam essas bonecas. Quais os fregueses que as compravam? Adultos sem-vergonha? Hoje me pergunto se não seriam destinadas a crianças por algum precursor da educação sexual nos colégios ou em família — na linha da aplicação prática das teorias de mestre Freud. Talvez que atualmente bonecas dessas fossem trazidas para casa por pais cuidadosos, querendo evitar os complexos consequentes ao sentimento de frustração dos filhos diante das que se vendem por aí, sem genitais, tampadas como as sereias e os anjos. E contra uma "boneca inteira" ousariam as crianças descarregar a violência sádica que as leva aos vazamentos dos olhos, aos escalpes, aos degolamentos, às depeçagens, aos afogamentos e aos assassinatos em efígie que perpetram brincando? Tenho certeza do contrário porque as "completas", pelo misterioso perineu que tinham debaixo da sucessão de anáguas e da calça rendada, eram uma sugestão de convivência e um convite à partida.

Nunca tive ideia, quando possível, de verificar o grau de parentesco de meu avô e de Ennes de Souza. Podia ter perguntado isto a tanta gente... A minha avó, aos seus irmãos; às minhas tias paternas; ao próprio Ennes, à sua mulher, à sua cunhada sinhá Cota; às velhas primas de meu Pai — a toda aquela população de minha infância que parecia argamassada de eternidade e que hoje está "dormindo profundamente". Ou eles eram de avó comum e seriam primos-irmãos ou, mais provavelmente, netos de duas irmãs e, neste caso, primos terceiros. O certo é que, ambos órfãos, foram educados pela avó de Ennes de Souza. Este, menino rico. Meu avô, menino pobre. A amizade que os unia é prova do tato com que a tutora os igualou. Aquela adoção fraterna só podia ter nascido num ambiente livre das desigualdades, diferenças, preferências e predileções que tão duramente ofendem as crianças e cavam abismos entre os homens que delas provêm. Ignoro o nome da matrona que teve como filhos o neto e seu primo. Mas lembro bem sua figura no quadro a óleo da sala de visitas de Ennes de Souza — que eu seria capaz de repintar de cor. Vejo claramente como se estivessem saindo agora, vivos, da moldura oval — o rosto e o busto meio virados para a esquerda. Vejo o pescoço curto, o porte imperioso da cabeça, os bandós grisalhos realçados pelas rendas pretas da capota de viúva. Os olhos puxados e o olhar perspicaz. O aquilino brusco do nariz, as maçãs salientes, o queixo forte. E a boca meio funda, entre dois vincos, reta e como que duramente entalhada numa face de pedra. Vejo todos os traços que compunham sua cara quadrada de tapuia já bem diluída e praticamente branca. Vejo o fichu trançado no peito e preso por um camafeu. E mais, o ar a um tempo enérgico, levemente irônico, autoritário e cheio da tranquila segurança da senhora dona bem instalada nas suas sedas, nas suas alfaias, no conforto do seu sobrado, no respeito de suas negras e na consideração da sua paróquia.

Seria meu avô um letrado? Creio que não. Em todo caso possuía uma instrução bem acima da que se podia exigir para seus bilhetes comerciais e para a escrituração do "deve e haver" de suas faturas. Que era homem informado, vê-se na correspondência mantida com minha avó (que ficara na Suíça) enquanto ele viajava à Itália. Todas as suas cartas são escritas com uma elegância simples e a enumeração do que lhe agradou em Veneza, Florença, Roma, Gênova, Nápoles — mostra sensibilidade artística, acuidade crítica e bom gosto espontâneo. Não podia ser homem de preocupações corriqueiras quem teve a histórica, de ir visitar os campos de Marengo, e a arqueológica, de jornadear para assistir às grandes escavações que estavam então sendo retomadas em Pompeia. Contando estas coisas à mulher, usa estilo epistolar correntio e decente — que não descamba um instante, em frase enfeitada ou veleidade literária. Como língua estrangeira, pelo menos a francesa lhe era familiar e ele a escrevia corretamente como se vê dum seu rascunho de carta, que tenho em mãos, dirigida a uma amiga suíça, certa mme. Butte, de Zurique. Possuía o belo parecer de que ouvi falarem até o fim da vida sua mulher, sua cunhada d. Maria Pamplona de Arruda e sua prima d. Eugênia Rodrigues Ennes de Souza. Se agradava pela simpatia e pela beleza varonil, encantava também pela alta e nobre inteligência. Era um conversador inimitável e um narrador prodigioso. O eco de suas conversas, de suas histórias, de seus achados, ficou nos casos que dele repetiam sem cessar seu irmão adotivo Ennes de Souza, seu cunhado Itriclio Narbal Pamplona, seu concunhado Joaquim Feijó de Melo. Punha nos seus negócios a austeridade, a probidade, a lisura de que me falou aí pelos 35 (mais de meio século depois de sua morte) o venerando pai do dr. Adolfo Herbster Pereira, que, rapazola, fora empregado de sua casa comissária e que nunca mais pudera varrê-lo da memória. Sua bondade, sua afetividade, sua doçura, testemunhadas por todos que o conheceram, transparece na sua correspondência e fê-lo inesquecível dos filhos que mal o viram, mas em que ele deixou aquela impregnação meio tátil, meio olfativa, meio vígil, meio onírica com que as crianças (antes da memória associativa) reúnem o material para a construção do fantasma favorável, da sombra propícia. Avejão paterno, espectro materno — que os envultam, neles *encostam* e por eles passam a atuar como se estivessem vivos. A lembrança de meu avô — melhor diria, sua presença — passou para os netos, depois de ter habitado os filhos. Meu pai e suas irmãs tinham por ele um sentimento de fixação semelhante à força das afinidades químicas. Obsedados pela memória paterna, viviam no culto (que me legaram) de sua sepultura, no Caju, e no cultivo dos que tinham tido contato com ele. É assim que jamais deixaram de se corresponder com as tias do Maranhão — que nunca tinham visto nem veriam em vida. Eu não duvido que isto tenha sido a origem do flagrante complexo avuncular existente na nossa gente: na importância afetiva, consideração e posição maternal que atribuímos a nossas tias.

Não sei se meu avô trabalhou no Maranhão. No Ceará é certo que esteve estabelecido, pois lá casou e lá lhe nasceram vários filhos. Vindo de São Luís para Fortaleza, deve ter se apresentado bem, dado boa conta de si e boa informação de sua gente, pois foi aceito para casamento numa família antiga, bem aparentada na província e politicamente atuante nessa como noutras do Norte e Nordeste do Império. De fato, minha avó, d. Ana Cândida Pamplona, filha do tabelião Cândido José Pamplona, contava várias gerações de antepassados luso-cearenses, era irmã do comendador Iclirérico Narbal Pamplona, deputado provincial, e sobrinha de Frederico Augusto Pamplona, também deputado provincial que presidiu não só sua província, como a do Rio Grande do Norte. Por sua mãe, d. Maria de Barros Palácio, ela era bisneta do mestre de campo Pedro José da Costa Barros (chamado "o Velho", natural de Ponte de Lima, no Reino) e sobrinha-neta do capitão-mor Pedro José da Costa Barros, constituinte de 1823, primeiro presidente da província do Ceará, depois presidente da do Maranhão, ministro de Estado, oficial da Ordem do Cruzeiro, cavaleiro da de Avis e integrante do primeiro Senado brasileiro, onde sentou-se como senador escolhido nas listas eleitorais pelo imperador d. Pedro I, a 22 de janeiro de 1826.

Teria meu avô vindo para o Ceará por iniciativa própria ou mandado por alguma casa do Maranhão? Quando teria chegado na Fortaleza? Levando em conta a data do casamento e sua idade, provavelmente pelos 1868, 69 ou 70. Justamente na época em que a cidade principiava a modificar-se e a adquirir certas características menos primitivas devido ao desabrochar da vida social e, principalmente, da vida intelectual com o aparecimento da folha maçom de Pompeu Filho, Capistrano de Abreu, João Lopes e Rocha Lima. Esse jornal, sequência de uma tradição de imprensa que vinha de longe, teve importância maior que seus antecessores, não só pela qualidade intelectual dos que nele militavam, como por ser o porta-voz da luta entre os pedreiros-livres liberais e progressistas contra o clero conservador e reacionário. O próprio aspecto material de Fortaleza começava a renovar-se, pois caía o preconceito de que suas areias não aguentavam construções pesadas e a ideia otomana de que particular não podia morar em casa mais alta que a do sultão-presidente. Construía-se melhor, mais amplamente, assobradava-se, requintava-se nos móveis e nos ornatos externos e a casa passava a desempenhar o papel de elemento de convivência social além do de simples moradia. São desse período os sobrados cheios de dignidade das ruas José de Alencar, Formosa, Sena Madureira, do Major Facundo — que se elevaram entre as casas baixas de "beira e bica". As lindas bicas de metal, longas como as trombetas do Juízo e que, quando vinham as grandes chuvas, atiravam a água fora das calçadas para o banho público da meninada.

    Como se terão entrevisto meu avô e minha avó? Nas ruas de areia branca, só cortadas pelos carros do negociante português Carneiro e do coronel José Albano? Porque o resto dos mortais andava mesmo era a pé e a cavalo. Numa das novenas ao fim das quais as moças transportadas se abraçavam chorando? Nas missas dominicais a que as senhoras e donzelas abastadas e as mulheres do povo compareciam de saia-balão ou rodada — as primeiras envoltas em lençóis de bretanha recobertos das ramagens e das flores do bordado cacundê, e as últimas de idênticas cobertas de algodão? Nos passeios das famílias às praias, em noites de luar, quando a teoria das moças em flor seguia rente ao mar, todas se segurando pela cinta e cantando? Ainda à luz da lua nas rodas cheias de riso que se formavam na porta das casas, as cadeiras na areia da rua? Nas festas, serenando nas mazurcas, na *valsa Viana* (varsoviana), nos minuetos, nas habaneras, no solo inglês ou precipitando-se nas valsas puladas, nos xotes, nas polcas, nas quadrilhas e nos lanceiros? Ah! os lanceiros... Deles ouvi minha avó falar com saudades, e ela, que era lenta, obesa e curva, retomava a agilidade antiga, a cintura fina e a passada elegância para mostrar como eram as figuras da dança cheia de velocidade impetuosa e de garbosidade marcial.

O essencial é que os dois se viram. Ao sol de ouro ou ao luar de prata da pequena cidade a um tempo mourisca e helênica (o cubo das casas de Fortaleza imita o *beth* árabe e a curva do Mucuripe lembra a do cabo Sounion). Logo se distinguiram e a 1º de fevereiro de 1871 uniram-se em matrimônio, sendo testemunhas Severino Ribeiro Cunha, sua mulher, Joaquim Feijó de Melo e d. Adelaide Cândida Pamplona Feijó de Melo — irmã mais velha da noiva. O casamento deve ter sido igual aos outros da época e pode se enquadrar na descrição que deles faz o meu preclaro primo Joãozinho Nogueira — para o público o dr. João Franklin de Alencar Nogueira, engenheiro e historiador eminente. Realizado de noite. O préstito lento dos noivos, parentes e amigos indo passo a passo até a sé, "que era onde se consorciava a gente fina da terra". A volta para casa em marcha ainda mais lenta e a *exposição* dos noivos no sofá da sala de visitas, cercados, no caso, dos amigos e do rancho numeroso dos parentes — Costa Barros, Pamplona, Souza Brasil, Nunes, Palácio, Abreu, Souto, Arruda, Barroso e Feijó de Melo. Era a hora dos risinhos, das insinuações, das alusões — de uso em todas as classes e que não terão faltado, bem como as bênçãos chorosas da mãe viúva d. Maria Palácio Pamplona (viúva à moda do Ceará, com lágrimas eternas como as de minha tia-trisavó d. Ana Triste) e bem como as ironias e os ditos ervados da crotálica d. Irifila — cunhada da noiva, fera familiar, esposa-proprietária de Iclirérico Narbal Pamplona — político, comendador e mártir doméstico.

Já que se tratou de d. Irifila, vamos logo a ela para que seu vulto ominoso se me espanque da lembrança. Era casada, como já se viu, com o comendador Iclirérico Narbal Pamplona, dos irmãos mais velhos de minha avó paterna, pois nascera no Aracati a 14 de outubro de 1830. Ninguém compreendia o seu casamento. Ele era alto, desempenado, elegante, cheio de calma e distinção. Sua mulher era baixota, atarracada, horrenda, permanentemente irritada — de alma amarga e boca desagradável. Diante dos magros seu assunto era magreza. Dos gordos, as banhas. Gostava de tratar de corda em casa de enforcado e ninguém como ela remexia o ferro dentro de ferida latejando. A d. Eugênia Ennes de Souza, que a abominava, só a chamava de Irifila-Cão de Fila. Essa Irifila — que tinha títulos para figurar entre as megeras da família de minha avó materna — era uma presença aberrante na de minha avó paterna, onde as mulheres eram doces, laboriosas, submissas, modestas, de lágrima fácil, prontas a calar e de bondade imensa. Diante dessas antonímias, a Irifila abusava. Trazia a sogra, as cunhadas, os cunhados, as filhas, os filhos e os sobrinhos no mesmo cortado em que tinha o marido. Era inimiga de tudo que favorece a fantasia e torna a vida suportável. Era contra os namoros, contra o riso, contra as festas, contra as cantigas, contra as danças, contra o álcool, contra o fumo, contra o jogo. Não gostava de receber e, quando era constrangida a isto, fazia-o com ostentação e grosseria. Na sua casa do Rio de Janeiro (que ficava à rua Farani, em Botafogo), no meio das sedas dos seus reposteiros, dos seus tapetes, dos seus espelhos, dos seus jacarandás, dos seus brocados, das suas porcelanas e dos seus lampiões Carcel — suas palavras batiam duras como calhaus, diretas como tiros, incisivas como machadadas. Mas com isso tudo não gritava e nem se arrebatava. Advertia uma, duas, três vezes e, se não obedecida, passava violentamente à ação. O marido, comendador e abastado, gostava das coisas que ela detestava: conversa de amigos, degustação de bom Porto e bons charutos, sua rodinha de jogo. E reunia os parceiros uma vez por semana para o voltarete e para a manilha. Terminadas as partidas, vinham as negras — duas para cada bandeja de prata — com o chá, o chocolate, as garrafas do vinho, a frasqueira dos licores, o pinhão de coco, as mães-bentas, os cartuchos, as fofas, as siricaias, os tarecos e tudo quanto é bolo da doçura luso-brasileira. Bolo ilhéu, bolo da imperatriz, bolos de raiva, esquecidos, brincadeiras, doce do padre, toucinho do céu. Os amigos saíam encantados e o obsequioso comendador ia para o toro deleitado. Até que a Irifila virou o fio e um dia fez-lhe a primeira advertência: "Lequinho, não estou mais gostando desse jogo...". E na outra semana: "Lequinho, você precisa pôr um ponto final nesses baralhos...". Na terceira: "Iclirérico, eu não quero mais jogatina em minha casa!". Mas o desavisado comendador insistiu e arrumou um grande encontro, justamente para obsequiar seu compadre (padrinho de seu filho Afonso Celso) — o terrível visconde de Ouro Preto. D. Irifila sorriu-se toda quando foi avisada e aninhou-se no enredo da tocaia. À hora da ceia, requintou-se. Nunca suas bandejas, seus bules e seus açucareiros de prata tinham tido tal polimento. Nunca tirara tanta toalha de renda das arcas e das cômodas perfumadas a capim-cheiroso. Nunca seus guardanapos de linho tinham recebido tanta goma. E que fartura. Chá, chocolate, moscatéis, Madeiras, Portos. Os licores de França, da Hungria e os nacionais de pequi, tamarindo e jenipapo. E a abundância dos doces e dos sequilhos: língua de moça, marquinhas, veranistas, patinhas, creme virgem e tudo quanto é biscoito. Biscoitos à Cosme, espremidos, de queijo, de nata, de fubá, de polvilho, de araruta. E no meio da maior bandeja, a mais alta compoteira com o doce do dia — aparecendo todo escuro e lustroso, através das facetas do cristal grosso, de um pardo saboroso como o da banana mole, da pasta de caju, do colchão de passas com ameixas-pretas, do cascão de goiaba com rapadura. O comendador resplandecente destampou a compoteira: estava cheia, até as bordas, de merda viva! Nunca ninguém, jamais, ousara coisa igual. Nem a mulher do dr. Torres Homem. O próprio visconde, vaqueano das escaramuças com sua resoluta d. Paulita, em que ora ele, ora ela, puxavam a toalha da mesa, despedaçando louças e cristais e derramando jantares e almoços, o próprio visconde nunca vira nada de parecido. Ele, que enfrentara de guarda-chuva as durindanas de Deodoro e Floriano, ficou de bico calado e só pôde estender os braços para receber o compadre chorando convulsivamente, tremendo da cabeça aos pés, lívido da dor esquisita que lhe atravessava o peito, o estômago e banhado dum suor de agonia... Nunca mais sua casa recebeu ninguém até o dia 29 de outubro de 1896 — data em que suas portas se abriram para os amigos que lhe vinham velar o corpo, enquanto lá dentro, cercada das filhas e dos parentes, a Irifila uivava à morte... Não conheci o casal Iclirérico-Irifila senão de ouvir dizer. Mas conheci pessoalmente suas filhas, umas santas. Conheci suas netas, umas santas. Conheço minhas primas, suas bisnetas, umas santas. A toda a descendência o excelente comendador transmitiu sua bondade. Da Irifila ficou apenas a sombra no anedotário familiar.

Nascida a 6 de setembro de 1853, minha avó paterna casou-se aos dezessete anos. O marido tinha 27. Provavelmente começaram sua vida na mesma moradia da rua Senador Pompeu, para onde ela voltou depois de viúva. Uns poucos sobrados. O resto, dois renques de casas baixas com os *jacarés* apontando dos beirais, como arcabuzes, das ameias de uma fortaleza. As janelas, quase todas de veneziana basculante, eram de pouca altura e permitiam, quando abertas, que os conhecidos palestrassem com os de casa, debruçados da rua para dentro. Aqui e ali, pedaços de calçada; o mais, areia solta. A maior animação era pela manhã, quando, desde cedo, começavam as visitas recebidas pelo dono da casa na sala da frente e pela dona na sala de jantar — fronteira do seu domínio. Durante o dia, um ou outro passante, as raras carroças, cabras soltas fazendo tinir seus chocalhos e ecoar seus berros à reverberação do sol e da luz palpável. À noite, quase ninguém. Só as vozes e os passos da população sem cara das ruas noturnas. E as fatias de silêncio cada vez maiores — até que a madrugada fizesse romper a sinfonia provinciana.

Minha avó era linda. Linda de pele, de dentes, de cabelos, de corpo e do airoso porte. Linda — do pescoço serpentino como o da Simonetta Vespucia do quadro de Sandro Botticelli. Morena clara e de enormes olhos verdes. Os extraordinários olhos dos Pamplonas que, esmeraldinos como os dela, ou azuis, ou castanhos ou pretos, são sempre os mesmos — doces, rasgados, cheios das sugestões das coisas curvas e infinitas, lembrando a placidez das noites de lua e a distância de calmos mares. Esses olhos — de antropológica qualidade céltica, ibérica e lusíada, vieram da península com certo Hipólito Cassiano Pamplona. De geração em geração chegaram a seus bisnetos — minha avó e seus irmãos — e são os mesmos dos retratos dos primos de meu Pai: o belo Licurgo, a Zélia formosa, a Zaira altiva, a malfadada Zuleica e a tresloucada Zebina (Jocasta devolvida à vida pelo baraço rompido); e das fisionomias que eu conheci vivas de outras parentas e suas filhas — as Bezerra de Menezes, as Cascão e as Castelo Branco, que vão multiplicando e já puseram na nona geração, depois do português, os olhos antigos que amei no rosto de minha avó e da sua única filha que os herdou: Alice (santa, santa, santa era minha tia Alice!). Os anos engordaram, curvaram, deformaram minha avó, mas não prevaleceram contra seus olhos. Sexagenária, septuagenária, octogenária, ela os trazia cintilantes — não mais cabuchões inteiriços, mas mosaicos poliédricos — que assim partidos, facetados e fissurados pelo Tempo, davam novas superfícies de reflexão à luz e mais faiscavam na fisionomia a que emprestavam a incorruptível beleza que impressionava a todos. Só que a vida longa e as mortes muitas tinham dado à sua expressão aquele travo e aquele desmoronamento sentido por Elyezer Magalhães, quando — a igual distância da gafe e do cumprimento — lhe disse um dia: "Dona Nanoca, a senhora é uma bela ruína...". Ela contava sempre esse caso, rindo e tão agradada que logo se via que só guardara da frase desastrada o que nela havia de intenção lisonjeira e galante.

Adivinho a vida de minha avó pelo que eu vi na casa de suas filhas — que eram exímias na arte de terem seus dias cheios, como são cheias as horas nos conventos. Porque trabalho ordenado, obrigações em hora certa, deveres cronometrados e labutas pontuais prendem o corpo mais fortemente que cadeados e trancas. Sujeitam o pensamento solto. Anulam a divagação preguiçosa. Previnem a descida dos três degraus sucessivos da abominação: pensamento, palavra e obra. Essa virtude pelo horário é disciplina meio moçárabe, meio portuguesa, fixada nos costumes da boa burguesia do Norte. Menino, eu assisti a ela como prática não só de nossa casa, mas das de certos vizinhos e amigos mais íntimos cujas visitas femininas de noa e véspera eram motivo não de taramelagem, mas de ocupação em comum. Era assim na família cearense da Mundola Teixeira, na pernambucana da Santa Freire, na baiana da Alzira Nilo. Nunca vi minhas tias paternas banzando ou paradas e, se havia intervalos entre suas tarefas, elas os calafetavam — segundo o tamanho da intermitência — com um mistério, com um terço ou com um rosário inteiro. Essas vidas a que eu assisti me dão o retrato da de minha avó. Imagino que fora suas visitas à praça dos Voluntários, para ver a mãe que morava com sua filha Maria Pamplona de Arruda, mulher de Peregrino de Arruda; à rua Formosa, onde vivia a mana Adelaide, casada com Joaquim Feijó de Melo; às casas dos outros irmãos e irmãs — Iclirérico, Cândido, Itriclio, Rosa; às dos tios Souto e Nunes; à dos padrinhos, compadres, parentes e amigos como Severiano Ribeiro da Cunha, Joaquim Antônio da Silva Ferreira, Luís de Seixas Corrêa, João Crisóstomo da Silva Jatahy e Antônio Teodorico da Costa — os mais íntimos — a vida de d. Nanoca passava-se quase toda na oficina doméstica enquanto o marido lidava na sua casa comercial. E os dois tinham muito com que encher o tempo.

A vida começava com o sol, na casa de d. Nanoca. Segundo o velho costume de Fortaleza, as visitas afluíam de manhã. Havia que dar-lhes atenção, ao mesmo tempo que estar de olho na freguesia das mulheres e homens que vinham de Caucaia, Mucuripe, Porangaba e Mecejana com suas atas, cajus, mangabas e pitombas, com seus legumes e ovos, com seus beijus e carimãs, com seus caranguejos, camarões e peixes, com as cascas do juá, com o carvão e mais as cordas, fieiras, urupemas, quengas, abanos, cera e vassouras de carnaúba e as rendas, as redes, os crochês e os labirintos. Muita coisa não se comprava porque era feita em casa — até melhor. Mas os vendedores tinham de abrir seus cestos, seus baús, seus amarrados, seus embornais e suas aratacas para mostrar o que tinham, para as donas de casa apreçarem, para conversar e contar novidades, para trocá-las com outros mexericos.

As visitas entravam e saíam depressa, abancavam pouco, porque cada qual queria andar um instante ao sol daquelas ruas de Túnis e logo estar na sombra da própria casa para o almoço que era às nove. Depois dele, mais trabalho, pois era hora do introito da sacerdotisa doméstica diante das mesas e das prateleiras de madeira grossa — onde se acumulavam os vasos rituais: os potes, as jarras, os alguidares, as panelas, as canadas, todo o vasilhame de barro, de pedra, de louça, de vidro, de ferro, os tabuleiros de baraúna, as bandejas de latão, os tachos de cobre — onde ela, sacerdotisa, procedia às soluções, às filtragens, às decantações, às pulverizações, aos espoamentos, às misturas, às cocções, aos descansos e aos assentamentos. Alquimia fabulosa e bromatologia sem par da copa e da cozinha de d. Nanoca. Laboratório de onde saíam seus refrigerantes: cajuadas opalinas e adstringentes e seu leve aluá — não o de abacaxi, como em Minas, mas o da farinha de arroz ou de fubá fino, adoçado ao ponto e que, fermentado nos potes de barro, rebentava, na boca, em finas bolhas de quase vinho. Sua cozinha de sal com os sabores de Portugal, da Espanha, da França, da Itália, do mundo e mais o particular do Ceará, com os peixes no coco, cominho e pimenta; com a carne que ela curtia ao sol e que, velha de dias e semanas, sabia a carne viva e macia, servida com o cuscuz de fubá ou com o de arroz, com o pirão de farinha de aipim ou com a dita em farofa embolada na hora, com água fervendo e sal grosso. Suas sobremesas: beijus birorós de macaxeira e beijus sarapós de tapioca; banana seca da cor do ouro e com gosto de sol concentrado; caju seco, caju em calda, caju em pasta com fiapos da polpa e com as castanhas torradas; as jenipapadas a frio; as batidas. As divinas batidas...

"Batida", no Sul, é o aperitivo feito com pinga, limão, açúcar, a clara facultativa posta em neve, o gelo contado, pesado e medido e o gênio que transforma esses ingredientes pobres na bebida altiva e já simbólica, que não pode ter gosto nem cheiro da cachaça, do limão, do açúcar ou do ovo que nela entraram e passaram por mutação. "Batida", no Ceará, é uma rapadura especial, feita com melado sovado e arejado a colher de pau, até o ponto de açucarar. Com o que também perde o gosto de rapadura. Vira noutra coisa devido à versatilidade do açúcar, que é um em cada consistência, e que é ainda um a quente e outro a frio. Que é ostensivo ou discreto, acessório ou predominante, substantivo ou adjetivo segundo se combine ao duro, ao mole, ao líquido, ao pulverulento, ao pastoso, ao espumoso, ao sol e ao gel. Compor com o açúcar é como compor com a nota musical ou a cor, pois uma e outra variam e se desfiguram, configuram ou transfiguram segundo os outros sons e os outros tons que se lhes aproximam ou avizinham. É por isso que tudo que se faz com açúcar ou se mistura ao açúcar pede deste a forma especial e adequada — que favoreça a síntese do gosto.

A rapadura comum tem uma doçura imperiosa e profunda, quase igualada pela do mascavo. Quando umedecidos e um pouco passados, à doçura de ambos junta-se — levantando-a — tênue travo alcoólico. Isso se percebe um pouco menos no açúcar mulatinho. O melado, além de violência no gosto, tem o macio do veludo na consistência e ele que é lento e majestoso na tigela torna-se ágil na língua e adquire difusibilidade semelhante à dos queijos mais afinados e dos mais radiosos vinhos. Gosto e cheiro se combinam como em sentido único, diante da rapadura, do mascavo e do mulatinho. Gosto, cheiro e tato, no caso do melado. No princípio só tato, no fim só gosto quando se trata dos açúcares-cândi, cristalizado e refinado que começam, no dente, como vidro moído, areia grossa e poeira fina — para chegarem à língua em espumosa e gorda doçura. Cada açúcar no seu lugar, cada açúcar na sua hora. É por isto erro rudimentar querer classificar os açúcares em superiores, inferiores, de primeira, de segunda. Esse é o critério de quem os vende e não de quem os degusta. Só se pode fazer melado com rapadura. Só com ela se tempera café forte e autêntico. Só se pulveriza doce seco com o cristalizado. Só com o mulatinho se obtém o bom café-com-leite-de-açúcar-queimado. Para doce de coco, baba de moça e quindim — o refinado. Para o de mamão verde, idem. Idem, ainda, para a cocada branca seca ao sol e para a cocada em fita. Para as cocadas raladas de tabuleiro e de rua — açúcar preto. E assim por diante...

Se a batida do Ceará é uma rapadura diferente, a batida de minha avó Nanoca é para mim coisa à parte e funciona no meu sistema de paladar e evocação, talqualmente a madeleine da *tante* Léonie. Cheiro de mato, ar de chuva, ranger de porta, farfalhar de galhos ao vento noturno, chiar de resina na lenha dos fogões, gosto d'água de moringa nova — todos têm a sua madeleine. Só que ninguém a tinha explicado como Proust — desarmando implacavelmente, peça por peça, a mecânica lancinante desse processo mental. Posso comer qualquer doce, na simplicidade do ato e de espírito imóvel. A batida, não. A batida é viagem no tempo. Libro-me na sua forma, no seu cheiro, no seu sabor. Apresentam-se como pequenas pirâmides truncadas, mais compridas do que largas, lisas na parte de cima, que veio polida das paredes da forma, e mais áspera na de baixo, que esteve invertida e secando ao ar, protegida por palha de milho. Parecem lingotes da mina de Morro Velho, só que o seu ouro é menos mineral, mais orgânico e assemelha-se ao fosco quente de um braço moreno. Seu cheiro é intenso e expansivo, duma doçura penetrante, viva como um hálito e não se separa do gosto untuoso que difere do de todos os outros açúcares, pela variedade de gama do mesmo torrão, ora mais denso, ora mais espumoso, ora meio seco, ora melando — dominando todo o sentido da língua e ampliando-se pela garganta, ao nariz, para reassumir qualidade odorante, e aos ouvidos, para transformar-se em impressão melódica. Para mim, roçar os dentes num pedaço de batida é como esfregar a lâmpada de Aladim — abrir os batentes do maravilhoso. Reintegro imediatamente a rua Aristides Lobo, no Rio; a Direita, em Juiz de Fora; a Januária, em Belo Horizonte — onde chegavam do Norte os caixotes mandados por d. Nanoca com seus presentes para os netos. Docemente mastigo, enquanto uma longa fila de sombras vem dos cemitérios para tomar o seu lugar ao sol das ruas e à sombra das salas amigas: passam lá fora o coronel Germano e d. Adelina Corroti numa conversa de palavras sem som. Meu Pai entra sorrindo e seus pés não fazem barulho na escada. Minha Mãe chega em silêncio e tira duma jarra um molho de cravinas translúcidas para pôr no coque. A vida recomeça como a projeção (no vácuo!) de um filme do cinema mudo.

O céu, sem uma nuvem, é lindo e desolado como um deserto. Pesa o sol a pino despejando luz tão branca e densa que se tem a impressão de vê-la descer em lenta pulverulência. O calor do meio-dia seria insuportável sem o vento que não para. Ele entra pelas portas e janelas abertas — em corrente, em tromba, em golpes, em lufadas e rodamoinhos e numa de suas rajadas chega o moreno amado, vestido de claro, colarinho largo e o vasto chapéu Manilha que lhe empastou, na testa, a cabeleira revolta. É a hora da sesta e do café depois da metade do seu trabalho. Encontra tudo pronto para seu repouso de emir, de jovem soberano. A alcova fechada conservou a doçura da noite. A rede é branca e fresca na penumbra. Oscila, no início, fortemente, com o corpo que se atravessa e deu impulso para o balanço. Adejam suas varandas de crochê, estalam as cordas que prolongam seus punhos, rangem seus armadores e ela vai e vem — no princípio com embalos rápidos e amplos que aos poucos se tornam mais vagarosos e vão cessando, à medida que o ruído contínuo dos ganchos se substitui por estalos retesos que se espaçam, até que o mundo estaque e as pálpebras fechem.

Fora da camarinha também tudo parou. O vento ficou esperando, amarrado na soleira da porta. A esposa anda de meias (o rei está repousando), as criadas deslizam descalças (o moço patriarca dorme). Solidifica-se o silêncio enorme que parece feito de cera plasmável onde ficaram grudados os ruídos-lares que dentro em pouco vão ser libertados. É a hora em que d. Nanoca e Minha-Joana, sua mulata de confiança, reúnem as criadas e o cabra para o terço nos banquinhos do terreiro — partilhando uma religião simples como a água e o pão. Rezas saindo quase sem palavras, só modeladas pelos lábios. Mímica do pelo-sinal e do nome do padre. A lamparina de dia e de noite, queimando diante do oratório. Nosso Senhor percebido pela sensibilidade, ignorado pela inteligência, vivendo na alma e na boca (Se Deus quiser! Deus é grande! Graças a Deus! Vá com Deus! Deus o perdoe! Deus o favoreça! Deus o tenha! Deus lhe fale n'alma! Valha-me Deus!). Religião da família de meu Pai: com muito Deus e pouco padre, muito céu e pouca igreja, muita prece e pouca missa.

Mas acorda o príncipe. Ao mesmo tempo derrete-se o silêncio e começam a despencar as notas da sinfonia doméstica onde se combinam os ritmos que se anteciparam às baterias de jazz: há passos no chão, palavras e risos no ar, raspar de ralos, almofarizes socando, chiar de moendas, metais areando, ribombo de roupa sovada na tina, feijão voltando do alto e tamborilando nas peneiras. O príncipe acorda para o café ritual. O grão, cuidadosamente escolhido, foi queimado pela manhã e vai ser pulverizado na hora, não em moinhos, como se usa entre os bárbaros, mas no pilão. A semente, torrada, deu ao seu côncavo um pardo quente e *mordoré*, *lustroso* da *mão* que também envernizou de tanto pisar. Sua batida começa surda e áspera, no fundo. Fica depois alta e clara, conforme persegue os grãos quebrados que se levantam nas bordas. Novamente surda e fofa, quando o pó se afina por igual e fica todo leve e oloroso. Uma colher de pau para cada meio litro d'água. Água da serra ou água virgem de chuva — nunca água salobra de cacimba. Mexe-se e, na primeira fervura, tira-se do fogo para passar. Não num saco, como no Sul, mas num guardanapo de que cada dois cantos são seguros por uma das mãos de quem vai torcer. Mal despejada a mistura fervendo, por uma das deusas escuras da cozinha, começa a outra a enrolar de fora para dentro, o lado esquerdo do pano e de dentro para fora, o seu lado direito, esticando-o como se faz a um corrupio, apertando cada vez mais a borra — até espremer as últimas gotas que saem como verdadeira tinta. Esse movimento pede destreza de pelotiqueiro e as mãos não se molham no trabalho antagônico, cuja dificuldade acarreta sincinesias do torso que ondula, das nádegas que se empinam, dos seios-pombos e dos braços. Cor de bronze, eles se arredondam como alças de ânfora — levantados, abaixados, projetados para diante, com tal velocidade que é como se de cada um dos seus cotovelos bífidos saíssem os dois antebraços da Civa Vinadhara. Quando a bailarina de muitas mãos termina a tarefa, está quente do esforço e suas axilas embalsamam o ar com veemência semelhante à do café fresco que ela acabou de fazer.

 O vento tornou a levar-lhe o marido e d. Nanoca volta à sua indústria doméstica. Fabrica as velas de cera de carnaúba; prepara o pó amarelo da casca de juá que, espumoso e amargo, é o dentifrício familiar; cuida dos engomados; adianta seus crochês — toalhas e varandas de rede; urde seus crivos, labirintos e puças. Zela pelas águas. Porque essa irmã da natureza é também preocupação de dona de casa. Onde ela escasseia e é rara, torna-se sobretudo preciosa e tem de ser entesourada quando desce do céu, cuidada quando sobe da terra. Do chão ela vem de poço, muitas vezes um só para duas casas e cortado por um arco do muro divisório. Rivalizam as vizinhas em manter livre de poluições a cacimba comum — bem tampada, limpa de martelos, calangos e caramujos. Do céu, ela vem nas chuvas de Deus. As coberturas das casas de Fortaleza, que dão para as áreas internas e para os terreiros — como as de Pompeia —, têm uma queda que facilita a colheita das bátegas em grandes talhas que servem de reservatório. Deixa-se passarem as primeiras pancadas que trazem o pó do ar e lavam o dos telhados. Colhem-se então as últimas — as vivas e mais puras. É o cabra que limpa as calhas, escuma o poço e cuida das talhas sob o olhar vigilante da senhora das águas.

Tudo está pronto na casa nítida, à hora em que vão chegando d. Maria Palácio Pamplona e d. Rosa Alexandrina de Barros Palácio, mãe e tia de d. Nanoca e mais sua irmã d. Maria Pamplona de Arruda e as primas d. Emília e d. Adelaide Nunes. Elas se juntam praticamente todos os dias, ora na casa de uma, ora na casa de outra, para se entregarem em comum ao artesanato familiar, à arte ancestral de rendeiras — aperfeiçoada e apurada de mãe a filha. De mãe a filha passam também os desenhos com as hipérboles, as espirais, as parábolas e as elipses imitando os pontos de Inglaterra, de Alençon, de Veneza, de Malines, do Reino que vão aparecer nas curvas, nas órbitas, nas radiais e nos arcos da "cobra doida", do "rabo de pato", do "cu de pinto", da "espinha de peixe", da "sobrancelha", do "siri", do "repinico", do "olho de pombo", da "escada de palácio" e da "espuma do mar". Curiosos nomes e pictóricos, de modelos clássicos de rendas do Norte, sobretudo o último que sugere alvas praias, rebentar de ondas, esteiras de barcos estendendo em fundo verde-azul os lavores do mister de origem transoceânica. Passam, como herança, os "papelões" onde esses desenhos tomam vida no *pinicado* em que se trança a linha e em que se apertam os pontos de segurança, nos alfinetes ou nos espinhos de cardeiro firmados no modelo. Passam também de mãe a filha os bilros secos do tempo, lustrosos do manuseio, tanto melhores quanto mais pesados. Por isso, são preferidos os feitos com uma haste de madeira introduzida no caroço de chumbo da macaúba — como os que possui minha prima Rachel de Queiroz e que lhe vieram, de geração em geração, polidos pelas mãos de sua avó Miliquinha. Outros são mais belos do que estes, sem ser tão bons, torneados ou esculpidos na aroeira, no pau-d'arco, no mofumbo.

As senhoras estão sentadas em banquinhos baixos diante de suas almofadas — na varanda de telha-vã ou à sombra das mangueiras do terreiro. Suas mãos seguram punhados de bilros que são atirados dum lado para o outro e que se encontram em percussões que lembram o som de marimbas ou o de gotas de água pingando do alto. Acumulam-se em ganchos à direita e à esquerda e vão sendo sempre trocados pelos dedos malabares que não param. Nasce a renda como uma espuma,

uma teia, um aljôfar, um arabesco, uma guirlanda. O ritmo de seu desenho é acompanhado pela cantiga de bocas quase fechadas, inspirada às rendeiras — pela cadência do trabalho, pela trama que se estende como pauta musical e pelo acompanhamento firme dos bilros que estalam como castanholas.

> That skull had a tongue in it, and could sing [...].
> SHAKESPEARE, *Hamlet*

O lusíada Hipólito Cassiano Pamplona era casado com d. Brígida Leonarda da Silva. Foram pais do ilhéu João Tibúrcio Pamplona, natural de Angra, na Terceira, que veio no século XVIII para Santa Cruz do Aracati, onde convolou em justas núpcias com Francisca Rodrigues — a formosa e decantada "d. Chica do Aracati". Entre os filhos destes contava-se meu bisavô, Cândido José Pamplona, nascido naquela vila a 3 de outubro de 1807 e falecido na Fortaleza, a 17 de setembro de 1865. Foi aí tabelião público e de notas. Salvador de Souza Brasil era outro ilhéu, de São Miguel, terra também de sua mulher, d. Teresa Joaquina. Estes eram os pais de d. Antônia de Sousa, mulher do mestre de campo Pedro José da Costa Barros, português de Ponte de Lima (chamado "o Velho", para distinguir do filho homônimo e ilustre — primeiro presidente da província do Ceará e valido do imperador d. Pedro I). A filha destes, d. Antônia Teresa de Barros, foi casada com Manuel Joaquim Palácio. Deles nasceu minha bisavó d. Maria de Barros Palácio, mulher de Cândido José Pamplona. Os últimos, além de minha avó que era a caçula — honrando a tradição coelheira do genuíno touro cearense —, fabricaram outros vinte filhos. O mais velho chamou-se Iclirérico Narbal Pamplona (Lequinho) e foi casado com sua prima Irifila. Vieram depois Cândido Narbal (Candinho), casado sucessivamente com duas irmãs, Zaira e Joana, também suas primas; Adelaide Cândida (Maninha), casada com seu primo Joaquim Feijó de Melo; Itriclio Narbal, exogâmico, casado com Maria da Silveira; Flávio, casado com sua sobrinha Irifila, segunda do nome, mas só conhecida pelo apelido menos rebarbativo de Neném; Rosa (Rosinha), casada com José Pinto; Maria (Marout), casada com Peregrino Arruda. Durval e Frederico morreram solteiros. Os outros, entre os quais três de nome Asclepíades — anjinhos. Além dessas consanguinidades, outras vieram, com casamentos de primos, filhos de sobrinha e tio e de primo e prima, formando um tecido de parentescos tão intrincado que só linhagistas do porte do tio Itriclio eram capazes de desfiar. Mas desfiar tão somente para explicar, porque era impossível separar os fios da trama doméstica dessa gente mais unida que unha e carne. Frequentavam os amigos, recebiam os amigos — decerto! — mas o tempo lhes era pouco para o corrilho familiar e os serões eram passados na casa da mãe viúva, que morava com a irmã solteirona d. Rosa Alexandrina de Barros Palácio (Loló), na de um ou outro dos irmãos, na dos tios dos dois lados, na dos primos, dos cognados, dos agnados, dos afins, dos compadres, dos afilhados. Mas a sede dessas reuniões era, mais frequentemente, o amplo sobrado de salas e calçadas hospitaleiras da rua Formosa 86, onde residia e tinha o cartório herdado do sogro — o tabelião Joaquim Feijó de Melo.

Os mortos... Suas casas mortas... Parece impossível sua evocação completa porque de coisas e pessoas só ficam lembranças fragmentárias. Entretanto, pode-se tentar a recomposição de um grupo familiar desaparecido usando como material esse riso de filha que repete o riso materno; essa entonação de voz que a neta recebeu da avó, a tradição que prolonga no tempo a conversa de bocas há muito abafadas por um punhado de terra (— Tinham uma língua, tinham... Falavam e cantavam...); esse jeito de ser hereditário que vemos nos vivos repetindo o retrato meio apagado dos parentes defuntos; o fascinante jogo da adivinhação dos traços destes pela manobra da exclusão. Um exemplo, para esclarecer a frase obscura: minha prima Teresa Albano Ferreira Machado — que não se parece com o pai, nem com a mãe, tampouco com os irmãos — é ver nosso parente Sílvio Froes Abreu. Eles nem se conhecem e nunca explicariam tal semelhança. Mas eu subo anos afora, partindo de Teresa. Chego a sua mãe, Maria Alice, a sua avó Maria Luna, a sua bisavó Cândida, a sua tataravó Ana Cândida, a sua quarta avó Maria de Barros Palácio, a seus quintos avós Manoel Joaquim Palácio e Antônia Teresa de Barros. Desço à outra filha deles, mulher de José Bonifácio Abreu, pais de João da Cruz Abreu, pai de Sílvio Froes Abreu, que não se parece com este, nem com a mãe Froes, nem com o irmão Mário — mas que reproduz traço por traço o rosto de uma prima no sexto grau civil e no décimo canônico. Máscara comum que eles tiraram magicamente do

Tempo. Máscara aquilina, dolicocéfala e rara que eu coloco nos Barros porque, por técnica idêntica, dela posso excluir os Palácio que repontam com mais frequência em outros parentes braquicéfalos e de cara angulosa. Como motivo musical de sonata — longamente oculto mas sempre pressentido — surge, depois de dois séculos, a cabeça de d. Antônia Teresa de Barros prosseguindo, incorruptível, imutável e eterna nas suas reencarnações. Agora, neste preciso e transitório instante, a órbita do cometa tocou seus descendentes Sílvio e outra Teresa. Com mão paciente vamos compondo o *puzzle* de uma paisagem que é impossível completar porque as peças que faltam deixam buracos nos céus, hiatos nas águas, rombos nos sorrisos, furos nas silhuetas interrompidas e nos peitos que se abrem no vácuo — como vitrais fraturados (onde no burel de um santo vemos — lá fora! — céus profundos, árvores ramalhando ao vento, aviões, nuvens e aves fugindo), como aqueles recortes que suprimem os limites do real e do irreal nas telas oníricas de Salvador Dalí. Um fato deixa entrever uma vida; uma palavra, um caráter. Mas que constância prodigiosa é preciso para semelhante recriação. E que experiência... A mesma de Cuvier partindo de um dente para construir a mandíbula inevitável, o crânio obrigatório, a coluna vertebral decorrente e, osso por osso, o esqueleto da besta. A mesma do arqueólogo que da curva de um pedaço de jarro conclui de sua forma restante, de sua altura, de suas asas, que ele vai reconstruir em gesso para nele encastoar o pedaço de louça que o completa e nele se completa.

Para recompor os quadros de minha família paterna tenho o que ouvi de minha avó, de meus tios-avós Itriclio e Marout, das irmãs de meu Pai, de algumas primas mais velhas. Uns retratos. Umas folhas de receituário de meu primo Carlos Feijó da Costa Ribeiro com genealogias registradas por ele. Cartas. Cadernos de datas de meu avô Pedro da Silva Nava e de meu tio Antônio Salles. Notas diárias da mulher deste, Alice. Daí tenho de partir como Cuvier do dente e o ceramista do caco. No mais, há que ter confiança no instinto profundo de minha alma, de minha carne, do meu coração — que rejeitam como coisa estranha o que sentem que não é verdade ou que não pode ser verdade. Há também os objetos... Essa tela de Nossa Senhora com o Menino (barbaramente restaurada por nossa prima Cotinha Belchior) pertenceu a minha avó, que explicou, vendo meu interesse pela pintura: "Essa é Nossa Senhora da Divina Providência. Foi de minha tia Loló. Está na família há bem trezentos anos...". Um quadro conservado três séculos e o fato de se saber disto, depois das nove gerações comportadas por esse prazo, mostram uma estabilidade de posição social (mesmo modesta!), um espírito tradicionalista, um respeito pelo passado e pelo antepassado que podem ser atestados, jurados e historiados. Sobretudo porque eu vi a contraprova dessas categorias na polidez, na cerimônia, no decoro, na reserva, no apuro e na decantação da elegância moral de minha gente paterna. Esse marquês de Saxe, inclinado no seu pedestal de porcelana, só podia estar fazendo mesura à marquesa simétrica, cujos pedaços já se enterraram na mesma terra insaciável que tem os ossos de seus donos. Devia ser o mais belo objeto da casa clara e pobre de minha tia Marout, mulher do latinista e mestre de português Peregrino Arruda. Estariam em cima de dois dunquerques, um de cada lado do sofá, encimados pelo espelho, ao centro, e pelos retratos a óleo que estão também em minhas mãos, de Cândido José Pamplona e de sua mulher, d. Maria de Barros Palácio Pamplona. Ele, com os olhos imensos da família (no seu caso azuis), a face em curvas de mansas digestões, o nariz cheio, o lábio sensual, os cabelos ainda escuros, mas todo grisalho o colar da barba passa-piolho. E a gravata de três voltas, o fio de ouro da luneta. Tão ilhéu, tão português, tão branco, que parecia estar chegando naquele instante da ilha do pai e da província do avô. Ela, de olhos castanhos, miúdos e vivos, os bandós apartados, a fisionomia agradável mas angulosa, queixo adiantado, boca funda e maçãs um pouco salientes — traindo a mistura do sangue da terra ao dentre Douro e Minho dos Costa Barros. Outra tela oval: a que representa a mãe de Cândido, d. Chica do Aracati, pelos seus setenta a oitenta, vestida à moda de 1850. Os cabelos totalmente brancos estão toucados de flores, guarnecidos de fitas negras e penteados como os da imperatriz Teresa Cristina. A raia que os abre ao meio está nos altos de uma testa imensa. O rosto é triste e dormente, uma fadiga curva seus ombros vestidos de seda preta. O retrato me deixa entrar noutra casa, a de sua neta Adelaide Nunes — de onde ele veio para a minha. Essa louça clara de Vista Alegre fazia um serviço tão numeroso que pôde ser dividido em aparelhos sem conta. Uns continuam no Ceará, onde bisnetas de d. Nanoca mantêm sua tradição de rara culinária. Outros estão em São Paulo, em Minas, no Rio — impregnando as finas rachaduras da velha porcelana com o tempero do cuscuz, da gordura do lombo com tutu e couve, dos caldos incandescentes da peixada à Leão Veloso. Esse aparador de madeira clara, todo torneado e lavrado, tinha seu par noutro igual. Por ele se imagina o guarda-louça que o acompanhava e o tamanho da mesa patriarcal da sala de jantar de meus bisavós, onde batia este relógio de repetição cujas horas estou ouvindo e cujos ponteiros negros vêm há 140 anos rodando sobre nossos nascimentos, batizados, casamentos, mortes e enterramentos. Nesse canapé esteve esticado meu avô, no dia 31 de maio de 1880, antes de o deitarem no caixão de onde tirei seus ossos de bronze 65 anos depois.

Não preciso recriar o sobrado de Joaquim Feijó de Melo porque este eu conheci. Basta recordar. Nele entrei pela primeira vez, em 1905, com pouco mais de dois anos, quando fui ao Ceará para me batizar. Não tenho dessa viagem senão a vaga recordação da forma de uma escotilha — redonda e duramente luminosa, feito lâmpada cialítica — e, do lado de fora, alguma coisa oscilando como o ponteiro dum metrônomo, ponta de madeira e pano, decerto mastro de falua encostada em navio atracado. Dizia minha Mãe que era preciso não me perder de vista nem um instante, pois tudo que me caía às mãos (comida, uma pulseira, vários sapatos, roupa, um par de brincos de coral, escovas, todas as chaves das malas, duas bengalas, vários livros) era imediatamente atirado pelas escotilhas ou bordo acima — para meus amigos delfins e peixes-voadores. Nunca conheci madrinha de carregar, pois fui para o batismo com minhas próprias pernas, andando o trecho da rua Formosa que vai até a Santa Casa de Misericórdia, em cuja capela recebi (em nome do Padre, do Filho e do Espírito Santo) o sal, o óleo, a saliva, a afusão e o nome de meu avô. Foram meus padrinhos a mãe e o padrasto do meu Pai. Não guardei lembrança, mas devo ter conservado no recôndito de minhas células a influência profunda das frutas da terra que, para terror de minha Mãe, minha avó me deixava comer até perder a respiração. Nu em pelo, para não manchar a roupa, eu ficava sentado na areia do terreiro, devorando pilhas de mangas e cajus. Quando não podia mais, quando já estava em ponto de arroto, regurgitação e vômito, besuntado dos pés à cabeça do caldo dourado e doce, vinha minha avó (para renovada angústia de minha Mãe, temente das câmaras de sangue, dos catarros e do estupor) com um regador de água fria e me enxaguava torrencialmente. Em fevereiro de 1919 voltei à rua Formosa (que já não era mais Formosa, mas Barão do Rio Branco) em viagem ao Ceará para conhecer melhor a mãe de meu Pai. Já era com Deus o velho Feijó, falecido a 21 de outubro de 1917. Na casa moravam minha avó, sua irmã Marout, suas filhas Dinorá e Alice, seu genro, marido da última, Antônio Salles. Como era simples, acolhedor e pacífico o sobrado de minha avó! Todo aberto ao sol, aos ventos, aos pregões, às visitas, aos mendigos. Um corredor lateral ia da rua à sala de jantar. Público como outra rua. Por ele se entrava para a loja da frente, então escritório de tio Salles e antigo cartório do velho Feijó. Desta sala ia-se também para o fundo, por outra galeria interna. As duas passagens ladeavam as alcovas de baixo e davam na imensa sala de jantar. Ali é que se juntava a família — nas cadeiras austríacas, nas de balanço, nas espreguiçadeiras e no enorme canapé em cima do qual o ar conservava a moldagem negativa do jacente de meu avô. A sala de jantar abria por várias portas para a varanda em forma de ele maiúsculo em cuja haste se abriam a camarinha de d. Nanoca (a luz perene do oratório faiscando nos ouros dos mantos e na prata da auréola dos santos), novos quartos, banheiros, despensa, copa, cozinha. Do primeiro corredor subia a escada para o andar de cima, com a sala de visitas, uma varanda para a rua, outra alcova, outros quartos. Na sala, bela mobília de jacarandá rosado — medalhão e palhinha, mesa de mármore central, dunquerques com jarros de porcelana cheios de flores também de porcelana, tudo recoberto por redomas de cristal. Na parede, os retratos de meus avós por Vienot, à época do casamento. Em cima, só esta sala era forrada. Os quartos, segundo impunha o clima da terra, de telha-vã. Esse andar era assoalhado com tábuas corridas de pinho-de-riga. O térreo, revestido de ladrilhos hexagonais em cerâmica vermelha e esse chão era todo desigual de nível (velha casa construída sobre areias), de modo que ao andar tinha-se uma sensação de solo impreciso onde aqui e ali falhava o pé. Anos depois tive a mesma insegurança em Veneza, caminhando no pavimento de São Marcos — que parece movediço, como se prolongasse a ondulação da laguna. Tive aí estranha impressão. Olhava os mosaicos da cúpula e as figuras da "Ascensão" me faziam pensar em d. Nanoca. A "História de são Marcos", a "Glória do paraíso", o "Julgamento final", e lembrava o Ceará. A "Pala d'oro"; e ocorria-me a reverberação das areias do Mucuripe. Parado, eu estava em Veneza. Se começava a andar, sentia-me em Fortaleza. Subitamente percebi o que suscitava a associação de ideias bizarra e dissonante. O chão. Era o chão de São Marcos que obrigava a posições que me transmitiam aos ossos e tendões atitudes especiais de equilíbrio que eu tinha executado pela primeira vez na rua Formosa 86 e que me passavam da medula às camadas conscientes do cérebro, devolvendo-me as primeiras comparações nascidas de um piso aqui elevado, ali deprimido — como superfície de águas ondulando à brisa que subitamente se petrificasse. Em 1959 voltei ao Ceará para dar um curso na sua Universidade. Fui novamente ver a casa de minha avó. De todos os que eu vira ali em 1919, só estava viva minha tia Alice. Minha avó, morta. Marout, morta. Tia Dinorá, morta. Maria, morta. Joaquim Antônio, morto. Tia Candoca, morta. Tio Salles, morto. Não entrei na casa, morta também, morta e fechada, assombrada, muda, transformada em depósito de madeiras. Olhei longamente sua fachada, suas janelas zarolhas, suas portas cerradas, as paredes outrora de um verde alegre como o das ondas, e agora de uma cor amarela e carcomida de caveira. Povoei suas salas como faço agora, das sombras que conheci ou de que ouvi contar os casos. Nesse maravilhoso prestígio, todas entram e chegam ali como dantes — vivas, cheias de risos e de falas e de ruídos, tal como quando meu avô e minha avó vinham passar seus alegres serões na casa fraternal e acolhedora. Vão chegando, entrando, abancando para o gamão (o belo jogo do Feijó era todo de madeiras raras e com tentos de marfim!), ou em torno à mesa de jantar onde já estava, para quem queria, o clássico leite endurecido usado na terra para repasto noturno — a ancestral coalhada de lapada.

Tudo concorria para a cordialidade, a boa convivência e a palestra deleitável. A cortesia. O bom nível intelectual da família. Principalmente o temperamento Pamplona — susceptível, emotivo, fantasista, imaginoso e exaltado. Quase todos viviam na permanência de uma situação superlativa. Só se referiam à mais leve brisa como a um vendaval. Dois ou três degraus eram sempre escadaria. Não havia chuvisco que não fosse dilúvio. Pé de tiririca que não figurasse de matagal. Voo de pássaro isolado que deixasse de ser descrito como revoada. Meia dúzia de gatos-pingados discutindo numa esquina virava logo multidão ululante pelas ruas. Viver nesse exagero perene fazia refletir no microcosmo o que se atribuía ao macrocosmo — donde certo estado de pânico que era a constante da família. Assim, na maioria dos seus integrantes, não havia botão de acne que não fosse câncer (câncer, não! cancro, que era como se dizia na época), resfriado que não fosse *phtysica*, piriri que não fosse logo fluxo desatado das evacuações alvinas do cólera indiano. Essa ideia do cataclismo trazia consigo uma espécie de hábito a ele que se sublimava em resignação antecipada à desgraça. E quando ela vinha mesmo, era recebida como se fosse uma prova da preferência do Senhor para com seu servo Jó. Depois da resignação vinha uma certa emulação e cada um queria ter o orgulho da maior vexação. Nesse terreno ninguém levava a palma ao Itriclio. "Quando Deus me mandou a cegueira...", gritava ele. Realmente sua órbita direita era vazia e nela cintilava um olho de vidro. Essa calota de louça era imóvel, fixa, dura e luzia como joia, como a estrela-d'alva, dentro das pálpebras que não piscavam. Contrastava com o lado são, que se esbatia suavemente no azulado opalescente do arco senil e que estava sempre lacrimejando, como se fosse desfazer-se. Ninguém conseguia sustentar aquele olhar estranho feito da mistura de uma expressão doce vinda da esquerda e de uma expressão iracunda vinda da direita. "Quando Deus quis mais um anjo e deixou minha neta Zuleica morrer queimadinha..." Zuleica era pequenina, pequenina, quando subiu numa cadeira, desta para cima de uma cômoda, alcançou prateleira donde tirou uma caixa de fósforos que foi riscando. Pressentindo gente, quis escondê-los debaixo do vestido a que um, aceso, transmitiu o fogo em que a pobrezinha ardeu. Ainda se ele dissesse que a neta morrera queimada... Mas não, era queimadinha! — e esse diminutivo cortava o coração de toda a gente... Havia um silêncio e o Itriclio tirava do bolso a boceta, enchia as ventas de rapé, espirrava e enxugava as lágrimas e as pituítas do nariz. Não venho forçando tipo de meu tio-avô. Conheci-o muito velho e estou a ver-lhe a cabeça chata de cearense, os cabelos e a barba de prata, o chapéu-coco, o guarda-chuva desenrolado (que lembrava as pregas da batina de um padre famélico) e o fraque marrom sob cujas asas de barata ficava aberto, preso do cós das calças — para secar —, o lenço vermelho de Alcobaça. Lembro-lhe as narinas dilatadas pelo vício, a unha enorme e negra do polegar direito que servia de espátula, para levar o pó ao nariz, a morrinha que lhe dava esse costume, seus espirros e seu jeito de ficar girando nas mãos, antes de abri-la para tirar a pitada, a prodigiosa caixa de ouro que lhe viera da mãe, que a tinha como joia hereditária dos Costa Barros. Pois essa boceta de ouro, mais o pateque de ouro, mais o grilhão de ouro e mais a carteira, se lhe evaporaram dos bolsos, na praça da Bandeira, uma noite em que ele se retardara em nossa casa de Aristides Lobo e que um mulato delicadíssimo e cheio de melífluas falas ajudou-o a subir no *Piedade*, deu-lhe as boas-noites, desejou-lhe bom fim de semana, disse que não tinha de quê, que estava sempre às ordens e pulou do bonde como um gato quando este entrava, à toda, na rua Mariz e Barros.

No que ninguém podia com o Itriclio era na memória. Essa prenda fazia dele o linhagista da família. Ia às suas raízes na Colônia, nas ilhas, no Reino, explicava os colaterais e vinha, de galho em galho, deslindando consanguinidades e graus de parentesco. Por ele é que se sabia das contendas de seus tios-avós Pedro José da Costa Barros ("capitão-mor na Colônia, mas coronel no Império..." — esclarecia), monarquista ferrenho, sempre em luta acesa com o irmão, padre José da Costa Barros ("O que batizou José de Alencar!" — acrescentava), sacerdote liberal, republicano incorrigível e amigo do reverendo Alencar. Sabia de cor as poesias dos primos que tinham a "mente às musas dada", como o médico e poeta Antônio Manoel da Costa Barros e a poetisa Úrsula Garcia da Costa Barros. Referia com soberba que nós éramos para mandar e não para mandados, exemplificando com Frederico Augusto Pamplona, que governara o Ceará e o Rio Grande do Norte, e com Pedro José da Costa Barros, que presidira o Ceará e o Maranhão. Exaltava-se orgulhosamente com o brilho do segundo Hipólito Cassiano Pamplona, desembargador egrégio de duas Relações — a de sua província natal e a de Minas — onde os acórdãos que ele relatara tinham criado jurisprudência e viviam na boca dos Saraivas e dos Tinocos. Homem brando e inimigo de violências, referia com entusiasmo mitigado as façanhas de outro parente, José Amintas da Costa Barros, valentão conhecido que Belona prepararia para ser um dia o braço direito do general Carneiro, a cujo lado sucumbira, em 1894, no cerco da Lapa — peneirado de balas e aberto a cutiladas. Tornava à ufania para enumerar os cavalheiros professos da Ordem Militar de Cristo e os moços fidalgos da Casa Real com que contava a família. Mas no que o Itriclio era verdadeiramente imbatível era no deslindar parentescos. Por exemplo, a complicação que eram a mistura e as ligações dos Liberato Barroso, Feijó de Melo e Pamplona. E dentro destes últimos, as charadas armadas pelos casamentos de tios e sobrinhas, primos e primas. Gozava o pasmo dos interlocutores quando aclarava. "Não há nada de complicado... É só prestar um pouco de atenção que se compreendem logo os graus de primo decorrentes do fato da sinhá ser nora de um tio-avô e de uma prima segunda... A Pequenina é prima-irmã do marido, irmã da sogra e nora de seu tio... O caso da Adélia, da Maria Zaira e do Queco já é mais difícil porque eles, além de netos, são sobrinhos-netos do avô, netos de uma tia, primos dos pais e dos próprios irmãos. Já o da Neném, concordo que é complicado porque ela, como sobrinha do marido, é nora dos avós, tia dos primos-irmãos, cunhada dos tios, sobrinha da irmã, cunhada do pai e concunhada da mãe..." E sorria, enfunado, planando alto, ao pasmo dos circunstantes. E bumba! mais uma pá de rapé de venta adentro.

Além de genealogista, o tio Itriclio era um hábil curão. Vivia sugerindo tratamento, receitando mezinhas e aconselhando as pílulas de Matos (invenção milagrosa do boticário cearense Antônio José de Matos). Não estou longe de imaginar que a vocação médica de meu Pai — filho de comerciante, enteado de notário — tivesse vindo do contato com seu tio. Hábil carimbamba, eu ainda o vi tratando do Chiquinho, filho do bravo major Mendes, que era nosso vizinho e aparentado do dr. Duarte de Abreu — este, comensal, amigo e mentor político de meu Pai. Retrospectivamente, faço o diagnóstico do menino que regulava idade comigo: *reliquats* benignos de paralisia infantil. Porque eu fosse companheiro do garoto, o velho Itriclio vinha me buscar, diariamente, para ir com ele até o largo do Bispo, onde era a casa do major. Este era um homem de cara vegetal e redonda, vermelha como um tomate. Tinha um pelego de cabelos crespos e grisalhos que vinha, praticamente, até as sobrancelhas, deixando só uma nesga de testa — sumidouro onde a grenha mergulhava, para reaparecer nas duas volutas de uma bigodeira espessa e retorcida como rosca. O digno militar, velho aluno de Benjamim Constant, tinha ideias próprias onde se combinavam perfeitamente postulados positivistas, revelações da teosofia e prescrições místico-sanitárias da *Christian science*. Era admirador do padre Kneipp, devoto de Raspail, sequaz das teorias de Hahnemann e infenso à alopatia. Saindo destas bases, era inevitável sua crença numa panaceia. Esta, para o velho Itriclio, era a banha da cobra cascavel, que ele recebia diretamente do Ceará — porque só servia a boa, a verdadeira, a do Aracati. Essa banha curava os reumatismos, depurava os humores, fortalecia os músculos, limpava a vista, desanuviava as ideias, dissipava a melancolia, levantava os corações, descarregava os rins, desopilava o fígado e era um porrete nas perclusões. Segundo meu tio-avô, nem era preciso dá-la internamente. Bastava a aplicação externa porque ela entrava pelo tegumento graças a uma finura superior à do azougue. "Tão fina" — dizia ele — "que, posta na palma, dentro de minutos atravessa pele, nervos, ossos e começa a pingar pelas costas da mão..." Sempre que fazia uma afirmação destas, como sempre que ultrapassava os limites do verossímil, para entrar no terreno da fantasia — o grande Itriclio punha o interlocutor no raio do olho são, mas este, alumbrado, só sentia assestada sobre ele a pontaria ofuscante do de vidro que parecia ficar tanto mais luminoso e adquirir reverberação tanto mais insuportável, quanto mais abracadabrante era o caso que ele sacava. Nessas ocasiões, como quando o tio queria entrar na confidência de casos amorosos, na relação de mulatas inefáveis com que ele cruzava na rua do Matoso e que o punham tentado a passar-se a segundas núpcias — só o nosso ponderoso e austero primo médico, o dr. João da Cruz Abreu, ousava adverti-lo: "Seu Itriclio, seu Itriclio, vamos falar de modo sério e cuidar de coisas sérias...". Mas acontece que o major Mendes aceitou avidamente as teorias terapêuticas do velho cearense, despachou o falante dr. Austregésilo, mandou passear o taciturno dr. Pinto Portela e entregou-lhe o tratamento do filho. Como disse, assisti a várias dessas sessões terapêuticas. Eram longas massagens feitas com a banha de cobra no pé e perna doentes e depois sua contenção corretiva dentro de um sistema de talas, invenção também do algebrista amador. Eram fabricadas por ele: com folhas de papel endurecido a goma-arábica. Pois apesar da chacota de meu Pai, do tédio do dr. Duarte e da indignação do João Abreu, o Chiquinho melhorou, cresceu, andou, botou corpo e virou num mocetão do meu tamanho — como eu o reencontrei anos depois, acompanhando sua irmã Amelita, numa viagem a Belo Horizonte. Mas... voltemos atrás, ao Itriclio dos tempos do Ceará, de sua mulher, d. Maria da Silveira, e entremos com eles em casa do Feijó, para encontrar o resto da família.

Falando dos Pamplona, já disse de seu temperamento sensível, vibrante, imaginoso. Outras características também os distinguiam: a invariável boa educação, a cortesia exemplar e a bondade imensa, infantil, absurda — tocando as raias da ingenuidade. Além disso, certa morbidez, certo gosto espanhol e escurialesco pela morte, pelo sepulcro, pelo cadáver e pelas lágrimas. Finalmente o laivo de falta de critério que se exteriorizava flagrantemente em alguns nomes próprios escolhidos para os membros da família. Nesse ponto, meu bisavô e seu mano Quintino pareciam apostar. O último, que dera a um filho natural o seu prenome (e esse entrou na história do Brasil ligado a um sobrenome inventado), pespegara nos legítimos as graças de Arnulfo e Confúcio — o qual repetiu-se num segundo Confúcio, chamado Confucinho —, o que demonstrava, por parte dos que o tratavam com esse diminutivo carinhoso, não percepção ou desprezo pelo trocadilho que ele continha. O primeiro, além de três Asclepíades mortos nos cueiros, conseguiu trazer a adultos meus tios-avós Itriclio e Iclirérico. Querendo uma explicação para esses nomes, virei-os para cima, para baixo, separei e reagrupei suas consonâncias, afastei e reaproximei suas letras, procurando outros apelidos, palavras ocultas, siglas possíveis, disfarçados anagramas... Com Itriclio consegue-se fazer Critilio — que seria uma forma errada de "Critillo". Com Iclirérico nada se obtém, apesar de se poder extrair de suas sílabas tempos de verbo, como *ir*, *ri*, *cri*, *crio*, *corei*, *colei*; substantivos como *rei* e *lírio*; adjetivos como *lírico* e *rico*. Nada disso convence ou explica e sou obrigado a ficar com a versão transmitida por minhas tias de que, à hora do nascimento de Iclirérico e depois do de Itriclio, cada pessoa presente na casa escolheu uma letra. Com elas meu bisavô compôs o nome dos filhos. E parece que eles ficaram satisfeitos porque Iclirérico foi repetido num neto do mesmo e houve um Itriclinho, filho de tio Itriclio. Na descendência deste, surgiram ainda os caprichos de séries em C: como Cândido, Cidio, Camera; em Z: como Zaira, Zebina, Zuleica e Zélia — todos filhos da sua filha Sinhá, morta no 15º parto, sem ter tido tempo para atender a outras letras do alfabeto.

Se meu tio-avô Itriclio era cheio de rompantes, seu irmão mais velho, o comendador Iclirérico Narbal Pamplona, era a figuração da medida, do discernimento, da ponderação e da cerimônia. Gostava de conviver, de conversar e era um interlocutor perfeito e cheio de urbanidade. Tinha uma palestra viva, agradável e pinturesca. Dotado de talento para narrar — evocava com graça e facilidade. Era um prazer ouvi-lo, por exemplo, sobre o Aracati natal. Revivia a história das imagens que choravam nos altares da capela de Santo Antônio; das hóstias que sangravam nos cibórios da de São José; dos vinhos de missa virando água e sangue e novamente vinho nos cálices da de São Sebastião. Contava o caso do santuário que fora construído pelos charqueadores de 1714 e desabara duas vezes para mostrar o desejo da Virgem de ter uma grande igreja — o que se realizou com a ereção da de Nossa Senhora do Rosário. Referia as glórias cívicas de sua cidade, o "Dezessete" o "Vinte e quatro", os voluntários mortos no Paraguai, mas verberava, como monarquista, a vergonha da instalação, na mesma, do primeiro clube republicano do Ceará e que datava de 1870. Lembrava o nascimento de sua vida comercial com a indústria dos couros salgados, das vaquetas, das peles de cabra, das pelicas brancas; com a produção da mandioca, do algodão, da cana; com as destilarias de cachaça e das moendas de farinha; com a exploração das salinas; com a invenção da carne-seca, ou de sol, ou de vento — carne do Ceará — que na sua opinião bairrista devia ser chamada *carne do Aracati* — em lembrança do lugar onde surgira esse sistema de conservação. Enumerava a gente pioneira que tinha descoberto aqueles sertões, que neles tinha deitado raízes, lutado, sofrido, labutado, enriquecido e subido para requintar-se na elite de onde tinham saído eles próprios Costa Barros e Pamplonas e mais os Liberato Barroso, os Nogueira Jaguaribe e Nogueira da Braveza, os Caminha, os Gurgel do Amaral, os Barbosa Lima, os Paula Nei, os Chaves, os Rodrigues, os Castro Menezes, os Castro Barbosa, os Castro e Silva, que eram nomes dos presidentes provinciais, dos prelados, políticos, jornalistas, desembargadores, letrados, bacharéis, médicos, poetas, escritores, professores — que faziam do Aracati centro que tinha para o Ceará a mesma importância ateniense assumida por Campinas, em São Paulo, ou por Vila Rica, em Minas Gerais. Referia os filhos heroicos de sua terra. O agigantado Francisco José do Nascimento, o famoso *Dragão do Mar*, que acabara com o tráfico de escravos no Ceará e que ele, rapazola, vira, molecote, na rua da Comércio. O límpido João Facundo de Castro Menezes, o predestinado *major Facundo*, que ele, menino, conhecera em casa dos seus pais — desavisado da fatalidade e da arma dos sicários. Explicava os topônimos da terra e o porquê de Cajazeiras, Cruz das Almas, Cacimba do Povo, Várzea dos Prazeres. Contava do Jaguaribe cheio dos grandes invernos e do Jaguaribe chupado das longas magréns. Das suas lentas viagens entre o Fortim e a Fortaleza na proa das sumacas que pareciam anfíbios suspensos entre dois planos translúcidos cortados de pássaros e peixes: o azul do céu de louça e o verde do mar de vidro, onde nuvens paradas refletiam-se em sombras moventes e da cor das violetas.

Os irmãos, os cunhados, os sobrinhos ouviam sempre reverentes o respeitável comendador da Ordem Militar de Nossa Senhora da Conceição de Vila Viçosa e dentro do silêncio propício sua frase alongava-se alta, clara, elegante, oratória, as vogais bem abertas — para só abaixar-se, tornar-se confusa e sumir-se num gaguejado e num sussurro quando a mulher, deixando a roda das cunhadas e da sogra, aproximava-se do grupo dos homens. Era hora de irem para casa e d. Irifila, em vez de simplesmente chamar o marido, gostava de perturbá-lo. Primeiro com sua presença silenciosa e o poderio do longo olhar irônico que o fascinava como o das urutus, o sapo e o dos jacarés, a marreca-apaí. Depois ouvindo um pouco o que ele estava dizendo, para tomar pé no assunto e, finalmente, nele interpor-se com um aparte que arrematava a conversa como um golpe de cutelo. Foi assim numa noite em que o comendador conversava com meu avô, recém-casado na família e seu cunhado de pouco. Justamente o Iclirérico e o Itriclio enfronhavam-no na rede dos parentescos dos avós dos dois e na trama formada pelos Rodrigues, Pamplonas, Barros e Palácios, quando a Irifila veio se chegando em roscas moles que de repente enlaçaram o marido-Laocoonte e estalaram-lhe os ossos com o arrocho da pergunta terrível: "Lequinho, você já explicou a Pedro Nava de que quartel de sua família saiu o tio negreiro?". O comendador tentou um sorriso que mais parecia a contração de um choro sem lágrimas, engasgou-se no meio da frase, ficou calado e todo trêmulo. O Itriclio é que respondeu, pálido e de voz rouca: "Ainda não, minha cunhada, mas vamos esclarecer o caso na sua presença porque ele toca a você também... Não se esqueça de que você é prima de seu marido e de que os parentes dele seus parentes são". E esclareceu mesmo, aos urros, diante da consternação de todos e do irmão desnorteado.

A história desse bandido familiar era assunto tabu. Tão tabu que eu que a ouvi, em 1922, de minha avó Nanoca, só pude colher o que ela adivinhara fragmentariamente do flibusteiro. Era certamente seu tio-avô, mas ela própria não sabia bem se se tratava de um irmão de d. Chica do Aracati ou de seu marido João Tibúrcio Pamplona, de d. Antônia Teresa da Costa Barros, ou de seu marido Manuel Joaquim Palácio. Sabia mal

mal da legenda cochichada desse carneiro preto que nascera, inexplicavelmente, numa família de gente inimiga de brutalidades, decorosa, cheia de probidade e cultuando com esmero as virtudes civis. Ele era belo e violento como um demônio adolescente e desde menino-e-moço envergonhava os parentes e prometia-se às galés ou à força do Ceará colonial com suas rixas, suas serenatas, suas bebedeiras, sua jogatina, suas trepadas em solteiras e casadas. Sumira um dia e regressara anos depois, atochado de dobrões e falando escancaradamente como os ganhara — correndo os mares e vendendo negros. Desmoralizara a família durante algum tempo, para desaparecer novamente e voltar muito mais tarde, sempre cheio de histórias do corso, dos portos das Caraíbas, da Nova Orleans e da costa d'África, que frequentara nas suas andanças de negreiro. Sempre blasfemando e cantando, sempre espancando e ferindo, sempre chegado às mulheres, sempre dando dinheiro a todo mundo, mascando fumo, cuspindo, mandando, às gargalhadas, quem quisesse ou não quisesse ir: tomar no lasqueiro, à berdamerda ou à puta-que-o-pariu! — canalha como tudo e simpático como ninguém. Um belo dia foi-se pela terceira vez e para sempre. Jamais se soube em que sertão da Guiné ele terminara azagaiado ou em que mastro de corveta inglesa ele teria sido pendurado pelo pescoço até que a morte sobreviesse... E possa o Senhor ter tido misericórdia com sua alma.

 A humilhação de minha avó foi profunda, vendo desvendar aquela vergonhosa história de sua gente diante do marido. Todo o trajeto de volta, da rua Formosa à sua casa de Senador Pompeu, foi feito em lágrimas. Entrando, foi direito para a cama, onde mergulhou a cabeça nos travesseiros, sempre em lágrima. Meu avô prodigalizava as palavras de conforto — que aquilo não valia nada, que o que a Irifila dizia não se escrevia, que histórias velhas como aquela eram como se tivessem acontecido a estranhos, que toda família tinha gente boa e gente má. Inutilmente. As lágrimas só cessaram quando ele, à guisa de compensação, disse que entre os seus também havia caso parecido. Tanto Deus fez o cônjuge inimigo do cônjuge, até mesmo nos casais mais unidos, que, à ideia de saber um podre da família do marido, Nanoca seus fermosos olhos enxugou e passou a exigir pormenores. Mas não havia pormenores. Era o triste caso de um inocente, dizia meu avô, desoladoramente errante e sem desejo que não parava em nenhum mister e que vivia de pedir dinheiro a ele e a suas irmãs. Restos guardados de dignidade faziam-no recusar o excessivo e receber sempre pouco. Tinha o nome de Fernando e era um pobre-diabo em São Luís do Maranhão. Esse caso consolou minha avó, apesar de não revestido da grandeza dramática e da estridência de escândalo do seu parente — *o gentil-homem do mar*. Ela conheceria e teria piedade do infeliz rapaz que um belo dia apareceu no Ceará e passou a viver aqui, ali ou em sua casa. Quando ela enviuvou no Rio e voltou para a Fortaleza, ainda o viu algumas vezes, sempre mais raramente, até seu sumiço total. Anos depois soube de seu engajamento como meganha e de sua morte lutando contra um cangaço qualquer, no interior. Nunca se pôde apurar que chão chupou seu sangue, nem que terra guardou seus ossos. Nenhuma de minhas tias informava bem sobre esse parente. Não era filho das irmãs de meu avô. Seu filho natural também não — pois os dois eram quase da mesma idade. Tenho para mim que havia de ser seu irmão e bastardo de meu bisavô Fernando. Testemunham a favor a identidade do nome e a paciência que para ele sempre mostrou meu avô — assistindo-o com uma solidariedade cujas raízes tinham de ser fraternas.

Não estou citando o celerado grandioso da família de minha avó ou o nômade humilde da de meu avô por cinismo, nem por franqueza, tampouco por compromisso com a verdade. Apenas pela convicção de que não há família sem carneiro preto e que estes carneiros pretos são seus elementos de estabilidade. O comportamento dos seus membros predominantes condiciona dura, posto que subconscientemente, o advento do desequilibrado que é, por assim dizer, apontado, nomeado, escolhido, eleito e ungido pela mãe, pelo pai, pela caterva dos irmãos. E se ele se liberta um dia e se apruma, é certo ser vicariado por outro de casa. É ainda o grupo doméstico moralizado e moralizador que impõe, cerceia, obriga, dirige, segura e nesse aperta-que-aperta, nessa aperta-daqui-aperta-dacolá — tanto aperta que a gata-parida familiar faz saltar os contraditores necessários. Gilles de Rais e Joana D'Arc não nasceram, danado e santa, devido a razões sociais idênticas? E o Demônio, como adversário, não é a afirmação mais insistente de Deus? O indivíduo para manter-se em linha de normalidade precisa usar das válvulas do palavrão, da anedota fescenina, da leitura pornográfica ou pior, pior — sem o que estouraria sua marmita de Papin. O seu conjunto familiar jugulado por várias regras, mandamentos, cânones, convicções, tradições, preceitos, normações e complexos, para não rebentar também, precisa do antagonista. Do bode expiatório que receba as misérias de todos, que assuma e transforme em atos as intenções e os desejos mal formulados de todos. Do bode expiatório que peque por todos. Imundamente... Qual a floração de homens integérrimos, de cidadãos exemplaríssimos, de varões retíssimos, de mulheres fortíssimas, de virgens prudentíssimas que não sai de tronco cujas raízes mergulham na lama consanguínea de uma catraia, de um ladrão, de um bandalho, de um homicida ou de um falsário? As famílias mais probas têm sempre seu gatuno, como face oposta, à que aparece, da moeda. As mais santas, sua vagabunda. As mais pias, seu blasfemador. As mais brandas, seu assassino. Quando se supõe que não têm, é que esconderam, escamotearam, exilaram ou suprimiram a testemunha do Senhor. E seu cadáver lá está — guardado e fedendo — no armário do fariseu... O meu está aberto, com suas prateleiras à vista.

Às vezes vinha a esses serões a mãe de minha avó, d. Maria de Barros Palácio. O pouco que sei a seu respeito vem de minhas tias que à custa de tanto falarem da sua doçura, da sua bondade e das suas lágrimas — esqueceram de salientar outros aspectos do seu modo de ser. Parece que a grande ocupação de sua vida foi estar grávida e parir. Criou oito filhos. Perdeu doze, na infância. Depois de minha avó, que foi a mais moça dos que vingaram, zangou-se-lhe a *mãe do corpo* e minha bisavó só teve desmancho após desmancho — o que levava minha tia-avó Marout, com o seu exagero, a dizer: "Minha mãe teve tanto filho que, no fim, eles já vinham aos pedaços!". Aos braços, às tripas, às cabeças, às pernas, como naquela horrenda história do "Eu caio!" que espavoriu a infância de nós todos. Minha avó Nanoca não lhe chegou aos pés: só teve oito filhos. A Sinhá do tio Itriclio, retomando a tradição, morreu no seu 15º parto e mais abaixo, uma bisneta de d. Nanoca — minha prima Maria Inês Albano Ferreira quase chegou ao recorde da tataravó, com dezesseis vivos, fora os perdidos e os malsucedidos. A sombra inseparável de minha bisavó, nas visitas, nas missas, nas novenas, era sua irmã d. Rosa Alexandrina de Barros Palácio — Loló —, solteira, mas pessoa da maior respeitabilidade e que sabia se impor a uma consideração que geralmente não logram as que não conseguiram passar-se a justas núpcias. A compostura, a prudência, a dignidade, o comedimento, a austeridade da Loló foram herdados, como graça de estado, pelas outras solteironas da família e que sempre foram as mais acatadas pelos irmãos e reverenciadas pelos sobrinhos, como minha tia Dinorá Nava, minha irmã Ana Jaguaribe da Silva Nava e minha excelente prima Maria Augusta de Luna Albano. De minha bisavó, falecida a 4 de março de 1905, já descrevi o retrato quando moça. Ficou dela um outro, mostrando-a velha e em torno dos noventa anos: os olhos (outrora vivos) e os traços (outrora agudos) se esbatendo como contorno de nuvem dentro da nuvem de seus cabelos brancos. Da Loló não ficou fotografia. Os que a conheceram davam-na como mais para baixa que para alta e mais para gorda que para magra. É pouco para fazer dela outra coisa que uma sombra. Alforriou-se da vida, também velha, a 13 de maio de 1898. Sempre inseparáveis, as duas irmãs estão no mesmo túmulo do Cemitério Municipal de Fortaleza. Com elas estão enterradas minha avó e minhas tias Cândida e Dinorá. Outras sombras de que não conheci os traços em tela, daguerre de vidro ou papel sensível foram as de minhas tias-avós Adelaide Cândida (Maninha) e Rosa (Rosinha). Foram casadas com Joaquim Feijó de Melo e José Pinto. Conheci muito outra tia-avó, Maria Pamplona de Arruda — Marout —, mulher de mestre Peregrino Arruda, purista e latinista, de quem já falei, professor de português que ensinou o bem falar e o bem escrever de nossa doce língua a meu Pai e suas irmãs. Além desta, completavam a roda das senhoras, em casa do Feijó, d. Carlota Souto e d. Lina Nunes, tias de minha avó e suas primas, Adelaide Nunes e Jacinta Souto (Dondon). Deviam encher as noites conversando sobre partos, costuras, riscos de renda, desenhos de varanda de rede, prenhezes, abortos, receitas de doce, receitas de droga, mezinhas para *paquete* recolhido... E mais, sobre a grave questão do permitido e do interdito durante as regras (lavar a cabeça, por exemplo, nesse período melindroso, estuporava na certa). Finalmente, o debate sobre o que faziam, o que não faziam as criadas. Eu disse criadas — criadas domésticas, criadas de servir, criadas pagas, pois nunca ouvi falar que mesmo os mais abastados da gente burguesa e citadina de meu Pai tivessem tido escravos em suas casas. O nosso meio familiar, muito antes de 88, já estava expurgado dos defeitos de sensibilidade e desvios da moralidade que o cativeiro e os cativos destingem sobre os senhores. Outra coisa de que nunca ouvi falar na família de meu Pai foi de inimizade e fuxico entre os parentes. Quando os azares do casamento traziam de fora elemento difícil — a regra era aguentar de bico calado e não passar recibo. Todos os sapos servidos pela Irifila — e eram jias, eram cururus, eram martelos — foram sempre engolidos estoicamente pela sogra, pelos cunhados, cunhadas, sobrinhos e sobrinhas. Minha avó aguentou, sem tugir nem mugir, todas as avanias de uma neta torta para poder passar adiante a família intacta e sem divisões. Esse espírito é que permite que tenhamos como parentes e estimemos como tais primos que, no quinto, sexto ou sétimo grau civil, já não contam mais como consanguinidade.

A palestra havia de ser mais viva no gabinete do Feijó entre ele, seus cunhados Iclirérico, Cândido, Itriclio, Flávio, Durval, Frederico; seus concunhados José Pinto, Peregrino Arruda, Pedro da Silva Nava; seus tios afins José Nunes, Amaro Souto, Gonçalo Souto e Joaquim Antônio da Silva Ferreira. Tudo ia bem quando se cuidava de negócios, de genealogia, de velhos casos do Aracati, de lembranças da Guerra do Paraguai. Também todos estavam de acordo quanto ao problema dos escravos e eram, sem exceção, pela alforria e formavam na "Sociedade Abolicionista Cearense", ao lado de Leonel Nogueira Jaguaribe, Ildefonso Corrêa Lima, José Onofre Muniz Ribeiro, Francisco Dias Martins, Adolpho Herbster, Francisco Alves Vieira e Manuel Joaquim Pereira. Já a ideia da República provocava discussões porque o Lequinho, o Feijó, o Zé Nunes, os dois Soutos, o Quincas Ferreira, o Flávio eram monarquistas enquanto o Candinho, o Itriclio, o Durval, o Frederico, o Peregrino e meu avô eram republicanos. A Irifila também, para perseguir o marido. Mas a conversa pegava fogo quando se discutia política da província. Aí nem os monarquistas se entendiam mais, porque, além de divididos entre conservadores e liberais, eram rancorosamente subdivididos os primeiros em *graúdos*, sob a chefia do barão de Ibiapaba, e *miúdos*, sob a do barão de Aquiraz; e os últimos, nos *ripardos* do conselheiro Rodrigues Júnior e nos *minus* do padre Pompeu. O único *minu* presente era o Feijó e todos caíam, à unha, sobre ele. O Itriclio chasqueava: "Ora o Feijó! Logo o Feijó! metido num grupo político que ostenta nome de mula sem cabeça! Juro que um dia ele se arrepende! Arrepen-de-é-dé, ou eu não sou mais Itriclio Narbal nem me chamo Pamplona!". O Feijó recolhia o riso e mudava de assunto porque não gostava de desconsiderações com a dona do padre Pompeu — cujo apelido doméstico passara a designar a facção deste, que ele Feijó chamava de "d. Minu" e tinha na maior consideração, como pessoa de respeito, mãe de família exemplar e sogra de um seu grande amigo.

O meu tio-avô Itriclio, já se viu, era genealogista e curandeiro. Pois era também dotado de uma intuição mais que proustiana — balzaquiana! mais que balzaquiana, porque tocava as raias da adivinhação e da clarividência. Quando ele falava no arrependimento político do Feijó com o Accioly, mal sabia que estava profetizando como verdadeiro extralúcido que era. Uma prova de sua vidência ele a deu quando, depois de longa conversa sobre a Morte, num jovial almoço de aniversário, em casa de seu cunhado Peregrino, ele concentrou-se e anunciou que, dos presentes, morreriam primeiro os mais moços e mais fortes. Deu até a ordem em que se processaria o encontro de cada um com a Dama Esfaimada: "Morre primeiro o dono da casa e em seguida, Pedro Nava! O Lequinho será o terceiro! Virá depois o Feijó! Eu ficarei para contar a história!". E foi dito e feito... A previsão foi sendo repetida em tom de pilhéria, até que morreu Peregrino Arruda. Daí por diante a brincadeira virou tabu e ninguém mais falou no assunto. Quando, pela ordem, meu avô se foi, numa galopante, o Itriclio perdeu a graça. Ao morrer o comendador, todo mundo sabia que o próximo seria o Feijó. E foi. Ao receber a notícia, o profeta-aprendiz de feiticeiro ficou todo trêmulo, branco como sua barba e disse, num sopro, a sua filha Ritinha: "Agora já posso arrumar os trastes...". Morreu a 10 de julho de 1919 — um ano, nove meses e onze dias depois do último cunhado...

Não tenho informação de onde nem como seria, em Fortaleza, a casa importadora de meu avô Pedro da Silva Nava. Pelo seu gênero de negócio devia ser, em menor, o que era a do comerciante José Francisco da Silva Albano, feito barão de Aratanha em 1887. Essa eu conheci, em 1919, quando pertencia a seu filho João Tibúrcio Albano e era gerida por Joaquim Antônio Vianna Albano — marido de minha prima-irmã Maria de Luna Freire Albano. Nela entrei várias vezes, acompanhando meu tio Antônio Salles. Lembro bem a qualidade de sua ambiência, feita de dignidade no trabalho e de seriedade nos negócios. Seu João Albano e o Joaquim Antônio escrituravam e faturavam, curvados sobre suas mesas que ficavam separadas da loja imensa por armação de madeira que não chegava ao teto e que fazia gabinete. Quase toda a parede do fundo era envidraçada, aberta em altas janelas que deixavam entrar o matraquear de um cata-vento, puxando do chão a água difícil e a luz crua que caía sobre fardos de fazenda. Sobre estes, letreiros dos portos do mundo — que traziam para Fortaleza a sugestão das brumas, das marés, dos frios, dos ventos de Liverpool, do Havre, Lisboa, Hamburgo, Marselha, Barcelona, Gênova e Constantinopla. Dali saíam as lonas, os brins, americanos, morins, cambraias, linhos, merinós, belbutinas, tussores, cetins, chamalotes, veludos, lãs, casimiras que enroupavam, vestiam, guarneciam e embragavam a população da cidade, do interior do Ceará e dos estados vizinhos. Os caminhos de ida desses tecidos eram os de volta dos vales postais, ordens de pagamento, letras de crédito, papel fiduciário que fizeram, em certa época, da família Albano uma das mais opulentas do Norte do Brasil. Seu João Albano e o Joaquim Antônio escrituravam e faturavam... Ao tempo em que a conheci, sua casa importadora de Fortaleza estava no apogeu: era loja de comércio dobrada de clube político e assembleia elegante onde era costume passar de tarde, para o café, a cajuína fresca e a conversa onde se fazia a opinião poderosa e conservadora da cidade. Era também centro intelectual e, pelas suas ramificações e ligações com o comércio do interior, casa bancária. O progresso, a concorrência, as projeções de estradas abrindo as praças do sertão a outras penetrações e outros intercâmbios fizeram declinar a casa dos Albanos como as congêneres de Fortaleza, do Recife, do Pará, e ela desapareceu como elemento social típico e necessário de uma época e de uma região. Muitos responsabilizaram meu primo Joaquim Antônio pelo seu declínio quando este era apenas a decorrência de novos tempos, novos caminhos e novos processos de comerciar. Por essa casa que conheci em 1919, imobilizada na estabilidade da *belle époque* e ainda tal e qual fora nas mãos do barão de Aratanha, conjecturo o que havia de ter sido a de meu avô. E certamente seus negócios deviam correr muito bem, pois em fevereiro ou março de 1872, ele faz uma viagem de negócios à Europa. Vai só e os interesses dessa jornada devem ter sido relevantes, porque deixa no Ceará minha avó, ainda mal refeita da decepção de ter perdido sua primeira filha. Chamou-se Maria José, tinha nascido a 17 de novembro de 1871 e morrido no dia 29 do mesmo mês, com apenas doze dias de existência. Meu avô deve ter chegado à Europa por Leixões e numa carta, mandada de Paris, dá notícias de sua travessia pelo Norte de Portugal, pela Espanha e pelo Sul da França, até a Alemanha, em menos de uma semana, fora o descanso de três dias em Madri e outros tantos em Paris. Seu destino é Hamburgo, onde se ambienta na atmosfera úmida e mercantil do grande porto, respira as exalações das margens do Elba e do Alster e estabelece contatos comerciais com gente ordenada e de casas lixiviadas e brunidas, do gênero daqueles cônsules, armadores e conselheiros como os Tienappel, os Ziemssen e os Cartorp — descritos por Thomas Mann em *Der Zauberberg*.*

Em junho de 1872, meu avô já devia estar de volta a Fortaleza; nesse mês minha avó engravida de minha tia Cândida, nascida a 24 de março de 1873. A rápida viagem em que ele vira Paris ainda com as cicatrizes da guerra, do assédio, da ocupação e da comuna, e Hamburgo na glória de sua integração no Império Germânico — deve ter lhe dado no goto. Em 1874 embarca novamente, para a Europa. Desta vez com a família. Viagem de negócios, de recreio e parece que um pouco imposta pela saúde da filha. Pelas notas de meu avô e por sua correspondência pode-se acompanhar seu itinerário com a mulher e a menina. Saíram do Ceará a 23 de março de 1874, para Recife. Chegaram a 27, para embarcarem a 29, no paquete inglês *Potosi*, com destino a Lisboa. Aí aportam a 9 de abril. Ficam dois meses na capital portuguesa e em junho vão para as Caldas da Rainha, onde nasce minha tia Dinorá, a 2 de julho. Em fins desse mês, novamente Lisboa, a caminho do Havre e Paris. Em setembro, Basileia e depois Zurique. Nesta cidade a filha portuguesa é batizada por um cura católico, o reverendo Lachbrunner. Esse batismo foi a 30 de maio de 1875 e serviram de padrinhos os primos Eugênia e Antônio Ennes de Souza, chegados de Freiberg, na Saxônia, onde este estudava engenharia de minas, metalurgia e apurava seu paladar para as alegres cervejas e os vinhos brancos faiscantes — a que sempre foi fiel. Reunido ao irmão de criação, meu avô planeja com este viagem à Itália. Minha avó, insistentemente grávida, permaneceu na Suíça com a tia Eugênia a fazer-lhe companhia. As duas e as crianças ficaram hospedadas no número 30, Zeltweg-Hottingern, Zurique, entregues aos cuidados da dona da casa, madame Butte, e de suas filhas Julie e Edwiges. Os maridos largaram-se por Neuchâtel e para a *Italia azzurra* na primavera de 1875 e ali se demoraram março e abril num itinerário de sonho: Turim, Gênova, Asti, Alessandria, Marengo, Pisa, Florença, Roma, Nápoles, Pompeia, Bolonha, Veneza e Milão.

* *A montanha mágica*. (N. E.)

As cartas de meu avô para a mulher, além do relatório do que o impressionou durante a viagem, revelam preocupação constante com a família. Numa pede que mostre sempre seu retrato à filhinha mais velha, então com menos de dois anos, para que seus traços não lhe fugissem da lembrança (vivo e morto, nunca foi esquecido por ela nem por seus outros descendentes). Noutra, ainda com o pensamento na filha, insiste em que se lhe façam aplicações de compressas de água fria nas "glândulas do queixo", para as mesmas não "furarem nem empedrarem". Por suas cartas, minha avó acompanhava e sentia o seu itinerário. Tristeza de Aaran. Neuchâtel toda dourada da cor de suas pedras e toda luminosa das águas do seu lago. O sol radioso e o céu estrelado de Gênova, fazendo recordar o Brasil. Asti, alegre dos seus vinhos. Marengo, na solenidade dos seus campos heroicos. Pisa, com seu cemitério, onde o mestre do afresco do "Triunfo da morte" aconselhava os viandantes ao gozo do presente precário. Florença com nova sugestão pátria (*"vamos hoje a um theatro em que se canta a ópera* Guarany *do brasileiro Carlos Gomes"*), Bolonha com a subida da Asinelli e da Garisenda. O lago Trasimeno e a via Flamínia com as lajes ressoando ainda dos coturnos e das calígulas que nelas se atropelaram. Roma com São Pedro, o Vaticano, o Coliseu. Veneza com a praça de São Marcos (*"a mais bonita que vi na Itália"*), as gôndolas, os oitenta canais e as 450 pontes. Milão e a catedral toda rósea e açucarada no ar matinal. A emoção do maranhense de sangue lombardo ao pisar terras com seu nome — *Ponti di Nava* — que ele calcava fortemente como que se reintegrando no mundo latino... As paisagens onde as colinas eram do Ghirlandaio, os loureiros do Perugino, os ciprestes de Giovanni Bellini e os cursos d'água — todos afluentes do que serpenteia entre as ravinas que Leonardo pôs atrás da Gioconda. Toda a Itália, a pique do Tirreno, do Jônico, do Adriático e saindo das ondas lustrosas com os mesmos azuis, os amarelos e os róseos com que a Vênus de Botticelli nasce das espumas. Toda a Itália tanto mais dourada e doce quanto mais se vai descendo para o sul, e que o seu sol se concentra como o *ponto de uma calda*. Finalmente, novamente, Zurique, onde a 30 de agosto de 1875 nasce sua filha Alice, em casa de madame Butte. Por uma carta a esta senhora, vê-se que meu avô, a 5 de novembro, ainda estava em Paris, hospedado no Hôtel du Brésil, à rue Buffault 19 (entre as Lamartine e Lafayette), em pleno coração da Rive Droite. Parece que os Ennes também eram da viagem de volta e deve ser dessa ocasião o caso que eu ouvi do próprio Ennes. Ele passeava com meu avô nas ruas de uma pequena cidade da França, quando, ao desembocarem numa praça, viram o pavoroso espetáculo de um patíbulo armado e sobre ele a forma esquálida da guilhotina se destacando contra a lividez do céu dessangrado, com uma dureza de água-forte.

Os dois, como se tivessem combinado, foram vítimas do mesmo reflexo e começaram a vomitar. Não lhes cessou a náusea enquanto não fugiram da cidade sinistra como se fossem eles — e não o executado do dia seguinte — os prometidos à lâmina do maquinismo. Da França foram para Portugal, onde nova e terrível aventura daria os primeiros cabelos brancos a um Ennes de Souza de 27 anos. Ele viajava com a mulher — carro aberto e cantando pelos caminhos d'El-Rei, entre Arruda dos Vinhos e Lisboa, quando viram uma pobre manca com seu bordão, na longa estrada sob o sol a pino. Recolheram-na. Conversa vai, conversa vem e ela diz, com toda a simplicidade, que demandava a capital para tratar-se da sua gafa. E mostrou as marcas foscas da pele e as mãos ressecadas e encolhidas como garras. Ennes de Souza foi estoico, trouxe a mendiga até Lisboa, mas a aflição de ver sua mulher roçar as saias nas da infeliz foi tamanha, que dum dia para o outro grisalhou nas têmporas e nos bigodes que ele tinha espessos e usava caídos. "A gaulesa!" — como ele próprio dizia, cofiando-os com agrado e se envultando em Vercingetórix.

No princípio de 1876, meus avós estavam novamente em Fortaleza e, a 18 de setembro desse ano, minha avó teve os gêmeos: Pedro José, que morreu com seis meses, a 17 de março de 1877, e José Pedro da Silva Nava — meu Pai. A 8 de outubro de 1877, outro menino que batizou-se em 28 de fevereiro de 1878, repetindo o nome de Pedro. Viveu cinco meses. Foi o último do Ceará, pois a caçula de meus avós, Maria Euquéria, veio à luz no Rio de Janeiro, à rua Ipiranga 61, no dia 25 de dezembro de 1879. A mudança do casal para o Rio deu-se, pois, entre fevereiro de 1878, quando batizam o segundo Pedro em Fortaleza, e dezembro de 1879, quando lhes nasce a filha carioca. Não é difícil conjeturar os motivos que trouxeram meus avós para a capital do Império. Primeiro, as viagens à Europa, requintando a mentalidade dos dois e dando-lhes ambição de vida mais alta, em meio maior e mais elegante. Depois a tremenda desgraça que se abateu sobre a província com a seca de 77 e o seu cortejo de horrores. A desorganização coletiva acarretada pelas migrações dos retirantes, a desgraça de cada um encarando a fome e as fúnebres companheiras do flagelo: epidemias de cólera e de bexigas. Segundo Pedro Sampaio, a varíola tinha entrado no Ceará com o tráfico africano e desde 1804 começam as notícias de suas devastações. Mas nunca ela se abateu em parte alguma do Brasil com a violência com que pesou sobre as populações — agora debilitadas pelas caminhadas, ressecadas pela sede e exauridas pela fome. Nos anos terríveis de 77 e 78, levando em conta a população de Fortaleza, o morticínio acarretado pela pustulenta foi muito maior que o de calamidades clássicas como a peste de Atenas e a peste negra da Idade Média. Basta dizer que, em dois meses, a capital cearense viu morrerem 27 378 vítimas da doença e o barão de Studart conta que houve um dia em que foram dar ao Cemitério de Lagoa Funda 1008 cadáveres. O esfalfamento dos coveiros deixava-os por enterrar. Num enxame de moscas e num voejar de urubus, eles cresciam dos caixões, das redes e dos sudários roxos, da "hemorrágica"; esfolados da "confluente"; dourados da crosta simples — as barrigas imensas papocando ao sol incorruptível. Além de testemunharem essas cenas incomportáveis, de passarem o dia, à porta, socorrendo famintos, de verem nas ruas da cidade a dança macabra dos esqueletos ainda vivos de uma população em agonia — meus avós tiveram o toque da doença em pessoa muito cara. Minha tia Marout foi atingida e, ao levantar-se, era um espectro do que tinha sido. Seus imensos olhos escuros reduziram-se, apertaram-se e ficaram piscos de receberem a luminosidade que os cílios perdidos não amorteciam; suas tranças, grossas como cordas e escuras como a noite, grisalharam e ficaram ralas; sua pele mais lisa que a dos jambos ficou toda áspera e lembrando casca de goiaba branca. Cuspiu, um por um, 32 dentes perfeitos que foram substituídos pela fosforescente dentadura dupla que, anos depois, eu a via lavar e escovar, tomado, ao mesmo tempo, de sentimento de pejo e de ideias mágicas e ancestrais. A linda moça virara numa mulher acabada que só conservava, do que fora, a expressão de uma bondade cada dia maior. O pavor de meu avô era ver, assim degradada, a radiosa desposada; e o dos dois, imaginarem os filhos atingidos. Além disso havia o chamado insistente de Totó Ennes, instalado na Corte e preparando-se para vir a ser, como foi, um dos mais egrégios mestres da Escola Central. Meu avô não resistiu a essas forças que — negativas ou positivas — empurravam-no para o destino do Sul. Em fins de 1878 ou princípios de 1879, ele está no Rio de Janeiro e residindo à rua Ipiranga 61, numeração que parece ter correspondido a um ou outro dos dois velhos sobrados ainda existentes às esquinas de Esteves Júnior. A indicação 61 está no *Almanak Laemmert* de 1880 e a de *esquina* na lembrança de minhas tias. A casa ficava em frente do majestoso prédio doado pelo jurisconsulto Teixeira de Freitas para ser uma escola. Nele instalou-se o Colégio Abílio, do barão de Macaúbas, evocado em Raul Pompeia com o nome de Ateneu. De suas janelas, meus avós deviam ver os meninos, cheios de beleza infantil ou de garbo adolescente, nos seus uniformes com duas ordens de botões, cinturão largo e gorro enlaçarotado. Haviam de lhes ouvir a algazarra no banho de natação, a gritaria no recreio e o inseguro canto à hora da capela. À noite, mirando o céu estrelado a faiscar sobre os morros da Nova Cintra, da Graça, do Corcovado e de Dona Marta, quando baixavam os olhos para o renque das janelas da casa imensa e graciosa, haviam de planejar para meu Pai a matrícula que o levaria ao ambiente que fora ou seria o mesmo do solitário Sérgio, do competente Nearco, do sonhador Egbert, do renegado Franco, do cínico Negrão, do místico Ribas, do porco Rômulo, do heroico Bento e do fanchono Sanches... Dos tipos eternos e simbólicos de todos os internatos. Seus três coros de suas três hierarquias: seus Serafins, Querubins e Tronos; suas Dominações, Virtudes e Potestades; seus Principados, Anjos e Arcanjos — que eu iria encontrar iguais, iguais, iguais no Internato do Colégio Pedro II.

Mais ou menos à época da mudança de meu avô, deu-se também a transferência para o Rio de seus cunhados Lequinho e Irifila, Candinho e Zaira, Itriclio e Maria, Flávio e Neném. Esta, sobrinha do marido, filha de Iclirérico. Tinha também o nome de Irifila, mas só era chamada pelo apelido caseiro, para distinguir-se da mãe. Aliás, o avesso dela. Ainda a conheci, em nossa casa de Aristides Lobo, pequena, míope, magrinha, toda de preto, tímida, discreta e de uma boa educação exemplar. Meu avô encontrou aqui o primo e irmão de criação Totó Ennes, sua mulher, Eugênia, e toda a tribo dos Salles Rodrigues, vinda do Piauí, na esteira da última. Sua mãe viúva, d. Henriqueta Salles Tomé Rodrigues (d. Quetinha), e seus filhos Antônio (Totônio), Henrique, Manuel (Maneco), Maria Eugênia (sinhá Cota) e outra, que logo morreu, de quem minhas tias só se lembravam do apelido estranho e carinhoso de Peladinha. Por intermédio dos Ennes, meus avós estabeleceram amizade, herdada até hoje, com a família do médico maranhense Cipriano de Freitas e com a de um extraordinário irmão ou cunhado de d. Quetinha, antigo *troupier*, chamado Cordeiro. Esse Cordeiro nada tinha de cordeiro e era, pelo menos na aparência, verdadeira fera sanguissedenta. Ao fim de jantares bem regados ao Porto é que ele lamentava os tempos da Guerra do Paraguai, em cujas batalhas se desalterara e descrevia uma por uma. Porque estivera em todas, mesmo as que se tinham travado à mesma hora, em longínquos campos e nas quais ele, ubíquo, batera-se como um leão. Em Itororó fizera uma chacina e salvara a vida de Argolo; em Avaí, velara sobre a de Andrade Neves levantando em torno dele uma paliçada de cadáveres; em Lomas Valentinas lanceara tudo quanto se aproximava de Mena Barreto — que só caíra em Peribebuí porque, na hora, ele estava junto à divisão argentina, a recados do príncipe Gastão. Finalmente, na charqueada de Cerro Corá, arredando pelo gasnete o soldado Chico Diabo, fora ele, Cordeiro — e não outro! —, quem trucidara Solano López. Contando esses lances, a voz do veterano tinha ora estridências de clarim, ora roncos de morteiro, e todo ele tremia de raiva, estalava e vibrava qual chocalho de cascavel, fogueira de galhos secos ou maracá de guerra — do rangido dos coldres, das passadeiras, do cinturão e do tinido dos botões, das veneras e das fivelas do talim. Porque era raro que ele não estivesse fardado e, preferentemente, na glória dos dourados e das plumas da grande gala. Ennes de Souza e meu avô gostavam de puxar por ele e punham-no sempre fora de si, dizendo com o ar mais sério do mundo que o que temiam era a possível desforra paraguaia de que sentiam os prenúncios em certos aspectos anti-imperiais da política dos países platinos. O heroico veterano arrepanhava as fauces num rito de jaguar, riscava o soalho com as rosetas das chilenas, desembainhava o meio e urrava. Pois se era isso, isso mesmo, que ele queria... E que viessem os sacanas todos, paraguaios, argentinos, uruguaios, o resto da gringalhada e as Guianas de contrapeso... Podíamos com todos, bramia ele, olhando aquilinamente o horizonte, cavanhaque espetado, fremente e todo inclinado na sela de corcel imaginário, disparado em carga irresistível sobre corpos despedaçados, debaixo de um céu constelado de obuses... E como tardasse a cobiçada guerra, o Cordeiro belicoso derivava numa cólera irracional contra os portugueses. No último Sete de Setembro ele induzira o Henrique e o Maneco a ajudá-lo a instalar na Corte o festivo hábito do *mata-marinheiro*, tão do agrado dos patriotas do Norte — que iam à rua, no dia da Independência, com varas, para esquentar o lombo dos galegos que fossem encontrando. Mas parece que os daqui eram mais recalcitrantes que os de São Luís, Teresina e Fortaleza, porque os três escaparam de não voltar para casa. Armados de marmeleiros e de ardor cívico, saíram para encontrar sua caça à rua do Mercado. E tome! Mas aos *aqui-d'el-reis* do primeiro sovado, desembocou dos becos do Tinoco e dos Adelos uma matula de lusitanos de bigodeira azulada e porrete curto que aplicou nos jacobinos corretivo cuja eficácia correu parelhas com sua rapidez e silêncio. E consumado sumiu, chão adentro, deixando os patriotas rodados, moídos, desossados, contundidos e estatelados no lajedo. Também, entre as relações novas do Rio de Janeiro, merece lugar à parte o sócio de meu avô. Só sei, por informação de minhas tias, que se chamava Vaz Júnior. Não ficou lembrança de seu primeiro nome, nem se sabe direito como começaram suas relações com nossa gente, tampouco de onde saiu esse homem hábil, simpático, insinuante, jeitoso e irresistível que, depois de associado, foi considerado amigo da casa, amigo íntimo, amigo indispensável, amigo insubstituível. Chamava-se Vaz Júnior... Sua história virá a tempo e logo se verá que melhor seria se chamasse Vaz Filho, para se lhe completar o nome de maneira mais adequada: Vaz Filho da Puta!

Chegando ao Rio, meu avô instalou-se com casa comissária à rua General Câmara 74. Não conheço descrição viva e curiosa das casas comissárias do Rio de Janeiro como a que delas traçou meu tio afim Heitor Modesto d'Almeida, com suas reminiscências e as de seu pai, o velho Maneco Modesto — Manoel Almeida dos Guimarães Modesto —, que fora chefe de escritório e residira com a família na que pertencera a José Antônio Moreira, barão de Ipanema. O estudo de Heitor Modesto era resposta a um inquérito de Gilberto Freyre, feito quando da preparação de *Ordem e progresso*. Falando da contribuição, diz esse autor:

> Longa foi a resposta que nos enviou o mineiro Heitor Modesto; quase um livro. E um livro interessantíssimo.

Tive-a em mãos e é um pouco de lembrança, um pouco pelas referências de Gilberto Freyre, que rememoro o que ali se dizia das casas comissárias, onde os donos exerciam autoridade de chefes, de proprietários, mas também uma espécie de influência entre paternal e abacial sobre a fraternidade monástica dos empregados. Muitos destes viviam em regime de internato, morando nas casas comissárias com os companheiros: num andar, quando solteiros, ou noutro, com a família, se casados. Os ensacadores, os exportadores, os caixeiros, os empregados de escritório e de armazém, os viajantes, os gerentes eram vigiados não só da sua exação, pontualidade, capacidade de trabalho, como fiscalizados na vida pura que tinham de levar — livre de bebida, de jogo e de intercurso ostensivo com o mulherio. Isso era nos bons tempos em que fio de barba servia de caução e sendo assim, valia o que o dinheiro vale. Não é como o de certas barbas de hoje — escuras, grisalhas, brancas — que, se corresse, tinha de ser apreendido como moeda falsa...

Os donos dessas casas davam exemplo aos subordinados e assumiam a gravidade, a severidade e a compostura que José Dias Pereira mencionava como inseparáveis da personalidade de meu avô. Essa era a face obrigatória do patrão que ia para o trabalho, revestido de dignidade, como o sacerdote vai para o altar transfigurado pelos paramentos. Havia de ter a máscara a um tempo afável e reservada, benevolente e distante dos *staalmeesters* do Sindicato dos Tecelões do Rijksmuseum de Amsterdam. Como espelho de vários lados, outras faces ele deixou: a da inteligência e bom convívio, a que se referiam seus cunhados; a da bondade e doçura, que impregnaram sua mulher e filhos; a de sua pilhéria rabelaisiana e do seu gosto pela farsa, onde não figurava mais como um grave Rembrandt, mas em que aparecia, junto a seu cúmplice Totó Ennes, nas cabriolas das quermesses de Breughel ou das sarabandas tragicômicas de Hieronymus Bosch. Justamente de Ennes de Souza ouvi o relato da peça que os dois pregaram no furibundo Cordeiro por ocasião de um piquenique que reuniu suas famílias e mais os Salles Rodrigues, nas margens idílicas da lagoa Rodrigo de Freitas. Depois do almoço — que fora lauto e durante o qual fizera um consumo exagerado de *laranjinha* — o denodado veterano desafivelara o talim, aliviara-se das garruchas, afrouxara a túnica e entregara-se à doce sesta, à sombra fresca das pitangueiras. Não se sabe como apareceu nas vizinhanças um ovo podre e logo Totó e meu avô mergulharam na sua casca um graveto, para tirar as umidades decompostas com que untaram, de mansinho, sob as narinas, os bigodes fartos do Cordeiro. Todos conhecem essa pilhéria. A vítima ao acordar sente um cheiro de carniça e instintivamente verifica se não se deitou, sentou ou pisou sobre poia de merda. Nada. Procura em torno e nos outros. Nada. Esquadrinha canto por canto, pergunta se os demais não estão sentindo e sempre nada. Duvida do próprio olfato e para comprová-lo aspira com força: então está perdido porque é como se todas as covas e latrinas da cidade lhe assoprassem sob as ventas o hálito cadavérico e excremencial que tudo empesta. Até que o padecente, depois de esquadrinhar à vontade, por desencargo de consciência, resolve farejar em si mesmo. E cada vez que o faz, é a verificação terrível de que está fedendo. Na mão, na manga, na gravata, na outra manga. Foi o que aconteceu ao Cordeiro, que a cada cheirada que se dava sentia-se em putrefação e que de nojo, de cólera, de pasmo, de horror e um pouco de bebedeira — acabou mergulhando calçado e vestido nas águas puras de Capopenipem.

Era a primeira face do espelho — a severa e sem risos — que meu avô assumia para ir de manhã de sua casa para o trabalho. Não é difícil imaginar como ele faria esse caminho se juntarmos à verdade o verossímil que não é senão um esqueleto de verdade encarnado pela poesia. Havia de sair cedo, deixando toda aberta ao vento e ao sol a casa cheia do riso de crianças e das cantigas da vernal esposa. Vestido de sobrecasaca o ano todo. Tempo fresco, calças no mesmo negro. Tempo de calor, de linho branco, que mudava todos os dias e tirava imaculadas, inamolgadas, à noite, depois do trabalho, como as vestira pela manhã. Meia cartola fosca, de abas largas e debruadas. Ia a pé até a esquina de Laranjeiras, onde respirava o ar lavado do verde vale e ficava ao pé da ponte do rio das Caboclas, esperando o *tram-carro* da linha do Cosme Velho, consultando de quando em quando seu belo relógio suíço, de corda, e do qual, para ver as horas, ele tinha de levantar uma folha de ouro, onde se entrelaçava ricamente o PSN das suas iniciais. Ou abria o penduricalho de ônix que trazia à corrente, ostentando na tampa minúscula um P gótico, feito de pequenas pérolas e dentro do qual trazia, separadas por um vidro mediano, as miniaturas da mulher e da filhinha morta. De dentro do carril ia olhando a paisagem que começava a desfilar. A praça, simples como um quintal, que já era Duque de Caxias, nome que lhe fora dado a 29 de setembro de 1869. Esse logradouro surgira das águas aterradas da lagoa da Carioca e fora sendo chamado sucessivamente campo das Pitangas, campo das Laranjeiras, largo do Machado, praça da Glória — mostrando a evolução dos topônimos, da designação poética inicial — pitangas e laranjas, ao pitoresco do machado que servia de insígnia a um açougueiro; ao sentimento religioso, louvando a glória da Virgem; ao político, da homenagem a Luís Alves de Lima. Vinham depois os renques das lindas casas térreas ou assobradadas da rua do Catete, com suas telhas de louça; suas arandelas; suas luminárias; seus gradis e portões de ferragens caprichosas, estilizando animais e plantas; suas janelas de vidraças desenhadas e bandeirolas de vidro colorido; suas portas de moldura quadrada ou arredondada em cima — que, quando muitas, juntas, sucedentes na mesma fachada e vistas de ângulo longínquo, antecipavam as perspectivas oníricas e decrescentes dos quadros de De Chirico. O *tram-carro* deslizava nos trilhos puxados por seus burros até o horrendo palácio dos Nova Friburgo, a essa época mudo e desabitado como o ficou desde a morte do conde, em 1862, até 1897, quando passa a ser sede do governo de uma República tão inestética como a construção opulenta e despropositada. Defronte do palacete do capitalista Joaquim Cornélio dos Santos, a condução era retardada pelo movimento que vinha dos lados do Mercado Velho. Este se refletia nas águas mansas da enseada, como na gravura de Ribeyrolles, pondo abaixo dele, no espelho marinho, a igreja cheia de graça e toda branca, que lhe ficava por cima, com os zigue-zagues da sua subida de pedra, tufos verdes e as mesmíssimas palmeiras que abanam no céu de hoje. O movimento da gente do povo confundia-se com o das carruagens dos homens importantes em frente da Secretaria dos Estrangeiros, à esquina de Santa Isabel. Rompiam os burros e tornavam a puxar no desafogo do largo e do boqueirão da Glória e o *tram-carro* ia rente ao morro e rente ao mar cheio das faluas cujos mastros oscilantes ficavam nos lugares ocupados pelas árvores e postes da atual avenida Augusto Severo. Novo atravancamento junto ao chafariz construído em 1772 para aguada das embarcações, não seco como agora, mas irisado do jorro que atraía para junto dele os aguadeiros, os passantes, os vagabundos, a negrada, os vendedores, os embarcadiços, as quitandeiras, os moleques — toda uma multidão policrônica trocando novidades, boatos, invectivas, boas-vindas; comendo nos tabuleiros, borrando nos desvãos, urinando e cuspindo no logradouro imundo. Em frente, o anfiteatro incorruptível das montanhas e as águas cintilantes abertas nos seus azuis profundos e metais excessivos de cauda de pavão. Passando na rua da Lapa, meu avô havia de dar sempre uma olhada para o número 93, a casa assobradada e esguia onde morava o dr. Moncorvo, médico dos seus filhos. Lapa, Ajuda, Guarda Velha e o carril estava no largo da Carioca, onde terminava sua linha perto das bicas do chafariz. Meu avô havia de fazer a pé o trajeto até General Câmara, passando rente ao Hospital da Venerável Ordem Terceira da Penitência para entrar em Uruguaiana e ir parando para cumprimentar e conversar com os conhecidos que já estava fazendo, nas esquinas de Sete de Setembro, Ouvidor, Rosário, Hospício e Alfândega. Tomava esse trajeto ou então ia um pouco pela antiga dos Latoeiros para passar em frente ao número 56, onde residira o patrício Gonçalves Dias, que ali escrevera seu poema "Timbiras" — duas razões por que a ilustríssima Câmara Municipal dera seu nome à rua. Descia Ouvidor ou Rosário e retomava Uruguaiana, onde nos primeiros dias de janeiro de 1880 assistira aos graves conflitos e ao arrancamento dos trilhos finais da linha de Vila Isabel, no Levante do Vintém — motivado pelo aumento de vinte réis no preço das passagens dos *tram-carros*. Esses caminhos cortavam o centro urbano, esse encontro vivo e característico das ruas das freguesias do Sacramento, Santa Rita e Candelária, cheio de teatros como o Alcazar da Uruguaiana, das redações dos jornais da mesma rua e da Gonçalves Dias, de prostíbulos como o Palácio de Cristal, do canto da última com Rosário. Neles passava meu avô, acotovelando-se com políticos, portugueses, escravos, marinheiros, barões, crioulas, capoeiras, generais, jornalistas, doceiras, colegiais, quitandeiros, senhoras, fotógrafos, peixeiros e prostitutas; desviando-se dos carris, das vitórias, gôndolas, tílburis, *landaus*, aranhas, caleches, berlindas e *burros sem rabo* que atropelavam desordenadamente o solo escorregadio das imundícies, das cascas de frutas, detritos alimentares, baganas, escarros e cusparadas; respirando o cheiro especial do velho centro do Rio de Janeiro — misto de exalações de frutas frescas e frutas podres, da bosta dos estábulos, dos moinhos de café, das barracas de peixe, dos montes de lixo, de leite azedo, de queijo ardido, dos mercados de flores, do perfume das senhoras que passavam rangendo sedas — machadianas Fidélias, Capitolinas e Virgílias! e do bodum da pretalhada carregando fardos; ouvindo as conversas, os assovios, as cantigas e as obscenidades de uma população que xingava, praguejava e dizia safadezas com o mesmo gosto com que cuspia de esguicho. No meio desse fervilhar de vida passava meu avô para chegar à sua rua de Gonçalo Gonçalves.

> [...] thou hast tam'd a curst shrew.
> SHAKESPEARE, *The taming of the shrew*

Caminho de Gonçalo Gonçalves. Eis o primeiro nome que teve a rua General Câmara. Assim mesmo no seu trecho inicial, das marinhas, à altura da Candelária. É mais ou menos essa parte que foi também chamada "rua que vai para o Cruzeiro da Candelária"; rua do Azeite de Peixe, porque nela era negociado o azeite, geralmente de baleia, para iluminação dos cariocas; rua do Sabão, no trecho onde ficavam os armazéns do monopólio colonial desse produto. De Ourives a São Domingos, teve o nome de rua Bom Jesus porque nela se erguia, ao canto da rua da Vala, a igreja do Senhor Bom Jesus do Calvário. Daí para o campo de Santana, chamou-se rua dos Escrivães porque era onde se concentrava a gente cartorária. Em 1840 a Câmara decidiu que seria, em todos os trechos, rua do Sabão da Cidade Velha — para distinguir do seu prolongamento, a rua do Sabão da Cidade Nova. A partir de 2 de abril de 1870, chamou-se General Câmara, em homenagem ao vencedor de Aquidabã — brigadeiro Antônio Corrêa da Câmara. Caminho de Gonçalo Gonçalves, rua do Cruzeiro da Candelária, do Azeite de Peixe, do Bom Jesus, dos Escrivães ou do Sabão — a finalmente General Câmara foi uma das passagens mais insignes e tradicionais do Rio de Janeiro do Seiscentos, do Setecentos, do Oitocentos e do Novecentos. Nela ficavam a igreja do Calvário, a capela do Cônego, a igreja do Bom Jesus e o Cemitério de São Domingos. Nela residiram o médico colonial João de Azevedo Roxas, que tinha sua casa à esquina de Quitanda, donde a designação de canto do Roxas, dada a esse cruzamento; o conde de Linhares, cujo nome está ligado à história de nossa imprensa, de nossa indústria, de nossa arte militar, de nossa siderurgia; o prodigioso Mestre Valentim; o cônsul da Prússia Wilhelm Theremin, autor das deliciosas vistas do velho Rio; a parteira Marie Joséphine Mathilde Durocher, machona bigoduda e barbuda, encartolada e de sobrecasaca escorrendo saias abaixo — uma das figuras máximas de nossa obstetrícia; o desvairado dr. Antônio José Peixoto, que conservava no seu gabinete médico o esqueleto bem-amado da que fora Émilie Mège, cantora francesa abatida pelo corno bravo do marido... Seus prédios, que pertenciam quase todos às irmandades da Misericórdia, das Almas da Candelária, das ditas do Santíssimo Sacramento da Sé, de Nossa Senhora Mãe dos Homens, Terceira do Carmo, Terceira do Bom Jesus, Terceira da Penitência, Terceira da Conceição e a outras ordens, confrarias e sociedades pudibundas e veneráveis — eram, em grande parte, alugados aos conventilhos que faziam da rua do Sabão, em meados do século passado, além de artéria residencial e comercial, zona prostibular. O mulherio ficava ali à mão, em fraldas, com seus papagaios, bacias, a água de alfazema, o sabonete e os paninhos — à disposição de quem quisesse interromper o trabalho e subir as escadas para descarregar. Nela se deu o "Crime do Preto Cego" — pobre preto, pobre cego! — que estrebuchou na forca, vítima de pavoroso erro judiciário. Rua, das primeiras da cidade, posta em música, na trova popular do "Cai, cai, balão...". Lá ficava o restaurante famoso de G. Lobo, contraído em Globo — de onde saiu e vulgarizou-se no Brasil esse prodígio de culinária que é a *feijoada completa* — prato alto como as sinfonias, como o verso alexandrino, prato glorioso, untuoso, prato de luto e veludo — prato da significação mesma e do valor da língua, da religião e da estrutura jurídica, no milagre da unidade nacional. Evocando meu avô morto, não posso separá-lo da rua morta de seu trabalho. Sua casa comissária ficava no número 74, em pleno trecho antes dito rua do Bom Jesus, térreo de quatro portas e alto telhado, antigo 76 da planta arquitetural de Fragoso. Era a quinta casa, lado par, de quem vinha de Ourives, direção do mar. Seus alicerces, como todo o piso da rua do Sabão, estão sepultados sob a camada de asfalto da Presidente Vargas. É sobre esta avenida que eu reconstruo as paredes dentro das quais labutava o comerciante Pedro da Silva Nava e a rua toda dos seus passos, desde as portas da Alfândega, com seus mercadores de curiosidades, livros religiosos, registros de santos e orações impressas, até o Paço Municipal, os verdes do campo de Santana e suas lavadeiras de saias úmidas da saboada e carnes brunidas pelo sol carioca (Lavai-me, lavadeiras de Aclamação. Lavai-me!).

Dentro da sua casa de comércio, meu avô trabalhava como um mouro. Passava horas no meio dos fardos, dos amarrados, das latas, dos engradados e dos caixotes dos vinhos, das conservas, das manteigas, dos presuntos, dos azeites, das tintas, das ferragens, dos couros, dos panos grossos e das fazendas finas que lhe chegavam de Hamburgo, de Liverpool, do Havre, de Gênova, do Porto e que ele distribuía pelo município neutro e províncias do Rio de Janeiro, de Minas Gerais e de São Paulo. Sempre a seu lado, o obsequioso Vaz Júnior era seu braço direito e homem indispensável. Era ele que ia aos escaleres, aos patachos, aos cargueiros, à Alfândega, e que corria as casas dos negociantes da Cidade Nova, do Rio Comprido, Catumbi, Inhaúma, São Cristóvão, Andaraí, Tijuca, Catete, Botafogo e Jardim Botânico. Só não sabia tudo dos negócios e da vida de meu avô porque este era bem do nosso temperamento Nava — falando quando solicitado, falando até bastante, às vezes parecendo demais, e, na realidade, dizendo pouco. Dava entrada, dava, como as estações dão entrada e até muita plataforma aos que vão chegando, mas que esbarram nas portas fechadas da *administração* ("É proibida a entrada às pessoas estranhas!"). E no fundo, para nós (pelo que sei de meu Pai, pelo que vi de suas irmãs), todos são estranhos, mesmo os mais íntimos, devido a certa desconfiança, quase certeza de que ninguém gosta de ninguém e devido ao aprendizado do berço de que pessoa alguma tem nada com o que sentimos. Essas convicções ancestrais é que faziam o equilíbrio de meu Pai e das suas irmãs. A cara de pau assumida invariavelmente por todos, mostrando indiferença na ocasião de chorar. Ninguém se dando em espetáculo fosse em que hora fosse dos mistérios dessa vida — gozosos, dolorosos, gloriosos... Essa falta de afagos, de beijo pra aqui, beijo pra acolá. E a nossa deliberada, assumida, madura e decidida sem-gracice. Por dentro, sim, é outra coisa. Mas isso é com cada um e assunto particular para ser deixado em maceração dentro dos nossos restos de sangue lombardo. Pois com essas defesas e tudo, meu avô se afeiçoou ao Vaz Júnior, bom empregado, bom associado e que acabou bom amigo da rua Ipiranga.

Meu avô gostava de tudo na cidade onde tudo lhe corria bem. Porque no Rio, como em Fortaleza, o dinheiro vinha para ele e onde quer que ele pusesse as mãos nascia ouro do seu toque. Se negociava em café, o mesmo se valorizava; se importava ferragens, seu preço subia e choviam pedidos de todas as partes. O capital trazido do Norte crescia na cidade que ele adotara e de que tudo tolerava — desde o mau cheiro das ruas do centro até a febre amarela que vinha regularmente no equinócio do outono, crescia com o fogo do verão e novamente se ia no equinócio vernal. Para retomar o mesmo ritmo no outro ano e aumentar periodicamente os enterros de São João Batista, Catumbi e Caju. Só o que meu avô não tolerava era o calor. Aquele túnel ardente em que se tornava a rua General Câmara em janeiro, fevereiro, março, quando pesava um ar de forno úmido, cuja imobilidade lhe fazia suspirar pelos secos ventos da Fortaleza. A noite ainda era pior e parecia que as rochas escalavradas das nossas encostas esperavam que o sol se escondesse para substituí-lo, irradiando aquela temperatura que tinha cheiro de tijolo cozido. Meu avô aproveitava essa hora para sair pelo bairro com a mulher, procurando um pouco de ar respirável. Iam a Paissandu, subiam até Guanabara, voltavam da pedreira, paravam um pouco diante do Palácio Isabel para ver se percebiam a princesa ou o príncipe seu consorte, desciam até Marquês de Abrantes, iam até Botafogo, ao encontro da viração marinha. Às vezes chegavam até Farani, para uma visita ao Lequinho e à Irifila. Na casa apalacetada dos irmãos, a conversa requeria as cautelas do pisar em ovos. Porque o comendador fosse monarquista, mas abolicionista, a mulher era tão escravocrata quanto Martinho Campos e mais republicana que o Quintino Bocaiuva — de quem dera para se dizer parenta, não se sabia bem como. E cobria de impropérios a família imperial falando sem rebuços da forretice do conde d'Eu e da fortuna que ele acumulava à custa de explorar tudo quanto era cortiço e *publicau* da cidade; referindo-se sem delicadeza ao cambeteamento da imperatriz; comentando sem reservas as assiduidades do imperador junto à sinhazinha do Quissamã e contando da cabeçada que o mesmo augusto senhor dera num poste da quinta da Boa Vista, de tanto se virar para trás, para não perder de vista certa divina mulata que passava. Até que ele ia, nessa ocasião, com aquela negra sobrecasaca de rabino e as barbas talmúdicas, conversando de astronomia com o dr. Camilo Armond, que, constrangido, lhe apanhara do chão a cartola amassada. Uma vergonha! E ainda havia quem quisesse que aquele santarrão não fosse a mesma coisa que o pai... O comendador, que pelo seu prestígio político na província, pela sua situação de fortuna, pela sua respeitabilidade e pelo bom nome de sua família, sonhava secretamente com um baronato (a que nos devaneios mais otimistas juntava a grandeza) — desolava-se com a incontinência verbal da Xantipa que tinha em casa. Entretanto, engolia uma a uma as afrontas conjugais que eram seu amargo pão de cada dia. O domínio satânico da Irifila sobre o marido era cada vez maior e só podia ser explicado por um desses mistérios da natureza em que o homem é brocha para todas as mulheres do mundo exceto para uma que, concubina ou esposa legítima, será sempre o seu demônio atribulador. Justamente numa dessas visitas à rua Farani, meus avós encontraram o ambiente pacificado, depois de um dia dramático que terminara com uma derrota ao mesmo tempo que uma vitória da Irifila. Foi que, ultimamente, apesar da secreta certeza do seu monopólio, ela andara desconfiada do marido, navegando nas ondas pérfidas dos cinquenta — idade do homem tão cheia de demônios como a quadra danada e fulgurante da adolescência. Tinha notado que em dia certo da semana ele ficava nervoso, consultando o relógio com sofreguidão e engolindo às pressas o almoço, às vezes retardado experimentalmente. Quando ela cismava de sair em sua companhia, ele ficava o resto da tarde desolado e todo murcho. Dera para procurá-lo no escritório que ele tinha na cidade desde que entrara no grupo concessionário da abertura da nova via pública que ia cortar os terrenos da chácara da Ajuda. Encontrava-o sempre, exceto nas horas que ela já marcara do dia já sabido da semana. Aos seus interrogatórios cerrados ele se perturbava, gaguejava e caía em contradições. Insidiosamente ela estabeleceu o cerco e chegou à certeza de que ali havia coisa. Qual rua nova, nem meia rua nova! Ali, o que tinha, era mesmo rabo de saia e o Lequinho não passava de um sem-vergonha da mesma força do Totó Ennes. E com aquele ar... Fingidaço! Mas ela havia de apanhá-lo, cer-te-o-tó como dois e dois são quatro. Aperta daqui, aperta dali, espia daqui, espia dacolá e afinal a Irifila conseguiu filar de tílburi um Iclirérico furtivo, noutro tílburi, até a rua do Aterrado, para vê-lo descer à esquina da travessa Dona Elisa e esgueirar-se pela cancela de humilde chalé de duas janelas. A Irifila esperou, tomou pressão, deu tempo e quando achou que já estava na hora de um flagrante em ceroula e camisa, atirou-se tílburi abaixo, de sombrinha calada, numa carga de brigada ligeira, roxa de cólera, sacudindo as bochechas, as mamas, os enchimentos do tundá, ruflando as anáguas e rabeando a cauda. Quase derrubou a porta entreaberta e parou à soleira, sufocada. O marido estava abraçado a uma figura feminina, dolorosa e toda em lágrimas que, quando levantou a cabeça que era afagada, foi reconhecida pela fera. Era sua filha e concunhada Neném, casada com seu genro e cunhado Flávio — filha e cunhado que ela escorraçara de sua casa por não concordar com aquele casamento de sobrinha e tio e além do mais, tio pobretão. O Iclirérico é que vinha vê-los semanalmente, esverdeado de medo e embuçado no fundo dum carro. Ficaram todos parados e se olhando, imobilizados no último gesto como figuras de filme cinematográfico que estacasse. A Irifila sentiu-se murchar como bexiga de porco que esvazia, ao mesmo tempo que uma coisa se engastalhava na sua goela e que lágrimas quentes e abundantes desciam dos seus olhos. Aliviando. E foi ela que falou primeiro com voz de insuspeitada doçura, chamando filha e genro para morar na sua casa. Despediram os tílburis e tocaram para a rua Farani em charola, num *landau* que o Flávio foi buscar. Durante algum tempo a Irifila ia entrar em recesso e o Lequinho respirar e trabalhar tranquilo na abertura da rua Senador Dantas.

> Nous sommes morts, âme ne nous harie [...].
> FRANÇOIS VILLON, "L'épitaphe"

Quando Ennes de Souza exagerava no espírito fantasista, desmandava-se em linguagem excessiva contra as instituições, gastava mais do que podia auxiliando parentes, amigos e até simples conhecidos; quando descomedia-se na cerveja e no vinho branco e apesar de bom marido mostrava ternura exorbitante pelas louras, morenas, altas, baixas, claras, mulatas, magras, gordas, ricas e humildes com quem cruzava — era meu avô, com sua autoridade de primo mais velho, de irmão adotivo e de compadre, que o repreendia docemente. Grande admirador de sua inteligência, terminava sempre seus conselhos dizendo: "Totó, Totó, quem me dera teu talento mas... com meu juízo...". Porque o critério, o julgamento, a medida e o equilíbrio eram outras qualidades de meu avô reconhecidas por todos, ele mesmo, inclusive. Pois tudo isto falhou no princípio de 1880 e com a entrada dos grandes calores. Desde o nascimento de sua filha mais nova, em dezembro de 1879, meu avô, que trabalhava mais que nunca, tinha começado a tossir. Só um pouco. E parecia que o verão, que entrara rijo, era mais violento que o anterior e fazia-o sofrer mais que dantes. Ele sufocava e queimava ao sol duro da manhã, às labaredas do meio-dia, ao bochorno da tarde e ao forno insuportável e molhado das noites. Só refrescava um pouco estirado hora inteira, na banheira de mármore, imensa como sarcófago etrusco, cheia até a borda da água fria que se amornava ao calor de seu corpo febril. Num dia particularmente quente falhou o seu juízo e ele chegou em casa mais cedo, ar deliberado, acompanhado de galego portador de uma barra de gelo. Mandou pô-la na banheira, abriu a torneira, deixou derreter e quando a água estava bem fria, surdo às advertências de d. Nanoca, meteu-se no banho, em que ficou até sentir o mal-estar que o levou para a cama tremendo todo, naquele arrepio profundo da febre, que põe ventos polares nas areias da Líbia. Foi sendo tratado como resfriado, mas o resfriado durou mais do que devia. Veio um médico que falou em pneumonia, mas a pneumonia não acabou na crise dos sete, dos catorze, nem dos 21 dias. E aquele delíquio, aquele emagrecimento, aquela febre, aquele suor que o devoravam e consumiam. E aquele esforço de tosse que o deixava exausto e com o peito queimando como se cada costela fosse um arco de ferro em brasa. A mulher em pânico. Os cunhados alarmados. O Lequinho indo, afinal, buscar o dr. Torres Homem, que entrou arfando — olhou, perguntou, palpou, percutiu, auscultou, jurou ao doente que não era nada e levou a família para a sala de visitas onde, com a franqueza grave que lhe era habitual, pronunciou a sentença de morte: "Tísica de forma aguda — a que eu chamo galopante. Pobre moço!". E disparou mesmo o galope final da febre, da dispneia, dos suores, do delírio. Às vezes parecia melhorar com as poções tebaicas, o ácido arsenioso, o xarope de alcatrão com benzoato de amônia, o vinho quinado, o champanha em altas doses. Parecia melhorar, parecia, mas logo recaía no lago ardente levado pela mão da "velha dama insaciável". Ai! era um dos seus modos de chegar... Que ela às vezes vinha colérica e boa e acabava logo, como no golpe de clava dos derrames, na punhalada firme das anginas. De outras, aos poucos, surripiando, daninha, o ar e sustância dos cardíacos, dos enfisematosos. Ora silenciosa, ora estertorosa. Máscara festiva e caricatural dos gordos e dos doces diabéticos — descobrindo de repente a vitoriosa e sorridente caveira. Atracando firme, firme, firme. Não largando mais, mesmo quando parece afrouxar, como no caso da jiboia, pescoço enganchado num jequitibá e que laçou o touro com uma volta do rabo sem perdão. Lá vai o forte touro correndo, disparado e esticando a jiboia que, da grossura dum porco, passa para a duma coxa. Para a de um braço, a de uma corda, a de um dedo. Vai rebentar, parece, mas retesa; não estica mais e estaca o touro. Lá vem ele, arrastado pela cobra que novamente engrossa como corda, como braço, como coxa, como porco. Então amolece e afrouxa o touro que outra vez dispara pela campina. Volta, sujigado. Estoura, outra vez. Vem, arrastado. Vai, vem, vai, vem, vai, vem no afina, engrossa, afina, engrossa... E é assim o dia inteiro (a vida inteira?) até cair exausto, ter os ossos estalados no arrocho final e — massa informe e babada — ser engolido pelo monstro. Na rua Ipiranga era um rebuliço, a casa sempre cheia de parentes — o Ennes, o Itriclio, o Candinho, o Flávio e o Lequinho revezando-se à cabeceira do padecente e suas mulheres amparando a aflição de minha avó e tomando conta da meninada. Só quem não se revezava era o Vaz Júnior, que corria como lançadeira de Ipiranga à General Câmara, de General Câmara à Ipiranga; que ia buscar os remédios, chamar os médicos e não saía mais da casa do sócio, instalado nos corredores, comendo no canto das mesas, dormindo nas cadeiras — útil, incansável, múltiplo, prestativo, simultâneo, onipresente. Ele é que passava as noites à cabeceira do meu avô, insistia para ficar só, para que todos fossem se deitar e nunca deixava de estar rente, ali. À hora da madrugada e do dia nascente em que a febre caía, o doente enxugava o tronco de marfim, mudava a camisa, abria grandes olhos confortados, sorria, tomava seu leite, parecia que ia reviver e curar. Era quando o Vaz aproveitava para fazê-lo assinar os papéis que trazia embrulhados. "Só mais esse, *seu* Pedro Nava... É para nossos negócios não ficarem parados e o senhor encontrar tudo em ordem quando voltar ao trabalho..." Meu avô assinava, esticando o braço de dentro do aquário em que boiava, por um instante solto e sereno, até que se abrissem novamente os vulcões submarinos... E o Vaz voava para a rua General Câmara aos primeiros raios do sol, envolto ainda do sorriso agonizante de meu avô e da gratidão de minha avó. E foi assim por uns sessenta dias — vai, vem, afina, engrossa — e a 31 de maio de 1880, aos 35 anos, sete meses e doze dias de existência, Pedro da Silva Nava pesou nos braços da amada com a violência e a densidade marmóreas do Cristo da *Pietà* e rolou no tempo que não conta — recuando de repente às distâncias fabulosas e cicloidais onde estavam seu pai, seu avô imigrante, seus antepassados milaneses, genoveses, lombardos, germanos orientais, o primeiro homem e o último antropoide. Já não era mais dos seus nem com eles. Cadáver. No princípio ainda corriqueiro, na luta mole e meio cômica com os que lhe vestem a casaca da solenidade derradeira. Depois, ainda familiar, no canapé de jacarandá da sala de jantar, como nas sestas dominicais. Subitamente transmutado, inacessível e imperial, dentro do caixão e no alto da essa. Coberto de flores e cercado de velas. Apoteose espanhola, entre círios, alças de prata, línguas de fogo, veludos negros, galões dourados, ramalhetes de biscuí, em que o defunto parece remoçado, belo, ebúrneo, rígido, a pele distendida pela putrefação que começa, a expressão pacificada ao vácuo deixado pela alma que não mais atormenta. A 1º de junho de 1880 meu avô saiu de casa para sempre. Seguiu o mesmo trajeto cotidiano, agora no coche fúnebre que minha avó viu estrelar-se como ameba preta dentro de suas lágrimas, até a ponte das Laranjeiras. Só que no largo da Lapa já não entrou por Passeio, mas tomou por Maranguape, Mata-Cavalos, Conde d'Eu, Mata-Porcos, ponte do Não-Te-Importes, praia das Palmeiras, praia de São Cristóvão e praia do Caju, até o Cemitério de São Francisco Xavier. Ali, na quadra 38, sepultura perpétua 2502, a terra lhe comeria as carnes e o lençol d'água lhe lavaria os ossos.

Tudo estava em ordem para a volta de minha avó ao Ceará. A moça despreocupada, que cantava na rua Ipiranga, aprendera a chorar e essa mímica jamais seria esquecida. Mesmo nas alegrias, derramaria lágrimas até morrer. Àquela hora ela liquidava, em prantos, as arrumações destinadas a fechar para sempre sua casa, ajudada pelas cunhadas e pela Eugênia Ennes. Na véspera batizara sua filha mais moça, dando-lhe o nome de Maria Euquéria, escolhido por meu avô, ainda em vida, para repetir o de sua própria madrinha. Tinham sido padrinhos o Lequinho e a Irifila, que estava se portando como um anjo. Da igreja a viúva fora ao cemitério, despedir-se da terra que lhe comia o marido dentro do túmulo branco que mandara erguer, com a inscrição "Amor filial", aos pés da cruz de mármore. Nas vésperas do embarque, saíra da sua casa e fora para a do mano Cândido, onde passaria a última noite no Rio de Janeiro. Lá reuniu-se o serão familiar e lá, à mesa da sala de jantar, o Lequinho e o Ennes de Souza davam conta das providências tomadas. A casa comercial passara para as mãos do Vaz Júnior, que roubara descaradamente meu avô, fazendo-o transferir-lhe, nas madrugadas de delírio, quase tudo que tinha. O que sobrara dava para uma vida de viúva modestíssima e nem isto ficaria, tivesse o doente mais uns dez dias entregue à dedicação noturna do sócio. O apurado devia-se às bengaladas, extremamente convincentes, que o Ennes aplicara no lombo do Vaz. O Lequinho, a cada explicação, entregava um papel à irmã. O último foi o da propriedade da sepultura de meu avô. Era uma folha enorme, pergaminhada, tarjada de negro e encimada pelas armas da Misericórdia Fluminense: em campo de prata, cinco chagas sangrantes em aspas, tendo por timbre a Cruz — refúgio dos homens, consolação dos aflitos. Vinha visada pelos definidores, rubricada pelos mordomos, contra-assinada pelo administrador do cemitério e assinada pelo provedor. Parecia um título de nobreza. E era. Nobreza da reintegração do pó no pó; da cinza na cinza; da terra na terra. Nobreza do Nada.

Meu tio-avô Joaquim Feijó de Melo viera do Ceará para buscar a cunhada que ele vira criança, que levara ao altar — toda de branco e coroada de flores de laranjeira. Era outra vez pelo seu braço que ela reintegraria solenemente sua família — toda coberta de crepe, cabelos espichados para trás e toucados da capota de viúva. Assim ela embarcou no largo do Paço, carregando nos braços sua filha Maria Euquéria, de seis meses, e em cacho nas suas saias, Cândida, de sete anos; Dinorá, de seis; Alice, de cinco; José de quatro. Com eles desembarcou em Fortaleza e foi levada processionalmente, pela família, para sua casa da rua Senador Pompeu, onde já estava instalada, designada para morar com a moça viúva, ajudá-la na criação dos filhos, sua tia materna d. Rosa Alexandrina de Barros Palácio. Essa grande senhora deixou nos sobrinhos-netos a lembrança de sua severidade inflexível e no coração de todos, saudade inapagável. Uma adulta rigorosa que se faz amar de crianças devia ser transbordante de justiça e ter a sabedoria profunda — sem hesitação nem contradição — de consentir na hora certa e de negar no momento exato. Ela afeiçoou-se a todos, mais particularmente aos três afligidos pela velha asma dos Costa Barros — meu Pai, minhas tias Dinorá e Alice. Sobretudo àquele ligou-se a velha tia, pouco a pouco transformada em sua mãe adotiva. Tinha o apelido caseiro de Loló e foi a sombra tutelar de meu Pai. Dormiam no mesmo quarto — punho da rede de um no mesmo armador do punho da rede de outro para a tia-anjo-custódio acordar ao primeiro sobressalto do menino. Ele aprendeu com ela a limpar o corpo com água e sabão, a lavar a alma benzendo-se em nome de Deus e persignando-se com a Cruz na testa, na boca, no peito. Decorou de seus lábios a ave-maria, o padre-nosso, o credo, a salve-rainha — tudo que é preciso para qualquer um, a qualquer hora, entender-se com a Mãe dos Homens e com seu divino Filho. Foi ainda ela que lhe mostrou os números e as letras. Que o afirmou e confirmou na mansidão e na bondade — bens hereditários de nossa gente. Era ela que assistia às refeições de meu Pai, um olho no prato e outro no ponto do crochê ("Coma com modos, Cazuza! Feche as asas e mastigue de boca fechada, menino!"), e que, ao fim, dava-lhe com mão irresistível e de boca abaixo, na última garfada, tudo que os luxos infantis tinham separado na borda do prato: fiapos da cebola, casquinhas do alho, películas do tomate, *marinheiros* do arroz, pevides da pimenta e pelanca das carnes. E o conselho final de raspar o prato, de não deixar restos, de não desperdiçar a comida que a tantos faltava.

Cerca de 1881 morreu minha tia-avó Adelaide Cândida. Uns dois ou três anos depois, seu viúvo casa-se com minha avó. Tudo isto deve ter sido muito pesado, muito medido de parte a parte e no dia em que se consorciaram os cunhados — ele dava a sua filha, segunda mãe dobrada de irmã e ela, aos cinco filhos, outro e extremoso pai. Nessa qualidade foi sempre tido pelos enteados, esse homem de alma pura, espírito austero e coração magnânimo. À época do seu segundo casamento minha avó tinha cerca de trinta anos, apenas mais nove anos que sua sobrinha, comadre e agora enteada Maria Feijó de Melo (Dondon). O novo marido, nascido em 11 de fevereiro de 1836, ia pelos 47, 48. Era, de seu nome todo, Joaquim Feijó de Melo, e nascera no Engenho do Formoso, Pernambuco, filho de José Feijó de Melo e de d. Maria Inácia Mayer. Sua avó paterna era Costa Barros e daí lhe vinha parentesco em terceiro grau com as duas irmãs que desposou. Seu avô paterno era o cavaleiro professo da Ordem de Cristo, tenente-coronel José Fidélis Barroso de Melo — por intermédio de quem se chegava aos ilustres troncos pernambucanos dos Gonçalves Barroso, Melo Albuquerque, Pereira da Cunha, Batista Guimarães e Soares Cavalcânti. Era quarto neto do capitão-mor Antônio Feijó de Melo, outro cavaleiro de Cristo, que se batera por Ele nas guerras contra os hereges de Holanda. Da mãe do velho Feijó, d. Maria Inácia Mayer, sabe-se que era filha de uma inglesa e de pai de origem alemã. Isto é o que está nos apontamentos que tenho em mãos e que me foram dados pela viúva de meu primo Carlos Feijó da Costa Ribeiro. Deste lado materno deve o velho Feijó ter herdado o tipo louro e os olhos claros que chegaram a seus netos e aquele nariz puxado, ovante, aquilino e recurvo *qui sentait le fagot à une lieue*, nariz que diferencia, judaicamente, toda a descendência dele e de minha tia Adelaide Cândida e que persiste imutável, régio, dinástico — como marca familiar nas cinco gerações de primos que deles provêm. O próprio casamento do Feijó, viúvo, com uma cunhada não tem um leve sabor hebraico? Isto são apenas conjeturas partidas de um nome e de um traço fisionômico. Cristão-velho ou cristão-novo, o que importa contar é que o Feijó era a flor dos maridos, a flor dos pais, a flor dos padrastos e a flor dos padrinhos. Influência favorável e benéfica na vida de meu Pai, que nele só encontrou afeto, conselho e amparo. Mais que o parentesco, unia-os a amizade e o velho Feijó vivia repetindo que nunca encontrara ninguém melhor que o enteado e compadre. Porque fui seu afilhado. E mesmo depois dele morto e de meu Pai morto, eu, meus irmãos e minha Mãe tivemos sobre nós sua sombra favorável. Sucedendo ao sogro, no cargo de tabelião de notas, em 1865, e falecendo a 21 de outubro de 1917, Joaquim Feijó de Melo foi notário durante 52 anos. Nos doze anos mediados entre meu batismo, em 1905, e sua morte, em 1917, este, que meu Pai me ensinara a chamar de avô, recolhia todas as pratinhas de quinhentos réis que lhe passavam pelo cartório e guardava-as em pilhas, numas caixinhas de charuto onde elas cabiam exatamente mil, que ele próprio fechava com obreias e mandava para o afilhado e neto torto do Sul. Quando ele morreu, eu tinha recebido de suas mãos uns dez desses pacotes que, pelos anos depois, minha Mãe ia tirando do gavetão quando se apertava mais sua vida de viúva que só tinha de seus o dia e a noite. Antigo *minu*, dos tempos imperiais e de Pompeu, o Feijó seria *marreta* na República e um dos sustentáculos da ressurreição política do genro daquele, o Accioly, nos governos do nosso primo major Benjamim Liberato Barroso e do coronel José Freire Bezerril Fontenelle. Ele recebeu festivamente a primeira presidência Accioly, mas foi se enojando com a política diante dos desmandos do interregno boçal de Pedro Augusto Borges e com o aspecto mambembe, rancoroso, familiar, chué, compadresco e oligárquico do segundo consulado Accioly. Não rompeu ostensivamente com o velho amigo, mas afastou-se dele discretamente. Manteve-se equidistante dos partidos e foi isto que, junto da sua respeitabilidade e da estima unânime que desfrutava em Fortaleza, permitiu-lhe salvar um dia a vida do velho soba cearense. Mas esta é história ainda por vir e que só terá justo realce depois que se falar um pouco mais de meu Pai e de seu cunhado Antônio Salles.

Convivente, cavalheiro, gostando de receber e fazendo-o como um fidalgo, o velho Feijó influiu poderosamente na maneira gentil e na boa educação de meu Pai. Militante histórico da imprensa da terra e homem de espírito, foi também a primeira impressão intelectual sentida pelo enteado. A segunda foi a de José Carlos da Costa Ribeiro Júnior, que entrou para a família em 1884, por seu casamento com Maria Feijó da Costa Ribeiro. José Carlos — que meu Pai considerava como cunhado e tinha por "mestre e amigo", era um tipo de letrado provinciano, dos mais admiráveis do seu tempo. Filósofo, crítico, contista, poeta, jornalista, foi o Bruno Jacy da Padaria Espiritual. Bacharel pela Faculdade de Direito do Recife, em 1882, sequaz das ideias de Tobias Barreto, foi promotor público na capital pernambucana e mais tarde procurador dos feitos e secretário de Estado da Fazenda, juiz, chefe de polícia e advogado na Fortaleza. Sua mais notável atividade foi, entretanto, a de professor, tendo sido diretor do Liceu do Ceará, onde regia a cátedra de alemão. Dotado de verdadeiro gênio para as línguas, manejava, além do idioma que ensinava, mais o francês, o castelhano, o italiano, o inglês, o latim e o grego que lia correntemente e falava com espantosa fluência. Até do hebraico o diabo do homem tinha suas tintas... Com os anos, apurou-se sua mania de poliglota e ele queria passá-la à mulher e aos filhos, usando, como na família do grande Finlay, uma língua em cada refeição. Esse preciosismo era motivo de certo gozo por parte de meu Pai e de minhas tias e a Dondon, percebendo isto, carregava na mão e dizia, para gozar os gozadores: "O Zé Carlos e eu tomamos café em francês, almoçamos em inglês e jantamos em alemão. Já o volapuque e o dinamarquês ficam para quando queremos ralhar com as crianças diante de estranhos...". Era paraibano e nascera a 24 de julho de 1860. Vinha de uma curiosa linhagem de soldados transformados em humanistas e cujo nome mais remoto de que se tem notícia é o de Manuel Dias Ribeiro da Costa, natural da Póvoa de Midões e trucidado pelos franceses da invasão napoleônica. Seu filho José Ribeiro da Costa, noviço do Mosteiro de Santa Cruz de Coimbra (a que chamavam dos *cruzios*), ao saber da sorte do pai, sedento de vingança, mandou a batina às urtigas, sentou praça e fez à bruta toda a campanha peninsular até ser ferido na Batalha de Badajós. Veio para o Brasil com a Divisão dos Voluntários da Rainha, ao mando do general Lecor. Morreu na Paraíba, onde fora instrutor da tropa, a 3 de fevereiro de 1859. O filho desse sargenteante foi o dr. José Carlos da Costa Ribeiro, nascido naquela província a 11 de agosto de 1829, bacharel em direito de 1851, deputado provincial de Pernambuco, orador fremente, poeta arrebatado. Morreu velho, a 29 de junho de 1904 — tendo sobrevivido a seu filho José Carlos da Costa Ribeiro Júnior, falecido em 29 de maio de 1896, na Fortaleza, com apenas 36 anos de idade. Meu Pai conviveu com esse fino humanista, em casa, como seu cunhado mais moço; no Liceu do Ceará, como seu discípulo; na Padaria Espiritual, como seu confrade. Recebeu os ensinamentos de sua cultura e a influência liberal de sua atuação de abolicionista e republicano da propaganda.

Meu Pai só entrou para o Liceu em 1891, com quinze anos de idade. Ignoro em que colégio primário estudou, mas sei, por certas datas de seus compêndios, que aos onze anos era aluno de português e latim do seu tio Peregrino Arruda e ia do *Clarorum virorum...* de Tácito, no panegírico do sogro Cnaeus Julius Agricola, ao *Tityre, tu patulae recubans...* da Écloga I de Virgílio — janela em que todos nos debruçamos sobre a paisagem do mundo latino, para uns clara, para outros brumosa... Para ele, clara, pois que a iluminava o tio, mestre particular e letrado modesto — falecido ainda moço, por volta de 1889. No Liceu do Ceará, meu Pai teve como *bichos* Manoel do Nascimento Fernandes Távora e César Rossas, ambos formados, depois, em medicina. Parece ter sido colega de turma e foi grande amigo do futuro engenheiro João do Rego Coelho. Possuo cadernos de deveres de inglês, onde os trabalhos de tradução da *Estrada suave* são assinados pelos dois, com nomes de guerra de que me escapam o significado e a intenção. Firmavam suas versões como José Nava da *Fonseca* e João do *Galhão* Rego Coelho. Outro amigo e colega de Liceu: Otto de Alencar Silva, meu primo pelo lado materno, matemático de gênio, depois professor da Politécnica. Mas o amigo por excelência de infância e preparatórios, o amigo fraternal, o amigo de bolsa comum, era Meton da Franca Alencar — que teria enorme influência no destino de meu Pai. Por repetir nome ilustre do médico de quem era filho, o Meton era chamado em casa e na cidade pelo apelido de *Moço*. Os dois eram tão unidos que enlaçaram seus nomes num só e as modinhas que compunham ao violão, as letras que rimavam para seus descantes eram da autoria de *Metonava*. Além das do Távora, do Rossas, do Coelho, do Otto, do Meton, aparecem nos meus velhos papéis as sombras de Alencar Matos, Frota Pessoa, Antônio Fernandes e Manfredo Afonso, que integravam, com meu pai, o corpo redatorial do *José de Alencar*, "periódico científico e literário", com redação à rua Tristão Gonçalves 116 e que saía nos dias 10, 20 e 30 de cada mês. Possuo seus recortes do dia 20 de janeiro de 1893, número 1, do ano II. Nele, meu Pai publica um ensaio intitulado "Philosophia da historia" — realmente muito bom para os seus dezessete anos já recheados da leitura de Schopenhauer, Herbert, Spencer, Buckle, do inevitável Augusto Comte e do nacional Sílvio Romero. Era o ano da bomba de Vaillant na Câmara Francesa, da Revolta da Armada contra Floriano e aquele em que outra influência intelectual ia-se fazer efetiva junto de meu Pai, pelo casamento de sua irmã mais velha, Cândida (Candoca), com Júlio Augusto de Luna Freire, advogado e magistrado pernambucano, filho de Adelino de Luna Freire, presidente de sua província e irmão do ilustre médico Adolfo de Luna Freire. Homem de grande cultura, ledor incansável, informado de todas as literaturas, sua influência de letrado maduro deve ter sido muito grande sobre o espírito de meu Pai, e quase tão importante como a que exerceu Antônio Salles, também tornado cunhado, por seu casamento, a 16 de junho de 1894, com minha tia Alice (Yâim). Tio Salles, quando entrou na família, já vinha consagrado, pela publicação, em 1890, dos seus *Versos diversos*. Joaquim Feijó de Melo, José Carlos da Costa Ribeiro Júnior, Peregrino Arruda, Júlio Augusto de Luna Freire e Antônio Salles — eis as esplêndidas figuras que foi privilégio de meu Pai ter como parentes, como amigos e que ajudaram a configurar sua personalidade — sublimando o homem puramente inteligente no prestígio dessa outra entidade superior, diferenciada, aristocrática e rara que é a do Intelectual. À atuação destes, juntar-se-ia, no mesmo sentido, a de outros com que meu Pai conviveria durante a sua mocidade e que marcariam fortemente seu espírito em formação. Contemos aqui seus mestres do Liceu do Ceará e seus companheiros da Padaria Espiritual.

Até a fundação da sua Faculdade de Direito, em 1903, o Ceará não contava nenhum instituto de ensino superior e vinha talvez disso o prestígio em que eram tidos os professores do Liceu e a alta qualidade intelectual e humana exigida dos que pretendiam orientar uma juventude acostumada a sê-lo por figuras do quilate de um cônego Antônio Nogueira da Braveza, de um Rodolfo Teófilo, de um Virgílio Brígido. Só mais tarde, num doloroso período de abuso do poder, de rebaixamento político e moral, é que foi possível ver-se a pilhéria de um Graco Cardoso reger a cadeira de grego no Liceu do Ceará

> naturalmente [disse Antônio Salles] por ser inteiramente *grego* nessa língua, de que não conhecia sequer o alfabeto.

Graco Cardoso é o mesmo ser silencioso que a Câmara viu como deputado e a quem Domingos Olímpio chamou de

> piolho lázaro criado nas virilhas da oligarquia Accioly.

Felizmente, para meu Pai, ele frequentou o grande centro de ensino de seu estado na fase áurea de 1891 a 1895 — e ali foi duplamente *apertado* pelos seus mestres, tanto pelo natural rigor vigente na época como porque o recomendava a *tratos de polé* — seu parentesco com o professor de alemão e diretor do Liceu — José Carlos da Costa Ribeiro Júnior. Nesse período meu Pai, sob os pseudônimos de Javany, Josy Norem, Gil Navarra ou com seu próprio nome, faz literatura em prosa e versos — prosa bem aceitável, versos quase inaceitáveis — os últimos geralmente de circunstância e levando, indiscretamente, para a imprensa de Fortaleza, os nomes bem-amados de Ana, Júlia, Clea e Noemi. E não ficava só no nome. Punha também o sobrenome das deusas, com todas as letras. Experimenta-se no conto, na crítica, no ensaio e traduz para os jornais da terra Catulle Mendès, Pierre Loti, Alphonse Daudet e Théodore de Banville. Mas seu período literário, final e mais intenso, começa em 1894, quando, aos dezoito anos, ingressa na Padaria Espiritual, e termina em 1896, data do início de seus estudos médicos.

> *Boulanger* — s.m. Argot. Nom donné au diable [...].
> P. LAROUSSE, *Grand dictionnaire universel du XIXe siècle*

> *Padaria* — s.f. [...] § fig. A gente vulgar pobre, que vive de pada e água, ou pouco mais, e habita pobremente, e assim se veste: o vulgo.
> MORAES, *Diccionario da lingua portugueza*

Padaria Espiritual foi o nome dado por Antônio Salles a uma sociedade cearense de letras cujo aspecto irreverente, revolucionário e iconoclasta só encontra símile no movimento que sairia, trinta anos depois, da Semana de Arte Moderna. Adolfo Caminha, rememorando como ela surgiu, passa um pouco por cima da figura de Antônio Salles e escamoteia seu papel de principal fundador e animador daquele grupo de intelectuais. Não pensam assim Jorge Brandão Maia, Leonardo Mota, Dolor Barreira e Herman Lima — que muito justamente dão a César o que é de César e a Salles o que é de Salles. Esse mesmo, que não gostava de vestir-se das plumas alheias do pavão, mas que não deixava que lhe arrancassem as folhas difíceis de sua *jurema* — reivindica para si aquela qualidade. O nome foi achado por ele. Foi ele o autor do seu programa. Foi ele o presidente da primeira sessão e só não continuou no cargo porque fez questão de passá-lo a Jovino Guedes. Era ele a principal figura dos precursores, do grupo de intelectuais que se reunia diariamente no Café Java, à praça do Ferreira, para ali discutir de letras e artes. Sua figura, a esse tempo, foi descrita nas histórias de João Velho:

> poeta, moço, talentoso, conceituado e até... bonito, com seu bigodinho negro petulante... chapéu de palhinha com fita encarnada, muito em moda na época, e a que davam o nome de *Bilontra*.

Pois era assim ágil, rápido, ridente e falante que ele estava diariamente com Lopes Filho, Ulisses Bezerra, Sabino Batista, Álvaro Martins, Temístocles Machado e Tibúrcio de Freitas no café de propriedade de Manuel Pereira dos Santos — que entrou na história literária do Ceará com o nome de Mané Coco. Esse taberneiro original, que vivia citando Guerra Junqueiro, com ou sem propósito, arvorava nas ocasiões solenes festivo fraque de lapela florida — mas sempre desacompanhado do colarinho e da gravata. E foi o mais entusiasta dos animadores da Padaria Espiritual e o mecenas rústico dos seus *padeiros*. Não se pode deixar de considerar Mané Coco como um deles, como também temos de considerar do seu número certo Joaquim Vitoriano, que não lia mas ouvia, que não tinha predicados intelectuais mas possuía dotes físicos que faziam dele o *leão de chácara* cujo punho de bronze, cuja bengala sibilante e cuja *peixeira* acerada davam a refletir aos burgueses mais irritados com a insolência intelectual dos membros da Padaria. Essa foi fundada no Café Java, mas instalou-se publicamente, com o maior estardalhaço, na sua primeira sede, à rua Formosa 105, no dia 30 de maio de 1892. Antônio Salles dirigiu a sessão inaugural. As presidências subsequentes caberiam a Jovino Guedes, da segunda reunião até 5 de outubro de 1894; a José Carlos da Costa Ribeiro Júnior, dessa data até a de sua morte, ocorrida a 29 de maio de 1896; e a Rodolfo Teófilo, de 19 de julho do mesmo ano até 20 de dezembro de 1898 — dia de sua última reunião. A associação tinha seu hino, seu estandarte. Este foi conservado pela esposa de Rodolfo Teófilo, que, depois da morte da companheira, passou-o às mãos de Antônio Salles, que o entregou, a 12 de novembro de 1932, ao Arquivo Público do Ceará. Era em campo de goles e trazia como insígnias uma caneta plumada cruzada com uma espiga de trigo. De um lado um P e do outro um E. Por baixo, a divisa "Amor e Trabalho". Essas armas eram usadas no papel de correspondência dos *padeiros*, e na reprodução que tenho e que foi conservada por meu Pai a espiga de trigo termina, embaixo, como pena de escrever. E Padaria Espiritual vem escrito por extenso. O hino, cuja letra era de Antônio Salles, foi musicado por um tenor em trânsito pelo Ceará, chamado Rayol. Os padeiros, ao serem admitidos, adotavam nome de guerra pelo qual passavam a ser conhecidos na Padaria. Sua instalação data apenas de há 76 anos e entretanto seus historiadores já divergem e às vezes se contradizem. Isto acontece quanto aos membros, a seu número e à sua ordem de entrada na instituição. Tendo em conta o que dizem o barão de Studart, Leonardo Mota, Dolor Barreira e principalmente o que está no arquivo de Antônio Salles hoje em minhas mãos, creio poder apresentar sua lista completa. Os verdadeiros fundadores são os signatários da ata da primeira *fornada*, a de 30 de maio de 1892, em número de treze e que são: Antônio Salles, padeiro com o nome de *Moacir Jurema*; Adolfo Caminha (*Félix Guanabarino*); Álvaro Martins (*Policarpo Estouro*); o músico Carlos Vítor, irmão de Henrique Jorge (*Alcino Bandolim*); João Lopes de Abreu Lage, ou Lopes

Filho (*Anatólio Gerval*); Joaquim Vitoriano (*Paulo Kandalaskaia*); José Maria Brígido (*José Marbri*); José de Moura Cavalcanti (*Silvino Batalha*); Lívio Barreto (*Lucas Bizarro*); o pintor Luiz Sá (*Corregio del Sarto*); Temístocles Machado (*Túlio Guanabara*); Tibúrcio de Freitas (*Lúcio Jaguar*); e Ulisses Bezerra (*Frivolino Catavento*). Não assinaram esta ata, mas tiveram seus nomes escritos à sua margem, podendo assim figurar como fundadores, o músico Henrique Jorge, irmão de Carlos Vítor (*Sarazate Mirim*), e Sabino Batista (*Sátiro Alegrete*). Na segunda *fornada*, o número dos padeiros é de dezesseis, pois já a está presidindo, como *padeiro-mor*, Jovino Guedes (*Wenceslau Tupiniquim*). Leonardo Mota e Dolor Barreira elevam o número dos fundadores a vinte, colocando entre eles Gastão de Castro (*Inácio Mongubeira*); João Paiva (*Marco Agrata*); José dos Santos (*Miguel Lince*); e Raimundo T. de Moura (*Mogar Jandira*). A 3 de fevereiro de 1894, é admitido Francisco Ferreira do Vale (*Flávio Boicininga*), que vai, com os treze recebidos a 28 de setembro do mesmo ano, integrar o grupo dos catorze chamados *padeiros-livres*. É a ocasião em que se reorganiza a Padaria e em que a mesma fica com 34 membros. Estes últimos foram Almeida Braga (*Paulo Giordano*); Antônio Bezerra (*André Carnaúba*); Antônio de Castro (*Aurélio Sanhaçu*); Artur Teófilo (*Lopo de Mendoza*); Cabral de Alencar (*Abdhul Assur*); Eduardo Saboia (*Braz Tubiga*); José Carlos da Costa Ribeiro Júnior (*Bruno Jaci*); José Carvalho (*Cariri Braúna*); José Nava (*Gil Navarra*); Roberto de Alencar (*Benjamim Cajuí*); Rodolfo Marcos Teófilo (*Marcos Serrano*); Xavier de Castro (*Bento Pesqueiro*); e Waldemiro Cavalcânti (*Ivan d'Azhof*). Quatro intelectuais cearenses foram propostos e aceitos na primeira *fornada*, mas esnobaram a Padaria Espiritual, deixando de preencher as condições de efetivação: João Lopes, José Lino, Justiniano de Serpa e Leopoldo Brígido. Houve um padeiro-mor honorário que foi Juvenal Galeno e um padeiro honorário residente na Bahia que foi Américo Barreira.

    Nem todos os padeiros acompanharam a Padaria do princípio ao fim de sua curta vida. Suas fileiras foram desfalcadas pela "indesejada das gentes", que cedo levou Artur Teófilo, José Carlos, Lívio Barreto, Lopes Filho, Sabino Batista e Xavier de Castro. Pela dispersão, que tirou da província Antônio Salles, José Nava e Roberto de Alencar. E pior. Pela incapacidade que têm os homens de se reunirem sem que logo os separe a malquerença, a inimizade, o ódio, o ciúme, a inveja e o despeito. Por essas feias razões é que deixaram a Padaria Temístocles Machado e

Álvaro Martins, que vão criar o Centro Literário e que passam a insultar os antigos confrades pela imprensa da província e da capital federal. É ainda da imprensa carioca que se servem Adolfo Caminha, Eduardo Saboia e Tibúrcio de Freitas para atacar os companheiros da Fortaleza. Mesmo com essas dissidências e essas agressões, a Padaria Espiritual se impõe à cidade, à província, ao país como grupo literário e artístico de importância e vai ser consagrada pelas visitas que lhe fazem Pardal Mallet, quando passa desterrado para Cucuí, e Raimundo Correia, quando vai ao Ceará em viagem de convalescença. O grande poeta frequentou as *fornadas* em 1894, ano em que Antônio Salles considera como sua melhor fase e a mais animada. Quando volta para o Sul, Raimundo continua a manter contato com os *padeiros* e escrevia a Antônio Salles:

> Quem não ama e não fantasia, não vive. O exemplo da união e da solidariedade, que vocês nos deram, talvez nos faça algum bem aqui; mas é preciso que toda obra da Padaria seja aqui conhecida e atue vibrantemente sobre os nervos dessa rapaziada enferma e desunida. [E ainda:] Aqueçam-me vocês com um sopro largo e flamejante do forno quente dessa padaria.

Além de Pardal Mallet e Raimundo Correia, ocupam-se do grupo provinciano Afonso Celso, que lhe dedica seu livro *O invejado*, assim como Coelho Neto, Araripe Júnior, Augusto de Lima, Clóvis Beviláqua, Garcia Redondo, o padre Correia de Almeida, Domício da Gama, José Veríssimo e Machado de Assis. Como se vê, muito ao contrário do que está no poema de Carlos Drummond de Andrade — os poetas federais *não* tiravam ouro do nariz, diante dos poetas estaduais... Só a Europa não se curvou diante do Brasil porque ficaram sem resposta as mensagens mandadas a Guerra Junqueiro, Ramalho Ortigão, Eça de Queirós e Antônio Nobre. Adolfo Caminha refere que só quem enviou seus livros e uma honrosa carta foi Abel Botelho. Simpatizaram-se, através do Atlântico, os pornógrafos de *O barão de Lavos* e do *Bom crioulo*. Interessante é o fato de a Padaria Espiritual só ter procurado contato estrangeiro com o velho Portugal... Um grupo revolucionário e entretanto ainda tão preso, umbilicalmente, à metrópole, como a nossa Arcádia mineira! A 10 de junho de 1892 surge o primeiro exemplar de *O Pão* — de que são publicados 31 números. O último é de 15 de agosto de 1896. Essa coleção, que eu folheei várias vezes em casa de meu tio Salles, é hoje uma das nossas grandes preciosidades bibliográficas. Mas não ficou só na publicação do seu jornal a atividade editora da Padaria Espiritual. Foram por ela impressos *Vagas*, de Sabino Batista; *Marinhas*, de Antônio de Castro; *Dolentes*, de Lívio Barreto; *Maria Rita* e *Os brilhantes*, ambos de Rodolfo Teófilo; e o segundo livro de Antônio Salles, as *Trovas do Norte*.

> Pela primeira fornada da Padaria viu logo o povo que se tratava de uma coisa nova [...] porém que não parecia muito séria, na acepção dada comumente a esta palavra e que consiste em achar pouco sério tudo o que não é carrancudo como o burro [...].
>
> ANTÔNIO SALLES, *Retrospecto*

Podemos dividir a história da Padaria Espiritual em três fases. A primeira, de início, errante, dos cafés Java e Tristão e depois dos *fornos boêmios* da rua Formosa 105, 106 e 111. A segunda, mais doméstica e com reuniões em casa dos *padeiros*. A terceira, de dispersão, desânimo e fim. O período mais pitoresco teria sido o inicial, o das blagues, dos foguetórios, das barbas postiças, da gritaria, do escândalo, das serenatas, dos piqueniques, da hostilidade dos burgueses e da simpatia da mocidade. Havia partidas fora da cidade, que eram sempre em casas amigas e deviam ter o aspecto que ficou documentado na fotografia feita por Alfredo Salgado em festa congênere às da Padaria Espiritual e oferecida em 1888 ao *príncipe-presidente* Caio Prado, na Vila Isabel, propriedade do livreiro Gualter Silva. Nela se vê o grande paulista (que fugia da companhia dos políticos e preferia a dos intelectuais) no meio de uma guirlanda de senhoras sentadas no chão, reclinadas em espreguiçadeiras, apoiando-se nas trepadeiras das varandas e misturadas aos cavalheiros de chapéu-coco e paletó abotoado, sobraçando violões e bandolins. Todos conservando na face a expressão fremente de quem recita ou aquela fisionomia ondulante de quem solfeja, como nos *Anjos cantores* de Benozzo Gozzoli. Não ficou fotografia das *garden parties* da Padaria, mas a que descrevemos é sua imagem analógica. E para aumentar sua veracidade, lá está, ao lado de Caio Prado — um Antônio Salles de topete atrevido e bigode eriçado. Quando se dançava, era ao compasso da polca

"Padaria Espiritual", vibrante composição do flautista Nascimento — em que, junto aos ritmos de baile, passavam acordes da "Internacional". Os encontros na sede eram semanais e enchiam-se com o recitativo e a leitura das grandes peças clássicas e do que era amassado em casa, pelos *padeiros*. Os aniversários eram festejados com almoços e jantares — como o oferecido a Ulisses Bezerra e aquele outro a Antônio Salles, que quase acaba mal. Foi a 13 de junho de 1892, 24º aniversário do poeta e na sede da rua Formosa 105. Quem conta a história é Leonardo Mota, em termos discretos, posto que diáfanos, através dos quais se percebe que os parceiros acesos com a bebida queriam, a certa altura, *currar* a empregada que servia o jantar — o que foi impedido por Álvaro Martins, o *Policarpo Estouro*, que, ou por estar mais sóbrio que os outros, ou por puro espírito de porco, logrou a cabocla, posando de empata-fodas. Entretanto essa fase alegre ia findar. Todos os movimentos renovadores passam por períodos como esse, de escândalo e estandarte, para entrar depois na hora construtiva. Foi assim com a Padaria Espiritual. Foi assim com o movimento modernista. Vai ser assim com os estudantes e moços do mundo de hoje. Esses ciclos iniciais parecem sempre pouco sérios e de desordem porque encobrem, sob a pilhéria e sob a arruaça, suas verdadeiras finalidades.

A segunda fase da vida da Padaria Espiritual deixa de ser boêmia. As reuniões se davam nas casas de Rodolfo Teófilo, José Carlos da Costa Ribeiro, Antônio Salles, Waldemiro Cavalcânti, Lopes Filho — padeiros casados. Apesar de solteiro, meu Pai ofereceu a sua para a reunião de 24 de outubro de 1894. Minha avó deve ter se esmerado e o velho Feijó se desdobrado de satisfação de verem o filho ginasiano recebendo o que havia de mais alto na intelectualidade de sua terra. Nessa noite, na rua Formosa 86, leram produções suas Antônio de Castro, Sabino Batista, Ulisses Bezerra, Rodolfo Teófilo e o cunhado Antônio Salles. Apesar de ser o mais moço dos *padeiros*, meu Pai era dos mais ativos e participou das reuniões de 1894 e 1895 com fantasias e contos cujos originais se perderam, mas de que ficaram alguns títulos: "Crédito aberto", "Aventura de José Guedes", "Beijos", "Nostalgia" e "Que cachimbo!". Essas reuniões, mais mundanas e menos boêmias, eram frequentadas por senhoras e numa delas, a 18 de setembro de 1895, minha tia Dinorá Nava tomou parte, acompanhando ao piano o violino de Henrique Jorge. Rodolfo Teófilo nas suas *Cenas e tipos*, entre outras figuras da Padaria, evoca o José Nava, muito alto e magro, de rosto comprido, muito novo ainda, imberbe, desembaraçado, espírito folgazão, a ler os seus ensaios literários [...].

Em fins de 1895 ou princípios de 1896, meu Pai transfere-se para a Bahia, de modo que não presenciou a fase final da Padaria. Esta começa com a morte de vários *padeiros*, inclusive a de José Carlos na presidência, e com a dispersão de outros, inclusive Antônio Salles, que se mudam do Ceará. Os remanescentes reuniam-se com menos frequência e menor entusiasmo, em casa do *padeiro-mor* Rodolfo Teófilo. A última *fornada* deu-se a 20 de dezembro de 1898 e a derradeira ata foi redigida por Waldemiro Cavalcânti e assinada por ele, pelo presidente e mais por Artur Teófilo, Francisco Ferreira do Vale, Sabino Batista, Lopes Filho e Ulisses Bezerra. Estava terminada a mais viva aventura literária do Ceará, só ficando dela, em cada *padeiro* restante, sua marca intelectual, moral e social.

> Eu insulto o burguês! O burguês-níquel,
> o burguês-burguês!
> [...]
> Ódio e insulto! Ódio e raiva! Ódio e mais ódio!
> Morte ao burguês de giolhos,
> cheirando religião e que não crê em Deus!
> Ódio vermelho! Ódio fecundo! Ódio cíclico!
> Ódio fundamento, sem perdão!
> MÁRIO DE ANDRADE, "Ode ao burguês"

A Padaria Espiritual, sob seu aspecto alegre e inocente de sociedade boêmia e de letras, era, na realidade, um foco de rebelados contra a ordem estabelecida, fosse ela literária, política ou social. Subversivo quer no sentido antigo, etimológico do termo, quer no atual e marcial que lhe foi emprestado no Brasil. No seu programa, entre outros objetivos, figurava a guerra aos alfaiates e à polícia. É evidente que a palavra *alfaiate* aí está em sentido simbólico, como exemplo da extorsão, do lucro, da exploração que é preciso combater. Polícia é que é polícia mesmo, símbolo odioso do poder num país onde ouvi de um de seus poucos estadistas inteligentes, o recentemente falecido Francisco Campos, a frase estarrecedora de que "governar é prender". Escutei dele também "que o povo não precisa de governo, precisa é de curatela". Azevedo Barranca compreendeu muito bem a Padaria quando comparou *O Pão* cearense ao *Júlio Diniz* — jornal lançado no Norte de Portugal à mesma época e que ele chamou "órgão dos novos, dos revoltados". Só que se combatia, à falta de outras armas, com a pilhéria e a gargalhada — suspeitas aos tiranos. Quando uma pretinha é expulsa de uma escola do governo, no Ceará, só porque era pretinha, a Padaria não foi incendiar o colégio, mas Antônio Salles mandou às autoridades a sua fisgada! "Se um preconceito tão imperativo vinga em terra onde há tanta mistura/ de sangue português, negro e nativo,/ sendo raro o que vem de raça pura!.../ Então, minhas candongas, muita gente/ que ocupa posição muito eminente/ tem de voltar ao seio da ralé." Isto era dito a uma sociedade que discriminava disfarçadamente, como no Itamaraty e na nossa Marinha de Guerra, onde, até há bem pouco, só entravam "mulatos rosados" ou mulatos decapês. A propósito de discriminação social no liberal Ceará, ocorre contar caso que me foi referido por minha tia Cândida Nava de Luna Freire. O de uma mocinha de Fortaleza que, por ser pobre e um pouco mais morena do que seria lícito, foi *desconvidada* de um bloco carnavalesco composto de senhoritas da alta. Acontece que o pai da moça era um sabedor de coisas, um arquivista da força daquele *monsieur Mazure* de Anatole France, e, mansamente, publicou um folheto com a genealogia das orgulhosas em que, para cada uma, subia de geração em geração — avô, bisavô, trisavô, quarto avô ou mais — para só parar quando encontrava bem documentado negro de pé espalhado ou vigário dizendo missa. Esse podre ranço burguês é o que a Padaria combatia e os versos inocentes de Lívio Barreto —

> Dessa boêmia alegria,
> desse aconchego divino
> que fazem da Padaria
> o nosso Bairro Latino

— são apenas cortina de fumaça a encobrir o verdadeiro sentimento daquele grupo literário, que transparece ostensivamente numa poesia recitada no Café Central, quando se comemorou o primeiro aniversário da sociedade. Destaco só uma quadra —

> Devemos mais uma vez
> fazer um protesto forte:
> — Votar a todo burguês
> o nosso ódio de morte!

É sem tirar nem pôr a mesma intenção do poema de Mário de Andrade escrito três décadas depois. Ou a das *Farpas* de Ramalho e Eça, de duas décadas antes.

> Tanto lá como aqui [diz Abdias Lima] é o riso, a ironia, a vaia, que explodem à face da burguesia apalermada.

Não se pode ser contra a ordem estabelecida sem ser contra seu principal apoio — a religião. O programa da Padaria incluía também a declaração de guerra ao clero e *O Pão* escandalizava, publicando chalaças como:

> A missa é para o vigário um simples pretexto para matar o bicho.

Não sei dos sentimentos posteriores dos outros elementos da Padaria Espiritual, mas posso testemunhar sobre os de meu Pai — que não permitia que minha Mãe se confessasse — e os de meu tio Antônio Salles — idem, idem, de modo que minha tia Alice só depois da morte do marido fez a sua primeira comunhão, aos 66 anos de idade. Mas, apesar de não serem religiosos, ambos eram crentes. Meu Pai trazia sempre consigo uma imagem de Cristo. Na carteira. Antônio Salles também. Tinha na parede um coração de Jesus. Só que lhe suprimira com a raspadeira o símbolo em chamas e coroado de espinhos. Se a Padaria Espiritual guerreava o clero e não tinha religião, parece que a substituía por outras formas de crença. Não é difícil descobrir quais eram, diante dos laivos de positivismo e de *fraternidade* que transparecem na sua história e no seu modo de ser. Esses aspectos vinham de vogas da época. Comtismo. Maçonaria. É muito tênue o que se encontra como influência do primeiro e tudo talvez nem fosse intencional e tivesse tocado os *padeiros* como espírito do século. Em todo caso, a divisa da Padaria, aquele "amor e trabalho", rivaliza muito com "ordem e progresso", "viver para o próximo", "saúde e fraternidade". É verdade que o último é anterior a Augusto Comte e busca raízes na Revolução Francesa mas, no Brasil, foi saudação introduzida pela república de Quintino, pela república de Benjamim — república maçônica e positivista. No programa da Padaria, amiga de "tudo que é novo", declara-se também "guerra às mulheres fumantes". Porque as mulheres fumantes da época eram as fabulosas cocotes do gênero Cléo de Mérode, Émmilienne d'Alençon, Liane de Pougy, ou putas escrachadas como a Casque-d'Or, a Grille-d'Égout, a Goulue, isto é, o contrário da mulher arcangélica, patronímica e santa — Clotilde de Vaux — que o próprio Comte, com toda a sua sabedoria, não conseguiu libertar do sincretismo com a Virgem Maria e que, como esta, aparece sempre na imaginação dos homens cingida de estrelas que ardem sem som e envolta do azul inconsútil mar-e-céu sem horizonte. Não conheci as senhoras que frequentavam a Padaria, mas conheci três que as recebiam quando as *fornadas* passaram a ser domésticas. Foram três *clotildes* que mereceram dos maridos a adoração e o culto positivista pelo patrono: d. Raimundinha Teófilo, mulher de Rodolfo; minha prima Maria Feijó da Costa Ribeiro, mulher de José Carlos; e a esposa de Antônio Salles, Alice (santa, santa, santa era minha tia Alice!). Todas colaboraram não só com os cônjuges, mas com a Padaria. Eram todas três admiravelmente inteligentes — mas jamais brilharam literariamente entre os maridos literatos e os literatos seus amigos. Num apanhado de recortes de jornal tenho escrito pela mão da última: "Nossa associação" — mostrando o gênero secretária, arquivista, como dela participavam, não com frases de sabichonas, mas com feminil moderação, com simplicidade, reserva, dignidade, conveniência, decência e modéstia. Cada uma mais Clotilde de Vaux que a outra.

Se a Padaria Espiritual era irreligiosa, anticlerical, vagamente comtiana — era também meio secreta, meio *fraternal*, um tanto maçônica. Seus membros uniam-se fortemente num ofício simbólico, o de padeiro, como os maçons se unem no de pedreiro. Essa espécie de comunidade amalgama fortemente, pois junta em classe única, em ofício ideal único, homens de crença, família, interesses, profissão e níveis diversos. Padeiros... Pedreiros... Os catorze membros admitidos em 1894 foram chamados *padeiros-livres*, o que já é quase *pedreiros-livres*. As sociedades secretas estavam em moda e no apogeu do seu prestígio.

A maçonaria. As universitárias norte-americanas. A "burcha" de São Paulo. A Padaria não teria entrado um pouco no gênero? Atrás da fachada literária não haveria mesmo nada, ou — *na verdade Rubião pensava em outra coisa?* Fazem conjecturar aquela "união e solidariedade" de que fala Raimundo Correia, aqueles "mistérios do forno" a que alude Leonardo Mota. E a adoção de um nome pelos padeiros — "nome de guerra", diz Antônio Salles, e não "pseudônimo", como seria mais literário — não os encobria um pouco e não os envultava de enigma dentro de uma confraria? Não sanções de sangue, mas verdadeiro banimento moral dos *padeiros renegados* — não é o que houve com relação a Temístocles Machado, Álvaro Martins, Adolfo Caminha, Eduardo Saboia e Tibúrcio de Freitas?

Os nomes de guerra dos *padeiros* prestam-se a alguns comentários porque uns tantos deles traduzem curiosa ideia de agressividade. Há nomes inocentes, encerrando os verdadeiros, como Gil Navarra, de José Nava; Marcos Serrano, de Rodolfo Marcos Teófilo; José Marbri, de José Maria Brígido — meia-máscara em vez de máscara inteira, como usavam os outros. Entre estes encontramos alguns aparentemente só literários — Gerval, Agrata, Giordano, Lopo, Mendoza, Tubiga. Outros de intenção jocosa ou apenas esculhambativa como Sátiro Alegrete e Frivolino Catavento. Há os relativos à profissão, ofício, mister — Corregio del Sarto, Alcino Bandolim, Sarazate Mirim. Mas predominam os de violência e agressão. São aqueles cujas associações fitológicas, zoológicas, mitológicas, etimológicas e analógicas resultam nos significados de dor, resistência, jactância, arrogância, repreensão, belicosidade, dureza, força, ferocidade, peçonhência, superioridade e nativismo — contidos em Moacir, Jurema, Batalha, Bizarro, Estouro, Assur, Cariri, Braúna, Jaci, Cajuí, Jaguar, Boicininga, Carnaúba, Sanhaçu, Lince, Tupiniquim, Guanabara, Guanabarino, Pesqueiro, Jandira e Mongubeira. Ainda foram mais claros os que buscaram nomes de inspiração russa. Da santa Rússia, onde, dez anos antes da criação da Padaria, um czar fora volatilizado a dinamite. Ivan. Azhof. Kandalaskaia — onde eu ficarei vendo "Kandalakcha" até que algum mestre cearense me prove que *kandalascaia* é nome bem nacional de bicho ou planta sertaneja. Tudo é possível... Mas são justamente o Ivan, o Azhof e o Kandalaskaia que levam a outra hipótese.

> [...] não perdíamos ocasião de armar ao efeito e apavorar o burguês [...].
> ANTÔNIO SALLES, *Retratos e lembranças*

Quase não é hipótese, mas certeza. A Padaria era extremista, socializante, levemente anarquista. Num país verde e amarelo basta lembrar a escolha da cor do lábaro da associação: pena e espiga de trigo bordados em campo de sangue, do vermelho da revolução e da anarquia, do vermelho da luta da

> gente vulgar pobre, que vive de pada e água, ou pouco mais, e habita pobremente, e assim se veste: o vulgo.

Essa bandeira de oposição estava sempre visível. Nas reuniões. Nas manifestações coletivas. Cobrindo o esquife dos mortos na hora de os devolver à terra. Os nomes "padaria", "padeiro", "fornada" cheiram grandemente a suor proletário. "Pão" também, que além das ideias que encerra de reivindicação, de direito pela necessidade, tem mais o conteúdo transcendental do sagrado — do mesmo jeito que o vinho, que o azeite. Além dos símbolos revolucionários, há o princípio fecundo do ódio ao burguês, da guerra ao burguês contidos no programa e evidentes na ação da Padaria Espiritual. Não tenho documentos sobre todos os seus componentes, mas dois deles servem de amostra e índice dos outros. Rodolfo Teófilo com aquele seu humanitarismo romântico que, no caso da vacinação contra a varíola, lhe valeu as represálias de um governo estúpido, na realidade, segundo Isaac Amaral, exercia um socialismo inédito, uma sorte de *tolstoísmo* em que ele e a mulher se despojavam para repartirem tudo — roupa, comida, remédio, dinheiro, conselho. O último é que inquietava o velho Accioly — temeroso da força da palavra. Lembro-me ainda de uma visita que fiz, em 1919, à casa desse amigo do povo. Lembro-me da pobreza do seu lar — pobreza que era resplandecente e alegre porque não era a da perda, do desgaste, da destruição, mas a da proximidade da vida estritamente natural. Quanto a Antônio Salles, esse já veio para a Padaria com uma tradição de rebelde. Abolicionista de ação. Autor de manifestações de desacato ao conde d'Eu. Um dos proclamadores da República no Ceará, com João Cordeiro, Jovino Guedes e Honório Moreira. No fim do século passado, ele define a classe a que pertencia como a dos "proletários intelectuais" e, pela mesma ocasião, mostra-se fortemente simpatizante do movimento, no artigo "Socialismo no Brasil", que escreveu a propósito do aparecimento de *A Nação* — primeira folha socialista impressa no Rio de Janeiro. Seu romance *Aves de arribação*, antes de ser bela história regionalista, é a sátira social que o põe na mesma posição de Anatole France, quando este dizia de si mesmo:

> *J'ai passé ma vie à friser de la dynamite en papillottes.*

Pior ainda: entre os livros de colagem de recortes de Antônio Salles, hoje em meu poder, está um retrato do anarquista Vaillant, cuja execução deve ter sido para sua geração o que foi para a minha a de Sacco e Vanzetti. Pode ser que ele não concordasse com os métodos do retratado da sua miscelânea. Mas, pelo menos, mostra por ele preocupação simpática.

Não mais provas, mas contraprovas de que a Padaria Espiritual tinha cor politicamente avançada está na desconfiança que lhe foi mostrada. E por que não teria reagido o burguês que se odiava, guerreava e se queria apavorar? Na primeira reunião foram eleitos e deixaram de preencher as condições para a posse João Lopes, José Lino, Leopoldo Brígido e Justiniano de Serpa. Devem tê-lo feito para não se comprometerem com um grupo de exaltados que poderiam prejudicar a carreira pública e política de cada um. Justiniano de Serpa frequentava a Padaria, tomava parte em suas festividades, nelas foi várias vezes orador e nunca quis pertencer a seus quadros. Por quê? Chama a atenção também a ausência dos literatos e intelectuais *estabelecidos* ou ligados ao governo. Mas o que é extremamente significativo não é mais uma ausência, mas uma presença vigilante. O depoimento é de Leonardo Mota:

> Quem, apesar de não ser iniciado nos mistérios do *forno*, acompanhava a Padaria como se fosse a sua sombra era a autoridade policial.

O delegado de polícia major Pedro Sampaio, que não faltava a uma sessão pública. Simpatia ou desconfiança profunda pelo pão que amassavam aqueles Diabos Padeiros?

Meu Pai tinha seis anos, em 1882, quando foi fundado no Ceará o Centro Abolicionista. Logo no ano seguinte, a 1º de janeiro, são libertados em massa os escravos de Acarape. A 2 de fevereiro, os de Pacatuba e São Francisco, a 25 de março, os de Icó e Barbalha, a 25 de abril, os de São João do Príncipe, a 20 de maio, os de Maranguape e Mecejana, a 23 e 24 do mesmo mês, os de Aquiraz e Fortaleza. A 25 de março de 1883, foi proclamada a libertação de todos os escravos do Ceará. O movimento antiescravista da província era antigo, tomara forma em 1880 com a Sociedade Libertadora Cearense, e sua principal figura fora o jangadeiro Nascimento, que limpara o porto da Fortaleza do embarque e desembarque de cativos. Nascimento, como os outros abolicionistas do Ceará, eram-no à moda de Patrocínio, popularmente, revolucionariamente — mais que humanitariamente, como Nabuco, ou politicamente, como a princesa imperial. Toda a infância de meu Pai foi cheia da visão das passeatas, das luminárias, das bandeiras desfraldadas e das colchas coloridas nas varandas cada vez que havia uma vitória da Liberdade. Aos treze anos, ele deixa de ser súdito da Casa de Bragança e, aos quinze, começa a atentar em Floriano Peixoto e ingressa no Liceu do Ceará. Dos mestres do Liceu e das convivências da Padaria trouxe as admirações que dominavam seu espírito por essa época. O conhecimento que já prepararia nele um médico diferente do comum e mais puxado para o gênero do seu futuro amigo Aloysio de Castro — o conhecimento, dizia eu, de Raimundo Correia, Augusto de Lima, Artur Azevedo, Rodrigo Otávio, Araripe Júnior, Bilac, Gonçalves Crespo, Machado de Assis, Álvares de Azevedo, Castro Alves, Luís Murat, Sílvio Romero, Francisco Otaviano e Tobias Barreto. Conhecimento de Camões, Eugênio de Castro, Antero de Quental, Eça de Queirós, Guerra Junqueiro, Alexandre Herculano, Ramalho Ortigão, João de Deus e Antônio Feliciano de Castilho. No estrangeiro, o de Racine, Zola, Musset, Hugo, Lamennais, Théophile Gauthier, Lamartine, Alphonse Daudet, Théodore de Banville, Loti, Catulle Mendès, Comte, Shakespeare, Tennyson, Byron, Cowper, Longfellow, Heine e Schopenhauer. Tudo isto intimidade que está comprovada na curiosa coleção de recortes e de retratos de meu Pai — uma daquelas *miscelâneas* bem do seu tempo e das quais possuo a sua, a de minha Mãe, as de meu tio Antônio Salles. Curiosos repositórios para estudo de uma personalidade, onde ainda surpreendo, por parte da de meu Pai, a preferência, entre os pintores, por Rubens, Rafael e Van

Dyck. Admiração musical por Mendelssohn e pela virtuosidade de Battistini e da divina Malibran. Gozação do lado grotesco do físico de Lopes Trovão — "O Arara" — e da vaidade imensa de Campos Sales — "O Pavão do Catete" — e preocupações políticas com Benjamim, Deodoro e Floriano. Foi isto tudo que ele aprendeu no Ceará. E mais a valsar, amar, polcar e sonhar. Aprendeu também o dom de ser amigo e o de dedicar-se. O de usar a prenda de fazer o próximo estourar de rir e rir, ele próprio, a bandeiras despregadas. E foi assim que em princípios de 1896 ele foi para a Bahia, onde se matriculou nos cursos de farmácia e de medicina da nossa mais velha faculdade. Era o ano em que o Belo Horizonte alvorecente batia o pleno das suas construções, em que surgiam no sertão os primeiros incidentes com Antônio Conselheiro, em que tomava posse no governo do Ceará o dr. Antônio Pinto Nogueira Accioly e em que Prudente de Morais moderava a República a rédea leve. Meu Pai tinha vinte anos.

Assim partiu Abraão [...]. E moveu-se dali para a montanha [...].
Gênesis, 12, 4 e 8

Meu Pai fez na Bahia apenas o primeiro ano de farmácia e o de medicina. Devido a razões que logo se verão ficou decidido que ele completaria os dois cursos na faculdade do Rio de Janeiro. A da Bahia, ele ainda conheceu intacta, antes do incêndio de 1905, no lugar histórico do velho Colégio dos Jesuítas e frequentou-a no mesmo ano de 1896 em que outro moço de vinte anos, Júlio Afrânio Peixoto, cursava sua quinta série. À época de ambos, no mesmo local onde tinham ensinado Anchieta, Blasques, Cardim, Antônio Vieira, Antônio de Sá, Euzébio de Matos, Andreoni-Antonil (ordem em que são evocados por Afrânio), pontificavam as figuras de Domingos Carlos da Silva, Ramiro Afonso Monteiro, Manoel Joaquim Saraiva, José Olímpio de Azevedo, Antônio Pacífico Pereira, Climério Cardoso de Oliveira, Joaquim Mateus dos Santos, Alfredo Brito e Raimundo Nina Rodrigues. Vem, talvez, da glória do último, e será possivelmente reminiscência baiana, o fato de meu Pai ter, mais tarde e sem contato maior com a medicina pública carioca, escolhido para dissertação da sua tese assunto médico-legal. E por falar em medicina legal, era também professor da faculdade baiana a essa época cirurgião de indecorosa história: o dr. José Pedro de Souza Braga. Nascido a 3 de fevereiro de 1845, formado em 1866, ele foi opositor da seção de cirurgia em 1873, catedrático de patologia externa em 1887 e faleceu a 15 de maio de 1898. Que a terra lhe seja leve. Já professor e homem maduro, o Braga convolou em justas núpcias a 30 de novembro de 1878, para logo no dia seguinte dar início a um dos mais estridentes escândalos sociais e profissionais que sacudiram família e medicina no Brasil. O Braga, pelos autos do processo onde se consignaram ato bandalho por ato bandalho a que ele se entregou — começou sua noite de núpcias por manobras entre lúbricas e periciais. Verificou de saída que a mulher tinha mamas flácidas e grandes lábios afastados demais. Desconfiou. Para comprovar se a pobre coitada era virgem esgravatou-a primeiro a dedo. Mal edificado, passou a testá-la mesmo a marzapo e montou-a cinco vezes. Dormiu. E no dia seguinte devolveu-a aos pais, com as partes em petição de miséria e, ainda por cima, posta de puta. De um tio. De um caixeiro. Tudo feito ostensivamente, sem decoro, sem segredo. O furibundo doutor divulgou o caso na imprensa leiga, entrou em polêmica com seus colegas Silva Lima, Francisco José Teixeira, Antônio Pacífico Pereira, Domingos Carlos e o barão de Itapuã, peritos que davam o defloramento da mulher como recente e obra do próprio Braga. Foi ele que, inteiramente desbragado, levou o caso para o Rio e à apreciação médico-legal de Souza Lima e Feijó Júnior, para o estrangeiro e ao julgamento pericial de Brouardel. O francês e os cariocas deram-lhe razão — culpa dos baianos, que perpetraram no seu laudo erro indesculpável: chamaram os retalhos himeneais que tinham visto dilacerados de frescos e sangrentos — da curúncula cicatricial *quod figuram habbent boccarum myrti*... A lei deu provimento ao Braga, mas não a opinião pública. Esta via em sua mulher a vítima de um bandido, cuja crueldade corria parelha com a inconsciência, a falta de escrúpulos e a ausência de senso moral. Assim ouvi da tia de minha mulher, d. Elvira Couto Maia Penido, filha e irmã de ilustres médicos baianos e que conhecia o fato em suas minúcias. Conta-se que o pai da noiva vingou-se primorosamente. Mandou fabricar 2 mil grandiosos penicos tendo, ao fundo, o retrato do genro. Em vestes talares. Negro, verde e ouro. Esses penicos foram distribuídos por uma população hílare que diariamente cuspia, escarrava, mijava e borrava na beca e na cara do doutor. Mas não se pode deixar de reconhecer o topete do homem que depois de tal escândalo não muda de terra, continua sua carreira clínica e a de professor, impõe-se à população como médico competente e caridoso, aos alunos, como mestre dos mais egrégios. Morreu, não mais no penico, mas no coração dos seus compatriotas. Quem lê as páginas terríveis da "Questão Braga/ Discussão do exame médico-legal do dia 2 de dezembro de 1878" — publicadas pelo jornal *Monitor*, da Bahia, em 1879 — mal pode acreditar que aquele Braga de suas linhas seja o mesmíssimo grande, conspícuo e sábio Braga das escritas em 1923, por Gonçalo Moniz na sua *A medicina e sua evolução na Bahia*. É que tinham entrado em cena, para dar novo aspecto ao Braga, à mulher do Braga, ao sogro do Braga, aos penicos, aos pareceres, aos peritos e reduzir tudo ao nada de tudo, as duas únicas coisas que não mudam. O Tempo. A Morte. Pois meu Pai conheceu essa Bahia e esses mestres. Começou sua medicina palmilhando as lajes do velho Colégio dos Jesuítas e suas vizinhanças, na Cidade Alta. Mas nem só de medicina e Cidade Alta vive o homem... Você aí, já imaginou o que é ter vinte anos e apanhar-se longe da rua Formosa e da Família, longe da Mãe, da mãe-titia, do tio-padrasto, dos tios e tias — apenas, sentir-se melhorado da asma e estar só, só, só e solto na Bahia de Todos-os-Santos? Ai! nem é bom pensar... Entre as duas cidades, a Alta e a Baixa, entre todos os santos e todos os demônios há ladeiras untadas de visgo de casca de jaca para os moleques escorregarem nas suas tábuas-tobogãs, ladeiras cujos porões sopram para a rua como vivo hálito — seu cheiro de gente, de erva, de roupa, de água de banho tomado, de flor, de comida. Essas ladeiras ondeiam morro abaixo e por elas descem os homens e rolam as boas intenções. Ladeira da Misericórdia. Ladeira da Montanha. Da Conceição da Praia. Da Preguiça. Ladeiras que conduzem à proximidade das marinhas e das embarcações, frequentadas pelas negras, pelas mulatas que gostam dos embarcadiços e pelos estudantes que gostavam da graça, do donaire, do rebolado e da espinha imperial daquelas supinas mulatas e daquelas negras — *altas entre as mais altas negras*. Assim como aquele *monsieur Williams* da canção, que mal lhe deu por ter se aproximado demais das esquinas do Harlem, também certo estudante da Bahia, em vez de, em ponta de seio, encostou-se um dia em ponta de faca, por ter ultrapassado a zona de segurança e sentido de perto o cheiro da maresia. O arranhão foi pequeno, mas o bastante para alarmar a rua Formosa e para meu Pai ser transferido para a Faculdade de Medicina do Rio de Janeiro. Sul. Ele veio para a capital federal em 1897, cortando mares do para sempre. Os verdes, do Norte, os das águas azul-marinho que viu Cabral e o das ondas cinzentas da Guanabara. Ao entrá-las, ele deve ter olhado as montanhas dos dois lados e encarado as montanhas do fundo da barra. Por estas subia o Caminho Novo das Minas. Lá ele iria constituir tribo diferente da de Ur — com outros hábitos alimentares, outros fantasmas, outras canções, falando com vogais fechadas e com sibilâncias nos esses. Seus filhos entrariam noutro sistema de contato humano, noutra posição de espírito com relação ao próximo e ostentariam, triunfalmente, todas as qualidades e os defeitos todos do mineiro casmurro e solerte do centro. Salvo, já se vê, aquela hedionda *solidariedade no câncer* — denunciada por Otto Lara Resende...

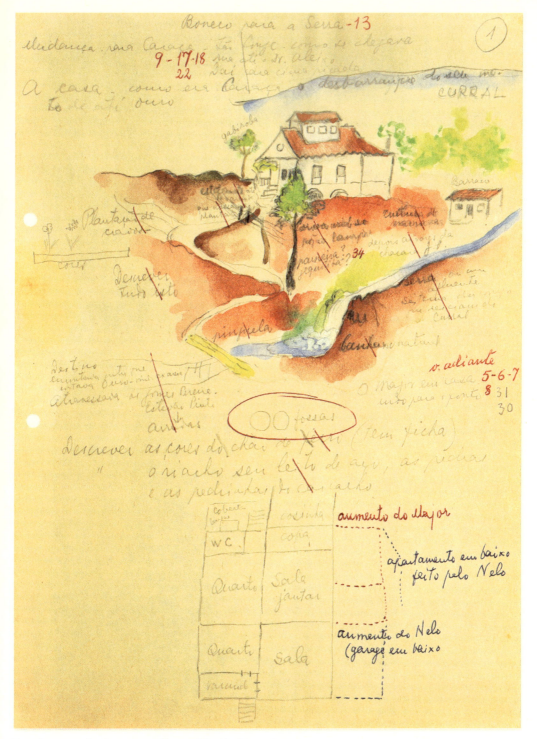

Desenho e anotações do autor nos "Bonecos" das *Memórias*.

Maria Luiza da Cunha Pinto Coelho Jaguaribe e Joaquim José Nogueira Jaguaribe, s/d (avós maternos de Pedro Nava).

Dr. José Pedro da Silva Nava e Diva Mariana Jaguaribe (pais de Pedro Nava), Fotografia de casamento, Juiz de Fora, 14 de junho de 1902.

Pedro Nava com sua mãe. Juiz de Fora, 1903.

Desenho e anotações do autor nas laudas de sua primeira editora.

Desenho de mulher.

Desenho de mulher (Déa Velloso).

Colagens. Pedro Nava aqui exercitava seu lado crítico.

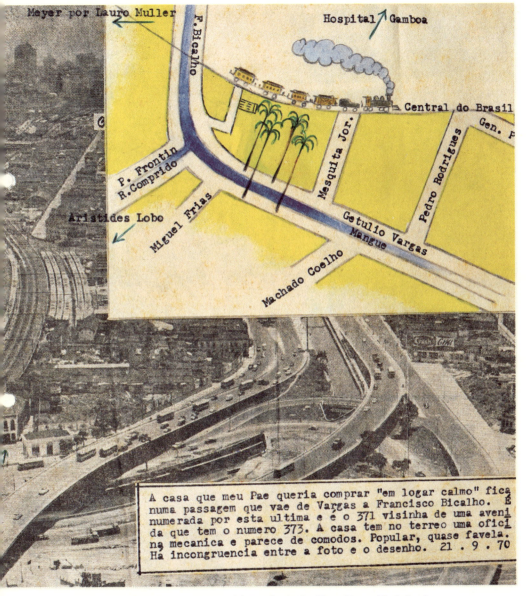

Colagem e desenho de Pedro Nava: Central do Brasil e Av. Presidente Vargas, Rio de Janeiro.

Nava com a esposa Antonieta Penido, no escritório do apartamento do casal na Rua da Glória, Rio de Janeiro, 1980.

Pedro Nava entre Carlos Drummond de Andrade e pessoa não identificada – almoço de 80º aniversário de Nava, Rio de Janeiro, Churrascaria Porcão, 4 de junho de 1983.

Pedro Nava e Antônio Calado – reunião na Nova Fronteira, em 7 de junho 1983, por ocasião do lançamento da 6ª edição do *Baú de ossos*.

2. Caminho Novo

> Eu não facilito com defunto.
> JOÃO ALPHONSUS, *Totônio Pacheco*

SALVO UM OU OUTRO PARENTE FIXADO em Pitangui e São João del-Rei, a família de minha Mãe deitou raízes principalmente naquela zona que está para Minas e para o Brasil como a Toscana para a Itália. Essa Etrúria nacional, sua parte mais alta (eu não falo só das montanhas!) e mais nobre (ah! solo imperial e patrício!) fica contida num círculo que passa seus arcos por Queluz, Bandeirantes, Cláudio Manoel, Fonseca, Bom Jesus do Amparo, União de Caeté, Lagoa Santa, Confins, Ribeirão das Neves, o meio das léguas entre Jatuaba e a Contagem, a Crucilândia, o Bituri e para fechar a rosca, outra vez Queluz... Uns saíram destas fronteiras, desceram nosso Caminho Novo, foram pingando na Barbacena, no Chapéu d'Uvas, no Santo Antônio da Boiada, no Registro de Matias Barbosa, no Simão Pereira, na Serraria. A maioria, entretanto, não se passou para estas línguas do *oc* nem do *oil* porque ficou mesmo naquele círculo mágico onde se fala a língua do *uai*. Língua que se escreve exatamente como o português e que se pratica com as mesmas palavras usadas no resto do Brasil — mas comportando inflexões, cadências, jeitos de frase, uns sincopados, uns sustenidos e uns estacados que nos permitem conversar diante dos demais brasileiros e até dos mineiros extremos do Norte, do Triângulo, do Sul e da Mata, num código, numa cifra, numa criptofonia — cujo sentido só é percebido pelos iniciados do Curral, do Sabará, de Nova Lima, Caeté, Santa Luzia, Itabira, Cocaes, Santa Bárbara, Mariana, Ouro Preto, Congonhas do Campo. Terras pesadas de espantos e metais. Noruegas cheias de avencas e assombrações. Montanhas inteiras de ferro. Valados e socavões atulhados de ouro. Ouro de todo jeito. Preto, branco, fino, podre... Solo imantado, metálico, pulverulento e pegajoso, que segurou firmemente o pé errante dos paulistas, desmanchou-lhes a prosápia, triturou-os no sofrimento, na fome, no crime, na pestilência, na cobiça, no medo, no pagode, no homizio. Ficaram na terra e foram — fomos! — ficando mineiros. E tome coito com índia. E mistura e mais mistura com emboaba, padre, levantino, fidalgo, circuncidado, escravo da Costa, e sequaz de Mafoma — apesar de cada um dos nossos maiores se declarar documentalmente cristão puro — sem liga com negro, mouro, judeu ou quaisquer outras "infectas naçoens". Nem tanto, porque elas estão todas representadas no sangue aristocrático da gente do Centro. O que admira é a rapidez com que a predominância lusíada fez desse barro o módulo fabuloso e único do mineiro. Duas gerações, três no máximo, e estava constituída uma sociedade cheia de hierarquia, de polidez, de religião, cerimônia, inteligência, latim e polícia. E desde o início, sabendo disfarçar por causa do fisco d'El Rei. Logo desconfiada e imediatamente concorrente porque a pepita achada pelo faiscador podia ter ido no lote de areia remexido pelo faiscador que estava a seu lado. *Ergo*, o mal é o vizinho... Inconfessável... Então vamos sublimar o sentimento mesquinho e torná-lo amor a Minas e assim poder odiar de ódio legítimo o baiano, o nortista, o guasca, o carioca, o paulista. Do estrangeiro então, nem é bom falar... Tampouco esse amor abstrato pela Minas abstrata impede que seus pedaços — norte, sul, Mata, Triângulo, centro — se entredevorem. Inaparentemente. Mas há também aquilo que nos une. O fumo e a bosta de cavalo postos na ferida umbilical foram os mesmos para todos: os que escapamos e os que morreram do mal de sete dias. A *boneca* de pano velho e marmelada foi chupada por todos os meninos de Minas. Conhecidos ou não, adversários, correligionários, amigos, inimigos, íntimos ou sem costume uns com os outros — somos queijo do mesmo leite, milho da mesma espiga, fubá da mesma saca. Nascemos nas mesmas casas, tivemos os mesmos retratos e a mesma Folhinha de Mariana nas paredes, as mesmas despensas cheirando ao porco no sal e à banha ardida na lata. As mesmas cozinhas escuras onde a lenha verde chia, a seca estala e o fumo enegrece paredes, barrotes, e o picumã que o sangue estanca. Todos usamos o mesmo cagatório pênsil sobre o chiqueiro onde os porcos roncam fuçando e comendo a merda dos que vão comê-los. Quando a casa é um pouco melhor e a touceira de bananas, o cafoto e a espiga de milho foram superados, encontramos os mesmos quartos das bacias e urinóis e os mesmos pedaços do *Minas Gerais* pendurados no prego e esperando o uso final. Um passo mais e desfrutamos banheira, chuveiro, banca e bidê. Os mesmos oratórios de três faces com o calvário em cima e o presépio embaixo. Os mesmos registros de santos enchendo as paredes para impedir os mesmos demônios e as mesmas avantesmas da noite de Minas. As visagens-lares e do teto como a do "Eu caio". Lembram? A voz vinha do forro: Eu caio... O corajoso respondia: Então, cai... O primeiro braço... Eu caio... Então cai... O outro braço. Dois. Depois o tronco, a horrenda cabeça e tudo se conjuntando num gigante que novamente se chupava para o forro, esperava um pouco e recomeçava: Eu caio... Então cai... E novamente o despencar de pernas, de braços, de tronco e cabeça — eu caio, então cai — até que os galos cantassem e que cintilasse a barra do dia... E os dois compadres de Paracatu? Eram amigos como irmãos. Um devoto, o outro incréu. Discutiam sempre. Uma vez combinaram que o que morresse primeiro viria contar. Morreu o crente e foi enterrado pelo amigo, pelo irmão. À 12ª badalada da meia-noite bateram fortemente à porta. Quem é? Sou eu, compadre... O de dentro perguntou com voz que se desafirmava: Então, como é que é? O de fora respondeu serenamente: Não é nem como eu pensava... (pausa) ... nem é como você dizia... O de dentro: Mas, então... como é que é? Comoéquié? Cuméquié? Correu para a porta feito aquele do "Corvo", sonhando sonhos que jamais mortal ousara sonhar, escancarou-a de par em par. O silêncio ali e a escuridão. A escuridão e nada mais... E a história do João Jiló? Caçador como mais ninguém, doido por sopa de macaco. Um dia matou um que era todo branco, como não há macaco, e cujo pelo parecia o de um coelho de prata. Era encantado. Comeu a sopa. De noite foi aquela cólica de miserere e a correria para bananeiras. Nada. Sai, demônio... A voz respondeu de dentro dele: Pelo cu não saio, porque tem merda. Sai pela pica...

Pela pica não saio, porque tem mijo. Sai pela orelha... Pela orelha não saio porque tem cera. Sai pelo olho... Pelo olho não saio porque tem ramela. Sai pelo nariz... Pelo nariz não saio porque tem meleca. Sai pela boca... Pela boca não saio porque tem cuspe. E aí — ai! — foi aquele aperto hercúleo no peito gelado, aquele arrocho final que acabou com as caçadas do caçador caçado.

Que engano tomar os fantasmas como ilusões dos sentidos abusados por formas indistintas... São os duendes mesmo e as aparições que, quando espantadas com o pelo-sinal e o nome da Virgem, se escondem rapidamente nas roupas penduradas no escuro, nas largas folhas brilhando ao luar ou no lampejo das águas dormentes. Todos nós, mineiros, sabemos disto. Conforme o lugar arrotamos bravura como o dr. Augusto de Lima, que era acadêmico de cabeça fria e deputado de espírito forte — isto de dia, na Casa de Machado de Assis ou nas sessões do Parlamento. Não naquele lusco-fusco em que ele se viu, naquela Quaresma, naquele Alto do Cangalheiro, com vento mau e montado em burro preto querendo empacar. Foi quando lhe apareceu a forma indistinta, fina e grossa, da coisa branca — que ele afrouxou em cima da montaria e o medo imenso ainda cresceu quando ela, a negra, a peluda, a infernal montaria cuspiu o bridão e falou: "Não é nada não, doutor, é lua nova batendo em folha de embaúba...". Rolando da alimária, o corpo do poeta, como o de Dante, caiu como um corpo morto cai. Leopoldo César Gomes Teixeira era um machacaz sem medo e sem mácula. Atroou Barbacena com o ruído de suas pugnas e na Comissão Construtora da Nova Capital não havia outro como ele para meter o pé na bunda de negro, quebrar cara de espanhol, acabar com greves a porrete e, nos rolos dos carcamanos, fazer recolher garruchas aos coldres e facas às bainhas — ao só sibilo do seu chicote. Estava para nascer quem fizesse descompassar o coração do domador. Pois foi no mesmíssimo Alto do Cangalheiro. Ele ia descuidado, assoviando e trotando, quando sua besta escamoteou as orelhas, descambou do trem posterior, como carneiro na hora da capação, e ele sentiu aquele gelo encostando na sua espinha. Garupa tomada. Ele sabia que se olhasse para trás estava perdido. Encolheu nos ombros, sofreou, meteu as esporas, mas a besta, em vez de disparar, ondulou como num passo de camelo em câmara lenta e ele viu uma cabeça de defunto do tamanho dum limão ao lado de sua cara, agora mais para a frente — em frente dele e rebentando numa gargalhada silenciosa na ponta dum pescoço flexível como galho de cipó e que vinha serpentino, do tronco frio que se lhe encostava ao dorso. Foi aí que ele se lembrou de Nossa Senhora, chamou-A, ficou todo tonto e quando deu acordo de si estava novamente trotando, firme e descuidado — assoviando ao luar de prata.

Um cunhado do dr. Bernardino, irmão de d. Ester Franzen de Lima, a qualquer hora do dia ou da noite, estivesse sozinho ou acompanhado, se passasse perto de cemitério era logo chamado pela algazarra dos defuntos: "Franzen! Franzen! Franzen!". Ele, Franzen, estava tão acostumado, que já nem rezava. Bastava meter a mão no bolso e segurar a relíquia de d. Bosco. Havia um suspiro enorme, como se o mundo se esvaziasse e tudo silenciava.

O Osório era copeiro em casa de meu Pai e sua irmã Emilieta, cria de minha avó materna. Quando eram meninos, no Piau, tinham de atravessar a mata para chegar à escola. Na hora do meio-dia (tão assombrada como a da meia-noite!), eles passavam debaixo da jaqueira que ramalhava toda no ar sem vento, estalava os galhos como braços espreguiçando e nunca deixava de perguntar: "Já vai?". Assim como quem dissesse — para quê? para onde vamos, nem precisa ir porque certo, certo, é que lá chegamos... De outra vez eles dois iam perdidos na noite, com o pai. E que frio... Num sobradão isolado, bateram. Quem é? Responderam que queriam pousada. A voz tornou, dizendo que não podia. Aí pediram, nem que fosse só um cobertor para se enrolarem e passarem o resto da noite na soleira da porta. Abriu-se a janela de cima e um bode enorme e negro atirou sobre os três uma manta roxa. Eles mal tiveram tempo de desviar e a manta bateu no chão, virou numa poça de sangue podre que a terra foi chupando devagar e que chiou como gordura fervendo quando eles fizeram o nome do padre. A casa desabou. O dr. Francisco Luís da Silva Campos, o mesmo e insigne ministro da ditadura, todo nietzschiano como ele era — libertado no mundo pela vontade, dionisíaco e apolíneo —, disse-me que no Rio, em Copacabana, ele não acreditava em nada, absolutamente em nada. Mas na noite mineira e na fazenda familiar do Hindustão, tinha "medo que lhe aparecesse um trem...". Ali mesmo, em Belo Horizonte, na sexta-feira manca de cada mês (que é a terceira) tinha aquela história da noiva fantasma do último bonde *Bonfim*. Ela tomava a condução na avenida Afonso Pena e sentava no banco caradura. Era moça boa de cores, até que mais para gorda. Sentava no caradura e sorria tranquila. Era esquisito, mas o condutor nunca vinha cobrar a passagem. Também era esquisita a pressa que dava em todo mundo de ir tocando a campainha e pulando do bonde. Quando ele esvaziava, o motorneiro abria nos nove pontos sem olhar mais para trás. O condutor, fascinado, é que ficava na plataforma posterior, vendo a moça sorrir tranquila. Mas aos poucos, a cada quarteirão vencido, as gorduras dela iam se derretendo e sua cor desmerecendo. Continuava rindo, mas rindo mais triste, os beiços mais finos, os dentes mais longos. Ia-se-lhe o brilho do olhar e fina pulverulência vidrava sua pupila. Mais cem, duzentos metros e ela já estava descarnada, a face cavada. Fora-se o riso, ficando só o esgar da boca arreganhada na cara amarela. Seus cabelos iam se desnastrando, os panos de sua roupa se esticando, numa cauda que o vento enfunava, desdobrava e sacudia para fora dos balaústres, junto com as pontas da echarpe desmesurada. O bonde voava. Tomava a subida para o Bonfim com a noiva já descaída no banco, tal e qual a figura do quadro da Inês de Castro no trono — quando depois de morta foi rainha. Paravam no alto. Condutor e motorneiro caíam nos braços do guarda-civil e os três, batendo os queixos, gemendo esconjuros e ave-marias viam a defunta levantar-se lenta, gigantesca, esquálida, rígida, majestosa, toda úmida das carnes apodrecidas que escorriam, arrastando o sudário de pregas escultóricas, e dirigir-se para o portão do cemitério — que, inteiriça, ela transpunha sem abrir.

E não é só isto. Tem mais. Fantasmas de cresce-e-míngua. De afina-e-engrossa. Monstros de rio e lagoa, como o Caboclo d'Água que nunca foi visto e de que só se conhece o braço verde-negro e a munheca de ferro que atraca a embarcação pelo lado, vira-a de borco e nunca seus tripulantes reaparecem — vivos ou mortos. De terra, como o jamais divisado Minhocão que serpenteia sob o solo, fazendo-o estremecer e abrindo as gretas que engolem árvore, cachorro, traste, criança, casa, gente grande. Saci-pererê no lusco-fusco. Mula sem cabeça disparada nas meias-noites de lua minguante. Alma que volta, para contar dinheiro, tocar piano, fazer barulho na escada, coser à máquina, socar pilão. E o pior de todos — o caxias, o orelha gorda, o Diabo. Corremos para Deus-Padre, para Deus-Filho, para o Divino-Espírito-Santo, ainda mais para os Santos, mais ainda para Nossa-Senhora-Mãe-dos-Homens, tangidos pelo pânico dessa legião de duendes, avantesmas, aparições, monstros dos limbos, monstros dos infernos, demônios e espíritos imundos... Tesconjuro, vade-retro. Praticamos, como refúgio, a religião em que nascemos — católica, apostólica, mariana. Não entenderam? Há um poema de Oswald de Andrade chamado "Senhor feudal", onde o mandão da roça declara que "Se Pedro Segundo/ Vier aqui/ Com história/ Eu boto ele na cadeia". Qual é de nós, mineiros do centro, que não apoiaria o arcebispo de Mariana? se ele também um dia declarasse "Se o Santo Padre vier aqui com inovações, eu suspendo logo ele de ordens...". Porque somos católicos, apostólicos, marianos e a encíclica por que nos guiamos não é de Roma e sim a sacratíssima Folhinha Eclesiástica da Arquidiocese de Mariana, que tem cem anos e, mesmo quando anuncia neve para o nosso tropical dezembro, prevalece contra os observatórios porque nela o meteoro é regulado pela bênção do excelentíssimo e reverendíssimo senhor arcebispo — papa de Minas, vigário do Senhor na Terra, deus Tempo, deus Cronos, deus Fado, cujo nome — Viçoso, Silvério, Helvécio — é venerado em cada parede onde se cola aquele calendário: com sabão, com grude, chapado no muro ou encaixilhado de preto. Ali estão também as festas de nossa preferência. Não os Reis, o Carnaval, a Aleluia, o São João, o Todos-os-Santos, o Natal, o São Silvestre — mas as Cinzas, a Quaresma, a Procissão do Encontro, o Ofício de Trevas, o da Paixão e o Finados, que esbraseia Minas com candeias acesas nos campos, nas igrejas, nos montes e vales, nos cemitérios e nas cruzes cruzes cruzes cruzes dos caminhos que assinalam os lugares onde caíram os tocaiados. As festas dos nossos oragos preferidos. São Francisco dos estigmas sangrentos. Nossa Senhora das Dores. Jesus. Não o das criancinhas, o do Templo com os doutores, o da adúltera, o do Sermão da Montanha, o das Bodas de Caná, o da Transfiguração, nem o da Ressurreição — mas o da Agonia no Horto, o da Flagelação, o da Coroa de Espinhos, o do Escárnio, o da Cana Verde, o das Quedas, o da Crucificação, o da Descida da Cruz, o Senhor Morto. Nenhum santo áureo, aéreo, róseo ou verde. Só os plúmbeos, de cor carmesim, azul-escuro e violeta — sangrando e arquejando, gemendo e chorando, com olhos de cristal e lágrimas de vidro, túnicas roxas agaloadas de prata e suas cabeleiras mortas. Louras, castanhas, negras — ofertas de promessa tiradas das morféticas, das defuntas, das noviças. São essas imagens — vergando sob a cruz, trespassadas de pregos, coroadas de cardos, esfoladas, equimóticas, laceradas, batidas, lapidadas, cuspidas, queimadas — que têm entrada nos nossos corações, na nossa devoção terrível, nas nossas igrejas de beleza desolada e mais que humana — cujos altares e frontões têm ângulos sepulcrais, diedros de ataúdes e de urnas funerárias. Nossas igrejas... São Francisco do Rio das Mortes e São Francisco de Ouro Preto. Carmo de Vila Rica e Carmo de Sabará. Matriz de Mariana e Matriz de Tiradentes. Conceição de Antônio Dias, São João do Morro Grande, Senhor Bom Jesus de Matosinhos de Congonhas do Campo. Ao crepúsculo, escorre sangue de suas arcadas, de seus altares, de seus zimbórios, de suas escadas. Sangue dos mártires, sangue dos confessores, sangue de Jesus. Sangrias de Ataíde, de Carneiro e de todos os mestres mineiros — rubra, arterial, preciosa e resplendente como as abertas pelo Giotto, por Masaccio, Mantegna, Verrocchio, Bellini e o Ghirlandaio. Nossas igrejas... Todos lhes olhamos as altas torres que ora parecem oscilar como os portais de Gaza, ora empinar-se como os leões de Daniel, ora desabar sobre nós, como o Leviatã — segundo o capricho dos ventos e a ilusão dada pelas nuvens correndo na mais profunda distância das distâncias. Ou vemo-las imóveis no ar parado, levantando-se para o céu, direitas como colunas de fumo; retas como os troncos das florestas; verticais como as trombas-d'água aspiradas do oceano pelo peito dos ciclones — num tal equilíbrio que a proporção das massas se imaterializa e resolve-se em sons. Acordes plenos de órgão, clamores de trompa, carrilhonamentos de bronze... E essa harmonia colossal não se dispersa nos anéis de musicalização centrífuga de bordão em boca de sino. Ela é centrípeta e seus círculos concêntricos vêm dos horizontes como vagas — que parecem entrar nos seus alicerces, levitar nossas igrejas e suspendê-las gigantescamente no ar de Minas.

No fundo, bem no fundo, o Brasil para nós é uma expressão administrativa. O próprio resto de Minas, uma convenção geográfica. O Triângulo já não quis se desprender e juntar-se a São Paulo? Que se desprendesse... E o Norte já não pretendeu separar-se num estado que se chamaria Nova Filadélfia e teria Teófilo Otôni como capital? Que se separasse... Tudo o que quiserem, porque a terra em que andamos puxados pelos pés, querendo deitar raízes, homens-árvores como no mito de Dafne, é a das serras em forma das chaminés, cabeças, barbacãs, lanças, seios, anátemas, agulhas, cidades, manoplas, entrepernas, ereções, castelos, torreões, navios — azuladas, pela manhã, quando emergem do mar de bruma dos valados, refulgentes ao sol do meio-dia e recortando-se, cor de sinopla, sobre os tons de cobre, ouro e púrpura do entre-dia-e-noite. Serras, serras, picos... Curral, Piedade, Rola-Moça, Soledade, Caraça, Carranca, Bocaina, Itacolomi, Cauê, Três Irmãos, Menina, Conceição, Vertentes, Urubu, Cangalheiro, Mantiqueira. Serras de cujas encostas descem os rios que vão ao São Francisco e ao Paraíba para soltar no Atlântico o nosso sangue mineral. Rios encachoeirados, rápidos ou lentos, turvos ou claros, limosos, vermelhos, lamacentos, verdes, cheios de ferrugem e de ouro em pó. Rios, rios, ribeirões... Paraopeba, Arrudas, Santa Bárbara, Gualaxo do Norte, Funil, Peixe, Gualaxo do Sul, Carmo, Grande, Elvas. Rio das Velhas, rio das Mortes... Rios que levam até o mar o sabor de Belo Horizonte, Sabará, Caeté, Mariana, Ouro Preto, Congonhas do Campo, Santa Bárbara do Mato Dentro. Rios que pela vida subterrânea dos lençóis d'água drenam do solo das igrejas e da terra dos cemitérios a substância calcária de meus parentes — porque deles há sempre um esqueleto em cada cripta ou cada campo-santo — contido naquele círculo que começa e acaba em Queluz, tendo Rio Acima como centro do seu raio. Não contando os que estão deitados nos dois lados do Caminho Novo — da Borda do Campo à serra do Mar — "dormindo profundamente...". Essas áreas, não posso chamar de pátria, porque as não amo civicamente. O meu sentimento é mais inevitável, mais profundo e mais alto porque vem da inseparabilidade, do entranhamento, da unidade e da consubstanciação. Sobretudo, da poesia... Assim, onde é que já se viu um pouco d'água amar o resto da água? Se tudo é água... Essa é minha terra. Também ela me tem e a ela pertenço sem possibilidade de alforria. Do seu solo, eu como. Da sua água, bebo. Por ela serei comido. Esta é simplesmente a terra de nascimento, vida, paixão e morte do mineiro. Terra de Luís da Cunha.

    Esse Luís da Cunha é meu bisavô, pai de minha avó materna. Ele e seu mano Modesto José estão enterrados no Cemitério Municipal de Juiz de Fora num mesmo túmulo megalítico inventado pelo gosto de meu tio Júlio Pinto, filho do primeiro. Os comemorativos de Modesto José sumiram da tampa da cova, roídos pelo tempo. Percebe-se que ele nasceu em 1818, em outubro, mas não se lê o dia. Faleceu num 25 de março, não se podendo ver de que ano. Sei que morreu velho. Já os de Luís da Cunha são nítidos. Veio ao mundo a 31 de agosto de 1806 e morreu a 25 de outubro de 1885. Viveu, pois, 79 janeiros. Era talvez de Pitangui, talvez de Catas Altas. Em todo caso, daquele Centro de Minas onde vivia sua gente. Seus filhos são todos de Santa Bárbara, o que o põe nessa cidade, pelo menos de 18 de outubro de 1835, data do nascimento de seu filho mais velho, Luís, até princípios de 1850, pois seu caçula Júlio César era de 31 de dezembro de 1849, mesmo mês e mesmo ano em que a febre amarela chegou ao Império do Brasil. Em Santa Bárbara do Mato Dentro a situação do bisavô seria remediada ou mesmo folgada já que morava numa das melhores casas da cidade — a sede atual dos Correios e Telégrafos, edificação tão bela e senhorial, com sua portada esculpida de pedra-sabão, com sua pureza arquitetônica de construção civil do século XVIII, com sua cruz de pedra encimando o ângulo de águas do telhado, com sua escadaria de que cada degrau tem forma de uma onda morrendo — que a Diretoria do Patrimônio Histórico e Artístico Nacional resolveu proceder ao seu tombamento. Está assim preservada a casa aonde meus primos, meus irmãos e eu podemos ir, quando nos apetecer, sentir as sombras, as luzes, os silêncios e os ecos cuja qualidade impregnou o couro de Luís da Cunha. A casa, construída em declive de terreno, tem um só andar para o lado da rua, mas alto porão na parte que dá para o pomar. Esse porão (cujos socavões lembram masmorras e *in paces*) assistiu ao berreiro e ao *pega-pra-capá* da justiça que meu bisavô mandou proceder num infame *cometa* português — réu do sacrilégio que logo se conhecerá. A essa época, Luís da Cunha estava na força do homem, como o mostra velho retrato. Era um alto moço, desempenado e desbarrigado, bigodeira, barba toda, cabeleira apartada ao lado, encobrindo as orelhas e caindo quase até a arraigada do pescoço — um pescoço romano — forte e enrolado numa gravata igual à do regente Feijó. Tinha o nariz de um aquilino violento de ave de rapina, apontando naquela cara de poucos amigos que era a de sua gente. Também a postura de sua cabeça — com pouco queixo e muito bico — era a de ave heráldica, *vigiando* sobre o timbre e os paquifes dum brasão. Ainda de ave, os olhos incandescentes, onde a pupila era ponto negro cerrado na íris de um verde insustentável. Essa qualidade de olho passou para seu filho Júlio e deste para sua filha Mariana. Nesta, eu ainda vi esse esmalte sobrevivendo, quando fui visitá-la, octogenária, há dois anos, no Bom

Pastor da Bahia, onde ela é a reverenda madre Maria do Santo Tabernáculo. Aquele olho mineral do Luís da Cunha espavoria a família, que ele trazia na bordoada e que só respirava quando ele viajava a negócios. Conta-se que por ocasião de uma destas saídas, ele tendo voltado inesperadamente, surpreendeu os filhos mais moços improvisando música de roda cujo mote era: "Que bom! papai *foimbora!*". A esse flagrante acinte, ele passou tudo a tala de couro cru — Júlio, Inhazinha e Zezé, que estavam cantando, Luís e Zina que acompanhavam. Minha bisavó, por estar achando graça, quase ia tendo também sua ração de lambadas. Ela chamava-se d. Mariana Carolina Pereira da Silva e era de Santa Bárbara — não sei se do distrito de São João do Morro Grande ou do de Rio São Francisco. O que sei é que ela tinha de santa o que o marido tinha de bruto. Ignoro o nome de seus pais. Dizem que a brandura, ela herdara da mãe — de quem conheci o retrato da mão de uma de suas netas, prima de minha avó, d. Joana Carolina (tia Joaninha). Esse documento mostrava-a sentada, óculos escuros, o bioco de um lenço amarrado na cabeça, blusa afogada, xale composto, saia de roda e empunhando, como um anteparo, o volume das *Horas marianas*. Sabia ler. Tinha dotes. Possuo um lençol trabalhado por essa tataravó industriosa, que plantou, colheu, descaroçou, cardou, fiou e teceu o algodão de que o mesmo foi feito. D. Mariana Carolina era bonita, apesar dos traços marcados, angulosos, definidos — parecendo entalhados em madeira, como os da sant'Ana da igreja dessa invocação em Cocais. Contemplo-lhe o daguerre e vejo que seu jeito de cara de estátua era acentuado pelo fato de se lhe não verem meninas dos olhos, tal como nas esculturas, onde as pálpebras se incisam sobre um globo liso — ou de pau, ou de pedra, ou de bronze. Essa impressão vinha de suas íris serem de um azul tão claro que se confundiam com o cerúleo esbranquiçado das escleróticas. E brilhavam como águas-marinhas dentro das lágrimas em que sempre boiavam. Davam mais relevo ao estranho de sua pessoa, os cabelos fortes, duros, sem ondas, de um negro lustroso de pena de pássaro preto, onde passavam reflexos azulados de minério de ferro. Quando soltos, seus fios, como finas serpentes, pareciam se mexer de movimento próprio, independentemente dos que também lhe imprimiam a movimentação da cabeça e o deslocamento do ar. Esses cabelos eram imensos, mais compridos que a altura da dona que, para pentear-se, tinha que fazê-lo em pé num tamborete, sem o que suas tranças se arrastariam no chão. Foi assim, em cima de peanha, que a santa foi vista pelo tal *cometa*, à hora em que as negras lhe tratavam as madeixas a pente-fino e óleo de babosa, diante de um Luís da Cunha que se babava às prendas da mulher. Sua mulher. Imaginem agora que o português, às gargalhadas, teve a ousadia de propor a compra da cabeleira. Para fazer postiços, explicou. Luís da Cunha, como num acesso de estupor, teve um repuxamento de bochecha que era riso e repuxamento mesmo. Repuxamento de raiva. Sua mulher! Riso fingido, para ganhar tempo, para o homem não desconfiar, não sair correndo, nem pular na montaria e disparar. Entrou um instante e quando voltou já vinha com os negros, as cordas e os porretes. O *cometa* sujigado, às primeiras porradas, encheu as calças de mijo e bosta. No porão, foi amarrado, como santo André, em quatro tocos bem enterrados no chão e teve os quartos levantados por um caibro grosso. De borco. Quando rasgaram as calças e a ceroula o homem já tinha borrado tanto que tiveram de lavar-lhe a regueira cabeluda para começar o trabalho. E ele só não foi primeiro repassado pelos negros porque o *sinhô* estava presente, mas o canudo de mamão foi bem introduzido, coisa de palmo e meio, para atender às recomendações de Luís da Cunha, que queria clister bem alto e bem encorpado, para descascar mesmo a tripa daquele berdamerda. Não foi ajuda de brincadeira não, ajuda de simples advertência ou de alerta — sem-vergonha. Foi mezinha pra valer, mezinha bem deitada. Cinco boas mãos de pimenta-malagueta, um punhado de urtiga, uma pitada de xaxim socados em caldo de limão-galego — enchendo todo o gomo de bambu da seringa. À erupção desse vulcão às avessas, o português que urrava perdeu os sentidos, para retomar os urros, ao voltar a si. Quando os negros puxaram o canudo, o intestino veio atrás, como cobra, saindo do traseiro. Vermelho como baeta, latejando e logo apertado pelo esfíncter, estufou como um tomate. O homem estava ensopado de um suor de agonia, a piroca sumida, o saco sungado, o cu tefe-tefe de medo e dor, todas as carnes da barriga, da bunda e das coxas tremendo — a ponto de ele não poder ficar em pé quando foi desamarrado. A raiva de Luís da Cunha estava começando a passar e foi com voz quase natural que ele deu as últimas ordens aos escravos. — Agora podem dar a cachaça para reanimar o sacana. Depois ponham esse filho da puta na besta dele e levem pra fora da cidade... Porrete em cima se ele fizer menção de descer pra cagar, antes de légua bem espichada. Virando-se para o desgraçado: Agora, suma-se, vá comprar os pentelhos da puta que o pariu, seu mondrongo safado! Subiu. Deixou em casa a mulher sem ar e cheia de palpitações (*palpipatações* que lhe soltavam cavalos a galope dentro do peito) e saiu, feudal, para contar aos vidamas Pena e aos pares Mota que tinha exercido justiça por conta própria. E já se sabe, se d. Pedro II vier aqui com histórias...

> Eu o vi sem turbar-se
> Da vítima infeliz galgando os ombros,
> Com frenesi não visto,
> Áridos olhos, o semblante alegre
> Contar suspiros, numerar-lhes as ânsias.
> ANTÔNIO AUGUSTO QUEIROGA, "O carrasco"

De Santa Bárbara, Luís da Cunha passou-se para Sabará e lá esteve pelo menos entre 1855 e 1858. Marco essas datas, a primeira dos oito anos de minha avó, idade em que ela passou por terrível experiência, e a segunda, do casamento de minha tia-avó Regina Virgilina. O 1855 foi também a data de um crime que deixou lembrança nos anais judiciários de Minas. Nele pereceu uma odiosa sinhá, cruel e sádica, que tinha a mania de sapecar os genitais das escravas, como se faz a frango, depois de depenar. Tantos púbis ela passou nas chamas que acabou às mãos de duas chamuscadas. Uma segurou. A outra encarniçou-se contra a barriga da dona, os peitos da dona, o pescoço da dona, o olho da dona — a dente, unha, garra, joelho, pé e com os utensílios caseiros que dão morte canhestra e mais dolorosa — mão de pilão, ralo, lima, martelo, furador, puxavante, espora, ferro de engomar e facão de cozinha. A sinhá, trabalhada por esses instrumentos e mais pela fúria da besta solta, ficou em postas, toda aberta, os intestinos saindo pelas partes e um olho pendurado. Num mar de sangue. Não houve divergência. A que segurou e a que oficiou foram ambas condenadas a padecerem morte natural na forca. Sabará ainda achou que foi pouco porque o aconselhado, no caso, seria um bom auto de fé depois de tortura. E a cidade preparou-se para a execução como para uma festa de igreja. Quando o carrasco Fortunato chegou de Ouro Preto e foi recolhido às galés de Sabará, tomou um fartão de tanto porco, tanto arroz de pequi, tanto bolinho de feijão, tanto doce e tanta jabuticaba — que lhe chegavam em bandejas, mandadas pelas famílias. A legenda do miserável correu de boca em boca, não como sucesso hediondo, mas como nova *canção de gesta*. Chamava-se Fortunato José e fora criado mais como afilhado que como escravo por sua dona, que ele matara a porrete — à moda das negras que ele ia enforcar por crime idêntico. Condenado à pena última, esta ficou suspensa quando ele aceitou ministrá-la aos outros criminosos. Ficou meio preso, meio hóspede da Penitenciária de Ouro Preto e ali terminou seus dias, depois de ter viajado Minas inteira como funcionário que era de sua Justiça. Fez ao todo 87 execuções e, entre elas, as dos dois *Tira-Couro*, alcunha por que eram conhecidos os irmãos bandidos Maximiano e João Gomes. Diziam que ele passara o baraço no próprio pai e na própria mãe — contra o que ele protestava, esclarecendo que isto sucedeu a seu antecessor, o verdugo Antônio Rezende. Em 1877 o *Mosaico de Ouro Preto* publica notícia a seu respeito, chamando-o de negro. Não era. Era mulato e belo mulato. Vi seu retrato, morto, no extinto Museu Racioppi, daquela cidade, e impressionou-me sua fisionomia serena, de traços finos, barba e cabelos brancos destacando-se sobre a pele escura. Parecia, mal comparando, aquela imagem de são Pedro dormindo que o Aleijadinho fez para os Passos de Congonhas. Minha avó materna, que o viu menina, também o dizia mulato e mulato mais para claro. Pois esse Fortunato de cara de santo era verdadeiro tigre e deve ter sido o inspirador do poeta serrano Antônio Augusto Queiroga, no seu poema "O carrasco". Queiroga foi seu contemporâneo e deve tê-lo visto uma vez que ele enforcou no Serro do Frio. Dizem que ele acabava sem entusiasmo as condenadas mulheres, mas que aos homens trucidava dando as mostras do mais escandaloso júbilo e exibindo redobrada e ferocíssima virtuosidade.

No dia da execução, Luís da Cunha e seus filhos Luís, de vinte anos, e José Luís, de dezessete, armados de tala, levaram os escravos e escravas da casa para assistirem, de joelhos, ao enforcamento das negras e ficarem bem humildes e bem escarmentados. Ao sair, recomendou à mulher e à filha mais velha que se deixassem de choros e que segurassem em casa a Inhazinha e o Júlio. Minha bisavó trancou os filhos menores no quarto, fechou as janelas com as portadas de madeira, acendeu o oratório e, quando ajoelhou com tia Regina, já se ouvia na rua a cantoria de todas as irmandades de Sabará no cortejo das condenadas. Aproveitando-se do descuido materno, tio Júlio e minha avó Inhazinha pularam uma janela de trás e meteram-se no meio do povo. E viram. E ouviram. Ela tinha oito anos. Ele, seis. Viram os magistrados, o alferes, os soldados. A banda de que o trombone e o bumbo faziam uma espécie de fundo musical (como a "Dalila", nos recitativos...) para as ladainhas cantadas, para as ave-marias, os padre-nossos, os creio-em-deus-padre, o *dies irae* e a oração dos agonizantes — rezados alto e baralhadamente. De mistura, um ou outro xingamento ou assovio de vaia nas condenadas, e os palavrões, os *vamerda* trocados pelos irmãos da Misericórdia e do Carmo — cada qual querendo o primeiro lugar em torno do patíbulo e o direito de descer sua cruz sobre o padecente e de tentar reanimá-lo quando o carrasco cortasse a corda. Este avultava à frente do cortejo, todo de vermelho, pachola, altas botas de couro cru, chapelão para a nuca, gingando e fazendo molinetes com um facão de mato cuja bainha lhe pendia da cinta. Vinha se *amostrando*, o facínora. Parecia um tambor-mor de música militar ou baliza de regimento. Esquadrinhava as mulheres dentro da multidão, procurando certa qualidade de olhar que lhe vinha das negras, das mulatas, do mulherio da ralé e até das sinhás. Não era olhar de horror, nem de medo, de reprovação ou de nojo. Ah! esse olhar era outro... Só que nesse dia o Fortunato teve o papel roubado por uma das condenadas. A que só tinha segurado e ajudado, cinzenta de medo, gemendo orações, pedindo perdão, vinha arrastada por dois soldados e deixando atrás de seus passos mal trocados o rastro da caganeira e de urina incontidas. A outra, a assassina, não. Vinha soberba, rebolando, os peitos empinados, o porte válido, a estatura agigantada pelo pixaim leonino que lhe dobrava o tamanho da cabeça, os olhos como brasas e a boca cheia de insultos e de cusparadas. Marchava direita e firme dentro dum largo espaço vazio — porque já escarrara no juiz, no carrasco, no oficial, nas praças, no padre e nos irmãos da opa. Parecia um demônio e ia morrer nas blasfêmias da impenitência. Sua voz cobria as músicas, as rezas, as exortações, os insultos, as maldições, os comandos — atravessava Sabará, o rio das Velhas, Minas, ecoava das quebradas e reboava no Tempo. Meio século depois minha avó materna ainda a ouvia nos gemidos do vento do Botanágua e nos clamores do Paraibuna, nas noites de cheia. "Ora pois!" — que ela gritava. — "Matei e vou morrer... Mas morro satisfeita... Morro satisfeita... Morro satisfeita... Vou morrer, mas matei... Matei... Matei e bem matei... Matei e tornava a matar... Morro satisfeita... Ora pois!... Matei e vou morrer..." Era um ritornelo que foi assim até a borda da forca — tão regular e bem escandido, tão parecido com uma oração que, às suas pausas, quase se dizia *amém*. Só o abafou a descarga dos tambores, batendo em funeral.

    Com a medrosa, que passou primeiro, tudo foi tão rápido que até não teve graça. Com a valentona o Fortunato esmerou-se. Não deixou a laçada aos auxiliares. Ele mesmo passou a corda, fez a negra ir perdendo pé aos poucos e esperou o máximo para empurrá-la para fora do patíbulo — que o braço horizontal da forca excedia. Subiu a escada devagar. Sentou, veio brincando de *carniça* até a ponta, deixou-se escorregar na corda até se escanchar pesadamente nos ombros da condenada. Meteu os pés nos braços amarrados, como um estribo. Forçou, pesou, fez como se estivesse cavalgando, tomou impulso e começou a fender os ares num largo balanço que foi diminuindo aos poucos e que, terminado o movimento de pêndulo, virou num de corrupio. Enrolou num sentido, a toda, parou um instante, desenrolou. Na hora certa desembainhou o facão, cortou a corda e caíram na mesma queda — o cadáver mole para um lado e ele, meneando, para o outro — airoso e elástico como um acrobata. O Fortunato nem deu confiança de olhar para o trabalho dos irmãos da Misericórdia e do Carmo que se disputavam a condenada para esfregar-lhe as mãos com vinagre canforado e meter-lhe cachaça e água benta de boca abaixo. Ah! com aquela era inútil. Ele sentira, ao seu cavalgar, o pescoço da diaba estalar três vezes e espichar a cada estalo, como sentira o último arfar do peito e as costelas murcharem ao arrocho de seus joelhos de ferro. Negra safada...

Seja dito em louvor de minha avó materna e de meu tio Júlio que os dois perderam os sentidos e que só deram acordo de si em casa. Depois foram dias de febre alta, semanas de terrores noturnos até que a carga emocional, como no filme de uma explosão, trucado e passado às avessas, voltasse ao seu estado potencial de simples lembrança, lembrança suscetível de reexplodir e tornar a fazer acontecer tudo que fora testemunhado.

    Tenho um daguerreótipo que representa minha avó e o seu irmão Júlio à época desses sucessos, em Sabará. Ele, com uma carinha neutra de menino emburrado, e ela, uma figura estranha, onde as mãos, os braços e o tronco de criança emergem duma saia-balão. E esse conjunto é dominado não por uma face infantil, mas por uma cara adulta. Bonita cara, mas de expressão antipática e voluntariosa, com um olhar carregado de desconfiança e uma boca de dobra amarga. Analisando esse retrato e comparando-o com outros que Inhazinha tiraria mais tarde, veem-se os traços todos onde se delineariam primeiro as linhas do rosto da linda moça que ela foi; depois, as curvas da bela mulher madura; em seguida, as pelancas e as rugas da velha ainda pretensiosa, que eu conheci; os sulcos da ruína final que a arteriosclerose esculpia para a morte. Toda a evolução das personalidades que o Tempo tira uma das outras, como aquelas *babouchkas* russas em que se desatarraxa a primeira boneca para tirar dela a segunda; a segunda, para tirar a terceira; a terceira, para a quarta; e depois a quinta, a sexta, a sétima — parecendo sempre a mesma, entretanto sendo outra, outra, outra, mais outra, mais fraca, mais fraca, até a última... Minha avó materna, menina, era Inhazinha. Esta Inhazinha virou Inhá Luísa, depois Sinhá, Maria Luísa da Cunha, d. Maria Luísa da Cunha Halfeld e d. Maria Luísa da Cunha Jaguaribe. Ela nasceu em Santa Bárbara, a 14 de dezembro de 1847, e faleceu em Juiz de Fora a 4 de setembro de 1913. Era a quarta filha de Luís da Cunha, sendo seus irmãos mais velhos Luís, nascido a 18 de outubro de 1835 e falecido em Belo Horizonte a 31 de maio de 1903; José Luís (Zezé), nascido a 7 de novembro de 1838 e morto em Juiz de Fora, numa epidemia de cólera, a 14 de fevereiro de 1867; Regina Virgilina (Zina), nascida a 11 de maio de 1840 e falecida em São Paulo, no dia do seu 75º aniversário, em 1915. Seu irmão caçula chamava-se Júlio César, nascido a 31 de dezembro de 1849 e falecido em Belo Horizonte, a 6 de março de 1916 — numa alegre segunda-feira de Carnaval. O enterro foi na Terça-Feira Gorda. Meu bisavô Luís da Cunha, seu irmão Modesto José, sua mulher, Mariana Carolina, seus filhos José Luís, Regina e Maria Luísa estão enterrados em Juiz de Fora, no Cemitério Municipal. Os ossos de tia Regina para aí vieram, trasladados de São Paulo. Os outros filhos de Luís da Cunha — Luís e Júlio — foram inumados no Bonfim, em Belo Horizonte. As sepulturas do bisavô e de seus filhos Luís são monumentos de estilo ciclópico que chamam a atenção nas necrópoles onde estão, pelo bizarro de seu aspecto. Foram ideados pelo gosto do tio Júlio, para quem sua filha Mariana construiu idêntico monumento miceniano. Pedras.

    O primeiro a se casar foi tio Luís, que convolou em justas núpcias com sua prima d. Maria Cândida Pinto de Moura, que não lhe deu filhos.

Lembro-me ainda dessa velha tia que ia muito a Juiz de Fora visitar seu irmão Maximiano Pinto de Moura (seu Miano) e seu sobrinho, o advogado Francisco Augusto Pinto de Moura. Sempre aparecia em casa de minha avó. Eu conhecia seu retrato do álbum da sala e custava-me a entrar que a soberba moça da fotografia e a feiticeira que nos visitava, mais enrugada que um *maracujá de gaveta*, pudessem ser uma e mesma pessoa. Eu não suspeitara ainda da existência do Tempo e de sua atividade paciente, companheira da Doença paciente e da Morte paciente. Anos depois, por acaso, descobri o paredão do Cemitério do Carmo, em Sabará, onde estava entaipada a tia Cândida. Depois passaram seus restos da parede para o ossuário da Ordem. Nunca deixo de pagar-lhe as visitas que nos fazia, todas as vezes que vou a Sabará. Nem de olhar o Cemitério do Carmo, que é sossegado, pequeno como um quintal e em cujo ar volatilizaram-se os fogos-fátuos do seu corpo miúdo, retorcido, engelhado e recurvo. Já disse que tio Luís dela não teve filhos. Os que teve eram filhos das ervas, como os de seu irmão José Luís, que morreu solteiro. A descendência legítima de Luís da Cunha começa com a descendência de sua filha Regina Virgilina, que se casou em Sabará com seu primo Francisco Alves da Cunha Horta. E esse casamento deu pano para mangas.

Apesar de ser agradável de pessoa, muito clara, cabelos pretos, olhos esverdeados, fisionomia atraente, apesar de sua simpatia e comunicabilidade, apesar de seu extraordinário talento à flauta, tia Regina já ia pelos seus dezessete anos sem namorado, quando surgiu candidato à sua mão o primo Chico Horta, homem-feito, de boa gente, filho que era do capitão-mor Hilário Mendes da Cunha Jardim e de d. Florisbela Umbelina Rodrigues Horta. Ao talento da namorada, na flauta, ele juntava prodigiosa habilidade ao violão. Nas noites de lua, toda a família de meu bisavô e a de seu irmão Modesto José, que era casado com d. Joana Carolina Pereira da Silva (irmã de d. Mariana Carolina) e pai dos primos a que todos os da geração seguinte e da minha chamariam tios — Modesto, Modestina, Carlos (Carlinhos), Elizabete (siá Beta) e Joana Carolina (Joaninha), formavam um alegre grupo de seresteiros a que aderiam amigos mais íntimos, moças e rapazes das famílias do barão de Sabará, do barão de Curvelo, do brigadeiro Jacinto Pinto Teixeira, do dr. José Marciano Gomes Batista, além do vigário da Vara da Misericórdia, padre José Augusto Ferreira da Silva, cuja voz cheia e sonora juntava-se ao violão do Chico Horta, à flauta de Regina Virgilina e à viola do *tio* Modesto, que, mal entrado na adolescência, já dedilhava como um rei. A flauta de tia Regina, com suas notas de rosa e prata, tinha gemidos de rouxinol, sussurros de rola, assovios infindáveis de calhandra e pios estacados iguais à percussão metálica das arapongas. Nas serestas das praias confluentes do rio Sabará e do rio das Velhas, todos se extasiavam com aquela prenda da Zina. Nunca se pôde apurar como lhe surgira aquela vocação específica para a avena — nela tão bizarra como o seria harpa nas mãos de um marmanjo. Essa tendência para este ou aquele instrumento é um dos mistérios da harmonia. Compreende-se o gosto que leva à música. O difícil é perceber de como o iniciado elege para tocar, por exemplo, o triângulo, o bumbo, o contrabaixo — destinados a uma eterna submissão e incapazes de serem tangidos em solo. Mistério também é mulher soprando em *capistrum*, e isto aumentava a admiração desfrutada por minha tia-avó Regina, que, além de tocar com graça e maestria, não era menos graciosa e modesta no momento melindroso dos intervalos, em que desatarraxava a flauta e sacudia o cuspe acumulado no tubo mágico e canoro. O Chico Horta, por sua vez, era inexcedível nos trêmulos de bordão, quando sua mão esquerda vibrava frenética, como um pássaro preso, sobre a corda presa, e transfigurava o violão, cujas notas de azul e ouro bimbalhavam como sino, derramavam escalas cristalinas de piano ou enchiam-se do sopro grandioso dos órgãos. Assim com música, protegido por d. Mariana e alcovitado por d. Joana Carolina, o namoro ia alto como a lua cheia nas noites de cantoria — quando de repente, o Luís da Cunha desconfiou, apurou e empacou. Então as atenções do Chico Horta com ele não eram desinteressadas e os rolos de fumo goiano que lhe eram oferecidos tinham outro objetivo? Os pacotes de rapé baiano dados a d. Mariana, as músicas copiadas para a Regina, tudo, tudo, tudo aquilo eram manobras de namoro e não atenções de parente? Deixa estar. E ele disfarçou. Esperou até que o Chico pedisse. Recusou seco. Não serve porque minha filha é muito nova para trintão e o senhor faça o favor de não vir mais à minha casa. Aquilo foi um Deus nos acuda de dor de Menelau. O Chico Horta deperecia de não ver a moça que só aparecia aos domingos, na missa das cinco, assim mesmo guardada pelo cérbero paterno. Até que d. Mariana levantou uma lista enorme dos parentes dele e dela e era raro o que não tivesse dez, quinze, vinte e às vezes trinta anos mais que a mulher. E estavam todos muito bem casados. Luís da Cunha concordou, mas para aduzir logo, cinicamente, outro argumento. Não serve porque é parente. E proibiu as missas e confinou a filha no quarto. Começou nova luta. O mano Modesto José, d. Joana Carolina, d. Mariana, os parentes de Santa Bárbara, Caeté e Cocais, chamados ou de passagem, todos se juntavam para mostrar ao Luís da Cunha que sua família era um tecido de casamentos de primos em grau canonicamente interdito e até de casamentos incestuosos de tios e sobrinhas. Afinal Luís da Cunha concordou em retirar o argumento, mas logo apresentou maliciosamente outra razão. Não serve porque é pobre e minha filha é pobre. Dois sacos vazios não ficam em pé. E daí não arredou mais. "No meio do caminho tinha uma pedra/ tinha uma pedra no meio do caminho/ tinha uma pedra..." A ocupação de tia Regina, presa em casa, era chorar, rezar e ajudar minha bisavó a cuidar dos filhos menores. Ela é que penteava complicadamente minha avó e, para armar-lhe as trunfas, enchia-lhe a cabeça de *papelotes*. A Inhazinha ia constantemente à casa de tia Joana, onde o Chico Horta era agora diarista, chorando as mágoas e pedindo proteção. Aos poucos ele foi atraindo minha avó. Aos poucos suprimiu suas desconfianças e conquistou-a a ponto de tê-la ao colo, de mexer-lhe nos *papelotes* e de substituí-los por bilhetes à namorada. Afinal estabeleceram correspondência e, à custa de meses de paciência, criaram um código musical de conversação. E tudo foi combinado nessa cifra sonora. Chegou a noite em que o Chico Horta passou devagar pela rua tocando ao violão a modinha de Cândido Inácio da Silva "Quando as glórias que gozei...". A casa estava em profundo silêncio e Luís da Cunha pulou do catre furioso, ouvindo a flauta vitoriosa da filha que, no quarto, contestava com o lundu do padre Teles "Querem ver este menino...". Luís da Cunha abriu janelas, invectivou, ameaçou para a noite, gritou, quis bater, fez tudo silenciar e apagar. Mal sabia ele que as notas do Chico Horta, traduzidas, queriam dizer que os proclamas já tinham corrido na matriz da Boa Viagem do Curral d'El-Rei e que as de tia Regina afirmavam que confiava em que ele marcasse dia e hora para casar. Na semana seguinte o Chico Horta fez gemer os bordões com o "Beijo a mão que me condena..." do padre José Maurício e foi respondido com a modinha de Francisco Sá Noronha "Alta noite tudo dorme...". Isso queria dizer que os cavalos estavam prontos e que ela saísse de manhãzinha para encontrar-se com ele no chafariz do Kakende. A flauta concordava. Estava tudo nesse pé quando, pela madrugada, bate à porta o mano Modesto José, que soubera do plano de fuga e vinha denunciar. Esperava-se que Luís da Cunha, como aquele coronel Antônio de Oliveira Leitão, de Ouro Preto, também sangrasse a filha. Mas não. O homem contraditório chamou-a e disse brandamente que se quisesse casar, casasse. E dou-lhes minha bênção, coisa que eu e seu tio Modesto não tivemos de nossa mãe... Chegou à janela e, divisando um vulto que rondava na escuridão, chamou pelo nome, gritou, abriu a porta e mandou que entrasse o Chico Horta. Sente-se, primo, vamos conversar enquanto sua noiva nos prepara o café. O dia nascia. Casaram pouco tempo depois, a 27 de março de 1858, dia da festa de São João Damasceno e Santo Alexandre.

> [...] sobre tudo na Mantiqueira, cuja transposição era terrível [...].
> DIOGO DE VASCONCELOS, *Historia antiga das Minas Geraes*

Minha gente pensou no nosso Caminho Novo desde o primeiro dia em que ele foi pensado. Nele pisou, ao primeiro mato arrancado, descobrindo chão para ser andado. Porque existia em potencial, na ideia e na bota de sete léguas de Garcia Rodrigues Pais. Em 1698 e 1699, ele subia e descia escarpas cogitando como melhorar aquelas passagens da Mantiqueira

> em que só a braços transportavam-se as cargas, e só a pé os cavaleiros podiam caminhar puxando os animais [...]

como refere o velho Diogo. Logo os índios mandados começam a ladear a picada com as primeiras roças e, em 1700, o governador Artur Sá nela trafega, empanzinado do angu do milho que fizera plantar. De 1702 a 1704, Garcia está a braços com seu caminho até que, exausto de meios, o parente Domingos Rodrigues da Fonseca Leme lhe emenda a mão, com cabedais e escravos para completar o respiradouro para o mar — artéria em cuja ponta, e soprada por Minas, tomaria vida e cresceria, como fabuloso balão azul, a cidade do Rio de Janeiro. Já em 1710 e 1711, Leonel da Gama Belles e Antônio Albuquerque descem por ela e vêm ajudar os cariocas contra Duclerc e Duguay-Trouin com mais de 6 mil homens das minas dos matos gerais — que mais ferinamente se batiam de ver no meio deles um airoso mancebo, arrancando do próprio corpo as flechas de ouro com que aniquilava os hereges de França. Era são Sebastião.

Bandeirante, sertanista, mateiro e andeiro de gênio, foi Garcia quem inventou o caminho inevitável, escolhendo as escarpas, os vales, as lombadas, os varadouros, as gargantas e os rodeios a que não puderam fugir a estrada de ferro de d. Pedro II, nem a União e Indústria de Mariano Procópio, nem a BR-3 de Nonô Kubitschek. Salvo pequenas variantes — todas rodam onde bateram o calcanhar de Garcia e o tacão de Fonseca Leme. O Caminho Novo das Minas, além de caminho comercial, econômico, estratégico e político, é a estrada violenta e dolosa do ouro, do quinto, da capitação, dos registros, do fisco, dos moedeiros falsos, dos cunhadores ilegais, dos contrabandistas que passavam ouro engolido, enfiado no rabo, incrustado na pele e enchendo os santos de pau oco; a estrada social e gregária da testada das sesmarias, das *vendas*, dos sítios, das roças que fixaram no solo seus primeiros proprietários; a estrada sangrenta e bruta do crime e da repressão, das tocaias, dos bandidos da Mantiqueira e dos Dragões d'El-Rey; a estrada conciliabular e tortuosa dos conspiradores e dos denunciantes; a que viu descerem os inconfidentes em ferros, passar para o Rio o alferes Joaquim José da Silva Xavier — como ele era! —, a que viu subirem para sua terra a cabeça e os quartos salgados do Tiradentes. Via gloriosa, via dolorosa do mineiro — com as estações da sua paixão.

Foi por esse caminho que, pelos anos 60, Luís da Cunha desceu do Centro para a Mata com sua mulher, os filhos, as filhas, o genro, o primeiro neto, a nora e os escravos. Vinte jornadas. Hoje, de automóvel, seria a metade de vinte horas e, de avião, o dobro de vinte minutos. Para eles, vinte dias. Vinte dias ao sol mineiro, beirando o rio das Velhas, passando Raposos, vingando as serras da Carranca e da Moeda, atravessando Soledade, Congonhas do Campo, subindo e descendo a serra do Buarque, a do Pau Grande, varando o alto do Cangalheiro, chegando à borda do Campo e à garganta de João Aires. Nesse ponto a Mantiqueira começa a perder sua ferocidade jurássica e, em vez das escamas, das unhas, das espículas, dos cornos, das hastes das cascas, das bricas e dos cones que lhe fazem dorsos, pterodactílias, caudas, patas e rastros monstruosos de répteis antediluvianos — arredonda-se em ancas, lombadas e corcovas de rebanhos imobilizados de doces eras pastoris. Depois de Dores do Paraibuna vem Chapéu d'Uvas, a Fazenda do Alcaide-Mor, a do Juiz de Fora, Milheiros e a variante do Caminho Novo, chamada rua Principal. Vinte dias dormindo nas fazendas, nas roças, nas vendas, nos pousos ou em barracas armadas onde a noite os pegava; vinte dias banhando-se em dornas, em coxos, nos fios d'água, nos rios. Todo mundo ficando escuro e crestado como a terra das estradas; as mãos guardando a morrinha do couro cru das rédeas e das talas que o suor amolece; os ouvidos, aquele rangido das selas, das bruacas, das canastras, das cargas no mesmo ritmo do chocalho dos burros da tropa e do trote-marcha que adormece; um estrondo d'água, um pio de pássaro, um voo rasteiro que estraleja, um *páaa* de porteira e todos espertam, retomam a conversa que novamente se espaça e outra vez morre; a sombra una dos dois do centauro, à direita, à esquerda, adiante, atrás — arrastando na terra a forma do que lhe pertence; a pele empolando das dentadas do micuim, da carapanã, da muriçoca, do carrapato-estrela e do ferrão do roduleiro; as paradas com sol alto, quando boas sombras se juntavam a boas águas, para a refeição estradeira: angu, feijão de tropeiro, queijo, café. Porque nessas migrações trazia-se uma ucharia inteira (origem ancestral do farnel, da matalotagem que temos vontade de levar, até para os aviões transoceânicos). Vinham as frigideiras, os caldeirões, as panelas de ferro e as panelas de pedra, os ganchos, as trempes, as colheres de metal e as colheres de pau, os garfos e os espetos, as facas e os trinchantes, as cafeteiras, as chaleiras, os sacos de fubá, de feijão, de farinha, os amarrados da linguiça, do porco salgado, do toucinho, os embornais com temperos, queijos, rapaduras e o milho das bestas. Nas paradas os homens descansavam pitando, a negrada ajuntava lenha e acendia o fogo, as mulheres e as escravas preparavam a comida. O angu, que, mole ou duro, combina-se com o feijão, com o arroz, com a carne e cujo único tempero deve ser o sal, assim mesmo pouco, para não alterar o gosto do que o vai acompanhar. O que sobra é cortado em fatias que, fritas, são o pão mineiro de cada dia. O feijão fervido com bastante sal durante as paradas é levado em caixetas atulhadas e em cujos intervalos se escorreu a banha derretida que endurece e não deixa azedar a massa cozida. Na hora, vai tudo para a frigideira, a banha derrete-se, solta e refoga as pevides com mais a cebola, o alho, o cheiro-verde, a salsa e muita pimenta. Rola-se na farinha que se embebe de gordura, mas que não pode ficar empapada — antes móvel, toda untada e toda desgrudada.

Come-se com o ovo frito, a linguiça frita, o lombo frito e o torresmo totêmico. Repete-se antes de acabar. Parece fuga de Bach. É de chorar... Obra-prima de simplicidade românica, o nômade feijão de tropeiro das Minas rivaliza com o floreado gótico da sedentária feijoada completa — honra e glória da culinária do Rio de Janeiro. E os queijos? Moles, escorrendo soro, curados, escorrendo manteiga, os pastosos, do Serro, os duros, do Arassuaí. Todos ficam elásticos e dão turvações de sépia ao café forte fervido com rapadura e que deixa nas tigelas veios em relevo lustroso, como as lacas de uma pintura japonesa. Uma lambada de pinga de Januária e pronto! vamos, tudo a cavalo, cinturas no molejo e bunda de ferro para as léguas e léguas de campo e mata e várzea e monte...

Minha Mãe contava essa viagem que ouvira da sua, que nela tomara parte menina-e-moça. A última olhada ao rio das Velhas e a suas barcaças que iam até o São Francisco. O Paraopeba, cujas águas pardacentas estranharam o tio Júlio e quiseram afogá-lo. O Chico Horta arrancando-o da correnteza e trazendo-o para a margem meio sufocado. A grandiosa surra de chicote ministrada por Luís da Cunha no imprudente assim que ele respirou e espertou. Peste, sem-vergonha! Assustando a gente. Toma, safado! Pensando que o *Propeba* é rio das Velhas... O dia inteiro passado em Congonhas, um rosário em cada passo, um terço aos pés de cada profeta, o tiro de garrucha que tio Zezé deu no Centurião e todos chorando e escarrando na imagem de Judas. A travessia do alto do Cangalheiro à tardinha, com pés de pau estalando como uma conversa, o *hurly-burly* como na charneca inglesa, um vento alto que parecia desfraldar mortalhas no céu e a estrada movediça, dir-se-ia viva e se sacudindo como um lombo de anta... Todos acompanhando d. Mariana Carolina, que rezava alto as orações fortes de combate às forças do Inferno. A parada em João Aires para engrossar o bando com os viajantes que vinham do São João del-Rei, da Capela Nova, da Ibituruna, do Turvo, da Itaverava, do Piranga, do Tugúrio. Quando eram magote, desciam a Mantiqueira, pequenas etapas e só dia claro. O mulherio e as crianças, no meio. Retaguarda e vanguarda dos homens e da capangada de arma aperrada prontos para enfrentarem os salteadores da serra. Finalmente a chegada e a passagem pela Fazenda do Juiz de Fora. Inhazinha, bem montada, fina como uma víbora ou como o chicotinho que trazia atravessado seguro junto às rédeas, olhou o casarão apalacetado. Quando o contornaram, ela viu pela primeira vez, na varanda lateral, a figura desempenada, as faces cor de fiambre, os bigodes e as suíças de ouro e prata de um velho cuja cara reluzia ao sol como um tacho de cobre bem areado. Ele cumprimentou os viajantes sorrindo e não tirou de cima de Inhazinha os olhos azuis, enquanto ela esteve à vista. A atenção foi sentida pela menina-e-moça, que voltou uma vez a cabeça para trás e tornou a olhar o comendador Henrique Guilherme Fernando Halfeld. Que velho simpático... Dois dias depois da chegada, a família estava toda morando na casa comprada por Luís da Cunha na subida da rua da Califórnia. Exatamente onde é hoje o seu cruzamento com a rua Gilberto de Alencar. A edificação que aí está tem o número 1116 da rua Halfeld e foi construída no lugar da primitiva. Nela residiu o dr. Hermenegildo Villaça.

As diligências que viajavam para as Minas trocavam os animais em *mudas* distribuídas no Caminho Novo e nas estradas que dele saíam. As cargas eram transportadas por caravanas de burros e bestas que se revezavam nos mesmos pontos que os veículos. Dava-se o nome de *tropeiro* não só aos camaradas que conduziam as tropas, como aos que as exploravam como donos. Meu bisavô Luís da Cunha era *tropeiro* desta categoria, isto é, da de proprietário de paradas e de tropas. Socialmente, a posição devia corresponder à de quem hoje explora uma companhia de ônibus. Naturalmente com menos lucro e em situação financeira mais modesta. Assim ele se estabeleceu em Juiz de Fora e assim lutava pela vida, enfrentando dificuldades com os tropeiros do ganho, com os burros, os arreios, as cargas, as bagagens, os gatunos da Mantiqueira, desde os gatunos mesmo até aos senhores do solo que, ostensivamente ou à socapa, fizeram reviver nas Minas dos séculos XVIII e XIX o direito feudal do *pedaticum*. Isso foi uma contingência fatal que teria de durar, como durou, até que a passagem da serra fosse feita em trilho de estrada de ferro. No tempo antigo, quem queria passar pagava e pagava de modo escorchante. Era praticamente despojado de suas bagagens e, quando achava ruim, apanhava e, às vezes, morria. Imaginem-se agora as peagens que os desgraçados viajantes e cometas tinham de pagar — considerando-se o número de proprietários cujas sesmarias, fazendas, sítios e glebas era preciso atravessar na Mantiqueira. Há uns cem anos, a indústria florescia, principalmente às mãos de dois potentados: um Mirandão e certo Belisarinho. Quem lhes atravessava as terras estava torado. O esganado do *ão* deixava apenas um pouco para o guloso do *inho*. Na subida, *vice-versa* na descida. E o viajante dava graças a Deus quando, pele inteira, trotava aliviado só da metade da bagagem. Afonso Arinos de Melo Franco põe entre esses peageiros aqueles grangazares Gomes Teixeira, da Barbacena, de quem descendem os nossos amigos José Geraldo e João Damacezar Gomes Teixeira. Aliás eles estão em boa companhia, pois o Mirandão que citei é o antepassado dos Miranda Carvalho, de Juiz de Fora, e o Belisarinho é nada mais nada menos que Belisário Augusto de Oliveira Pena, barão e depois visconde de Carandaí — de ilustre ascendência e gloriosa descendência. Luís da Cunha foi com eles às boas. Suas tropas pagavam, de acordo, mas só pagavam o tanto por cento que ele Luís da Cunha arbitrasse por mercadoria e número de animais. Foi positivo e os senhores da Mantiqueira inclinaram-se à sua vontade como os feudais cristãos curvaram-se à "In cena Domini", bula que ameaçava de excomunhão os suseranos da Guiana, da Normandia, de Milão e da Etrúria — colegas europeus dos Gomes, dos Belisarinhos, dos Mirandões. Luís da Cunha não excomungava ninguém, mas era bem homem para encalcar uma faca no umbigo do Mirandão ou arrancar a cabeça do Belisarinho com um tiro de carga dobrada de chumbo grosso. Este, cuja gente era de Santa Bárbara e Itabira, conhecia bem o bisavô e sabia que ele não brincava. Assim esses brutamontes se entenderam como se entendem sempre os que falam a mesma língua. E parece até que ficaram amigos. Mesmo que essa amizade veio de gerações abaixo, pois a casa de minha avó Maria Luísa, em Juiz de Fora, era frequentada na mocidade de minha Mãe, entre outras relações, pelo dr. Saint-Clair José de Miranda Carvalho, pelo dr. Feliciano Pena, pelo dr. Belisário Pena, pelo dr. Afonsinho Pena — tudo gente dos contrincantes e depois amigos de Luís da Cunha. Apesar de homem pobre (os burros davam muito trabalho, muito coice e pouco lucro), Luís da Cunha se impôs à cidade nascente de Juiz de Fora, pelo respeito a que obrigava sua diligência, pela estima em que era tida sua probidade, pela confiança desfrutada por sua palavra e pelo terror que inspirava sua brutalidade de chegador. Retratos oferecidos e cartas guardadas mostram que ele tinha as relações, o compadrio e a amizade de homens como José Antônio da Silva Pinto, o futuro barão da Bertioga, dr. João de Sousa Nunes Lima, cônego José de Sousa e Silva Roussin, Mariano Procópio Ferreira Lage, dr. Cristóvão Rodrigues de Andrade e o comendador Henrique Guilherme Fernando Halfeld. Com eles e dentro da modéstia de suas posses, colaborou na instalação da Santa Casa, na construção do matadouro e do cemitério, na restauração da matriz de Santo Antônio. *Foy dos bons.* Pioneiro de Juiz de Fora e seu cidadão prestante. Auxiliavam sua situação a constelação fitológica dos primos do seu genro Chico Horta (os Parreiras Horta, os Horta Jardim), a bondade da mulher, o beatério da filha Regina, a jovialidade apolínea dos filhos Luís, José Luís, Júlio e a beleza peregrina de sua filha solteira Maria Luísa, conhecida na cidade pelo nome de Inhá Luísa. Ela era muito olhada pelo fato de ter sido pedida em casamento cinco vezes pelo comendador Halfeld e de, moça pobre, ter recusado o miliardário só porque ele preenchia as quatro circunstâncias de que, a seu ver, bastava uma para indispô-la com um homem: era militar, era alemão, era velho, era viúvo. Havia outra razão também — sua paixão pelo mel dos olhos rasgados, pelos cachos de uva da cabeleira, pelo vinho capitoso da voz do Inácio Gama. Ele era moço, era radioso, era primo e trovava. Esse idílio vinha dos quinze anos de minha avó, com luares, cromos, jasmins, sussurros de veludo, recitativos, serenatas — e só. Em 1866 a Inhazinha já ia nos dezenove e nada de pedido. Versalhada, modinhas e nenhuma definição — como refletia, bufando de raiva, um Luís da Cunha ludibriado que tinha de se conter para não descer o rebenque na filha, no safardana do Gama e naqueles sem-vergonha do Zezé e do Júlio, que eram íntimos do adônis e protegiam o namoro da mana. Esse namoro chegou ao zênite numa festa de São João dada pelo coronel José Ribeiro de Rezende, o futuro barão de Juiz de Fora, e em que a Inhá Luísa meteu num chinelo a Inacinha, a Chiquinha e a Isabelinha, as primas opulentas, herdeiras da Fazenda do Cafezal; a Maria Henriqueta Vidal, namorada do Antônio Augusto de Andrade Santos; a Josefina Tostes, noiva do Balbino Magalhães; a Maria Luísa, a Geraldina e a Donana Rezende, as netas emproadas e ricaças do dono da casa. A rainha do baile foi minha avó, como o cantou Inácio Gama em valsa-canção que lhe dedicou e que se chamava "Passavas linda...". Esse "Passavas linda..." virou numa espécie de hino nacional do sucesso feminino da família e as bisnetas da Inhá Luísa cantam-no ainda hoje, para as filhas e as filhas das filhas. Nos primeiros versos abriam-se as nuvens, tremeluziam os astros e a beldade deslizava altiva, em campos etéreos.

> Passavas linda como passa um anjo,
> Ou como arcanjo no azul do céu!
> Eras tão pura como a pura estrela,
> Branca, singela, a cintilar sem véu.

Mas logo numa revoada de luzes, de pombas e de flores, a deusa baixava à terra pela escadaria dourada dos sonhos cor d'arminho. Rodopiava e dançava cheia de amor, mas contida pelo pudor — espargindo virginais olores.

> Da valsa às voltas palpitava o seio
> Via-se o enleio no teu rosto santo!
> A tua fronte transluzia pura,
> Flor de candura, divinal, quebranto!

Mais humana, mais mulher, a bem-amada se furtava agora para logo depois, rosa entreaberta, oferecer do afeto seu penhor em pétalas, aumentando a garridice, na medida em que rodavam gazes no torvelinho da valsa.

> Por mim passaste, sem olhar ao menos...
> Olhos serenos a fitar o chão!
> Depois, sorrindo, me entregaste, bela
> De flor singela, o gentil botão!

> Era a tua alma, no candor das flores,
> Castos amores de teu seio, oh! bela!
> E a que me deste, perfumosa e linda,
> Conservo-a ainda e morrerei com ela.

Os versos, transcritos assim, perdem muito do seu conteúdo mas, envolvidos no compasso ternário e no ritmo de valsa — sol — sol — sol — si — lá — sol — fá — mi — ré — ré — dó — da música composta pelo Gama, eram de rasgar os corações mais duros. O músico aedo triunfava e o próprio tigre do Luís da Cunha foi apanhado um dia, assoviando, por entre os bigodes, as notas maviosas — sol — sol — sol — si — lá... Curto, entretanto, foi esse êxtase. Acontece que, desde seus primórdios,

Juiz de Fora tinha uma cloaca aberta a igual distância da rua Principal e das barrancas do Paraibuna. Era a rua do Sapo. Nela se abrigavam as biraias autóctones e as zabaneiras que vinham do Rio em diligência. Justamente a chegada de um desses carregamentos, contendo até francesas para os nativos, foi ruidosamente festejada pelos tios Zezé e Júlio, em companhia do próprio Inácio Gama. Houve vinhos, houve música e o chafurdamento final. Pois no dia seguinte os dois irmãos foram ouvidos pela Inhazinha quando rememoravam, deleitados, os néctares de Siracusa que tinham bebido, os tabacos de Alepo que tinham fumado, as harpas de Alexandria que tinham tangido e as cortesãs de Sagunto que tinham comido. Que mulheres! Que chupetas! Eles ainda estavam frouxos, zonzos, exauridos, sem tutano, desossados, os quartos destroncados... O Gama, então, tinha ficado... Surpreendido o relato da orgia, a mana pôs a boca no mundo, com um acesso que era mais de raiva que de mágoa. Quis quebrar a boca do Júlio, quis arrancar os olhos do Zezé. Gritou para eles, para d. Mariana, para o Luís da Cunha, para quem quisesse ouvir que não queria mais saber do cachorrão, do cachorrão, do cachorrão do Inácio Gama, e que se o velho Halfeld tornasse a pedir, raios a picassem se ela não casasse com ele, naquele dia, naquela hora, naquele instante. Quem abriu as orelhas para escutar foi um escravo do comendador que estava justo chegando, com o costumado tabuleiro de presentes do velho para d. Mariana e para o Luís da Cunha — uvas envoltas na poeira de cortiça da embalagem e garrafas de Johannisberg embrulhadas em palha. Ninguém pensava mais no modo como o negro se escafedera quando, meia hora depois, chegou, de carruagem, num tinir de guizos e num estalar de chicotadas, o próprio comendador Henrique Guilherme Fernando Halfeld. Foi direto ao assunto. Queria que seu amigo Luís da Cunha perguntasse à filha, na frente dele, se era verdade que ela estava disposta a ser sua esposa. Luís da Cunha chamou e perguntou. A Inhá Luísa confirmou e, antes que ela acabasse de falar, estava nos ares, suspensa pelas manoplas do alemão, que, ao recolocá-la em terra, beijou-lhe paternalmente a testa. Ah! Minha Maria Luísa! Minha Maria Luísa! Minha Maria Luísa! — não parava ele de falar, embargado, os olhos azuis boiando dentro de duas lágrimas avermelhadas de velho amoroso. Estavam noivos. De noite, na rua do Sapo, foi um custo para conter o Inácio Gama, que, chorando, vomitando e se rasgando, queria pular nas águas do Paraibuna. Isso foi em fins de 1866...

Henrique Guilherme Fernando Halfeld era alemão, natural de Klausthal, no reino de Hanôver, onde nascera a 23 de fevereiro de 1797. Seu pai chamava-se Augusto Teófilo Halfeld. Sabe-se pouco de sua vida na Europa. Apenas que aos dezoito anos, com o posto de capitão, combatia os exércitos napoleônicos: a 18 de junho de 1815, estava na Batalha de Waterloo, onde recebeu, na cara, um pontaço de baioneta que o marcou para toda a vida. Que posteriormente entregou-se a serviços de mineração, praticando nas minas de Hartz e adquirindo o título de engenheiro. Suas biografias dizem que ele veio para o Brasil em 1835. Isto não deve ser a verdade. Tenho em mãos o traslado do inventário de d. Doroteia Augusta Filipina, sua primeira mulher, onde se diz que em 1839, ano provável do falecimento da mesma, seus filhos tinham as seguintes idades: Pedro Maria, treze anos; Ana Antônia, onze anos; Francisco Mariano, nove; Josefina Antônia, oito; Fernando Feliciano, seis; Guilherme Justino, quatro; e Doroteia Ana, meses. Não são citados os nomes de Antônio Amálio e Carlos Oto, também desse leito. Se o filho mais velho tinha treze anos, o casamento de Halfeld deve ter se dado aí por 1825 ou 1826. Portanto, sua vinda para o Brasil (mais a hipótese de ele ter vindo casado) coincide com a dos primeiros mercenários estrangeiros importados pelo nascente Império. 1835 será a data em que o coronel Custódio Leite, futuro barão de Aiuruoca, emprega-o como engenheiro da Companhia Mineração São João d'El-Rei e em que José Feliciano Pinto Coelho da Cunha, presidente da província, chama o engenheiro alemão para as Minas do Gongo-Soco. Ele deixa-se seduzir, larga o Leite pelo Pinto e nelas vai trabalhar de 1836 a 1850. Torna-se amigo e compadre do futuro barão de Cocais, que foi padrinho de seu filho Fernando Feliciano. Em 1835, Halfeld já era grande proprietário territorial nas Gerais e possuidor, com seus filhos menores, das sesmarias do Cocais Grande, do Cocais Pequeno, das vastas terras das cabeceiras do Mucuri que ele pretende aumentar, adquirindo as glebas de Antônio dos Santos e de Sebastião Pera Campebli. Possuo a correspondência trocada entre ele, o piloto medidor João Álvares Portugal, o major Luís de Souza Carvalho, Quintiliano Justino de Oliveira Horta e Joaquim da Costa Lage nos anos de 1836 e 1837 — toda tratando das demarcações daqueles condados. Ora tal não se fazia porque o piloto ia trabalhar para outrem, ora vinha o piloto mas faltavam *camaradas*, ora a estação é que era imprópria por favorecer a malária. Tempo bom era agosto e setembro "para livrar das sezoins", como lhe dizia em carta o citado Costa Lage. Afinal as terras foram medidas e Halfeld, na euforia da justa posse, mostra vontade de ir com a família para as mesmas, como diz em carta de 1837, também em minhas mãos:

> concernente a minha futura residência, pois sempre sinto bastante atração por a vizinhança de Antônio Dias Abaixo.

Entretanto, o alemão jamais iria para lá. Seu destino era o nosso Caminho Novo.

As mensagens de Halfeld eram feitas com uma letra admirável, caligrafia alemã com redondos de gravura e recortes de escrita gótica. Seu domínio do português, notável. Os documentos que possuo de sua correspondência ativa e passiva são não só informativos do ponto de vista biográfico, como cheios de notações pitorescas. Aprendem-se, por exemplo, com o piloto João Álvares Portugal, as excelências das purgas de maná para quem está

> intaboado de sarnas miúdas. [Mais:] [...] gozo boa saúde, porém o defluxo é meu inimigo [...] [diz Halfeld a um certo Francis, seu amigo. Ao mesmo:] Tenho trabalhado muito meu amigo para ganhar a minha pataca e satisfazer o Governo, o Povo e amigos; já estão 2 ½ léguas da estrada nova pronta, porém não calçada [...].

Essa estrada era o trecho do Caminho Novo entre Barbacena e Paraibuna, que ele estava melhorando. Foi ela que o teve fora de Ouro Preto entre julho e dezembro de 1836. Será dessa época a variante referida a João Álvares Portugal, em carta datada de 8 de fevereiro de 1837:

> Regressando do Paraibuna, onde presentemente construímos uma nova estrada [...].

Essa "nova estrada" deve ser o desvio retificado do Caminho de Garcia Rodrigues, de que resultou a rua Principal, depois rua Direita, finalmente avenida Rio Branco da cidade de Juiz de Fora. Numa outra carta a Francis, datada de 1º de junho de 1837, mostra sua visão quando fala em ter dentro de dois anos 20 mil alemães e franceses colonizando o rio

Doce. Os europeus não vieram e a vida de Halfeld tomaria outro rumo, devido à morte de d. Doroteia Augusta Filipina, ocorrida pelos 1839. Marco essa data partindo dos documentos de um processo de que trataremos depois, quando são avaliados os escravos nascidos depois do óbito da primeira mulher de Halfeld: aí se menciona uma peça de dezoito anos. Isto em 1858. Uma conta de diminuir e um cálculo de prenhez nos levam ao referido ano.

O inventário de d. Doroteia Augusta Filipina dá bem uma ideia de como vivia em Ouro Preto o casal Halfeld. Ele era engenheiro-chefe da província. Sua casa era no Xavier e, se ainda existe, será fácil identificá-la, pois pela direita confrontava com o caminho que seguia para o córrego Seco; pela esquerda, com os fundos das casas da rua Nova; pela frente, com os terrenos vendidos pelo próprio Halfeld e onde foi levantado o quartel do corpo policial. A casa era ampla, confortável, cheia dos móveis de jacarandá, das louças de porcelana azul, dos cristais e das pratas, tudo arrolado peça por peça no inventário que possuo. Sua discriminação é tão minuciosa que pude identificar "um candeeiro francês de bronze e globo" que está na minha sala de visitas, na rua da Glória, e "uma colher de prata para sopeira com o cabo de pau e peso de 32 oitavas", que pertence atualmente a minha irmã Maria Luísa Nava Ribeiro. O peso confere. Junto aos de engenharia estão referidos os objetos de astronomia, os de microscopia, os de ourivesaria e os de carpintaria — o que mostra que Halfeld, além de sua profissão, torneando madeiras e metais, divertia-se fazendo joias, móveis, dava-se a observações astronômicas, meteorológicas e investigações naturais. Seu gosto pelas últimas ficou comprovado nas coleções que ele reuniu de minérios e de ovos de todas as aves mineiras. A primeira, por sua morte, ficou com sua terceira mulher, que veio a ser a primeira de meu avô Joaquim Nogueira Jaguaribe, que assim se referia àquelas amostras:

> em parte nenhuma do Brasil se encontrará mais curiosa, bonita, rica e variada coleção, como também jamais poderá se organizar outra que com esta possa rivalizar pela dupla razão de não existirem mais muitas destas minas que outrora houve e jazem extintas e por ser esta coleção o constante trabalho de cerca de trinta anos.

Não sei que fim levou. Terá sido vendida? É possível, pois em certa época o engenheiro Henrique Gorceix pretendeu comprá-la, por conta do governo imperial. A segunda, a coleção de ovos, foi destruído um por um, casca por casca, por uns sobrinhos de sangue de meu tio afim Meton da Franca Alencar, que aportaram em Juiz de Fora, por volta de 1912, ainda em *estado natural*. Tinham vindo do Ceará para estudar na Academia de Comércio e abreviaram a vida de minha avó materna com suas façanhas. Quando descobriram a coleção de ovos dentro da sua enorme caixa de cristal de cantos de jacarandá, sobre um dunquerque da sala de visitas, destruíram tudo em exercícios de atiradeira — baladeira, como a arma é chamada pelos garotos de Fortaleza, reduzindo a lascas a caixa; a estilhaços seus tampos; a farelo as cascas inteiras — brancas, cinzentas, amarelas, rosadas, azuis, cor de chumbo, cor de pérola, salpicadas de pingos finos e grossos, tênues como porcelanas da China, espessas como cerâmicas toltecas, umas translúcidas, outras opacas, do tamanho de um grão de milho, de uma avelã, de uma noz, de uma jabuticaba, de um limão, de uma laranja, de um abacate, de um mamão, ovais, esféricas, alongadas, achatadas, oblongas, regulares, irregulares — que durante três décadas Halfeld tirara para numerar e classificar dos ninhos da avifauna mineira — do beija-flor e do tico-tico-do-mato-virgem, à garça e à siriema; da graúna e da rola ao urubu de carniça e ao urubu-rei.

  Além daqueles objetos, o inventário menciona toda sorte dos trastes que compunham a casa mineira do princípio do século passado: depois dos móveis, das louças, das baixelas e do bragal, vinham as alavancas, as foices, os candeeiros, os torradores, os castiçais, os martelos, as goivas, as balancinhas, os refles, as espingardas fulminantes, os almofarizes, a "fantasmagoria em lanterna mágica" (para passar os serões), os silhões, os selins, os arreios, as malas de garupa, as canastras e as liteiras (para passar os caminhos) e por fim — "cinco palmatórias usadas". Não seriam palmatórias para vela — porque os candeeiros de latão e os castiçais vêm muito bem descritos. Deviam ser palmatórias mesmo, das boas, feitas de cabiúna, com os cinco olhos miúdos de santa Luzia. Estavam *usadas*. Provavelmente polidas da mão de negro. Eram cinco... A grossa. A fina. A larga. A de cabo curto. A de rabo longo. Todas voando no semicírculo terrível que acaba na mão oferecida — porque diabólico, no suplício da férula, é a colaboração forçada do padecente que tem mesmo de *dar a mão à palmatória* para não ser pior e para que ela não lhe chova na cabeça, na cara, nos dentes, nos ombros. Arrebentando tudo. Ao estalo do bolo, seguia-se a hábil *puxada*. Bolos bem puxados... *Puxar* o bolo era arte refinada. Consistia em atrair um pouco a palmatória, coisa de um centímetro, fazendo-a deslizar sobre a pele no momento exato da pancada e da adesão sem coxim de ar interposto, o que era função do respiradouro dos cinco olhos. Com isto a dor crescia de intensidade e ecoavam mais alto os perdoa! *perdoa!* dos pobres negros. O sangue saía pelas unhas. Ao bolo, as mãos viravam bolas. Bolas de dor. Uma, duas, três, quatro, cinco, seis dúzias, mais, o dobro, aguenta cachorro! mija negro! uma grosa de bolos bem puxados por ordem de sinhá, por ordem do sinhô, e as casas não tinham poeira, os pratos eram perfeitos, os metais reluziam como o sol e os engomados brilhavam como esmaltes. Ah! Era o bom tempo... Só que de vez em quando foiçada abria em duas uma cabeça de fazendeiro, uma iaiá era despedaçada a mão de pilão e muita criancinha morria de convulsão, de quebranto, de nó na tripa, de câmara de sangue, à toa, à toa... Sinhá Doroteia e o sô capitão "Afolo" precisavam dos cinco instrumentos e eles não haviam de chomar porque o que não faltava era negro, na casa-grande do bairro do Xavier. E o preceito antigo, para negro, como dizia meu tio Júlio Pinto, era angu por dentro e pancada por fora — à vontade. Os escravos aparecem todos no inventário, com os nomes, as idades, as nações. Vinte e um negros entre catorze e 26 anos e seis negras entre dezesseis e 34 anos. Ao todo, 27 peças do preço médio de 500 mil-réis — congos, monjolos, cabindas, angolas, moçambiques, cassangas, benguelas e crioulos. Havia negros sapateiros, ferreiros, carpinteiros, pedreiros. Havia negras para o assado, o doce, o engomado, a criança. Só não se diz das últimas a serventia melhor, dada na cama, no desvão de porta, no porão, no mato... Ah! carne preta às vezes ainda toda vibrante e toda quente das lambadas. Ah! frontão barroco de duros seios. Doloridos seios. Ah! sovacos eloquentes. Fustes das altas coxas. Colunata. Orbes, dois, da bunda sideral... Esteatopigia. Tudo do sinhô. Tudo dos meninos. Na hora. Vez que outra negro também tinha a sua e passava pra cama das sinhás viúvas, como no caso da grande família paulista cuja antepassada levava para sua torre de Nesle cambarras escolhidos segundo a proporção requerida pela outra, a "da Rússia imperatriz famosa", isto é, aqueles que, como na frase de Vieira, tinham a "medida do seu coração". Depois afogava-os num Sena de café.

O inventário de d. Doroteia, com sua minúcia, permite levantar a estatística racial dos seus escravos. Se todos os documentos congêneres e coevos foram feitos assim, existe, aí por esses arquivos e cartórios do Brasil, material com que substituir os livros de entradas de negros que o conselheiro Rui Barbosa mandou queimar, pensando que queimava a escravidão e o sangue africano que corre no sangue de todo brasileiro genuíno: porque, no Brasil de hoje, podemos dizer que não há branco sem gota de sangue negro, nem há negro sem gota de sangue branco. O que é preciso é continuar misturando — como foi ensinado pelos nossos maiores lusíadas. Sempre do inventário da primeira mulher de Halfeld e do maior interesse no conhecimento da sua personalidade é a lista dos livros de que ele era possuidor. Cerca de quatrocentos volumes de 318 obras alemãs, francesas e inglesas que logo mostram o homem versado em outros dois idiomas — além do seu e do português. Livros de geografia, história, literatura, matemática, cálculo, engenharia, ciências naturais, geologia, mineralogia, física, química, astronomia. Livros sobre nossa terra que fariam o orgulho das *brasilianas* atuais. Essa biblioteca, por morte de Halfeld, foi ter às mãos de meu tio Júlio Pinto e de dois sobrinhos de minha avó — Francisco e Alberto da Cunha Horta. Os livros que eu conheci, quando menino e que restavam em nossa casa de Juiz de Fora, eram o *Dicionário* de Faria, em cujas vielas eu e meu primo Meton da Franca Alencar Neto passeávamos, buscando palavras de má companhia; uma edição de luxo de *La Gerusalemme liberata* de Torquato Tasso, hoje posse dos herdeiros de minha tia Berta Paletta; e os dois volumes, *à tranches dorées*, do romance de Eugène Sue, *Mathilde*, atualmente em minhas mãos. Foram também do Halfeld, mas adquiridos depois do inventário, como o mostram as datas das edições. Pelos livros deixados, julga-se da competência, da cultura, do bom gosto e da civilização do alemão. É curioso assinalar que entre todos os trastes, coisas, cacarecos, ferragens, móveis e roupas do inventário de d. Doroteia Augusta Filipina, não figura um só objeto religioso — registro de santo, oratório, imagem, rosário de ouro...

Voltando aos livros, uma palavra sobre o romance de Eugène Sue. Foi nele que o Halfeld ensinou francês à terceira mulher e a história calou tanto no seu espírito, que uma das filhas do seu matrimônio com meu avô chamou-se também Matilde. Morreu cedo: não teve tempo de ser infeliz como a heroína que lhe deu o nome e cuja vida fez derramar lágrimas a três gerações de nossa gente. Que romance! De um lado a hipócrita Ursula, a perversa Maran, o miserável Gontran e o infame Lugarto, que por sinal era mulato e mulato brasileiro. Do outro, a pobre Mathilde, a excelente Blondeau, a valorosa Richeville, o destemido Mortagne e o nobre Rochegune. Como os maus eram maus e os bons, como eram bons... E as elegâncias parisienses do romance e seus requintes sociais... O rei, a corte, os palácios, os castelos. Que tempo, que gente... Tempo em que Eugène Sue era mais conhecido e considerado maior escritor que Balzac. E quem se lembra hoje de *Mathilde*, de *Le juif errant*, de *Les mystères de Paris*? e até do nome do autor desses rocamboles?

Em 1840, Halfeld adota a nacionalidade brasileira. Nesse ano ou no de 1841, passa-se a segundas núpcias com d. Cândida Maria Carlota, filha do tenente Antônio Dias Tostes e de sua mulher, d. Guilhermina Celestina da Natividade. Gente do Paraibuna e posseira da *Fazenda Velha* chamada do *Juiz de Fora*. Vindo dela, fazenda, ou do misterioso Juiz de Fora que não se sabe quem foi, esse nome suplantou os de Santo Antônio da Boiada e de Vila do Paraibuna. Cidade do Juiz de Fora ficou sendo. Coloco as núpcias de Halfeld e d. Cândida Maria Carlota em 1840 ou 1841, baseado numa carta sua a um filho do primeiro leito, Francisco. Essa carta é de 19 de setembro de 1846 e nela Halfeld conta como tinham corrido as festas de batismo do sexto rebento do seu segundo matrimônio. Se fizermos a conta de um filho por ano, caímos no 40 ou 41. Esse casamento com gente tradicional e povoadora do Paraibuna deve ter sido o elemento de fixação de Halfeld na cidade que dizem que ele fundou. Fundou depois de seu sogro e depois de seus cunhados. Esses Tostes, por sua vez, fundaram depois do potentado Manuel do Vale Amado. Este também fundou, mas fundou depois dos Sousa Coutinho, que fundaram depois de Matias Barbosa... Dizem que d. Cândida era excelente senhora, colaboradora do marido nas suas atividades de cidadão prestante. Seu nome ficou muito tempo num chafariz que existiu outrora no centro do atual parque Halfeld, chamado pelo nome de sua doadora. Era a *fonte da Candinha*. Esse diminutivo carinhoso diz tudo de quem o inspirou. Os seus filhos com o alemão foram sete — Bernardo, Carlos Augusto, Henrique, Júlio Augusto, Luís Joaquim, José e Emília.

Em 1842, dá-se um fato de todo estranho. Halfeld, apesar de empregado das Minas de Gongo-Soco e portanto dependendo de José Feliciano Pinto Coelho da Cunha, apesar de compadre deste e de "engenheiro-chefe da província de Minas", passa por cima de tudo isto, deixa os insurgentes, larga o compadre presidente rebelde e vai prestar serviços à legalidade nas tropas do então barão de Caxias, que ele acompanha até Santa Luzia, onde traça o mapa histórico das operações e assesta peças para o bombardeio da praça. Isso não foi lá muito fácil porque o alemão, que fora ferido de frente, em Waterloo, em certo momento vira de costas, para poder dar às de vila-diogo. Quem conta o caso é o cônego Marinho:

> duas peças caíram nesse momento em poder dos insurgentes, sendo uma abandonada por Halfeld que [...] deitou também a correr [...].

Apesar desse estirão, o nosso engenheiro-chefe terminou a campanha de 42 elogiado em ordem do dia de Caxias, substituiu o seu posto de capitão das tropas do príncipe Blücher von Wahlstatt pelo de tenente-coronel da nossa Guarda Nacional e recebeu do trono a Imperial Ordem da Rosa no grau de cavaleiro.

> Rio São Francisco o marroeiro dos matos
> Partiu levando o rebanho pro norte
> Ao aboio das águas lentamente.
> A barcaça que ruma pra Joazeiro
> Desce ritmada pelos golpes dos remeiros.
> Na proa, o olhar [...].
> MÁRIO DE ANDRADE, "Noturno de Belo Horizonte"

Em 1850, Halfeld começa seus trabalhos de campo, como encarregado da exploração do rio São Francisco e afluentes, da cachoeira de Pirapora ao Atlântico. Esse internamento nas brenhas durou até 1854, possivelmente com interrupções e voltas ao Paraibuna, como a 31 de maio de 1850, para as festas da criação do município de Juiz de Fora; como a 7 de abril de 1853, para a reunião de sua primeira Câmara Municipal e os vereadores prestarem juramento legal. Entre estes, o alemão vê seu filho médico, o dr. Pedro Maria Halfeld, que fora eleito para o período de 1853-56. É esse Pedro Maria que, ao lado dos seus colegas, os drs. João Nogueira Penido e Antônio Joaquim de Miranda Nogueira da Gama, presta à cidade serviços relevantes quando, em 1855, pela primeira vez, ela é afligida por uma epidemia de cólera. Salvo essas raras ocasiões, Halfeld viveu durante quatro anos ao lado das águas ou sobre as águas do nosso grande rio. Dos seus 53 aos seus 57 anos, o rude hanoveriano endureceu ainda mais, indo de barcaça do Sabará ao Guaicuí, subindo o São Francisco até São Gonçalo das Tabocas, descendo até a barra do Jequitaí. Pegando Extrema, indo e vindo nas águas limosas do Paracatu, atolando-se nas margens dos córregos sem número que descem do chapadão do Urucuia. Singrando o próprio chapadão, cujo cerrado tinha vastidões marítimas e monotonias oceânicas, tomando a altura do sol, orientando-se, como em aventuras talássicas, com bússola e sextante. Guiando-se pelas estrelas. Quatro anos de São Romão, de rio Urucuia, de São Romão, de rio Urucuia, de São Romão, de rio Urucuia, de chapadão e de águas, águas, de São Francisco, Januária, Belo Monte, Januária, Belo Monte, e Morrinhos, e Manga, mais o verde Verde Grande, Malhada, Carinhanha e depois a Bahia como um oceano, e o Pernambuco-mar, as lagoas, as quedas, as Alagoas-mar e o mar, amargo mar, mar-oceano... Terminara. Podia voltar com seus mapas, seus cadernos, suas notas para o Paraibuna, para os braços da Candinha, para a doce água da fonte da Candinha, para os filhos, para o Juiz de Fora. Chegava queimado do sol do sertão, curtido do sol do sertão. Quedê o alemão? Virou mineiro, mais que mineiro, se acostumando a nossas frutas do campo, aprendendo a cozinhar no campo, a moquear no campo o porco, o toucinho, a linguiça, a carne-seca, a carne de espeto, os nossos peixes que têm gosto de barro e de limo e de vida — bagres, dourados, traíras, lambaris, piabas. Aprendendo a tirar da banana, da farinha, da mandioca sinfônicas — as notas todas de sua música. A rasgar a couve (jamais cortá-la), a comungar no feijão de tropeiro. A começar com a pinga, a entremear com a pinga, a respaldar com a pinga. A forte pinga que pega pelos peitos, suspende o coração, levanta o sangue, acende as guelras, esquenta os miolos e incendeia os machos. Por debaixo... Quatro anos para o alemão aprender a dormir em rede, em jirau, em tábuas de cavalete, em catre, em couro de boi, em manta de onça, no chão de terra dura, no capim, ao frio, ao calor, ao sereno, à chuva, sob céus sujos ou límpidos, eriçados de estrelas ou lisos do luar leitoso... Quatro anos para a pele tenra e afiambrada do alemão tornar-se mais dura que as vaquetas cor de cobre — ao ferrão do mosquito, da sovela, da muriçoca, do carapanã, do micuim, do estrela, do roduleiro... Quatro anos para o alemão aprender a se defender de rabo de escorpião, de dente de cobra, de pelo de taturana, de gancho de lacraia, de espeto de jiquitiranaboia e de navalha de piranha. De piranha mesmo, só se banhando, quando em água suspeita, bem perto da margem — a caceta e os culhões dentro de embornal de couro pendurado à cintura. Antes um naco de coxa. Podem ir os anéis, mas fiquem-se os dedos.

A 20 de julho de 1858, Halfeld entrega seus relatórios sobre o rio São Francisco. Quatro anos de trabalho de campo e outros quatro de trabalho de gabinete. Oito anos de sua vida. Sessenta e um anos. É promovido ao oficialato da Ordem da Rosa. Seria depois comendador. Merecia descansar e tomar em paz a cerveja que lhe vinha da Baviera e que ele gostava de acompanhar do queijo do reino preparado a seu modo. Tirava um tampo. Furava fundo a massa macia em todas as direções e enchia esses orifícios de cerveja. Repunha o tampo e deixava o tempo, as moscas e os fungos trabalharem. Quando o queijo escorria e fedia, empestava e quase mexia, ele ia abrindo e tirando os saltões. Misturava a parte ardida com sal e mostarda e passava-a sobre o pão, sobre as salsichas, remexia da mesma no repolho cozido com cebola, pimentão e malagueta. Mastigava e bochechava com a pomada urente. Lentamente. Lavava a goela de couro com canjirões da espumosa, da espessa, da atávica, da racial cerveja. Alemão. Mineirão. Mas esse ano de 1858 não ia ser só das rosas da ordem da dita e nem das libações repousantes, depois das glórias dos seus relatórios, dos seus mapas do rio marrueiro, mastigando queijo danado e evocando seus cursos. Ele nas barcaças... "Na proa, o olhar..." E as paisagens desfilando aos olhos que a cerveja fechava mansamente...

> Da embocadura do rio Corrente ao Porto de Sta. Maria dizem se contam 24 léguas; lembram-me das seguintes moradas. Da embocadura dita pelo rio acima do lado direito dista duas léguas

> ao lugar de Mari, e deste à Fazenda de Santa Rosa duas léguas, deste ao Pinhinguo [...].

Na proa o olhar perdido nos longes dos acabaminas... os olhos que a cerveja fechava mansamente...

> Do dito lugar Pinhinguo segue-se para o Porto do Gomes que terá duas léguas daí a Penha que terá uma légua daí aos Espinhos duas léguas daí a Cannabrava que terá cinco léguas onde sai o Riacho denominado de Santo e Antônio daí defronte do Barreirinho [...].

Léguas, léguas, léguas das paisagens que ficaram na lembrança e que voltavam ("fantasmagoria em lanterna mágica") aos olhos que a cerveja fechava. Mansamente...

> O claro rio Formoso suponho que faz barra por baixo do Remanso e por ele acima segue embarcação com muito trabalho até o lugar das lajes da distância de seis léguas [...].

Como tinha trabalhado. Que bom seria descansar. Mas o diabo do ano foi de luta. Áspera luta de dinheiro. Com os filhos e as filhas do primeiro matrimônio. Com os genros, Altino Silvino de Lima e Melo, marido de d. Josefina Antônia, e o comendador Honório Pereira de Azeredo Coutinho, marido de d. Ana Antônia. Eles queriam a reabertura do inventário e a reavaliação dos escravos nascidos de escravas depois da morte de d. Doroteia Augusta Filipina. O processo corre em Ouro Preto, onde morava Francisco Mariano Halfeld, com precatória para Juiz de Fora e para o Rio de Janeiro, onde o filho Antônio Amálio assina documentos que o dão como residente nesta cidade, à rua Matacavalos 86. As partes se digladiam ferinamente, Halfeld defende-se jogando em rosto das filhas o que despendera com sua educação e com seus dotes, na cara dos filhos o que gastara para instruí-los e até a um, o doutor, o dinheiro que dera para o canudo e para compra de joia para uma namorada com quem não casara. Quedê a joia? e o dinheiro da joia? e a noiva? Sacana... O processo que vai até 1859, quando se procede a nova partilha, é um prodígio de mesquinharia dos filhos com o pai e do pai com os filhos. É um documento que patenteia nos Halfeld que nele tomaram parte uma avareza, uma cobiça, um desapreço pelas categorias afetivas e familiares, um amor boçal da posse e da coisa material — que deixam o leitor estarrecido. Além destes translados, inventários, formais de partilha, possuo um livro de assentamentos comerciais do velho Halfeld que é outra prova da dureza com que ele encarava o dinheiro. O mundo, a seu ver, era um vasto "deve e haver" e os homens podiam ser divididos entre vendedores e compradores. As considerações de família vinham depois. Os amigos depois de depois. Negócios são negócios.

O livro de contas do Halfeld é um documento psicológico importante, além de repositório do maior interesse para a história social de Juiz de Fora. Lá estão as contas das pessoas que podem ser consideradas a origem da elite municipal, como os Americano, os Nunes Lima, os Ferreira Bretas, os Dias Tostes, os Assis Tostes, os Nogueira Penido, os Rezende, os Ribeiro, os Andrade, os Santos, os Andrade Santos, os Rodrigues de Andrade, os Rodrigues Mendes, os Rodrigues Horta, os Horta Jardim, os Parreiras Horta, os Assis Ribeiro, os Vidal, os Vidal Leite Ribeiro, os Peixoto de Miranda, os Azeredo Coutinho. Nessa mesma elite, mas evidentemente sem descendência declarada, devemos pôr os nomes do padre Joaquim Furtado de Mendonça, do cônego José de Sousa e Silva Roussin e do vigário Tiago Mendes Ribeiro. Vêm os nomes dos colonos alemães, muitos trazidos por Halfeld e cujo sangue subiu socialmente e misturou se ao dos primeiros povoadores do Registro de Matias Barbosa, da Vila do Paraibuna e ao dos sesmeiros do Caminho Novo. Essa gente vigorosa estava ainda, nos anos 60 do livro de Halfeld, em situação manual, mas com poucas gerações chegaria às profissões liberais, ao domínio industrial e ao mando político. Os Werner, os Kemper, os Kierer, os Trescher, os Klaeser, os Kasher, os Schubert, os Kremer, os Hotum, os Surerus de nome palindrômico e os Nitsch — com os quais o dr. Antônio Carlos Ribeiro de Andrada estabelecia confusões — com Nietzsche, pensando que o autor do *Also sprach Zarathustra* era um ensaísta ali do Botanágua, como o Albino Esteves ou o Estevam de Oliveira. Quem sabia dessa história e a contava fungando de riso era o dr. Francisco Luís da Silva Campos, que até acrescentava que o Grande Andrada não falava Nitsch nem Nietzsche. Dizia "o Nisque" e notando, certa vez, que o Campos sorria a tal prosódia, acrescentou logo espertamente que estava pronunciando o nome como o ouvira fazer ao Wenceslau Braz. Pobre Wenceslau! que não pronunciava coisa nenhuma. Quando muito bochechava as sílabas do próprio nome. Mas voltemos ao Halfeld e às sugestões do seu caderno. Gozada é a lista dos caloteiros. Começa com um capitão do mato chamado Luís Gomes da Silva, aliás Braço-Forte, aliás Brazo Forte, aliás Braz-o-forte, aliás Braz Fortes — que junto a outro farsante, um fuão Ferro, embrulhou o alemão fingindo que lhe procurava negros fugidos, levou-lhe dinheiro, pretextando homens que precisava ter atrás do toco e mais espingardas, e cordas, e pólvora, e algemas, e coleiras, e correntes, e que, quando pegou os escravos, foi vendê-los com atestado falso na borda do Campo. Tal e qual polícia de hoje. Vem um José Caetano de Moraes que negou a dívida e sumiu no beiço. Um Samuel Zobrizt, beiço também mas este, porque sumiu na Morte, afogado no Paraibuna. Um Venâncio Delgado Mota, custoso de pagar, mas que foi apertado até escarrar tudo, em bois — chorados um a um. Finalmente, um de grande nome, Prudente Augusto de Rezende, caloteiro fino que o Halfeld, sem consideração pelo parentesco do mesmo com sua segunda mulher, com o barão de Juiz de Fora, com o barão do Rio Novo e com o barão do Retiro — levou a juízo para cobrança legal. Mas o interessante é a inflexibilidade com que o tedesco comerciava com os próprios filhos, genros, sogro, sogra e cunhado. Todos estão no livro e na conta-corrente de suas páginas, e dois também estão ali de maus pagadores: seu filho Guilherme Justino e seu cunhado Luís da Cunha Filho, que lhe passou eximiamente, em 1869, o doloroso calote de cinco contos de réis. Naquela época, era dinheiro. Isso doeu tanto que a letra jamais resgatada foi ficando, foi se guardando e está hoje nas minhas mãos. Os outros pagavam e pagavam direitinho. Com juro e tudo, como seu filho Antônio Amálio, a quem ele emprestou, a 20 de janeiro de 1863, a quantia de três contos de réis ao benefício de 8% ao ano. Em que negociava Halfeld e com que fez ele sua fortuna milionária? Primeiro terras, terras, terras, sesmarias, sesmarias e sesmarias. Em Juiz de Fora, olaria e material de construção. Não há casa velha na cidade para a qual ele não tenha vendido telhas; caco de telha para atochar alicerce, às carradas; tijolo de poço, de moldura, de cimalha e tijolo liso — aos milheiros; areia às carroças. Pedras das suas pedreiras. Lenha dos seus matos. Depois alugava seus pastos. Alugava escravos de ganho. Alugava, construía e vendia casas. Fornecia material de revenda, como ao cunhado e aos filhos para a construção do cemitério e do teatro. Agiotava. Emprestava mediante hipoteca de objetos e de escravos. Grande cidadão. Cidadão prestante. Mas negócios são negócios. Transmitia esses sentimentos às mulheres. A segunda, a Tostes, lucrava com os capados, os pratos de doce e as bandejas de sequilhos como os vendidos em 1861 a d. Maria José Nunes Lima. A terceira, minha avó, que tinha tino para os negócios, estava por dentro de suas cobranças, como o prova nota do marido, datada de 28 de março de 1870:

> Por mão de minha mulher d. Maria Luísa recebi, remetida pelo sr. Francisco de Paula Gomes em conta de terreno até a rua da Imperatriz — 190$000.

Mulher de avarento, minha avó também o era. Sua filha e de Halfeld, minha tia Berta, idem, apesar de ter passado a vida tendo ímpetos de dar os presentes que prometia, prometia, prometia... Esta ainda apurou mais a raça casando-se com o dr. Constantino Luís Paletta — o mesmo que foi "republicano histórico" de profissão, bacharel formado, jurisconsulto e harpagão conspícuo. Negócios são negócios.

Henrique Guilherme Fernando Halfeld foi em Juiz de Fora juiz comissário de medição de terras públicas, substituto de juiz municipal, vereador à Câmara Municipal nos períodos de 1857-60, 1861-64, 1865-68. Alguns biógrafos dizem que ele foi presidente da Câmara. Parece que não, pois isso não é referido no livro de Paulino de Oliveira, sempre preciso e bem documentado. O alemão deve ter enviuvado pela segunda vez por volta de 1865 ou princípio de 1866, pois paga, no dia 24 de novembro desse ano, a um Heber, a

> conta de dois selins que a falecida d. Cândida mandou consertar,

e a 29, a Guilherme Werner, a nota relativa à catacumba da segunda mulher. Como da primeira vez, ele tratou de encurtar a viuvez e, logo que passaram as missas da Candinha, recomeçou a rondar o Luís da Cunha e a pedir-lhe insistentemente a filha. Quando ficaram noivos, ele tinha setenta anos e minha avó dezenove para vinte. Não é, pois, verdade o que aparece em Burton, onde o inglês novidadeiro diz que conhecera em Juiz de Fora o comendador e que este lhe contara que, aos 72, estava para casar com uma senhorita de dezesseis anos. E termina, em ar de dúvida, desejando sucesso ao matrimônio. Nem tão velho era o marido, nem tão menina a desposada. Faziam um casal mais ou menos na proporção de Charles Chaplin e Oona O'Neill. E, ao contrário do que faz supor a reticência do bife, foram tão felizes quanto. Minha avó deixou notas escritas, mostrando-se mais realizada com o velho que com meu avô, o moço bonito que ela desposaria mais tarde. No dia seguinte ao noivado, o velho voltou à casa do sogro, levando para a futura um brilhante azul quase do tamanho de uma avelã. Minha avó, rindo de prazer, correu a molhar a mão numa tina para fazer cintilar mais a joia que coriscava ao sol. Lindo, lindo!, gritava. Lindo mesmo pois conheço a pedra, de tê-la visto muitas vezes na mão de minha prima Carmem Sílvia Paletta de Rezende Tostes (Mimi). Lindo, lindo e a noiva linda, linda. O alemão, vidrado, queria casar imediatamente. Mas teve de esperar porque o cólera-morbo chegara novamente a Juiz de Fora e, a 14 de fevereiro de 1867, matava meu tio-avô Zezé. Passado o luto, as núpcias, a 13 de julho de 1867. Que triunfo para Inhazinha. E que triunfo para d. Mariana e para o Luís da Cunha. Principalmente para este, quando viu ali, curvados e adulando a filha milionária recém, toda a cambada de parentes que olhava sua gente e ele próprio como a um bando de primos pobres. O Ernesto Velasco Nogueira da Gama, que não achara a Inhazinha suficiente para o filho Inácio, aquele seresteiro sem eira nem beira. A tia Maria Francisca Vale de Abreu e Melo Nogueira da Gama, especialmente vinda de São Mateus, com o filho Nicolau Antônio. O Caetano Alves Rodrigues Horta. O José Caetano Rodrigues Horta. O José Maria de Cerqueira Vale. O José Calmon Nogueira Vale da Gama. Tudo rente como pão quente e ele, Luís da Cunha, ali, quebrando-lhes a castanha no dente... Filhos da puta! Começou para minha avó uma vida de novela. Atrás do brilhante azul, viera uma esmeralda enorme, presente recebido por Halfeld do príncipe de Joinville quando o mesmo veio ao Brasil para se apaixonar pela nossa Chica. Depois os adereços completos. De brilhantes, de pérolas, de safiras, de rubis, de esmeraldas, de turquesas. Os camafeus antigos onde os perfis e os motivos se recortavam no ônix como espuma num mar noturno. E as joias de ouro cinzelado onde tremiam moscas, abelhas, joaninhas, besouros, beija-flores e corolas — na ponta de pequenas molas, sob a chuva dos brilhantes miúdos. Os vestidos, de que faço ideia porque minha avó tinha a mania sentimental de guardar um pedacinho de cada gorgurão, tafetá, pelúcia, veludo, seda ou brocado que tivesse feito sua felicidade, concorrendo para sua vaidade. De brocado, o mais famoso lhe viera da Europa, como os outros, por intermédio das francesas da rua do Ouvidor, para servir num baile do palácio Isabel. A seda parecia madeira, não dobrava e era tão consistente que o vestido ficava em pé sozinho. Que noite! para a menina de Santa Bárbara. Fizera mesuras ao imperador e à imperatriz, vira os ministros, os senadores, os conselheiros, os diplomatas, os titulares, os reposteiros, os moços fidalgos, as camareiras, as açafatas. Achatara com suas joias e o rangido de sua roupa as primas da Corte e tivera o momento mais alto de sua vida ao romper numa valsa com o conde d'Eu... Coitado do Inácio Gama, tocando violão na rua do Sapo! No Paraibuna o casal morava na Fazenda Velha, ou Fazenda da Outra-Banda, ou Fazenda do Juiz de Fora. Era a casa histórica dos fundadores e povoadores da região. Fora dos Vidal Barbosa, depois dos Dias Tostes, cabendo em seguida a Halfeld, genro do tenente Antônio Dias Tostes. Era — segundo Lindolfo Gomes

> a mais antiga e mais histórica das habitações juiz-forenses [...].

O nosso Inácio Gama, que, menino, fora ali a uma festa, com seu pai Ernesto Velasco Nogueira da Gama, dá uma descrição da mesma:

> Era tal fazenda um casarão, sobrado, com curral de gado cercado de achas de baraúna, porteiras, vacas, porcos, tropas, paióis para milho, chiqueiro, ceva e os demais característicos de uma situação mineira [...].

Melhor que as descrições é o quadro que representa o solar e que está no Museu Mariano Procópio. Parece que a tela é de Hipólito Caron. Superior a esta é a de Édson Mota, que está em meu poder e que reproduz os fundos da casa. Há fotografia da mesma publicada no *Álbum do município de Juiz de Fora*, editado em 1916. Mas superior aos documentos é a lembrança que guardo da vivenda histórica, como a vi, já em ruínas, na tarde do Paraibuna — antes que a insensibilidade dos prefeitos, a indiferença dos munícipes e a velha burrice nacional tivessem armado as picaretas que a derrubaram. Era a casa-grande de Minas em toda a beleza de sua simplicidade de planos e em toda a dignidade de suas dependências vastas. Essa dignidade não era diminuída pelos novilhos e pelos porcos do Inácio Gama, porque só nas fazendas sofisticadas de hoje é que o gado, o mugido, o ronco e o cheiro de bosta foram afastados do dono. Aquela porcaria era porcaria opulenta, porcaria de boiardo, porcaria de quem tem e gosta de ouvir e cheirar a sua posse. Porcaria de mineiro rico. Nesta casa, nasceu a 3 de janeiro de 1870 a filha mais moça de Halfeld e de minha avó, Maria Berta Halfeld, que veio a ser a mulher do dr. Constantino Luís Paletta. Esses meus tios, aí por volta de 1927, um pouco antes, um pouco depois, queriam construir seu palacete. Eu estava nesta época em Juiz de Fora e me lembro da tarde em que, na sua residência da rua Direita, ousei sugerir que, em vez de construir, o que deviam era comprar a *Outra-Banda* em ruínas e restaurá-la na sua grandeza. O Paletta, que não sentava e conversava (conversava?) andando de um lado para o outro que nem animal nas grades, parou, olhou-me bestificado e, sem uma palavra de resposta, retirou-se agastado, para o seu vaivém no corredor. De fera enjaulada. Minha tia Berta olhou-me com sincera pena e perguntou ao Pedrinho se ele era mesmo doido da cabeça. Era e sou. Eles, que tinham a mente sadia, deixaram derrubar a casa histórica da província, do Caminho Novo, da cidade, da família — e construíram um lindo sobrado na avenida Rio Branco. *Colonial* gênero José Mariano e Gustavo Barroso. Ele lá está (róseo, já se vê!) e pode ser admirado por todos. Número 1844. E, como dizia Mário de Andrade, cheio de

>   Torres torreões torrinhas e tolices [...].

Pois na casa histórica que tentei salvar, morou minha avó depois de casada com o Halfeld. O alemão vivia babado com a esposa. Para acordá-la tinha requintes de amor primaveril. Colhia uma rosa toda orvalhada e vinha passá-la, fria e úmida, no decote quente e seco da moça. O decote também cheirava a rosa. Noutros dias o silêncio do quarto vibrava aos sons de ouro e prata das gavotas e dos minuetos de uma caixa de música que ele acionava, para tirar a esposa do sono, dentro de uma onda de acordes. E por aí afora... Ah! antes a caixa de música que o que a Inhazinha tinha ouvido logo que fora para a *Outra-Banda*, recém-casada. Acordava cedo com a gritaria que subia do porão ao amanhecer. Era a hora em que o feitor aplicava os castigos marcados de véspera pelo sinhô. Hora da chibata, da palmatória, do tronco, do vira-mundo. Para a gritaria não acordar a sinhá, o Halfeld *tirou o sofá do lugar* e determinou que as surras fossem dadas mais longe. Algum gemido, se chegava, era recoberto pelos ritmos argentinos da caixa de música. O velho estava... Só que essa felicidade durou pouco. Era demais... A 22 de novembro de 1873, o comendador Henrique Guilherme Fernando Halfeld passou-se desta para melhor. Está enterrado no Cemitério Municipal de Juiz de Fora. Sua viúva, d. Maria Luísa da Cunha Halfeld, era bela, tinha 26 anos e ficava riquíssima.

Ora, os filhos do primeiro matrimônio de Halfeld tinham feito o processo de 1858 para dividir a menos com os irmãos do segundo. Quando veio o terceiro casamento, juntaram-se todos, em coro — os filhos da Doroteia e os filhos da Candinha —, urrando contra a mesaliança. Quando nasceu a irmã temporã, foi uma fúria e uma gritaria dos forretas. Além de mulher meeira, mais aquela menina para entrar na outra metade. Na deles. Que casamento! Quem uivava de ódio com os falatórios (com a morte do velho as línguas forras tinham redobrado de atividade) era o Luís da Cunha. Principalmente quando se falava em mesaliança. Tinha vontade de descer o vergalho de boi no Pedro Maria, no Francisco Mariano, no Guilherme Justino e no resto daquela cambada dos irmãos da neta para saber se eles e mais o pai, aquele alemão de cacaracá, agiota, judeu, soldado mercenário e aventureiro saído não se sabia de onde — podiam sequer limpar lhes as botas. E com razão porque, afinal, o Luís da Cunha não era tão Luís da Cunha assim e podia jogar-se nos Halfeld do alto do seu nome de filho d'algo reinol: Luís da Cunha Pinto Coelho Vieira Taveira de Souto Maior e Felgueiras. Tomem, seus merdas! E quase destroncava o braço com a força da banana...

What is past is prologue.
Inscrição da portada dos Arquivos Americanos em Washington

Eram velhos, velhíssimos, várias vezes centenários — milenários! — os nomes portucalenses, lusitanos, galaicos, castelhanos, leoneses, suevos, celtibéricos e godos da gente de que descendia o tropeiro Luís da Cunha.

Alguns coevos, outros mais velhos que o nosso Império, que a colônia, o reino, o condado. Para chegar a essas trevas, basta seguir, de galho em galho, as árvores levantadas por Silva Leme e pelo visconde de Nogueira da Gama, por Pedro Tacques e pelo padre Roque Macedo, por Sanches Baena e pelo conde d. Pedro, por Rodrigo Mendes e pelo desembargador Vilas Boas, pelo cônego Raimundo Trindade, por frei Bernardo de Brito, Cordeiro de Sousa, Soares da Silva, Salazar y Castro, Montebelo, Lavanha, Monterroyo e outros e outros, genealogistas mineiros, brasileiros, portugueses e espanhóis. O Coelho de Luís da Cunha é o mesmo de Duarte Coelho Pereira, primeiro donatário de Pernambuco e o mesmíssimo de Pero Coelho, um dos três "horríficos algozes" que avultam na história, vermelhos e fumegantes do sangue da Inês de Castro. Morreu por elo, na tortura e tendo-se-lhe arrancado o coração pela frente do "peito carniceiro". Mas nos tratos de ferro, fogo e polé, enquanto teve sopro e até que lhe abrissem a caixa das costelas, não parou de urrar injúrias, nem de mandar à puta que o pariu e a tomar pelo cu — ao Pedro Justiceiro. Esse Pero Coelho foi pai do primeiro senhor de Felgueiras, avô do segundo, bisavô do terceiro, trisavô do quarto, quarto avô do quinto, quinto avô do sexto — Aires Gonçalves Coelho da Silva, com quem se interrompe a varonia. Sua filha Francisca de Noronha casou-se com o alcaide-mor de Celórico de Basto, Francisco Pinto da Cunha. Com este casal nasce o nome Pinto Coelho da Cunha — que é o que teve Antônio, sétimo senhor de Felgueiras. Seu filho Francisco, casado com d. Francisca da Silva Castro, era fidalgo da casa de d. Pedro II de Portugal e pai de Antônio Caetano Pinto Coelho da Cunha, fundador do ramo brasileiro de sua família, último governador da capitania de Itanhaém e bisavô do nosso Luís da Cunha. Pela mãe desse bisavô, d. Francisca da Silva Castro, podemos subir outro tronco português e galego ainda mais velho que o dos Coelho. Ela era filha de um Pedro Taveira de Souto Maior, passado para o Brasil em 1638, o qual era tataraneto de Pedro Álvares de Souto Maior, visconde de Tui e conde de Caminha. Pela mulher do último, a família se envereda, de geração em geração, pela Galiza, por Leão, Navarra, Aragão, Aquitânia, Nêustria e Austrásia — onde se perde nas origens nebulosas da raça dos Pepinos. O nome Souto Maior vem do oitavo avô de Pedro Álvares — Mendo Paes Sorrede, fundador de novo solar, erigido no seu vale do souto, que por ser o maior dos arredores, por Souto

Maior ficou chamado — dando assim nome ao senhorio. O pai deste era Paio, filho de Garcia, filho de Gonçalo Munhes — marido de d. Memoranda, filha de Ermeninde, duque em Galiza. Gonçalo Munhes era filho de Munio Fernandes, casado com uma filha de Bermudo II. Munio era filho de Fernando Rodrigues, filho de Rodrigo ou Sigerico, filho de Diogo, filho de Soeiro, filho doutro Soeiro, filho de Fernando, filho de Zona, que foi casado com uma irmã de Afonso I das Astúrias. O pai de Zona era o godo Froilas, filho do primeiro bárbaro desta linhagem a ser evangelizado e a receber com o batismo o nome de Fernando. Isso havia de ter sido no quinto ou sexto século de nossa era.

O Antônio Caetano antes citado — senhor de Felgueiras e da Vieira — foi o último governador da capitania de Itanhaém, e era o pai de Luís José Pinto Coelho da Cunha, coronel do Regimento de Pitangui que, com sua mulher, d. Antônia Joana de Miranda Castro, fundou a família Pinto Coelho de Minas Gerais. Um dos seus filhos foi o capitão José Luís Pinto Coelho da Cunha, mineiro, moço fidalgo, cavaleiro do Hábito de Cristo — que, a 13 de novembro de 1796, casou-se com d. Lourença Maria de Abreu e Melo, na capela de Nossa Senhora da Conceição do Registro de Matias Barbosa, onde os recebeu o tio da noiva, padre Leonel de Abreu Lima. Pai e mãe do nosso Luís da Cunha. Por essa progenitora, o tropeiro bruto do Caminho Novo recebe sangue apurado nas 25 gerações que vão dele a d. Paio ou Pelaio Mogudo de Sandim, rico homem de Afonso VI de Leão, passado a Portugal em serviço do conde d. Henrique e que foi senhor de Sandim, no Conselho de Filgueiras. O nome Sandim ou Sandem era o dessas suas terras de entre Guimarães e Braga. O de Mogudo veio do seu casamento com uma senhora do Solar de Mogueimez (que ficava em Galiza pospartana). O rio que nasceu dos flancos de d. Pelaio escorreu da Galiza e das terras amoráveis que regam o Minho, o Lima, o Homem, o Cavado, o Douro, o Vouga, o Mondego... Desceu o Zêrere, pegou o Tejo, saiu mar-oceano afora, povoou Santa Maria e São Miguel, ultrapassou as ilhas, chegou a São Vicente, subiu a serra, fertilizou São Paulo, Minas Gerais, Goiás — onde os descendentes do leonês foram dezenas, depois centenas, depois milhares e hoje são milhões. No princípio irmãos, em seguida primos, por fim conterrâneos, compatrícios, compatriotas — em quem fala surdamente o sangue comum. O rio familiar, com d. Elvira, mulher de Vasco Martins Mogudo, e bisneto de d. Pelaio, recebe a afluência dos senhores de Soverosa, do Sobrado e mais o sangue de Gonçalo Mendes de Sousa — o de Ourique — que descendia de Egas Moniz, dos Lara, dos Echiguiz, do Hufes, dos Belfaguer. Um filho de Vasco Martins Mogudo, Martim Vasques Barba ou Borba, casou-se com d. Urraca Pires Botelha, da Honra de Botelho, e a partir daí o sobrenome Botelho fica. Em casamentos sucessivos das gerações que se seguiram, os Botelho se aparentam com os senhores de Jusan e Susan (que vinham de reis!), com os descendentes de Guilherme Schire Inglês, cruzado que auxiliou na tomada de Lisboa e origem dos fundadores de Vila Franca de Xira — sendo que Xira nada mais é que o aportuguesamento de Schire. Um sexto neto do Mogudo, Afonso Botelho, casou-se com d. Mécia Vasques Azevedo, neta daquele imenso Martim Moniz cujo nome ficou até hoje na porta do castelo de S. Jorge que ele atravancou com os peitos e onde foi sufocado, impedindo que os mouros a fechassem e facilitando que por ela passassem os portugueses. Isto foi em 1147, quando Afonso Henriques tomou Lisboa. Por aquela mesma neta desse cavaleiro chegam os parentescos com os Gosendes, Montor, Dramençares, Touriz, Araldes, Avinhal, Iola e com o mozárabe Gomes Anes — portador de um pouco de sangue mouro e sarraceno para a mistura. Diogo Botelho, bisneto de Afonso Botelho e de d. Mécia, casou-se com d. Leonor Afonso Valente — dos senhores de Azambuja, da Guarda, de Tavares, de Leomil, e que era descendente, também, de outro cruzado que participou da tomada de Lisboa, chamado Rogério Child Roland Inglês. Foram pais de Pedro Botelho, companheiro do condestável em Aljubarrota. Um neto deste Pedro, Nuno Gonçalves Botelho, larga-se para as ilhas, a mando do infante, deixando em Portugal o tronco de sua origem que foi também o dos atuais condes de São Miguel. Quatro gerações ficam nos arquipélagos, mas Francisco de Arruda Sá, quarto neto de Nuno Gonçalves Botelho, passa-se para São Paulo. Em Piratininga, o claro sangue lusitano vai, de geração em geração, se engrossando e escurecendo com as enxertias trazidas pelos povoadores de São Vicente, pelos degredados, pelos bandeirantes, descedores de índios, sertanistas, desbravadores, mineradores — toda essa linhagem heroica e tosca de mamelucos, caboclos, cafuzos, puris, pardavascos e mulatos que encheram a história nacional com os nomes de Ramalho, Tibiriçá, Pires, Quadros, Leite, Betim, Velho, Leme, Tacques, Bueno, Baião, Horta, Bicudo, Raposo e Cabral (Cabral mesmo, Cabral do descobridor) —

que representam os sangues que convergiram em d. Maria Inácia Pires de Oliveira Leite, bisneta de Francisco de Arruda Sá, casada com Leonel de Abreu Lima, segundo irmão do morgado reinol Heitor de Melo e parente do governador da capitania Pedro Maria Xavier de Ataíde e Melo. Entre os filhos desse casal de povoadores do Ribeirão do Carmo contava-se d. Maria Córdula de Abreu e Melo, mulher do potentado de São Mateus, o português Manuel do Vale Amado. Foram os pais de d. Lourença, mãe do nosso Luís da Cunha. Luís da Cunha Pinto Coelho Vieira Taveira de Souto Maior e Felgueiras — tropeiro no Caminho Novo das Minas dos Matos Gerais.

Os Pinto Coelho de Minas, filhos de Luís José Pinto Coelho da Cunha, coronel do Regimento Auxiliar da Capitania, em Pitangui, foram mineradores opulentos nos meados e fins do século XVIII e nos princípios do XIX. John Mawe dá notícia de um deles, Felício Muniz Pinto Coelho da Cunha, que conheceu em 1809 ou 1810. Eschwege, de outro, Antônio Caetano Pinto Coelho da Cunha, de quem viu, em 1812, as catas de Cocais e os seus 160 negros penando no cascalho. Como esses seus irmãos, José Luís, o pai de Luís da Cunha, era também minerador e lavrava em Santa Bárbara do Mato Dentro. Eram fidalgos que se consideravam como genuinamente portugueses e fiéis vassalos da metrópole, o que os pôs em franca oposição à Inconfidência, como se comprova em interessantes documentos dados ao Arquivo Público Mineiro por meu tio-avô Júlio Pinto e que me foram mostrados pelo então diretor Aurélio Pires. Nesses papéis, hoje extraviados, o título de merecimento às mercês solicitadas à Coroa era o auxílio que a família dera à repressão daquele movimento. A geração seguinte, menos colonial, já se abrasileirara, se amineirara e ia largando as catas que se esgotavam pelo mandonismo que a família exerceu em Santa Bárbara até ser suplantada pela ascensão nunca bem-aceita dos Pena. Do feudo e da ojeriza entre as duas tribos, deu-me notícia Afonso Pena Júnior quando me contou várias anedotas referentes à descida gradual dos Pinto Coelho, ao seu nivelamento nas profissões liberais, a seu chafurdamento na pequena agricultura, ao seu enlisamento nas camadas do povo, ao mesmo tempo que seu pai subia dessas estratificações às culminâncias de política municipal, estadual e nacional. Hoje, a gente Pinto Coelho, descendente dos cresos da colônia, é apenas uma boa e tradicional família mineira, cujos representantes mais altos estão na mediania da política provinciana ou retomando a subida pelos degraus das finanças e das profissões liberais. Alguns desceram completamente ao proletariado do campo, como os que eu vi numa fazenda de Caeté, em 1928, casarão vazio de passados esplendores, onde os Pinto Coelho que o habitavam comiam numa mesa sem toalha, dormiam em catres sem lençol e iam para a roça de pés descalços. Lembro-me bem desses parentes, muito brancos, olhos azuis e a cara atávica em bico de pássaro. Seja dito também que nem só de brancos vive a raça, porque era raro o macho da geração dos filhos do coronel de Pitangui, dos seus netos e dos seus bisnetos que não tivesse fabricado, ao lado dos legítimos, uma ninhada de filhos naturais e de coloração diversa. Oitavões, quadravões, meões — mas sempre com aquela marca da pupila clara. Eram bons portugueses, eram. Gostavam de mulata e gostavam de negra. Certa morena crespa, cujo filho subiu aos píncaros da praça da Liberdade, era filha ilegítima de Felício Muniz ou do seu mano Francisco Manuel. Mais provavelmente do Felício, que tinha fama de derrubador e cuja luxúria ficou tradicional: ele era o companheiro do visconde de Caeté e do barão de Catas Altas nas orgias sertanejas chamadas "tico-ticadas", descritas por Alberto Rangel como

> conciliábulos de sátiros de bateia, orgias bestiais e ridículas de nababos insatisfeitos, decrépitos e desregrados, onde, se afirmava, serviam aos convivas a paçoca feita com a carne do conirrostro vulgaríssimo, elevado às alturas de um estimulante à Ericina.

Tanto assim? Seriam apenas surubas matutas, exageradas pelo relato pomposo do escritor. Da descendência da mão esquerda de José Feliciano, tenho notícias pelas confidências de meu primo José Luís Pinto Coelho (Juquita), farmacêutico em Santa Bárbara e que morreu nonagenário em 1968. Meus tios-avós Luís, José Luís e Júlio, filhos do Luís da Cunha — todos tiveram seus bastardos. O último, tio Júlio, excedeu-se e, pelo recenseamento levantado pela má-língua da prima Babinha (d. Bárbara Coutinho Gouveia d'Orta), seus rebentos andavam aí pela conta dos cinquenta e lá vai beirada... Tio Modesto José, irmão do Luís da Cunha, não desmerecia e, a propósito deste último, do avô, minha Mãe contava o vexame por que passara em Juiz de Fora quando, recém-casada, pelo braço de meu

Pai, se amostrava, um dia, pela rua Direita. Na esquina de Imperatriz pararam para falar com nosso primo José Alves da Cunha Horta (Juca Horta), que estava em companhia de um mulatão grisalho e de olhos d'água. Sinhá Pequena, que salvara o homem de cor como que do alto das nuvens, quase caiu das ditas ao ouvir o Juca mandar que ela tomasse a bênção, ali, ao tio dela. Que tio? Este aqui, apontou o primo às gargalhadas — este aqui! que é filho do Padrinho e da Bárbara; irmãozíssimo da Inhá Luísa! *Padrinho* era o nome dado ao Luís da Cunha pelos netos, filhos de tia Regina. Bárbara era a inevitável mulata, sua escrava. E tal era o sentimento de respeito pelos parentes mais velhos, virtude dos Pinto Coelho, que, diante de meu Pai estupefato e do Juca a bandeiras despregadas, minha Mãe beijou a mão do pardavasco. E quando minha avó soube do caso, aprovou. Mas... largando os filhos das ervas e voltando aos filhos d'algo, é hora de estranhar a situação em que vivia o Luís da Cunha. Nascido no momento do apogeu de sua família, quando o ouro das Minas atulhava suas canastras, como é que esse descendente de reis, de duques, de condes, de barões assinalados; de senhores de honra e paço, de monte e vale, de souto e silva; de alcaides, de cruzados; de guerreiros de Ourique, de tomadores de Lisboa, de batalhadores de Aljubarrota; de navegadores, governadores-gerais, donatários, bandeirantes — esse neto, filho, sobrinho, irmão e primo de nababos da Colônia e do Império — estava ali no Caminho Novo, ganhando a porca da vida com os burros da sua tropa? Como é que aquele forte punho feito para o cabo dos montantes e os copos das durindanas estava ali no Paraibuna, às voltas com o martelo de ferrar e o puxavante de alisar os cascos? Ah! tinha sido praga... Praga e maldição. Maldição de mãe!

Se quase não ficou lembrança do capitão José Luís Pinto Coelho da Cunha, pai de Luís da Cunha — de sua mãe, a matriarca d. Lourença Maria de Abreu e Melo, transmitiram-se várias reminiscências. Sua forte personalidade é presença nos seus descendentes que andam aí pelos sétimos e oitavos netos. Para torná-la mais real, além dos casos repetidos de geração em geração, há um daguerreótipo que mostra como ela era aos 74 anos de sua idade. Foi feito na Corte em 1855 e está emoldurado como o de sua irmã mais moça, d. Francisca Maria Vale de Abreu e Melo Nogueira da Gama — a futura baronesa de São Mateus. Esta tem o nariz aquilino e os traços enxutos. D. Lourença, o rosto redondo, bochechas lunares, olhos azuis, forte pança e mãos espessas — calçadas de pelica preta. Apresenta-se nas sedas negras de viúva rica, a capota deste estado guarnecendo os bandós apartados ao meio. Tenta um sorriso que não apaga a brava catadura. Quase que posso dizer que a conheci, de tal modo seus traços se envultavam nos de sua neta Joana Carolina Pinto Coelho (*tia* Joaninha), que frequentei em Belo Horizonte, que vi morrer e que levei à cova. Pelas cores desta, pelo líquido transparente de seus olhos, pelo jambo de sua pele — dou colorido ao daguerre de d. Lourença. E se o som resulta do instrumento e a voz do físico — é pela palavra autoritária, estridente e peremptória da neta que ouço o timbre da que vibrou em Mariana, em Santa Bárbara, no Caminho Novo e na fazenda de São Mateus. D. Lourença era a primogênita de d. Maria Córdula de Abreu e Melo e do português Manoel do Vale Amado. D. Maria Córdula, filha de d. Maria Inácia Pires de Oliveira Leite, era, por esta, tataraneta de Fernão Dias Paes — governador das Esmeraldas e Prata. Mineira, foi batizada a 20 de outubro de 1757. Foi casada com Leonel de Abreu Lima, nascido a 18 de julho de 1703, lusitano de Brandara, mas habitante do Sumidouro, filho de Bento de Melo Bezerra e da minhota Francisca Coelho Marinho. Velha gente luso-mineira de Mariana e do Rio das Mortes — como mostram as datas acima, tiradas do cônego Trindade. O marido de d. Maria Córdula, coronel Manoel do Vale Amado, foi potentado e grande sesmeiro colonial. Sua vida ligou-se ao Caminho Novo, de que foi peageiro e onde teve contatos com o Tiradentes, tal qual se vê da carta que, em 1781, a rainha escrevia ao alferes (que mandaria enforcar depois) e onde se diz que

> quanto aos que representastes de que devem os rosseiros receber os vossos mantimentos, se passa ordem ao tenente-coronel Manoel do Vale Amado, para que o participe aos Rosseiros [...].

Anos depois ele figura como um dos signatários de documentos capitais da história do Caminho Novo. O primeiro, onde se suplica

> com suspiros oportuno remédio na [...] graça da criação de uma nova Vila, no arraial da Igreja nova da borda do Campo [...].

O segundo, o do auto da dita criação da Barbacena, a 14 de agosto de 1781 — levada a efeito pelo governador e capitão-general, que lhe deu o nome do seu título de visconde. Vale Amado era habitante do Caminho Novo, pelo menos desde 1766, ano em que comprou São Mateus — a fazenda aberta pelo bandeirante Matias Barbosa e pertencente depois aos Sousa Coutinho.

Vinda à luz a 10 de agosto de 1781, d. Lourença foi batizada por seu tio, o padre Bento de Melo Bezerra Rego, a 1º de setembro do mesmo ano, na capela do Morro de Santo Antônio da cidade de Mariana — o que permite pôr seu nascimento nesse lugar. Foram padrinhos seus avós maternos, capitão Leonel de Abreu Lima e sua mulher, d. Maria Inácia Pires de Oliveira Leite.

Pelos seus onze ou doze anos, d. Lourença tomou parte na vigília dramática vivida em São Mateus — caso contado pelo visconde de Nogueira da Gama, que desta sua tia o ouvira. Foi o da noite em que pousaram na fazenda de Vale Amado os inconfidentes descendo a ferros para o Rio — prometidos à forca, ao pelourinho, às galés, ao degredo. Um vento de terror varria a capitania. Enquanto os desgraçados gemiam acorrentados e a escravaria corria atarefada para servir à tropa de guarda, toda a família passou a noite fazendo quarto (como se houvesse morte!) e rezando na capela. À hora matutina em que ia partir a sinistra caravana, rompeu do meio dos presos a voz de Gomes Freire de Andrade gritando em despedida:

> Senhor coronel Manoel do Vale Amado, do meu cárcere como que presenciei os atos de devoção de sua virtuosa família. Nossa Senhora da Conceição, padroeira da Capela, há de permitir que eu volte à nossa pátria *limpo de toda a culpa e mancha*, e, então, de joelhos, lhe beijarei as mãos.

Mãos de parente já que Gomes Freire era casado com uma prima primeira de d. Maria Córdula, Isabel, irmã de outro degredado, o dr. José Álvares Maciel. Grifei o trecho de Nogueira da Gama (citado por Pedro Calmon), para mostrar o nosso hoje herói não se tendo por tal mas, sim, de indiciado que tinha pressa de se lavar de culpa e mancha. Antônio Parreiras fixou em tela medíocre a cena de saída dos presos de São Mateus. Aparece a fachada do casarão nobre e quadrado, cuja arquitetura foi desfigurada pelos atuais proprietários que, seguindo as pegadas e o mau gosto com que Gustavo Barroso transformou a Casa do Trem, para fazer o Museu Histórico, também deram à velha fazenda mineira o aspecto que lhes parecia mais ricamente "colonial". Para acabar com São Mateus, digamos que ela ficou nas mãos dos descendentes do Vale Amado até 1890, quando foi adquirida pelo dr. Cândido Teixeira Tostes. Parece que a venda foi de porteiras fechadas e minha avó materna acusava sempre o dr. Candinho de ter profanado os ossos dos seus parentes, que ele fizera desenterrar da fazenda e trasladar para uma vala do Cemitério de Matias Barbosa. Não tinha razão a Inhá Luísa nas suas cóleras. Acusava por acusar, por birra que nutria pelo dr. Candinho e pela antipatia que reciprocava com a esposa deste — sua xará d. Maria Luísa de Rezende Tostes. Invectivasse de preferência os primos que tinham vendido de cambulhada a casa dos seus maiores, as mobílias, as alfaias, as panelas, o bragal, os trens, os retratos a óleo dos antepassados, seus esqueletos e a imagem da protetora da grei e padroeira da capela.

Foi diante dessa imagem de Nossa Senhora da Conceição que d. Lourença casou-se a 13 de novembro de 1796 com o capitão José Luís Pinto Coelho da Cunha, mineiro, moço fidalgo da Casa Real e cavaleiro do Hábito de Cristo. Seu pai, Vale Amado, descera o Caminho Novo, trazendo d. Maria Córdula para São Mateus. Seu marido, Pinto Coelho, subiu o mesmo caminho, levando-a para Santa Bárbara do Mato Dentro. Lá nasceram seus catorze filhos. Lá ela ficou toda a vida e lá é que teve o desgosto de ver o desbragado do príncipe esfacelar o Reino Unido e separar o Brasil da metrópole. Lá levava sua vida autoritária de senhora dona de minas que forneciam ouro às pás para seus luxos de matrona. Um destes era o de ter sempre, em torno dela, doze escravas — para trazer-lhe água, para dar-lhe café, também a boca para ser quebrada, para acender-lhe o pito, para apanhar-lhe o lenço, para coçar-lhe as costas, dar-lhe cafunés, passar-lhe o pente-fino, temperar-lhe os banhos, tirar-lhe os urinóis, esfregar-lhe os pés, niná-la com cantigas, carregá-la para o cavalo, a cadeirinha, a sege — de modo que a sinhá não pusesse na areia sua sola fina. Doze escravas tão claras quanto possível, cada qual mais peregrina, da mesma idade, do mesmo tipo, da mesma altura, do mesmo corpo e todas de dentes absolutamente perfeitos. Estas *Rocket Girls* coloniais vestiam-se com roupas iguaizinhas às da dona. De rosa se ela estava de rosa. De azul se ela estava de azul. Amarelo, se de amarelo, verde se de verde, escarlate se de escarlate. Depois, de negro e roxo, quando a viúva se cobriu de negro e roxo. As mesmas rendas, os mesmos veludos, as mesmas sedas, os mesmos vidrilhos, as mesmas fitas — só que o balão das mulatas não tinha vestígio de cauda, era antes curto, deixando ver um pouco das pernas morenas e dos pés descalços. Vê lá se d. Lourença admitia negro calçado... Tampouco usando joias e cheiros que nem a sinhá. Mas que importava? "Brinco-de-princesa" não é bicha? "Esporinha" não faz pulseira? "Lágrima-de-nossa-senhora", colar e "sempre-viva", coroa? Além dessas gemas vivas, as morenas tinham banha de porco para amansar o pixaim. Para amainar suas ondas, óleo de babosa. Para fazê-lo brilhar, gosma de quiabo. E tinham a farmacopeia doméstica cheia dos preparos que, além de curarem o corpo, tinham serventia de perfume. As mulatas recendiam a infuso de alecrim, azeite de funcho, gordura de alfazema, banho de alfavaca, óleo de manjericão, chá de congorsa, a cozimento de manjerona, a loção de tomilho... Tinham ervas de cheiro para esmagar nas mãos. Capim-cheiroso para esconder no decote. E tinham os supremos, os profundos sovacos de onde saíam as espirais do xexéu que faziam tremer as narinas dos machos da casa. Dos negros do cascalho, dos de dentro, dos feitores, do sinhô, dos meninos. Essa proximidade de fogo e pólvora... Havia atropelos, ruído de brandas lutas no lusco-fusco. Deixa... deixa... E uma pilha de tachos de cobre desabava atroando o silêncio das despensas, à hora em que o ouro da tarde vira cinza. As respirações estacavam um instante. Expectante. Ninguém. Ninguém veio surpreender o vaivém que recomeça. O vento da noite roçava sombras duplas gemendo docemente, sob uma chuva de jasmins-do-cabo. Noturno. Só que à primeira suspensão de regras, ao mais leve engrossar de pescoço, à mais ligeira náusea — as sublimes mulatas eram logo vendidas para longe. Barato, dado, com mais a vantagem da cria. D. Lourença nem se dava ao trabalho de mandar pô-las em confissão. A merda... Para os cafundós do Judas. Parir noutra senzala. Cambada de quengas...

D. Lourença e o marido capitão não passavam muito tempo no mesmo lugar. Viviam abaixo e acima, para onde tinham minas e lavras. Nesses pontos tinham outras casas e, dumas para as outras, viajavam sem cessar. Santa Bárbara, São Bom Jesus do Amparo, São Gonçalo do Rio Abaixo, Conceição do Rio Acima, Santa Bárbara. Santa Bárbara, São João do Morro Grande, Cocais, Brumado, Santa Bárbara. Às vezes, mais longe: Santa Bárbara, Gongo-Soco, Caeté, Sabará, Santa Bárbara. Mas viagem mesmo era a que d. Lourença fazia cada quatro ou cinco anos ao Rio de Janeiro. Eram verdadeiras migrações, tal o número de escravas, de negros, de bestas e de cargas necessários a seu triunfo — com tudo de dormir, de morar, de vestir e de comer. Conforme a hora, o tempo que fazia, o jeito da estrada ou seu bel-prazer, a sinhá dona viajava de rede, de besta, de cadeirinha, de sege, de liteira, de carro de boi. Trazia, na comitiva, sempre uns dois ou três filhos, outro tanto de suas filhas. Desciam devagar, aos zigue-zagues, às curvas e aos desvios. Para visitar parentes na Mariana e no Sumidouro. Para hospedar-se no palácio dos Governadores, em Ouro Preto. Para passar uns dias na borda do Campo, com os Aires Gomes e na Fazenda Velha do Juiz de Fora, com os Dias Tostes. Depois um tempão em São Mateus, com a mana Francisca Maria e finalmente as etapas para o Rio — Paraibuna, Paraíba, Pau Grande, Pousos Frios, Pilar. Trazia sempre seu presente em pepitas de ouro fino; em tempos, para o vice-rei, depois para a Rainha Louca, para o príncipe d. João; mais tarde para o primeiro imperador e finalmente para d. Pedro II. Mas o melhor de seu ouro era reservado às amigas que a hospedavam: as irmãs conversas do Convento da Ajuda.

Já não conheci esse convento, demolido em 1911, mas lembro-me dos terrenos da Ajuda, onde mais tarde se construíram os primeiros arranha-céus da cidade, designados pelos nomes dos cinemas que tinham nos pisos térreos: Império, Capitólio, Glória e Odeon. Vi seus andares subirem, um a um. Antes de sua construção essas áreas serviam para feiras de diversão com seus cavalinhos de pau, rodas-gigantes, tiro ao alvo, briga de galo, barracas de faquir, tendas de cigana, palcos de mágico, mostra de anões, de mulheres barbadas, de hércules, de comedores de fogo, de cabras de duas cabeças, galinhas de quatro patas e da decantada Vaca Misteriosa. Essa vaca misteriosa era uma vaca como as outras, com seus chifres, seu focinho untuoso, sua baba, as quatro patas, os quatro cascos, os ubres e as tetas. Vaca sem tirar nem pôr. Uma vaca. Só que quando se lhe levantava o rabo, o que aparecia era uma boceta de mulher. Com grandes lábios, pequenos lábios, óstio vaginal, cabaço, grelo e tudo. Até o pelo do bicho se modificava por cima e fazia uma moita escurinha e crespa que completava a ilusão. Durante meses a Vaca Misteriosa foi a pilhéria da cidade, seu motivo de anedotas, pretexto de trocadilhos, de versinhos, de modinhas e de tangos. O jornal humorístico de Bastos Tigre, o *Dom Quixote*, ou os "Pingos e respingos" do *Correio da Manhã* — não me lembro exatamente qual — misturavam sempre as histórias da deleitosa vaca com o nome de certo senador pelo Piauí (aliás alcunhado o Vaca Brava), que o consenso da capital federal apontava como seu mais atirado Bolina. Só fama. Eram chalaças sem fim onde o inofensivo pai da pátria era posto rondando, gulosamente, o cercado da colega. Por um resto de respeito não diziam o nome do político mas um, de invenção, criado com sílabas do verdadeiro. Era o *senador Pifer* de todas as anedotas indecentes, de todos os versinhos fesceninos, de todas as toadas pornográficas. O Rio de Janeiro masculino da época — em peso! — pagou a entrada, viu e regalou-se com o mistério. Isso foi aí pelos tempos de "o meu boi morreu...", outra voga bovina do estado do Piauí.

Pois antes dos edifícios do Quarteirão Serrador, antes das barraquinhas de vacas e fenômenos, esses terrenos tinham sido o assento da majestosa construção começada a levantar em 1745 pelo brigadeiro Alpoim e inaugurada em 1750, com a presença de Gomes Freire de Andrade, para abrigar o primeiro convento de religiosas que existiu no Brasil. Sua demolição, em 1911, foi uma estupidez só comparável à que levou os construtores da avenida Presidente Vargas a adotar, entre os riscos propostos para a mesma, exatamente o mais atentatório ao nosso patrimônio histórico e artístico. A litografia de Bertichen mostra o que eram suas proporções, a um tempo simples e majestosas. Os três andares da construção principal, os panos lisos e vastos da esquerda da fachada que mais destacavam a portada barroca e toda trabalhada, apoiada sobre os seus seis ou sete degraus, as construções da direita, onde se rasgava a larga varanda que seria provavelmente aquela em que se debruçavam as freiras, em dia de festa, propondo motes que eram glosados pela multidão que se juntava em frente ao convento ou no seu pátio, acotovelando-se em torno ao chafariz das Saracuras. Essa aglomeração via-se de preferência pelo Natal e pela noite de Reis. Nem sempre os versinhos tirados eram de molde a edificar as irmãs conversas. Mas mesmo assim, os poetas eram premiados com bolos e gulodices. Com sorrisos, também. Além de ser para assistir a esses torneios e desafios, o povo acorria ao convento, como a um espetáculo, para ouvir, maravilhado, nas grandes datas religiosas, os solfejos e os garganteios do coro seráfico das freiras. Estas se ocupavam de Deus e da Virgem, mas também do mundo. Até demais porque tempo houve de tanto luxo em suas celas que foi preciso que uma superiora severa as moderasse e corrigisse — tirando-as dos jacarandás e das louças da Índia, para reconduzi-las à capela e à cozinha. Nesta elas eram tão saborosas como no canto. Ficaram famosos os doces da Ajuda: seus pastéis de santa Clara, suas mães-bentas, as desmamadas, os canudos, os suspiros... Também as compotas, suas marmeladas — de que Machado de Assis dá notícia nas *Memórias póstumas de Brás Cubas*. Com os atrativos das celas requintadas, dos pratos de sua cozinha, da amizade das conversas, o Convento da Ajuda atraía principalmente o mundo feminino da sociedade da colônia, do reino, do Império. Frequentá-lo era elegante e era promoção social vir rezar diante dos ataúdes de d. Maria I, da infanta d. Mariana, da imperatriz d. Leopoldina e da princesa d. Paula. Quem não podia vir diariamente, semanalmente, mensalmente ou anualmente para ver as freiras, fazia-o periodicamente, como d. Lourença e outras senhoras das Minas. Vinham, ficavam, sabiam novidades, fuxicavam, rezavam e voltavam com mais receitas para engrandecer a gastronomia de sua província. É certo que as negras de d. Lourença contribuíram para espalhar no centro de Minas grande parte das nossas sobremesas. A cozinha mineira, pouco abundante nos pratos de sal, que ficam nas variações em torno do porco, do toucinho, da couve, do feijão, do fubá e da farinha — é de uma riqueza extraordinária em matéria de sobrepastos. Hoje tudo mudou e minguou. Mas lembro-me bem da mesa de minha avó materna, em Juiz de Fora, onde a Inhá Luísa, da cabeceira, podia olhar a ponta dos meninos e das compoteiras, de que havia, ao jantar, umas quatro ou cinco repletas de doce. Menos era penúria. E que doces... Os de coco e todas as variedades, como a cocada preta e a cocada branca, a cocada ralada ou em fita, a açucarada no tacho, a seca ao sol. Baba de moça, quindim, pudim de coco. Compota de goiaba branca ou vermelha, como orelhas em calda. De pêssego maduro ou verde cujo caroço era como um espadarte no céu da boca. De abacaxi, cor de ouro; de figo, cor de musgo; de banana, cor de granada; de laranja, de cidra, de jaca, de ameixa, de marmelo, de manga, de cajá-mirim, jenipapo, toranja. De carambola, derramando estrelas nos pratos. De mamão maduro, de mamão verde — cortado em tiras ou passado na raspa. Tudo isto podia apresentar-se cristalizado — seco por fora, macio por dentro e tendo um núcleo de açúcar quase líquido. Mais. Abóbora, batata-roxa, batata-doce em pasta vidrada ou pasta seca. Calda grossa de jamelão, amora, framboesa, araçá, abricó, pequiá, jabuticaba. Canjica de milho verde tremendo como seio de moça e geleia de mocotó rebolando como bunda de negra. Mocotó batido, em espuma que se solidifica — para comer frio. Pamonha na palha — para comer quente, queimando os dedos. Melado. Tudo isto variando de casa para casa, segundo os segredos de suas donas e as invenções de suas negras — se desdobrando em outros pratos, se multiplicando em novos. Dos aristocráticos, com receitas pedindo logo de saída 36 gemas, aos populares, como o cuscuz (só fubá, só açúcar, só vapor d'água e tempo certo) e como a *plasta* de São José del-Rei (só fubá, só rapadura, só amendoim e ponto exato) — que tem esse nome pelo seu aspecto de bosta de boi, do emplastro que forma no tabuleiro quando cai da colher de pau. E a abóbora da noite de São João? Era aberta por cima, esvaziada dos fiapos e caroços, cheia de rapadura partida, novamente tampada, embrulhada em folhas de bananeira e enterrada a dois palmos de fundo, debaixo das grandes fogueiras. Aí ficava duas, três horas e quando saía dessa moqueada, tinha cheiro de cana queimada e gosto ainda mais profundo que o das castanhas. Comia-se no fim das festas de junho bebendo *crambambali* e cantando até cair ao pé das brasas que morriam. O *crambambali* é bebida sagrada — um quentão legitimamente centro de Minas. A receita? Uma travessa cheia de pinga, rodelas de limão, lascas de canela e rapadura. Toca-se fogo na cachaça e deixa-se esquentar bastante. Apagar, coar e servir em canequinhas de gomo de bambu. Ela teve, aí pelos 20, pelos 30, uns tempos de voga no Rio, quando foi adotada em casa de Eugênia e Álvaro Moreyra, que a descobriram no relato dos viajantes do princípio do século passado. Até que Manuel Bandeira espalhou esse segredo de Estado pelas colunas do *Para Todos*. Toda essa doçaria foi irradiada pelo centro de Minas, como seu ouro, como suas pedras. Imitando a cor de suas pedras. Ametista da batata-roxa. Reflexos de ouro e topázio das cocadas. Esmeralda, turmalina e água-marinha das compotas de mamão verde, das cidras, dos limões. Opalescências de goiabas brancas em caldas diamantinas. Tinha vindo do Rio nas mãos de sinhás como d. Lourença e de negras como suas escravas. Passaram pelo Convento da Ajuda, importadas dos conventos portugueses, das suas cozinhas imensas, das suas celas alcatifadas onde a ceia dos Reis era servida por mãos de freiras. Os sobrepastos vernáculos e lusitanos mudavam no Brasil, como, por exemplo, os de ovos — que viraram noutros à simples adição do coco. Olha o ovo mole do Aveiro, que é pai do quindim! Desses acréscimos, aos do Reino, nasceram os doces da Terra. Viva o coco da Bahia!

Além de receitas de cozinha, d. Lourença colecionava notas sobre sua família que permitiram que ela ditasse ao visconde de Nogueira da Gama boa parte da *Genealogia de famílias mineiras*, publicação do século passado e transcrita com enorme acréscimo de erros pela *Revista do Arquivo Público Mineiro*, ano XII, 1907. Lá estão, no capítulo III, 14 — parágrafo quarto, as palavras do nosso primeiro linhagista:

> À admirável memória desta nossa respeitável tia, a primogênita da irmandade de nossa mãe, devemos em grande parte a presente notícia dos descendentes de seus bisavós Maximiano de Oliveira Leite e d. Inácia Pires de Arruda [...].

Esse gosto pelas árvores de costado, dela e de seu sobrinho, repontou em sua neta d. Joana Carolina Pinto Coelho, em sua bisneta d. Hortênsia Natalina Jaguaribe de Alencar, em mim, seu tataraneto, e eu a vejo dando outro broto na curiosidade de minha sobrinha Maria Beatriz Flores Nava. Somos os arquivistas da família. Só que este conhecimento, que eu cultivo do ponto de vista da zootecnia e da fuga para o convívio dos mortos, resultava em orgulho e prosápia no entendimento de dona Lourença Maria de Abreu e Melo. Ela que só teve o *tu* ou o *você* dos avós, dos pais e do marido, exigia o *dona* de todo mundo e do resto da família. Minha mana d. Lourença, minha mãe d. Lourença, minha tia d. Lourença, minha avó d. Lourença — era como intransigentemente gostava que a tratassem. Os casamentos das filhas e dos filhos eram todos escolhidos por ela. Nada de pobretões. Nada de gentinha. Lé com lé, cré com cré. Assim foi organizando enlaces, fazendo alianças, somando fortunas, mantendo puro o sangue que ela considerava o mais limpo de Minas. Até que era. Pois chegou a vez ao Luís da Cunha e ao seu mano mais moço Modesto José. Quando d. Lourença veio a eles com um par de sobrinhas, os dois aproveitaram e pediram licença para casar com as

Pereira da Silva — Mariana Carolina e Joana Carolina. Duas açucenas, duas formosuras, de gente boa e honrada, entretanto sem bandeirantes na família e mais pobres que Jó. Eram de Santa Bárbara mesmo, parece que de São João de Morro Grande. D. Lourença, que não e não. Os filhos que sim e sim. Esse tendepá durou semanas, meses, ano, ano e meio, dois anos. Não e não. Sim e sim. Um belo dia os manos casaram sem licença e vieram, com as mulheres, pedir a bênção da mãe. A bênção, seus malditos? Ponham-se de minha casa para fora porque vocês não têm mais mãe, nem irmãos, nem tios, nem primos, nem parentes. Dito e feito. Luís da Cunha e Modesto José tiveram de enfrentar a vida e enfrentá-la por baixo. Com que habilitações? Coitados. Havia de ser com as de sua gente: casar rico, mandar e desmandar, ter lugar no caciquismo municipal, provincial e imperial, ser barão, visconde, conde, ter negro no ouro, comprar mais lavras e mais negros, comer, beber, cantar, vadiar, trepar. Privados do ouro materno, tinham de cair nos estados manuais. Taco a taco com os boiardos que depois da Revolução Russa só podiam ser motoristas ou mordomos. Porque das habilitações de um nobre não se faz profissão. Pobre do Luís da Cunha! Ainda tentou o ouro em Santa Bárbara e no Sabará. Mas acabou (airoso cavaleiro e monteiro que tinha sido) foi com os burros no Caminho Novo. Que ódio! Principalmente que ele via descer e subir a picada de Garcia Rodrigues e muitas vezes usando suas tropas, sua própria mãe, suas tias, seus tios, seus primos grãos senhores, hoje nos mesmos galarins onde ele devia estar e que mal mal lhe falavam — borrados de medo da tia. Do lado da mãe o visconde de Nogueira da Gama e o barão de Santa Mafalda. Do lado do pai, o barão de Cocais, o conde de Algezur e o marquês de Itanhaém. Impostores. Sacos de merda! Também ele se regalava em pensar no diadema de chifres que brotara na cabeça de outro primo, o cornaralhão do Felício, quando na testa da sua mulher o fodaz do imperador pusera as pérolas e florões da coroa de marquesa — depois de atochar-lhe a barriga de filhos da puta. Desses, ninguém fugia. Viviam lambendo os pés da favorita e o cu do dom. Mas ele não daria o braço a torcer. Nem rachado! E não deu. Morreu pobre e trancado no seu orgulho como no túmulo de pedra que lhe ergueram os filhos no Cemitério Municipal de Juiz de Fora. Lá não passo que não entre para visitar o lugar onde repousam seus duros ossos, sua caveira de granito e sua inamolgável coluna vertebral. Bravo e pétreo Luís da Cunha! Gigante Luís da Cunha! que, uma vez escoiceado por um burro, revidou com um pontapé que abateu a alimária. E os ossos de tua mãe, Luís da Cunha? Onde estarão? Onde estarão os ossos da megera? que, desnivelando-te, desnivelou tua descendência. Em alguma igreja de Santa Bárbara? No seu cemitério? Ou estariam em São Mateus? e foram de cambulho com os fêmures, os crânios, as tíbias, as bacias, as rótulas e o resto da lixaria óssea que o dr. Candinho mandou jogar fora na vala comum indemarcável do Cemitério de Matias.

> A viúva rica com um olho chora, com o outro repica.
> AQUILINO RIBEIRO, *O Malhadinhas*

Viúva moça, olhos rasgados, dona de terras, de negros, de dinheiro na canastra — a Inhá Luísa começou logo a ser rondada. Pelo enxame de primos. O moço bacharel José Maria Vaz Pinto Coelho da Cunha, o civilizado Primo Vaz que eu ainda conheci velho, maneiroso e tísico. Seu irmão Antônio, cultor das musas, prefaciador de uma das edições raríssimas das poesias pornográficas de Bernardo Guimarães, mas que se dava também aos versos sérios, como quando compôs o necrológio de d. Maria Cândida Duarte Penido. Mais dois manos, também primos, também poetas, músicos além do mais — Adolfo e Patrício Martins de Oliveira. Ambos compunham valsas que dedicavam a Inhá Luísa e lhe escreviam no álbum. O primeiro, uma, chamada "Suspiro e saudade", e o segundo, outra, intitulada "Teimosa". Até o Inácio Gama ressurgiu dos mortos ao terceiro dia e passou a dardejar sobre a viúva olhares repassados de ternura e arrependimento, a atroar a calada das noites do Paraibuna com serenatas em que reprisava o "Passavas linda...". Inútil. Nunca o seresteiro teve um sinal de que seus descantes noturnos eram aceitos. Porque nesse caso, as amadas davam sempre de si, fazendo um ruído, acendendo uma luz, entreabrindo uma janela, atirando uma flor pela fresta ou até se mostrando de meia jota. Ao Inácio Gama, nada. Que fosse cantar noutra freguesia... Já para os outros, a deusa repicava o olho. Claro que de longe e só de longe devido à guarda feroz do velho dragão e dos duzentos olhos dos cérberos Luís e Júlio. A própria d. Mariana vivia alerta. Não perdeu a filha de vista até o dia em que, estando a coser à máquina o babadouro dum neto por nascer, deu de repente um suspiro profundo, inclinou-se sobre a costura e morreu sem um ai. Quando o dr. Romualdo chegou, ela já estava endurecendo na cama em que a tinham deitado e as moscas pousavam sobre seu sorriso. Ainda conheci essa máquina de costura, pequena como um brinquedo e tendo presa à agulha a peça de enxoval nunca usada pelo Mário Horta. Conservava a relíquia o tio Túlio Pinto. Depois de sua morte, a tia Joaninha me ofereceu três lembranças de minha bisavó: uma boceta de rapé, em prata; as lentes que ela amarrava na testa, para servirem de óculos; a tal máquina. Bestamente recusei a última e não sei onde foi parar essa peça de museu. D. Mariana Carolina Pereira da Silva Pinto Coelho da Cunha: mãe dos filhos, mãe dos netos. Ninguém a chamava de avó, pois todos só a conheciam, mais ternamente, por Mãe-Dindinha. Seu corpo está enterrado no Cemitério Municipal de Juiz de Fora. Sua alma é luz sideral da coroa do Senhor.

A viúva rica, mais o pai e os irmãos que zelavam por esse capital, moravam numa das casas legadas pelo Halfeld, na rua de Santo Antônio. Parece que na primeira do correr, à esquina da rua da Imperatriz. A segunda era chamada a *casa do meio*, porque ficava entre aquela e a outra, designada a *amarela*. Adiante dessa ficavam as terras que couberam a minha tia Berta, filha do Halfeld, e onde seu marido, o dr. Constantino Luís Paletta, abriu a rua que tem seu nome, procedeu a loteamentos e reservou o mais amplo terreno para a construção de sua casa. É a que está no alto e que se ganha por estrada ladeada de sebes de espinheiros. Tem o número 732 e pertence hoje aos herdeiros do dr. João de Rezende Tostes, que foi marido de minha prima Carmem Sílvia, filha do Paletta e de tia Berta. Não havia ainda a avenida Olegário Maciel nem a rua Tiradentes e todas essas propriedades subiam morro do Imperador acima, até os caminhos de que sairiam esses logradouros. Entro nesses detalhes da velha Juiz de Fora para poder contar o que se segue. Viúvo, o Luís da Cunha um dia emperrou e quis morar sozinho. Instalou-se ao lado do resto da família, na *casa do meio*. Nos terrenos desse chalé abriu uma linda chácara onde, além de plantar frutas da terra, aclimatava estrangeiras: suas framboesas, que ficaram famosas; as macieiras, as romãzeiras, as pereiras — que ao seu toque frutificavam sumarentas e virentes como se a terra de Juiz de Fora fosse o chão das Beiras, das Vascongadas ou da Normandia. Essa lusa habilidade para o plantio, para os enxertos e as podas — esse segredo, essa aptidão ou esse milagre passaram para as mãos de minha avó e para as de minha Mãe. Ao seu tratar tudo desemurchecia, esverdeava em primavera, floria e rebentava em frutos. Messidor. Também ninguém entrava na chácara do Luís da Cunha sem ele ao pé, fiscalizando. Nem as filhas, nem os netos. Só ele baixava os galhos e só ele colhia o pomo de ouro, de granada ou de vidro que queria ofertar. Quando queria. Sistema que foi adotado por minha avó, depois do pai. Por minha tia Berta, depois do avô e depois da mãe. Só que ela não plantava nada e deixava tudo como tinha recebido. No seu pomar, ficavam no pé as dádivas do chão. Não eram comidas porque faziam mal. Não eram dadas porque não se deve dar nada a ninguém. Ano depois de ano vinham as floradas, os frutos, depois das flores. Secavam no galho, ou apodreciam, ou caíam na tapera em que ia virando a canaã da Inhá Luísa. No fim, as árvores não podadas foram negando como a dona e acabaram morrendo no solo desamanhado. Mas voltando à chácara do Luís da Cunha, falemos da fruta mais doce — da que ele defendia mais asperamente dos filhos e dos netos. Dos netos mesmo, que adolesciam fervendo no mesmo sangue dele e dos dele. Safadões... Quem quiser mulher que procure. Vá se arranjar pra rua do Sapo ou comprar das negrinhas do Monte Mário. Eu é que não sustento puta pra menino! A puta-fruta era uma mulata que ele alforriara e instalara no fundo dos terrenos de sua casa, num casebre que dava para os caminhos do morro. Para consolá-lo da viuvez e da velhice. Ai! chamava-se Laura essa fruta pulposa, crisocárpica, deicente, bivalva e aveludada. Por isso é que ele queria morar sozinho, salvando as aparências, debruçado durante o dia nas janelas da *casa do meio* — de onde cumprimentava as famílias que passavam. Acarinhando de noite o primor que ele tinha ali em domicílio, à mão, a tempo e a hora, o dia inteiro, a noite inteira... Porque o Luís da Cunha estava totalmente disponível desde que, morrendo, a mulher pobre — pobre mulher! — o livrara da carga do casamento e a filha rica, dos burros do Caminho Novo. Laura.

Pois é. Estava solto desde cedinho. De manhã repassava a chácara com o moleque. Limpava as árvores dos parasitas. Tirava bicho. Capinava. Estrumava. Cortava galho seco, podava e antes do almoço estava na casa de Inhá Luísa. Se tinha barba ou cabelo crescido, ela lhe passava um lençol de linho pelo pescoço e era ela quem lhe sabia aparar os pelos. Almoçava cedo com a filha, toureando a netinha. Saía depois para a casa da Zina e do Chico Horta e era hora dos netos de lá — o Chiquito, o Alberto, o Antonico, o Juca e o Mário, entrarem no pescoção. Com a Regininha e com a Zezé, só fazia gritar. Saía satisfeito com a própria raiva e ia buscar a besta para trotar na cidade, pajem atrás, na rua Principal, do Alto dos Passos a Milheiros; na rua da Califórnia; e depois seguindo pelo rio, embetesgava para a direita e dava sua subida diária ao cemitério, para ver a cova da mulher e do filho enterrados juntos. Achava lindo o túmulo de mármore e lia todos os dias nomes e datas — como se não os soubesse de cor. Voltava para casa e era a hora de ir regar seus canteiros e suas plantas, enquanto a tarde caía docemente. Escurecia quando ele entrava, todo úmido e cheirando a velho, a folha, a fruta, a flor, a esterco. Tomava um último café com a filha vizinha, pois sempre dizia que não jantava. Todos faziam que acreditavam. O que ele não queria era chegar na Laura de barriga cheia. Medo de *congestã*. Fechava as janelas, saía pelo fundo e subia a encosta devagar, para não cansar o coração de quase setenta anos. Subia vendo o fogo aceso lá em cima e remoçava a cada passo dado na ladeira. Entra, seu capitão. Porque Luís da Cunha sempre fora capitão. Não se sabia bem de que, até que um dia o *major Gordo* (Antônio Caetano Rodrigues Horta), para esclarecer aquela patente, fez pergunta e teve resposta. Primo Cunha, vossemecê é capitão da tropa de linha ou da Guarda Nacional? Sou capitão de nascença, primo Horta, capitão de nascença — fique sabendo disso! Entrava e se distendia na casinha escura e limpa. Ia logo para o catre e descia no abismo do colchão de palha de milho, dos lençóis de americano grosso alvejado com bosta de boi, do cobertor de *farofa* de Itaúna, do travesseiro de macela. Além desse cheiro, o ar recendia a arruda, a alecrim, a borralho, a fritura, a engomado, a bodum, a pavio queimando, a alfazema na brasa. O candeeiro fazia uma luz de xilogravura, sem meios-tons, e a Laura quando ficava nua — luzia dum lado como um bronze polido, enquanto o outro, todo negro, era comido pela treva. Deitava. Tinha a ciência do amor paciente, da carícia oportuna (a mão, a língua), da palavra porca sussurrada na hora certa, da oferta no momento preciso. Sacudia, acordava, levantava o lázaro da cova. E o Luís da Cunha se aplicava no coito difícil, sagaz, adolescente e perigoso dos velhos. Sem muita letra, para evitar fracasso. Beirava um instante a morte. Desabava. Girava ladeira abaixo, rio abaixo, noite abaixo, entre estalos e faíscas no rodamoinho que ia às negruras paraibunas. Ao fundo. Escapava mais uma vez. Lentamente torna o mergulhador à tona da vida. Minha negra. Sinhô? Agora sim, posso comer. E a Laura levantava, atiçava o fogo, fervia a banha onde refogava os restos de feijão, do angu, do arroz, da carne-seca, do cará, punha mais sal, misturava um ovo, nacos de toucinho, rodelas de linguiça e de banana-ouro. Depois ia jogando a farinha aos poucos e num instante o *mexidinho* estava pronto. Antes, uma lambada de cachaça.

Andava tudo assim no melhor dos mundos, quando o Demônio insuflou no Luís da Cunha a ideia de ir até a Barbacena, levando a Inhá Luísa, para visitarem o Luís e o Júlio, que estavam trabalhando no Caminho Novo. Nem ficaram na cidade. Pousaram mesmo na casa onde estavam acampados os engenheiros. Entre estes havia um, recém-chegado. Nem tinha carta, era agrimensor prático e chamava-se Quincas Jaguaribe. Quando o Luís da Cunha e os filhos abriram o olho, era tarde. O namoro pegara firme entre ele e a Inhá Luísa. O velho imediatamente mandou preparar a tropa e voltou com a filha para Juiz de Fora. Mas dessa vez ela resistiu e disse que casava mesmo. O máximo obtido foi que a viúva esperasse ao menos o Luís e o Júlio irem à Corte para conferir as parolagens daquele cearense suspeito que gostava de entremear seus casos de citações latinas. Latim só quem sabe é advogado e padre. Era bem capaz daquele safardana ser algum que tivesse mandado a batina às urtigas. Ah! mas nesse caso ele era homem morto... Dura foi a decepção do Luís da Cunha quando os informantes voltaram. O moço era limpo, livre, chamava-se mesmo Joaquim José Nogueira Jaguaribe e era filho legítimo do senador do Império Domingos José Nogueira Jaguaribe e de sua mulher, d. Clodes Alexandrina Santiago de Alencar Jaguaribe. Teve de meter o rabo entre as pernas e no primeiro 15 de agosto a Inhá Luísa deixava o nome de Halfeld e passava a assinar Maria Luísa da Cunha Jaguaribe. Nascida a 14 de dezembro de 1847, ela era dois anos, quatro meses e 27 dias mais velha que o novo marido — vindo ao mundo em 11 de maio de 1850. Assim, esse assunto de idades tornou-se para sempre tabu na minha família materna.

Não vou dizer que eram só demônios os Pinto Coelho da gente de minha avó Maria Luísa e anjos os Alencar da de meu avô Quincas. Cá e lá más fadas há. Gente boa e gente ruim havia dos dois lados, mas manda a justiça que se reconheça que a percentagem favorecia o segundo grupo. Qualidades parecidas mostravam-se de modo diverso. O orgulho, a vaidade, a arrogância, a severidade dos primeiros apareciam como brio, amor-próprio, compostura e seriedade nos últimos. Onde havia imparticipação, presunção, secura, carranca, tirania e opressão dos aristocráticos Horta e Pinto Coelho havia a solidariedade, a modéstia, a afabilidade, a alegria, a doçura e o espírito revolucionário dos democráticos Alencar e Jaguaribe. Aqueles eram árvore a esgalhar-se pelo mar, pelas ilhas, pela península. Transoceanismo de fidalgos portugueses. Estes, tronco a meter raízes no chão. Nativismo de sertanejos rente ao povo — trocando os nomes lusíadas pelos de Sucupira, Araripe e Jaguaribe. Ou com tendência a se designar cada um pelo prenome do seu patriarca, distinguindo-se assim os Leonéis, os Tristões, os Martinianos, os *Franquilins*... Minha prima Rachel de Queiroz, por exemplo, que é três vezes Alencar, pode se dizer Leonel por sua tataravó Florinda, Franquilina por seu bisavô Cícero e Tristão por sua outra tataravó, Maria Dorgival. Gênio forte, isso havia dos dois lados. Talvez cólera fria, cólera de gente crua entre os Horta e os Pinto Coelho. Não se zanguem, meus primos! Lembrem que o antepassado do nosso orgulho, Fernão Dias Paes, mandou enforcar um filho e que os bandeirantes de quem descendemos são heróis para nós, mas bandoleiros sangrentos para os que sofriam suas razias. Sabem o que diz deles o historiador Eduardo Tomas, no compêndio adotado nos colégios onde estudam os meninos dos nossos amigos uruguaios? Tratando dos adversários das missões jesuíticas, cita

> *en primer logar los* mamelucos *de San Pablo (Brasil), por lo que se llamaban también* paulistas. *Eran estos una raza de bandidos, mezcla de indios con presidiarios y gente de mal vivir deportados de Portugal. Vivían del robo y del asesinato. Invadían a sangre y fuegos las comarcas vecinas, llevándose a los naturales para venderlos como esclavos.*

Pouco amável, muito pouco amável, entretanto verdadeiro... Talvez cólera quente e fervente de homens melhores entre os Leonéis, os Tristões e os Franquilins. Melhores, posto que violentos e agressivos, como provam o número de militares da grei e a quantidade de seus membros mortos em brigas pessoais, lutas de família, de política ou derrubados heroicamente — na Confederação do Equador, na Guerra do Paraguai e na campanha de Canudos.

O pai de meu avô Quincas chamou-se primeiro Domingos José Nogueira dos Santos. O nome Jaguaribe substituiu o Santos durante seus estudos de direito na Faculdade de Olinda. Nativismo. Seu irmão, o padre Antônio Nogueira dos Santos, também, pouco pastoralmente, tirou o nome hagiológico e ficou sendo Antônio Nogueira da Braveza. Era o famoso cônego Braveza, nascido em 1807, veterano das campanhas de Pinto Madeira, professor, secretário e diretor do Liceu da Província do Ceará até 1845, capelão da cadeia de Fortaleza, depois cônego da capela Imperial, no Rio de Janeiro, onde faleceu a 2 de setembro de 1881. Meu bisavô Domingos nasceu a 14 de setembro de 1820, no Aracati, e era filho do capitão João Nogueira dos Santos e de d. Joana Maria da Conceição, neto paterno de Domingos Gomes dos Santos e de d. Inácia Teresa de Jesus, neto materno de José Corrêa Lima de Andrade e de d. Maria Francisca da Conceição. Diz a tradição familiar que tudo isso era gente do povo. O Nogueira do sobrenome é o mesmo de outros Nogueira do Ceará como Pinto Nogueira, Nogueira Borges da Fonseca que, como Nogueira Jaguaribe, seriam *nomes* mais tarde. De d. Joana Maria da Conceição ficou um daguerreótipo, ainda dos feitos em chapa de metal, e que pelas vestimentas eu coloco cerca dos 40 do século passado. De touca e fichu, era uma velha fisicamente horrenda. Tinha a cara quadrada, as maçãs salientes, o queixo prognata, as sobrancelhas muito levantadas para fora, descendo para a raiz nasal — prolongando-se em *linha de ouro* com os vincos que lhe punham a boca funda, entre parênteses. Estrabismo divergente e expressão, apesar de tudo, bondosa. Cabeça metida de tronco adentro e este, tão empilhado, que a velha parecia estar sentada, não com os ísquions, mas com as omoplatas. Saía daí um braço imenso e esticado que precisava subir numa rampa de 45 graus para atingir o ombro da filha que a ladeava — uma figura de pau, toda em ângulos e quinas, parecendo feita a machado. Aquela postura da tataravó é dessas que fabricam o mal de Pott, as escolioses graves, as grandes platispondilias. Sua feiura não passou para meu bisavô, que era um belo homem, mas repontou em alguns dos seus descendentes. Pode-se acompanhar esse fio da trama familiar e ver o nó que ele deu na cara de um de seus netos, na de dois de seus bisnetos e na de quatro das suas bisnetas — que foram os mais bem aquinhoados. Porque sempre ficou ainda alguma coisa da herança, para quase todos nós.

Jaguaribe, depois das humanidades no Seminário de Olinda, matriculou-se na Faculdade de Direito em 1841. No ano seguinte, segundanista, é suplente de deputado à Assembleia Provincial do Ceará e casa-se a 30 de dezembro, com d. Clodes Alexandrina Santiago de Alencar. Forma-se em 1845 e começa sua carreira como promotor público — primeiro em Sobral, depois em Fortaleza. Em 1850 é eleito deputado provincial e preside a Assembleia cearense. Mais ou menos por essa época conquista o cargo de professor de retórica do Liceu, cadeira de que se aposentaria em 1874. Foi também diretor dessa casa de estudos e inspetor de instrução pública na sua província. Como jornalista, dirigiu dois jornais do Partido Conservador, em Fortaleza: em 1851, o *Pedro Segundo* e em 1862 o *Constituição* — fundado por ele. Foi juiz de direito de Inhamuns, Crato e Sobral — deixando a magistratura por volta de 1853, quando precisava se desincompatibilizar para concorrer às eleições de deputado-geral. Desempenhou esse mandato de 1853 a 1856, legislatura em que foi segundo-secretário da Câmara e pronunciou discursos sobre a instrução que lhe valeram a correspondência e os elogios do visconde de Castilho; e mais nos períodos de 1857 a 1860 e 1864 a 1866, desta vez substituindo Frederico Augusto Pamplona, que falecera. Em 1867 parte para o Sul e é auditor de guerra junto às tropas brasileiras em campanha no Paraguai. Datam de então as amizades que ele conquistou entre os chefes militares que comandavam as forças da Tríplice Aliança, amizade testemunhada pelas fotografias que tenho do álbum que lhe pertenceu e que representam não só o marquês de Caxias e o barão da Passagem, como Leandro Gomes, Flores, Mitre e Estigarribia. Nessa época Jaguaribe tinha 47 anos e estava na força do homem: porte erecto, olhos serenos e barba negra — como o representa a litografia gravada por Sisson, que pelos 60 fixou os traços de todos os nossos parlamentares. Volta do Paraguai para assumir a cadeira de senador do Império para que fora eleito naquele ano de 1867. Quando o visconde do Rio Branco organiza o 26º gabinete do segundo reinado, Jaguaribe é um dos seus componentes, ocupando a pasta da Guerra — para a qual o indicava o prestígio que desfrutava no seio do Exército, desde sua atuação no Paraguai. A esse gabinete histórico, coube a glória de fazer triunfar, contra a oposição da importante facção escravocrata do Parlamento, a lei de 28 de setembro de 1871 — o famoso "ventre livre", em virtude do qual não nasceram mais escravos em nossa terra. Jaguaribe, que já declarara uma vez no Parlamento que preferia que ruíssem as instituições da pátria a vê-las sustentadas pelo cativeiro, teria fruído nesse dia a compensação do sacrifício de ser ministro. Sacrifício aqui não é palavra vã, mas a expressão exata. Sacrifício. Sacrifício material que ilustro com a anedota que ficou na nossa família. Rio Branco, que era seu amigo íntimo, entrava na casa de Jaguaribe sem bater e pela porta que estivesse aberta. Certa vez, penetrando assim na sala de jantar do seu ministro da Guerra, encontrou suas filhas, sua mulher, e mais parentas, agregadas e criadas, todas curvadas sobre as máquinas que transformavam aquela dependência doméstica num ateliê de costura. Informando-se de que tanta roupa era aquela que se fazia, Paranhos teve de Jaguaribe a resposta de que, para manter-se no nível pedido pela dignidade de ministro, tinha de fazer a família trabalhar. Rio Branco referiu o caso ao imperador, que passou a pagar do seu *bolsinho* o "a mais" necessitado pelo político austero e pobre. O caso vale. É documento de uma época de respeito pelo dinheiro público.

Após a Abolição, a 18 de julho de 1888, ele recebeu o título de visconde de Jaguaribe, com grandeza. Faleceu a 5 de junho de 1890, na esquina de Ouvidor e Gonçalves Dias. Ao desviar-se e cortejar uma senhora, desabou no passeio. Não se sabe se a congestão cerebral é que o fez cair ou se veio como consequência de sua queda. Foi enterrado no Cemitério de São Francisco Xavier, depois de velado em sua casa, ao Rocha, que ficava na esquina das atuais Ana Néri e Ana Guimarães e defronte à rua que, do outro lado da linha férrea, tem seu nome — Senador Jaguaribe. Muitas vezes ouvi minha Mãe evocar a chácara suburbana do avô. Suas mangueiras, cajazeiras, sapotizeiros, abieiros, tamarindeiros de copas ramaralhando à aragem carioca. Seu jardim cheio de bolas de vidro colorido e de bancos de ferro pintados de claro. O caramanchão de alvenaria imitando galhos, todo incrustado de conchas, entrelaçado de jasmins e debruçado sobre a rua. A capela onde oficiava o cônego Braveza e onde entravam revoadas de pássaros. A casa simples e enorme, cheia de primos, de primas, de gritos infantis, de cantigas de moça e marteladas de araponga. A mesa imensa e farta onde se sentavam com a família todos os cearenses protegidos por Jaguaribe. Ele dava-lhes o prato, a rede, a roupa, o fumo, o emprego. Encarreirou um sem-número de moços de sua província. Minha Mãe referia sempre um deles — o mais desmazelado, o mais urso, o mais áspero, o mais filósofo, o mais intonso: chamava-se Capistrano de Abreu.

Juiz, desembargador, deputado provincial, deputado-geral, senador, ministro, conselheiro e grande do Império, o visconde de Jaguaribe era essencial e visceralmente uma pessoa de bem, um homem bom e um cavalheiro perfeito. Irradiava simpatia, como no derradeiro retrato que lhe ficou e a que minha imaginação dá colorido. O sorriso claro, as barbas de prata, a face morena, a casaca verde e os bordados de ouro do fardão de senador. Inteligente também, político de valor, cidadão prestante. Não direi que fosse um gênio, mas também não concordo com a mediocridade que lhe atribuía Ennes de Souza. Má vontade de jacobino julgando figura de monarquista. E engraçado é que era a meu propósito que vinham essas opiniões desfavoráveis. Sempre que o menino saliente que eu era dava alguma opinião que parecia acima de sua idade, lá vinha o tio Ennes puxando a brasa para a sardinha de sua família. Meu filho, você herdou a inteligência de Pedro Nava... Ainda bem, ainda bem... Porque a gente do visconde, começando por ele, sempre teve serragem na cabeça... Não, *tio* Ennes, você só pensava em meu avô, em meu Pai. Você esquecia minha Mãe, uma das mulheres mais inteligentes que conheci. Se eu herdei, foi dos dois.

Esses Jaguaribe, como se viu, eram uns Santos, uns Jesus, uns Conceição — nomes que traduzem bem sua natureza de gente do povo, onde surge um capitão que faz um filho padre e o outro bacharel. Esses, por si, é que subiram e deram lustre aos sobrenomes que adotaram de Braveza e Jaguaribe — a que eles juntariam as honras de uma conezia e de uma grandeza. Isso não lhes fez perder nada da simplicidade e da naturalidade que se transmitiu às gerações dos sobrinhos do cônego e dos filhos e netos do visconde. Gente boa e ordeira. Casando-se com d. Clodes Alexandrina, o Jaguaribe aliou-se a outra família genuinamente do povo — os Alencar. Só que a eles não se pode chamar de ordeiros. Bons, vá lá. Mas lutadores, façanhudos e brigões que encheram o sertão e o Norte com suas violências. Vinham da Bahia e surgem como família conhecida no século XVII. Povoaram, colonizaram, desbravaram o São Francisco, as Alagoas, o Piauí, o Pernambuco, o Ceará. Conheciam todos os seus caminhos, todas as suas veredas, todas as suas serras, todos os seus descampados, vales, travessões, tabuleiros, chapadões, rios, caldeirões e cacimbas. Seus homizios. Suas esperas. Sabiam onde se acoitar, onde sumir, como entrar de chão adentro, para que lado fugir, de onde reaparecer — sozinhos, em grupo, a pé ou montados nas suas magras alimárias. Prenderam e foram presos. Conheceram as grades e os grilhões das cadeias do Salvador, do Recife, da Fortaleza. Manejaram o ferto e o trabuco. Morreram à mão dos Telles e mataram também — porque ninguém é galinha para ser sangrado sozinho. Levantam-se dos fundos do século XVIII e do século XIX os espectros imensos e vermelhos que até hoje assombram, revoltam e enchem de magoada ira os seus descendentes. José Pereira de Carvalho, trucidado em Salgueiros, em 1794. Leonel Pereira de Alencar e seu filho Raimundo, chacinados no Jardim, em 1824. Tristão Gonçalves, estourado a bacamarte e varado a chuço, ainda em 1824. Manoel Antão de Carvalho, derrubado também, na Confederação do Equador. Outro Tristão de Alencar Araripe e seu irmão Xilderico, abatidos a 14 de abril de 1865, no Paraguai, na mesma carga da mesma batalha. Ainda na guerra do López, tomba Anastácio Antônio de Faria e na de Canudos aquele Bayard cearense, o belo Tristão Sucupira, que só se batia a cavalo e cintilando nos dourados do primeiro uniforme, sempre correto na farda e oferecendo-se galhardamente às balas que lhe eram dirigidas. Dia houve em que um projétil aceitou a oferta do largo peito do centauro e ele lá ficou no alto da Favela. Ai! que longo choro, o das mulheres, das noivas, das irmãs e das mães desses Leonéis, Tristãos e Martinianos. A ele junta-se maior o uivo de tragédia grega de d. Ana Triste que, enquanto viveu esperando a morte, foi como outra Electra,

> derramando lágrimas eternas e arrastando males sem fim.

Coberta de negro luto, deitada numa rede negra, fechada no ar negro de negra camarinha...
    Sobre a origem da família Alencar, dizem, não sei se apenas por analogia do nome, que eram de Alenquer, no Reino. Alencar de Alenquer, como em Eça de Queirós... Começam com um Martinho Pereira Rego, casado com d. Doroteia de Alencar, pais de Leonel Pereira de Alencar Rego, português estabelecido no Crato mais ou menos em 1725 e que foi casado com d. Maria de Assunção de Jesus. Que sangue teria esse Alencar? De colono? De degredado? De puro lusíada ou de cristão-novo? Fosse qual fosse, foi o radiante sangue — realgar e fogo vivo — transmitido aos heróis de 1817 e 1824. A seus netos Bárbara e

Leonel Pereira de Alencar. Do marido de d. Bárbara conhece-se o nome e quase nada da sua vida, de tal modo o marimacho dominou a cena em sua Família e sua terra. Velha, quando um irreverente lhe perguntou por que entrara em guerra e se não era, porventura, para ser rainha, ela respondeu escandalizada que isso não, porque o que queria era ser rei... Foi a Belona da Revolução de 1817 e por isso sofreu, foi presa, curtiu cadeia e viu morrer seu filho Tristão Gonçalves de Alencar Araripe. Ele caiu no dia 31 de outubro de 1824, em refrega bruta e rápida. "Está morto, capitão!" Depois da descarga, vararam-no a sabre, cortaram-lhe uma orelha e a mão direita para servirem de troféus. Encostaram seu cadáver nu e hirto numa jurema. Em pé. Ao sol e ao vento do sertão, ele não se decompôs. Múmia seca, foi levado para Santa Rosa, onde ficou dois meses apoiado a um pereiro e sofrendo o ultraje das pedradas e dos tiros da canalha, até que foi enterrado pela caridade de seu primo, o coronel Domingos Paes Botão. Por ele, d. Bárbara foi avó do conselheiro Tristão de Alencar Araripe e bisavó do crítico Araripe Júnior. Outro bisneto de d. Bárbara era o almirante Alexandrino. Também filho de d. Bárbara era o padre José Martiniano de Alencar. Dele e de sua prima-irmã Ana Josefina, nasceu o grande romancista José de Alencar. D. Ana Josefina era irmã de minha bisavó Clodes. Meu avô, quando falava do primo padre e da tia "mula sem cabeça", gostava de dizer que

> os pombos, os primos e os padres é que sujam as casas [...].

Como d. Bárbara, seu irmão Leonel Pereira de Alencar, conhecido por seu Dão, aderiu ao movimento de 1817 e veio a morrer no ano de 1824, quando os imperialistas arrasaram sua casa e dispersaram sua família. Minha tia-avó, Clotilde Jaguaribe Nogueira, recebeu de outra sua tia, filha do seu Dão, um relato dessa tragédia sertaneja e escreveu o depoimento que reproduzo na dramaticidade que vem de sua simplicidade. Assim está descrita a morte de meu tataravô:

> Leonel Pereira de Alencar (seu Dão) filho de Joaquim Pereira de Alencar e d. Teodora. Casou com d. Maria Xavier de Carvalho (da família Fiel de Carvalho, da Bahia, do barão de Geremoabo e senador Dantas). Suponho que era natural da Bahia. D. Maria faleceu

em Mecejana a 6 de janeiro (creio que em 1854). Leonel Pereira de Alencar teve doze filhos: Raimundo Leonel de Alencar, Joaquim Leonel de Alencar, Antônio Leonel de Alencar, José Leonel de Alencar, João Leonel de Alencar, Manuel Leonel de Alencar, Maria Brazilina Leonel de Alencar, Josefa Senhorinha de Alencar, Ana Josefina de Alencar, Praxedes Felismina de Alencar, Florinda Cândida de Alencar e Clodes Alexandrina de Alencar. Leonel e seu filho Raimundo foram assassinados no Jardim, onde moravam a 29 de setembro de 1824. O senador Alencar atribuiu esse crime a intriga do assassinado com o sargento-mor Antônio do Couto e Miguel Torquato de Bulhões comandando os assassinos, Antônio Francisco, procurador da Câmara de Jardim. Cercaram a casa de Leonel durante a noite, sendo este obrigado a resistir com seus filhos e escravos a um tiroteio constante até o amanhecer. Raiando o dia, puseram fogo aos quatro cantos da casa, Leonel preferiu então abrir a porta e lutar a peito descoberto com os assaltantes a morrer sufocado com sua família. Abriu a porta e ato contínuo recebeu uma bala na cabeça que o prostrou morto. Mundinho, seu filho mais velho, foi em seguida assassinado. A bala que matou Leonel feriu em um dedo sua mulher. Assaltantes varejaram a casa e deram um saque completo, deixando assim reduzida a última miséria no espaço de uma noite a rica e opulenta família de seu Dão. À invasão dos assaltantes a família fugiu pelos matos e não se reuniu mais nessa casa e sítio agora cheia de recordações dolorosas; foi assim que nasceu Clodes, a última filha de Leonel, nasceu no mato e não na confortável vivenda de seus pais pois sua Mãe vivia então foragida. Mais tarde a viúva de Leonel reuniu ainda alguns escravos que espontaneamente a procuraram; os outros desapareceram bem como seus bens todos. Pobre e desassossegada, d. Maria deixou por fim o Cariri e viveu anos em Mecejana, onde morreu a 6 de janeiro de 1854, se não me engano. Descobri seus restos mortais em uma urna que conservo debaixo de vista no Cemitério desta Capital, onde pretendo erigir-lhe um monumento modesto. Dindinha repetiu-me muitas vezes esta história do assassinato de seu pai. Ela era mocinha e tal impressão causou-lhe este caso horrível, que ainda se comovia e chorava contando-me esta história cinquenta anos depois dos fatos. Dizia-me ela que parecia estar ainda vendo o Pai ao abrir a porta, receber a bala, descer-lhe uma fita de sangue pelo rosto, apoiar-se a uma mesa e rolar por fim morto no chão.

D. Maria Xavier, "pobre e desassossegada", feito uma Genoveva de Brabante do Cariri, errou nos matos onde a 1º de novembro de 1824 nasceu sua filha Clodes Alexandrina. Não sei se ela foi afilhada ou simplesmente recolhida por um cirurgião chamado Santiago e de quem ela, por gratidão, adotou o nome, junto com o Alencar do pai. Os tempos passaram, o primeiro imperador foi despachado, veio a Regência, caíram vários grupos e famílias (entre os quais os Costa Barros de minha ascendência paterna), subiram outros, recompuseram-se os Alencar. O padre José Martiniano depois de muito perseguido conseguiu justificar-se, renegando-se a si mesmo e ao irmão Tristão naquele incrível documento que é sua carta a José Custódio Dias, seu colega de batina e que está no Arquivo Público Mineiro:

> Não cooperei, e nem figurei nas perturbações das províncias do Norte, mas depõe contra mim o ser irmão de Tristão Gonçalves de Alencar Araripe, presidente do Ceará no tempo da Confederação [...].

Sic, siccíssimo, tristíssimo. Quando lhe saíram estas palavras da pena, o ar deve ter sido cortado pelo clarim de um galo cantando e talvez que o reverendo, levantando os olhos, tivesse sentido o peso dos da sombra shakespeariana de Tristão. Não sei se chorou amargamente... Sei que foi deputado-geral, senador e que presidiu duas vezes sua província. A família dispersada e perseguida já estava reagrupada e mandando quando, a 30 de dezembro de 1842, Jaguaribe casou-se com a prima do padre. Sua *cunhada*, também, pela banda torta. Menino em Juiz de Fora, ainda conheci minha bisavó Clodes, cujo contato me levava, magicamente, a 1824, a Leonel, Tristão, d. Bárbara...

Ela morava com minha tia viúva, d. Ana Flora Jaguaribe Maldonado (Rolinha), na rua de São Mateus. Era muito velha, muito feia, muito suave e muito boa. Não distinguia bem os bisnetos, mas, a cada um que aparecia, metia a mão no bolso da saia e dava ao menino a primeira moeda que segurava. Era uma loteria que nos punha nas mãos ora um vintém, ora um tostão, ora um cruzado e às vezes a sorte grande das moedas de prata de 2 mil-réis... Queríamos ir sempre vê-la na rua de São Mateus. A tal saia de bolso era muito rodada e feita de um riscado grosso, como os que servem para forrar os colchões. Era de cores vivas e sua blusa ou matinê, sempre brancas. Às vezes e com o calor, estava só de camisa e saia, como as baianas. Na rua é que ela andava de preto, vestida de viúva e de viscondessa. Assim a vi e guardei sua última visão. Em casa de sua nora, minha avó materna, onde ela passou a noite esperando o noturno que descia, pois assim ficava mais cômodo que sair das distâncias de São Mateus e do alto dos Passos para vir pegar o trem, de madrugada. Parecia um velório. Ninguém dormiu nessa noite, até a hora de acompanhá-la à estação. Toda de negro, toucado de viúva, blusa de seda plissada e solta, saia de tafetá, mitenes. Tio Domingos viera buscá-la para uma visita aos filhos de São Paulo. Voltou pouco depois, já doente, e morreu a 6 de novembro de 1912. Foi enterrada em Juiz de Fora — até que perto do Luís da Cunha, mas depois seus ossos foram trasladados para o Rio, onde estão com os do marido, no Cemitério do Caju. Sua descendência é enorme e vem dos seus filhos o dr. Domingos José Nogueira Jaguaribe Filho (Dominguinhos), nascido a 2 de novembro de 1848, em Fortaleza. Era abolicionista, político, bom médico, filantropo, homem de espírito bizarro e fantasista. Foi casado primeiro com d. Marcolina Ferraz de Campos, filha dos barões de Porto Feliz, e depois com d. Maria Martins de Araújo Camargo (tia Mariquinhas). O major da "briosa" Joaquim José Nogueira Jaguaribe (Quincas), meu avô, nascido em Fortaleza a 11 de maio de 1850. D. Joana Jaguaribe Gomes de Matos (Iaiá), nascida no Quixeramobim a 17 de setembro de 1854, casada com o desembargador João Paulo Gomes de Matos. D. Maria Jaguaribe de Alencar Lima, nascida a 1º de fevereiro de 1856, casada com seu primo o engenheiro Tristão Franklin de Alencar Lima. O dr. Leonel Nogueira Jaguaribe, nascido a 24 de fevereiro de 1857, no Crato, casado com d. Geraldina Tostes de Rezende (Dadinha), filha dos barões do Retiro. Foi abolicionista e clínico em Juiz de Fora. d. Clotilde Nogueira Jaguaribe, depois Clotilde Jaguaribe Nogueira, pelo casamento com seu parente o desembargador Paulino Nogueira Borges da Fonseca. O farmacêutico José Nogueira Jaguaribe (Juca), nascido no Ceará a 16 de agosto de 1860, um pouco biruta, cheio de grandiosidade, de boa educação, que vivia em Juiz de Fora. O advogado João Nogueira Jaguaribe, nascido em Fortaleza a 4 de julho de 1864, casado primeiro com d. Leonor Alves de Lima e depois com d. Salomé de Moura Campos. Foi escritor, historiador e político em São Paulo. O engenheiro Antônio Nogueira Jaguaribe (Tonho), nascido em Fortaleza a 30 de março de 1864, casado com d. Alice Julieta Ferreira e Costa. Uma menina, Flora, que pouco viveu, e finalmente a caçula, d. Ana Flora Jaguaribe Maldonado (Rolinha), casada com o engenheiro português Joaquim Guilherme de Sousa Maldonado.

> Que somos nós!?
> Pronomes pessoais.
> MÁRIO DE ANDRADE, "Danças"

> Quand une vache blanche entre dans une maison, elle y reparâit cent ans après.
> RENÉ MARTIAL, *Valeur des généalogies*

Não é possível vender um cavalo de corridas ou um cachorro de raça sem suas genealogias autenticadas. Por que é que havemos de nos *passar*, uns aos outros, sem avós, sem ascendentes, sem comprovantes? Ao menos pelas razões de zootecnia devemos nos conhecer, quando nada para saber onde casar, como anular e diluir defeitos na descendência ou acrescentá-la com qualidades e virtudes. Estuda-se assim genealogia, procurando as razões de valores físicos e de categorias morais. *Bon sang ne peut mentir*. Procurando o valor-saúde. Calculando, como nos Estados Unidos, um valor-saúde-nacional — que é principalmente harmonia biológica e unidade de pensamento —, o que obriga a uma seleção imigratória e a um dado percentual de sangue, no *melting pot* americano, que tornam permanentes as características especiais desse povo realista, infantil, teimoso, cruel, religioso, violento, batalhador e generoso — habituado a linchar negros e a abater presidentes; capas da redenção de duas guerras libertárias, do mesmo modo que das ignomínias do México e do Vietnã; de dar-se à filantropia e ao gangsterismo; de bater o recorde de impressões da Bíblia e da publicação de livros pornográficos; amigo do eletrocutar e de cantar hinos dominicais; fonte dos catorze princípios de Wilson, da santidade puritana de Lincoln, das invenções de Edson, da ida à Lua e responsável de lesa-humanidade com as bombas de Hiroshima e Nagasaki. Sua seleção individual é feita com o mesmo calculismo com que esse povo admirável e odioso estabelece o valor nutritivo de sua comida, a um tempo infame para o gastrônomo e bromatologicamente perfeita para o dentista. Essa compreensão da genealogia é que lhe permitiu dosar, sabiamente, o porcento necessário de irlandês, inglês, alemão, latino e judeu de sua mistura. Esses cozinheiros só tiveram um erro — não temperaram a comida, como não temperaram a raça, com o *quantum satis* indispensável do seu negro. Com o tempero ali, naquela fartura, insistem no comer e no serem insossos.

Nós não tivemos esse erro, ao contrário, usamos e abusamos da pimenta que nos veio da África, mas, por outro lado, temos como política imigratória o não ter política e, sim, um *open door* imprevidente e perigoso. No caminho que adotamos, podemos dar numa maionese perfeita, mas, como estes molhos, quando mal batidos — podemos desandar. O Brasil é sempre menos de portugueses emigrantes e mais de indesejáveis entrantes — esquecendo que cada *galego*, por mais bruto e rude que seja, traz-nos cromossomos semelhantes aos dos navegadores, colonizadores e degredados — mantendo a nossa possibilidade de repetir um Nunálvares, um Mestre de Avis, um Camões, um Herculano, um Egas Moniz, um Eça, um Antônio Nobre, um Fernando Pessoa. E não são eles mesmos que já repontaram aqui nos que escorraçaram o batavo e o francês e no gênio de José de Alencar, Machado de Assis, Manuel Bandeira e Carlos Drummond de Andrade? Eu sei que não é possível princípios racistas no Brasil. Mas ao menos tenhamos uma imigração onde se procure manter a boa unidade do galinheiro. Não falo em unidade racial, Deus me livre! Peço é unidade cultural. Impossível é continuar nessa tentativa absurda de cruzar galinha com papagaio e pato com pomba-rola. Isso que se vê por aí não é democracia nem falta de preconceito, não, meus quindins. Isso não dá ovo e chama-se burrice. Mantenhamo-nos um pouco caboclos (orgulhosamente), bastante mulatos (gloriosamente), mas, principalmente, sejamos lusitanos. Vinde a nós *portugas, galegos, mondrongos* — mesmo se fordes da mesma massa dos *degredados* que chegaram com os primeiros povoadores. O que esses tão falados degredados eram não tinha nada de mais. Ladrões? Assassinos? Nada disto. Criminosos sexuais, simpáticos bandalhos. Basta ler as *Orde-*

nações e verificar a maioria dos motivos de degredo para o Brasil: comer mulher alheia, deflorar, estuprar, ser corno complacente e mais, e mais, e mais ainda — entretanto, nada de se temer. Fazem lembrar as delinquências brejeiras de que um juiz mineiro que conheci dizia, com inveja e depois de julgar — serem, exatamente, as que ele, juiz, tinha vontade de perpetrar...

Além de ser com finalidade de conhecer o valor-saúde das famílias e, por extensão, o valor-saúde-nacional, há outros motivos que levam aos estudos genealógicos. Herança. Aparecimento de tesouros. Está no último caso essa complicada história da herança do barão de Cocais que revoluciona periodicamente a família Pinto Coelho e leva milhares de seus membros a revolverem os tombos de igrejas, bispados, cartórios, a papelada do Arquivo Público Mineiro — cada grupo familiar com a esperança de herdar mais que o outro, cada um sonegando seus achados dos primos e querendo abiscoitar sozinho os milhões do Banco de Londres, os terrenos da praça Mauá, do cais do porto, de todo o centro do Rio de Janeiro, de parte dos subúrbios, glebas fluminenses, sesmarias em Goiás, as minas das Minas, bairros em Lisboa, castelos na Espanha, o tosão de ouro da Cólquida, os tesouros de Golconda, Eldorados, Pactolos... Tudo do Cocais. Tudo dos seus herdeiros. O dr. Francisco Augusto Pinto de Moura, em Juiz de Fora, cuidava disto, em causa própria, no princípio do século. Na maior moita. O dr. Antônio Rodrigues Coelho Júnior, em Belo Horizonte, aí pelos 20, interessava-se pelo assunto, como me revelou em misteriosas falas seu filho Gérson. Depois a história foi se espalhando e ninhadas de outros Pintos, cunigrupos de outros Coelhos vieram, aos pelotões, às companhias, às brigadas, em divisões, exércitos, enxames, multidões, turbas e populações — para tomarem advogado, para se habilitarem aos tesouros do barão. Pinto Coelho, Pinto disto, Coelho daquilo, outros já nem mais com o nome e com outros sobrenomes, gente de cidade, matutos do interior, ricos e pobres, claros e escuros, louros de cabelo liso, morenos de cabelo ruim, doutores e analfabetos, sapato fino e pé no chão — todos herdeiros, todos de unhas aguçadas, de longos dentes e movidos pela sagrada fome. Quem se divertia com a história era o Juquita (José Luís Pinto Coelho), na sua farmácia de Santa Bárbara. Era procurado pelos primos do interior que o tinham como conselheiro e queriam saber que negócio era aquele da herança. Com seu amor pela farsa, o Juquita — seríssimo

— ia logo dizendo que sim, que era verdade mesmo. Mas advertia que era coisa muito alta, coisa de barão, coisa de nobre... Você assim desdentado, primo, não arranja nada. Sem dentadura você nem pode se habilitar... E lá ia o parente para o dentista. O quê? Você com essa barba querendo herdar? Aquilo, em Belo Horizonte, para entrar em cartório, quando vier a precatória tem de ser escanhoado... Outro parente para rapar os queixos até então virgens de navalha. Ora, primo! Você parece até que está treslendo... Pois deveras, você pensa que com essa roupa de brim e essa botina de elástico pode andar no Rio de Janeiro na hora do inventário? Um para o alfaiate e para o sapateiro. E assim por diante até que ele mesmo, Juquita, acabou acreditando, tomando advogado e caindo com gordos cobres na esparrela das despesas iniciais do processo. Bem feito, primo Juquita! Quem com riso fere, com riso será ferido. Você acabou também sendo gozado, *taletiqual* os outros parentes.

Mas à custa desse ridículo é que algumas centenas de homens e mulheres varejaram cartórios, arquivos e sacristias — empreendendo um trabalho de pesquisa gigantesco e colhendo um material de valor incalculável para o estudo da formação, divisões, colateralidades, ascendentes, descendentes, parentescos naturais, filiações legítimas, consanguinidades e afinidades de uma grande família mineira. Fica aqui um apelo, meus parentes. Quando vocês tiverem visto que não há herança e que, se herança houver, terá de ser dividida por milhões de mãos — quando vocês desistirem, mandem seus papéis, apontamentos e comprovantes para o Arquivo Público Mineiro. Essas notas tomadas por amor do ouro valem o que o ouro vale e o que valem as *notas* do curso. As fiduciárias.

O estudo genealógico pode também ser uma necessidade. Entre nós já o foi, no período colonial, quando para ter emprego e obter mercês metropolitanas era preciso provar a pureza de sangue e demonstrar que o mesmo não tinha sido poluído pelos de "mouro, negro, judeu e quaisquer outras infectas nações". Nossa sociedade em formação adquiriu disto o hábito do registro, a memória e o orgulho da ascendência, ao tempo em que aperfeiçoava preconceitos raciais hoje inaparentes. Uns porque foram superados, outros por terem perdido a razão de ser ou entrado em latência. O curioso é que nunca houve preconceito contra o índio. Pelo contrário, hem? mestre Alencar, hem? mestre Gonçalves Dias. Dele tudo se cantou. A beleza de Iracema, a fidelidade de Peri, o heroísmo do I-Juca-Pirama e até a virilidade — naquele "velho pajé" de Bernardo Guimarães. Não lembram? "Ao som das inúbias, ao som do boré, de noite ou de dia, deitado ou de pé..."

Esse pajé que não parava era honra para sua raça e podia concorrer com o tal mouro vindo

> com duros trigos atulhar Lisboa [...]

e derrotar aquele frade que, qual touro, venceu o marroquino de Bocage. É natural essa santificação do índio por quem índio era — desde que era mameluco. E a glorificação atual do negro vem da hora em que nossos *mamelucos* verificaram que o que eles eram, em maioria, era mesmo mulato. No duro. É comum ouvir contar, por brasileiros, a história da avó índia pegada a laço... Mais veraz seria confessar a da avó negra comprada ali mesmo, nos trapiches do Valongo.

De Portugal nos ficou um pouco de preconceito contra tudo que cheira a "mouro". Tanto assim que sua ascensão social é acompanhada da justificativa de um aprimoramento convencional de sua raça. Em estado de mascate, metro na mão e mercadoria às costas é o *turco*. Quando se estabelece, abre loja e se lhe vê a família — *sírio*. Já melhorou. Quando enriquece, é doutor e entra na política — *libanês*. Casando com paulista de quatrocentos anos, sublima-se completamente e vira *armênio*. Às vezes, príncipe armênio, o que é chique como o Diabo! Quanto ao judeu... É preciso que ele cresça e apareça para ver se recidiva o preconceito contra ele. No momento (estou falando em 1969) não há. Até pelo contrário, e eles desfrutam no nosso meio social prestígio parecido com o da colônia portuguesa nos primeiros vinte anos do século. Mantenhamos esse estado de espírito. Tenhamos juízo — nós e eles — para que o Brasil não caia naquela odiosa história sem fim de perseguir o judeu porque ele é assim e do judeu ser assim porque é perseguido. Chega. Entretanto esses preconceitos é que fizeram necessários os linhagistas paulistas e mineiros, que, com seus estudos e mais os dos fluminenses, dos baianos e pernambucanos, trouxeram imensa contribuição ao conhecimento da formação social e da antropogeografia do Brasil.

O gosto pelas genealogias pode nascer também do orgulho do encadeamento de gerações dadas a um mister, a uma profissão, e estabelecem-se assim árvores familiares de magistrados, notários, médicos, militares e até de verdugos, como as dinastias francesas dos Sanson e dos Deibler. De militares, temos o exemplo entre nós. Os Noronha da Marinha e os Mena Barreto do Exército. Na medicina, a história de nossas faculdades se confunde um pouco com a de certas famílias de médicos. Basta citar as "capitanias hereditárias" da nossa federal. Joaquim Vicente Torres Homem e João Vicente Torres Homem, pai e filho. Henrique Ladislau de Souza Lopes e Renato de Souza Lopes, pai e filho. Francisco Pinheiro Guimarães, Francisco Pinheiro Guimarães Filho, Ugo de Castro Pinheiro Guimarães, Luís de Castro Pinheiro Guimarães, avô, filho, netos. Joaquim José da Silva, José Joaquim da Silva, João José da Silva, pai e filhos. João Pizarro Gabizo e João Joaquim Pizarro, primos. João Batista Kossuth Vinelli, João Benjamim Ferreira Batista, sogro e genro. Antônio Rodrigues Lima, Otávio Rodrigues Lima, Antônio Austregésilo Rodrigues Lima, pai, filho, primo. José Pereira Guimarães, Agenor Guimarães Porto, tio e sobrinho. José Maria Teixeira e Antônio Maria Teixeira, irmãos. Augusto Brant Paes Leme, Ernesto de Freitas Crissiúma, Alcindo de Figueiredo Baena, primos. Augusto de Souza Brandão e Augusto Brandão Filho, pai e filho. Bruno Álvares da Silva Lobo e Francisco Bruno Lobo, pai e filho. Cláudio Velho da Mota Maia e Manuel Cláudio da Mota Maia, avô e neto. Nuno de Andrade e Fernando Magalhães, sogro e genro. Luís da Cunha Feijó, Luís da Cunha Feijó Júnior, Gentil Luís Feijó, pai, filho, bisneto. O citado Luís da Cunha Feijó Júnior era também genro de Francisco Ferreira de Abreu. Manuel Valadão Pimentel, Domingos Marinho de Azevedo Americano, respectivamente avô materno e avô paterno de João Marinho de Azevedo. Joaquim Monteiro Caminhoá e Eduardo Chapot-Prevost, sogro e genro. Francisco Bonifácio de Abreu e José Benício de Abreu, pai e... filho. Francisco de Castro e Aloysio de Castro, pai e filho. Clementino da Rocha Fraga, Clementino Fraga Filho, José Lopes Pontes, pai, filho, contraparente. José Antônio de Abreu Fialho e Sílvio de Abreu Fialho, pai e filho. Eduardo Rabelo e Francisco Eduardo Rabelo, pai e filho. Miguel de Oliveira Couto e Oswaldo de Oliveira, concunhados, casados com duas sobrinhas da sogra de Carlos Chagas, ou seja, da avó de Carlos Chagas Filho, a qual avó do último é também tia-avó de José Martinho da Rocha. Não há nada de mais nisso. É natural que os filhos queiram repetir a vocação paterna e que recebam dos pais a sua bênção. Está nas letras do nosso Juramento:

farei participar dos preceitos [...] e do resto do ensino meus filhos, os de meus mestres [...] mas a nenhum outro.

Essas palavras de ouro são de Hipócrates. O da vigésima geração dos Esculápios, genro de Fenareto, pai de Tesalo e Draco, sogro de Políbio.

Finalmente, as genealogias servem à vaidade. Pouco, porque pensando bem, as árvores de família nunca se apresentam copadas, mas mostrando no passado o galho único que não ficou esquecido, o que foi documentado, o que pode aparecer. Porque não existem famílias que não venham, a um só tempo, do trono e da lama. Basta um simples cálculo matemático para provar essa verdade. Um é o que fala, com dois genitores, quatro avós e oito bisavós. Se formos passado adentro, os bisavós desses bisavós serão 64. Se subirmos outras sete gerações, todos temos 8192/12os. Se somarmos mais sete os antepassados contar-se-ão em 1 048 576. Um milhão de reis? Um milhão de pulhas? Nada disto. Uma boa mistura de poucos reis e numerosos vilões. Mesmo reduzindo-se o milhão a 100 mil, ainda teremos margem para a mesma conjetura. Essa redução obedece ao cálculo genealógico que faz, nas dezenove gerações com que exemplificamos, os *probans* serem elementos de repetição do sangue, de modo que cada avô mais longínquo será duas, quatro, oito vezes ascendente do mesmo descendente. No Brasil, os quatrocentões de São Paulo, das Minas, do Rio de Janeiro, da Bahia e de Pernambuco andam aí pelas treze gerações e, portanto, pelos 16 384 antepassados — que os *probans* reduzem a 1600 e pico. Mil e seiscentas oportunidades de entrada de índio, negro, judeu no sangue da península — que, aliás, já chegou aqui tendo também seu ranço de mouro e seu bodum de africano. Dos meus dezesseis tataravós — desconheço cinco. Entretanto reconheço-os quando aparece cabelo ruim, gengiva roxa, beiço grosso, ângulo facial suspeito e pele mais tostada entre nossos morenos confessáveis e nossos raros louros. Esses cinco tataravós, de zonas etnograficamente perigosas como o Maranhão e o centro de Minas, me fazem pensar na senzala e na tanga... Eles é que curam a vaidade que às vezes me vem dos galhos que acompanho séculos adentro. São tão poucos... Em fase de esnobismo, também compus meu brasão e fi-lo gravar em pedra dura na Taillerie de Royat, em Paris, ali mesmo no 8 da rue Auber — endereço que todo o Itamaraty conhece. A dificuldade foi decidir entre os campos de ouro, prata, sanguinho e negro da varonia dos Botelho, dos Horta, dos Leme, dos Sousa; foi resolver entre os leões, as cabras, águias, unicórnios, espadas, estrelas, trevos, veneras, besantes, arruelas, mãos cortadas, braços heris, merletas sem bico e pé — que surgem armados, brotam rompentes, aparecem passantes, desenham-se em aspa, em faixa, em tira, em santor, em cruz, em brica, nos escudos da dita varonia e nos dos seus costados. Afinal me decidi e gravei meu anel heráldico. Usei-o pouco tempo — ai de mim, que cedo percebi que estas armas seriam sempre incompletas se entre seus chaveirões, crescentes, bandas, contrabandas, veiros e contraveiros portugueses — não se dispusessem, nacionalmente (como os papos de tucano em nosso manto imperial), uns ganzás de sinopla, uns xequerés de blau, atabaques de sable, agogôs de prata, bordunas de ouro e até uns prepúcios de goles — estes últimos em homenagem aos cristãos-novos da Diamantina, nas Minas; do Quixeramobim, no Ceará. Desisti porque — falando em língua mineira — *brasileiro não orna com brasão*. Nem eu queria que me emparelhassem com muito patrício cujo nome figura ilustremente nos *Lusíadas*, mas que, Almeidas, não são os *temidos Almeidas*. Tampouco, Pachecos, são do *Pacheco fortíssimo*; Albuquerques, do *Albuquerque terríbil*; ou Castros, do *Castro forte*. Quem ignora que entre nós era costume dos escravos adotarem o nome do senhor? Quem não sabe que padrinho de batismo de cristão-novo transmitia-lhe também o sobrenome?

 Suprimindo a vaidade, o que procuro na genealogia, como biologista, são minhas razões de ser animais, reflexas, instintivas, genéticas, inevitáveis. Gosto de saber, na minha hora de bom ou mau, na de digno ou indigno, nobre ou ignóbil, bravo ou covarde, veraz ou mentiroso, audaz ou fugitivo, circunspecto ou leviano, puro ou imundo, arrogante ou humilde, saudável ou doente — quem sou eu. Quem é que está na minha mão, na minha cara, no meu coração, no meu gesto, na minha palavra; quem é que me envulta e grita estou aqui de novo, meu filho! meu neto! você não me conheceu logo porque eu estive escondido cem, duzentos, trezentos anos. A vaca da epígrafe... A vaca branca, negra, castanha ou malhada que quando entra numa casa, nessa casa reaparecerá cem anos depois, ou mesmo duzentos, ou mesmo trezentos... Poeticamente, a genealogia é oportunidade de exploração no tempo. Nada de novo sobre a face do corpo. Nem dentro dele. Esse riso, esse jeitão, esse cacoete, esse timbre de voz, esse olhar, esse choro, essa asma, essa urticária, esse artritismo, esse estupor, essa uremia — são nossos e eternos, são deles e eternos. Vêm de trás, passam logo para o futuro e vão marcando uma longa cadeia de misérias. São sempre iguais e emergem ao lado das balizas trágicas do nascimento, do casamento, do amor, do ódio, da renúncia, da velhice e da morte. Vão pontuando e contrapontuando um longo martírio... Meu, teu, seu, nosso, vosso, deles, delas. Eu, tu, ele, nós, vós, eles. Entre dois nadas, os pronomes dançam. Ah! dançam em vão... Assim como é, racialmente, minha gente é o retrato da formação dos outros grupos familiares do país. Com todos os defeitos. Com todas as qualidades. Uns e outros velhos, pois temos uma brasileirice de quinhentos anos, coeva do país, cada vez mais virulenta, pela sua *passagem* (uso o termo no seu sentido médico, laboratorial) numa série de homens e mulheres bons e maus, demônios ou quase santos, castos e lúbricos, austeros e cínicos, coração na mão ou cara estanhada pela hipocrisia — família de várias cores, com altos e baixos, com todas as fortunas. Nela tem sertanista preador e índio preado, negreiro e quem sabe? negro também; conspiradores e delatores, oposicionistas cheios de brio e situacionistas sem vergonha, heróis e desertores, assassinos e vítimas — tudo entranhado na história do Brasil — de saída, com o descobridor, depois, com um donatário, com todos os bandeirantes, dezenas de mestres de campo, magotes de capitães-mores, dois inconfidentes, os povoadores de São Vicente, os descobridores do rio das Mortes, os varadores dos sertões do Nordeste, os dominadores dos Goianá, os conquistadores do Sumidouro, do Vapabuçu e das "serras refulgentes". Tem mais ainda. Tem constituintes, deputados, senadores, ministros, doutores, coronelões, letrados, analfabetos, 21 titulares de Pedro I e Pedro II, um governador das Minas, na Colônia; um presidente de Minas, no Império; um presidente da República e um contraventor de jogo de bicho — que está longe de ser o menos interessante. Mesmo porque:

Il y a des malandrins qui sont des gens d'esprit; il y a des honnêtes gens qui sont dignes de la corde.

Uma família como as outras, só que antiga. Dentro dela eu posso dizer que não valho nada, mas dizê-lo com a vingadora compensação que também se dava Choulette, no capítulo XIX do *Le lys rouge* — quando se julgava e julgava seus contemporâneos. Pois é... Eu sou um pobre homem do Caminho Novo das Minas dos Matos Gerais...

3. Paraibuna

> Da roça do dito Simão Pereira se vai à de Matias Barbosa, e daí à roça de Antônio de Araújo, e desta à roça do capitão José de Sousa, donde se passa à roça do alcaide-mor Tomé Correia [...] e desta à de Manuel de Araújo. E em todas estas jornadas se vai sempre pela vizinhança do Paraibuna.
>
> ANTONIL, "Roteiro"

AQUELA BRISA DO VALE DO PARAIBUNA trouxe uma nuvem de pólen do Registro de Matias Barbosa, outra de Santo Antônio da Boiada. Elas caíram sobre as flores da roça do alcaide-mor — que frutificaram Botanágua, Milheiros, Outra-Banda, Alto dos Passos — Juiz de Fora. O rio era tortuoso, barrento, águas propícias ao afogamento de meninos, aos suicídios das moças seduzidas e das escravas judiadas do visconde de Monte Mário. Suas margens e pontes mal-assombradas gemiam feio com o vento noturno. Nesse tempo ele não tinha fundo e levantava-se às vezes qual serpe furiosa, querendo estrangular em seus líquidos anéis a cidade em pânico, que fugia morro do Imperador acima. D. Pedro II caçou sobre suas ondas apaziguadas, de sobrecasaca e cartola, barbas soltas, em pé sobre uma barca dourada, carregada de puxa-sacos oferecendo prédios, alforriando negros, gritando viva, batendo palmas, todos rindo e dandando pra ganhar baronatos. Depois cortaram as florestas das cabeceiras, roubaram afluentes, outros secaram e morreram, o Paraibuna diminuiu, mostrou seu fundo, deixou-se vadear e começou a ser contido nas tentativas de retificação empreendidas por meu avô Jaguaribe e seu cunhado Júlio Pinto. Esse serviço foi encomendado na administração de Domingos Nery Ribeiro e continuou na do dr. Romualdo César de Miranda Ribeiro. A mando desses Ribeiros, meu avô foi dos primeiros a atacar o rio, cuja domesticação final só se processaria muitos anos mais tarde e com recursos federais.

Não seriam trabalhos de vulto e provavelmente não teriam ido além do desentulho das barrancas, do aterro de alagadiços e de uma dragagem rudimentar dos vaus. Entretanto foi o passo inaugural. Pouco tempo ficou meu avô nesses misteres porque ao raiar de 1878 vamos encontrá-lo no Rio Grande do Sul, empregado na construção da estrada de ferro Uruguaiana. Lá não demorou, pois minha avó engravida e bate pé para não ter filho gaúcho. Voltaram para Juiz de Fora e instalaram-se numa sua casa da rua Direita, esquina da atual Getúlio Vargas, local onde se elevaria, depois, a mecânica. Vizinho à residência da mana Regina Virgilina. Nela nasceu, a 24 de dezembro de 1878, minha tia Hortênsia Natalina (Iaiá).

Do *intermezzo* rio-grandense ficaram uma cuia ornada e uma bomba de prata, enfeitando o aparador. E jamais espancado do coração da Inhá Luísa o horror ao chimarrão e o ódio ao churrasco. Carne para tigre — dizia também meu avô, cujo paladar repousado e agrícola só admitia bifes suculentos, sem vestígio de sangue. Nada daquelas duras postas chamuscadas por fora, cruas por dentro — só adequadas ao gosto nômade e pastoril do gaúcho.

A década dos 80 começou a correr para meus avós maternos dentro da rotina dos acontecimentos tristes ou alegres que são a história da vida e a história de todo mundo. Eram um casal unido — apesar do gênio detestável e despótico de minha avó Maria Luísa. Meu avô não fazia diferença entre a filha e a enteada Maria Berta (Sinhazinha), então pelos dez anos e estudando no Colégio Nossa Senhora da Piedade, da professora d. Maria Augusta Pinto, que era vagamente nossa prima. De lá tirou minha tia a prodigiosa caligrafia de finos e grossos que dava à sua letra aquela nitidez litográfica e aquela beleza de ponta-seca, legendárias em Juiz de Fora. Meu avô vivia de empreitadas, dos trabalhos que fazia para a Câmara Municipal com Quintiliano Nery e João Batista de Castro, da administração dos bens da mulher. Era agrimensor e agrônomo prático, trouxera umas letras e um pouco de latim do seminário em que estudara, mas não possuía, propriamente, um título. Nem ele, nem os cunhados. O sogro era *capitão de nascença*, como já se viu, e um belo dia decidiu promover-se a coronel, pagando patente na *Briosa*. Toda a família aderiu e depois de conciliábulos e combinações sem fim, na casa do Chico Horta, cada um teve o posto que devia ter, levando em conta a hierarquia familiar, as qualidades e as idades. O Luís da Cunha é que dirimiu as dúvidas e distribuiu os galões. O genro Chico Horta seria coronel como ele. O filho Luís e o Jaguaribe, tenentes-coronéis. O Júlio, major. Os netos Chiquito e Alberto, que estavam estudando para doutores, não seriam coisa alguma na militança. O Antonico, o Juca e o Mário, quando chegassem à idade, ficariam, o primeiro, como capitão, e os dois últimos, como tenentes. Tudo decidiu-se na maior moita, pois cada um queria deslumbrar Juiz de Fora e a família quando, um belo dia, aparecesse fardado, arrastando o espadagão, tirando faísca do chão com a roseta das chilenas. Tinindo. Rangendo. Procedido ao rateio, o Júlio foi deputado para a Corte e despachou-se para lá, estufando os peitos, arqueando as pernas, o olho fuzilando e voz de comando — para cuidar dos documentos, pagar as patentes, comprar os uniformes, os canutilhos, os galões, dragonas, penachos, pompons, braçadeiras e talabartes, cinturões e boldriés, os talins, as passadeiras, as esporas, pistolas e durindanas. Sentia-se uma fera, estava ávido de carnagem e de ter gosto de sangue na boca. Compraria até canhões, parques de artilharia — se tanto lhe fosse autorizado pelo Comando Supremo da *Briosa*. Não era e até lhe recomendaram toda a cautela no manuseio das armas permitidas. Que não as apontasse carregadas, por causa dos disparos. Olha que o Diabo matou a mãe com o tiro dum cabo de vassoura... Tudo legalizado, o safardana do Júlio voltou para Juiz de Fora, portador dos títulos e da parafernália. Só que contra todo o espírito de família, contrariando toda a hierarquia, e desobedecendo aos arestos do Luís da Cunha, vinha ele, Júlio, de tenente-coronel e meu avô rebaixado para major, além de tungado nos cobres. Isto jamais seria esquecido e envenenaria para sempre as relações dos cunhados. No fogo da novidade, o bate-boca dos dois foi abafado e todos foram se fardar na casa do primo major Gordo, que estava no segredo e que tinha convocado as outras patentes da cidade. Saíram depois em charola, passaram pela cadeia, para gozar o brado d'armas da sentinela e subiram a rua Principal ao espocar dos foguetes encomendados pelo coronel barão de Santa Helena. O jantar, com porco e peru, foi na casa do Chico Horta, isto é, do coronel Chico Horta. Foi estragado pela ausência de minha avó que, tendo ódio de farda, como boa mineira que era, ficou fora de si quando viu o marido de grande gala e acabou na cama, mordendo os travesseiros e chorando de vergonha.

A Guarda Nacional do Império, criada para substituir as milícias, ordenanças e tropas municipais, foi instituída a 18 de agosto de 1831 e veio sendo configurada pelas legislações de 1832, 1850 e 1873. Teve seu papel na Guerra do Paraguai e depois, na República, por ocasião da Revolta da Armada. Decaiu aos poucos quando suas patentes passaram a ser apenas título cobiçado por quem não os tinha, pelos que queriam aproximar-se da posição dos antepassados mestres de campo e capitães-mores — como era o caso do Luís da Cunha — e pelos que intentavam enobrecer com os dourados da farda o azinhavre dos patacos e dos cobres acumulados nas profissões tidas como humildes. A de Minas era numerosa e luzida e entrou pelo século xx. Seus membros passaram depois para a segunda linha do Exército. Afinal foram-se os últimos e sumiu a que se chamara a *Briosa*. O Júlio Pinto morreu coronel e foi seu último comandante nas Gerais. Meu avô Jaguaribe, major no início, major faleceu e era conhecido em Juiz de Fora, Belo Horizonte, em toda Minas, por esse título. Bom dia, *seu* major! Como vai, *seu* major? Major! Major! Major! cumprimentavam-no na rua Halfeld, na rua da Bahia, no Bar do Ponto — muitos que nem sabiam seu nome de Jaguaribe. Era só major. Grudou-se-lhe o título apesar de ele ter jurado não envergar mais a farda depois do vexame por que passara durante a Revolta da Armada. Por essa ocasião, a Guarda Nacional de Juiz de Fora, que contava com uma fogosa oficialidade de fazendeiros, proprietários, banqueiros, comerciantes, cirurgiões-dentistas, farmacêuticos, médicos, engenheiros, bacharéis, alfaiates, barbeiros e barões remanescentes — tomada de ardor cívico e de um florianismo agudo, passou um telegrama ao marechal hipotecando solidariedade, oferecendo seu sangue e suas espadas às instituições em perigo, à República insultada e a ele, marechal! Desavisada gente. A resposta de Floriano foi mandar um trem especial buscar os guerreiros, que foram arrastados à estação por um populacho desmandado e embarcados numa atmosfera do mais intenso e latejante patriotismo. Dentro do trem e sacudindo da farda as pétalas de que tinham sido cobertos pelas matronas, michelas e donzelas da cidade, os heróis puseram-se a pensar no mundéu que era aquele Rio de Janeiro varrido a metralha e sacudido de bombas para onde estavam se deixando conduzir, ai deles! como gado para o matadouro. Que loucura! Só mesmo da cabeça do Júlio Pinto é que podia ter saído a ideia daquele telegrama! E também que aforismação a desse diabo d'homem de marechal! Logo em Cedofeita desceram do comboio uns quinze oficiais, que sentiam o estômago embrulhado com o cheiro de fumaça da máquina. Em Matias, outros mais que tinham esquecido a bagagem, que tinham a senhora doente, netinho para batizar, letra vencendo, e isto e aquilo, e tra-lá-lá pão-duro. Em Cotejipe e Sobraji outros, sem explicação. Desciam porque desciam, pronto. E quem achasse ruim, que fosse se foder. Na Serraria, os efetivos estavam reduzidos à metade; em Entre Rios, ao terço; em Vassouras, ao quinto. Em Barra do Piraí foi uma vazante — inclusive de vários ferrabrases que estavam verdadeiramente indignados com o procedimento dos desertores que tinham descido antes; eles é que agora não tinham mais cara para se apresentar ao marechal. Quem não tem vergonha, todo o mundo é seu. Mas eles, não! Meu avô ficou com os poucos que tiveram cara de desembarcar no Rio, de ir ao Itamaraty e subir até a presença de um Floriano neutro e translúcido, que ouviu as saudações e os protestos de fidelidade sem dizer palavra e despediu-se com um aceno imperceptível de cabeça. Depois de dias de vácuo e de não saberem a quantas andavam, os bravos de Juiz de Fora resolveram voltar. Meu avô reintegrou sua casa pelo noturno e guardou para sempre farda, boné e a espada — virgem antes, durante e depois da Revolta. Ainda conheci essa palamenta dentro de uma antiga arca de madeira, onde as traças davam conta do pano; a ferrugem, dos aços; os azinhavres, dos metais amarelos... Deixou o dólmã resplandecente e trajou o pacífico uniforme que conservaria até o fim da vida — fraque e chapéu-coco. Entretanto — *sacerdos in aeternum* — major ficou, major morreu e major se enterrou. O major.

Ah! não teria sido sem sacrifício que o major teria desistido de avantajar sua estampa de belo homem e suas barbas de machacaz com os galões da Briosa. Porque farda era aquilo. Além do boné, eles tinham o par de chapéus de dois bicos. Um, simples, as bordas realçadas por cordões de seda, e outro, de grande gala, cheio de sutaches e de plumas. Também de plumas era uma espécie de capacete de pelica branca — misto de casco de ulano e morrião de bombeiro — variante das coberturas usadas com o primeiro uniforme. Esse era simplesmente fabuloso e não tinha uma costura nos bolsos, na cruzeta ou na braguilha que não fosse recoberta de bordados de ouro mate, ouro brilhante, ouro pálido, ouro vermelho, *electrum* e *similor*. A túnica podia ser aberta como casaca e, então, usava-se gravata branca, ou fechada como dólmã que se alongasse como um croazê. Azul-celeste, azul-rei, azul-marinho ou ultramar — porque cada oficial — como, na Grande Alemanha, o marechal Goering — fantasiava um pouco o próprio fardamento, variando, a seu talante, não só a tonalidade da sarja como a quantidade dos laços, brandemburgos, chamarrões e placas da vestimenta. As espadas podiam ser retas como terçados ou curvas como iatagãs. Conta-se que Álvaro da Cunha, irmão mais moço de Gastão da Cunha, quando servia na nossa diplomacia, parece que na corte da Holanda, vivia humilhado pelo contraste entre sua negra casaca de funcionário sul-americano e a policromia dos uniformes dos adidos russos e austríacos. Até que um dia lembrou-se de que era capitão da Guarda Nacional e mandou vir de São João del-Rei sua fardamenta chamejante. Foi um deslumbramento. Na primeira recepção real ele investiu as panóplias e deixou num chinelo arquiduques em garance, grão-duques em lamê e mais a lambujem ofuscante de ministros monegascos, generais montenegrinos, marechalíssimos panamenhos, marajás da Índia e príncipes de Java. A própria rainha pareceu encantada. Foi com esse vestuário guerreiro que ele se fez pintar num óleo, hoje no museu de sua cidade, em que o artista o representou de pé, no primeiro plano de um campo violento, sob céus sombrios e como que constelados de obuses. Apoiado à espada, bigodeira ao vento, capacete de plumas, aparecia um Vivico todo eriçado e refulgente como se tivesse sido damasquinado por uma chuva de ouro. Vi muitas vezes essa tela em casa de meu cunhado João Carlos Nogueira Penido, casado com Beatriz, filha de Gastão da Cunha e sobrinha do modelo. Fazia-me sempre lembrar glórias napoleônicas e as perspectivas épicas de Meissonier, Gerard, David e Gros.

    Mas com tudo isto estou saindo da matéria porque temos de retomar os nossos anos 880 e um major vivo e passando muito bem, obrigado. Obrigado! Obrigado! Obrigado! — era o que ele dizia aos parentes e amigos que encheram sua casa a 26 de maio de 1881, dia do nascimento de sua segunda filha, Matilde Luísa, e a 17 de julho de 1883, em que veio ao mundo a terceira, Diva Mariana (sinhá Pequena), minha Mãe. Ambas viram a luz no prédio da esquina de Santo Antônio com Imperatriz — exatamente o que ficava fronteiro ao jardim da igreja de São Sebastião. (Nessa casa moraria, muito depois, o dr. Duarte de Abreu.) Minha avó resolvera deixar a rua Direita, fugindo à barulhada dos bondes inaugurados em 1881 com as duas linhas alto dos Passos até a estação e rua Espírito Santo até Mariano Procópio. Santo Antônio era logradouro mais quieto e ela voltava assim para a vizinhança do pai. Porque o Luís da Cunha continuava na chamada "casa do meio" — com sua chácara, com suas frutas e com sua mulata. Como sempre, seu almoço era em casa da filha que tinha uma escrava, Ana, cujo único ofício era cozinhar para o pai. Ele só tolerava o tempero da Laura e as gorduradas dessa negra, como também só admitia ser copeirado por um filho dela, moleque conhecido como o *Ventre Livre*, pois nascera já na vigência da Lei Rio Branco. Não era escravo, mas vivia como tal na casa dos meus avós, preso que era à mãe cativa. Não tinha salário. Comia, vestia e apanhava de graça. Além de trazer no tipiti cozinheira e copeiro, o Luís da Cunha perseguia as netas à mesa, não lhes permitindo conversar, não admitindo que elas se apoiassem ao encosto das cadeiras, nem mastigassem de boca arreganhada, ou abrissem as asas, mas sobretudo não consentindo que elas pedissem repetição de comida. Tinham de aguar enquanto ele rosnava sua sentença favorita: "Quem pede, fede!". As netas tinham-lhe horror. O genro apenas o tolerava. Mas era calar porque minha avó adorava o pai e apoiava contra o campo — suas rabugens, impertinências, injustiças, impaciências, gritarias e violências. Mas esse torniquete ia acabar, pois o velho jequitibá estava para cair. No início de 1884, asma tirana deu para empolgar-lhe os peitos com mão de ferro. Havia de ser asma cardíaca, asma do velho escleroso que ele seria e como foram depois dele tia Regina, tio Luís, minha avó, tio Júlio — que fizeram uma quadra perfeita de derrames cerebrais no decurso de insuficiência cardiorrenal devida a arterioesclerose — como se diz nos atestados de óbito. Quando todo o ar do vale do Paraibuna já não chegava para o Luís da Cunha, os médicos da família, que eram o dr. Penido e o dr. Romualdo, reuniram-se em conferência.

    Eram concunhados o dr. João Nogueira Penido, casado com d. Maria Cândida, e o dr. Romualdo César Miranda Ribeiro, com d. Carlota, irmãs, Lima Duarte, bisnetas do inconfidente Ayres Gomes. Apesar de concunhados, os dois médicos, na reunião, trataram-se cerimoniosamente e concordaram que era preciso abrir uma *fonte*. Na perna, queria o dr. Penido. Não, meu caro colega, deve ser no braço, preferia o dr. Romualdo. Aberta com um cáustico, como mandam Graves e toda a escola inglesa, ensinava o primeiro, já empalidecendo. Cáustico? Graves? Peço perdão, meu sábio colega, mas isso não se usa mais. Prefiro o cautério, como o fazem Jaccoud e a moderna escola francesa, pontificava o dr. Romualdo, ofegante de cólera. Afinal a *fonte* foi aberta no braço, com cautério, e deitado sobre a chaga o clássico pedaço de potassa. O Luís da Cunha urrou três dias e três noites e, quando se estabeleceu a escara, recomeçou a discussão doutrinária de Hipócrates dizendo sim e de Galeno redarguindo não. O Hipócrates Penido queria entreter a supuração, pondo na úlcera pedra-lipes puída, como era feito nos hospitais de Londres, e o Galeno Romualdo, com um simples grão de ervilha metido nas carnes, segundo se fazia nos de Paris. Afinal decidiram-se pelo uso de uma bolinha de cera reforçada por coberturas de pomada de basilicão salpicada com pedra-ume calcinada, como recomendava o nosso Valadão. A chamada *supuração de bom caráter* estabeleceu-se grossa e de um belo amarelo-esverdeado, deitada por um braço quente e escarlate. Foi ficando depois francamente verde, perdendo a consistência, passando a uma caldivana fétida que terminou na salmoura podre dessorada por membro frio, arroxeado e estufado como um pernil. O Luís da Cunha foi mergulhando em águas mais fundas que as do Paraibuna — ai! eram águas do para sempre — e a 25 de outubro de 1885 a gangrena, desabrochada e florindo em toda a sua beleza clínica, acabou com o gigante. Foi enterrado no Cemitério Municipal de Juiz de Fora na mesma cova em que repousa seu mano Modesto José. O Júlio Pinto levantou-lhes um monumento megalítico em que a cruz rústica, de pedra e cimento, é feita com a estilização de três palmas reunidas, de que a do centro sobe e as laterais dobram-se e abrem os braços. A herança do bisavô foi a legenda que deixou e mais o gênio feroz que, com mutações especiais, passou para os filhos. Tia Regina era religiosa, praticava a virtude — mas com a intolerância de um Torquemada. Tio Luís e tio Júlio eram dois violentos, dois brutais, o primeiro pouco, o segundo muito inteligente — ambos de uma lubricidade exemplar. Minha avó Maria Luísa, que foi mãe admirável, sogra execrável, sinhá odiosa para escravas e crias, amiga perfeita de poucas, inimiga não menos perfeita de muitas e corajosa como um homem — era de boca insolente e bofetada fácil. Te quebro a boca, negra. E quebrava.

> In febris non intermittentibus, si partes extremae sunt frigidae, internae vero urantur, et siti vexenthur, lethale est.
>
> *Sentença de Hipócrates*

Quando a "indesejada das gentes" entra numa casa, gosta de arranchar. Parece que se foi. Nada, está na esquina, vai voltar. Voltou. Está aqui outra vez. Na década dos 80, a magra esganada bate, com sua mão seca e peremptória, mais duas vezes na porta do major. O primeiro exigido foi tio Leonel. Era irmão de meu avô, o quinto filho de seus pais. Talvez o mais inteligente da família. Nascera no Crato, a 24 de fevereiro de 1857, fizera seus estudos primários e secundários no Ceará, orientado pelo tio e padrinho de batismo, o cônego Braveza. Em 1878 matriculou-se na Faculdade de Medicina do Rio de Janeiro, tendo seu curso decorrido na fase áurea da Reforma Saboia. Foi aluno de anatomia de José Pereira Guimarães, de patologia médica de João Damasceno Peçanha da Silva, de clínica cirúrgica de Vicente Cândido Figueira de Saboia, de clínica médica de Martins Costa e Torres Homem. Sua grande admiração foi o professor Domingos José Freire Júnior, de química orgânica e biologia, descobridor de micróbios supostos, autor de experimentos errados — entretanto um dos inauguradores da pesquisa no Brasil. Como estudante foi interno na Casa de Saúde São Sebastião, tesoureiro e sócio benemérito da Sociedade Ginásio Acadêmico, mas, principalmente, foi o associado e presidente entusiasta da Sociedade Abolicionista Cearense e no Rio, da Sociedade Libertadora Acadêmica, onde desenvolveu ação intensa em favor da abolição da escravatura. Conviveu nessa época com Araripe Júnior, Ernesto do Nascimento Silva, padre Constantino de Matos, seus primos, e com Fausto Barreto e Olavo Bilac, seus grandes amigos. A 14 de dezembro de 1883 sustenta tese cuidando do "Diagnóstico e tratamento das lesões sifilíticas do aparelho respiratório", onde se incluem proposições sobre o "Tratamento da retenção das urinas", as "Febres perniciosas no Rio de Janeiro" e "Do ópio químico — farmacologicamente considerado". Esse trabalho, bem escrito e bem-feito, foi aprovado com distinção.

Leonel, durante o curso médico, vinha passar as férias em Juiz de Fora com o mano Quincas e a cunhada Maria Luísa. Foi na casa deles que conheceu d. Geraldina Rezende (Dadinha), filha do coronel Geraldo Augusto de Rezende e de d. Maria Carlota Tostes de Rezende (sá Moça) — os futuros barões do Retiro. A donzela Geraldina era magra, angulosa, dura de traços, seca de fisionomia, dona de um queixo cavalino, insolente e *tarasca*. Desbocava a cada um a sua verdade, dizia a este as verdades daquele e também àquele, as verdades deste: onde ela passava ficavam fatias de desconfiança se retorcendo como os pedaços decepados de uma cobra. Mas foi assim mesmo que inspirou inexpungível paixão a meu pobre tio-avô — que era a sua antítese. Porque esse Leonel com barbas de Cristo, esse Leonel rimando com mel, era doce de coração, doce de olhos, ameno de cara, discreto, amável, primorosamente bem-educado e duma bondade evangélica. Enfim, casaram e, porque casaram, ele veio exercer em Juiz de Fora. Com suas qualidades e principalmente com suas ideias abolicionistas desagradou logo à família da mulher. Entre os presentes de casamento que ele recebera dos Rezende figuravam um escravo e três escravas que ele alforriou imediatamente para escândalo do sogro, da sogra, dos cunhados, das cunhadas, dos concunhados, das concunhadas, dos primos e das primas — todos "escravocratas da gema" como Martinho Campos, conhecidos surradores de negros e empreiteiros de surras dadas por seus negros nos leguelhés de seu desagrado. Os dois anos que Leonel passou casado foram de provação e tratos de polé dentro de uma família a que ele ficou estranho até na morte. Esta se deu subitamente. Ele saíra para ver uns doentes para os lados de Matias e na casa de um destes sentiu-se mal, veio-lhe um grande calor interno, um gelo nas extremidades e em todo o corpo, como que um chiado e aquela aflição — sinais que ele sabia funestos, segundo a sentença de Hipócrates que defendera em sua tese. Informado de que o dr. Ambrósio Vieira Braga andava também por perto, manda chamá-lo. O dr. Ambrósio enviou de volta o recado de que estava muito ocupado, que o colega sabia muito bem que não tinha nada, que deixasse de papeatas, tomasse um pouco de quinino e um chá de canela bem forte. Nova insistência, nova recusa. Terceiro chamado e o dr. Ambrósio prometeu passar mais tarde. Quando chegou, a Morte já passara primeiro para levar aquele moço de 29 anos, cinco meses e 27 dias. Era o 21 de agosto de 1886. Tinha um filho, Clóvis, nascido em 1885. A mulher estava grávida da filha que nasceria em 1887, que teria o nome de Clotilde e o apelido de Titita. Pois essa prenhez da tia Dadinha foi pretexto para o coronel Geraldo e a sá Moça não darem entrada ao cadáver do genro no seu casarão da rua Direita. Vieram a meu avô com grandes conversas, que a filha não podia se assustar, que era melhor não saber da morte do marido, que nesse caso o enterro devia sair da casa do irmão, mais isto, mais aquilo e você compreende, Jaguaribe, são as tais coisas, é assim, é assado, eu insisto por causa do neto que me vai nascer e que afinal é seu sobrinho. Seu sobrinho, Jaguaribe, seu sobrinho! Pense nisto. O major enojado disse que a casa que sempre estivera aberta para o irmão vivo não se fecharia para o irmão morto. Mandassem o corpo e podiam deixar que ele fazia o enterro. Meu avô fez questão de preparar câmara-ardente solene. Paredes inteiras cobertas de negro. Alcatifa de veludo preto igual ao das cortinas e ao do forro do teto. Pendões de crepe, tocheiros estalando e correndo cera, enorme cruz dourada entre galões dourados. A casa encheu-se dos amigos da gente Jaguaribe, Cunha, Pinto Coelho e Horta, de clientes do falecido, de todos os seus colegas, inclusive um dr. Ambrósio passado e com a cara no cu duma égua, das autoridades locais — entre as quais esgueiravam-se uns escassos Rezendes e uns tênues Tostes. Quase à hora do enterro, por uma porta de trás da chácara do coronel Geraldo, que dava para a rua de Santo Antônio, saiu toda de branco e cheia de fitas vermelhas nas tranças — a viúva de quem se estava ocultando a morte do marido. Passou a uns trinta metros do seu cadáver e foi andando para os lados da casa do dr. Candinho, seu primo e cunhado, marido da mana Maria Luísa (sá Cota). Ipsis. Ipsíssimo. Exatamente como relata até hoje minha tia Iaiá, que a tudo assistiu e que de tudo se lembra apesar de, na ocasião, ter apenas sete para oito anos. Tinha onze, em 1889, quando a magra bateu novamente à porta de seu pai. Queria desta vez a Matilde Luísa. Começou aquela luta. A menina deperecendo e queimando no fogo lento da febre tifoide. A família sem dormir. Os pais em lágrimas. O dr. Penido e o dr. Romualdo fazendo o possível e o impossível. O primeiro suprimiu a água. O segundo, tudo quanto levava carne e ovo. Só um caldo de lima pela manhã. Só uma caneca de sopa de arroz pela tarde. Mais nada, mais nada! dieta absoluta! Isso e mudança de ares. Que fossem para a serra. A serra era três quarteirões acima. E lá se foi a menina na sua caminha coberta de filó, como um andor de Senhor morto, aos ombros de quatro negros, para os altos da rua Halfeld, onde o major tomara casa perto da do dr. Feliciano Pena. Lá é que lhe morreu a filha, apesar da injeção muscular de cafeína que lhe fizera o dr. Penido (para ver a audaciosa intervenção e o manejo da seringa de Pravaz, estavam presentes os drs. Romualdo, Menezes, Ambrósio, Ávila, Comenale, Lindolfo; os farmacêuticos Fassheber, Balbino, Halfeld; o dentista Raul Alves; curiosos como o barão de Santa Helena, o João Crisóstomo e o jornalista José Braga, que queria contar o caso no *Pharol*). O enterro saiu acompanhado por todas as meninas do Colégio Alvarenga, onde estudava tia Iaiá, e do externato das professoras Onofrina Silva e Olímpia Hungria, onde estivera a defuntinha e estava minha Mãe. Antes do saimento, minha avó tirou uma flor de pano de cada coroa. Conheci essas flores que circundavam o retrato da tia morta menina, uma ampliação a *fusain*, dentro da moldura funda, pendurada na sala de visitas da rua Direita 179.

Mas nem só de mortes se fizera a história da família nos últimos anos da década dos 80. Juiz de Fora progredia. A população subia, andava ali pelos 12 mil a 13 mil habitantes — imaginem! 13 mil! e essa densidade exigia progresso. Este começara em 1870 com a inauguração dos telégrafos. Logo depois viriam os trilhos da estrada de ferro D. Pedro II. Em 1885 a cidade começa a ser dotada de encanamentos e de água em domicílio. No mesmo ano as casas passam a ser numeradas. Em 1886, grande animação com uma Exposição Industrial que reflete a pujança do município. Foi inaugurada solenemente no fórum, com comissões disso e daquilo. Na de Produtos Farmacêuticos e Químicos, ao lado do dr. Francisco Simões Corrêa e do tenente-coronel Bernardo Halfeld, figurava o dr. Constantino Luís Paletta. Esse dr. Paletta era um moço bacharel, fremente de entusiasmo, que fora, em 1883, um dos fundadores do Club Republicano Mineiro. Era dali de perto e filho dum *seu* Paletta, carcamano e prático de boticário na Rancharia. Minha Mãe sempre evocava a figura desse italiano — barbas fluviais cuja prata mutava-se em bronze de nicotina em torno à boca, sempre fungando e tendo pendente das fauces um cachimbo enorme, recurvo e de louça. O filho bacharel era magro, agitado, nervoso, implicante, cabeleira repartida ao lado, olhos muito juntos e muito miúdos, parecendo um trema sobre o I do dorso do nariz. Esse prodigioso apêndice atirava-se para diante como um bico de tucano e voltava, numa órbita de bumerangue, até a bigodeira que encobria a boca onde os dentes, em vez de prognarem, recuavam como os de um rastelo. Imitava com êxito a figura e os golpes oratórios de Lopes Trovão. Foi remexendo-se na Exposição Industrial, colarinhos de ponta virada de que emergia um pescoço seco e vermelho de galo de briga, tendo à lapela o laçarote verde e amarelo dos comissários, que o Paletta viu pela vez primeira minha tia Maria Berta Halfeld no esplendor branco e negro dos seus quinze anos em flor. Branco da pele ebúrnea. Branco do colo-de-alabastro-que-sustinha. Negro dos olhos estelares e da cabeleira noturna. Para o Paletta, vê-la e amá-la foi obra dum só tempo. Não para ela, que andava de namoro ferrado com o Isidoro Lage. Quando o novo apaixonado começou a rondar, ela, enfarada com sua insistência e divertida com o tamanho do nariz do pretendente, foi quem primeiro lhe deu o apelido de *Bicanca*. A alcunha pegou e em nossa família o Paletta para sempre ficou *Bicanca*. O *Bicanca*. Tia Berta, que no princípio não queria vê-lo nem pintado, acabou cedendo à contumácia. Porque ele, indiferente às tábuas, reiterava seu pedido de casamento mensalmente, com uma regularidade de fase lunar. Minha avó achava bom o partido e insistia para a filha desistir do Isidoro. Não vale a pena, minha filha! Dizem que o Isidorinho é doente e que é por isto que está prometido a uma prima. Até quem anda arranjando isto é aquele beldroega do padre Roussin... Deixa pra lá. Meu avô, idem, gabando o talento do moço e seu futuro na política e nas letras jurídicas. Afinal o *Bicanca* triunfou e, a 25 de abril de 1888, depois de curto noivado, convolaram em justas núpcias a srta. Maria Berta Halfeld e o bacharel Constantino Luís Paletta. Juiz de Fora inteiro esteve no enlace, pois meu avô estava então nos píncaros municipais — eleito que fora presidente da Câmara, para o período de 1887 a 1889, ano em que resignou e foi substituído pelo coronel Geraldo Augusto de Rezende, barão do Retiro. Meu avô renunciou por ter sido nomeado diretor da Hospedaria dos Imigrantes. Nesse ano, a 3 de junho, nasceu a primeira neta de minha avó, Stella, filha do Paletta e de tia Berta. A Inhá Luísa ia pelos seus 42 anos e começava a empastar-se. Perdera a finura dos seus retratos de mocinha e ia adquirindo as curvas que ostenta em tela dessa época que está no Museu Mariano Procópio. Aí vem representada de três quartos, ainda bonitona no penteado complicado, a seda de seu vestido escarlate estalando no torneado opulento dos braços, da lombada e do tundá. Meu avô teve certa pena de não terminar os serviços que começara, de dotar a cidade de luz e energia elétrica. A inauguração foi procedida a 5 de setembro de 1889 e dizem as más-línguas que, na ocasião, o chefe do Executivo, que era o nosso barão do Retiro, sem noção exata do que fosse aquela incandescência, tentou acender numa lâmpada o seu cigarrilho de palha. O major não teve o gosto dessa inauguração, mas também poupou-se-lhe o desgosto de ser apeado da Câmara, como o foi o barão, a 15 de novembro. A cidade aderiu à República com o mesmo açodamento indecente observado no resto da província e de que foi símbolo o que se passou em Ouro Preto, e que ficou registrado no documento firmado por um Aroeira que era o secretário do presidente da província, barão de Ibituruna. Esse escrito me foi mostrado por Gudesteu Pires e é um dos documentos mais tristes que tenho lido. Fica-se envergonhado de pertencer à mesma humanidade — não digo dos pobres bajuladores primários, mas dos bajuladores aperfeiçoados que, não contentes de lamberem as solas dos que sobem, metem as suas na cara dos que caem. Em Juiz de Fora, na noite de 15 de novembro, o prestígio do Paletta chega ao apogeu com um telegrama que recebera, assinado pelo próprio generalíssimo, determinando que fossem procurados e trancafiados no xilindró os *ci-devants* visconde de Itatiaia e barão do Saramenha. Para quê, meu Deus? Felizmente eles soverteram de chão adentro e o *sans-culotte Bicanca* não pôde levá-los à guilhotina. À falta de sangue, a canalha contentou-se com a troca dos nomes das ruas da Imperatriz e do Imperador em Marechal Deodoro e Marechal Floriano. Também, fora da Câmara, meu avô não teve de se amofinar com a epidemia de varíola que devastou Juiz de Fora. Iniciada em 1888, fora terrível em 1889 e na passagem para os 90. Há males que vêm para bem. Devemos a essa epidemia a decisão dos médicos de Juiz de Fora de se congregarem num grêmio que fosse para o município o que era a Academia Imperial de Medicina para o país. Órgão de orientação, colaboração e conselho. Foi assim que a 20 de outubro de 1889, às duas da tarde, na sala das sessões da Câmara Municipal, sob a presidência do dr. João Nogueira Penido — fundou-se a Sociedade de Medicina e Cirurgia de Juiz de Fora.

Em 1890 meu avô está em São Paulo, administrando uma fazenda do mano Dominguinhos. Não sei se essa viagem teria sido motivada por temor à varíola que lavrava em Juiz de Fora, ou aborrecimento com a revolução trazida ao município pela queda da monarquia, apesar do genro torto *Bicanca* ser um dos homens do momento. De fato ele é dos nomeados, por Cesário Alvim, delegado do governo provisório em Minas, para integrar o Conselho criado em substituição à Câmara Municipal dissolvida por um telegrama de 21 de janeiro de 1890 (os conselheiros eram o Paletta e mais Luís Artur Detzi, Francisco Isidoro Barbosa Lage e Francisco Cândido Alves, sob a presidência de Antero José Lage Barbosa. Pouco tempo meu tio afim figurou nesse grupo, pois em junho foi substituído pelo padre João Emílio Ferreira da Silva e logo após, eleito deputado federal à Assembleia Constituinte que deveria nos dar a Carta de 91).

Não se demoraria o major em São Paulo. Não só minha avó logo, logo, emendou os bigodes com a cunhada Mariquinhas, mulher do Dominguinhos, como em plenos 43 anos aparece novamente grávida e foi declarando de saída que não queria saber de filho paulista. Voltaram para as margens do Paraibuna, onde a 25 de novembro nasceu-lhes a caçula. Essa princesa foi levada pelo Paletta e tia Berta à pia batismal, onde recebeu o nome de Risoleta Regina. Regina vindo da sua tia materna Regina, mulher de Chico Horta e madrinha de carregar. Em 1893 o major funda uma firma jornalística, Aníbal & Jaguaribe, e dá saída ao sexto jornal diário criado na cidade e quarto com o nome de *O Juiz de Fora*. Circulou pouco tempo e um de seus números é notável como trabalho gráfico e pela beleza das litografias de Pastor, figurando a praça Quinze com o monumento a Osório e o campo de Santana por ocasião da Proclamação da República. Depois do jornalismo o major foi, com Júlio Pinto, fundador do Colégio Providência e em seguida, do Liceu de Artes e Ofícios. Tudo isto desmoronou quando o cunhado meteu-se na política e foi eleito vereador para o período de 1895 a 1897. É por essa ocasião que meu avô, depois de já ter sido agrimensor, construtor, empreiteiro, ferroviário, político, jornalista, funcionário e educador — atira-se a outra profissão e compra, na estação de Cotejipe, a Fazenda do Bom Jesus. O negócio fora-lhe inculcado pelo Paletta, que assim matava dois coelhos duma cacheirada só: servia clientes que queriam passar adiante a pinoia e despachava a sogra para fora da cidade.

Minha Mãe e minhas tias foram para o Bom Jesus adolescendo, meninas, fase que cada um retém como única coisa existente e resistente contra os enganos e misérias da vida de merda. Cada um guarda a paisagem de um ano, de um mês, uma semana, um dia, uma hora! — pedaço de espaço em que se comprimiu o Tempo — de que a memória vai construir sua eternidade. Esta, para as filhas do major, ficou naquele canto de Cotejipe, nas suas águas, nas suas terras, nos seus ares. O Bom Jesus foi seu País de Cocanha onde tudo era róseo, abundante, sem trabalho, nem ralho, sem barulho nem matinada. Paraíso terrestre, ilha da Utopia, Pasárgada onde elas eram não amigas, mas filhas do rei Jaguaribe, filhas da rainha Maria Luísa. Princesas de estrela na testa. Lindo casarão de fazenda do século passado com varanda fronteira toda envidraçada e cheia de janelas de guilhotina, cujas bandeirolas de desenho caprichoso eram de vidros azuis, vermelhos, verdes. Eram vidros encantados! Pegavam o sol do lado de fora e debulhavam-no sobre o ladrilho em bagas de safira, de rubi, de esmeralda. Mobília austríaca da sala de visitas. Cadeiras de balanço, cadeiras de descanso, por que trabalhar? Salas de boas sombras — jarros com avencas e begônias. Quartos de boas camas — lençóis cheirando a baunilha e lavanda. Cozinha de bons jantares, de bons almoços, onde minha avó fabricava litros do café-com-leite-de-açúcar-queimado, que mandava vender na estação de Cotejipe. Os viajantes já vinham pendurados nas janelas do trem, e gritando pelas xícaras de ágate que lhes queimavam os beiços. Pelo bolo de fubá, solto e todo dourado, que se esfarelava nos guarda-pós. Tudo era lindo na Fazenda do Bom Jesus. Minha Mãe e minhas tias contavam: a sala de brincar era assim, os quartos assado, tinha um, mal-assombrado. Quem dormisse nele não podia acender vela porque senão escutava logo o tropear na escada da varanda, os passos de chumbo, via o barbado que olhava a chama tristemente e apagava-a soprando através das vidraças fechadas. Vinha uma escuridão gelada e um arrepio. O Jaguaribe acabou fechando portas e janelas do cômodo a prego e raminhos de arruda. O barbado sossegou. Vizinho desse quarto, o do major, depois outros, outros — os de costura, os de guardados, os dos hóspedes, os das meninas. Elas corriam no corredor. No fundo do corredor, o quarto das bacias e dos urinóis. Pela manhã as negrinhas passavam com a procissão dos penicos — cobertos de toalhas, como cibórios, e iam despejar no riacho a urina e cocô noturnos. Minha Mãe e minhas tias contavam. Ao ouvi-las, tinha-se a impressão de que a casa da fazenda era um pouco como a do conto da carocha: paredes de goiabada, portas de pão de ló, vidraças de açúcar-cândi, telhados de chocolate. Minha avó escriturava. É pelo seu livro que sabemos os nomes das molecas suas crias, das criadas, dos camaradas e até das vacas. Os das vacas pareciam às vezes títulos de modinha, como Madrugada, Lembrança, Saudade, Ingrata, Crioula e Feiticeira. Doutras, eram nome de agrado, bom para dizer ao pé do ouvido, como Boneca, Princesa. Havia mais — os desenhados e coloridos como Garricha, Diligência, Moeda, Barretina. Todas dando cria e dando leite. As meninas tiravam leite de manhã para bebê-lo espumoso e ainda quente do ubre. Tinham formas redondas para fabricarem seus queijos diminutos. Acompanhavam brincando o serviço da fazenda e eram cozinheiras, doceiras, pastoras, moleiras, capineiras, jardineiras, fiandeiras — atrás de uma Inhá Luísa gritando ordens no seu Trianon. Com as três, faziam doze os filhos do tio João Paulo Gomes de Matos. Minto. Faziam treze com o vulto do menino Casimiro — sim, o de Casimiro José Marques de Abreu — que também estava lá com catorze, o do Menino Jesus, *à sombra das bananeiras, debaixo dos laranjais*. Correndo todos juntos, *pés descalços, braços nus, atrás das asas ligeiras das borboletas azuis!* A fazenda, alegrada pelas visitas, era pretexto para receber hóspedes e amigos, para o major fazer o grão-senhor e brilhar com seus casos intermináveis. Vendiam-se crias, bezerros, cabritos, leite, milho, fubá, café, cachaça, queijos, rapadura e davam-se, de presente, a todo mundo, crias, bezerros, cabritos, leite, milho, fubá, café, cachaça, queijos, rapadura. Havia um prejuízo cada ano. Que importava? A herança do Halfeld não estava ali pra encobrir tudo? Os outros fazendeiros da região, como o forreta do dr. Candinho, riam à socapa, gozando as grandiosidades do major. Iam a suas festas, iam. Enchiam o bandulho no Ano-Novo. Soltavam balões no São João escutando o estouro das bombas e o batuque da negrada. Esperando a hora. O major, descuidado, divertia-se, folgava, pescava e caçava em suas terras. Rimava seus versinhos, compunha modinhas ao violão. Até que veio o fim dos 90 e veio a doença dos olhos de minha Mãe. O dr. Penido foi taxativo: Rio de Janeiro e tratamento com o dr. Moura Brasil. Senão, cegueira...

  Meu avô tinha no Bom Jesus seu cunhado, o dr. João Paulo Gomes de Matos (marido da mana Joana e pai de numerosa prole: Maria Celeste (Nhãnhã), que seria depois professora no Instituto Nacional de Música; Domingos (seu Mingo); Clotilde (Inhazinha), que tomaria o hábito franciscano e o nome de irmã Inês; Alice (Lili), que devia casar-se com o educador Artur Juruena de Matos — o do Instituto Juruena, da Praia de Botafogo; Francisco (Chiquito), que seria o ilustre militar, historiador e geógrafo — companheiro de Rondon; Leonel; outra futura freira, Celina; e mais dois, mortos muito cedo — Adélia e Paulo).

O tio João Paulo, que seria depois juiz de direito, desembargador e deputado, iniciara-se como dono de um colégio onde, além de sofrer com os burros dos alunos, dera com os ditos n'água. Fechado o educandário, meu avô chamou-o. Vamos para o *Bom Jesus*, lá você se refaz e, enquanto espera, mete-se no leite mineiro com a mana e os meninos. Foram. E na hora de meu avô vir para o Rio tratar da filha, o tio que estava já enjoado de tanto leite, tanta coalhada, tanto queijo e tanto porco, declarou que vinha também, tratar, mas da sua vida. O major achou magnífico. Vamos todos juntos, seu João Paulo, tomamos casa em comum e fica tudo como dantes no velho quartel de Abrantes. Está mesmo na hora de você educar os meninos. Vieram para o Rio. Instalaram-se num casarão da rua Barão de Mesquita, um pouco antes da Uruguai. Pelos números 80. Ainda o conheci, mostrado por minha Mãe. Quadrado, azul, no meio de roseiras, cercado de trepadeiras. Essa estada no Andaraí seria a continuação do sonho do Bom Jesus. E a história da família ia se modificar com dois casamentos e várias escaramuças que a Inhá Luísa levaria de vencida.

La belle époque... O que teria sido ao justo essa *belle époque*? Diferente das outras épocas? Melhor? Ao pensar nela, em conjunto, tem-se a impressão de uma farândola de sobrecasacas e cartolas de mil reflexos, de senhores — catleias na lapela, de senhoras numa nuvem de plumas — vastas mamas, cinturas finas e generosas nádegas, evoluindo ao som dos primeiros fonógrafos, à luz das primeiras lâmpadas elétricas, ou sob os céus de Longchamps cortados pelos primeiros aeroplanos. Príncipes ostensivos e reis incógnitos evoluem no Maxim's, em Montecarlo e na Promenade des Anglais, dando o braço a cocotes complicadas como polipeiros, como máquinas, como besouros, como armaduras. Sob os vestidos, os colares, as fitas, as guimpes, as couraças, as *pleureuses* — ficavam as meias pretas, as ligas enlaçarotadas, as calças fofas e rendadas, os espartilhos, as botinhas de cano longo e alto tacão a que o cancã e as primeiras fotografias de sacanagem deram um conteúdo sexual tão violento quanto o dum bico de seio escuro, o dum sovaco entrevisto de repente, o dum buço, duma pinta, "do maravilhoso pente". Tudo isto rebola, mexe, roda e as cores girando, em vez de branco, dão um círculo escarlate numa ponta de punhal ou num raio de petardo. *La belle époque.* Teria sido, ao menos, bela? Ou julgamo-la bela pela ilusão de que tudo estava pronto — quando tudo estava é por destruir e que era necessário recomeçar da primeira pedra. Foi apenas um ponto alto de montanha, vingado. Mas era preciso descer de novo, tornar a subir, outra vez descer, ainda subir, mais uma vez rolar. Aquela parada durou uns 24 anos e ficou entre dois estouros: o da bomba de Vaillant, que sacudiu a Câmara dos deputados franceses — *La séance continue...* — e o do tiro de revólver de Prinzip, que sacudiu Sarajevo, a Áustria, a Europa, o mundo, e depois do qual nada continuou. *Belle époque* — fenômeno francês, no tempo em que a terra só tinha uma capital — Paris. Hoje tem várias — Paris dos saudosistas, Londres do nada e mais Roma, Moscou, Pequim, Washington, Havana... Quando começou essa época? Na hora em que Proust ouviu, na Sorbonne, a primeira aula de Bergson, ou quando Guilherme II meteu o pé na bunda de Bismarck? Ou quando Sadi Carnot foi sangrado, em Lyon, por um menirto italiano? Depois vieram a degradação de Dreyfus, a luz lunar acendida por Roentgen e que torna os homens translúcidos, gentis-homens postos a nu, no incêndio do Bazar de la Charité (eles abriam caminho, assomando, a bengaladas, damas em chamas); outro incêndio, o "J'accuse" de Émile Zola. O século XIX agonizando juntamente com Félix Faure — nos braços da bela madame Steinheil. Ah! era dele, e não doutro, o sonho de que falava Marcel Proust:

> *Et ce songe devenait épais comme la mort chez certains vieillards dans les jours qui suivaient celui où ils avaient fait l'amour. Pendant ces jours-là on ne pouvait plus rien demander au président de la république, il oubliait tout. Puis si on le laissait se reposer quelques jours, le souvenir des affaires publiques lui revenait fortuit comme celui d'un rêve.*

Eta! orgasmo de velho... Foi num desses que o presidente ficou. Gastão Cruls deu a esse acidente o nome de *morte-macaca*. Foi no apagar das luzes do século que se apagou a consciência da Inglaterra e que ela se atirou à Guerra dos Bôeres. Mais! para comer. Mais um diamante para a coroa de sua majestade graciosa. Londres vibrou com a vitória de Vitória. Que euforia! Ennes de Souza, que lá estava, assistiu, num teatro, a um quadro apoteótico. Aparecia primeiro o mapa da África. Uma espada brandida por trás dilacerava-o aos acordes do "God save the queen". E pelo rasgão aparecia a rameira que brandira o aço — vestida de escocês, gorda de riso e remexendo a bunda azeda debaixo do kilt. O republicano, indignado, quis ficar sentado em sinal de protesto, mas foi logo arrancado de sua cadeira por mil mãos e atirado à rua aos socos, às caneladas, às joelhadas, aos pontapés. Consolou-se das contusões com as mortes sucessivas de Umberto Primo, às mãos de um anarquista; da própria rainha Vitória, às unhas do Tempo; de Draga e Alexandre da Sérvia, na garra dos Karajorges. Em compensação reinavam pela graça da beira de cama e aclamação unânime dos povos, Emilienne d'Alençon, Cléo de Mérode, Liane de Pougy e a Bela Otero. O pórtico do século foi a Exposição de Paris. A ponte Alexandre III era o caminho do futuro. Não foi. Assunção de Anatole France em corpo e alma. O kaiser desce em Tânger — com ouropéis que faziam desse histrião um misto de beduíno, de arcanjo, unicórnio e dominó. Ninguém viu o casamento de Pierre Curie e da exilada polaca Maria Sklodowska, mas hoje todos sabem de que coito nasceram as bombas de Nagasaki e Hiroshima, cujo fogo continuou, bateu na Lua e não terminou sua reação em cadeia. E mais sangue, sangue real — derramado em Portugal. D. Carlos e o príncipe são caçados a carabina, na montaria do Terreiro do Paço. O porco Abdul-Hamid foi expulso, deixando no palácio um quarto fechado, como o do Barba Azul: estava cheio de concubinas decepadas — umas, penduradas, outras, deitadas num chão vidrado de sangue. E veio o outro estouro, o bom, o de Sarajevo — pondo ponto final num mundo imundo.

 E aqui? Também tivemos a nossa *belle époque*, por sinal que feia como sete dias de chuva. Começou com a República. Basta comparar a iconografia imperial com a posterior para ver a coisa inestética que veio depois de d. Pedro II. Gravuras de Debret e Rugendas, pintores régios, figuras de Angelo Agostini — cheias dos nossos usos, costumes, tipos, ruas, casas, campos, estradas, árvores, céus e alegorias — tudo é substituído pelo duro documento fotográfico e pelas pinturas sebentas de Gustav Hastoy, de Manuel Santiago, de Almeida Júnior, de Batista da Costa e Giuseppe Boscagli, representando marechais anacrônicos em fardas do tempo da Guerra da Crimeia, ou presidentes soturnos nas suas sobrecasacas de *croque-morts*. Uma densa e má tristeza desprende-se da história da República. Vêm, de saída, o despudor do encilhamento e Floriano deglutindo o Deodoro — que ainda digeria a coroa do benfeitor. A Revolução Federalista ensanguenta o Sul. Degolamentos simples e *de volta*. Conhecem a variedade? Não se corta de fora para dentro, como às galinhas. Mete-se longa e afiada faca embaixo da orelha, entre o maxilar e o esternocleido. Ela sai do outro lado do pescoço e então puxa-se de dentro para fora: *de volta*. Saldanha da Gama é lanceado e seus companheiros, sangrados. Eleição e posse de Prudente. Canudos e mais mortes. A cabeça do Conselheiro chega ao litoral da China, "onde deliravam multidões em festa...". O marechal Bittencourt morre salvando o presidente. Sem nenhuma convicção. O magnicida Marcelino Bispo foi reabilitado pelos que o executaram na calada da noite. Mais sangue: o de Gentil de Castro. Encerra-se a década, encerra-se o século deixando como lembranças amáveis a fundação de Belo Horizonte, a instalação da Academia de Letras, a risada de Artur Azevedo. Abrem-se os 900 com as festas do Quarto Centenário e o retrato da bem-amada de um ministro nas notas de 50 mil-réis. O prestidigitador Chapot-Prevost, num golpe circense, corta um monstro em duas meninas. Santos Dumont contorna a torre Eiffel num balão e voa em aeroplanos virados às avessas. Rocca e Carletto escrevem meu primeiro romance policial e Oswaldo Cruz sai das páginas de *Monsieur de Phocas* para acabar com a febre amarela. Acabou também com a peste, comprando ratos; com a varíola, comprando os ódios que explodiram na rebelião de Lauro Sodré. Passos, Frontin, Lauro Müller — cais do porto, avenida Central, Flamengo. Pinheiro Machado discursa no palácio da Liberdade e suas palavras começam a forjar o ferro que serviria mais tarde a Manso de Paiva. Carlos Chagas se iguala a Oswaldo Cruz e os dois fazem pelo Brasil o que os charlatães da política nunca tinham feito. Não contando os burros — acatados por trazerem dentro do ventre-caldeirão o "senso grave da ordem" — dizem que nela, política, havia gênios também. David Campista, Carlos Peixoto, João Pinheiro, Gastão da Cunha. Em terra de cego quem tem um olho é rei. Em terra de rei quem tem um olho é cego. Em terra de olho quem tem um cego é rei... Afonso Pena morreu traído e dizem que os trinta dinheiros foram para Itajubá. "Toma, cachorro!" — são as últimas palavras ouvidas por Euclides da Cunha caindo no chão que ele engrandeceu. O "almirante" João Cândido — vestido de ouro e prata — acabou com a chibata, escapou da cal viva da ilha das Cobras e dos fuzilamentos do Satélite para dar, depois, entrevistas de negro velho. Águia de Haia ou Papagaio de Haia? "Fala, fala, fala, meu bem..." Ganhando, mas não levando. Urucubaca era a dele. O outro foi para o Catete, onde se dançou o *corta-jaca* na era da *jupe-culotte*. Mil novecentos e doze vem com a morte do barão, de Quintino e novamente sangue na burrice do Contestado. Mais um ano, dois anos e ouviu-se aqui ribombo que ninguém entendeu — o eco do tiro de Prinzip. Que foi? Que foi? Foi nada, não. Um maluco matou um arquiduque e não temos nada com essa opereta. O diabo é que tínhamos. Pois foi nessa *belle époque* que doenças, necessidades, obrigações, compromissos, acaso, destino — o *fatum* — fizeram convergir para o Rio de Janeiro gente da família de meu Pai, da de minha Mãe. Os parentescos e amizades começaram a tecer a teia dos conhecimentos e dos amores. Vejo-os todos nessa ocasião pelas fotografias que possuo. Álbum de família. O major e a Inhá Luísa passando da maturidade para a velhice, ele magro, elegante, fino, e ela estufando-se nas aproximações da menopausa. Tia Berta, bela entre as mais belas, inclina a cabeça sobre um leque entreaberto em posição que lhe valoriza o busto, o pescoço de cisne, o perfil de medalha. Tia Iaiá, olhos claros no rosto moreno, ora com o coque alto equilibrado sobre a cabeça como um biscoito, ora em xale de rendas, ora de chapéu de plumas. Minha Mãe em ar de baile na fotografia feita para dar ao noivo, toda séria e com a mariposa de gaze pousada no alto dos cabelos construídos. A *Princesa* adolescendo. O grupo tirado no jardim do *Bicanca*, junto aos galhos de cimento que faziam o artifício da ponte rústica sobre rio sempre vazio. Outro, na chácara da Inhá Luísa, onde meu tio Meton enverga o chapelão e assume os ares dum domador de circo. As primeiras netas, Tesinha, Mimi e Lalisa. Houvera outra, também do Paletta, morta nos cueiros — Aída, Aidinha. Do lado de meu Pai a composição feita pelo fotógrafo Olsen em casa do Feijó, numa recepção de homenagem ao dr. Baltar. Minha avó Nanoca, o ar meio tímido e como cedendo o centro da fotografia à enteada Dondon. Tia Alice, toda de branco, mal posando na mesma, como mal roçam, nas pinturas que os representam, os anjos das *Anunciações* de Fra Angelico, de Spinello Aretino e de Leonardo da Vinci. Parecendo o vulto da Helena de Machado, que dir-se-ia não andar mas resvalar silenciosamente. Como esses anjos, adejando junto à virgem-ave — minha tia não pesou na terra.

Meu Pai de sobrecasaca e ostentando todos os atributos: anel de grau no fura-bolos esquerdo, luva de pelica apontando no bolso, livro cingido pela destra, a bengala, a cartola de oito reflexos. Ele novamente, num dia de piquenique com senhoras de *chapéu bilontra* se dando os braços, as mãos, encostando as cabeças, fazendo guirlanda, numa atitude estudada como a do retrato em que aparecem Proust, a princesa Brancovan, a de Polignac, a de Caraman-Chimay, Léon Delafosse e Abel Hermant. A mesma falta de natural, os mesmos penteados, as *guimpes*, os *devant-droits*, as cinturas finas, os bustos soberbos, as cadeiras fabulosas. Outros dois grupos. O primeiro, comemorando os 25 anos da *Fazenda Santa Clara*, no Sossego, perto de Juiz de Fora, a 12 de janeiro de 1903, e onde estão meus pais recém-casados, seu Carneiro, d. Elisa, os convidados e convidadas, entre as quais figurava certa senhora que espavoria as bem casadas, pois que se rosnava ter *furor uterino*. Ela, na fotografia, não mostra furor nenhum — mas tão somente um ar doce, doce e olhos de promessa. O segundo, batido no jardim de Ennes de Souza, onde o patriota vem com a família e mais a famulagem que ele considerava romanamente parte de sua gente. Junto a ele, dominando tudo, a figura marcial do cunhado Maneco, com a farda da Guarda Nacional e sempre de prontidão — como que à espera de nova convocação como a que já o levara ao Sebastopol da Ponta da Armação. Mas uma sobrepuja as demais. A que mostra meu tio Meton da Franca Alencar Filho com o topete no zênite, ar apaixonado e a bigodeira elétrica desafiando os quatro pontos cardeais. Atento agudamente nesses retratos no esforço de penetrar as pessoas que conheci (umas bem, outras mal) e cujos pedaços reconheço e identifico em mim. Nas minhas, nas deles, nas nossas inferioridades e superioridades. Cada um compõe o Frankenstein hereditário com pedaços dos seus mortos. Cuidando dessa gente em cujo meio nasci e de quem recebi a carga que carrego (carga de pedra, de terra, lama, luz, vento, sonho, bem e mal) tenho que dizer a verdade, só a verdade e se possível, toda a verdade.

A 31 de dezembro de 1896 meus tios Alice e Antônio Salles deixam o Ceará de mudança para a capital federal. Com eles ou logo depois deles, chegava meu Pai para cursar o seu segundo ano de farmácia e de medicina na Faculdade do Rio de Janeiro. Também nos fins de 96 ou princípios de 97, meu tio Júlio Augusto de Luna Freire, que era juiz em Pernambuco, é demitido por ter lavrado sentença contrária aos interesses políticos de soba dominante. Vem reclamar no Rio e manda sua mulher, minha tia Cândida (Candoca), para Fortaleza, com Maria, sua filhinha de três anos. Aquela estava grávida da segunda, Alice, que nasceria a 10 de junho. Logo depois, nossa gente, no Ceará, é abalada pela tragédia em que perdeu a vida o cadete Heitor Ferraz, gaúcho, noivo da irmã mais nova de meu Pai, Maria Euquéria (Belisco). O terrível é que esse moço foi atacado por engano e gravemente ferido, foi amparado por populares que o trouxeram a braços para a casa ainda aberta àquela hora — a nossa, de onde ele acabava de sair minutos antes. Foi deitado no sofá da sala de jantar (o mesmo em que estivera o corpo de meu avô), ali se esvaiu e morreu antes da possibilidade de qualquer socorro. O desespero de minha tia seguiu os trâmites clássicos da época, da terra e da gente. Lágrimas sem fim; desespero mudo no fundo duma rede; água, para ser chorada; comida, o que lhe empurravam de boca abaixo. Um mês de soluços, dois, três, quatro, cinco, seis e paralisaram-se os pés, oparam-se as pernas do espectro em prantos. Era o beribéri clássico das apaixonadas. Foram panos para mangas até ela, à custa de muita noz-vômica, começar a andar, retomar um pouco das carnes, ir saindo do mutismo e viajar meio curada, para o Rio, quando minha tia Candoca veio encontrar o marido, com as duas filhas. Meu tio Luna Freire decidira-se afinal a ficar no Sul e aceitar a porca compensação que lhe ofereciam — um lugar de delegado de polícia na capital. Foi assim que meu Pai, estudante, teve logo ambiente familiar na terra carioca e a companhia de dois cunhados e três irmãs. Mais, porque logo depois desembarcava atrás das sobrinhas uma irmã de minha avó, Maria Pamplona de Arruda (Marout). Além da família, havia os amigos aqui encontrados, como Meton da Franca Alencar, João do Rego Coelho, Otto de Alencar e os amigos que fez, como José Cardoso de Moura Brasil Filho (Zeca Moura), seu colega de turma, e Alberto Amaral, também estudante de medicina e frequentando o seu terceiro ano. Ainda no princípio de 1898 meu Pai é chamado a Fortaleza, onde fica até maio, devido à moléstia de sua tia-avó e mãe de criação Rosa Alexandrina, que falece a 13 desse mês.

> Ide. Podeis exercer e ensinar livremente a medicina!
> *Palavras do diretor na colação de grau*

Meu Pai fez o primeiro ano de medicina e o de farmácia na Faculdade da Bahia. O segundo ano dos dois cursos e os subsequentes, no Rio de Janeiro. Aqui, seu professor mais ilustre do curso de farmácia foi o dr. João Martins Teixeira, numa interinidade em que ocupou a cadeira de bromatologia. Ele era lente de física do curso médico, tinha publicadas suas aulas dessa disciplina, mas o que ele era mais, era químico. Pelo menos, dessa matéria era a maioria de seus ensaios. Um dos seus discípulos que escreveu, sob o pseudônimo de Leandro Maltus, a crônica da velha escola, o dá como homem justo, afável, inteligente, de bela voz e bom expositor. Gostava de ditar suas aulas sentado, para esconder o volume desconforme da genitália atingida, parece, ou de elefantíase ou de hidrocele, e que proeminava grotescamente como um balão, fazendo outro ventre, abaixo do vasto ventre. Não se sabe por que, esse defeito tinha-lhe valido a alcunha de *Piezômetro*. No curso médico meu Pai encontrou-se com Ernesto de Freitas Crissiúma, que dava anatomia descritiva pelos passos de Cruveilhier, cujo tratado antecedeu o de Testut na preferência dos nossos mestres. As dissecções eram feitas no mesmo pavilhão que continua de pé na antiga praia, hoje rua Santa Luzia, com seu desconforto, suas salas mal iluminadas e pouco arejadas, a porcaria, o mau cheiro, a alegre barulhada dos alunos descuidados da morte, no meio dos cadáveres — tudo que eu ainda conheci quando, aspirante do curso médico, fui, com Carlos Paiva Gonçalves, assistir a uma prática de Benjamim Batista. E as mesmas peças pregadas pelos estudantes do mundo inteiro uns aos outros. Vísceras atiradas em batalha, mamelões, beiços, narizes, dedos, pênis, ninfas, clitóris, escrotos e testículos furtivamente metidos nos bolsos dos colegas e principalmente na bolsa das colegas. Inúteis as medidas disciplinares contra essas mutilações que obedecem a razões psicológicas profundas e descarregam de agressividade os que vão ser médicos e que assim são purgados, nos anfiteatros anatômicos, da necessidade mais que humana de agredir, atacar, esmagar e estraçalhar o indefeso. E nada mais indefeso que o cadáver, o agonizante, o doente grave. São os primeiros que nos livram do lastro contra e nos desarmam. Melhoram-nos para os futuros contatos humanos. É a Dança Macabra da Anatomia e da Dissecção que começa a nos dar o status médico.

Outro tipo excepcional, com quem meu Pai entrou em contato na praia de Santa Luzia, foi o do mineiro João Paulo de Carvalho, professor de fisiologia e seguidor dos métodos experimentais criados por João Batista Kossuth Vinelli nesse terreno. Entretanto, quem deixaria mais profundas lembranças no seu espírito, dentre os mestres do segundo ano, seria Eduardo Chapot-Prevost. Não como histologista, mas como cirurgião e figura humana. Chapot ligou definitivamente seu nome ao da moderna cirurgia brasileira, cuja história ele inaugura simbolicamente com a famosa operação de Maria-Rosalina. Para realizá-la, ele preparou-se experimentalmente, criou e treinou um sistema pessoal de ligadura hepática, inventou uma mesa cirúrgica destinada ao xifópago e que, separados os mesmos, dividia-se também, indo cada metade para um lado da sala, servida pela respectiva equipe operatória que não interrompia, assim, um instante, o ato cruento tornado duplo. Essa contradança foi repetida e ensaiada, até ficar impecável, pelos atores do auto estrelado por Chapot (cujo elenco compunha-se de canastrões como os drs. Pinheiro Júnior, Paulino Werneck, João Lopes (quem não se lembra do *Lopão* egrégio?) e o mano José Chapot; de vedetes como Sílvio Muniz, Ernâni Pinto, Dias de Barros, Paula Rodrigues, Figueiredo Rodrigues e Chardinal d'Arpenans; de comparsas como Azevedo Monteiro, Amaro e Jônatas Campelo). Digo bem auto, drama, teatro — pois o estardalhaço que Chapot armou em torno do caso não tinha precedentes e escandalizou a compostura de nossa medicina oficial. A imprensa tomou conta do assunto — como hoje do dr. Zerbini — e a operação fez convergir para a Casa de Saúde São Sebastião, além da malta ávida de sangue e sensacionalismo — médicos que se acotovelavam nos corredores, com jornalistas e fotógrafos; estudantes que invadiram os jardins, os corredores e antessalas, subindo em árvores, galgando cornijas, trepando-se aos ombros, pendurando-se em bandeirolas de portas, usando cordas, madeiramentos, móveis empilhados, escadas de pedreiro para alcançar as janelas dos cômodos onde se separava o teratópago. O retratista Leterre foi o documentador oficial da intervenção e deixou da mesma, das doentes, da equipe, fotografias estupendas. Numa, os cirurgiões no ato, depois, nos curativos — dominados pela figura avantajada de Chapot, que ostentava uma espécie de turbante de baiana ou de marajá que foi o seu gorro asséptico. Noutras, as pacientes deitadas, ou sentadas, ou de pé — têm um ar perturbador dado pela nudez pré-púbere realçada pelas botinas e pelas meias compridas. Mal comparando, sugerem os clichês terríveis dos livros pornográficos. Chapot-Prevost, que, pela inventividade científica, lembrava Bichat e, pelo senso de propaganda, o empresário Barnum, era, além de grande médico, figura humana do maior interesse. Popular à gasosa, famoso da noite para o dia — não resistiu às emboscadas da celebridade. Tal e qual o dr. Barnard. Amou. Desabaladamente. Descabeladamente. Era um desaforo o desplante com que parava sua parelha horas e horas, sol a pino ou noite escura, em frente à casa da eleita que ficava no princípio da rua das Laranjeiras. Era uma das senhoras mais elegantes da cidade e fascinaram-na a barba mordorrê, os olhos azuis e o brilho *estelar* do mago do bisturi. Ele ia vê-la quando descia e quando subia, pois morava perto, à rua Alice, num sobrado que pertencera ao sogro, o conselheiro Joaquim Monteiro Caminhoá. Conheci esse imóvel em 1939 (era então o número 41, antigamente 7) e ele me foi mostrado minuciosamente por Maurício Lacerda Filho, sobrinho-neto de Chapot. Aqui era o quarto do tio Chapot. Aqui seu escritório. Essa era a privada onde ele se esquecia e ficava estudando a manhã inteira, na posição em que López perdeu a guerra. Como você vê, fica em cima da saleta onde minha mãe estudava piano e ouvia, a cada acorde errado, a batida dos pés do tio Chapot, protestando, em cima, contra a desafinação. Ele tinha um ouvido...

Entre uma aula e outra, os estudantes iam para a porta conversar, olhar o mar, descarrilar os bondes, namorar as lavadeiras de Tanagra, quebrar a cara dos burros sem rabo ou aglomerar-se em torno ao tabuleiro da Sabina divina, saboreando suas cocadas e *punhetas*. Esse último nome era o de uma gostosura amassada com a mão — um doce, bem entendido! — feito com tapioca, coco e assadinho no borralho. A Sabina era uma negra fabulosa, saída, com seu colo de ébano, sua bunda de jacarandá e seus olhos de jabuticaba, de um Rugendas ou de um Debret. Era amiga dos estudantes e tinha para se anunciar pregão composto por ela e que ela cantava, balançado como as ondas que iam e vinham e batiam no cais, entre as portas da faculdade e as escadas da Misericórdia.

> Sou a Sabina. Todas as tardes,
> Todas as tardes sou encontrada,
> Sou encontrada lá na calçada
> Lá na calçada da Academia,
> Da Academia de Medicina.

Ora, um belo dia, nada de Sabina, de seu xale da Costa, de suas saias de goma, de suas chinelas sonoras, de seu pregão merencório. Nada de cocadas, nada de cuscuz, nada de *punhetas*. Nada. A autoridade sanitária tinha proibido os tabuleiros e um tenente de polícia atrabiliário tinha *rapado* o da Sabina. Os estudantes deram outro e, quando o meganha voltou, encontrou a negra garantida pela faculdade. Começou a inana. Pode! Não pode! Fora, puto! Ordens são ordens! Merda pras ordens! Não pode! Pode! Houve pescoções, bengaladas, golpes de refle. Cavalaria e rolha para cavalo pranchear. Tentativa de invasão e defesa da cidadela com garrafões de ácido sulfúrico despejados por Guahyba Rache, em cima dos soldados. Finalmente os tiros. Houve feridos e parece que mortos. A revolta ficou chamada a *Sabinada* e terminou porque aconteceu que o chefe de polícia não era integralmente cretino e mandou que tornassem ao lugar negra e tabuleiro. Ela voltou e ouviu-se novamente seu pregão todas as tardes. Todas as tardes lá na calçada, lá na calçada da Academia, da Academia de Medicina. (Essa história eu a ouvi de um contemporâneo de meu Pai, Levy Coelho da Rocha, médico em Belo Horizonte. Se não estiver conforme, outro, do tempo, que a conte melhor.)

 Em 1898 meu Pai faz simultaneamente o terceiro ano de farmácia e o de medicina. Foi por essa época que seu amigo *Zeca Moura* levou-o para trabalhar na Policlínica Geral do Rio de Janeiro, já então feudo da família Moura Brasil. Seu chefe, nessa instituição, foi o professor Pedro Severiano de Magalhães — o famoso *Flechão*. Era baiano, catedrático de patologia cirúrgica desde 1891, chefe da clínica cirúrgica da Policlínica, ríspido de maneiras, brusco de modos e homem de má catadura. Tudo isto lhe vinha de desgosto íntimo, parece que doença crônica de um filho ou filha — porque, no fundo, era um coração de ouro. Fazia a cirurgia que se fazia na época, mas era essencialmente um tropicalista, continuador dos estudos da Escola Parasitológica da sua província, tendo deixado farta contribuição pessoal ao estudo das filárias, áscaris, tênias, das bicheiras e dos bernes. Os alunos moradores no interior eram solicitados a lhe trazer, no álcool, os bernes que ele estudava. Voltavam das férias com vasta messe. Sabendo que Furquim Werneck tinha um sítio nos arredores do Rio, o *Flechão* pediu a seu filho Hugo, então acadêmico, alguns exemplares das larvas. Mal sabia ele em que porta estava batendo... Foi-lhe dito que conhecia muito bem os bernes que interessavam, que tinha muito na fazenda do pai, mas que ele, Hugo, não trazia nada, não! por causa das insolências que sofrera do professor nas aulas de patologia cirúrgica. Logo quem? reclamando contra más-criações! Hugo, Hugo Werneck, o mesmo Hugo Furquim Werneck cujos desaforos fizeram época em Belo Horizonte e diante do qual Pedro Severiano era um cordeiro pascal... O apelido *Flechão* vinha do fato do seu portador não pronunciar *flec-são* e sim *flechão* quando dizia *flexão*. A *flechão* do cotovelo, a *flechão* do joelho, a *flechão* do pescoço — é como ele falava em aula. Nestas, ele ficava furioso quando via saias, que a medicina, no seu entender, era profissão de macho. Quando tinha alunas, trocava-lhes o sexo, dando-lhes nomes masculinos. A moça estudante que seria depois a esposa do mestre Adolfo Luna Freire, à chamada, ele gritava: sr. Mário Fernandes da Glória!, a que a futura médica, imperturbável, respondia — Ma-ri-a-da-Gló-ria Fernandes, presente! Meu Pai o tinha em alta conta, trabalhou com ele até formar-se e dedicou-lhe sua tese com palavras repassadas de respeito, consideração e estima. Mais profundamente ainda marcá-lo-ia outro baiano: Francisco de Castro, que ensinava, no terceiro ano, a cadeira de clínica propedêutica. Magro, cerrado numa sobrecasaca preta, pálido, cabeleira revolta apartada ao meio, olhos profundos e doces, barbicha andó — tudo isto lembrava Nosso Senhor Jesus Cristo. Somado esse aspecto físico à sua eloquência e à sabedoria de cada Sermão da Montanha que eram as suas aulas, temos a razão da alcunha por que o tratavam os discípulos fanatizados: o *Divino Mestre*. Vinha da grande tradição internística do barão de Petrópolis e de Torres Homem. Foi o continuador dessa escola e transmitiu o lábaro a seu pupilo, assistente e sucessor — Miguel de Oliveira Couto. Sua popularidade entre os discípulos era imensa sem ser unânime, porque havia contra ele a minoria dos sequazes de Nuno de Andrade e Rocha Faria. Meu Pai filiava-se aos *Castros* e era infenso aos *Nunos* e *Farias*. Porque nessa época os alunos faziam talmente corpo com os professores que as questões entre estes tinham, muitas vezes, seu epílogo no pátio da faculdade ou na rua de Santa Luzia — nas bengaladas que se trocavam os estudantes (depois se verá o que os *Nunos* e *Farias* fizeram um dia ao Chico de Castro).

    O ano de 1898 foi o da formatura de meu Pai em farmácia. Já contei como meu avô paterno foi roubado e empobrecido por um empregado safado e ladrão. O pouco que sobrou de seus bens deu um pequeno dote para cada filha e para meu Pai a possibilidade de se manter uns três a quatro anos na faculdade. Por isso ele formou-se em farmácia para, à custa desta profissão, enfrentar os anos finais do curso de medicina sem ser pesado à mãe e ao padrasto. Logo que obteve o título de boticário, instalou-se no Méier, à rua Goiás 32-F, com a *Farmácia Nava*. Além de vender os produtos industriais que faziam furor na época, meu Pai adquiriu enorme prática da arte de formular, de tanto manipular os símplices e coadjuvantes das receitas que lhe chegavam às mãos.

Estavam no primeiro caso os remédios que curavam as anemias, as tosses, os vapores, as asmas, os esgotamentos, as descompensações, as pontadas, as dispepsias, as sífilis e as gonorreias da *belle époque*, como os cacodilatos, os metarsinatos e as lecitinas de Clin; os mercúrios simples da solução de Panas e os iodados da de Prokhorow; a papaína do dr. Niobey, o Gonosan Riedel, os pós de Legras, o sândalo Midy, as soluções de Trunecek, Picot e Barbosa Romeu; os *seruns* de Bardet, Cantani e Luton; e mais a neurosina Prunier, as gotas amargas de Gigon, o gomenol e o cloretilo Bengué em frascos obturados a parafuso ou a *clapet*. No segundo, os percolatos, os xaropes, os elixires, os electuários, os supositórios, os óvulos, as velas, os comprimidos, as pílulas, as cápsulas e os papéis — todo o estadear triunfante da era do *julepo gomoso* — que meu Pai edulcorava, tamisava, pulverizava, fervia, destilava, decantava, coava, secava, espoava ou moldava — com os requisitos da farmácia galênica. Ele manteve a botica e por ela foi mantido até formar-se e só a passou adiante quando se atirou à clínica do interior.

No resto do curso médico meu Pai teve de adquirir o dom da ubiquidade, pois estava sempre na sua farmácia; sempre na Policlínica, ao lado do *Flechão*; sempre na Santa Casa, na enfermaria do *Divino Mestre*. Além disso, frequentou, no quarto ano, os cursos de Azevedo Sodré, Paes Leme e Cipriano de Freitas. As aulas deste tinham de ser seguidas do banco da música, pois tratava-se de maranhense que fora amigo de meu avô e que tinha ligações com nossa gente (de fato, Custódio Belchior, viúvo de uma irmã de Ennes de Souza, casara-se pela segunda vez com uma irmã de Cipriano de Freitas, tornada assim madrasta de nossos primos Custódio Ennes Belchior e Maria Ennes Belchior). Isto tornava o professor mais exigente com o aluno e este mais atento às preleções da cadeira de anatomia e fisiologia patológicas. Cipriano de Sousa

Freitas, que eu ainda conheci na casa de Ennes de Souza, tinha o olhar sutil dos míopes, volutas compactas de vastos bigodes de prata, cabeleira do mesmo metal, vozeirão retumbante de enfisematoso e era alto, ossudo, anguloso e fino como um d. Quixote. Foi, na França, discípulo e colaborador de Vulpian e, no Brasil, o criador do ensino de anatomia patológica e o divulgador das ideias de Claude Bernard. A coleção dos livros desse mestre manuseada por Cipriano foi ter às mãos de Modesto Guimarães e destas passou às minhas — como presente que me fez Lúcio Costa — genro do último. Guardo-a como relíquia de três grandes nomes. Em 1900 meu Pai cursa o quinto ano; está, a 30 de maio, no grupo que se acotovela na Casa de Saúde de São Sebastião e é dos que ajudam a levar Chapot-Prevost em triunfo depois da operação de Maria-Rosalina; frequenta as aulas de José Benício de Abreu na segunda cadeira de clínica médica; as de Henrique Ladislau de Sousa Lopes na de terapêutica; e quase morre às mãos de um galego à praia de Santa Luzia, nas portas da Santa Casa de Misericórdia. Salvou-o Eduardo Borges da Costa — que anos depois referiu-me o caso, quando meu professor em Belo Horizonte. Aquela frente de hospital, sempre cheia de estudantes, era o caminho dos *burros sem rabo* que desfilavam com passadas de sete léguas meio suspensos aos varais dos carrinhos atochados de carga. A diversão dos rapazes era pular na traseira dos veículos para, desequilibrando-os — levantar no ar a alimária humana que os puxava. Meu Pai era aficionado desse esporte. Pois um dia, depois de levitar um galego, ia subir as escadas da Misericórdia quando a fúria vem de varapau alçado e descê-lo-ia na cabeça do brincalhão descuidado se Borges da Costa — capoeira da Praia Grande e remador do Gragoatá — não o tivesse estatelado com um magistral *rabo de arraia*.

    O doutorando José Nava inaugura o século nesse estado. Tenho em mão seu cartão de matrícula, assinado por Francisco de Castro. Meu Pai é o número 6 do sexto ano. Além da farmácia, da Policlínica e da Santa Casa, ele arranja mais trabalho. É da diretoria do Grêmio dos Internos dos Hospitais do Rio de Janeiro e interno da Casa de Saúde Dr. Eiras, onde conquista a amizade de seu diretor, o psiquiatra Carlos Eiras, inspirador e orientador de sua tese. Ali reside um ano e lá está de pé o chamado *chalé*, onde ele habitou, e vivas, as árvores que o viram vivo. Seus mestres nesse ano seriam Rocha Faria, na cadeira de higiene; Nuno de Andrade, na primeira de clínica médica; Feijó Júnior, na de obstetrícia; e Miguel Couto, que praticamente substituía, na enfermaria e na cadeira, o Castro, tomado pela direção da faculdade.

É em 1901 que surge a estúpida questão dita da "numeração dos bancos" que lançaria um grupo de alunos insubordinados e facciosos contra o diretor. Nunca pude saber exatamente do que se tratava e em que essa numeração feria os estudantes. Não me foi possível obter esclarecimentos de Agenor Porto, nem de Penido Burnier, com quem várias vezes conversei sobre o assunto. A ambos traía a memória octogenária. O certo é que dessa coisa confusa nasceu a onda de indisciplina desabada sobre a faculdade e que culminou com vaia passada na figura por todos os títulos sagrada de Francisco de Castro. Os que ainda se referem ao episódio contam do diretor atravessando corredor cheio de amotinados (entre os quais, disse-me Penido Burnier, os mais exaltados eram Guilherme da Silveira e Agenor Porto!) pelos quais foi coberto, cara a cara, das mais pesadas injúrias e duros baldões. Funcionou nessa emergência, dividindo os alunos, o sulco que afastava os mestres. Agenor Porto, por exemplo, era um *Faria*. Guilherme da Silveira, *Nuno*. Quando, logo depois desses sucessos, Francisco de Castro morre a 11 de outubro de 1901 — criou-se a lenda do seu suicídio. Ulcerado pelo que ouvira dos discípulos, ter-se-ia inoculado uma cultura de bacilos pestosos. Não, não e não. Isso não é verdade. Posso atestar, sem ser contemporâneo, pelo que, separadamente, Afonso Arinos de Melo Franco e eu ouvimos de Aloysio de Castro. Contou-nos a mesma história, com os mesmos detalhes, da doença e morte do pai. Aloysio acompanhava-o na visita a um doente de peste quando este tem um acesso de tosse e projeta grande quantidade de secreção sobre a face do médico, que se curvava para auscultá-lo. "Vi a face e as barbas do Mestre perladas de catarro" — disse-nos Aloysio, descrevendo a cena. O que se seguiu foi rápido e trágico. Seu pai morreu também, em dias, de uma pneumonia pestosa. Quem conheceu a veneração de Aloysio pelo pai, quem conheceu, principalmente, sua retidão, sua compostura, sua integridade, seu comedimento, sua decência, sabe que se o Castro tivesse se matado, jamais dos jamais seu filho entraria em pormenores sobre sua morte. Ficaria calado. Se ele falava, falava a verdade e sua versão é que tem de ser adotada por todos os homens suficientemente de bem, para compreenderem e acreditarem outro homem integralmente de bem. Uma. O bravo Castro nunca seria de fugir pelo suicídio, ele que não fugira da luta empenhada contra Nuno de Andrade e Rocha Faria nem da rumorosa questão que foi a do *invento Abel Parente*, nem dos inumeráveis canalhas ofuscados pelo seu gênio e que foram profligados no discurso de posse de seu filho, na Academia Nacional de Medicina. Era, no fundo, um duro, e lembro-me bem de uma frase de Aloysio de Castro quando ele contou-me, certa vez, detalhes das lutas do pai. Quando ele me falou do encarniçamento com que se batera Francisco de Castro, não pude calar minha surpresa, dizendo que nunca poderia realizar o *Divino Mestre* metido em tais lances. "Professor, tudo isso me deixa assombrado porque eu fazia de seu pai a imagem da brandura e da suavidade!" "Decerto, decerto, meu bom Nava. Meu Pai era a imagem da brandura e da suavidade, era. Mas tocado em seus direitos, reagia como uma fera!" Duas. De mais a mais, assim como as histéricas se matam com o primeiro desinfetante à mão; os impulsivos, se defenestrando; os exibicionistas, ateando fogo às vestes; os bravos, à bala; os neurastênicos, se enforcando — os médicos se destroem pelo veneno (que ainda é remédio!) e quase nunca pela inimiga moléstia. Três. Abordo esse tabu para dar meus argumentos e acho que faço bem. É preciso anular às claras calúnia que nunca é escrita, mas que se transmite implacavelmente pela tradição oral, alongando-se, no tempo, como uma cobra venenosa. E de longa vida, como as cascavéis... Se os que têm uma visão bondosa dos fatos se abstêm de comentá-los, deixam o campo livre para os bichos rastejantes que babam no tronco das grandes árvores. Se não se toca nesses assuntos, acabam os homens distorcidos e esvaziados da substância humana que neles habitou. É o que acontece com a maioria dos nossos grandes médicos, cujas vidas são geralmente abordadas por biógrafos com luvas de borracha que desinfetam tudo que existe de humano para só ensaiar o mito esterilizado que anula o homem. Onde estais, Miguel Couto, Oswaldo Cruz e Carlos Chagas? Quem vos poderá conhecer? dentro das roupagens de santo com que vos afublaram e que tanto vos desfiguram. Esquecem que cada homem só vive e é grande quando mostrado integralmente. Nos seus acertos e erros. Nos acertos e erros dos outros sobre sua pessoa. A morte de Francisco de Castro foi um impacto terrível sobre os moços da faculdade. Principalmente sobre os que o tinham injuriado e que se sentiram, de repente, arder dentro da túnica enxofrada dos parricidas. Acossados pelo remorso, foram eles os primeiros a romper as barreiras que a autoridade sanitária queria impor, nas cerimônias do sepultamento, e suas mãos deixaram cair as pedras da lapidação para disputar as alças do caixão do Mestre e levá-lo apoteoticamente ao Cemitério de São João Batista. Nesse tempo ignoravam-se ainda várias questões referentes ao contágio e transmissão da peste e o gesto daqueles moços carregando o cadáver glorioso e infecto — foi ato de bravura que os redimiu da covardia da véspera. No enterro, confundiram suas lágrimas *Castros*, *Nunos* e *Farias*.

Seis dias antes de acompanhar ao cemitério o corpo do Mestre, a 5 de outubro de 1901, meu Pai comparecia perante banca em que figurou inesperadamente Nuno de Andrade, para sustentar sua tese de doutoramento "Responsabilidade jurídica dos afásicos". Trata-se de um trabalho notável, admiravelmente fundamentado, elegantemente escrito e que foi posto por Juliano Moreira entre os clássicos da nossa psiquiatria. Entretanto esse ensaio só logrou aprovação plena, quando a regra era a aprovação distinta de todas as teses que não fossem integralmente infames. Para se compreender os motivos dessa nota medíocre é preciso se saber o que eram as defesas de tese na faculdade e compreender o antagonismo que antepunha um *Castro*, como era meu Pai, ao inspirador e anjo dos *Nunos* — o próprio conselheiro Nuno de Andrade.

Nuno de Andrade nasceu em berço de ouro. Era neto do moço fidalgo da Casa Real Manuel Ferreira de Andrade, que veio para o Brasil na comitiva da rainha e do príncipe d. João, e de d. Edeltrudes Maria Quadros, que foi, na Corte, a *ledora* das princesas viúvas. Seus pais foram o educador Camilo Ferreira de Andrade e d. Gertrudes Rosa de Oliveira. Veio ao mundo no Rio de Janeiro, a 27 de julho de 1851, e aqui morreu a 17 de dezembro de 1922. Foi professor de filosofia, por concurso, aos dezessete anos, falava latim correntemente e formou-se em 1875. Casou-se na aristocracia rural da província do Rio de Janeiro, com d. Maria Carlota Rodrigues Torres Cotrim. Além de fidalgo pelo nascimento, Nuno era fidalgo pelo talento — tendo sido um dos médicos mais inteligentes de seu tempo. Substituto de ciências médicas em 1877, lente de higiene em 1884, sucede, em 1888, seu mestre Torres Homem na primeira cadeira de clínica médica. Foi o construtor do Lazareto da Ilha Grande, razão por que o imperador quis fazê-lo barão da dita, mas sem grandeza. Orgulhoso, Nuno recusou o apanágio para não confundir-se com os *barões da Santa Casa* e os *barões da Alforria* — que o Trono agraciava com um título, retribuindo donativos pios e libertações de negros. Esses filantropos ficavam barões, ficavam, mas jamais recebiam a grandeza. Nuno, sem ela, não quis o título, mas aceitou entrar para o Conselho de Sua Majestade. Sua clínica era imensa e rivalizava com a do Chico de Castro. Nela fez fortuna e, quando caiu d. Pedro II, Nuno, enojado, resolve mudar-se para a Europa. Apurou o que ganhara, sangrando, purgando, e embarcou levando oitocentos contos de réis, quantia fabulosa para a época. Mas a República trouxe o *encilhamento*, que o empobreceu. Teve de voltar e reassumir a cátedra. Ensinava, mas tinha perdido o gosto pela vida de médico, passando a ser homem de letras, higienista, financista. Deixou a faculdade em 1908, segundo sua própria expressão — "jubilado e jubiloso". Com o pseudônimo de Felício Terra, publicou os livros *Imagens* e *Contos e crônicas*. Esse *talon rouge* superior pelo sangue, esse intelectual superior pelo espírito — tinha uma inferioridade que o magoava. Era pequeno de tamanho. Não adiantava empertigar-se nem altear os saltos. De sua baixa estatura nasceu seu primeiro embate com meu Pai. Este surpreendeu, uma vez, o conselheiro, num corredor deserto da faculdade, na ponta dos pés, e tentando inutilmente acender o pito num bico de gás. Meu Pai não resistiu. Chegou-se, tomou o charuto e num gesto sem esforço, nos seus quase dois metros, fez a brasa e devolveu o *baiano* ao professor. Este, tragando raiva e fumaça, agradeceu. Muito obrigado, muito obrigado, moço — quando o senhor precisar qualquer coisa cá por baixo, esteja certo de me encontrar às ordens. O senhor não será esquecido. O doutorando estava marcado. Quando veio a defesa de tese...

Sustentar uma tese na faculdade era trânsito pela *porta estreita*. Todos passavam, geralmente com distinção — mas levando para casa as ironias, o gozo, as setas ervadas, os ditos de duplo sentido, a esculhambação em regra dos professores — que aproveitavam a ocasião mais para brilhar que para arguir. Era do tempo. Quando o menor Nuno pilhou diante dele o comprido Nava, entrou de sola. Espinafrou tudo: assunto, linguagem, dialética, impressão, papel... Num dado momento, deu o golpe de misericórdia. Vejam o que o doutorando escreveu neste papelucho. Página 2:

Desde Epicuro, que ensinava ser a linguagem um dom natural do homem como é o latir dos cães e o relinchar dos cavalos [...].

Agora a folhas 32:

Hanot cita caso de um doente que, querendo referir-se ao cavalo, imitava o seu relinchar.

O doutorando, pelo ver, parece que gosta e entende desta linguagem... Meu Pai, que a cada ataque se mostrava sucumbido, baixava a cabeça, descaía os ombros e se curvava como se fosse entrar de chão adentro, apanhou a deixa, endireitou o corpo e desfechou a resposta. Gosto, professor, gosto da linguagem dos quadrúpedes apesar de compreendê-la pouco. A que eu entendo melhor é a dos pássaros. A do sabiá, por exemplo. A sala retumbou numa gargalhada unânime e Nuno enfiou porque — outra inferioridade de grande homem! — ficava uma fera com o apelido de *Sabiá Xarope* que tinha entre os estudantes. Na hora do veredito, já se sabe: plenamente. Meu Pai não ligou, mas quem não perdoou foi meu tio Antônio Salles. Essa nota teria consequências — quem o diria? — administrativas e literárias. O surupango da vingança veio no governo Rodrigues Alves, quando se tratava de dar novos rumos sanitários ao país. Oswaldo Cruz, na sua vocação de *mata-pau*, já tinha deglutido o barão de Pedro Afonso no Instituto Soroterápico e começava a mastigar o conselheiro na saúde pública (seja dito, entre parênteses, que, na Policlínica, o grande Oswaldo teve de regurgitar, como não manducável, o coriáceo Moura Brasil, de quem lhe veio a única derrota que sofreu na vida!). Antônio Salles resolveu auxiliar o guloso e iniciou sua famosa campanha do "Tudo passa... e o Nuno fica" nos "Pingos e respingos" de *O Correio da Manhã*. A cidade gozou e as quadrinhas corriam de boca em boca.

> Passa o bonde do Catete,
> Passa a preta da canjica,
> Passa a lata do sorvete...
> Tudo passa, e o Nuno fica.

> A planta medra, floresce
> Se dá frutos, frutifica,
> Depois a fronde emurchece
> Tudo passa... e o Nuno fica.

O próprio Nuno, que era homem de espírito, no princípio achou graça. Mas aos poucos foi recolhendo o riso e acabou irritado com aquela agulhada diária, glosada por seus inimigos, gozada pelos amigos do Oswaldo e cantada pelos moleques da rua com a música de uma canção pornográfica, o "Se está nu, não está vestido" — que concorreu para a universalização das quadrinhas. Um dia ele falou agastado a Brício Filho, que foi correndo repeti-lo a Edmundo Bittencourt: "Digam ao Salles que escreva tudo que quiser, contanto que não me chame de brocha... E olhe, ele que precisa rimas em ica, não se esqueça de falar em pica...". Quando meu tio soube do desafio, levantou a luva, pôs o Nuno do que ele não queria e fez rimas com a dita.

> Morre a flor que mais se estima,
> Morre o espinheiro que pica
> (Seu Nuno, gosta da rima?)
> Tudo passa, e o Nuno fica.
>
> No carrilhão de Cupido
> O Nuno já não repica;
> Passou-lhe há muito o prurido...
> Tudo passa, e o Nuno fica.

A onda de ridículo avolumou-se de tal ordem que o brioso Nuno resolveu demitir-se. Essa demissão era desejada pela imprensa, pelo governo, pela classe médica, pela opinião pública, por Oswaldo Cruz e principalmente pelo próprio demissionário. Na sua última entrevista com o ministro, despedindo-se, declarou: "Excelência, o Nuno sai, mas... fica às suas ordens!". O plenamente de Nuno, na tese de meu Pai, valeu-lhe a campanha de Antônio Salles. Mas foram-se os anos, todos morreram, cessaram rancores, tudo foi tragado pelo tempo — *Autant en emporte ly vens*. Entretanto persiste a lembrança do grande médico, do professor, do financista, do jornalista, do escritor, e hoje podemos dizer sem pilhéria, antes com a verdade do coração, que *tudo passa e o Nuno fica...**

A turma de meu Pai, a primeira do século XX pela Faculdade de Medicina do Rio de Janeiro, colou grau a 16 de dezembro de 1901, perante o diretor Feijó Júnior, que recebeu o juramento, impôs o anel e deu o *Ite* a 46 doutorandos virados, assim, doutores. O paraninfo foi Miguel Couto, estreante nessa honraria, apesar de não ser ainda titular da cátedra que ocuparia depois. O quadro de formatura ficou exposto na rua do

---

* Do arquivo de Antônio Salles, hoje em minhas mãos, tiro mais as seguintes quadrinhas:

De certas damas, às vezes
A barriga estica, estica;
Mas ao fim de nove meses
Tudo passa... e o Nuno fica.

Se o Nuno acaso estivesse
Presente na Martinica,
Talvez nada acontecesse...
Tudo passa, e o Nuno fica.

O próprio bronze, com as eras,
Se oxida, se danifica...
Vão-se verões, primaveras...
Tudo passa e o Nuno fica.

O Manoel José de Soisa
Idolatrava a Xumbica;
Agora nem *cumo coisa*...
Tudo passa, e o Nuno fica.

A inanidade terrena
É lei que jamais claudica;
Como o herói em Santa Helena,
Tudo passa, e o Nuno fica.

Tomba o penhasco imponente,
Fenece a anosa oiticica,
Vai-se embora um presidente,
Tudo passa... e o Nuno fica.

Muita vez anda descalço
Quem calçou fina pelica...
Navios passam nos mares...
Tudo passa... e o Nuno fica.

O remorso o mais pungente
Que tem quem crimes pratica,
Por fim já ninguém mais sente...
Tudo passa, e o Nuno fica.

Um velho mais uma velha
Foram se lavar na bica,
Zás! a velha escorregou...
Tudo passa e o Nuno fica.

As nuvens passam nos ares,
A água passa na bica,
Navios passam nos mares...
Tudo passa... e o Nuno fica.

De um Jequitibá no tope
Cantava o sabiacica:
"Feliz é o sabiá-xarope,
Tudo passa, e o Nuno fica".

Pulseira de burro é peia
Milho cozido é canjica,
Mulher de cauda é sereia...
Tudo passa, e o Nuno fica.

Ouvidor, em frente à redação de *O País* e foi composto por J. Insley Pacheco, artista fotógrafo estabelecido à rua dos Ourives 38. Uma figura alegórica, que pode ser Higia e que pode ser a Fama, coroa de louro e de crepe às cabeças de Albino de Alvarenga e Francisco de Castro — recentemente falecidos. À destra da composição o caduceu, iluminado, não pelo sol, mas, modernamente, por uma lâmpada de Roentgen. À esquerda, a divisa gloriosa da faculdade: *Ad cives servandos*. Ao alto, a figura do diretor emerge como a de uma foca, de um oceano de barbas. Dessa turma, os mais ligados a meu Pai eram Moura Brasil Filho, Teodorico Padilha, Batista de Queiroz, Mascarenhas de Sousa, Mário Graco, Guahyba Rache e Manuel Venâncio Campos da Paz. Outros colegas: Alberto Teixeira da Costa e Maximino Maciel — que cedo abandonaram Hipócrates por Euterpe e

A decadência de Roma
Perfeitamente se explica:
Tudo o mesmo rumo toma...
Tudo passa... e o Nuno fica.

Já não há peste bubônica,
Com prazer se verifica;
Ficou, porém, a nunônica...
Tudo passa, e o Nuno fica.

Teu amor já não é meu?
Perguntou o Chico à Chica;
E a Chica lhe respondeu:
— Tudo passa, e o Nuno fica!

Vai-se o inverno, chega o estio,
O sol a terra caustica;
Volta novamente o frio...
Tudo passa... e o Nuno fica.

O justo, que faz o bem,
O mau, que crimes forjica,
O mesmo destino têm
Tudo passa, e o Nuno fica.

Do tempo aos frios abraços,
Qual se fosse frágil mica,

Faz-se o granito em pedaços...
Tudo passa, e o Nuno fica.

O gozo que nos afaga,
A dor que nos mortifica,
Tudo com o tempo se apaga...
Tudo passa... e o Nuno fica.

Disse o profundo Houbigant:
— Este mundo é uma futrica!
Vive a rosa uma manhã,
Tudo passa, e o Nuno fica.

O alteroso monumento
Que o homem vaidoso edifica,
Pode ruir num momento...
Tudo passa... e o Nuno fica.

O trigo passa a ser massa,
Passa o milho a ser canjica,
A uva passa a ser passa,
Tudo passa... e o Nuno fica.

Jurou o ingrato Jojoca
Amor eterno à Zizica;
Hoje gosta da Fofoca...
Tudo passa... e o Nuno fica.

Calíope. Conheci a ambos. O segundo, na Livraria Garnier, apresentado por meu tio Antônio Salles. O primeiro, com sua sobrinha Bidu Saião, em casa de meu tio Heitor Modesto, seu amigo íntimo. Isso foi aí pelos 20 e nessa época Teixeira da Costa estava às voltas com a composição de uma ópera mozartesca chamada *Sóror Angélica*.

Quando ele nos revelou o entrecho e cantarolou ao piano os lances mais patéticos, todos ficamos engasgados de emoção naquela longínqua tarde da avenida Pedro Ivo. Era a história de um amor desgraçado. Ela vai para o claustro e ele para as tabernas. Uma noite de Carnaval um homem é malferido à porta do convento que se abre para socorrê-lo. Justamente as monjas passavam para o coro e sóror Angélica reconhece o bem-amado naquele pierrô agonizante. Precipita-se e beija em a boca o que amolece, cadáver! nos seus braços. Fim do quarto ato. Na última cena do quinto, ouve-se o garganteio da confissão da freira (soprano dramático) e o perdão do padre (*basso* profundo), que encerra cantando a ária — "Sóror Angélica não peca por ter beijado a Morte". Pano, lentamente, numa cena que devia escurecer aos poucos, enquanto o ronco do capelão se prolongasse sustentado pelos violinos, pelos oboés e pelas trompas. Lindo, lindo, lindo! Outros que conheci: Rogério Coelho, como *médico do banco* da Santa Casa e como oficial de gabinete de Clementino Fraga; Campos da Paz, perseguido pela polícia fascista de Felinto Müller; Doellinger da Graça, de quem ainda fui companheiro na Academia Nacional de Medicina; Moura Brasil Filho, à cabeceira de meu Pai morrendo. Glória maior dos doutorandos de 1901: Ayres Neto, o grande cirurgião paulista. Além dos colegas de ano, meu Pai cultivou e teve a amizade de mais velhos como Carlos Eiras, João Marinho, Queiroz de Barros e Adolfo Luna Freire, irmão de seu cunhado Júlio. Também a de contemporâneos da faculdade como Aloysio de Castro, Paula Maiwald e Alberto Amaral, outro que morreu muito moço. Desse, lembro-me vagamente, pois fui uma vez visitá-lo com meu Pai, se não me engano numa casa perto do largo do Machado. Eu tinha sete anos e nunca tinha visto um doente, eu, que estava destinado a dar minha vida aos doentes. Não me esqueço de seus óculos pretos, de suas mãos de cera, do desamparo de sua voz, do xale-manta que cobria suas pernas perclusas, da sua cadeira de rodas e da mãe miúda e velhinha que o assistia na desgraça.

Mas o amigo por excelência de meu Pai — amigo de infância, amigo do Liceu do Ceará, amigo da faculdade e da sua curta vida — foi Meton da Franca Alencar Filho. Seus progenitores foram o médico e cirurgião Meton de Franca Alencar e d. Clotilde Alves de Alencar (d. Culó, prima Cló). Esse dr. Meton, velho, era filho do major Antônio da Franca Alencar e de d. Praxedes da Franca Alencar. Era, pois, primo-irmão de meu avô Jaguaribe. Nascera em Mecejana a 7 de setembro de 1843 e estava no terceiro ano da Faculdade de Medicina da Corte quando se ofereceu para ir trabalhar no Corpo de Saúde do Exército, no Paraguai. Voltou de lá capitão e com a Medalha de Campanha. Conta-se que ele curava, numa barraca, um grupo de cearenses lanhados da última refrega quando um comandante que passava achou graça de vê-los tão maltratados. Gozou-os abertamente, pela marmelada neles feita pelos soldados de López. Meton é quem respondeu:

> É verdade, meus patrícios foram mesmo bem esfregados... Mas note vosmicê que estão todos feridos pela frente. Nenhum deles tem sequer um arranhão pelas costas. Cearense não foge...

Doutorou-se em 1870 com uma tese sobre "Ferimentos da uretra" e foi clinicar na capital de sua província. Em Fortaleza adquiriu imensa fama por sua caridade, pela habilidade, pelo espírito inventivo, por sua audácia. Esta é que o levou a localizar e operar, com êxito, abscesso cerebral que diagnosticara em seu primo Filoxenes de Alencar, salvando-lhe a vida, e a fazer, também com bons resultados, uma transfusão de sangue braço a braço usando, como cânula, o cálamo de uma pena de galinha. A sorte com que se houve nessas verdadeiras loterias faz dele pioneiro da nossa cirurgia nervosa e o autor da primeira transfusão operada no Brasil. Outra primazia sua, apontada por Jurandir Picanço:

> esboçou o sentido hoje moderno da necessidade de assistência social aos cardiopatas.

Isto se deduz do seu livro *Cardioterapia*. Passou rapidamente pela política e parece que data de seu tempo de deputado o remoque que Ennes de Souza repetia às gargalhadas e que saíra como verrina num jornal do Rio.

Meton, Montandon, Basson:
Três ON que não valem UM.

Nada sei do Montandon nem do Basson. Se eram iguais a um, meio, ou menos. O Meton, este, valia o mais de um que valem os homens de bem, os bons médicos, os benfeitores dos seus concidadãos. Esse seu nome, um pouco precioso, que é o de um periodeuta e filósofo grego, transmitiu-se com suas qualidades, sobretudo as inventivas e de improvisação, ao filho que, para melhor ser distinguido do velho, tinha o apelido de *Moço*. O Moço foi o melhor amigo de meu Pai. Conheceram-se meninos, ficaram irmãos à primeira vista e dela jamais se perderam até que a morte os apartou. Juntos fizeram o primário e escorregaram em tobogãs de palmeira sobre as dunas do Mucuripe. O secundário e trocaram as primeiras confidências. Ambos, aqui, trabalharam na Policlínica — meu Pai com o *Flechão* e Meton com Moura Brasil, e tiveram a vida fantasista dos estudantes do seu tempo com as tropelias da linha de bondes *Riachuelo-Carceler*; as cervejadas nos cafés-concerto de Senador Dantas; e as noites inefáveis do Teatro Lírico (Mãos geladas de Mimi! Perfil de sonho de Manon!). Aos sábados, *porque* era sábado e eles não eram santos, como os moços de todos os tempos, haviam de *courrir la gueuse*... Ah! lavadeiras radiosas do morro do Castelo! Mulatas dos Arcos! Uiaras em camisa, penduradas, com seus papagaios, nas sacadas do Centro! E francesas, meu Deus! francesas da Glória e do Catete... Ambos dançavam o xote pulado e o xote arrastado; a polca alemã e a inglesa; a mazurca russa e a do Tirol; a valsa lenta, a de bravura, a Boston e a *chaloupée*; o corridinho canalha e o corta-jaca rebolado. E marcavam quadrilhas como mais ninguém — a de lanceiros, a americana, a de corte, a francesa — com todas as figuras clássicas do *balancez, tour, en-avant, en-arrière* e mais as improvisadas na hora. A quadrilha de terreiro, nas festas de São João, que sincretizava a dança aristocrática com umbigadas de lundu — no balancê, balanceado, esquinado, esquinado; no dá de frente e dá de lado, esquinado, esquinado... Um e outro eram exímios ao violão, compunham modinhas, glosavam motes, cantavam desafios. Vestiam-se como parisienses, geralmente sobrecasaca ou fraque e cartola; mais raramente croazê e chapéu-coco; excepcionalmente, e isto só no desalinho dum "comício rural", num piquenique, dum passeio ao Corcovado ou ao Jardim Botânico, terno de cheviote claro, colete de fantasia, plastrom branco e palheta "XPTO London". Publicavam versinhos em *O País* e na *Tribuna*, cultivavam, em Gonçalves Dias e Ouvidor, a companhia de Artur Azevedo, Pardal Mallet e Olavo Bilac — que tinham conhecido por intermédio de Antônio Salles. Com isto viviam nas festinhas familiares de Botafogo, Laranjeiras, Catumbi, Rio Comprido. De festa em festa e de bairro em bairro, caíram nas festas do Andaraí.

Quando meu avô e o tio João Paulo resolveram tomar casa no Rio, escreveram para o primo Leopoldo Leonel de Alencar e este arranjou-lhes a de Barão de Mesquita — perto dele, perto da família de Otto de Alencar, perto da de outro parente, o *tio Zumba*, e perto do imóvel que viria ocupar logo depois, passando tempos no Sul, a prima Cló, viúva do velho dr. Meton. Formou-se uma espécie de gueto Gomes de Matos-Jaguaribe-Alencar, onde havia dez primas casadouras. No princípio íntimas, depois arrufadas, logo amigas, em seguida brigadas. Faziam as pazes nas terças, quintas e sábados. Ficavam de mal nas segundas, quartas e sextas. Era muita prima, senhores! para tão poucos primos... Havia troca de olhares, madeixas, bilhetinhos, lenços úmidos de lágrimas, ramos de violetas e sempre-vivas, oferta de pares de luvas retribuídos com versos... De dia bordavam-se as charuteiras, as pastas, os *porte-monnaies* oferecidos à noite aos bilontras. Fazia-se música. As primas no piano e os primos sussurrando e virando as páginas das partituras, nos cantos favoráveis em que bruxuleavam as velas. Luar e o rancho todo no jardim, com violões e bandolins e as vozes se alteando em cavatinas apaixonadas. *Teus olhos são negros, negros...* Flores levantadas a ponta de agulha, em cartões de velino. Quadriculados de cartolina onde se perfuravam rendados em torno a palavras abismais como Saudade, Constância, Fidelidade, Esperança... Cartinhas e cromos perfumados — tudo passado no turbilhão das valsas. Castro Alves, Fagundes Varela, Casimiro, Gonçalves Crespo, Guimarães Passos... Mas o carro-chefe na casa azul do Andaraí, cercada de trepadeiras, *entre as esbeltas palmeiras*, era quando soava a "Dalila" e ora meu Pai, ora o Moço, ora o primo Otto declamavam a "Doida de Albano" e o "Palhaço". Este é de Heine. É a história de um triste que morria de tédio. Vai ao médico, que lhe aconselha viagens e mulheres. O homem tinha corrido o mundo e comido de todas as cores. Não havendo mais país para ver nem mulher sobre a terra tamanha, o doutor, como última instância, sugere o circo e o bufão que à cidade inteira tantas palmas e aclamações arranca. Desespero do cliente. Vejo agora, doutor, que meu mal é sem remédio! O truão de que fala, o palhaço querido que anda assim no Coliseu tão aclamado, tem um riso de morte, um riso mascarado, que encobre a dor sem fim do tédio e do cansaço. Sou eu esse palhaço! Mais trágico ainda era o caso da "Doida de Albano". Da lavra de Antônio Xavier Rodrigues Cordeiro, é simplesmente fantástico. Começa com as falas da mãe terrível contando a Paulo ("Anda cá, meu filho, escuta. És amigo de tua Mãe?") a morte do pai com este ferro. Dá-lhe a faca preta de sangue seco e ferrugem, pede vingança e Paulo jura, rangendo os dentes. Quer saber quem. É Ricardo, o matador... Ricardo, o pai de Maria, oh! minha Mãe, que horror! Mas tinha jurado... Vai e sangra. Quando atira aos pés da Nêmesis o ferro reavivado de sangue fresco, entra Maria, descabelada, e pede que o noivo vingue a morte de Ricardo. Paulo retoma o punhal e crava-o no peito. Agora é Maria que o arranca e sai pelas ruas de Albano, gritando, doida, e pedindo — doida de Albano — "Quem me mata, por piedade, quem me vem também matar?". Todos aplaudiam chorando e levantava-se da casa festiva um tal clamor de entusiasmo que acordava o Andaraí e despertava dentro do tílburi o conselheiro Aires voltando de casa da mana Rita.

Eles eram todos assim na passagem do século e foi nessa passagem que a roleta da sorte deu três prêmios à roda de primos de primas e amigos de primas. Otto de Alencar Silva casa-se com sua prima Laura, filha de Leopoldo Leonel. Meton, em 14 de julho de 1900, com sua prima Hortênsia Natalina (Iaiá). Meu Pai, a 14 de junho de 1902, com a irmã da última, Diva Mariana. O enlace foi em Juiz de Fora e foram testemunhas dos noivos o cunhado Constantino Luís Paletta, o primo José Mariano Pinto Monteiro e o amigo Manuel da Silva Carneiro. Foi esse lusíada, dono da Fazenda de Santa Clara, que levou meu Pai para clinicar no povoado do Sossego, distrito de Santana do Deserto. Caminho Novo.

Esse era o processo do médico se fixar no interior. Apadrinhado por um fazendeiro que lhe dava o partido de sua fazenda e mais o da dos amigos da redondeza. Dessa forma já se chegava com clínica feita e área de atividade demarcada. Era só esperar o dinheiro. Meu Pai, tão logo terminou a lua de mel, recebeu os clientes da mão do seu Carneiro e transferiu-se para o Sossego. O seu, dito, é que acabou, pois via doentes dia e noite e tinha sempre arreado o cavalo ou atrelada a carruagem pra atender os chamados. Esses vinham a qualquer hora, com chuva ou bom tempo e lá saía o moço para as urgências do vasto círculo em que ficavam Cotejipe, Ericeira, Chiador, Pequeri, Matias e mais lugarejos, fazendas e sítios de entre os trilhos da Central e da Leopoldina e mesmo, à direita dos últimos, numa fatia do Mar de Espanha. Todo esse chão meu Pai bateu a burro, besta, cavalo, trole e *velocípede de linha*. Sabem o que é isto? São quatro rodas de vagão de estrada de ferro com umas tábuas em cima, dois camaradas de varapau para empurrar a geringonça, tomando apoio nos dormentes, a demarragem penosa, a pequena velocidade inicial e depois a vertigem de uma corrida difícil de parar — o passageiro mal equilibrado, atracado a uma espécie de peitoril posto diante do banco tosco. Quando o chamado era para longe, lá se ia o médico cortando distâncias e pedindo a Deus que não lhe mandasse trem oposto ou pela traseira. De dia, sol ou chuva. De noite, chuva ou luar, chuva ou breu, chuva ou céu de estrelas. E o vento assoviando. E a alegria do voador sabendo que ia ser útil aos homens sem fôlego que sangrava, às crianças convulsas que banhava, às mulheres de filho atravessado que desentupia e punha no eixo. E aos feridos, esmagados, queimados, fraturados, furados a bala, abertos a faca e estourados nas bombas das pedreiras. Aos infectados, febricitantes, supurados, gangrenados, anasarcados, sufocados, engasgados. Aos que estavam gemendo na noite, gemendo e chorando, gemendo e chamando, chamando, esperando, esperando, esperando o médico para medicar, o médico para coser, o médico para amarrar, recompor, encanar, aparelhar, espicar e ligar com o material de improviso que lhe caía às mãos. Esse canivete é bisturi; esse garfo, afastador; esse lençol, atadura; essa tábua, goteira; esse barbante, dreno; essa corda, garrote; esse serrote, serra; essa agulha de crochê, algália... Tudo serve. Vem inventado da cozinha, da despensa e das caixas de carapina — para transformar-se em instrumento cirúrgico. Já, imediatamente, agora — porque é preciso espancar a morte e segurar esta vida em vida. Pronto! segurou. E o seu doutor senta um pouco, para o café, para a broa, para o vinho ou para o prato de comida, depois de se lavar (dos salpicos do sangue, do pus, do mecônio, do vômito, das fezes) na mais bela bacia, com o sabonete mais fino, a água mais pura da noite e de enxugar a mão na toalha mais branca da madrugada. Dez mil-réis o parto ou a operação. Cinco mil-réis o chamado de noite. Dois mil e quinhentos, visita de dia. Mais dez tostões por quilômetro. Caro como o diabo! Médico bom, mas ladrão comele só! Coitado do médico! que, geralmente, o roubado era ele ou, então, pago a leitão fiduciário, frango de troco, miúdo de ovo e prestação de legume... Quando não desembolsava... Sim, para o presente ao menino dado para batizar e como penhor de gratuidades futuras. Compadre, compadre,

compadre... Meu Pai morava numa bela casa quadrada de seis janelas e porta abrindo na varanda fronteira — onde caçava aranhas-caranguejeiras a tiro de revólver. Quando era noite de lua e não tinha ninguém parindo ou morrendo, cavalgava com a mulher para a Fazenda de Santa Clara, para conversar com seu Carneiro e d. Elisa, que tinham sempre abertas a casa e a pipa do vinho recém-vindo de Portugal. Durou essa vida menos dum ano, pois minha Mãe, no fim da gravidez, levou-me para nascer na rua Direita 179, casa de Inhá Luísa.

Vim ao mundo com uma penugem densa e feia nas orelhas, impressão das aranhas do Sossego. A primípara lá ficou para comer as quarenta galinhas do resguardo. Depois, um pouco, para desenjoar de tanta canja. Outro mês para fortalecer com cerveja preta e queijo de minas picado no mingau de fubá — para aguentar a amamentação. Finalmente, foi fechar a casa da roça e trazer os trens para Juiz de Fora, onde meu Pai acabou se instalando para a clínica de cidade. Morou primeiro na rua do Comércio, essa que é hoje Batista de Oliveira. Depois, rua do Imperador, no lindo sobrado que tinha o número 231. Seria 231? Em seguida, pegado a este, no prédio de esquina com a rua Direita. Finalmente, nesta, no 142. E antes, durante e depois dessas residências era frequentemente constrangido a passar dias, semanas, meses, no 179 — fojo da sogra ferocíssima. Esta atraía constantemente as filhas para Juiz de Fora e para sua casa, onde mandava despoticamente em tudo e todos. Os rebelados, como o Paletta e meu Pai, iam para o *index*. Só lhe merecia boas graças submissão total e sem condições, como a do Meton.

É impossível dar uma impressão cronológica dessa fase de minha infância. Só de uma ou outra coisa ocorrida com gente grande e de que ficou memória em velhos documentos, em cartas onde a tinta se apaga. Do que eu vi, nada posso encadear pois quantas e quantas vezes eu dormia na casa de minha avó e tinha a impressão de acordar em Santa Clara, na fazenda do seu Carneiro. Se a febre subia, o 142 povoava-se de gigantes que ficavam recurvados na sala: se se esticassem, se endireitassem o corpo, romperiam o telhado, romperiam o céu. Eu passava espavorido entre suas pernas enquanto minha Mãe descia para fazer abrir a farmácia do seu Altivo e demorava a voltar com a solução de piramido. Os Anteus primeiro desprendiam-se da terra, depois estompavam-se, ficavam transparentes e sumiam parede adentro, quando eu começava a suar. Melhorava, dormia e quando despertava já era no 179. É impossível colocar em série exata os fatos da infância porque há aqueles que já acontecem permanentes, que vêm para ficar e doer, que nunca mais são esquecidos, que são sempre trazidos tempo afora, como se fossem dagora. É a carga. Há os outros, miúdos fatos, incolores e quase sem som — que mal se deram, a memória os atira nos abismos do esquecimento. Mesmo próximos eles viram logo passado remoto. Surgem às vezes, na lembrança, como se fossem uma incongruência. Só aparentemente sem razão porque não há associação de ideias que seja ilógica. O que assim parece, em verdade, liga-se e harmoniza-se no subconsciente pelas raízes subterrâneas — raízes lógicas! — de que emergem os pequenos caules isolados — aparentemente ilógicos! só aparentemente! — às vezes chegados à memória, vindos do esquecimento que é outra função ativa dessa mesma memória. Sobem como pés de tiririca, emergem como Açores e Madeiras, ilhas perdidas na superfície oceânica, entretanto pertencentes a um sistema entrosado de montanhas subatlânticas. Assim a anarquia infantil do Tempo e do Espaço me impede de contar Juiz de Fora em ordem certa, capítulo um, capítulo dois, capítulo três. São mil capítulos e inumeráveis — entretanto capítulo único.

 Da casa de meu Pai, na rua do Comércio, e do seu sobrado, à rua do Imperador, não tenho senão a impressão renovada e sempre atual de duas fotografias amareladas. Na da primeira, estou no meio da molecada da rua, junto com a negra sem nome que devia ser minha ama. Na da segunda, meu Pai, minha Mãe e outros figurantes surgem na janela de cima numa composição de pessoas, de gradis e portadas que lembra *Le balcon* de Édouard Manet. Também não tenho lembrança nítida da casa da rua Direita, esquina de Imperador. Sei que nela morreu a "minha filha". Sim, minha filha, pois de tanto o ouvir de minha tia, era assim que eu chamava minha prima Alice, Cecinha. Vulto indistinto e que é um dos fantasmas amáveis de minha infância. Mal o vou configurando na lembrança que logo some na distorção do fumo que se esvai ou nas ondulações do ectoplasma que não chega a se materializar. Alice. Doce e branca. Era filha de meus tios Luna Freire. Estava passando tempos em Minas. Uma tarde veio coxeando do colégio. Não é nada, não, Mamãe, só uma dorzinha fina aqui embaixo... Vai passar. Passou nada. Foi é engrossando, a febre subindo e a barriga endurecendo. Era tempo de *nó na tripa* e logo o dr. Dutra chegou querendo dar um *clister elétrico*. O dr. Beauclair sugeria, antes, um gole de azougue de quatro em quatro horas para o peso, empurrando, forçar a massa a descer e assim desentupir. O dr. Vilaça preferiu abrir. A operação foi na nossa sala de jantar, a menina deitada numa escrivaninha, anestesiada a cloretila por meu Pai. Pus, em torrente, da fossa ilíaca direita. Hoje chama-se apendicite supurada e no caso de minha prima, apesar das injeções de electrargol, a coisa terminou em septicemia e morte. Não tenho disso senão o conhecimento do que contava minha Mãe, que ajudara no ato fervendo guardanapos na cozinha. Cirurgia de 1905.

Dessas três casas não guardei lembrança objetiva. Talvez tenham ficado dentro em mim certos risos argentinos, certas pausas de silêncio, certas qualidades de som, certos contrastes de luz e sombra que eu reintegro quando mergulho, por exemplo, numa sonata de Beethoven ou numa tela de Rembrandt. É verdade que conheci depois a terceira, quando o Bicanca veio morar nessa sua propriedade, pois, com o casamento de sua filha Mimi, dera-lhe de dote a casa em que habitava, à rua de Santo Antônio. Guardei, nítido, o prédio da rua Direita 142. Ficava vizinho à Farmácia Halfeld e perto da redação de *O Farol*. O térreo era comercial; morávamos no sobrado. Subia-se por escada em curva, sempre escura, que dava no corredor de cima. Para a esquerda, a sala de visitas, dois quartos que nela abriam e onde meu Pai, sempre generoso, consentiu que instalassem seus gabinetes dentários nossos primos Clóvis Jaguaribe e Antônio Meton. Minha Mãe ficava indignada porque os dois, além de gabinete de graça, tinham, também, para desemporcalhá-los, as empregadas da casa. E ainda por cima, cobravam-lhe os serviços odontológicos. Por isso é que ela, a pagar por pagar, preferia ir fazê-los ao seu Quintela. Da sala de visitas guardei a arrumação patriarcal do sofá ladeado pelas cadeiras de braço e pelas escarradeiras litúrgicas de louça florida. O tapete, com um leão; os dois dunquerques, diante de cujos espelhos eu brincava sentado, vendo o outro, atrás dos vidros, repetir-me num aposento repetido. Para a direita, a sala de jantar, para onde se abriam as duas portas do quarto de meus pais. Para o fundo, outro corredor que ia dar em nossos cômodos e nos mistérios da cozinha, da despensa, das habitações dos empregados e numa escada que conduzia a uma horta deserta e a um galinheiro transido. O escritório de meu Pai era separado do corredor por um tabique envernizado. É dessa peça e da de jantar que mais me lembro. Por dentro, encostada ao tabique, a escrivaninha e a mesa de examinar doentes, toda de palhinha e estilo austríaco. À esquerda, duas estantes de livros e à direita, os armários com os ferros e os remédios. Vinha daí esse cheiro especial de drogas e de cânfora que tem sido o cheiro de minha vida: cada vez que o sinto recaio no gabinete médico de meu Pai e vejo nos seus lugares o retrato de Francisco de Castro e os painéis de anúncio das *tabletas de Antikamnia* que eram o "oposto à dor", que não induziam ao "hábito das drogas". Não se esqueçam, pastilhas Antikamnia de trinta centigramas — analgésico, anódino, da Companhia Química de Antikamnia, 1622 Pine Street, St. Louis, Mo., EUA. Canalhas de americanos! já naquela época... Estes anúncios eram os calendários de 1906, 1907 e 1908. Representavam uma criança esvanecente e convalescente, um menino picado das bexigas e duas freirinhas oferecendo cada uma sua tableta de Antikamnia, "para dor de cabeça, nevralgia, febre e malária". A nossa sala de jantar era sempre alegre e cheia de sol. Dava, por duas janelas, para a horta de trás. Nunca me esqueço do café da manhã e do ar fixo e abstrato de minha mãe tomando-o em pequenos goles. Sua luta cotidiana, para impedir que eu usasse meu *shako* militar, forrado de flanela vermelha e tendo galos heráldicos bordados do lado de fora. Ela insistia em que não era *shako* nem nada e sim abafador de bules e de leiteiras. Abafador... Qual abafador, nem meio abafador! Eu resgatava-o diariamente, metia-o quente, de cabeça abaixo e galopava, invencível hussardo de casco tronçônico pegando fogo aos miolos. Húngaro. Ao fundo as cadeiras de balanço de meus pais e a minha, minúscula, onde eu sentava para ver o Universo girar em torno de mim e meu Pai entregar-se a seus misteres formidolosos e domésticos. Ele é quem preparava, à hora do almoço, a garrafa de *siphon* revestida de sua cerclagem metálica. Punha a bala e a um aperto de sua mão onipotente, eu via o desencadear dos elementos e as bolhas de gás saindo do tubo mergulhante de vidro para subirem e se perderem numa superfície que não crescia. Ficava no traço vermelho. Sacudia um pouco e, para experimentar a pressão e oferecer-me uma antevisão das gags chaplinianas, dava um pequeno esguicho nas pernas do moleque Osório, que arrumava os talheres. Também no Carnaval e nos entrudos, o *siphon* apontado às caras era uma profecia dos filmes de pastelão. Vi-o num dia limpar seu revólver, enferrujado desde as aranhas-caranguejeiras do Sossego, prometendo hecatombes a minha mãe consternada. Naquele dia eu ouvi pela primeira vez a palavra "eleição". Mas não foi preciso abater ninguém e, à noite, meu Pai iluminou as sacadas com lanternas japonesas para ver desfilarem os estudantes do Granbery urrando entusiasmados.

> Quem venceu?
> Duarte de Abreu!
> Quem foi vencido?
> Doutor Penido!
> Quem voou pelos ares?
> O Valadares!

O improviso ia assim por diante com rimas às vezes certas e às vezes erradas como quando se perguntava pelos políticos serenos e sutis.

> Qual o político mais fino?
> É o Constantino!
> Qual o político mais calmo?
> É o doutor Nava!

Apesar da péssima rima e do metro em pedaços, meu Pai bracejou, agradado, das nossas janelas, e lá se foi o grupo em fila indiana, um segurando à bengala do outro, na direção da rua do Espírito Santo e do Alto dos Passos para o indispensável desacato às janelas trancadas e escuras do Antônio Carlos, do Chico Valadares e do João Penido, os vencidos do dia que foi o da eleição do dr. Duarte de Abreu para a Câmara Municipal. Isto foi 1905, eu tinha dois anos e é espantoso que a cena tivesse sido guardada por minha memória. Mas foi. Como também o foi aquela espécie de latido da canalha manifestando... É preciso que se diga que apesar do revólver açacalado meu Pai era incapaz de matar o que quer que fosse. Lembro bem do drama de um camundongo apanhado numa ratoeira e que era preciso abater. Minha Mãe recusou-se. A cozinheira, a arrumadeira e o Osório abstiveram-se. Soltar era ridículo. Matar como? Acabou sendo executado humanitariamente a clorofórmio pingado no focinho, de um vidro conta-gotas, e meu Pai mandou jogar fora a ratoeira. Outra lembrança que tenho de meu Pai, à rua Direita 142, é a da sua figura cuidando da plantação de estramônio. Essa cultura era feita em caixotes rasos, colocados em prateleiras do lado de fora das duas janelas da sala de jantar. Justificando seu nome de *figueira do inferno*, os arbustos eram molengos, dotados de folhas diláceradas e sinuosas, dando primeiro a flor que era como que um lírio pegajoso e depois o fruto eriçado de acúleos. Pelo cheiro nauseante via-se que aquilo era planta vertiginosa de missa negra e de bruxedo. Meu Pai dava-lhe uso mais prosaico. Colhia só flores que estendia cuidadosamente, em folhas de papelão, e punha secando ao sol. Quando estavam no ponto, fabricava com elas cigarros e charutinhos para fumar ou trociscos para queimar e respirar nas agonias da sua asma. O cheiro forte, tenaz e enjoativo impregnou minhas narinas e reside em mim com outros relentos de farmácia que encheram minha infância. Quando nos mudamos para o Rio essa casa foi ocupada pelo poeta Belmiro Braga, que lá morou com sua esposa d. Otília e com o sorridente José, seu filho. Várias vezes lá voltei com meu tio Antônio Salles, mas seus cantos já tinham comido os restos da sombra de meu pai. A casa, derrubada, persiste intacta dentro de mim e ainda mais reforçada pela presença de novos moradores. O engenheiro Jorge Carvalho, sua mulher, Luísa, sua criada Juliana, d. Felicidade e o conselheiro Acácio. Porque quando li *O primo Basílio* coloquei a ficção queirosiana na rua Direita 142 e jamais pude escapar desse sortilégio nas releituras. As salas se adaptavam perfeitamente à descrição do livro e os desabafos de Jorge com o Sebastião eram no escritório de meu Pai; d. Felicidade, o conselheiro, Julião e o Ernestinho tomavam chá na nossa sala de jantar, na nossa louça, Juliana recebia as *cartazinhas* no alto de nossa escada. Luísa morreu no quarto de minha Mãe.

>Mais où sont les neiges d'antan?
>VILLON, "Ballades des dames du temps jadis"

Não é bem como eu disse antes, que anoitecia aqui, para acordar ali. A memória é que suprimia os intervalos e permitia que eu passasse, sem interrupção, da noite da rua Direita aos terreiros ensolarados de secar café, em Santa Clara; da primavera da chácara do seu Carneiro ao verão do Rio Comprido e aos frios do Paraibuna. Na vida ubíqua da infância, as perspectivas do tempo variavam como as do espaço e tudo ficava simultâneo, coexistente, como que superposto, entretanto transparente e visível — como os planos de uma radiografia que são n-planos — empilhados aos cem, aos mil, aos decimil e aos centimil da luminosidade de lâmina translúcida e una. Entre os contornos das imagens infantis, uma me surge da casa de minha avó materna — rosa viçosa e olorosa chamada Rosa, rosa negra, Rosa de Lima Benta. Chamava-se Rosa porque era uma rosa, Rosa de Lima porque santa seria e Benta por ser filha do Bento, negro do Bom Jesus que matara e cumpria pena. Por isso a Rosa fora entregue a minha avó. Não era preta de todo. Havia de ter sangue branco reescurecido por outras cruzas, mas que lhe deixaram aqueles extraordinários olhos que tinha — imensos e castanho-claros, ambarinos, tirantes a verdes. Olhos que pareciam chorar de tanto brilhar como coisa líquida e rápida. Tinha na face direita uma cicatriz que imitava exatamente a forma de uma estrela de cinco pontas. Fora um berne que, depois da ferida, o queloide transformara naquele asteroide cintilante e claro no negro céu da pele escura. Quando li *As minas de Salomão* dei à bela Fulata a figura gentil de Rosa — pele escura — em carne dura. Mas o mais impressionante não era a beleza da negra. Era sua memória prodigiosa, que registrava tudo para sempre e de modo indelével. Minha avó a consultava sem parar e ela respondia sem hesitar. Rosa! que dia a *siá* Zoleta começou as lições de pintura com d. Maria do Céu? Vinte e quatro de janeiro de 1905. Rosa! Rosa! qual é o endereço do primo Vaz? Estação do Sacramento, estrada de ferro Maricá. O escritório é avenida Central 161. Rosa! qual é o dia do aniversário da Lindoca? Dezoito de maio. Rosa! Como é aquela história do tempo da feliz idade do *Chico meu filho*? *Chico meu filho* era o poeta Brant Horta, que a prima Mariquinhas nunca chamava simplesmente de "Chico" ou de "meu filho". Tinha de ser aquele inseparável *Chicomeufilho*. Rosa não hesitava um segundo e recitava ali na bucha!

> Passou-se o tempo da feliz idade!
> Foram-se as horas desses dias de ouro
> Em que eu julgava a terra e a mocidade
> Sempre a caudal do gozo imorredouro.
> Passaram sonhos, ilusões, ideais!
> Foram-se os dias que não voltam mais.

Mas o melhor é que a Rosa, além de ser um canhenho vivo, sabia, ouvidas não sei onde nem de quem, todas as histórias de Andersen, Perrault e dos irmãos Grimm. Devo a ela as da Sereia Menina, do Rouxinol, do

Patinho Feio e dos Cisnes Bravos... Do Gato de Botas, do Barba Azul e do Chapeuzinho Vermelho... Da Borralheira, do Pequeno Polegar e da Branca de Neve... Todas as noites, na hora de deitar... Rosa! Agora a Pele de Burro. Agora a Bela e a Fera. E vinham as histórias. Quando ela estava enjoada de contar, enrolava o caso às pressas e terminava pelo decepcionante "entrou pelo cu dum pinto, saiu pelo cu dum pato, quem quiser que conte outra". *Sic*. Era assim mesmo. A Rosa ignorava a forma vernácula e delicada lembrada por Machado no *Esaú e Jacó*:

> Entrou por uma porta, saiu pela outra, manda el-rei nosso senhor que nos conte outra.

Pior era quando ela se recusava com o sofisma do "tá passando...". O pastor que era lindo como o sol e tinha um rebanho enorme de gansos para passar a ponte do Botanágua. Chegou à ponte, pediu licença ao guarda e começou a passar os gansos. Parava a rapsoda, para ver se o menino dormia. Ele voltava dos abismos reclamando. E depois? Só posso contar depois dos *ganso passá*... Tá passando... Pausa. E depois? Rosa. Tá passando... Assim, não! Rosa. Tá passando... Tá passando. Eu dormia com os gansos passando. Os gansos um dia passaram todos como os dias que não voltam mais do *Chico meu filho*... Ah! E agora? Rosa... Além de ouvir a onda de poesia das histórias de Rosa eu as vivia porque alguns personagens de suas sagas andavam envultados em conhecidas de Juiz de Fora. Nosso primo Antonico Horta, por exemplo, com suas ameaças de virar criança pelo avesso, era certamente um bruxo. Sempre ele prometia, para nos consertar, meter sua mão nossa boca adentro, ir empurrando até o estômago, até o calor da barriga, até o molengo da tripa, pôr um dedo para fora pelo fiofó, enganchar firme e puxar bem. Assim virava tudo que estava por fora, pele e roupa, para o lado de dentro. O de dentro, para fora e atirava, ah! posta latejante, emudecida, coração batendo, para trás da porta. Ameaçava também capar e já entrava mostrando o canivete de picar fumo. Sumíamos nas profundas. Mas sua traça mais terrível era praticada com seu xará, também primo, o Antonico Pinto Monteiro. Este morava num palacete cheio de torres e minaretes com cúpulas revestidas de lâminas de prata. Tinha da prima Nicota duas filhas, a Noite e a Aurora. Eram gêmeas. Uma era branca e clara, radiosa e loura, olhos azuis como céus matutinos. Outra era bronzeada e escura, radiante e morena, olhos negros como mares noturnos. Quando eu cruzava a rua Direita, olhava sempre, da esquina, os altos da rua do Imperador. Às vezes o palacete estava lá, rente ao morro e as gêmeas cantavam nas torres. Doutras, tinha sumido, estava em Matias, no Rio, em Pasárgada, em Samarcanda, na Mongólia, para onde o transportara o Antonico Horta que passara disfarçado e comprara da prima Nicota a lâmpada mágica que Aladino deixara para as duas meninas. Logo o Antonico Pinto Monteiro com astúcias mil ia à rua Espírito Santo, recuperava a lâmpada da prima Marieta e da d. Rafaela, fazia o Gênio aparecer e devolver seu palacete à rua do Imperador. Com móveis, pratas, alfaias, bragais, palmeiras, pavões, cascatas e as duas gêmeas: uma de ônix e a outra de turquesa. Quando eu via juntos os dois Antonicos, rindo e galhofando, pasmava daquela hipocrisia. Já era cinismo, para dois primos que viviam em luta pela lâmpada maravilhosa... O Horta gritando sempre e sob o vasto chapelão de Chile e o Pinto Monteiro de um amarelo avermelhado de cobre, que lhe dava faiscações metálicas aos olhos, à pele e ao bigode ralo. Pior ainda era o Paletta. Cresmólogo, cabalista, necromante, ele conseguira levantar em torno de sua casa da rua de Santo Antônio uma floresta toda de aço onde pastavam dragões verdes vomitando chamas. Dois cães infernais montavam guarda sobre as pilastras do portão. Só minha Mãe tinha o poder de petrificar os dois cachorros que viravam cimento à sua passagem, enquanto as urzes de metal se abriam numa aleia de espinheiro bastardo e ela, com seu guarda-chuva mágico, lanceava os dragões ardentes que, a esse toque, caíam mortos na forma de simples taturanas. Toda essa maldade do Paletta era para prender a mulher e as filhas. Libertava-as a visitação da Inhá Luísa e de minha Mãe. Aí o Bicanca trancava-se no escritório com seus alambiques e mal elas saíam que ele com seus sortilégios repunha em torno da casa os dois grandes cães estilitas, os ígneos dragões e a floresta de ferro com suas flores de cheiro mortal. Que o Paletta tinha parte, lá isso tinha. A prova é que anos mais tarde, ele estando em período de reinação, minha tia aproveitou seu sono para aspergi-lo com água benta. Conselho do padre Leopoldo Pfad. Pois onde bateram as gotas de Deus, o exorcismado ficou todo empolado. O dr. Rubens Campos, incréu, disse que era alergia.

Gênio bom era o dr. Beauclair. Diziam que era médico e era mesmo, por sinal que médico de meu irmão Paulo. Instruído pelas histórias da Rosa, eu sabia, apesar de sua estatura, que ele era um dos sete anões da Branca de Neve. Na janela, sua cara ficava da altura do peitoril, de onde descia até a rua a catadupa de suas barbas. Vinham da face onde as maçãs tinham mesmo forma e consistência de fruta. Vinham da face rubicunda, vinham e desciam até o chão como colchas penduradas em dia de festa. Eu, quando passava em sua casa, descrevia um semicírculo cauteloso para não me emaranhar naquela floresta. Ele ria e eu arriscava um olho pela porta aberta, para ver se via o ataúde de cristal da Branca de Neve. Quando ele saía à rua, botava corpo e virava médico outra vez. Alto. O pior de todos foi um alfaiate que despedaçou a mulher com o tesourão do ofício. Não havia de ser a primeira. Ele noivara depois dos sete dias de folguedos e caçadas que meu tio Chico Horta oferecera por ocasião de suas bodas de ouro. Quando eu passava pela casa do malvado, via sempre a janela fechada do quarto onde estavam penduradas pelos pescoços abertos suas sete mulheres e seus sete manequins sem cabeça — e sentia um cheiro de sangue e carniça empestando a rua de São Sebastião. Quando ele foi preso, quis virar urso, mas meu Pai, chamado como perito, demonstrou que tudo era farsa e que ele era mesmo Gilles de Rais, o Barbazul. O duque de Bretanha, que era então juiz de direito, deu-lhe trinta anos e ainda foi pouco.

Mas linda, linda era a história da Mimi Canuto. Era filha dum soberano do Norte chamado Knut ou Canuto, que andava em Juiz de Fora encantado de advogado. Quando ela passava do outro lado da rua, o ar lamentável e dois bandós saindo do *rugerone* como as orelhas dum poodle, as araras do parque Halfeld gritavam de dor com a mágoa da princesa. Minha Mãe anunciava da janela que lá ia a Mimi Canuto, coitada... O rei Canuto de Figueiredo morava no alto dos Passos e depois de viúvo tomara como nova esposa a Iaiá do seu Chico Brandt, que foi coroada rainha com o nome de d. Maria do Carmo Brandt de Figueiredo e que, para mostrar poderio, logo fez o pai comendador. Aleivosamente a madrasta induziu Mimi a entrar numa banheira cheia de sapos. Sapo, meu sapo encantado, cola-te à testa de Mimi e fá-la tão tola quanto és. Sapo, meu sapo encantado, cola-te à face de Mimi e fá-la tão horrenda quanto és. Sapo, meu sapo encantado, cola-te ao corpo de Mimi e fá-la tão disforme quanto és. Mas a sombra de uma lágrima da mãe defunta imobilizou os sapos e Mimi continuou espirituosa, bela, elegante e mais mimi do que nunca. Então a Iaiá furiosa enterrou a enteada debaixo dum pé de figueira. Seus cabelos cresceram feito um capinzal todo verde que cantava de tarde pedindo ao capineiro-de-meu-pai que não os cortasse e às aves que fossem chamar seu noivo. Foram. Ele veio correndo do alto dos Passos com seus dois irmãos. Quanta laranja madura — quanto limão pelo chão —, quanto sangue derramado dentro do meu coração! O primeiro era o Luís, o segundo o Raul, o terceiro foi aquele a quem ela deu a mão. Chamava-se Fernando Pena e mandou que os três sapos grudassem na cabeça da sogra torta e chupassem-lhe os miolos. Por isso ela acabou dementada e presa nos subterrâneos da casa do rei Canuto. A princesa Mimi foi para Belo Horizonte com o príncipe Fernando Pena, que lá viveu encantado de advogado, do mesmo jeito que o sogro em Juiz de Fora.

Entretanto, história que deixava longe a da Mimi Canuto era a da perversa Juliana. De que Aquitânia, de que Tarragona, de que terras suevas, góticas, vandálicas e lusitânicas veio descendo sua música? Que trovadores, menestréis, orfeonistas e cantores fizeram atravessar o oceano essa legenda? O fato é que ela chegou a Minas e era cantada pela Rosa, que transformava o castelo peninsular consentâneo à tragédia num sítio do Paraibuna, e o cavaleiro d. Jorge num peão matuto. Ora, esse d. Jorge metera para dentro os tampos da donzela Juliana, ex-donzela a quem se anunciava sua chegada. Ela fingia ignorar e inquiria afirmando. Vinha a resposta do pérfido. Noivara, sim. Noivara de uma ricaça do Rio Novo. Juliana disfarçava. D. Jorge queria ir-se embora, mas ficava, a pedido da moça, para beber dum vinho que ela lhe guardara. Bebeu, caiu, morreu enquanto ela cantava, desforrada, o último verso da história.* A voz da Rosa alteava-se no final como a de

---

* Transcrevo a cantiga da Rosa como ela a cantava e dizia. Verbatim. Era assim:

— Juliana, evem dom Jorge
Amontado em seu cavalo.
— Mas dom Jorge eu soube ontem,
Que o senhor vai se casar.

— É verdade Juliana,
E eu vim pra te convidar. *Bis*

Mas dom Jorge espera um pouco
Enquanto eu subo estas escadas,
Para buscar o cálice de vinho
Que para ti tenho guardado. *Bis*

— Juliana que puseste
Neste vinho para me dar?
Já estou com a vista escura,
Não enxergo mais o caminho! *Bis*

Minha mãe ontem a essas horas
Tinha o seu filho vivo...
— A minha também pensava,
Que o senhor casava comigo! *Bis*

uma prima-dona. Sincera no papel duplo que representava, sincera a ponto de chorar de d. Jorge agonizando, gargalhar de Juliana e chorar novamente com todos os meninos que choravam, indiferentes à barbárie das rimas, aos pés-quebrados e aos versos ora hepta ora octossilábicos. O talento cênico da negra era fantástico e ela interpretava genialmente, à mineira, cantiga portuguesa ou coisa erudita tornada canto popular. Ah! Rosa, rosa nas trevas, rosa de trevas, rosa de amor, purpúrea e bela, rosa para nós há tanto desfolhada na aridez sepulcral dos nossos corações, rosa da infância, rosa unicamente nominativa, jamais declinável. Anos depois ela me descobriu na rua da Glória e veio me visitar. Estava gorda, mãe de família e dera para beber. Só que tinha a mesma constelação antiga das estrelas dos olhos e da estrela da face. Rosa, você toma uma cervejinha? Tomo, seu Pedrinho, mas só se for entremeando com cachaça, para respaldar. Eu mesmo servi minha negra e quando ela ficou no ponto, taramelando e vaga, comecei a testá-la. Rosa! que dia morreu minha avó? Quatro de setembro de 1913. Como é que chamava a madrinha de minha Mãe? A de batismo era d. Mariquinhas Vidal de Andrade Santos e a de crisma d. Mariquinhas Brant Horta. Rosa! Rosa! Agora a Juliana. Ela encenou, contracenou e cantou. Mas onde estavam, onde? as flores d'antanho.

Uns fatos voltam ao sol da lembrança com a rapidez dos dias para os mundos de pequena órbita. Vivem na memória. Perto do astro rei, como Vênus e Marte. Há os distantes, como Saturno. Outros, cometas, passam roçando e queimando; depois somem em trajetórias mergulhadas nas distâncias espaciais do esquecimento. Tocam, com suas caudas, galáxias perdidas na mais prodigiosa altura das alturas; voltam, novamente, ameaçando arrasar tudo com o rabo de fogo. Como face de lua, aquele prato imaculado e duro. De ágate. Relutâncias diante do mingau transbordante. Comido aos poucos, iam aparecendo na borda as letras do alfabeto e os números de zero a nove. Só 36 sinais. Com o que compor, entretanto, todas as palavras e todos os cálculos da angústia e do saber do homem. Separava-os símbolo complicado como a cara enrugada de uma avó: não sei se era cruz compósita, como a de Jerusalém, ou se o oito deitado, do infinito. Vamos, meu bem, mais uma colher *pracabar*. E vai surgindo no fundo do prato a figura lancinante sentada no galho derrubado à beira daquele caminho do mundo. Entro pelo fundo do prato e vou *simbora* com a feiticeira para o país das maravilhas de Alice, minha prima morta. Outros dias, não fugia assim, de louça adentro e ia olhar da janela a rua Direita, o parque, o Cristo Redentor no alto do morro do Imperador. Os bondes passavam eletrificados desde 1906. Não iam, nem vinham. Passavam com gente grande brincando de se sacudir naquelas cadeiras de balanço em cima de trilhos. Tiniam, ano inteiro, suas campainhas, substituídas por caixas de pau, na semana em que Nosso Senhor morria. Quando a morte era de mortal, a campainha não parava de tocar. Vinha na mão do sacristão e o padre trazia o viático. À medida que passava, todos se ajoelhavam ou formavam em procissão até a porta do agonizante, onde iam ficar engrenando orações até o reverendo acabar de ungir e sacramentar. Quando ele saía, a família em lágrimas mandava entrar, dava um vinho do Porto, um licor de pequi, um café e pedia a todos a caridade de voltarem para o velório e para o enterro. E todos voltavam mesmo, principalmente se era defunto importante, defunto de ceia de galinha, colares e gelatina. Era o dia da Ira — aquele dia... Deus lhe fale n'alma! Naquela calçada ensaiei minhas primeiras explorações no espaço. Para a direita, a primeira casa depois da nossa era a do Cinema Farol. *Honra e amor* foi meu ofegante primeiro filme, com efeitos de incêndio em película vermelha e de luares em película azul. Depois, era, na esquina, a redação de *O Pharol*, porta e janela, prédio pintado de marrom onde se destacavam as letras do nome do jornal, com ph. Sempre que eu ia até esse encontro de ruas, logo d. Luisinha de Carvalho vinha subindo a rua da Imperatriz. Eu esperava, rindo, porque ela sempre me passava na cabeça a mão cheirosa — rindo também. Melhor ainda e mais aventurosa era a travessia da rua e o embrenhamento no sertão do parque Halfeld. Tinha a *Cabana*, toda feita de troncos de bambu de alvenaria e que se galgava por troncos de cimento deitados sobre águas vertiginosas. É tudo o que ficou do velho jardim. Foi-se o repuxo onde nadavam peixes vermelhos, azulados e d'oiro vivo. Foram-se as árvores. Foi-se o prédio central, onde diziam que era a biblioteca. Era um palácio gótico-românico-renascentista-barroco-neoclássico cheio de colunas torcidas como as do baldaquino de São Pedro do Vaticano. Exatamente o que José Lins do Rego chamava de "estilo bunda". Bunda ou não bunda, o pavilhão era delicioso e estava incorporado à paisagem urbana e moral do Juiz de Fora, com os dizeres da mudança do nome de parque Municipal para parque Coronel Francisco Mariano Halfeld.

À hora em que escrevo estas lembranças, há astronautas maculando a face da Lua com solas humanas. Pela segunda vez. Pois minha emoção de agora não chega aos pés da que tive vendo uma ascensão de balão cativo no parque de Juiz de Fora. Chamava-se *Pátria*. Levou no seu bojo, a 13 de setembro de 1908, o audacioso Magalhães Costa. Vi-o passar de boné, óculos de ciclista, gravata e bigodeira ao vento, para entrar na cesta da nave. Seus auxiliares de terra deram nas manivelas da roldana e o cabo se alongou deixando que o balão se alçasse — *in media urbe, in summis arboribus, in summo monte* — como estava escrito no anúncio da arrojada tentativa. A subida deu-se no canto do parque que ficava fronteiro à casa do dr. Saint Clair. Magalhães Costa ficou no ar, desafiando os elementos, uns vinte minutos, e depois voltou — ao enrolar dos cabos, aos acordes do hino nacional e sob os aplausos da multidão delirante. Logo Dilermando Cruz, Machado Sobrinho e Pinto de Moura começaram a falar. Latejando na Pátria.

Sempre pela calçada de nossa casa, tomando à esquerda, passava-se pela Farmácia Halfeld e via-se lá dentro o seu Altivo pensando no maravilhoso invento do *Corizol*, fórmula dele, antídoto das influenzas, resfriados e corizas. Ao sol da rua ele tinha uma vaga cor amarelada, da pele amarelada e dos cabelos amarelados. Dentro da farmácia ele cintilava, ora todo verde, ora todo vermelho da refulgência dos locais coloridos. Adiante da botica era a porta de sua casa. Ali eu passava quando ia com meu Pai à rua Halfeld, cortar o cabelo no seu Elias. Desagradável ficar imóvel, enrolado em lençóis, feito múmia, cabeça posta ao talante do artista. O tinido das tesouras, a sensação de guilhotina da máquina no pescoço. Os cabelinhos provocando coceira. Meia cabeleira baixa, Elias. E meu Pai e ele olhavam-se com um ar entendido depois de se tocarem misteriosamente as mãos, ante os potes de vidro cheios de sanguessugas. Eram ambos maçons. A compensação do suplício era a passagem no Cristiano Horn para a compra de suas floridas balas, em forma de travesseiro. Vermelhas, brancas, amarantes, alaranjadas, encarnadas, verdes, nacaradas, lilases, malvas e chocolates. Vinha com elas, dentro do cartucho, aquele aroma de açúcar queimado que era o cheiro da casa adorável do baleiro. Eu gostava de brincar na rua, à hora em que meu Pai, com aquele seu ar do rei Afonso XIII, estava parado na porta da farmácia para conversar com o Raul Duarte, com o Felipe Paletta, o Luís Pena, o Amanajós de Araújo, os drs. Dutra, Almada, Beauclair e Cesário. Eram os *habitués*, a rodinha do seu Altivo.

Raul era o mais moço, filho do dr. Duarte, parecido com o pai, de quem tinha a mesma cara de doce de leite e a mesma simpatia. Usava sempre um bilontra *XPTO London*. De banda. O seu Felipe Paletta era irmão do tio Paletta e ostentava a bicanca familiar. Só que nele era menos antipática, devido à sua expressão míope e hílare. Lembro-me duma manhã em que ele estava pontificando à beira da calçada, alto como um poste, todo de preto, todo esticado, de chapéu-coco e o gogó entrando e saindo dos colarinhos vastos. Do lado da rua da Imperatriz surgiu o cachorro vagabundo, no seu trote disponível, e veio para nosso lado. Veio vindo. Eu parei e esperei com uma espécie de prenoção do que ia acontecer. Minha garganta cerrada pela torcida da espera. Feito uma angústia agarrada. Dito e feito. O cachorro chegou, levantou a pata e seringou de mijo as pernas do *seu* Felipe que, mais furioso com minha gargalhada, atirou-se com o intuito provável de me esfregar as orelhas. Escapei de escada acima e ainda pude gozá-lo e vaiá-lo da sacada. A soma de chiste que eu tirei desta gag deixou-me pronto, preparado, para os filmes de Carlito a que eu iria começar a assistir, um por um, oito anos depois.

O Luís Pena, que seria mais tarde prefeito de Belo Horizonte, era vagamente primo de minha avó e muito amigo de meu Pai. Da porta do Altivo, eles gostavam de ir para a do Foltran. Às vezes entravam para um Porto rápido ou para cervejar lentamente. Foi saindo um dia do Foltran que o Amanajós bateu-se, chorando, para a casa do Mário Horta. Lá explicou em palavras difíceis e pungentes que era um infortunado, um desgraçado, um miserável, um perdido... Estava num de seus dias ruços e logo que o Mário o confortava, ele batia o pé, sacudia a cabeça, retrucava que não, não e não. O pranto descia-lhe pela face atormentada que ele castigava, de quando em vez, com a própria mão. Tudo isto se passava diante da primeira mulher do Mário, nossa pobre prima Agnela, que vivia seus dias no sofá da sala, no banho-maria da febre hética e enchendo uma escarradeira higiênica tipo Fernandes Malmo. Aquelas, de pé, onde se ia cuspindo no recipiente cheio de creolina. Foi tão imprevisto que não pôde ser evitado. Num dado momento, em que se declarava a mais baixa das criaturas, o Amanajós pegou da escarradeira e com ela guarneceu sua própria cabeça. Enquanto a creolina e o catarro lhe escorriam pela cara e pelos ombros, a prima caía para um lado sufocando e o Mário para o outro, tão repugnado que vomitava de esguicho. O Amanajós estava, que era ver o Marmeladov de *Crime e castigo*.

  O dr. José Dutra era o meu médico. Guardei sua lembrança e a dos seus cabelos e bigodes brancos, do seu jeito carrancudo e da virtuosidade com que ele arrancava de minha barriga os sons mais variados com a sua prodigiosa maneira de percutir — timpânicos, em torno do umbigo, como os de um berimbau; mates, na região do fígado, como pios de macuco; hidroaéreos, quando havia piriri, como o chilro dos apitos de barro cheios d'água. Eu ficava estupefato e imerso na mesma sensação que teria um piano subitamente dotado da consciência de sê-lo. Receitava sempre calomelanos que o Altivo mandava em papelinhos — f.s.a. — de mistura com lactose ou sacarose. Bastante inferiores às balas do Cristiano Horn. Íamos, às vezes, a sua casa da rua de Santo Antônio. Fascinava-me a vida que deviam ter seus filhos, vogando no barco de verdade que atravancava o tanque do seu jardim. O dr. Dutra casara-se com uma sobrinha e sua sala de jantar, cheia de pão de ló, abria-se para os mundos do morro do Imperador.

  O dr. Almada era nosso parente, neto do major Gordo. Seu nome todo era Antônio Luís de Almada Horta, mas era mais conhecido pelo apelido familiar e citadino de *Vigarinho*, que lhe vinha da infância e do desejo, acariciado nesta fase da vida, de ser padre. Quando contava fatos banais, falava baixo e tinha mímica normal. Se exagerava um pouco, alteava o tom da voz e decaíam-se-lhe bochechas e os cantos da boca. Era o médico de meu irmão José. O do Paulo, já contei que era o hirsuto dr. Beauclair. O dr. Cesário era um gentil-homem. Aliás dr. José Cesário Monteiro da Silva, médico elegante, fazendeiro, neto do visconde de Uberaba. Usava barbas repartidas, tinha um ar sorridente e distante, cultivava a parecença bourboniana que aparentava com Henrique IV, rei de França.

  Foram essas as primeiras figuras que conheci na vida e mais, para minha primeira experiência dos homens, a gente do *seu* Altivo. Seus filhos eram o lívido Jaime; Altivinho, o segundo, e a sempre enlaçarotada Odete. Laço na faixa. Um laço de cada lado da cabeça, segurando cachos enroscados como os de uma peruca egípcia. Ao contrário de *seu* Altivo, que era arruivascado, os filhos eram bem morenos. Muito. Haviam de ter puxado o mesmo sangue que escurecia as tias, a Candoca e a Diomar — irmãs do pai. À Candoca Halfeld, vejo sempre de perfil. Ela tinha cara de peixe e como tal só podia ser conjecturada de lado. Quem jamais vê, imagina ou desenha um peixe de frente? Tinha um ar dolente e era colega de asma de meu Pai. Vinha talvez daí a simpatia entre os dois e as longas conversas que tinham sobre os sinapismos Rigolot e os pós-fumigatórios de Legras. Já a irmã Diomar era viva como um alho, agreste e seca como um cipó. Era toda miúda, exceto da trunfa enorme e de cabelos rebeldes que ela usava fazendo rosca em torno à cabeça. Era pródiga de carícias e delas me cumulava quando eu passava com meu Pai ou minha Mãe. Mas se me pilhava brincando sozinho no passeio, logo me empolgava e arrastava à força, para a entrada de sua casa, e ali me enchia de bofetadas, beliscões, coques, safanões e caneladas. Eu tinha meus quatro para cinco anos. Tanto quanto olho meus retratos da época, era um menino de ar simpático e tímido que só podia inspirar interesse e carinho. Aquelas surras silenciosas e rápidas eram um mistério para mim. São um mistério até hoje. Por quê? Seria a descendente do velho Halfeld se desforrando em mim, de minha avó e do que ela herdara? Ou seria apenas sadismo de uma quarentona solteira e de flanco maninho? Hoje tendo para isto. Aquelas pancadas, que eram nosso segredo, da Diomar e meu, foram minha primeira experiência da vida. Do outro lado da vida...

> Hoje em verdade te digo
> Que não és prima só
> Senão prima de prima
> Prima-dona de prima
> — Primeva.
> MANUEL BANDEIRA, "Palinódia"

Era prima e deixou aos poucos de ser prima. Por prima-dona de prima. Por rica-dona de prima. Nesse tempo era prima e ditosa prima. Ria para tudo, todos, ria para a vida. Primaveril. Depois a vida mesmo fechou-se sobre ela, que se fechou para todos, pouco a pouco. Ainda viva, já é lembrança. Lembrança, entretanto, viva. Primeva. Vinha do Colégio Stella Matutina e passava primeiro na casa do tio. Depois, na nossa. Entrava como um raio de sol, cheia de ouro e de guizos no riso. Falava, falava, falava, enquanto minha Mãe se vestia para irmos juntos para a terceira visita da primavera que era à casa de nossa avó. Depois é que ela seguia para o inverno de sua moradia — dentro dos espinheiros. Quando chegávamos era hora do café na sala de jantar da Inhá Luísa. Café fresco, pelando, bem fraco e servido em xícaras grandes. Vinha forte e era adicionado, na hora, da água quente que a Rosa e a Deolinda despejavam das chaleiras de ferro que tinham de ficar segurando ao lado da mesa. Leite, não. Quando muito, queijo de minas para picar e deixar amolecendo dentro do café fervente. Pão alemão fofo e macio, cheiroso, ao partir, como um trigal. Pão de provença, em forma exata de bundinhas e que se dividia arreganhando as duas nádegas. E o cuscuz de fubá doce. Feito em metades das latas do queijo do reino furadas a prego e onde a mistura cozia em cima do vapor de uma panela. Já do jardim se sentia o cheiro do café, do pão, do fubá, do açúcar mulatinho. Não precisava bater porque nessa época as casas de Juiz de Fora abriam às sete da manhã e só fechavam às dez da noite. Era só ir entrando, depois do oh! de casa — cantado do jardim. Tanto o de minha avó como o do Bicanca tinham os canteiros cercados de garrafas de Chianti, de fundo redondo para cima — decoração infalível em várias residências da cidade. Era ladrilhado, fechado ao fundo por um portão, tendo roseiras junto ao muro e, subindo porta acima, o pé de jasmim que chovia estrelas no batente. A Inhá Luísa gostava de juntar as flores que caíam e pô-las sobre o piano em pilha, para soltar o cheiro, enquanto iam melando. Todas essas lembranças são inseparáveis da vinda da prima do Stella Matutina. Mas ela é que era a Estrela da Manhã e a mais linda figura de moça em que pus meus olhos. Castanhos os cabelos que depois a água oxigenada e a camomila dourariam para o Tempo, finalmente, transmutar esse metal em prata. Não sei de que cor era feita a luminosidade de seu olhar. Era alguma coisa de clara, de ambarina, de líquida, desmanchando-se em lágrimas e centelhas como aquele arroio da *Sinfonia pastoral* de Beethoven. Seu sangue alemão e italiano predominara sobre o mineiro e sua cor era a das porcelanas. Não das simples porcelanas. Das lâmpadas de porcelana. Acesas e luzindo. E perfumando: adolesço... Ela tinha quinze anos...

O caminho para a casa de minha avó — do nosso 142 ao 179 — eu o fazia de mãos dadas com minha prima e minha Mãe. Esta dirigia nossos passos com cautelas de navegadora. Vínhamos pelo lado par, até a casa do dr. Beauclair, que estava sempre na janela. Por sua porta eu procurava o ataúde de cristal de Branca de Neve. Desse ponto enviesávamos para o lado ímpar, diretos ao armazém do seu Cristóvão de Andrade, que minha Mãe, feitas as encomendas do que queria, deixava para alcançar novamente a numeração par. Porque tirante essa venda e a casa do dr. José de Mendonça, o resto do quarteirão era ominoso. Primeiro era o Colégio Mineiro, onde professoras huguenotes desencaminhavam moças católicas, do mesmo jeito que os mestres do Granbery os rapazes do seu Rangel e do dr. Martinho. Minha Mãe achava aquilo um desaforo. Vinha depois a casa do Barão, cujas calçadas eram evitadas por todas as pessoas que temiam remoques, injúrias e até águas sujas na cabeça. Porque as netas do seu barão realizavam de sua casa o gênero de vizinhança que desvaloriza as propriedades de um bairro inteiro. Parece que isso é definido nas *Ordenaçoens do Reyno*, como a figura do "danno infecto". E logo adiante ficava, misteriosa e muda, a infame maçonaria. Outro desaforo, na opinião de minha Mãe. Por isto é que ela tornava a demandar o quarteirão fronteiro para deter-se um pouco na esquina de Imperador e tomar a bênção a sua madrinha Mariquinhas Santos, prosear com a filha desta, Matildinha, sua grande amiga, mulher do Almada Horta. Depois nova diagonal e parada em frente, ainda na esquina, na casa das Rosa da Costa. Elas já estavam de janela, esperando, e era um cochichar sem fim das amigas. D. Oldina, d. Julina, d. Duília, d. Irene — incorruptíveis e exigentes em honra — sua amizade era um atestado de boa conduta e sua indiferença ou inimizade — a colocação no pelourinho. Santas senhoras! Nova travessia para o lado par, caindo em cheio na porta de tia Regina, mas evitando as calmarias da costa de sua filha Zezé — que bem que chamava de sua janela com a mão e o sorriso — mas minha Mãe passava de largo, dando adeusinho e prometendo depois, depois, mas não vê... Tia Regina aderia e éramos quatro para o café da Inhá Luísa. Tio Chico Horta — Chiquinho Horta, *Chiquinhorta* — lá ficara na sua porta, silencioso e pitando...

A casa da rua Direita 179 era um sobrado. Em tempos, já fora de platibanda, mas obras no forro deram-lhe depois feição de chalé, com a parte de baixo da frente do telhado guarnecida com uma espécie de renda de madeira onde se penduravam três enormes bolas de vidro: uma azul, outra vermelha, outra dourada. Entrava-se pelo lado, sob a chuva dos jasmins, para uma saleta. Desta, os íntimos eram encaminhados ao que se chamava o *escritório do Jaguaribe*, onde havia um canapé; a estante, com uns poucos livros (já os mencionei: *La Gerusalemme liberata*, do Tasso; *Mathilde* de Eugène Sue; o *Dicionário* de Faria), plantas enroladas, quadros de geologia e história natural que tinham pertencido ao velho Halfeld. A escrivaninha onde jamais se escrevia. Um vasto armário de madeira de prateleiras fechadas e cheias de mais papéis, assentamentos, registros, inventários e cartas do primeiro marido de minha avó. Uma janela para o jardim e outra para a rua. Num pano de parede, o retrato a óleo do tio Zezé, o que morrera, moço, na epidemia de cólera. Embaixo da moldura um binóculo com que eu, alternadamente, afastava ou aproximava a figura de d. Calina Couto e Silva, que janelava em frente. Olhava por um lado e ela se encostava. Olhava pelo outro e ela projetava-se para os confins da Outra-Banda. Embaixo da janela que dava para a rua, havia um degrau que facilitava a posição dos que se debruçavam. Não era bem um degrau. Era uma longa caixa de madeira, triste como um esquife e triste como seu conteúdo heteróclito de utilidades mortas e esperando a ressurreição de nova serventia. Martelos sem cabo, limas, grosas, alicates e torqueses, parafusos, molhos de velhas chaves, serrotes, pregos e um instrumento de ferro que muito mais tarde vim a saber o que era, vendo seus símiles em coleções de antiguidades. Era um tronco com as pegas para tornozelos e pulsos. Tudo restolho da Fazenda Velha e do Halfeld sempre presente.

 Minha avó, que o tempo ia empilhando e fazendo baixota, subia sempre nessa caixa quando ficava de janela, esperando a passagem dos conhecidos que eram seu jornal falado. A parteira Senhorinha, vestida de saia rodada, matinê, enrolada num xale da Costa e de lenço branco na cabeça, fazendo turbante. Mulata quadravona. Vinha tomando rapé ou fumando cachimbo. Parava e dava notícias a Inhá Luísa das recém-paridas. Por ela minha avó ficava a par da largura de todas as bacias de Juiz de Fora, das distocias, das procidências de braço, das apresentações agripinas e dos períneos rasgados de suã afora. Insistia muito com a Senhorinha para saber se os filhos e netos das amigas tinham nascido de *jenipapo* ou limpos de pele. Assentava num caderno explicando que era para não deixar moleques de bundinha verde casarem, mais tarde, com suas netas. Ai! língua, pra que falaste? Pois não é que... O livrinho dos *jenipapos* foi depois destruído por minha Mãe, tal e qual os registros de entrada de escravos nos portos do Brasil foram queimados por obra e graça do conselheiro Rui Barbosa. Minha avó, que era contra gente de cor, valorizava muito o *jenipapo*, para ela sinal tão seguro de mulatice como pigmentação periungueal, gengiva roxa, genitália escura... Essas conversas com a Senhorinha eram de manhã, quando a parteira recolhia de noites obstétricas, depois de deixar a parturiente bem aquecida, o menino banhado e a casa defumada — alfazema queimando sobre brasas, dentro de frigideira, tampo de lata, caco de telha. A tarde era a hora da Porcina, antiga cria da casa e que dera para beata depois de deixar que lhe sungassem muito as saias nas noites da beira do rio. Agora ela contava as poucas-vergonhas da cidade com um conhecimento de velha perita. As últimas do Celso d'Ávila, do Amanajós, do primo Miano, do mano Júlio. Sim, senhora, Inhá Luísa! Todos, todas no baile das negras... A Inhá Luísa deleitava-se e puxava pela Porcina, que terminava sempre tecendo um hino às mulheres e deblaterando contra os machos. Nós, Inhá Luísa, nós mulheres é que somos umas *bendita-sejais* porque os homens são todos uns despedaçados, uns debochados, uns arreganhados... Sacudia a cabeça considerando a tropa desferrada que ia pelo mundo, tomava a bênção e seguia em direção ao alto dos Passos. Era hora da *reza* na matriz. Era a hora também em que o primo Miano dava sua volta a cavalo, chegava ladeando e vinha prosear. Bate-papo de velhotes. Sim, senhor, seu Miano! Não me estenda a mão, porque sei de tudo... Sei muito bem da sua noite de sábado... Que vergonha! Fique-se de longe porque não tolero bodum. O primo negava, agradado e sorrindo dentro das barbas grisalhas. Ele estava naquela idade em que o homem gosta de ser apanhado em flagrante. Para mostrar que ainda. Mas a conversa tinha de mudar de rumo porque lá vinham o austero compadre Aroeira e a comadre Manoelita com o Biscuit e a Simini — que estes eram os apelidos do mancebo e da mocinha que os acompanhavam. O dr. Bernardo Aroeira era um homem pomposo e de falas empoladas. Farmacêutico de Ouro Preto. Latinista. A Inhá Luísa não os deixava passar. Absolutamente, vocês vão entrar e tomar um café... E o compadre Aroeira, já sabe, é direto para o piano. Porque o dr. Aroeira era formidável no instrumento. Tocava de ouvido e lembro-me do seu ar teso no mocho do velho *Rud. Ibach Sohn*, o fraque descendo até o chão, o pincenê de trancelim faiscando e as pernas muito abertas, como se tivesse medo dos pedais. Ele fazia como os cavaleiros canhestros que montam de espora, mas afastam os pés para o cavalo nem de longe se ofender. No caso, o piano. O dr. Aroeira executava velhas músicas das noites mineiras como o "Quisera", a "Perpétua", o "Elvira escuta", trechos da "Viúva alegre" e do "Conde de Luxemburgo", ofembaquianas do "Barba Azul" e da "Bela Helena", mas terminava com a "Saudade de Ouro Preto" e com a chave de ouro do "Passavas linda". A Inhá Luísa babava-se toda e fazia vir o café. O piano era na sala de visitas, aonde se chegava pela saleta de entrada. Ficava num canto, de esguelha. A parede da sala era forrada de um papel escuro, cor de musgo, cheio de florões de ouro velho. Móveis? Um grupo austríaco, preto e outro mais moderno, *belle époque*, de madeira envernizada de amarelo-claro, com encostos de veludo *verde repoussé*. Os dois dunquerques, com jarrões. As escarradeiras. Duas cadeiras de balanço requintadas, cujos assentos e encostos eram de um trançado de ferro revestido de restos de pelúcia vermelha. Nas paredes, o retrato, cheio de flores, de minha tia Matilde, morta menina. O do visconde de Jaguaribe, com seu sorriso afável e na sua farda de senador do Império. Dois quadros, que vejo até hoje, representando, um, o interrogatório da princesa de Lamballe, luminosa e esvanecente no escuro da sala, através de cujas bandeiras de portas apontavam as baionetas e os chuços dos matadores de setembro; outro, Charlotte Corday agarrada pela malta de furiosos irrompida no quarto em que se via Marat sangrado na banheira. Vários óleos de minhas tias e primas, todas alunas de d. Maria do Céu. Era uma senhora portuguesa, admiravelmente bem-educada, sempre de luvas e chapéu, olhos muito azuis, cabelos muito brancos — que se estabelecera em Juiz de Fora, professora de pintura de donas e donzelas. Logo adotada, concorreu para encher todas as casas da cidade dos mesmos quadros representando um casal de íbis ou de garças: um ou uma, perna esquerda mergulhada em águas mansas e a direita, no ar, encolhida; um ou uma, o longo pescoço dobrado na difícil posição de olhar para trás por entre as coxas. Havia ainda quadros lunares, matutinos e crepusculares, em que camponeses se destacavam contra a claridade de horizontes inefáveis. Como no enjoativo *Angelus* de Millet. Uma cantoneira passada em purpurina com um jarro de opalina verde. O porta-postais. Muito usado nesse tempo, como os álbuns para colecionar as vistas e os cartões oleográficos, onde amorosos mal se roçavam e tinham apenas esboços de beijo nos sorrisos de sevres e saxe. Havia também aqui e ali flores imensas, flores amazônicas, feitas por tia Joaninha com veludos e sedas de todas as cores dos seus velhos vestidos. Melhor se colocariam em coroa de defunto. Salvo situações excepcionais, a sala de visitas, que era a única peça arrumada da casa, nunca se abria. Os íntimos iam para o *escritório do Jaguaribe* e os de casa passavam pela terceira porta da saleta, diretamente para a sala de jantar. Nesta, outro armário fechado, o guarda-louças com as porcelanas e as pratas da grandeza antiga, o guarda-comida e a longa mesa de madeira lavada a água, sabão, areia e palha de milho. Fora das refeições, a toalha ficava dobrada numa das cabeceiras. Mais cadeiras de balanço e a escada, embaixo da qual a prima Babinha se escondia na hora das trovoadas, enrolada numa coberta de baeta vermelha, rosário em punho e clamando por santa Bárbara e são Jerônimo.

Para a sala de jantar dava um quarto devoluto onde nós brincávamos e onde certa vez recolheu-se uma das minhas tias em férias conjugais. O demônio do homem andava insuportável... Dela me veio a grande revelação. Que idade eu teria? Cinco? Seis? Mal fui notado no canto onde me divertia com velhos carretéis. A tia começou a vestir-se, na penumbra, ajudada pela Rosa. Primeiro apertou o colete *devant-droit* sobre a camisa que logo subiu, ao arrocho, mostrando as ligas de seda verde que prendiam as meias noturnas abrindo rendados sobre o nacarado da pele. A Rosa, por trás, atacava os cordões. Aperta mais, Rosa. A cintura se afinava e acentuava-se o oito do talhe. Em cima desabrochava uma taça transbordante de gelatina branca. Embaixo abriam-se os amplos, generosos flancos, desenhando curvas laterais, estufando globos posteriores, esculpindo, em negativo, o triedro abismal coxa-pente-coxa... Assim em menores ela colocou o chapéu e a *pleureuse* desceu como uma cascata sobre a brancura dos ombros de magnólia. Passou uma blusa rendada, depois de ter guarnecido a arraigada das mangas com aquelas meias-luas impermeáveis que recolhiam o suor das axilas. Eis senão quando a Rosa dá-lhe a primeira saia branca, rija de goma, que foi vestida de baixo para cima, como uma calça. Depois de presa na cintura, a negra abraçava as cadeiras da sinhá e vinha apertando de cima para baixo, para ajeitar os folhos, duma dureza de madeira. Manobra idêntica com a segunda anágua. Idem com a terceira. Na quarta, eu, que olhava fascinado, quis ajudar e fazer, como a negra, o gesto de compor o vestuário. Abraçando d'alto a baixo. A tia olhou-me duramente, quis adivinhar, achou pelo menos insólito o meu propósito, entreabriu a porta e expulsou-me. Quando eu tentei voltar, a Rosa, como um arcanjo, escorraçou-me com sua sinuosa espada de fogo. Tornei depois, mas o quarto estava vazio e aberto. Um raio de sol o atravessava obliquamente e faiscavam poeiras como a Via Láctea, como galáxias, nebulosas planetárias arrebatadas na direção de estrelas fabulosas. Só que já era outra ocasião, eu reintegrara minha inocência e ardia em febre com uma amigdalite. Minha Mãe, como distração, levou-me, enrolado, para a sala de jantar e emprestou-me a boneca de porcelana de seu tempo de menina. Tirei lentamente toda a roupa da boneca, segurei-a bem pelo corpo de pano — apertando duramente o corpo de pano que lembrava o da tia — e quebrei sua linda cara de louça de encontro à quina da mesa. Minha Mãe apanhou os cacos chorando e eu nunca mais me lavei do sangue desse assassinato.

A casa, no fundo, era atravessada lado a lado por uma espécie de galeria. Entre ela e a sala de jantar havia um corredor estreito, onde dava o quarto das negrinhas e de onde saía um cheiro que me fazia parar e procurar. É nesse *odor di femina*, odor de negra e mulata perturbador e denso que sempre penso, também corando, quando leio a "Enfance" de Rimbaud:

Au bois il y a un oiseau, son chant vous arrête et vous fait rougir.

Por que razões? senão estas, que ouvi do velho desembargador Gomide, em Monte Aprazível, que devia haver uma lei especial contra os desodorizantes. Lei proibindo o seu uso... Porque corpo — dizia o sábio magistrado — só ao natural... Na dita galeria davam o banheiro, a cozinha e despensa. Curioso é que era na despensa que a Inhá Luísa guardava sua palmatória de cabiúna e lá é que ela passava as rodadas de bolo nas crias da casa. Como se não tivesse havido princesa Isabel nem Treze de Maio. Pela escada da sala de jantar ia-se ao andar de cima. Dava-se logo no quarto da Princesa. Ali ela usava o dia se arrebicando, pondo e tirando *frisetes*, caiando-se de palidez com *Água da Beleza*, experimentando novos penteados, outras maquilagens, como distribuir os postiços, onde colocar as pintinhas de veludo, arrancando o buço com *puxavante* de cera quente, ensaiando sorrisos ao espelho e quando fartava de — dize-me, espelho, se alguém no mundo é mais formosa do que eu — sentava-se para pintar, pela multésima vez, jangadas, em aquarelas de uma doçura de vomitório, embaixo das quais, com sua caligrafia prodigiosa, escrevia invariavelmente os primeiros compassos da *Iracema*. "Verdes mares bravios de minha terra natal, onde canta a jandaia nas frontes da carnaúba; verdes mares que brilhais como líquida esmeralda aos raios do sol nascente, perlongando as alvas praias ensombradas de coqueiros; serenai, verdes mares [...]." Era o único livro que lera a Princesa, que nele encerrava toda a sua emoção estética. Nele e mais nas aquarelas e na reprodução de um quadro que ela vinha pincelando havia anos, onde passavam, enlaçados, Paulo e Virgínia fugindo da borrasca. Cansava e voltava ao toucador — dize-me, espelho... Às vezes o espelho consciência-espírito de porco respondia: Mimi! soprando as brasas do ódio gostoso que lavrava entre tia e sobrinha rivais. Ela largava o espelho, enfadada, e voltava a Paulo e Virgínia. Em 1967, visitando o Metropolitan Museum of Art, descobri o original do que se procurava repetir — era *A tempestade*, de Pierre Cot. Logo esqueci que acabara de ver *A mulher de branco*, de Picasso; *A arlesiana*, de Van Gogh; *O convite ao espetáculo*, de Seurat; *O guitarrista e o canoeiro*, de Manet; e mais o *Bulevar Montmartre*, de Pissarro; o *Autorretrato* de Ingres jovem; a horrível *Salomé* de Regnault — para não ver senão o par enlaçado saindo de sua tela para disparar pela Broadway, pela Virgínia, Tennessee, Oklahoma, México, América Central abaixo, Guianas, Pará, Goiás, Minas, Caminho Novo, Juiz de Fora, rua Direita — até a chácara de Inhá Luísa, onde eu tinha costume de localizar o idílio desabalado. Ao lado, o quarto de minha avó, onde ela lembrava os velhos tempos inventariando as joias que lhe tinham sobrado, diante da gaveta do toucador. As duas habitações, a sua e a da Princesa, abriam para a varanda da frente, onde um *afresco* representava um passeio de bote na baía de Guanabara. Para trás ficavam outros dois quartos sempre prontos para receber filhas, genros e netos. Davam para uma varanda que também ostentava sua marinha. Nessa varanda quase morri, por ter me apossado de um pacote de cigarros de palha de meu avô, que fumei escondido, um depois do outro (depressa, que pode vir gente!), até o vômito e a perda de sentidos. O dr. Dutra teve de vir e receitar seu invariável calomelano. Ao lado da casa de minha avó ficava outro prédio seu, chamado a *casa velha*, porque a família nela habitara, antes de passar para o sobrado.

A *casa velha* era enorme, toda em largura, com porta central que se alcançava por três degraus de pedra e quatro janelas de guilhotina para cada lado. Era feita de pau a pique barreado, dentro de uma estrutura de cantos e apoios de madeira de lei. Telhado de quatro águas. Pintada de roxo-claro. Devia ser casa mais velha que Juiz de Fora, provavelmente sede de alguma fazenda que tivesse ficado, capricho da sorte, na linha de passagem da variante do Caminho Novo que veio ser a rua Principal, depois a rua Direita — sobre a qual ela se punha um pouco de esguelha e fugindo ligeiramente do alinhamento. Digo sede de fazenda porque a chácara que lhe ficava atrás tinha, além dum grupo arruado de pés de café, obras de duas cacimbas de pedra e tijolo (uma, toda coberta de musgo); ruínas de um paiol, onde se recolhiam velhas mobílias quebradas que hoje valeriam fortunas; restos de uma vasta moenda com o caminho circular dos burros que a moviam e onde meu avô colocou uma engenhoca à mão para nos dar caldo de cana e às amigas de Inhá Luísa (como a d. Calina Couto e Silva, a d. Maricota Ferreira e Costa e a d. Luisinha Carvalho); um lajeado de secar café e outras benfeitorias descabidas numa simples chácara e traduzindo velhas e amplas atividades agrícolas. Havia também um grande tanque, grande mesmo, grande como uma piscina, onde eu e meu primo Meton surpreendemos um dia as crias da casa nuas em pelo tomando banho. A Rosa encolheu-se, a Deolinda, que era corcunda, quebrou-se para a frente. Puseram a boca no mundo. Só a Clarinda fugiu qual seta dourada, tendo pousada sobre sua rápida nudez uma borboleta preta. A *casa velha* tinha várias serventias. Às vezes era emprestada pela Inhá Luísa para moradia provisória de suas protegidas como a Senhorinha, a Porcina, a Lúcia. De outras era alugada, mas a Inhá Luísa, arbitrariamente, pedia as chaves e punha para fora o inquilino, quando queria hospedar parentes como o primo Vaz e a prima Laurinda ou as filhas, com mais os genros e os netos. Lembro-me de certa chegada de tio Meton, do Ceará, trazendo toda a família, o moleque, empregados, arataca, papagaios — por conta do que foram *pedidas as chaves* aos moradores. Ora, acontece que estes eram a gente da nossa parenta Ernestina, filha do primo *Hilário Tucano* (Hilário Horta Jardim). Ela saiu, mas antes veio a nossa casa e disse a minha avó o que Mafoma não diria à carne de porco. Disse e ouviu. Merda, muita merda e berdamerda foi o pau que rolou no combate das duas feras do mesmo sangue que só não se os beberam e não passaram a vias de fato por intervenção do tio *Chiquinhorta*. Mas quinze dias depois a Ernestina já estava de portas adentro, tomando café com a Inhá Luísa, íntimas, como se nada tivesse havido. E sua casa nova, Ernestina, que tal? A qualquer hora apareço por lá... Vai mesmo, Inhazinha, sua afilhada está morrendo de saudade. Pois é, passei por aqui e resolvi entrar para ver minha antiga morada e dar um abraço na Iaiá. Dava o abraço, falavam de corda em casa de enforcado e continuava tudo como dantes no quartel de Abrantes. Mas bom mesmo era quando a *casa velha* não estava nem emprestada, nem alugada, nem habitada pela família. Servia para brincar e era então que se abria em sua sala de visitas a entrada de um subterrâneo, invisível em outras ocasiões. Só à noite essa boca era praticável e servia de caminho à cova de Ali-Babá. Mas não se podia passar porque a essa hora estava guardado por duendes, avantesmas e um trem de duas cabeças vomitando para um lado brasa e para o outro, água suja. Eu me revolvia na cama jurando entrar no dia seguinte, com a claridade da manhã. Tomava café, corria para lá. A boca do subterrâneo tinha sumido. Nem vestígio...

Descendente de uma família citadina, filho de um comerciante liberal, meu Pai assim que conheceu melhor a sogra rural, escravocrata, dominadora e violenta, tomou-lhe horror. Protestou logo contra a pancadaria a palmatória e marmeleiro a que Inhá Luísa submetia as numerosas crias que tinha dentro de casa e achou ruim esse *Ersatz* da escravidão. Abolida esta e não se podendo mais comprar o negro, as senhoras de Minas tomavam para criar negrinhas e mulatinhas sem pai e sem mãe ou dadas pelos pais e pelas mães. Começava para as desgraçadas o dormir vestidas em esteiras postas em qualquer canto da casa, as noites de frio, a roupa velha, o nenhum direito, o pixaim rapado, o pé descalço, o tapa na boca, o bolo, a férula, o correão, a vara, a solidão. Apesar disto, íntimas das sinhás, ajudando nos fuxicos, nas intrigas — servis, bajuladoras, vendo tudo, alcovitando namoros, sabendo dos podres e integradas em cheio nos complexos sexuais dos meninos da família. Em casa de minha avó materna funcionava o sistema. Ela era mesmo tida como grande disciplinadora de negrinhas, disputando a palma dessa primazia em Juiz de Fora com a d. Guilhermina do dr. Rosa da Costa e a d. Clementina do dr. Feliciano Pena. Para o arbítrio da Inhá Luísa, nem o batismo tinha barreiras. Ela revogava o sacramento quando a graça das negrinhas parecia de moça branca. O quê? Evangelina Berta? Absolutamente. Fica sendo Catila, que isto é que é nome de negro. O próprio patronímico dos patrões era uma espécie de tabu — impronunciável como o dos faraós — e as crias aprendiam outro jeito de tratá-los. Em nossa casa a avó era *Sinhá*; o avô, *Sinhô*; tia Berta, *Sinhazinha*; tia Hortênsia, *Iaiá*; minha Mãe, *sinhá Pequena*; tia Risoleta, *sinhá Zoleta*. Os próprios meninos tinham senhorio. Meu primo Meton era *sô Tonzinho* e eu também já fui seu Pedrinho para a Porcina, a Lúcia, a Rosa, a Deolinda, a Maria, a Jacinta, a Emilieta, a Clarinda, a Pacífica e a Catita do rebanho humano de minha avó. As crias. De noite tomavam a bênção. Isto eu vi e ouvi. Meu Pai não concordava, falava, protestava e em pouco estava incompatível com a sogra. Assim, cada período que passava em seus reinos era de raivas e contenções que viravam acessos de asma mais frequentes. Mas tinha de aceitar a hospedagem maliciosamente oferecida a cada sua mudança de residência ou a cada parto de minha Mãe. Dessas estadas no 179 da rua Direita e no seu anexo, a *casa velha*, é que guardo o maior número de recordações confusas de minha mais recuada infância. As primeiras, em companhia de Rosa, que saía me pajeando nas redondezas da casa. Uma venda na esquina da rua São Sebastião, em frente à casa do Jacob Becker, dentro de cuja escuridão cheirando a cachaça rutilavam, na prateleira, os bonequinhos de açúcar cheios de licor. Três por um vintém. Eram róseos, estalavam nos dentes e deixavam correr a calda alcoolizada com gosto de anis. Gosto e cheiro. Era delicioso tê-los um pouco na boca, aos dois, aos três, aos quatro, para mastigá-los de repente e ficar inundado da deleitosa ambrosia, enquanto os dentes trituravam a areia fina do açúcar e misturavam-no ao licor que se engrossava e corria feito baba. Orgia. Às vezes a Rosa me levava ao largo do Riachuelo, parava um instante em cochichos com um soldado e ia me mostrar a mecânica. Cheia de rodas e polias, havia ali uma atividade permanente de máquinas. Nunca soube o que ali se fabricava e admirava como podiam sair daquela poeira, daqueles óleos e daquele negrume as meninas claras e limpas do contramestre que morava na água-furtada. A menor era fabulosa, tinha olhos verdes e amendoados e mais o impossível nome de Iota. Já que estávamos do outro lado da rua, íamos também à maravilhosa indústria de laticínios. Passava-se em frente à casa de tia Regina e era desagradável, quando tio *Chiquinhorta* estava na porta, beijar sua nodosa mão de longas unhas cheirando a rapé e a fumo de rolo. Mas na fábrica do espadeiro Eugeninho Teixeira Leite era um deslumbramento de aços silvantes e claros metais: as aparas das latas de manteiga com que os meninos de Juiz de Fora fabricavam seus punhais, suas adagas, seus sabres, lanças, gládios, colimarchas e lâminas de Toledo. Logo anoitecia. Caindo de sono, eu era levado pela Rosa, que, antes que acabassem de baixar as cortinas noturnas, me fazia repetir a mais linda oração que conheço. Muito mais bonita que tudo que aprendi depois, na matriz, com o vigário e as beatas do Apostolado da Oração.

> Com Deus me deito,
> Com Deus me levanto.
> Na graça de Deus
> E do Espírito Santo.

Mas eu só tinha consciência da imensa travessia dos mares da noite à hora do café, pela boca dos grandes. Aí é que eu confirmava que as portas tinham batido e mais as bandeiras das janelas, nas lufadas das grandes tempestades, ou que houvera mesmo aquela música divina da serenata ouvida num sonho-banho de luar e prata. Era. Às vezes o rio, o vento e a chuva tinham vindo de madrugada, como os ladrões. Arrancando telhas e zincos. Sacudindo as casas desde os alicerces. Arrasando tudo, empurrando a água de encanamentos, fazendo as latrinas regurgitarem e darem trampa de volta. Doutras, eram mesmo os ladrões que tiravam as foices, os machados, os ancinhos, as enxadas, as roupas dos varais, as galinhas da Inhá Luísa — suas Leghorns, suas Orpingtons, suas Plymouth Rocks, suas Hampshires, suas Carijós e suas D'Angola — que eram criadas para pôr, para vender, jamais para comer. E lá se iam... Quando o roubo era só de frutas, minha avó desconfiava de molecagem da rapaziada das casas vizinhas. Punha-se de emboscada para puxar conversa com os moços e cozinhá-los com indiretas. E ficava certíssima. Isso foi coisa do Alcides e do Manuelito. Hoje, juro que os puladores foram o Quincas, o Múcio e o Humberto.

Água não era só de chuva e de enchente. Mais abundante era a dos entrudos. Carnaval. Passavam uns escassos mascarados, dominós de voz fina, diabinhos com que o Benjamin Rezende se divertia arrancando os rabos e quebrando os chifres. O Paulo Figueiredo, encantando minha avó com seu pierrô recamado de lantejoulas. Os primeiros lança-perfumes — *Vlan* e o *Rodo*. Mas o bom mesmo era o entrudo. Havia instrumentos aperfeiçoados para jogar água, como os *relógios*, assim chamados porque esses recipientes imitavam a forma de um relógio fechado, com dois tampos metálicos flexíveis que, quando apertados, deixavam sair um delicado esguicho de água perfumada. Havia de todos os tamanhos, desde os pequeninos, que vinham no bolso, aos enormes, que ficavam no chão e eram acionados com o pé. Havia os *revólveres* — seringas que imitavam a forma da arma — cano metálico e o cabo de borracha que se apertava, apontando quem se queria molhar. Os *limões* de todos os tamanhos e de todas as cores que eram preparados com semanas de antecedência e em enorme quantidade. Continham água de cheiro, água pura, água colorida, mas os que caíam da sacada do barão vinham cheios de água suja, de tinta, de mijo podre. Desciam ao mesmo tempo que as cusparadas das moças. Além dos *relógios*, dos *revólveres*, dos *limões*, eram mobilizadas todas as seringas de clister e improvisados seringões com gomos de bambu. Todos os pontos estratégicos das casas eram ocupados com jarras, baldes, latas e bacias para esperar os atacantes. Porque havia os assaltos de porta a porta. Éramos investidos pelos Pinto de Moura e depois do combate, já encharcados, confraternizávamos, para atacar a casa das Gonçalves. Logo depois já era um grupo maior que avançava sobre as fortalezas fronteiras dos Couto e Silva e do tio *Chiquinhorta*, onde nos esperavam valorosamente o Antonico e o Mário Horta. Meu Pai comandava a refrega protegido nas dobras de um vasto *macfarlane*, cujas asas davam-lhe gestos de pássaro gigante. Acabava tudo numa inundação de vinho do Porto, para rebater e cortar o frio. À noite meu Pai penava com asma...

Em 1908, logo depois do Carnaval, no mês seguinte, a 7 de março, foram as bodas de ouro de meus tios-avós Regina Virgilina e Francisco

Alves da Cunha Horta. Nunca Juiz de Fora assistiu a folguedos iguais. Foram sete dias de bródio, uma semana, com as manhãs ocupadas em missas, bênçãos e ações de graças. Os dias, em piqueniques na Borboleta, no morro do Imperador, no parque Halfeld; em caçadas para os aléns de São Mateus ou pescarias e banhos de rio nas águas do Paraibuna. As tardes, em jantares pantagruélicos com peru e porco. As noites, em bailes que iam até o raiar do dia. Além da prima Zezé, do Mário e do Antonico, os filhos de tio *Chiquinhorta* que moravam em Juiz de Fora, vieram os de São Paulo. O Francisco (Chiquito), casado com a aristocrática prima Maria Teresa Rego Freitas Horta (Neném), que descendia do brigadeiro Arouche, o do largo do Arouche. O Alberto, casado com a prima Cândida Alves Horta (Candinha), filha do dr. Hermílio Alves, um dos construtores de Belo Horizonte. Desta cidade vieram a prima Marianinha, *tia* Joaninha e o tio Júlio — todo carrancudo, disparatando com os sobrinhos e os moleques de servir, mas todo terno com as sobrinhas e com as crias. Sempre que ele via uma, com menino no colo, vinha acarinhar a criança para, na confusão, pegar nos peitos da ama-seca. Fungando e de cara amarrada. Reclamar, quem podia? contra aquela fera. Além dos filhos, todos os netos e netas, entre os quais — Laura. Teria a minha idade, cinco anos. Não a deixei um minuto. Quando não estávamos brincando, eu pasmava para ela — que era como os botões das flores, como as madrugadas, as primaveras, os princípios do mundo. Nunca a reencontrei depois, nos caminhos da vida — que sei que ela ainda percorre, cercada de filhos, netos, bisnetos — como as árvores benéficas que crescem, florescem, frutificam e cantam. Laura. Essa festa de bodas de ouro virou legenda de família. Fala-se nela até hoje. Serve nossa cronologia. Nas bodas. No tempo das bodas. Antes das bodas. Depois das bodas. O retrato das bodas. Contemplo o grupo familiar onde estão 47 parentes. Vivos só seis, porque 41 já se passaram desta. Os dois velhos. Minha avó, ainda com ilusões, inclina a cabeça e abre o leque numa atitude pretensiosa. Os filhos do casal, na força da idade. Os netos, as netas. As lindas primas, de lindos nomes como Naninda, Ada, Opala, Crisólita, Alicínia, Regina, Abigail e os gentis anagramas de Maria — Amair e Arima. Tio Júlio. Tia Cândida, mais enrugada que um maracujá de gaveta. O primo Zé Mariano, de flor no peito emproado.

    Mal a família se separara, teve que se juntar outra vez para o funeral de tio *Chiquinhorta*. Morreu a 28 de maio de 1908, dois meses depois das bodas. Enterrou-se num adorável dia de sol, tanto quanto posso reconstruir, pelas quatro da tarde. Os grandes tinham ido para o velório e ficáramos sob a guarda da Rosa e da Deolinda. De janela, esperando o saimento. Foi meu contato inicial com a Morte. A rua estava completamente vazia e toda dourada de luz. Em frente, a casa baixa, de paredes brancas e barra amarela. Sabia-se que alguma coisa terrível ia-se passar naquele vácuo, naquele deserto e olhávamos da janela como na expectativa do estrondo de uma bomba — quando se vê queimar o estopim. De repente estourou aquele mundo de homens de negro saindo pela porta estreita, logo se alargando e ocupando toda a rua. A casa murchou e ficou mais baixa, como que esvaziada da própria forma. No meio, e carregado à mão, o objeto horrendo que eu via pela primeira vez. O de tio *Chiquinhorta* era roxo, como o das viúvas. Então, era aquilo... O caixão. As cinco tábuas do repouso final... Bastava contemplar sua forma alongada, estranha, peculiar, anômala e entretanto funcional, para adivinhar o que estava dentro, o estado do que estava dentro, e ter de chofre toda a revelação da morte, da podridão, do aniquilamento, do fim, do nada. O cortejo organizou-se e seguiu sob o sol para os lados da rua do Imperador. Devagar. A pé. Nesse tempo as mulheres não iam ao cemitério, nem para enterro de mulher. Só para enterro de anjinho. O de tio *Chiquinhorta* foi indo entre homens de negro e outros, rutilantes, da Guarda Nacional; com o colorido das flores e das coroas; ao azul e ouro da tarde que morria. Tia Regina e minha avó davam adeus! a filha, as noras e netas do defunto davam adeus! chorando e gritando nas janelas.

Logo depois desse enterro tive novo contato com a Morte. A de uma filha da prima Ernestina do *Hilário Tucano* que, brincando de cozinha, pegara fogo ao vestido. Aí eu vi mesmo a defuntinha, porque todos os meninos e meninas foram ao enterro, vestidos de branco, de buquê na mão. No caixão de seda clara ela era uma santinha cor de cera, manchada de roxo, coroada de prata e a parte que se lhe via no pescoço, acima da mortalha, estava tostada como a pele de um leitão que saísse do forno. O brinquedo acabou com ela deitada no fundo da cova, escondida sob um monte de terra. Impossível tornar a encontrá-la naquele jogo de pique...

A ideia fora do contramestre da mecânica, que, não tendo terreno, no São João, preparou a fogueira da Iota e das irmãs em plena rua Direita.

Todos imitaram e no São Pedro a via pública encheu-se de chamas, do estrondo das bombas e das luzes dos fogos de artifício. A fogueira de maior ribombo era a da prima Zezé; a de melhores fogos, a nossa, onde o escarlate das fagulhas guarnecia-se, em torno, da luminosidade aguda das *estrelinhas*, dos roxos, dos vermelhos, dos azuis dos *pistolões* e da policromia das *rodinhas* girando e queimando, presas em cabos de vassoura. Já a de mais belos balões foi a do Pinto de Moura. A rua Direita não era calçada, era ensaibrada ou macadamizada, de modo que não houve dificuldade em fazer buracos para assar as batatas sob as fogueiras. Na nossa, além das batatas-doces, havia uma imensa abóbora que a Rosa abrira, esvaziara dos caroços, enchera com pedaços de rapadura e com um copo de vinho do Porto. Tornara a tampar, envolvera em folhas de banana e enterrara sob as achas. Depois que a fogueira desabou, as negrinhas pularam como sacis, por cima das brasas e das últimas chamas. Quando tudo virou cinza, tiraram-se as batatas e a abóbora. Esta, aberta, cheirava a melaço. A rapadura derretera, penetrara a polpa amarela e tudo aquilo estava mole e cozido, oloroso e doce, dando à língua a sensação macia de uma pasta de castanhas. Tal e qual, como gosto. O Alcides e o Manuelito, em frente ao Pinto de Moura, soltaram o último balão e ficaram a olhá-lo desaparecer para os lados do Botanágua. Pouco tempo depois, ai! suas almas também subiram e desapareceram no céu estrelado, no rastro dos balões...

No outro ano não foram fogos de terra mas luz do céu. O cometa de Halley passou enregelando tudo com sua cauda de neve e prata. Vinha em majestade, descendo da noite do alto dos Passos e caminhando para Mariano Procópio, onde sumia de madrugada. Era uma bola luminosa com uma cabeleira cintilante. Cegava a quem o olhasse diretamente, sem óculos escuros. Quem não os tinha, enfumaçava cacos de vidro. Ninguém dormia e todos enchiam a rua Direita, onde o nosso primo Antonico Horta, excitadíssimo, tendo libado amplamente e sabendo que os cometas vêm espalhando os terrores da fome, da peste e da guerra, prognosticava desgraças, previa cataclismos e anunciava o fim do mundo. Vocês não sabem o que é esse cometa de Halley, gente! É o mesmo que provocou o Dilúvio Universal, o que veio com a morte do imperador Macrinus, com os cavalos de Átila! A morte do Pena, ano passado, foi o primeiro sinal... Chegou o termo das eras. O Dudu é o Anticristo. E isso tudo é esse tal de cometa de Halley...

O cometa esplendia nos céus indiferentes. Toda a luz das estrelas desaparecera comida por sua refulgência. A noite alternava brancos cruéis e negros absolutos, como as xilogravuras de Osvaldo Goeldi. Juiz de Fora tiritava de frio e pânico. Os ruídos morriam e a vida só continuava no movimento e na sucessão das imagens sem som que tinham aquela incongruência que se sentia nos tempos do cinema mudo, quando a orquestra parava e o filme continuava. Eu corria na rua Direita, mais isolado que o primeiro homem, e a ideia cataclísmica do fim — habitou minha alma desde então e jamais consegui enxotar esse corvo do busto de Palas, em cima de minha porta...

Excelentes famílias de Juiz de Fora — Montreuil, Jouvet, Creuzol — descendem de súditos franceses que se radicaram na margem do Paraibuna na segunda metade do século passado. Entre eles merece ser destacada, pelo seu papel na educação e no ensino, a figura do dr. Luís Andrès. Parece que sua vida de mestre começou no Colégio Santa Cruz, dirigido por ele, por José Freire, Narciso Batista de Oliveira e pelo grande latinista monsenhor João Sabino de las Casas. O Colégio Santa Cruz fundiu-se ao Colégio Providência, dirigido por Teodoro Coelho e por meu tio-avô Júlio César Pinto Coelho — desaparecendo o nome de ambos e surgindo o do Colégio São Pedro, que foi dirigido por José Orozimbo Pinto Monteiro e Pedro Luís Rodrigues Horta. Mais ou menos nessa ocasião aparece o Colégio Andrès, sob a orientação do dr. Luís Andrès. Ao que ouvi contar na minha família, as coisas correram bem para o diretor, que, à custa de desasnar os meninos de Juiz de Fora, teria conseguido juntar uma pequena fortuna. Com o que levar vida remediada pelo resto dos seus dias, ele e mais a família que constituirá, casando com uma senhora da família Las Casas, d. Custódia, irmã do próprio monsenhor. Eis senão quando sobrevém Belisário com sua eloquência, com suas falas convincentes e as promessas gordas de sua indústria de manteiga...

Belisário era o próprio dr. Belisário Pena, ainda não genial, nem sanitarista, nem discípulo de Oswaldo Cruz, nem o homem do famoso slogan das três necessidades do Brasil: *"Botina, Necatorina e latrina!"*. Ele aparecera em Juiz de Fora pela mão de seu parente, o dr. Feliciano Augusto de Oliveira Pena, na fase modesta em que o último era diretor da Academia de Comércio. Depois, quando o conselheiro Afonso Pena foi presidente do estado e presidente da República, é que o bicunhado Feliciano começou a intervir na política municipal e a dar audiência nos seus paços dos altos da rua Halfeld... Temperamento inquieto e arrebatado, impaciente e taquipsíquico, querendo ir logo ao fim das coisas e estripar a galinha dos ovos de ouro — o dr. Belisário Pena não teve, apesar de bom médico, as qualidades que fazem o bom clínico e cedo arrepiou carreira. Atirou-se à indústria dos laticínios, depois de falir nos secos e molhados — não em pequena escala, mas à grandalhona — planejando fartar de leite, queijo e manteiga Juiz de Fora, Minas; o Brasil, as Américas, o mundo... Dotado de notável inteligência, de palavra fácil e fluente, de uma prodigiosa chalaça, de uma simpatia irradiante e da personalidade de líder que o Brasil conheceria um dia — não foi difícil transmitir suas ilusões aos que se lhe associaram na empresa. Entre estes, o nosso dr. Andrès, com as economias granjeadas nos suores da análise gramatical, da análise lógica, das declinações latinas, das tabuadas, das equações, do eixo da Terra, da inclinação da eclíptica, da história pátria e da história universal... Foi-se tudo na quebra geral e o pão que sobrou à razão Belisário & Cia. foi duro e sem manteiga. Magnífico! porque perdeu-se um industrial desastrado, mas lucrou-se o fabuloso sanitarista que se envultou no seu papel com a mesma originalidade e potencial histriônico que garantiam o sucesso invariável de suas sortes e pantomimas no Clube Juiz de Fora. Não se sabia onde acabava o apóstolo e começava o charlatão; onde terminava o higienista e principiava o caixeiro-viajante do vermífugo, naquela bolinha humana de largura igual à altura que percorreu o Brasil como uma espécie de pregador, de mestre, de camelô, de messias, de orador popular, de empresário e redentor — gozado e sublime! — falando a crianças, a adultos, a velhos; discursando nos grupos escolares, nos ginásios, nas faculdades, nas ruas, nos cinemas (como assisti em Belo Horizonte, aí pelos 20, no Odeon, onde ele urrava: "Dizem que sou caixeiro-viajante! Sou! Sou o caixeiro-viajante da higiene! Caixeiro-viajante da saúde! Sou e sou!"); orando a analfabetos e a homens cultos; ao povo e aos políticos; a governados e governantes; nas fazendas, nas cidades; no Norte e no Sul — ensinando seu Evangelho: "Botina, Necatorina e latrina!". Nada de pés descalços por cujas solas penetra a larva filariforme depois da terceira muda... Botina, meus senhores! Abaixo os remédios caseiros, as receitas de comadres, as garrafadas, as coajinguvas, os cozimentos e as pevides de abóbora... Necatorina, meus amigos! Necatorina e só Necatorina... Necatorina Merck, cápsulas gelatinosas de tetracloreto de carbono puríssimo, fabricadas por Merck, nos laboratórios de Darmstadt, na Alemanha, representados no Brasil, exclusivamente, por Daudt, Oliveira & Cia. E sobretudo nada das cagadas ao vento dos campos, à margem dos rios, em touceira de banana... Buraco no chão, fossa sanitária, latrina, sempre latrina, só latrina, minhas excelentíssimas senhoras!

O dr. Andrès, este, reintegrou o magistério como professor da Academia de Comércio. Suas filhas é que reabriram o Colégio Andrès na própria casa de residência da família e ali davam aulas primárias aos meninos e meninas mais crescidos, na sala da frente; aos menores, na de jantar. Aí por volta de 1909 ou 10, minha Mãe desistiu de me manter numa espécie de catecismo-jardim da infância, no alto dos Passos, e matriculou-me nas moças. Do primeiro, guardo a impressão de um tédio de fundo de poço. No segundo, fui para os da sala de jantar, entregue à diáfana d. Branca. O colégio ficava à rua de Santo Antônio, entre as do Imperador e de São Sebastião, mais próximo da primeira que da última. Era um chalé pintado de cor marrom, entrada lateral ajardinada com folhagens e trepadeiras de um viço amazônico. Logo da porta, via-se sobre a bandeirola da que dava para a sala de visitas o retrato e a bênção do papa Leão XIII, que sorria de dentro da moldura dourada com sua cara de Voltaire. Pela esquerda, passava-se à saleta de aulas de d. Manuelita Andrès (Lilita), que mantinha entre seus alunos e alunas disciplina perfeita. Era enérgica, vivia encatarrada e estava sempre agasalhada por um xale de lã. Pela direita, entrava-se na sala de jantar onde davam suas aulas, uma em cada cabeceira da mesa, d. Maria Luísa (Malisa) e d. Branca. Aqui o comportamento relaxava-se devido ao temperamento das mestras, principalmente no setor de d. Branca, que, aérea e vaga, de olhar tornado nevoento por uma belida, de fala algodoada e suave — era ela própria um convite à desatenção, às entrecotoveladas, aos assovios, aos tinteiros derramados, aos projéteis de papel amassado em cuspe e aos cochilos dos meus companheiros e dos alunos de d. Malisa assentados em bancos sem encosto, dos dois lados da mesa. Inutilmente as professoras mostravam, ao lado do relógio-armário, uma palmatória feita de quatro solas costuradas — férula delicada, para criança, relíquia do primeiro Colégio Andrès e ora dotada apenas de valor simbólico. A balbúrdia só parava quando elas, desarvoradas, pediam o reforço de d. Lilita, que reduzia tudo ao silêncio e punha os recalcitrantes *de pé no banco*. Esse pelourinho vexatório curtia-se tapando o rosto em chamas. Tornava-se terrível quando se dava entre onze e doze ou três e quatro horas — que era quando o dr. Andrès vinha da Academia de Comércio. Velho bojudo, jeitão de foca, cabelos brancos arrepiados em torno à careca, cavanhaque espinhando, imensas guias de bigode à gaulesa, nariz miúdo, muito míope e de óculos fosforescentes — ele logo da porta, vendo os canalhas *de pé no banco*, começava a roncar e a bufar. Chegava perto de cada um que merecera a fatal elevação, tirava-lhe, à força, a mão da cara, olhava-o bem nos olhos, tão próximo que se lhe sentia o hálito de fumo, e sussurrava num rosnado leonino o seu conhecido *espècedecancrespècedabruti* que ouvíamos espavoridos, como palavra única e mortal. Seu efeito era fulminante. Mesmo sem autorização das mestras, tornávamos a sentar porque ninguém se tinha mais nas pernas desossadas pelo terror. Uns precisavam de ir para o recreio secar as calças mijadas e outros, para casa, porque tinham se borrado ao olhar iracundo daquela Górgona... Minha Mãe mandava minha merenda pela Deolinda ou pela Rosa e dela fazia parte um vidro de magnésia de Murray cheio de leite. Um dia veio com natas e eu pedi a d. Branca que o coasse. Ela estava entregue a essa operação, na mesa de mármore dos filtros e das moringas, quando o demônio do velho entrou e ficou olhando. Tomei o leite já meio entalado e ao fim ele raspou o coador e me apresentou a colher cheia de películas. *Agorre ocê vae comerr essa nat'tode, espècedecancrespècedabruti*. Lívido, comi. Fui para casa vomitando. Mas levando um boletim onde, apesar das péssimas lições e do péssimo comportamento do dia, a minha adorável d. Branca escrevera "ótimo" depois das especificacões — leitura, caligrafia, catecismo, aritmética (tabuada, contas), aplicação e procedimento.

    Não me lembro da cara nem do nome de um só colega, de uma só colega do Andrès. Vejo-os, sem detalhe fisionômico ou contorno físico — esvanecidos no ar da *sala de jantar* ou no recreio, diluídos ao sol, como as figuras de confete da arquibancada do *Circo* de Seurat. Sentado com eles, fiz aquisições memoráveis e simultâneas porque ouvia ao mesmo tempo o canto de d. Branca e o contracanto de d. Malisa. Chama-se álveo ou leito o sulco por onde correm os rios — dizia a voz de d. Branca deslizando docemente. Antes de B, P e M só se escreve M — interpenetrava a de d. Malisa percutindo de contralto. No livro de leitura havia uma história em que se afirmava que Donatinho correra a chamar Zuzu e a poesia onde um menino dizia suas saudades do local das férias, lamentando oh! como se fora depressa dezembro depois de novembro e que saudades que tinha dos dias que lá passara... Pedrinho, você trouxe de casa oito bananas, comeu uma e me deu duas. Com quantas você ficou? Onze, d. Branca. No boletim ia "ótimo" para a aritmética e para as bananas. Banana-prata. Banana-ouro. De ouro como a senhora, d. Branca, de ouro como seu coração... Mas o que realmente aproveitei no Andrès foi o gosto nunca perdido pela caligrafia. Até hoje, letra ruim e descuidada me faz desconfiar das pessoas. Letra boa e bonita é recomendação que conta logo com minha simpatia. Penso como os britânicos que escrever para ou a alguém coisa ilegível é falta de educação. Trouxe isto de minhas mestras, todas exímias calígrafas. Escreviam com tinta roxa — modesta como elas e as violetas, dolorosa como a paixão de Jesus. Tinham penas finas, grossas, fina-e-grossas, bífidas, trífidas — especiais para as letras caudatas, capitais, versais e capitulares. Outras, atarracadas, alongadas, bruscas ou em bisel, retas ou em curva, de fenda curta ou fenda comprida, sem e com depósito para a tinta, que serviam para os cheios e inclinações da escrita *bastarda*, onde cada letra isolada era um desenho; para os cursivos da *inglesa*, cujas espessuras e adelgaçamentos seguiam ligados como as notas de uma melodia — ora solenes e em pé, ora suaves e em reclínio; para os prismas e ângulos agudos do *gótico legítimo* e para os alargados do *gótico espúrio*; finalmente, para a linha mais rápida posto que ainda requintada e luxuosa da *rondia*. Aprendíamos a caligrafia dissecando as letras, como num estudo de anatomia descritiva. Parte por parte. Não se escrevia nunca, de saída, um M, um B ou um W. Para o N e o M primeiro fazia-se um pauzinho. Quando se estava perito no dito, ia-se para a curva da outra perna. Depois de páginas e páginas de treinamento, juntavam-se as duas partes do N, as três do M ou do W e só noutra etapa, o rabinho de porco do V, do W, do O. Finalmente ia-se às maiúsculas. Posteriormente vinham as sílabas, as palavras, as combinações de palavras. D. Lilita, d. Malisa e d. Branca escreviam conjuntos verbais e fônicos no alto da página quadriculada. O limite dos quadradinhos impunha misteriosas amputações. Nós repetíamos o modelo nas linhas de baixo, obtendo, às vezes, efeitos de poesia penetrante.

dedo veado cade
dedo veado cade
dedo veado cade
dedo veado cade

penna pinto peis
penna pinto peis
penna pinto peis
penna pinto peis

quadro leque quei
quadro leque quei
quadro leque quei
quadro leque quei

nickel nickel lhl
nickel nickel lhl
nickel nickel lhl
nickel nickel lhl

aei amo meu ui
aei amo meu ui
aei amo meu ui
aei amo meu ui

uva ovo ave vo
uva ovo ave vo
uva ovo ave vo
uva ovo ave vo

Minha aflição era com aqueles roletes decepados — os *cade*, *peis*, *quei*, *aei*, *lhl*, *ui*, *vo*. Era uma espécie de desafio e um dia que eu tinha de copiar uma página inteira *gole galante gal*, completei laboriosamente *engole galante galinha* e desenhei uma pedrês no meio do exercício. Com os ovos. D. Branca deu "sofrível" no boletim. Antes do meio-dia já estávamos com uma perna passada para fora do banco e à primeira badalada voávamos para o recreio. Era no terreiro da casa e brincava-se de *acusado*.

Um sorteado ficava de cara contra a parede enquanto todos se escondiam. Ao grito de *pronto!* o da berlinda vinha cautelosamente explorando os possíveis esconderijos. Acusado fulano de tal atrás da jaqueira! E corria para chegar ao *descanso* primeiro que o *acusado* que, neste caso, ia para a berlinda. Mas escapava e o outro continuava, se ele depois de desvendado conseguisse bater no ombro do acusador antes do refúgio.

Era também a hora da merenda que as meninas traziam dentro das cestinhas e os meninos dentro das maletas de mistura aos cadernos com manteiga, às cartilhas em calda e às caixas de lápis e canetas que eram de madeira e tinham todas, na tampa de encaixe, o mesmo desenho de fios onde pousavam pássaros. Voltávamos para mais duas horas do inigualável poema — *eva, ave, ovo, uva, vovô* — e às três horas saíamos para casa, ruflando as asas, sacudindo as penas, em bando, em revoada... Eu descia a rua do Imperador e virava a rua Direita. Na esquina, se o dr. Rosa estava na janela, eu passava fingindo que não via. Mas logo a d. Julina ou a d. Oldina chamava para mandar recados à minha Mãe. Eu escutava, dissimulando, posto que tremendo, aos raios do olhar ciclópico do dr. Rosa — agudos e verdes como os de minha consciência carregada de crimes. O retrato da falecida d. Guilhermina, em cima da porta, também me condenava. Era quando eu ia para o colégio. Já saía de casa coração batendo, peito arfando, boca seca, olhos queimando como os amorosos que esperam. Diminuía a marcha, parava em frente à casa, escutava e em pontas dos pés, morrendo de angústia, tocava a campainha elétrica do dr. Rosa. Fugia, rua do Imperador acima, qual lebre acossada. No meio do quarteirão olhava para trás e via aparecer na esquina o moleção do dr. Rosa de vara em punho. Dobrava a carreira e o bandido ia ganhando terreno. Na esquina de Santo Antônio estava quase nos meus calcanhares. Ia me pegar, levantava o marmeleiro para a primeira vergastada, mas silvava só no ar porque eu já penetrara o jardim das Andrès e transpunha a porta da casa pantelante e contrito. Livre e escape. Amanhã... Eu fazia isso diariamente, sempre do mesmo modo, com um cálculo perfeito de espaço, tempo, velocidade absoluta e relativa, pleno conhecimento da imutabilidade dos reflexos do moleção que não podia sair imediatamente. Tinha de pôr o chapéu, pegar a vara, abrir a porta aferrolhada e correr no meu encalço. Mas, a essas, eu já tinha meio quarteirão de ganho. O dr. Antônio Rosa Lira da Costa era engenheiro dos Telégrafos, amigo de meu avô, pai de

d. Oldina, d. Julina, d. Duília e d. Irene, amigas de minha Mãe e de minha tia Risoleta. Seu neto Antônio morrera de tétano e, apesar de minha insistência, seu enterro me foi escamoteado. Não pude ver o companheiro morto. O primeiro amigo que perdi. O dr. Rosa vestia sempre dólmã branco ou cáqui, feito farda, e mesmo em casa usava um boné de Sherlock Holmes. Era magrinho, corado, irado, pernambucano e tinha aqueles olhos que já se sabe. Era viúvo de uma senhora mineira, prima da d. Mariquinhas do dr. Fernando Lobo. Eu me sentia misérrimo diante da sua mirada de verruma. Tinha a impressão de que ele conhecia os meus delitos. Todos. O da campainha elétrica e os outros. Porque os havia, e terríveis, guardados no mais profundo de minha consciência, roazes como os cânceres.

O meu amigo Rodrigo Melo Franco de Andrade é autor do conto "Quando minha avó morreu". Sei por ele que é uma história autobiográfica. Aí Rodrigo confessa ter passado, aos onze anos, por fase da vida em que se sentia profundamente corrupto.

> Violava as promessas feitas de noite a Nossa Senhora; mentia desabridamente; faltava às aulas para tomar banho no rio e pescar na Barroca com companheiros vadios; furtava pratinhas de dois mil-réis [...].

Ai! de mim, que mais cedo que o amigo também abracei a senda do crime e enveredei pela do furto... Amante das artes plásticas desde cedo, educado no culto do belo pelas pinturas das tias, das primas e pelas composições fotográficas do seu Lemos, amigo de meu Pai — eu não pude me conter. Eram duas coleções de postais pertencentes a minha prima Maria Luísa Paletta. Numa, toda a vida de Paulo e Virgínia — do idílio infantil ao navio desmantelado na procela. Pobre Virgínia, dos cabelos esvoaçantes! Noutra, a de Joana D'Arc, desde os tempos de pastora e das vozes, ao das cavalgadas com suas hostes e à morte sobre a fogueira de Ruão. Pobre Joana, dos cabelos em chama! Não resisti. Furtei, escondi e depois de longos êxtases, com medo, joguei tudo fora. Terceiro roubo, terceira coleção de postais — a que um carcamano, chamado Adriano Merlo, escrevia a uma de minhas tias. Eu era contra o namoro e alcovitava outro pretendente, cujas cartas eu trazia, peitado por moedinhas de duzentos réis. Os cartões eram fabulosos e, reunindo o útil ao agradável, abafei-os também. Novas contemplações solitárias, novos pânicos e piquei tudo de latrina abaixo. Minha tia deu por falta, reclamou, desconfiou da Clarinda e da Emilieta, deu parte a minha avó. A palmatória comeu nas inocentes. Mas o mais grave foi o roubo de uma nota de 5 mil-réis, do patrimônio da própria Inhá Luísa. De posse dessa fortuna nababesca, em vez de ir ao Andrès, fui para a babilônia da rua Halfeld, onde comprei um livro (lembro-me de gravura representando uma carga de cossacos) e uma lâmpada elétrica de tamanho desmedido e não sei de quantas centenas de velas. Fui para o parque Halfeld com o butim da minha pirataria. Joguei o troco num bueiro. Como ainda não soubesse ler, rasguei o livro e atirei seus restos no tanque da "Cabana". A lâmpada, enorme, esfregada, não fez aparecer nenhum gênio. Fui me desfazer de mais esse cadáver na escada da igreja de São Sebastião. Lá a estourei, tendo a impressão de ouvir os trovões e o morro do Imperador desabando nas minhas costas. Depois dessa série de atos gratuitos e delitos inúteis, voltei para casa. Raskolnikov. O mais estranho é que houve crime e não castigo. Crime perfeito. Ninguém desconfiou. Minha avó não deu por falta da sua cédula. Eu fiquei por conta das Fúrias de um remorso que me perseguiu toda a infância, veio comigo pela vida afora, com a terrível impressão de que eu poderia reincidir porque vocês sabem, cesteiro que faz um cesto... Só me tranquilizei anos depois, já médico, quando li num livro de psicologia infantil que só se deve considerar roubo o que a criança faz com proveito e dolo. O furto inútil é fisiológico e psicologicamente normal. Graças a Deus! Fiquei absolvido do meu ato gratuito... Para terminar essas histórias devo dizer que em 1949, visitando o Panthéon, em Paris, tive a emoção de reencontrar meus postais de Joana D'Arc no *croisillon* esquerdo: os painéis em tamanho sobrenatural de Lenepveu, representando a vida da santa. Se eu pudesse... O *affaire* Paulo e Virgínia foi descoberto poucos anos depois, pela própria vítima. Minha prima e proprietária dos postais tinha me levado ao Colégio Santa Maria de Belo Horizonte, onde o espaçoso padre Henrique me preparava para a primeira comunhão. Durante a confissão, gemendo e chorando, contei minhas gatunagens. Ou porque eu falasse muito alto ou porque ela abelhudasse demais, a prima inteirou-se no delito antigo e denunciou-o. Apesar de absolvido pelo reverendo — como fiz ver em sã justiça — levei uma boa rodada. Minha Mãe não tomou conhecimento da prescrição.

Uma das fortes impressões guardadas da minha infância era a de quando eu acordava e ficava calado, de minha cama, assistindo a meu Pai em luta com sua asma. Ele se punha sentado na beira do leito, braços fortemente esticados para poder levantar os ombros, coberto de suor, olhos arregalados, boca aberta, querendo beber um ar que não entrava. Minha Mãe providenciando os sinapismos de Rigolot que, destacados, deixavam um quadrado escarlate no peito branco; uns cigarros pardos e de cheiro nauseante; os pós de Legras, que eram postos num pires, como montículos, e que, acesos, desprendiam a fumaça acre posta na direção da boca azulada pela sufocação; as fricções, os cataplasmas, os agasalhos, os escalda-pés, as injeções... Afinal a crise ia cedendo e a cabeça exausta caía num travesseiro amarrado nas costas de uma cadeira. Para que esta não fugisse, nela sentava minha Mãe, cochilando. Uma vela tremeluzindo fazia grandes sombras de asas nas paredes. Todos se enterravam no silêncio... Desde cedo acordei para esse ambiente de doença e prestei atenção nos vidros dos remédios, nos rótulos, nas coberturas do papel plissado e amarrado em torno às rolhas, nas empolas transparentes, brancas, amareladas, esfumaçadas ou azuis. Brincava com calendários, agendas, bulas e com as figuras coloridas, brindes do Laboratoire Deschiens. Ouvi e guardei palavras cabalísticas, para mim sem sentido, mas cheias de sonoridade mágica, de entressonhada poesia — como esparadrapo, alcanfor, exuviável, timpanismo, guaiaco, furfurol, gonorreia e clitóris. Prestei sempre a maior atenção no meu próprio sofrimento, assistindo-o e estudando-o nas minhas moléstias infantis — florescências da catapora, incêndios do sarampão, estrangulamentos das amigdalites, tratadas com pinceladas saborosas de mel rosado e no fim, o pus estourando e dando, de repente, aquele gosto de esgoto logo coberto pelo azedo do vômito. Os dias de doença, passava-os ouvindo histórias da Rosa ou na janela, vendo o dia amarelo. Em frente, sempre estufada e bem penteada, a d. Calina Couto e Silva. Parecia um Toulouse-Lautrec. Via entrar e sair seu filho, meio paralítico, o que caiu da plataforma da estação e foi esmagado por um comboio, como nos romances russos. Seus outros filhos. Suas filhas Júlia e Esmeraldina, a dos esplêndidos olhos e trescalando olores. Seu neto Otávio, meu futuro colega — Otávio Barbosa de Couto e Silva. Para a esquerda, ficava nossa vizinha d. Ernestina Martins Vieira, primeiro amiga, logo depois inimiga figadal de minha avó. Passavam suas filhas Mariá e Sílvia. Os rapazes. O Múcio, o Umberto e o Quincas. Antes dos Vieira, o edifício amarelo era chamado a *casa das Gonçalves* — por causa das ditas — a Leopoldina, a Marieta, a Plácida (Pachinha) — filhas do proprietário, seu Gregório Gonçalves. Antes ainda, mas isto nos triásicos, nos cretáceos, em eras paleogênicas e quaternárias, ali habitara o dr. Belisário Pena, e, da vizinhança, saíram o namoro e casamento de sua cunhada Ana Chaves (Naninha) com o dr. Nominato Couto e Silva. Era o tempo da manteiga. Rua Direita. Para o outro lado era a moradia do maneiroso dr. Francisco Pinto de Moura, filho do seu Miano, pai de meus mais antigos companheiros — o José, o Rubens, o Jacinto, que eu gostava de visitar em casa deles, pela ordem que lá reinava e pela pontualidade da goiabada e queijo com que me recebia a d. Domingas, alta, toda de branco, roupas farfalhantes, e que eu fazia sempre figurar de rainha nas minhas histórias de fada. Mas bom mesmo era quando os acessos de asma de meu Pai se tornavam alarmantes ou quando minhas doencinhas e as do meu irmão José viravam doença de cuidado e impunha-se convalescença fora da cidade. Então era a sinfonia pastoral da Fazenda de Santa Clara.

O proprietário de Santa Clara era o português Manuel da Silva Carneiro, íntimo de meu avô e padrinho de casamento de minha Mãe. A esfumada lembrança que tenho dele reaviva-se graças a velhas fotografias suas, tiradas em companhia de amigos, entre os quais meu tio Antônio Salles e meu Pai. Era um velhote seco e desempenado, de olhos sorridentes dentro da fisionomia enérgica, vastos bigodes e luminosa calva. Sua mulher, d. Elisa, era uma senhora cheia de corpo, olhos azuis, calada e doce. Seus filhos: Maria Lodia, Margarida, Renato e Cecília (Cecília, a mais moça, era noiva e casou-se depois com o moço *Ciprino* — Cipriano Lage, de conhecida gente de Juiz de Fora, do Caminho Novo, da Mantiqueira, da borda do Campo; sobrinho do Isidoro Lage, do Manuel Vidal, do Vidalzinho e da d. Cecina do Chico Valadares. O Renato e a Margarida eram casados com Zica e Domiciano, filhos de Antônio Monteiro da Silva (Ninico), proprietário da fazenda vizinha da *Piedade*. A mais velha, Maria Lodia, também casada, vivia em Portugal. De ouvir falar nessa moça e de sua moradia me veio pela primeira vez esse nome — Portugal — linda palavra que sabe a vinho, que é alegre como o sol e como um canto de galo nas madrugadas de verão). A família completava-se com os netos de que lembro a Maude, ora de *papelotes* na cabeça, ora ostentando, na mesma, a *travessa* flexível, coroa de princesa das meninas do meu tempo; o Miltinho, mais moço do que eu e meu companheiro de comer formigas. Sim, formigas, como os tamanduás. Eu tinha aprendido não sei como nem de quem que comer formigas era bom para os olhos. Na varanda de trás da casa de Santa Clara passava sempre uma correição de vermelhas carregadeiras, e ficávamos os dois pegando uma por uma e trincando-as sucessivamente. São de um acidulado adstringente. O tratamento comportava umas dez a vinte formigas *pro diae* e era seguido rigorosamente, por mim e pelo meu primeiro cliente. Outras recordações terapêuticas me vêm dessa varanda. Dela se divisava, de manhã, a ordenha e, numa época de epidemia de coqueluche, o curral passou a encher-se das crianças que vinham buscar, *in loco*, o remédio para o mal: a mistura em partes iguais de leite e mijo de vaca, colhidos na fonte. Dose: um copázio por paciente. Diariamente. Meu pai dizia que aquilo era uma grossa porcaria, mas seu Carneiro insistia que não, que não e que não. Lembrava até outras propriedades da urina. A de menino homem, por exemplo, aparada diretamente do bilro, era superior para a pele. Fique o senhor sabendo que em Trás-os-Montes...

    A casa de seu Carneiro não se parecia nada com as fazendas da região. Era como residência de cidade e cheia de requintes de louça, prata, bragal e alfaias. Toda branca e quadrada, tinha acesso por um avarandado coberto de chapas embicadas e pintadas de prateado. Todas as portas e janelas ostentavam bandeirolas enfeitadas, de que o vidro central era de um azul de safira. Salas da frente; o corredor, com um sem-número de quartos; a sala de jantar hospitaleira conduzindo, pela esquerda, a outros quartos e, pela direita, às dependências domésticas. Na copa eu admirava d. Elisa preparando seus tabuleiros de biscoito de polvilho. Enchia com a massa um pano furado e fazia os pontos, as linhas, os círculos, as cicloides que iam inchar no forno. O pano estufado como uma nádega e dotado daquele orifício modelando o que saía

— era tudo que podia haver de mais perfeito como sugestão anal. A tal varanda de trás corria toda a largura da sala de jantar e nela assisti à cena que me ficou gravada até o dia de hoje. Era de noite e todos conversavam no escuro. A Cecília e o Cipriano noivavam e ela se distraía apanhando vaga-lumes que enxameavam para metê-los, vivos, entre as madeixas do gostosão. Ele sorria de *Bel Ami* e a cabeça lhe tremeluzia cheia de luzes, faiscando debaixo do céu estrelado... Dessa varanda se viam, de dia, os morros atrás dos quais viviam os ladrões e os caminhos por onde seu Carneiro e o Domiciano iam para uma coisa misteriosa chamada lavoura. Possuo uma fotografia feita pelo seu Lemos, outro português amigo de meu Pai, tirada em Santa Clara a 12 de janeiro de 1903, na festa de comemoração, parece que dos 25 anos do afazendamento de seu Carneiro na região, e que vinha, pois, de 1878. Possuo outras, tiradas pelo Renato, que era fotógrafo amador. Por elas se veem detalhes dos jardins que cercavam a casa e onde também integrei a "Epígrafe" de Manuel Bandeira. "[...] Menino,/ Fui, como os demais, feliz./ Depois [...]". Ficaram fixados o caramanchão, todo afogado em trepadeiras floridas; os bancos pintados de branco; os viveiros, em cujos trançados de arame se estrangulavam as cobras que tentavam entrar em demanda da comida esvoaçante; os gramados molhados para os pés descalços; e a haste vertical do esguicho do repuxo onde meu Pai gostava de colocar bolas de celuloide, que ficavam na ponta daquela vara de cristal, até serem desaprumadas pela brisa. Outras recordações da fazenda. O paiol sombrio onde se tentava a impossível escalada de montanhas de milho debulhado. Outras montanhas, de café em grão, nos terreiros de secagem. O açude onde havia carpas, caranguejos e pitus que davam nota exótica e litorânea à mesa luso-mineira da d. Elisa. Em frente à casa, o jardim. Saindo deste, uma estrada. Do outro lado a chácara dos frutos fantásticos cultivados por seu Carneiro. Ali tinha de tudo que Portugal nos deu durante a Colônia, trazido da Pérsia, como as limas, os limões, os pêssegos, os abacates; da China, como as amoras e as laranjas; da Índia, como as mangas, os cocos e as jacas; de outros confins da Ásia, da África e da Oceania como as bananas, os tamarindos, os mamões e a fruta-pão; do Reino, como as nêsperas, as romãs, os morangos, as cidras e os melões. Tudo chegado aqui nas naus e nos galeões, como a prata da cana-de-açúcar e o ouro preto do café, para misturar seu gosto ao das frutas da terra. O dos abacaxis e dos araçás — cortante como o fio duma lâmina. O sabor poliédrico dos cambucás, das carambolas, das pitangas, das guabirobas e das grumixamas. O redondo e grave das jabuticabas, dos abios, dos jambos, das mangabas, dos pequis, dos sapotis, dos muritis, das atas, das pinhas e dos beribás. E o das frutas indiscretas, com cheiro de gente, como as goiabas, os jenipapos e os jatobás. Era de manhã ou de tarde que seu Carneiro e d. Elisa chamavam para as mil-e-uma-noites de sua chácara. Para o fartão das frutas comidas no pé. Subia-se galho acima ou apanhavam-se no chão as que o vento derrubara de noite e que eram mastigadas com um pouco de areia. No ar começava o zunir das cigarras...

Mas o Ninico estava chamando e convidando para a Piedade e lá nos fomos, enchendo o carro e o *landau* de Santa Clara. Cruzávamos com os trens da Piau, cujas chaminés tinham a forma de sinos, de boca virada para cima. Mais frutas, mais carne de porco, mais leite. Leite de verdade, espesso, gordo, tomado no curral e que se vê crescer e espumar surdamente nos baldes, quando puxado dos ubres pela mão exímia dos tiradores. Bebido direto, sem ferver. Nutrindo e transmitindo a febre aftosa... Havia ainda os banhos, na cachoeira que atroava a fazenda com o estrondo de suas águas. E as famosas macarronadas da Piedade. Lá se usava máquina para a produção em grosso de macarrão. Desciam os fios paralelos dos incontáveis furos da masseira, eram cortados e caíam num leito de farinha de trigo. O instrumento me lembrava, em mil, o cu do pano com que d. Elisa espremia seus biscoitos de polvilho. Para voltar, como o Ninico não tivesse carruagens, mandava selar cavalo para meu Pai e preparar o carro de bois para as senhoras, as moças e os meninos. O carro era cercado de altas esteiras e os viajantes ficavam deitados ou sentados nos colchões e travesseiros que se colocavam no fundo. Uma guarnição de galhos verdes ajudava a proteger do sol e a lenta condução saía da casa do Ninico. Vinha de mais longe, de recuadas estradas e de eras distantes. Trazia nas rodas lama negra das margens do Nilo, cascalhos dos montes da Frígia e no timão, restos das tiras de couro do nó de Górdio. De cima dele, Édipo arrancara Laio pelas barbas, para embeber a poeira tebana com seu sangue consequente e logo depois, seis bois, brancos como nuvens, arrastavam o carro nupcial de Jocasta — de quem o sol fugia. Passou lentamente, chiando, pela faia ramalhada sob a qual praticavam Títiro e Melibeu. Esteve no fundo das éclogas, das geórgicas e das bucólicas. Do Lácio rodou para as terras do

Norte e nele se reclinaram os reis *fainéants*. Vingou a dura Espanha, as glebas benditas de Portugal, e agora arrastava-se, ao tardo caminhar das alimárias, entre a Piedade e Santa Clara. Ganhava as encostas penosamente e cantando, num tom sonoro e doce como a voz portentosa de Amon, no mundo antigo. O eixo polido pelas rodas pesadas zumbia ao seu atrito como um instrumento prodigioso e canoro. Ora alto e vibrante como os clarins, ora sustenido como o apito dos oboés, ora largo como os trombones, ora fino como flauta, ora grosso e cheio como órgão roncando a toda a força. O eco respondia à direita, à esquerda, no alto dos morros, no fundo dos despenhadeiros. Meu Pai caracolava no seu cavalo. Corria, vinha, ia e voltava dentro do azul do dia e do ouro do céu. Na vibração prodigiosa de acordes e luzes, cada um tinha a impressão de estar preso numa caixa acústica. Numa caixa acústica, preso, com um raio de sol. Nos altos céus onde os urubus planavam como águias, os cúmulos se moviam lerdos e pacientes como bois...

Da base do 142 ou do 179 da rua Direita, era frequente que eu saísse com meu Pai, para visitar seus amigos. Ele gostava de me mostrar ora de chapéu de palha e bengalinha; ora, para indignação de minha Mãe, com um terno igual ao dele, corrente de relógio atravessando o colete; ora vestido de mata-mosquitos, de boné e dólmã cinzento igual aos da brigada da Diretoria de Higiene. Meu Pai me fantasiava assim a título de propaganda da teoria havanesa, nos tempos em que a febre amarela subira do Rio, para grassar em Juiz de Fora. Íamos à casa do dr. Dilermando Cruz. À do dr. Duarte de Abreu. À de tio Paletta. O passeio era divertido desde a rua, principalmente quando se encontrava o *Piriá* ou a *Rainha do Sabão*. O pobre do *Piriá* era uma espécie de débil mental inofensivo, sempre vestido de fraques ou sobrecasacas alheias, calças largas demais, geralmente sem camisa, às vezes descalço. Tinha alguma coisa de um *gentleman* em petição de miséria e alguns anos depois ele seria configurado, em mais jovem, por Charles Chaplin. Só quando perseguido demais pela crueldade infantil é que ele revidava com pedras certeiras que trazia prontas e enchendo os bolsos. A *Rainha do Sabão* era uma mulata clara, envolta em panejamentos que lembravam mantos de corte e coroada duma espécie de turbante de pano entre cujas dobras ia inserindo colherinhas, cacos de vidro e todas as outras coisas brilhantes ou lustrosas que lhe davam ou que ela achava. Ela e o *Piriá* estavam sempre na rua Direita, na rua Halfeld, mas seu quartel-general era o parque.

    O dr. Dilermando (Martins da Costa) Cruz era um leopoldinense fixado em Juiz de Fora. Fino, elegante, calvo desde muito moço e usando bigode e barbicha que disfarçavam o seu ligeiro prognatismo superior. Tinha uma dentadura esplêndida e era dono do sorriso mais contagioso que se possa imaginar. Eu adorava ir com meu Pai a sua casa, por causa dele, dos seus filhos e sobretudo pelo ambiente de que conservei uma impressão veludosa e colorida. Vastos claros de paredes brancas, pardos de mobílias lustrosas, verde-musgo de cortinas e panos de mesa, compondo natureza-morta onde as cores eram surdas e sem estridência, como nos quadros de Bracque. Essa impressão é absolutamente real e eu a descobri porque, vendo álbuns com reprodução de suas telas ou as que estão no Palais d'Art Moderne, de Paris, acudia-me sempre a lembrança do dr. Dilermando Cruz. Quando isto aconteceu pela quinta, sexta, sétima vez, vi que essa associação não podia ser casualidade da mente errante e que havia uma motivação para ela. Estudei sua lembrança, a de seus filhos, a de sua esposa e afinal a de sua residência. Era esta que me levava a ligá-lo a Georges Bracque — porque ele morava, nem mais nem menos, dentro de uma natureza-morta do mestre. Obrigado, dr. Dilermando, obrigado! por suas salas cuja arrumação e cujas tintas me prepararam para entender as guitarras, violinos, facas, jarros e travessas de beleza mitológica e de cor abafada do pintor *fauvista* e cubista. Depois soube que o dr. Dilermando era poeta. Tive contatos muito mais tarde com dois de seus filhos. Apenas encontro rápido com cada um — o bastante para recuperar, em ambos, a mesma simpatia e o mesmo sorriso do pai.

    Outra casa acolhedora era a do dr. Duarte de Abreu. Meu Pai tinha fascinação por ele e acompanhava-o na política municipal. Ele respondia com aquela amizade que foi uma das heranças que minha Mãe, meus irmãos e eu tivemos de meu Pai. Morto este e quando o dr. Duarte mudou-se para o Rio, nunca vim a esta cidade que não fosse visitá-lo a seu cartório na rua do Rosário. Foi nesse cartório que, rapazola, vim a conhecer Afrânio de Melo Franco — sem que ele ou eu percebêssemos a trama do destino que nos levaria a um último encontro, à hora de sua morte, quando o assistimos Agenor Porto e eu. Sempre eu saía do cartório, convidado pelo dr. Duarte para jantar na sua casa, que era, então, no centro da cidade, à rua de Santa Lusia. Mas... voltemos a Juiz de Fora e ao tempo de meu Pai diarista da casa do dr. Duarte. Este era presidente da Câmara Municipal desde 1905 e meu Pai era o seu diretor de higiene. Morava na rua de Santo Antônio, esquina de Imperatriz, exatamente na casa que fora em tempos de meu avô e onde nascera minha Mãe. Era um sobradão quadrado, de cimalha, cor de carne de boi em que se entrava por uma porta de dois degraus que abria, diretamente, em um corredor. Dum lado a sala de visitas e do outro, o escritório do dr. Duarte. Ao fundo, a sala de jantar. Nesta, lembro-me de d. Albertina trabalhando na ornamentação de dois jarrões de barro onde ela ia cimentando cacos de louça, num mosaico mais caprichoso que a coroa da *Rainha do Sabão*. Era uma senhora seca, espigada, sempre escrupulosamente arranjada, sem um refego desarrumado na blusa ou madeixa fora do lugar. Muito clara e de cabelos escuros, apesar de sua origem estrangeira. De solteira, seu nome era o Weguelin que passou para seus filhos: Raul Weguelin de Abreu, moço bacharel, e Sílvio Weguelin de Abreu, oficial de Marinha estagiando então na Armada Inglesa. Lembro-me dos postais que ele mandava a meu Pai. Sobretudo de um, fantástico, representando crepúsculo no Tâmisa e a silhueta da Tower Bridge recortando-se em céus de sangue. Quando fui a Londres, fiz questão de me colocar em ponto certo e hora adequada para assistir ao vivo àquele postal, num dia de outono. D. Albertina era uma autoridade na vida do dr. Duarte, que se referia a ela sem cessar. Vou consultar a Albertina. A Albertina me disse. A Albertina quer. A Albertina não quer. Vou perguntar à Albertina. A Albertina disse que sim. A Albertina disse que não. E então era não mesmo. A nós, sempre d. Albertina dizia que sim. Lembro-me do escritório do dr. Duarte, numa cena cuja data posso precisar: junho de 1909, porque eu folheava uma revista, parece que a *Careta*, com uma série de fotografias tiradas na câmara-ardente e no enterro do presidente Afonso Pena, falecido no dia 14 daquele mês. O corpo do velho político deitado no caixão. Os florões dos ornatos, as flores de pano, os tocheiros acesos. O dr. Duarte sentado e calado, meu Pai muito agitado e andando dum lado para o outro a dizer, sem cessar — o Pena foi traído! o Pena foi traído! traído! traído! — e o dr. Duarte fazendo com a cabeça que sim. Guardei indelevelmente a cena, ajudado por esta palavra inédita — traído — que eu não conhecia e que liguei à ideia funerária do presidente, de mistura com imagens fluviais na dependência da homofonia — traíra

— e sugestões adejantes, nascidas do nome Pena. Traídos, no caso, eram o dr. Duarte e meu Pai de cambulhada. Mais traídos ainda eles o tinham sido, oito meses antes, com a morte de João Pinheiro. A este matou a moléstia de Hodgkin e não o famoso traumatismo moral que deu cabo do conselheiro. Não tenho dúvida. Há no Arquivo Público Mineiro uma fotografia feita tempos antes de seu passamento, que impõe o diagnóstico — pelo enfartamento dos gânglios cervicais e pelo espessamento sinistro do pescoço de touro que sustinha a face moribunda. Várias vezes a Morte tem desviado os caminhos da política mineira. Tudo se mudou com a de Silviano Brandão e aí pelos 20, com a de Raul Soares. As duas de 1908 e 1909 alteraram a vida de muita gente. Afonso Pena trazia no bolso do colete, para sucedê-lo na presidência da República, o nome de João Pinheiro. Seria inevitável. João Pinheiro, idem, para o palácio da Liberdade, o do dr. Duarte de Abreu. Isto é tão certo, segundo ouvi de minha Mãe, que o dr. Duarte já convidara meu Pai para a prefeitura de Belo Horizonte. Tudo combinado. Eis senão quando a "indesejada das gentes"... Pode-se dizer que estas duas mortes acabaram com a carreira do dr. Duarte, apesar da esticada que ele ainda teve como deputado federal. Daí ele sairia para um cartório no Rio de Janeiro e deixaria definitivamente a política. Melhor para ele, afastar-se desse monstro que reduz os homens bons ou maus, inteligentes ou estúpidos, dignos ou indignos a uma espécie de denominador comum — com aquela inevitabilidade com que o intestino fabrica a mesma merda com a fruta fresca, o macarrão macio, o delicado *vol-au-vent* e o pesado feijão. Juiz de Fora já não era mais dele. O grupo vencido em 1905, com João Penido Filho, venceria em 1908, com Antônio Carlos, e passaria a dominar por longos anos a política de Juiz de Fora. Aliás, mesmo sem morte de presidente, cedo ou tarde o Andrada estava destinado a tomar conta da posição. Praticamente não tinha adversário senão o dr. Duarte e o meu tio Constantino Paletta. Este, bananeira que já tinha dado cacho; aquele, anulado pela morte de Afonso Pena e João Pinheiro. Além disso o Antônio Carlos contava com o que os dois não tinham: o apoio de uma vigorosa organização familiar.

    Ninguém pode compreender nada da história social e política de Minas se não entender um pouco de genealogia para estudar os troncos e os colaterais, por exemplo, dos descendentes de d. Joaquina do Pompéu — esses Pinto da Fonseca, Melo Franco, Gastão da Cunha,

Laras, Álvares da Silva, Capanemas, Silva Campos, Melo Campos, Valadares, Guimarães, Abreus, Vasconcelos, Cordeiros e Cançados — dominadores, proprietários, mandões, sobas, políticos, diplomatas e estadistas do Oeste. Como por exemplo, ainda, esses Felício dos Santos, Camargos, Pires, Rabelos, Lessas, Machados, Pimentas, Prates, Sás do Brejo e Sás da Diamantina, outros dominadores, caciques, coronelões, espadachins, poetas, políticos, embaixadores e estadistas do Norte. O grupo familiar dos Andradas de Minas não ficava nada a dever a esses outros dois clãs que tomamos como exemplo e teve, na Mata, significado idêntico. O dr. Antônio Carlos Ribeiro de Andrada era filho de pai homônimo e de d. Adelaide Lima Duarte, descendente de Aires Gomes. Não tinha nada dos rompantes paulistas dos Andradas, mas era cheio da ronha mineira dos Lima Duarte. Tinha dos primeiros o físico e o nome; dos segundos, a astúcia e aquilo que Mário de Andrade chamava o "cauteloso pouco a pouco". E mais a simpatia e aquele encantamento que ele dividia com outros Lima Duarte — os seus primos Penido. Por estes ele se ligava aos Burniers, Monteiros, Teixeira Leites, Assis, Álvares da Silva (primeira ponte para o Oeste e para a gente do Pompéu), Ribeiros, Ribeiros de Oliveira, Batistas de Oliveira, Nunes Lima, Badarós, Mascarenhas, Vidais Barbosa Lage e Valadares (segunda ponte para o Oeste e para a gente do Pompéu). Pelo mano José Bonifácio, aos Lafaietes e aos Stoklers. Pela esposa, aos Olindas, Araújo Limas, Guimarães, Azevedos, Moreiras e Régis de Oliveira. Tudo isto representava uma família extremamente solidária e estendendo-se, em distância, da borda do Campo a Petrópolis e ao Rio, passando por Juiz de Fora e zona mesopotâmica de Minas. Acresce que além de solidária, essa gente era a possuidora. Das fazendas, das companhias, das empresas, das indústrias, das fábricas, do prestígio nas profissões liberais, das santas casas, das confrarias, das obras pias, das gotas de leite, das sopas dos pobres, das irmandades e dos apostolados. Uma piedade exemplar fazia chover sobre todos as bênçãos da Igreja e os juros das apólices. Deste modo, tocar num só era logo pôr *en branle* e a favor o Executivo, o Legislativo, o Judiciário, os correligionários, os compadres, os afilhados, os primos de primos dos primos, os contraparentes, Guy de Fongaland, santa Teresinha do Menino Jesus, o próprio Menino Jesus, Nossa Senhora do Perpétuo Socorro, a dos Navegantes, a dos Aflitos, a de Lurdes, o Padre, o Filho e o Espírito Santo... Desses degraus

— não precisava esforço para dominar politicamente. É o que aconteceu com essa elite durante uns cem anos da história de Minas e da Mata, e se agora ela começa a perder força, poder e cabedais — é em virtude daquela lei pendular que dá a pais fascistas filhos comunistas, e às gerações poderosas descendências demissionárias... Pois foi contra essa fortaleza que se desfizeram politicamente meu Pai, o tio Paletta e o dr. Duarte de Abreu — quando faltou ao último o viático que lhe vinha do Palácio da Liberdade e do Catete...

Outra visita habitual de meu Pai era à casa de seu concunhado Paletta, à rua de Santo Antônio, poucos portões depois do dr. Duarte. Era outro que trazia meu Pai pelo beiço. Para ele o Paletta abria-se, apesar do ódio que tinha à sogra, ao sogro torto, às cunhadas e ao outro concunhado. Não sei se teria sido amigo de meu Pai ou se servia-se de sua bondade e boa-fé para tirar sardinha com a mão do gato. As verrinas de imprensa contra o Antônio Carlos, por exemplo, eram escritas por meu Pai, mas geralmente inspiradas pelo Bicanca. Bom advogado, falando fluentemente, um dos fundadores, em 1883, do Clube Republicano Mineiro, republicano histórico e deputado à primeira Constituinte — o Paletta, em Juiz de Fora, chegara, vira e vencera. Florianista exaltado, fora chamado pelo marechal para o ministério formado logo depois da instalação do segundo governo republicano, a 23 de novembro de 1891. Nascido a 14 de outubro de 1864, tinha o Paletta 27 anos quando ocupou a pasta do Exterior. Seu prestígio era tal que não só foi ministro, como fez ministro seu amigo Fernando Lobo, que Floriano nunca tinha enxergado. Apenas ouvira as sugestões do Paletta, com aquela cara de esfinge impaludada que passou para os compêndios e sem se dignar a responder coisa alguma. Alguns dias depois, sempre com sua fisionomia parada de jogador de pôquer, perguntou ao meu tio afim: — "O senhor não vai hoje à estação, esperar o trem de Juiz de Fora?". Com aquele homem de reticências, isto era mais que uma ordem e lá bateu-se o Paletta para a Central, a esperar não sabia quem. Esse quem era Fernando Lobo, que desceu do comboio todo excitado e ignorando por que e para que tinha sido chamado pelo presidente. Você, seu Paletta, você imagina alguma coisa? O Paletta também não. Tudo se explicou na presença do marechal, diante dos bem-comportados meninos-ministros. Curta, porém, seria a glória do Paletta e à sua entrada de leão corresponderia uma saída de sendeiro. Ele mesmo, sem que se saiba por que ou planejando não se imagina bem que golpe político, pediu demissão, largou a Secretaria de Estado e foi afundar-se na rua de Santo Antônio. Ora, em Minas, essas coisas são funestas. Ninguém mais se ocupou dele, sua vez foi tomada, outros foram para a presidência do estado e ele envultou-se nessa coisa bastarda que é tudo e nada, possibilidade e impossibilidade, esperança e desengano. Virou *reserva moral.* Quem? o Paletta? Aquilo é um grande homem, é um caráter, uma de nossas reservas morais. Cedo ou tarde estará no Palácio da Liberdade... Jamais lá chegou. Ficou glória municipal incontente, no início, contestada, no fim. Pois um dia não houve um sacana que lhe pespegou, na imprensa local, o apelido de "O Homem que Leu Proudhon"? por causa do personagem bestalhão de Alphonse Daudet que nunca fizera nada na vida senão a formidável façanha de autopreparação que era ler Proudhon. Até isto era uma canalhice do artigo porque verdade, verdade, o Paletta não sabia quem era nem jamais lera Proudhon.

Hábil causídico, homem afetando uma honradez exemplar, extremamente zeloso no interesse de seus constituintes, bom amigo quando era amigo, o Paletta foi um cidadão prestante a quem muito ficou devendo Juiz de Fora e que mereceu a placa com seu nome que figura num dos logradouros. Filho admirável, irmão carinhoso, pai como os melhores — esse ser contraditório foi genro detestável e detestado, cunhado odioso e odiado. Além de forreta, ele era, como aquele conde de Gouvarinho, do Eça,

> maçador e muito pequinhento [...] quando começava a repisar, a remoer, não se podia aturar.

Minha tia desabafava à hora do café, em casa da Inhá Luísa, com as irmãs. O Constantino me traz num tipiti. O Constantino tem me posto num verdadeiro torniquete. O Constantino vive me fustigando. Claro que a fustigação não era física e não passava da velha e conhecida crueldade mental. Quando ele se casou, as cunhadas tinham uma dez, a outra cinco anos e a terceira estava por nascer. Pois não é que o homem *fustigou-as* a vida toda com sua cerimônia e dando-lhes *senhora dona*? D. Hortênsia, d. Diva e d. Risoleta. Elas lhe mandavam de volta, pela frente, *doutor Paletta*, e pelas costas, o clássico *Bicanca*. Não sei o que me passou pela cabeça e num 14 de outubro expedi-lhe, de Belo Horizonte, um telegrama de parabéns. *Fustigou-me* com a resposta distante e glacial.

    Ao distinto sobrinho *doutor* Pedro Nava, o Constantino Luís Paletta agradece as felicitações enviadas.

Foi o primeiro e último telegrama que ele recebeu de mim. À merda... O torniquete, o tipiti, a fustigação de minha tia era tudo por causa do ciúme. O homem era um Otelo, só que em vez de matar, chateava. Passava dias aporrinhando a mulher e rosnando de manhã à noite que havia de *aniquilar* o *Barbaças*. O *Barbaças* era meu avô, seu sogro torto e que a mulher queria como a um pai. Esse cozinhar em água fria durou a vida toda. Nasceram filhas, casaram filhas, vieram as bodas de prata, nasceram netos, chegaram as bodas de ouro, enfim os bisnetos e era o mesmo inferno dos primeiros dias. Industriada por minha avó, tia Berta, que era bem sua filha, bem sobrinha do Júlio Pinto, bem prima da *tia* Joaninha, da Babinha e da Zezé Horta; bem neta do Luís da Cunha e bisneta da d. Lourença — resistiu sempre como uma cidadela, palmo a palmo, pirraça por pirraça, desaforo por desaforo, dureza por dureza, tipiti por tipiti e torniquete por torniquete. Até que a velhice e o enfisema do cônjuge permitiram que ela contra-atacasse e pudesse, por sua vez, *fustigar* o Constantino. Claro que a fustigação nunca foi física e ficou para sempre nas fronteiras da crueldade mental. Mas exercida com técnica de Pinto Coelho e os requintes da desforra. Quando eu ia a sua casa com minha Mãe, o *Bicanca* mal cumprimentava e não interrompia o seu passear de fera enjaulada. Vinha do fundo do enorme escritório, atravessava a saleta e entrava na imensa sala de visitas. Voltava. Ia, vinha, ia, vinha, fumando como uma chaminé, dando repelões ao colarinho, sacudindo as mãos, estalando os dedos, as abotoaduras tinindo nos punhos engomados. Um dia eu o vi de longe, barbeando-se, e fiquei gelado de terror com os talhos que ele dava em si mesmo e com a sangueira que escorria. Refugiei-me num canto de janela da sua sala de jantar e ali fiquei ouvindo uns sons de lancinante clarineta que vinham de uma casa na rua vizinha. Era uma música desolada, ao sol. Um solo desolado e metálico, ao sol... Quando eu ia com meu Pai, os dois trancavam-se no escritório e eu ficava banzando pela casa onde boiavam sombras errantes de tia e primas indiferentes. Impenetráveis como peixes... Eu distraía-me com a pinacoteca fabricada sob a direção de d. Maria do Céu e com as duas oleografias que o Paletta encaixilhara. A primeira, de uma dama de preto e a coma de ouro desnastrada que ele achava que parecia com a mulher. A segunda, de uma menina vermelhosa que tinha os traços de sua filha mais velha. Havia ainda o retrato colorido da filhinha morta — Aidinha. O nome Aída seria proveniente de pendores musicais. Apesar de não tocar nenhum instrumento, o nosso Paletta tivera, em tempos, veleidades de regente e fazia de maestro numa orquestra de amadores. Isto era outro motivo de diversão e de gargalhadas a bandeiras despregadas para minha avó, minha Mãe e minhas tias, que concordavam, chorando de rir, que aquele carcamano, jogado na parede, não grudava mesmo não...

  Todas estas histórias eu vim conhecer depois de crescido e entretanto, menino, nunca entrei na casa desses tios sem mal-estar. Tudo ali estava impregnado da vida que eles viviam: a de dois gatos cozidos dentro de um saco de couro. A ala de entrada, com seus dois renques de espinheiros, era agressiva; triste, o jardim de tanques secos e pássaros calados; os pórticos da varanda, no alto, faziam como que cara nauseada e hostil. Vi a casa postiçamente festiva uma vez, com músicas, danças e gente de casaca. Por ocasião do casamento de minha prima Estela com um irmão de tio Meton, chamado Antônio Meton de Alencar. Lembro bem sua cara proustiana parecida com a de Boni de Castellane. O mesmo ar amímico de boneca de louça e o mesmo bigode feito uma poeira de ouro sobre a boca enfática. Lembro depois da casa desamparada quando lá nos hospedamos, a pedido do Paletta, para meu Pai assistir dia e noite uma de suas filhas com uma infecção puerperal. Meu Pai deixou o próprio consultório, minha Mãe foi servir de enfermeira, a doente salvou-se e ainda tivemos de acompanhar a convalescença no sítio do Paletta, na estação da Creosotagem, logo adiante de Mariano Procópio. Tenho ideia de meu Pai, todas as manhãs dessa época, apanhando turvações numa água de banho ou de lavagem. Colhia as nuvens com um pequeno arame recurvo e estendia-as sobre um paralelograma de vidro. Vim conhecer esses objetos — alça de platina e lâminas — no meu curso médico. Guardo da Creosotagem a assustada lembrança da carreira que me deu um bezerro de que escapei cerca abaixo. Guardei também as gargalhadas divertidas do

Paletta e do Antônio com a situação e do nenhum gesto esboçado em meu socorro. Eu tinha seis para sete anos, mas nascera com o dom de observar e guardar. Como adulto, bastante tenho desculpado as bordoadas e safanões que tenho levado e vou levando. Às vezes reajo e ataco também. De outras, não, por nojo das canalhices e dos canalhas, por "tédio à controvérsia...". Vou perdoando, vou. Já os agravos feitos ao menino desarmado que eu fui...

> Zelar, sob o ponto de vista da higiene, as condições de salubridade [...] especialmente as relativas à cidade de Juiz de Fora, sede da sociedade. Investigar as causas de sua insalubridade permanente ou transitória, discutir os meios de resolvê-las do melhor modo científico e prático, propor aos poderes públicos as medidas próprias para garantir a sua salubridade e protestar contra as que forem reputadas inconvenientes. Em uma palavra: a sociedade constitui-se guarda avançada da salubridade pública.
>
> SOCIEDADE DE MEDICINA E CIRURGIA DE JUIZ DE FORA,
> *Primitivos estatutos*

Os dois mais ilustres fundadores da Sociedade de Medicina e Cirurgia de Juiz de Fora foram o dr. João Nogueira Penido (pai) e seu primo e concunhado o dr. Romualdo César Monteiro de Miranda Ribeiro. O primeiro era um mineirão contando com o sangue de três gerações fixadas nas Gerais, mediando entre ele e o português Manuel Nogueira, de Gândara, casado com d. Maria Francisca, de Santo André do Sobrado, ambos os fogos no bispado do Porto. O pai do dr. Penido era o licenciado em cirurgia Antônio Nogueira Penido, casado com d. Francisca Simões de Araújo, filha da itabirana d. Maria da Costa Pereira e de seu marido, o lusíada Antônio Simões de Araújo, dono da Fazenda do Palhano, no Paraopeba. O dr. Romualdo era filho do conselheiro de Estado senador José Cesário de Miranda Ribeiro, visconde de Uberaba, e de d. Maria José de Miranda Ribeiro, filha de Romualdo José Monteiro de Barros, barão de Paraopeba. Os dois médicos eram casados com as irmãs — d. Maria Cândida Duarte Penido e d. Carlota Duarte de Miranda Ribeiro, filhas de Feliciano Coelho Duarte e de d. Constança Duarte, a *Nhanhá da Borda*, neta do inconfidente Aires Gomes. Outras irmãs de d. Maria Cândida e d. Carlota foram d. Adelaide Duarte de Andrada, mãe do presidente Antônio Carlos, e d. Constança Duarte Miranda Ribeiro, cunhada e segunda mulher do dr. Romualdo.

O licenciado, pai do dr. Penido, parece que era um boa-vida. Um belo dia, reluzindo de saúde, declarou, sem mais nem menos, que ia morrer e recolheu-se ao leito, onde ficou sendo paparicado pela mulher e pelos catorze filhos. Esse bem-bom durou vinte anos, ao fim dos quais ele morreu mesmo. Cansado de tanto repousar. As finanças familiares naturalmente ficaram apertadas com esse estado de coisas e o futuro dr. Penido, aos dezenove anos, ainda era analfabeto. Por iniciativa própria foi estudar com os lazaristas de Congonhas do Campo, dando trabalho de enfermeiro, no colégio, em troca da instrução. Veio para o Rio com dinheiro emprestado pelo futuro sogro e matriculou-se na Faculdade de Medicina (onde foi aluno de cirurgia de Cândido Borges Monteiro; de partos, de Luís da Cunha Feijó, pai; de clínica interna, de Manuel Valadão Pimentel). Formou-se em 1851, aos 29 anos de idade, pois nascera em 30 de maio de 1822, em São José do Paraopeba, comarca de Bonfim. Clinicou em Barbacena, depois em Simão Pereira e finalmente instalou-se em Juiz de Fora — de cuja medicina é o patriarca. Tinha 67 anos quando, sob sua presidência, instalou-se, a 20 de outubro de 1889, a Sociedade de Medicina e Cirurgia de Juiz de Fora. Seu discurso de abertura é uma ode às últimas conquistas da arte, que ele enumera entusiasmado: a anestesia pelo clorofórmio; a aplicação dos medicamentos por via hipodérmica, segundo a técnica de Pravaz; o achado da medicação antitérmica; o advento das ideias de Pasteur sobre a fermentação, os proto-organismos e suas consequências — a antissepsia pelos corpos da série aromática, ácido carbólico à frente e as inoculações pelos vírus atenuados. Depois dele, falou o dr. Eduardo de Menezes, sabichão, citando, além de Hipócrates e Bichat, os moderníssimos Orfila, Brown-Séquard, Claude Bernard, Lépine, Charcot e Bouchard. Os companheiros de Penido e Romualdo merecem ser citados um por um, pelos notáveis serviços que a Sociedade prestou a Juiz de Fora. Foram, em 1889, Justo Ribeiro (falecido antes da instalação), Eduardo de Menezes, João Nogueira Penido Júnior, José Cesário Monteiro da Silva, Tiago Pinto, Simões Correia, Ambrósio Vieira Braga, Gustavo Capanema, Joaquim Antônio Monteiro da Silva, Carlos Comenale, Sales Cardoso, João d'Ávila e José Alexandre de Moura Costa. A esses médicos juntaram-se os farmacêuticos Joaquim Almeida Queiroz, José Rangel, Adolfo

Fassheber, Elói de Araújo, Acácio Teixeira e o cirurgião-dentista João Alves. Em 1890 e 1891 encontramos mais os nomes de Urbano de Queiroz, Eduardo de Araújo, Tibúrcio Paixão, Garibaldi Campinhos, Ernesto Braga, Francisco Gonçalves Pena Júnior, Neves da Rocha, Aurélio Paixão, Elói de Andrade, Cornélio Goulart Bueno, José Aires do Nascimento, Luís de Melo Brandão (honorário), Francisco de Paula Castro (correspondente) e Galdino das Neves Sobrinho (correspondente). Além desses doutores, os farmacêuticos Armando Ribeiro de Castro, Lincoln de Araújo e o cirurgião-dentista Cândido Rodrigues de Aguiar.

A esses beneméritos, ao seu trabalho na Sociedade e a sua ação social, Juiz de Fora ficou devendo a luta contra o pó, pelo calçamento; a elevação dos planos das ruas Santa Rita, Conde d'Eu e do Sapo, para as mesmas poderem receber os tubos de esgoto e de abastecimento d'água; a secagem e aterro do *pântano da cadeia*, resultante do corte feito no Paraibuna pela estrada de ferro D. Pedro II; o aterro das ruas cujo declive favorecia o acúmulo de imundícies e lama podre; a remoção e a cremação do lixo; a crítica e as sugestões ao sistema de esgotos a ser adotado; a análise da água a ser fornecida à população; o saneamento do Paraibuna e do córrego da Independência, onde eram atiradas as fezes, os restolhos, as porcarias e os bichos mortos; o fim da era da touceira e do penico e a instalação das primeiras latrinas, cujo modelo é discutido e indicado; a proibição do hábito estúpido de queimar-se anualmente a vegetação da encosta do morro do Imperador; a maior difusão da vacinação anticarbunculosa em Minas; a introdução da vacinação sistemática contra a varíola, o saneamento dos cortiços e o primeiro plano municipal de habitação popular e proletária; o protesto contra a instalação de fábricas dentro do perímetro urbano e contra a imunda vala que servia para o despejo da Cervejaria Kremer; a melhoria das condições do "lazareto", onde a enfermagem era exercida por uma vagabunda e ébria — "sacerdotisa de Vênus e Baco", no dizer do dr. Sampaio Correia. A Sociedade lutou ainda contra o exercício ilegal da farmácia, compeliu o governo do estado a dar um delegado de higiene à cidade e constituiu uma comissão de contato com a imprensa (hoje diríamos de relações públicas!), procurando interessá-la nos problemas sanitários e, por seu intermédio, esclarecendo e educando a população. Instituiu um prêmio permanente à apresentação periódica de um trabalho sobre a "Climatologia, patologia, demografia, causas de insalubridade e plano de saneamento da cidade de Juiz de Fora", para o fornecimento de cujos dados viu-se a Câmara obrigada a proceder aos primeiros recenseamentos bem planejados. Ideou uma caixa beneficente para os associados, a instalação de laboratórios, a promoção de congressos científicos. Todo esse honroso esforço está registrado nos boletins de 1889, 90 e 91, onde se podem ler, entre outros, os trabalhos de Penido Filho e José Cesário sobre a influenza, o de Eduardo de Menezes sobre o beribéri e o de Ambrósio Braga sobre o crupe. Também o de um grande conferencista convidado — João Batista de Lacerda, que vai a Juiz de Fora ensinar que o beribéri era uma infecção e infecção contagiosa... Todos os imensos serviços prestados pela Sociedade passaram a fazer historicamente a glória dos políticos que executaram o que era sugerido, pedido e até exigido por uma classe médica consciente. Os retratos daqueles farsantes é que foram inaugurados nas escolas, nas sacristias, nos colégios, e seus nomes é que estão nas placas das ruas. São os eternos *Tristões Eremitas* morando nas conchas nacaradas cujos donos e fabricantes foram comidos pelo monstro parasita. Não consegui boletins da Sociedade entre 1891 e 1905. Parece que não vieram à luz pois a Sociedade esteve inativa e fechada algum tempo, mas reaparecem em 1905, tendo como redatores meu Pai e o farmacêutico José Rangel. É a fase de ouro desses boletins, onde as reuniões eram praticamente taquigrafadas, dada a eficiência dos dois redatores das atas e publicações onde elas surgiam. Foram, sob essa direção, os designados *2º Boletim da Sociedade de Medicina e Cirurgia de Juiz de Fora* (1904), *3º Volume dos Boletins da Sociedade de Medicina e Cirurgia de Juiz de Fora* (1905) e *4º Volume dos Boletins da Sociedade de Medicina e Cirurgia de Juiz de Fora* (1906). Meu Pai secretariou, com Cristóvão Malta, a Sociedade, entre 1904 e 1907. Os sucessores do prestígio do velho Penido, dentro da mesma, foram o dr. Eduardo de Menezes e depois o dr. Hermenegildo Vilaça. O primeiro, internista, viera da Escola de Torres Homem e fora adjunto de Clínica Médica na Faculdade do Rio, exonerando-se em 1890, por motivo da moléstia que o obrigou a procurar o clima de Juiz de Fora. O segundo, operador, deu enorme desenvolvimento à cirurgia, de que é figura patronímica na cidade e na Zona da Mata. Além desses dois colegas eminentes, meu Pai teve como companheiros, na Sociedade, de 1904 a 1909, os drs. João d'Ávila, Duarte de Abreu, Cristóvão Malta, José Dutra, Belisário Pena, José de Mendonça, Ambrósio Vieira

Braga, José Cesário Monteiro da Silva, Raul Pena, Antônio Luís de Almada Horta, Martinho da Rocha (pai), Joaquim Antônio Monteiro da Silva, Lindolfo Lage, Henrique de Beauclair, Cornélio Goulart Bueno, Leocádio Chaves, Edgard Quinet de Andrade Santos, Sousa Brandão, José Procópio, Afonso de Morais, Cristóvão Pereira Nunes, Emílio Machado Pereira, Azarias de Andrade, Antônio Goulart Vilela, Ernesto Senra, Fernando de Moraes, José Loures, Ribeiro do Couto, José Peregrino, Las Casas dos Santos, Silva Gomes, Meton de Alencar, Rubens Campos, Aristóteles Dutra, Jaime Gonçalves e Agostinho de Magalhães; os farmacêuticos José Rangel, João Augusto de Massena, Bernardino de Barros, Altivo Halfeld, Carlos Barbosa Leite, José Augusto Pinto de Moura e Felipe Paletta; os dentistas Carlos Gerin, Agnelo Quintela, Antônio Dias de Carvalho, Otoni Tristão, Paulino Bandeira e José Horta; e o veterinário Epaminondas de Sousa. Todo esse grupo deu imensa vida à Sociedade. Meu Pai aparece em suas atas, apresentando casos ou discutindo os de seus pares e dando suas opiniões sobre medidas higiênicas para admissão de crianças nas escolas com atestado de saúde; discussão da mudança e escolha de novo local de instalação para o Cemitério Municipal; profilaxia do paludismo e febre amarela, por extinção do mosquito; organização e verbas da Santa Casa; estudo sobre a Maternidade de Laranjeiras, resultado de um estágio de viagem; higiene de gêneros alimentares; segredo médico etc. etc. É um dos pioneiros da discussão da ideia da criação de uma Faculdade de Medicina em Juiz de Fora e, entusiasmado com os estudos de Chagas, propõe que a Sociedade receba em sessão solene o jovem sábio que passou, depois dessa recepção, a frequentá-la todas as vezes que ia a Juiz de Fora em visita a seus parentes e aos da mulher, ou para caçar macucos com João Penido Filho, Teodorico de Assis, Hermenegildo Vilaça e Albino Machado. Meu Pai tinha por ele a simpatia que eu herdei e que transformei em amizade por d. Íris Chagas e por seus filhos Evandro e Carlos Chagas Filho. Outro frequentador das reuniões da Sociedade de Medicina e Cirurgia de Juiz de Fora, também de Manguinhos, era Rocha Lima. Numa delas, apresentando suas pesquisas sobre a peste manqueira, salienta a colaboração recebida localmente, de Duarte de Abreu, Hermenegildo Vilaça e meu Pai.

Meu Pai foi diretor da higiene municipal em Juiz de Fora, nos períodos de administração dos drs. João d'Ávila e Duarte de Abreu: princípios de 1903 até dezembro de 1907. Coube-lhe, nesse cargo, apoiar e fiscalizar as feiras rurais que se realizavam nos arredores da cidade e socorrê-la durante o verdadeiro flagelo que foram as enchentes de 1906. O Paraibuna furioso invadiu a parte baixa da zona urbana, transformando-a numa espécie de Veneza, em que se andava de barco quase até a rua de Santo Antônio. As fotografias da época mostram as belas perspectivas do largo do Riachuelo e da rua Direita — transformados em Grande Canal. Infelizmente houve desabrigo, fome, falta de gêneros, doenças. Tudo foi atendido por meu Pai, como diretor de higiene, e por minha Mãe, que correu as ruas para angariar donativos, transformou sua casa em armazém e ali recebia, desde a manhã, a extensa fila de necessitados a quem distribuía os alimentos, as roupas e os agasalhos que recebera das famílias e do comércio. Mas o principal serviço prestado por meu Pai a Juiz de Fora foi ter erradicado dali a febre amarela, introduzindo as medidas preconizadas pela teoria havanesa, como ele próprio disse em correspondência enviada ao *Brasil-Médico*, a 14 de abril de 1903:

> De acordo com os processos seguidos pela higiene moderna, tenho tomado todas as medidas de precaução, fazendo queimar píretro nos aposentos, aconselhando o uso de cortinados, promovendo a destruição das larvas do *Stegomyia* nos sifões das ruas e nos pântanos [...].

Na sessão de 5 de março de 1904 da Sociedade de Medicina e Cirurgia, declarava o dr. Belisário Pena, no decurso de uma comunicação:

> Pois bem, com as providências postas em prática pelo sr. dr. Nava, diretor de higiene, de acordo com a profilaxia havanesa, caso nenhum [de febre amarela] foi mais observado.

Essa pequena glória, entretanto, aborreceu os colegas e foi-lhe contestada. Na sessão da Sociedade de 18 de fevereiro de 1905, o dr. Cristóvão Malta levanta a questão de se saber se a febre amarela desaparecera de Juiz de Fora por desaparecer ou devido às medidas tomadas pelas autoridades sanitárias. Acusa meu Pai de não ter usado as telas preservadoras e de ser... adversário da teoria havanesa, tendo até publicado no *Brasil-Médico* qualquer coisa a respeito. Tratava-se da correspondência citada de 14 de abril de 1903, onde se dizia ainda:

Sem ter realizado sobre esta matéria estudos próprios, tenho contudo lido bastante o que escrevem os mestres para colocar-me ao lado dos que atribuem ao mosquito a maior importância como transmissor da febre amarela, malária, filariose etc. Que se me releve aduzir, porém, algumas observações nas quais me baseio para opinar que os mosquitos não são vectores únicos dos referidos morbos.

Esse ecletismo — o ecletismo dos homens inteligentes! — é que era crime aos olhos de Malta. Foi imediatamente repelido e contestado por meu Pai. Na sessão de 6 de maio de 1905 é o dr. Leocádio Chaves que fala da extinção da febre amarela em Juiz de Fora, diz que isto se deve às providências da higiene e pede um voto de louvor aos agentes executivos "da época", os drs. Ambrósio Braga, João Penido, Duarte de Abreu e João d'Ávila. Insidioso Leocádio... Isso era fazer que as glórias caíssem também sobre ele, que fora antecessor de meu Pai no cargo e que, a seu tempo, na era pré-havanesa, combatera a febre amarela entrada em Juiz de Fora desde 1897 com expurgos a sublimado e ácido fênico, com vapores de enxofre e formol, com aterros dos subsolos onde se colocavam porções de cal virgem — conforme está na ata da reunião da Sociedade de 18 de fevereiro de 1905. Meu Pai nem deu resposta. Esta foi dada pelo dr. Ambrósio, que pediu voto de louvor para... os diretores de higiene de então. Justiça foi feita e dado a César o de César, quando a Sociedade resolveu apresentar ao governo de Minas um plano de defesa contra a febre amarela e nomeia para traçá-lo comissão composta pelos drs. Duarte de Abreu, Cristóvão Malta e José Nava. Foi sucessor de meu Pai, no cargo de diretor de higiene, o dr. Eduardo de Menezes, cujo primeiro ato foi escrever o ofício onde elogiava a administração anterior e dizia ao seu ex-titular:

> Espero que V. Ex.a não me desamparará com a sua competente experiência e com as luzes de sua inteligência para facilitar-me no desempenho das minhas novas funções e para conservar nesta ordem de serviço público a mesma norma exemplar de conduta que tem tido até agora.

Além de diretor de higiene, meu Pai foi, em Juiz de Fora, presidente do Liceu de Artes e Ofícios; professor de terapêutica e matéria médica da

Escola de Odontologia do Granbery — o que o coloca entre os pioneiros do ensino paramédico e de que resultou o médico, na cidade; e diretor do Hospital de Isolamento Santa Helena, que ele refundiu e de que varreu tudo que ficara do antigo lazareto. Desdobrava-se tanto, em trabalhos e cargos, que isto foi glosado em críticas de Carnaval. Numa espécie de préstito improvisado em 1907, contava minha Mãe, havia um carro cheio de *Navas*, todos com máscaras imitando a cara de meu Pai e vestidos como ele. Gritavam: Eu sou o diretor de higiene! Eu sou o diretor do Santa Helena! Eu sou o presidente do Liceu! Eu sou o professor do Granbery! Eu sou o secretário da Sociedade de Medicina! Eu sou o redator do *Boletim*! Eu sou médico! Eu, operador! Eu, parteiro! Tinha mais essa, porque nesses tempos policlínicos, raro era o médico de Juiz de Fora que não fizesse de tudo e não fosse o que se chamava de "médico-operador-e-parteiro". Meu Pai exerceu ativamente em Juiz de Fora e seus arredores. Parece impossível, mas, 59 anos depois de sua morte, tenho dois clientes que foram seus clientes quando meninos. Um é meu amigo José Lage, de quem meu Pai curou as mazelas da infância e de quem eu trato as da velhice. Outro é um cidadão que, pelos seus três anos, sofreu um traumatismo que atingiu a uretra, provocou uma infiltração urinosa e ameaçou de gangrena o escroto e o pênis. Um cirurgião veio, que queria amputar, emascular e capar. Meu Pai, chamado em conferência, recomendou só sonda de demora, aberturas largas das zonas suspeitas e compressas de permanganato de potássio... O outro danou. Colega, esse tratamento é um crime, vai matar a criança... Vai? Está bem, é melhor morto que castrado. Vamos saber o que prefere o pai do menino. Preferiu o risco, o garoto curou-se e fez durante a vida um largo uso dos órgãos de que queriam privá-lo. Tem oito filhos. O mais velho chama-se José.

Quando minha avó entrava em erupção vulcânica, o Paletta lembrava sempre seu remédio. O Jaguaribe deve levar a d. Maria nas suas viagens ao norte de Minas e bom será que por lá se instale com ela. Você, seu Nava, devia mudar-se para o Rio com a família e o Meton para o Ceará. Assim isoladas da Inhá Luísa, as manas se neutralizariam e ele, Paletta, ficaria no seu bem-bom de Juiz de Fora com mulher submetida, com filhas carinhosas, longe das cunhadas impossíveis e livre daquele jararacuçu da sogra. O plano era magnífico, mas foi denunciado pelo próprio major, que preferia desfrutar as morenas do norte de Minas sem trazer o estafermo a tiracolo. Foi delatado pelo próprio Meton, que não queria saber de encrencas. Mas reacendeu em meu Pai o desejo de mudar-se. Parece que esse intuito nunca deixou de existir e que ele sempre considerou sua estada em Juiz de Fora como coisa provisória. Prova é que vivia viajando para o Rio, provavelmente vendo de que jeito poderia se instalar na capital federal — como atestam cartas a Alberto Amaral e sobretudo uma, a Heitor Modesto, onde ele fala claramente numa sua pretensão junto aos Guinle. Que seria? Docas de Santos, como Chagas e com Chagas? Aqui ele estava sempre hospedado com seu cunhado Júlio, na rua Piauí, n. 1, ou Visconde de Figueiredo, n. 7-E. Ou, ainda, em Visconde de Figueiredo, em casa do parente do Ennes de Souza. Vinha ora com minha Mãe, ora só. Se se demorava um pouco, escrevia mandando me buscar e eu lá vinha, geralmente com o dr. Duarte e a d. Albertina. Como me lembro dessas viagens na Central... A máquina visível nas curvas e rompendo vitoriosa com seus pistons, ovante, com seu limpa-trilho. Ah! os sinos! os sinos badalando à entrada das estações e me preparando para Walt Whitman e seu canto de alegrias:

> *O the engineer's joys! To go with a locomotive!*
> *To hear the hiss of steam, the merry shriek, the steam-whistle,*
> *the laughing locomotive!*

Cuidado com o carvão no olho. Não debruçar demais para não estourar a cabeça de encontro às pilastras das caixas-d'água de onde saía aquele enorme tubo de couro por onde o *trem bebia*... Os postes elétricos do lado dos trilhos, que suspendiam numa chicotada os fios que novamente se curvavam para, de repente, subirem de novo. Eu lavava as mãos em cada parada, só para movimentar a bomba de metal amarelo e de alavanca recurva que fazia chegar à bica uma água intercalada. Tinha vontade de descer e bater também nas rodas de ferro com um poderoso martelo. Ou ser guarda-freios e vir rodá-las nas descidas da serra do Mar. Ou chefe de trem, para perfurar os bilhetes. Ou maquinista para apitar sem parar, não parar mais e varar todos os túneis do mundo. O dr. Duarte nunca deixava de nomear as estações. Retiro. Cedofeita. Matias Barbosa. Cotejipe. Sobraji... Dona Albertina usava um longo guarda-pó cinzento e amarrava sobre o vasto chapéu uma echarpe do mesmo neutro. Parecia daquelas figuras de senhoras da *belle époque* que ornavam os primeiros automóveis. Em Entre Rios, o dr. Duarte gostava de jantar com dia claro. Boca queimada pela sopa ardente, o trem querendo sair, aquele bife cuja metade engolida ficou no esôfago presa à que estava entre os dentes, por indestrutível aponevrose. Que aflição! Eu calado, engastalhado, e o dr. Duarte querendo saber o que era. Que vergonha! Afinal regurgitei o pedaço de baixo e fiz descer os dois, juntos, para as entranhas, e desafogado respirei e falei. Com meu Pai e minha Mãe, a comezaina era melhor, pois eles levavam a matalotagem que o sangue suíço da d. Albertina proscrevia como hábito inconveniente. Empadinhas amassadas. O clássico frango e a farofa de engasgar. Tudo frio. Maçãs e peras ferroviárias. Mornas. Água de Caxambu. Quente. Delicioso. Não posso esquecer uma viagem que fiz com o dr. Duarte. Meu Pai esperando na estação. Chegada à noite e a cidade iluminada pelo azul-roxo do gás. Sentei-me no tílburi, como num trono. Mão esquerda no joelho de meu Pai, mão direita no joelho do amigo. Rodamos em rodas de borracha e eu, dono da noite, dono da vida, seguro de mim e do apoio dos dois gigantes — cujo calor subia pelas palmas de minhas mãos. Até o Rio Comprido, onde meu Pai estava com as irmãs, em Aristides Lobo; e o dr. Duarte, ao Bispo, em casa do major Mendes. Não posso esquecer a perspectiva que me ficou, muito tempo, de um Rio de Janeiro visto da montanha, nas luzes que cintilavam no vale noturno... Em vão, durante anos, chegando aos subúrbios, procurei esta visão. Só em 1936 pude recuperá-la, descendo, à noite, no trem de Petrópolis. Era aquilo. Eu tinha feito a viagem com meu Pai e minha Mãe, passando pelo Sossego, em despedida ao seu Carneiro, e tinha ganho o Rio pela Leopoldina e por Petrópolis. Foi quando mudamos para cá. Farto da sogra, farto de fazer oposição, farto do Antônio Carlos, das picuinhas e perseguições miúdas da situação municipal, meu Pai resolvera afinal vir para o Rio com mulher grávida e três filhos. Para a rua Aristides Lobo, n. 106. Vinha fazer concurso para legista e sanitarista.

4. Rio Comprido

— É curioso! Só vivi dois anos nesta casa, e é nela que me parece estar metida minha vida inteira!

EÇA DE QUEIRÓS, *Os Maias*

de onde surge tua infância
como um copo de veneno.
CARLOS DRUMMOND DE ANDRADE, "Edifício Esplendor"

VINHA DE ENCOSTAS DOCES de Santa Teresa, da serra da Lagoinha, das escarpas do Corcovado. Por comprido, comprido — rio Comprido ficou sendo. Recebia o Catumbi (que quer dizer "água de mato escuro"), o Coqueiros, o Bispo. Outros. Os caminhos desses córregos é que fizeram o rebolado da rua Santa Alexandrina, o meneio da do Bispo e o ondulado de Aristides Lobo — cujos zigue-zagues, curvas e voltas mostram o traçado fluviátil livre, antes da canalização, antes das galerias subterrâneas. Juntavam-se, paravam, faziam atoleiro, mangue, pantanal — ali onde erigiram a praça do Rio Comprido. Inchavam, transbordavam e seguiam lambendo Aristides Lobo e os fundos das casas de Barão de Ubá (depois de molhar Itapajipe e Haddock Lobo). Seguiam para o Aterrado, iam se jogar no canal do Mangue, entre Miguel Frias e São Cristóvão. Suas inflexões é que traçaram Aristides Lobo, aliás Malvino Reis, aliás rua do Rio Comprido. Vinha primeiro a curva cujo ápex está na atual junção de Campos da Paz e Ambirê Cavalcânti. Aquela já foi só da Paz e terminava ali. Depois prolongaram-na até Paulo de Frontin, trocaram seu nome para Dr. Costa Ferraz e, quando este médico foi esquecido, pelo de seu colega Campos da Paz — Artur Fernandes Campos da Paz, professor da faculdade, abolicionista, republicano, antimilitarista e adversário de Floriano, que o perseguiu e desterrou para o Amazonas. Conserva a designação e vai fazendo lembrar outros Campos da Paz, os três Manoel Venâncio, também médicos, o avô (amigo de meu Pai), o filho, o neto (meus amigos), todos mortos... A segunda é a antiga rua do Morro e morro por esse nome! Depois da primeira volta, cotovelo em sentido contrário; nova mudança de rumo e início do arco demorado que acaba em Barão de Itapajipe. Aí o logradouro tornando a torcer, passando aos pés da rua Colina, entrava no seu fim — a hoje travessa do Rio Comprido. Este, o rio, freava seu curso nos atoleiros que, entulhados, fizeram a rua do Engenho Velho (que é o trecho da Haddock Lobo que vai até o Estácio). A rua Colina lembra Ouro Preto e Belo Horizonte. Ouro Preto, pelas velhas casas, pela ladeira, Belo Horizonte, porque sobe e abre no céu, como a avenida Álvares Cabral. Passou a chamar-se Quintino do Vale. A travessa Rio Comprido era a parte final de Malvino Reis, até que o médico Roberto Jorge Haddock Lobo tivesse feito a doação dos terrenos onde se abriu a entrada direta entre aquela travessa e a rua de seu nome.

Quem olha as subidas de Quintino do Vale (antiga Colina), Maia Lacerda (antiga Leste), Vieira Sampaio, Ambirê Cavalcânti (antiga do Morro) e Campos da Paz (que já foi só da Paz) percebe que tudo foi condicionado pelas picadas que escorriam dos altos de Santos Rodrigues (ao nascente) e iam terminar nas margens do rio Comprido. Nestas se desenhou a rua, claro que primeiro o que é hoje o lado ímpar. As casas que sobraram do velho tempo são muito maiores, mais luxuosas e mais antigas neste, que no lado par. O arruamento ficaria longe do rio para evitar suas cheias, seus mosquitos, seus miasmas. Mas seguindo a linha de ouro do rio. As terras da direção da Tijuca devem ter sido loteadas depois: os prédios do poente, mesmo os mais antigos, não são vetustos como os fronteiros. Assim ter-se-ia formado a rua do Rio Comprido, de que vem o nome de Rio Comprido dado a um trecho especial da freguesia do Espírito Santo.

Esse nome de freguesia não pegou no bairro, porque *bairro* é coisa mais íntima e mais definida. Vejam bem: Catumbi é Espírito Santo; Mataporcos é Espírito Santo; Itapiru é Espírito Santo. Mas quem? quem? poderá confundir Catumbi, Mataporcos e Itapiru? Assim Rio Comprido... Também está em Espírito Santo. Que está, tá. Entretanto, dele se destaca porque Rio Comprido é Rio Comprido. Esse nome, esse caráter, esse cunho — englobam um largo, uma rua: hoje Condessa de Frontin; hoje, Aristides Lobo. O largo e a rua líquidos e os quarteirões seus afluentes. E não até as nascentes. Uns poucos metros de casas. Por exemplo: Bispo, até Aureliano Portugal. Nem mais um passo: Rio Comprido se acabou. Santa Alexandrina, até a ladeira Sousa Doca. Só. Estrela, apenas até Visconde de Jequitinhonha. Travessa da Luz e Barão de Itapajipe, até Paulo de Frontin. Tão somente e o Rio Comprido, como bairro, decepa-se em Haddock Lobo, que já é outra civilização. Como Paulo de Frontin, que apesar de ter usurpado as águas do rio Comprido, é exatamente o que se pode considerar como o anti-Rio Comprido. O autêntico está onde indicamos e nas ruas que descem do morro de Santos Rodrigues. A diferença dada por Haddock Lobo é sutil como a daquela história de Cocteau, em que a criança é fechada na caixa do mágico. Abre-se a caixa: vazia. Torna-se a fechar, torna-se a abrir e reaparece a criança para ser entregue à mãe. E todos, mãe inclusive, acreditam que é a mesma criança... Há ruas do Rio de Janeiro que parecem ser as mesmas e que entretanto passaram pela caixa do mágico e sua transformação impalpável. A rua do Ouvidor vem vindo de São Francisco; resiste à travessia da avenida Rio Branco e continua rua do Ouvidor. Mas não aguenta a de Primeiro de Março e o trecho que vai daí até as marinhas pode ser rua Clapp, beco da Música, rua Dom Manuel, beco da Fidalga, tudo! — jamais Ouvidor, apesar das placas. A rua Aristides Lobo não é assim. É única, a mesma, particularíssima, distinta, peculiar, compacta e idêntica — desde o largo em que finda ao seu começo, na passagem do Engenho Velho. Nela, a casa de minha infância: lado par, em frente ao sol da manhã, número 106.

Manuel Bandeira, que era amigo do rei, ia-se embora pra Pasárgada. Ai! de mim, sem rei amigo nem amigo rei, que quando caio no fundo da fossa, quando entro no deserto e sou despedaçado pelas bestas da desolação, quando fico triste, triste ("Mas triste de não ter jeito"), só quero reencontrar o menino que já fui. Assim, quantas e quantas vezes viajei, primeiro no espaço, depois no tempo, em minha busca, na de minha rua, na de meu sobrado... Custei a recuperá-lo. Aviltado pelos anos e reformas sucessivas, recoberto de uma camada de cimento fosforescente e pó de mica, que tinha substituído o velho revestimento e o ultramar da pintura da fachada — não havia meios da recordação provocada entregar-me a velha imagem. Foi preciso o milagre da *memória involuntária*. Eu tinha ido me refugiar na rua maternal, tinha parado no lado ímpar, defronte do 106, cuja fachada despojada esbatia-se na noite escura. Olhando as janelas apagadas. Procurando, procurando. De repente uma acendeu e os vidros se iluminaram mostrando o desenho trinta anos em mim adormecido. Acordou para me atingir em cheio, feito bala no peito, revelação — como aquele raio que alumbrou são Paulo e fê-lo desabar na estrada de Damasco. Na superfície fosca, alternavam-se quadrados brilhantes, cujos cantos se ligavam por riscos que faziam octógonos. Essa luz prestigiosa e mágica fez renascer a casa do fundo da memória, do tempo; das distâncias das associações, da lembrança. Como ela era! com suas janelas abertas ao vento, ao calor, às manhãs, aos luares. Foi aquele tumultuar, aquele entrechoque arbitrário de diversidades se conjuntando em coisa única: consubstanciaram-se as ferragens caprichosas da frente, os dois lances da escada de pedra, bicos de gás da sala de jantar, as quatro figuras de louça da varanda (Primavera, Verão, Outono, Inverno), um velho oratório, o baú cheio de ossos, o gradil prateado, o barulho da caixa-d'água, o retrato da prima morta, o forro de couro macio das espreguiçadeiras, o piano preto e o cascalhar de suas notas e escalas ao meio-dia, os quartos, os ângulos do telhado, os rendados de madeira da guarnição do frontispício, silêncios, risos, tinidos de talher, frescuras de moringas de barro, vozes defuntas em conversas de outrora, murmúrio noturno das ondas do rio Comprido, avencas e begônias, minha Mãe convalescendo, meu Pai chegando, minhas tias, as primas — tudo, tudo, todos, todos se reencarnando num presente repentino; outra vez palpável, visível, magmático, coeso, espesso e concentrado — tal a súbita franja feita por limalha de ferro atraída pela força dum ímã. À luz daquela janela, ao fanal daquela vidraça! Ponto crioscópico fazendo cristalizar a velha casa há tanto diluída e surgir sua fachada antiga e juvenil em lugar da que eu tinha diante de mim, máscara mortuária cheia de cicatrizes — como as de um rosto que se tivesse desfigurado com a espadana de um pote de vitríolo. Eu olhava deslumbrado quando o automóvel parou e ouvi as gargalhadas de Maria do Carmo e José Nabuco perguntando que sem-vergonhice eu estava fazendo? naquele bairro, naquela rua, àquela hora. Ri também, consentindo. Como é que eu poderia explicar? que estava ali completando oito anos de idade e que meu Pai, indagora!

ressurgira dos mortos para me dar nossa casa nova em folha... Nela eu entro, na velha casa, como ela entrava nos jamais. Esse portão...

> Vês que não pus nada, nem ponho. Já agora creio que não basta que os pregões de rua, como os opúsculos de seminário, encerrem casos, pessoas e sensações; é preciso que a gente os tenha conhecido e padecido no tempo, sem o que tudo é calado e incolor.
>
> MACHADO DE ASSIS, *Dom Casmurro*

> Tel nom lu dans un livre autrefois, contient entre ses syllabes le vent rapide et le soleil brillant qu'il faisait quand nous le lisions.
>
> Un des chefs-d'oeuvres de la littérature française, Sylvie, de Gérard de Nerval, a tout comme le livre des *Mémoires d'Outre-Tombe*, relatif à Combourg, une sensation du même genre que le goût de la madeleine et "le gazouillement de la grive". Chez Baudelaire enfin, ces réminiscences plus nombreuses encore, sont évidemment moins fortuites et par conséquent à mon avis décisives. C'est le poète lui-même qui, avec plus de choix et de paresse, recherche volontairement, dans l'odeur d'une femme par exemple, de sa chevelure et de son sein, les analogies inspiratrices qui lui évoqueront "l'azur du ciel immense et rond" et "un port rempli de flammes et de mâts". J'allais chercher à me rappeler les pièces de Baudelaire à la base desquelles se trouve ainsi une sensation transposée, pour achever de me replacer dans une filiation aussi noble [...].
>
> MARCEL PROUST, *Le temps retrouvé*

Então é isto... Nela eu entro, na velha casa, como nela entrava nos jamais. Esse portão de ferro prateado, eu o abro com as mesmas chaves da memória que serviram ao nosso Machado, a Gérard de Nerval, a Chateaubriand, a Baudelaire, a Proust. Todo mundo tem sua madeleine, num cheiro, num gosto, numa cor, numa releitura — na minha vidraça iluminada de repente! — e cada um foi um pouco furtado pelo *petit Marcel* porque ele é quem deu forma poética decisiva e lancinante a esse sistema de recuperação do tempo. Essa retomada, a percepção desse processo de utilização da lembrança (até então inerte como a Bela Adormecida no bosque do inconsciente) tem algo da violência e da subitaneidade de uma explosão, mas é justamente o seu contrário, porque concentra por precipitação e suscita crioscopicamente o passado diluído — doravante irresgatável e incorruptível. Cheiro de moringa nova, gosto de sua água, apito de fábrica cortando as madrugadas irremediáveis. Perfume de sumo de laranja no frio ácido das noites de junho. Escalas de piano ouvidas ao sol desolado das ruas desertas. Umas imagens puxam as outras e cada sucesso entregue assim devolve tempo e espaço comprimidos e expande, em quem evoca essas dimensões, revivescências povoadas do esquecido pronto para renascer. Porque *esquecer* é fenômeno ativo e intencional — *esquecer* é capítulo da memória (assim como que o seu tombo) e não sua função antagônica. Na recordação voluntária não podemos forçar a mecânica com que as lembranças nos são dosadas. Os fatos sumidos nos repentes, em vez de todos, em cadeia, voltam de um em um. Às vezes, um só. Esse se oferece para suprir e vicariar os que as defesas do psiquismo acham que não é hora de dar e ele é uma espécie de "em vez de" — acontecimento, imagem que tem de ser coagida pelo consciente, para soltar outros, outros e nos dar aparência do integral não achado, mas construído (tiririca, de que é preciso forçar o minúsculo pé, para fazer sair da terra os metros de raízes ocultas que ligavam moitas emergentes e distantes). Às vezes não adianta violentar e *querer* lembrar. Não vem. A associação de ideias parece livre, solta, mas há uma coação que a compele e que também nos defende. Penso, por exemplo, em livro. A mente vagabunda me leva à capa, à encadernação. Encadernar, a papelão. Este, a papel velho, a velho apanhador de papel, a mendigo, ente miserável. E lá vou... De encadernar eu poderia ter ido a couro, em vez de papelão. Mas o couro foi escamoteado por causa daquele divã de couro de certa casa da rua da Bahia — o que mais valia recalcar e deslembrar... Somos conduzidos pela preferência do espírito que é fuga, distração, descanso lúdico... Ave solta... Sua alteração, como que sua doença: o martelamento obsessivo que sucede no remorso, na saudade dos mortos, na dor de corno — em que tudo é pretexto de volta à imagem iterativa, dolorosa e adesiva, que nos tem — ai! na gosma do seu círculo concêntrico. Pássaro no visgo... No que se precisa esquecer, nisto, a *memória* é exímia. Desvia na hora certa e suprime o couro, para evitar o divã de couro empapado de lágrimas. Duas coisas sucedem ou são feitas no mesmo dia. Entretanto o tempo igual passa desigual sobre cada. Ao fim de anos, uma parece remota e a outra lateja presente e quando o acaso de nota tomada, de diário escrito, mostra-as do mesmo dia — ficamos varados de pasmo. É por isto que Proust dizia que nossa memória habitualmente não dá lembranças cronológicas

— *mais comme un reflet où l'ordre des parties est renversé* [...].

Mais. Conheci Moses Spector em 1914, no *Ginásio Anglo-Mineiro*. Nunca esqueci esse amigo de infância. Voltou para os Estados Unidos. Que fim levou? De quando em vez lá o via, presente na lembrança — a ele, a sua mãe, ao seu jeito, a suas roupas; via-lhe o cabelo arrepiado, as sardas, os olhos, a boca cheia de língua. Sempre os mesmos retratos como se fosse tudo que ele me tivesse deixado. Por quê? por quê? diante da ponte de Brooklyn, em 1967, surgiu-me, sem que eu pedisse, surgiu-me dado pela memória, o seu endereço? Era — 1428, Pitkin Avenue — e esse número, esse nome de logradouro subiram das minhas profundas (onde tinham dormido 53 anos) — perfeitos e nítidos qual flor que sai da treva noturna e abre a corola ao raiar da fresca madrugada. Às vezes, perturbada nos seus encadeamentos, a associação de ideias dói — como sonda metálica mal conduzida fazendo *fausse route* nos canais do corpo. Há bem pouco tempo tive essa experiência. Chegando, um dia, pela rua do Catete, à esquina de Pedro Américo, olhei o torreão (hoje derrubado) da delegacia de polícia. Ele se destacava sobre parede clara do arranha-céu, no fundo. Olhando a parede, da representação de parede branca destacou-se com dificuldade, num retumbar de palpitações, numa agonia de tonteira, a lembrança da figura defunta de Luís Felipe Vieira Souto. A mim mesmo espantou a associação que se me afigurou estapafúrdia. Não era. Eu estava seguindo um curso de pensamento que, de tanto repetido, fez-me tomar nele o caminho mais curto e pulei da parede, *imediatamente*, à sombra, ao vulto, a que devia chegar *mediatamente* segundo encadeamento regido pelo hábito. É que houve período de minha vida em que eu saía, todos os sábados, de madrugada, para dar plantão no Posto de Salvamento do Lido. Todas as semanas tomava o mesmo bonde e sentava-me no mesmo banco da frente. Saindo da Glória e entrando no Catete, olhava o torreão da delegacia. Ele crescia num céu desbotado que logo não era céu, pois era parede de arranha-céu. Não é céu, é parede, é parede, parede... Sempre isto vinha quando o bonde me levava para o plantão. O plantão que eu antevivia, nas suas doze horas seguidas. Doze horas de conversa com os colegas, à espera dos afogados arrancados do mar. Terminado o circuito de ambulância, numa delas vinha o Vieira Souto. Era por essas vicissitudes que me competia chegar à lembrança do pobre morto. Tinha de partir do torreão sobre o céu que é parede. De parede, de prisão — a plantão. Horas de plantão. Horas de conversa mole. Conversa com os colegas. Colegas de salvamento. Salvamento de afogados. Os afogados nas ambulâncias. Ambulância com seu médico — o médico Vieira Souto. Assim é que eu tinha de recuperar o morto. Não como o pratiquei — enjambando, pulando e passando da parede ao fantasma, num ilogismo onírico, parindo dolorosamente ideia-embrião, ainda não a termo nem pronta para subir ao consciente.

Há assim uma memória involuntária que é total e simultânea. Para recuperar o que ela dá, basta ter passado, sentindo a vida; basta ter, como dizia Machado, "padecido no tempo". A recordação provocada é antes gradual, construída, pode vir na sua verdade e falsificada pelas substituições cominadas, pela nossa censura. É ponto de partida para as analogias e transposições poéticas que Proust aponta em Baudelaire

> *l'azur du ciel immense et rond* [...] — *un port rempli de flammes et de mâts* [...].

A essas analogias podem servir ainda certos fragmentos de memória que — como nos sonhos — surgem, somem e remergulham feito coisas dentro de uma fervura de panela. Pedaços ora verdadeiros, ora ocultos por um símbolo. São tudo chaves, as chaves que eu também usei para abrir nossa velha casa e entrar, como nos jamais. Nela, além de meus mortos (esses meus mortos que me matam!), encontrarei sempre Napoleão Bonaparte, Sancho Pança, Dom Quixote de la Mancha, Genoveva de Brabant... Sim, Genoveva de Brabant, cuja história eu li em Aristides Lobo, num pequeno volume vermelho em que ela e Golo vinham com outra novela chamada *Os ovos de Páscoa*. Dela tenho recordações pessoais e não as recordações de Proust. Recordações que não posso sacrificar porque o último também as teve. Não as roubei. Como também não roubei o que escrevi muito atrás sobre as analogias do solo desigual da casa de minha avó paterna — oscilante sobre as dunas de Fortaleza — e o da basílica de São Marcos — ondulante às marolas da laguna de Veneza. É a verdade. Para os que acharem que não, que é plágio, safadeza, construção em terreno alheio — eu respondo com um convite à leitura de Afrânio Coutinho na sua introdução à *Obra completa* de Machado de Assis, edição Aguilar, na qual se expõe toda a *teoria do molho*. Poderia justificar-me, ainda, com Camões ("As armas e os barões [...]") valendo-se de Virgílio ("Arma virumque [...]"). O diabo é que eu, indigno! não sou Machado nem Camões... Ai! de mim — pobre homem do Caminho Novo das Minas dos Matos Gerais...

Aquele portão e aquele gradil prateados faziam parte desse sistema de rendas de ferro que enfeita fabulosamente o Rio de Janeiro e faz dele uma das cidades mais ricas do mundo em matéria de serralheria. Mais que Lisboa. Mais que Sevilha e Granada. Não são só grades e portões — é toda a tessitura metálica que deu ao simplesmente útil o requinte do ornato e emprestou extraordinária importância decorativa ao forjado, nas construções cariocas do fim do século passado e princípio deste — velhas casas da Tijuca, de São Cristóvão, São Januário, Rio Comprido, Itapiru, Catumbi, Camerino, Gamboa, Centro, Laranjeiras, Botafogo e Gávea. A variedade é imensa: gradis de sacada para uma janela ou para várias janelas — retos, boleados, curvos no meio, redondos nos cantos dos prédios. Gradis de varanda, de escadas, em torno a monumentos e estátuas como as de Pedro I e José Bonifácio. Gradis de jardim, em perspectivas decrescentes, traçando fugas para o infinito nas linhas de ouro dos quadros de De Chirico. Ferragens de sustentação de beirais e de marquises. Escadas todas de ferro ou tendo de ferro só o espelho dos degraus cujo piso é de pedra, mármore ou tábua. Portas de madeira com almofadas abertas gradeadas e de metal, ou portas completamente em serralheria, ou portas fazendo conjunto com o portão baixo que lhe ia adiante e que defendia dos importunos, dos cães e dos gatunos, enquanto os batentes abertos deixavam entrar o ar de terra e o vento do mar. Grades de arejamento dos forros, das bandeirolas, dos térreos habitáveis ou dos porões. Ornatos batidos das cobertas de varandas, tetos e telhados. Quiosques, balaústres e pinhas. Jarrões. Estatuetas. Os lindos pavilhões com arquibancadas do Campo de São Cristóvão e da Praia de Botafogo. O da ponte de embarque dos Presidentes, ao Flamengo. Tudo destruído por prefeitos progressistas... O coreto-estação de bondes da praça da Bandeira, idem. A estaçãozinha rendilhada do encontro de São Francisco Xavier e Vinte e Quatro de Maio ibidem. A do largo da Cancela, que antes tivesse sido derrubada que restaurada e aviltada como foi. A de Cascadura, que nem sei se ainda existe... Tudo pintado, ordinariamente, de verde-escuro, a maioria de prateado — nunca de tinta preta, funebremente somada ao ouro, como se usa nos gradis de Paris.

Na nossa casa de Aristides Lobo 106, a fachada era avivada primeiro pelo rendilhado de madeira que ornava a parte anterior da descida das águas do chalé; depois, pelas figuras de louça do Reino, representando as estações do ano; pelos estuques que sobreornavam as janelas e portas da fachada, que tinham alizares da mesma pedra das duas escadas de quatro degraus, das pilastras de entrada e das muretas; finalmente pelas malhas, ganchos, trançados, retículos, nós, fivelas, presilhas, conchas, cruzetas, estrelas, quadriculados e pontas de lança dos ferros do gradil, do portão, dos óculos do porão e dos dois lances de escada que se atiravam para os lados com a mesma graça dos falbalás cheios de florões argênteos da cauda da condessa Greffuhle, no retrato de 1896. As três janelas da varanda de cima, com o vidro central da bandeirola todo azul; as duas de baixo e a porta, com as vidraças foscas onde se riscavam quadrados e octógonos transparentes. Em cima da porta, o 42 da antiga numeração de Malvino Reis. No portão, dum lado o 106 atual e do outro o GN da Guarda Noturna. Quem entrava dava num pátio cimentado em frente à casa, tapado aos lados pelas paredes-cegas dos prédios vizinhos, o 104 e o 108, que se alinhavam pela rua, enquanto o nosso era recuado. O cadeado e a corrente impediam-me de sair e misturar-me à molecada. Eu olhava, trepado na mureta de pedra, seguro ao gradil, como a balaústres de bonde fabuloso que me levasse. Para a esquerda eu ia com os olhos até a esquina da rua Leste, subia ao casario que desenha perspectivas da Bahia para trás desse logradouro, descia e parava fascinado nas janelas do 101 onde passavam o dia as *bonecas*. Eu dava esse nome a duas senhoras de porcelana, igualmente cacheadas (como Luís XIV) e prodigiosamente gordas, que derramavam mamas, braços, papadas — um mundo de carnes de leite e rosa — sobre o peitoril em que ficavam horas debruçadas — em atitudes paralelas e fazendo ademanes simétricos. Diante de nossa casa, outro morro, esse coberto de vegetação e diante dele o fuste das palmeiras-imperiais que enchiam os jardins do 115. Conforme a hora e a disposição dos ares, elas ficavam ora imóveis, como medusas pendendo entre duas águas, como um índio imenso com o cocar parado nas esperas da tarde, ou então se punham em movimento: eram polvos remexendo os tentáculos, caranguejeiras contraindo longas patas penugentas, Antígonas sacudindo cabeleiras desesperadas, esqueletos dizendo adeus! ou bracejando e chamando em gestos de solene oratória. Às vezes eram escalpeladas pelos tufões e ficava só aquele dedo descarnado e apontando o céu, coluna de ruína, como as colunas de Persépolis. Nesse 115 funcionava um colégio — escola primária ou jardim de infância — onde logo me matricularam à espera do próximo ano letivo em que eu iria cursar, ao Bispo, o Colégio de São José. Pouco tempo fiquei nas tais aulas. Logo meu Pai verificou a esculhambação carioca do estabelecimento e deixou-me ficar em casa. Aprendi lá duas "interjeições" — porra! e puta merda! — que passei a usar nos momentos de admiração magna e cujo significado, merda à parte, me escapava completamente. Guardei do escrotérrimo educandário a ideia de uma bagunça vaga e reles; mais a lembrança da figura de minha mestra. Grande vaca. Toda vestida de seda negra, rotunda, espartilhada, estalando, sebenta, furibunda, olhinhos míopes verrumando os vidros do pincenê e levando a canalha a reguadas na bunda e cocorotes no quengo. Em mim, filho do doutor da frente, nunca bateu, mas fez-me, num dia de assuada, ameaça que me deixou mole e querendo fugir pelos fundilhos, qual padecente à hora de subir o patíbulo para a "morte natural na forca". "A você, seu cachorrinho, vou mostrar depois com quantos paus se faz uma canoa!" Disse e aplicou duas lambadas num negrinho a meu lado. Ignorando o que o demônio da velhota queria dizer, o mistério da locução teve efeito mágico e deixou-me siderado de pavor. Que paus? meu Deus! Que canoas? Já me via manietado, estrangulado por Rocca e Carletto, como na história do moço Fuoco, no bote *Fé em Deus!* Antes, logo, o tiro de misericórdia, para escapar daquela espera, daquela dúvida, daquele pânico. O prédio dessa escola foi, muito depois, o Hospital Presidente Vargas. Hoje está em ruínas, no meio de um terreno onde ainda vivem palmeiras dos velhos tempos de outrora. Cinco. Que as outras morreram...

Para a direita, meu olhar esbarrava nos extremos da esquina de Vieira Sampaio. Para escapar eu tinha de atirá-lo para os píncaros do morro de Santos Rodrigues, ou mais alto! para o Corcovado, encimado, não ainda pelo Cristo de hoje, mas pelo pavilhão a que, por analogia de forma, davam o nome de *Chapéu de Sol*. Parecia mesmo sombrinha chinesa. Ou mais alto, mais alto ainda! para os céus! ora vazios e duma dureza de turquesa, ora povoados de nuvens que figuravam multidões de santos, confessores, patriarcas, apóstolos, mártires, virgens, bem-aventurados, profetas, eleitos e condenados que pareciam levitar, fervilhar, resvalar e desabar como no mural da capela Sistina, ou se aproximarem e depois fugirem para as incorruptíveis distâncias das perspectivas de Gustave Doré, nas gravuras dos firmamentos do Dante. Eu passava horas olhando os céus sucessivos e suas nuvens mutáveis. Nunca, jamais, jamais a mesma. Sempre de forma renovada, instável, oscilante, dando nascimento a novas — tiradas umas das outras como num jogo de cama de gato que não tivesse fim. Brancas, de uma brancura de prata, redondas, estufando-se em altos-relevos e *ronde-bosses*; brancas, da brancura das pérolas e dos nácares que contêm todas as cores dissolvidas no seu leite opalescente — as grandes nuvens são como aves lerdas que se resolvem em leões bocejantes que *rompem* lentamente com patas de preguiça, logo transformadas em legiões que se atropelam, hesitam, se abalroam, param e viram imensas florestas congeladas. Súbito, estas se recortam em estuários, enseadas, golfões e baías onde boiam ilhas impossíveis que de repente enfunam velas poderosas e derivam como galeras de ouro, sobre mares lisos e translúcidos. Mas já suas quilhas se estompam e os barcos são aspirados para mais além e sobem como colunas de templos que ruem devagar, fazendo aparecer paisagens dilaceradas como as do grande cânion do Colorado. Mal se sustentam novas catedrais — alvinitentes catedrais! — pois magicamente substituem-nas gigantescas corolas, girassóis de mármore, de um mármore compacto como a substância das próprias nuvens de Fernand Léger, ou como os cúmulos de chumbo e pasta de zinco que Ataíde pregou no teto das igrejas de Minas. Diante, o Corcovado caminhava para o sul se elas iam para o norte; para o norte, se elas demandavam o sul. A carranca negra da montanha ficava cercada pelo conciliábulo de outras cabeças gigantescas e não se podia dizer que se movessem esses Adamastores, Briaréus, Anteus — porque o deslocamento implicava metamorfoses tão profundas dos seus traços, como as que o Tempo faz em nossa cara perecível. Essa mutação imperceptível e silenciosa das nuvens dava esgares simiescos a faces arcangélicas, ia vazando olhos, arrancando orelhas, arreganhando bocas em fauces hiantes, decapitando aqui e recolando ali para novamente suspender ondas e mares recriados, alçar mais panos ao vento e entalhar rosas de giz e porcelana — nítidas, no alto, como um perfil de camafeu branco em fundo de pedra negra e por baixo, esbatendo sua substância numa fina pulverização, cuja luminosidade se amalgamava às sonoridades da rua Aristides Lobo.

Trepado no paredão de pedra e seguro ao gradil, não só eu via todas as cores do céu despencando como ouvia os ruídos da rua, inseparáveis da impressão luminosa. Confundia-os — polifonia e policromia — como se eu mesmo estivesse caindo molemente sobre bolhas de sabão irisadas como arco-íris e sobre luzentes balões verdes, vermelhos, azuis, amarelos e roxos que rebentassem sonorosamente ao peso de meu corpo. Há ruas só noturnas, como as da Lapa. Outras, só de meio-dia, como a da Glória. Há as crepusculares, como Paissandu, Ipiranga e Laranjeiras. E há as matinais como as de Copacabana e as do Rio Comprido. Na rua Aristides Lobo, mesmo a noite guarda cintilações de alvorada. Só consigo evocá-la nas suas manhãs e só vejo morros, casas, gente, dentro de massa luminosa e pontilhada como a dos quadros de Signac, Cross, Bonnard e Seurat. Dessa gelatina multicor emergem as figuras da rua e os sons que as circundavam. Desde cedo. Ainda escuro, de madrugada. O primeiro a entrar na sinfonia era aquele apito de fábrica — ainda destituído de seu conteúdo futuro. Logo depois vinham vindo os próprios pregões. O áspero e gritado dos peixeiros, alongando o seu *peiiiiiiixcamaró*, entrando de portão adentro e indo até a escada da cozinha onde descansavam as pesadas cestas pendentes do varapau que lhes esmagava os ombros e que eles seguravam dos lados, como em gravura chinesa. Subia das cestas um relento oceânico e a faiscação de estanho e prata suja dos peixes, alguns inda vivos, batendo as guelras por falta d'água e que, quando escolhidos, eram logo escamados, abertos, esvaziados e tinham a cauda decepada a cutelo — toalete para a lavagem final e para a panela. Muito bem: ficam essa garoupa e esses vermelhos, mas vamos ver dois bons punhados de camarão, de quebra. Vinham lisos, frescos e escorregadios. Obrigada, *freguês*! Obrigado, *freguesa*! O lusíada cordial forrava o lombo com a toalha grossa, recarregava-se e ia soltar na rua seu silvo de locomotiva. Como um clarim, chamando. Respondiam-lhe sons de buzina graves e roucos, sons que tremiam, não apenas no ouvido, mas fazendo vibrar o tambor da barriga e que tinham curiosa analogia com o cheiro e a aparência cruel das vísceras que o fissureiro anunciava com aquele toque solene e funerário. Os fígados lisos e cor de vinho, as tripas douradas e lustrosas, miolos duma brancura de estearina, mocotós de marfim, os corações roxos como mangará de cacho de banana. Os rins. Gentileza de tripeiro: os bofes, feito uma gelatina cinzenta e rosada que ele trazia para o banquete dos cachorros que sucedia ao dos gatos, antes cevados a guelra de peixe. Obrigada, *freguês*! Obrigado, *freguesa*! O carrasco de mãos sangrentas levava à boca sua trompa de chifre e saía, numa nuvem de moscas e de apelos lancinantes e plenos como os das fanfarras em torno dos cadafalsos. Logo depois passava gritando outro verdugo. Rato, rato, rato! Corria de dentro das casas o tropel das mulatas, meninos, patroas, moleques e crioulas com suas ratoeiras e todos despejavam o conteúdo das armadilhas dentro de uma espécie de sorveteira enorme que continha um líquido que dava fumaça sem ferver. Os bichos mortos iam logo para o fundo e os vivos ficavam nadando, em círculo, até que a potassa os descascasse. O homem, em vez de receber, pagava. Duzentos réis a ratazana, um tostão por camundongo. Pagava, tampava, punha na cabeça e seguia soltando o pregão que virou música do *rato, rato, rato,/ camundongo, percevejo, carrapato* — que ficamos devendo ao empresário da compra que era o dr. Oswaldo Gonçalves Cruz. Infelizmente a providência, em vez de acabar com a bicharia, industrializou sua criação. Havia especialistas que os tinham em viveiros e que só os vendiam adultos e gordos, porque assim eram mais bem cotados. Duzentão. Mas já a aquarela da manhã ia dando lugar aos tons mais firmes do óleo do meio-dia e, de acordo com o ouro mais forte e o azul mais apanhado da hora, surgiam os vassoureiros e doceiros. Aqueles anunciavam sua mercadoria num longo canto que subia sustenido como o garganteio de uma *flamenca* e parece que eles próprios se deleitavam porque seu *baxxoiréirrr, olha a baxxoirrexxxpanadoirexx* era feito com a mão em concha sobre a orelha, para o tenor nada perder da sua *malagueña*. Era incrível a quantidade de vassouras curtas para chão e longas para teto, feitas de palha ou piaçava, que os homens traziam com as miúdas, de latrina; com lotes de espanadores de todos os tamanhos e de todas as cores; com as cestas para roupa suja; os abanadores de ferro de engomar, batedores de tapete e vasculhos de penas multicores que lembravam flabelos papalinos — atravancando a rua e obrigando a alimária humana a manobrar como um veículo quando tinha de voltar sobre os próprios passos ou dobrar uma esquina. Era do que se aproveitavam Gastão Cruls, Miguel Osório de Almeida, Henrique Pedro (Rirri) e Raul David de Sanson na sua casa de estudantes da rua Ferreira Viana, aí pelos idos de 1909 ou 10. Deixavam o galego passar cantando. Carregado dos vimes e das varas, das palhas e das plumas. Chamavam, quando ele já se distanciava, com psius veementes. O homem dava marcha a ré, ia pra frente, à ré, à frente, voltava laboriosamente e um dos quatro canalhas perguntava, com ar inocente, se tinha pincel de barba. Fechavam logo a janela contra a qual batia o "puta-que-o-pariu" que atroava a rua e ia morrendo aos poucos — de quebrada em quebrada.

Mas voltemos à Aristides Lobo e ao fim da hora neutra de depois do almoço — pontuada pela avena dos doceiros. Lá vinham eles do largo do Rio Comprido... A cabeça encimada pela torcida de pano que lhes dava ares de *spahis*. Era sobre esse turbante que descansava a caixa dos doces, envidraçada, aos lados, como o esquife de cristal da Branca de Neve, coberta, em cima, por uma tampa forrada de oleado e tendo quatro pés, como mesa, para a hora comovente da escolha entre as brevidades desérticas, os úmidos quindins, as cocadas brancas e pardas — conforme feitas com açúcar refinado ou rapadura. Os doces de batata-roxa, batata comum, de abóbora, de cidra, de mamão ralado. Os pés de moleque de amendoim inteiro ou pilado, de massa açucarada como vidro ou ressecada como um reboco. Ao levantar-se a tampa, vinha aquele cheiro envolvente e sedativo em que as narinas surpreendiam tonalidades altas do odor do limão e da laranja; as claras, do leite, do coco, das farinhas; as baixas e mais surdas do ovo, do cravo, da baunilha, do melaço. Eram cromáticas como as cascatas de sons que o doceiro tirava do instrumento com que se anunciava. Não se tratava de simples flauta, mas da de vários tubos — da síringe policálama de Pan que vinha dar à rua Aristides Lobo ressonâncias antigas e pagãs. O sopro retilíneo e adestrado tirava dos tubos sucessivos escalas que vibravam argentinamente, que faziam tremer o metal susceptível dos gradis prateados que eu segurava e a ondulação sonora e táctil entrava pelos meus ouvidos, pelas minhas mãos, enchendo minha boca da água da antecipação do gosto. Ia declinando o dia. As cores nítidas do quadro a óleo do sol a pino iam se transformando nas mais suaves do pastel da tarde *natier*. Já os horizontes, do lado da Tijuca, começavam a se encher de sangue e os duros cúmulos de alabastro iam se desfazendo em cirros, se alongando em estratos. Como a aparência do céu, mudava a população da rua. Gente chegando da cidade. Outros vendedores ambulantes, com outros barulhos. Baleiros — *baleiro-bááála* — pulando dos estribos dos bondes que subiam para os passeios e destes, tornando a levitar-se, com seu grito, para os que desciam — realizando o milagre de equilibrar e manter arrumadas as bandejas com os pacotes de biscoitos Brichy; com os peixes, as moedas, os cigarros, os charutos e os cachimbos de chocolate envoltos em lâminas de ouro, prata e púrpura; os enrolados de balas, feitos de papel brilhante e lustroso em que uma rodela de cor indicava a qualidade. Verde-escuro, bala de limão. Verde-claro, bala de hortelã. Alaranjado, de laranja. Amarelo, de mel. Creme, de abacaxi. Branco, de coco. Pardo, de chocolate. Roxo, de violeta. Lembram-se das balas de violeta? que não eram balas, mas as próprias flores, as próprias violetas confeitadas. *Dilim-dilim* era o nome onomatopaico dado a um cartucho de massa de trigo que se quebrava nos dentes e derretia na língua feito hóstia. Vinham uns enfiados nos outros e seus cones se arrumavam espiralados numa enorme lata redonda que o ambulante trazia às costas, segura por bandoleira para, com as mãos livres, percutir o triângulo de metal que fazia *dilim-dilim, dilim-dilim, dilim-dilim...* Esse ruído casava-se ao rufo brioso e ovante, tirado com varetas, do baú de folha de flandres que os vendedores de puxa-puxa traziam na cabeça. Azuis ou cor-de-rosa, eram escrínios cheios de joias completamente brancas, do coco e do açúcar, ou tendo riscos de anilina sobre sua opalescência. Juntava-se aos dois ruídos o estalar de matraca dado pela batida rápida de um arco de ferro articulado sobre madeira e acionado por pronações e supinações velocíssimas do braço do homem do *algodão*. Algodão de açúcar, centrifugado na máquina que o fabricava, como estratos, nimbos, cirros e depois cúmulos que viraram naquele caldo de chuva, dentro da boca. Já tinha anoitecido e já era depois do jantar quando irrompiam da treva quente os gritos dos sorveteiros. *Sorvêêêt'iáiá*. Creme, coco, abacaxi. As primeiras estrelas. Os *vaga-lumes* com seus varapaus, cuja ponta tinha uma pequena lamparina de querosene ardendo dentro de coifa metálica toda furada. Com isto eles iam acendendo os lampiões de gás. Logo as casas respondiam e, quando nossa sala se iluminava, os vidros da frente mostravam o seu desenho de quadrados e octógonos brilhantes, destacando-se num fundo fosco.

Todos esses ruídos misturados a cores, a cheiros, a gostos iam rolando rua abaixo e seriam tal e qual diante do 33 (esquina da rua Colina), onde estava, em casa dos avós, um menino que eu ainda não conhecia. Chamava-se Prudente. Chama-se Prudente de Moraes, neto, aliás Pedro Dantas. Meu vizinho na infância. Contemporaneamente nos impregnamos na rua Aristides Lobo como se fôssemos esponjas. Quando as espremermos, aí por volta dos anos 30, dele veio "A cachorra" e de mim, "O defunto". Poemas do Rio Comprido. Poemas da frustração do corpo, do sofrimento de alma e corpo, da miragem de qualquer depois, nos aléns da vida e/ou nos aléns da morte. Tímida esperança de recomeço, de purificação, de retomada... Em que ondes? em que quandos? Havia de chegar também ao 33 a gritaria dos meninos protestando contra a *carrocinha*. Era a dos cachorros que surgia cercada de pegadores com seu laço de arame para garrotear os rafeiros soltos que iam ser sufocados em qualquer Dachau, para os lados de São Cristóvão. O sinistro cortejo passava ao lusco-fusco e só se via a correria dos meninos trazendo cães ao colo e todo mundo abrindo portas e portões para acoitar os animais e seus salvadores. O curioso é que aqueles jamais enfrentavam — piravam, mijando, de alguma coisa adivinhada pelo instinto e que era terrível. Os pegadores, às vezes, tinham de fugir das vaias, das pedras, das cacetadas. Brocha! *Brocha* eles, gente! Vamos brochar esses putos! Fugiam mesmo dos garotos, de marmanjões, de homens-feitos. Mas geralmente venciam e empolgavam suas presas. Nunca me esqueci dum cachorro que vi passar cativo. Era escuro, parecia o Jagunço do Chiquinho do *Tico-Tico*, ia sentado sobre o traseiro e levava-o a carrocinha — único e isolado. Vendo-o, chorei e compreendi o abandono da rainha Maria Antonieta na sua carreta, no livro e nas figuras que me mostrara o tio Salles. Era aquilo mesmo. Aquela mesma solidão diante da morte inelutável que nivela o bicho e o homem no mesmo sofrimento de bicho. Não sei se o Prudente se lembra. Eu não consegui mais esquecer o pobre cão que me deixou para sempre contra os pegadores. A favor dos meliantes, contra os policiais que os prendem. A favor do réu, contra o promotor, o juiz e o carrasco que é seu prolongamento. Contra o *rapa*. Contra todos os governos. Tomei posição naquela tarde, vendo a carrocinha passar devagar numa rua Aristides Lobo de repente tornada cor de cinza, sob céus entre branco e negro como os das gravuras meia-sombra e drama de Rockwell Kent. Um simples cão vadio...

Guardei ainda outras recordações do pátio cimentado de frente de nossa casa. Nele fazia correr meu prodigioso trem de ferro, sobre os trilhos que eu articulava em curvas caprichosas, juntando fim e princípio para que a viagem jamais se interrompesse. Vagão de passageiros, tênder e a fabulosa máquina a vapor-locomotiva de verdade, funcionando com água que uma lamparina de álcool fazia ferver. Corria, apitava, deitava fumaça e atravessava os desertos americanos quando foi atacado e destruído pelos índios sioux. Eram os moleques da casa de cômodos instalada no 104, que tanto o fizeram, instigados pelo esverdeado Valdemar — mulato pachola que inquietava as empregadas da casa, quando passava gingando e de trunfa lustrosa. Vizinho e inimigo, ele mandara apedrejar meu comboio na hora em que eu entrara para jantar, deixando-o correr sozinho, dentro dos perigos da tarde. Os restos de latão foram atirados no rio Comprido e eu tive, com esse atentado, minha primeira amostra da luta de classes. Também um símbolo: as pedradas que tenho levado pela vida afora sempre que ponho meus trens de ferro correndo mais depressa que os deles.

Tenho mais, da área da frente da casa, a lembrança de um São João preparado por meu Pai. Sem fogueira, impossível de acender naquele centro urbano. Mas cheio da policromia dos fogos e do seu cheiro de pólvora. A noite azul ficou toda recamada de ouro e prata pelas *estrelinhas* que ardiam e faiscavam sem queimar; pelas *rodinhas* presas a cabos de vassoura fixos no gradil, cujo giro vermelho acabava num estouro e de que ficava, ao fim, apenas um círculo de papelão chamuscado soltando a fumacinha derradeira; pelos *pistolões* que a cada detonação impeliam uma bola incandescente verde, azul, roxa ou branca; pelos *repuxos* esguichando chamas que recaíam como lágrimas de todas as cores, que apagavam detonando e misturando a alegria de seus estampidos aos dos *traques*, das *bichas*, das *bombas*, dos *busca-pés* e ao ribombo triunfante e final das *cabeças de negro*. Havia também as *pedras* revestidas de uma massa que estralejava de chão afora. Na apoteose, os balões. Primeiro eram pendurados e meu Pai desdobrava-os com uma ventarola vibrada na sua boca. Depois que eles estavam estufados, acendia-se a bucha de estopa e breu, embebida em querosene, e deixava-se a fumaça espessa encher bem o bojo, segurando os arames da boca contra o solo. O balão inchava; luzia a chama, através do papel de seda. Ia ficando leve, leve e de repente erguia-se sem esforço e subia aos céus. Ia embora, como os outros que passavam distantes — naquele isolamento errante que Manuel Bandeira usa como símbolo pungente em dois poemas diversos, entretanto iguais na sua imagem da solidão irremediável: "Profundamente" e "Marinheiro triste".

Outra festa a que assisti do pátio em frente de nossa casa foi a de um Carnaval. Teria sido o de 1910 ou o de 1911? Sempre pendurado a minhas grades prateadas, vi passar velhas fantasias que não existem hoje. *Diabinhos* e *Diabos* com a roupa de malha vermelha colada ao corpo, com os respectivos chifres e rabo terminado em ponta de lança. Também de malha marrom, para imitar a pele escura, os *índios*, num exagero de penas de espanador. O *Príncipe* ou *Princês* que era uma mistura de roupas de Henrique III, Luís XV, imperador constitucional e são José de Botas — de salto alto e cabeleira postiça feita de algodão. Os *pierrôs* e os *arlequins*. Os *clóvis* e *palhaços*. Os misteriosos *dominós* de fala fina e cheios de guizos nos arminhos da capa e na ponta das fitas que pendiam do capuz. Suas máscaras eram de pano, com aquele corte malicioso dos olhos, ou de tela fina, parecendo as de jogador de florete. O brilho luxuoso do pano acetinado da fantasia era desmentido pelas mãos sujas e grosseiras que brandiam molhos de varas de marmelo para espantar os meninos. *Ciganas* cheias de cequins e lantejoulas, sacudindo os pandeiros (o da mão e o dito-cujo). De negro e gaze, as *noites* recamadas de estrelas e trazendo à testa as duas pontas de prata da lua crescente. Ainda de negro, o paninho da roupa e das asas armadas com arame, dos *morcegos*. O *Velho*, vestido como os personagens de Debret, sapato raso de fivela, meias brancas, calção até o joelho, uma espécie de fraque de seda agaloado de ouro e cheio de botões do mesmo metal, a careca, os cabelos brancos e o nariz postiço montado pelo vasto par de óculos. Vinha dançando a *dança do velho* e era uma sátira ao anacrônico e ao conservador. O *Burro-Doutor*. Finalmente, tradição conservada das antigas danças macabras — a *Morte*. Envolvida de panejamentos pretos que deixavam ver o corpo esguio, a roupa colante, na qual cosiam-se trapos brancos com a forma dos ossos do esqueleto. Usava a mesma cobertura dos dominós, mas a máscara era uma horrenda caveira. Passava com gestos teatrais, ameaçando com sua foice e mesmo de brincadeira era uma advertência — *Memento mori*... O entrudo estava morrendo. Apenas pequenos esguichos d'água eram mandados pelos *relógios* e pelos *revólve-*

res. Um ou outro limão. A preferência de todos era pelos confetes, pelas serpentinas e pela novidade do lança-perfume Rodo. Havia tubos de sessenta, cem e duzentos gramas, todos com aquele rótulo *belle époque* representando uma planturosa loura que esguicha o cheiro nos belos peitos, no lenço e nos babados do penhoar. Essa figura foi desenhada por Mucha, Alfons Mucha, pintor checo conhecido por seus painéis, cartazes e pelas ilustrações da edição iluminada de *Clio*, de Anatole France. Essas fantasias já surgiam agrupadas num arremedo dos blocos de hoje. E vinham cantando o "Dengo-dengo", o "Ó abre alas", o "Iaiá, me deixe", o "Vem cá, mulata", de mistura com a trovoada do Zé Pereira.

> Dengo, dengo, dengo,
> Ó maninha!
> É de cariru...
> Quem bateu baeta?
> Ó maninha,
> Foi carapicu...

> Vem cá, mulata,
> Não vou lá, não,
> Sou democrata
> De coração.

Para entender estas letras é preciso ter conhecido as sociedades carnavalescas do velho Rio e as rivalidades que lavravam entre os *Democráticos*, os Tenentes *do Diabo*, os *Fenianos* — carirus, carapicus, baetas...

> Ó abre alas!
> Que eu quero passar.
> Eu sou da lira
> Não posso negar.

> Iaiá, me deixe
> Subir nessa ladeira
> Eu sou do grupo
> Do pega na Chaleira.

O "Abre alas" é de autora ilustre — Chiquinha Gonzaga. O "Iaiá, me deixe" refere-se à subida dos puxa-sacos na ladeira do morro da Graça, que é onde ficava a casa de Pinheiro Machado e de onde ele governava o país com mão de ferro. À espera do ferro de Manso de Paiva.

Aquele pátio, meu miradouro dos céus, meu miradouro da rua — um dia foi tragado pelas águas. Choveu chuva grossa, choveirando invariável durante várias horas, e o morro de Santos Rodrigues começou a fazer descer Amazonas barrentos sobre a rua Aristides Lobo. O rio Comprido também se pôs a encher e a subir. Nosso pátio foi tomado pela pororoca das torrentes que desciam pela frente e do caudal que subia por trás. A casa levantou ferros, singrou, as águas invadiram o porão não dando tempo para nada e só quando elas baixaram e o prédio reatracou no monte Ararat é que se pôde tirar de dentro da lama invasora (para pôr no lixo) os livros de meu tio Júlio Augusto de Luna Freire, que estavam em caixotes, no porão. Mais de 2 mil volumes de que escaparam um exemplar da edição ilustrada de *O Ateneu*, de Raul Pompeia, que está com minha prima Maria Augusta de Luna Albano; um antigo volume traduzido de *A cabana do Pai Tomás*, de Harriet Beecher Stowe; vários fascículos da *Revista do Instituto Histórico de Pernambuco* e tomos desemparelhados de Tácito, Zola, Plutarco e Latino Coelho, que foram depois para Juiz de Fora com os livros de meu Pai e que lá se perderam. Era o que restava da livraria reunida pelo tio, durante sua vida. Com sacrifícios de bacharel pobre, com paciências de bibliófilo e com bom gosto de letrado. Só ficou o que eu disse... Que o resto foi inutilizado pelas águas.

Do pátio de cimento subia-se por dois lances a escada de pedra. Quatro degraus de cada lado, dando no patamar em que abria a porta da frente. Como era simples e acolhedora nossa sala de visitas! A mobília era bem *belle époque*, de madeira preta torneada, palhinha no assento e nos encostos: o sofá, as duas cadeiras de braços, um sem-número de cadeiras singelas e os indispensáveis *portas*. Não há mais destes móveis, cujo pretexto era sua utilidade, mas cujo fim eram os próprios ornatos abertos na sua madeira. Flores, florões, folhas e folhagens, cheias dos arredondados e laçadas do que se chamou ironicamente o *estilo tênia*. Realmente, dominava o longo, o sinuoso, o coleante e o flexuoso. Durante certa fase isto passou a ser considerado horrível, mas o tempo veio reabilitando essas curvas, emprestando poesia e encanto a semelhante gênero. Haja vista as velhas estações do *métropolitain* de Paris, de que uma foi servir de modelo simbólico do 1900, entre as curiosidades do Museu Carnavalet. A mobília preta de tia Candoca, no 106, tinha como complemento nas paredes os porta-postais, os porta-leques e os porta-jornais — cheios dos laçarotes de fita *soit-disant* para pendurá-los, mas, no fundo, mais um enfeite! no meio das outras peças o porta-chapéus e os porta-bibelôs. O primeiro, sempre como patética natureza-morta, ostentando as coberturas parecidas com os donos: os chapéus de Chile despretensiosos de meu Pai e tio Salles, os cocos cerimoniosos de tio Itriclio e do dr. Cândido de Holanda, o chapéu de lebre do Heitor Modesto, o palheta imenso de seu primo Lafaiete e os bonés agaloados dos parentes militares, os primos Benjamim Barroso, Hermínio Castelo Branco, Alberto Medeiros e Cândido Pamplona. Além dessas coifas, pendiam de seus ganchos os sobretudos de gola de veludo, as capas a Cavour e os *macfarlane* de borracha farfalhante. E seus cercados atulhavam-se de guarda-sóis masculinos, dum tussor acetinado, creme por fora e verde por dentro; de guarda-chuvas emblemáticos, de seda preta e pontas das varetas revestidas da prata do cabo; de bengalas de todas as grossuras e de todos os feitios — madeira escura; madeira clara; o junco flexível; de pau-mulato, duro como ferro; de jacarandá, resistente como aço; de cabiúna, de ébano, de unicórnio — com castão de metal vagabundo, de prata, de ouro, de marfim, de chifre; angulados, em gancho, em semicírculo, em S, em bola, em poliedro. Alguns, cravejados. O da bengala de tio Júlio ostentava a balança da Justiça; o de meu Pai tinha a cobra de Esculápio; a de tio Salles, o emblema da Padaria Espiritual. Com iniciais, monogramas ou o nome todo. Hoje, objetos de coleção e dentro em pouco, de museus. Serviam de apoio, de insígnia e de arma. Principalmente as de estoque disfarçado dentro do fuste de pau que servia de bainha.

Os porta-bibelôs eram móveis frágeis e complicados, torneados e rebuscados, dotados de prateleiras — nenhuma na mesma altura das outras e uns, como os dois de nossa sala, contendo pequenos armários para as caixinhas de charão, de sândalo, de alabastro, os potinhos de Gallé e os vasinhos de opalina. Nas prateleiras, os álbuns de fotografia, os jarros para flores, castiçais, bibelôs — uns de valor, outros simples *camelote*. No 106, entre outras coisas, figuravam um porta-retratos, com o de minha avó, e um marquês de porcelana — hoje em minha casa e trazendo para ela restos daquelas em que eles estiveram. Diante desses objetos houve aniversários, noivados, casamentos, velórios. Foram mudados de lugar, lavados, brunidos por mãos mortas. Estiveram no Rio Comprido, na Tijuca, em Icaraí, na Urca, no Leblon, em Copacabana e trazem para minha casa da Glória um pouco das casas sovertidas de minha gente. Sobre as mesinhas dos fumantes, junto dos cinzeiros, nova coleção de *portas*. Porta-cigarros. Porta-charutos. Porta-caixa de fósforos. Complemento para os tabagistas: as duas escarradeiras dum tempo em que havia o hábito de não fumar sem cuspir. O espelho da parede. O quadro com o retrato do avô. Sua presença. Pedro da Silva Nava. É no meio destes objetos familiares e à luz das janelas abertas que vejo a figura dos amigos que frequentavam nossa sala.

  Deles, para mim, a figura mais impressionante era a do agigantado dr. Belisário Fernandes Távora. Vinha por causa de tio Salles. As maçãs do seu rosto eram maçãs mesmo. Tinham o aspecto, a cor luxuosa e o lustro da casca daquelas frutas quando polidas de encontro à roupa. Por cima o bugalho de dois olhos enormes guarnecidos pela mata das sobrancelhas. Aliás todos os seus traços eram enormes e como que magnificados por lente poderosa. Os bigodes festivos e a boca repuxada davam-lhe um ar hílare que, somado à bondade do olhar, tornavam-no extremamente simpático. Tinha orelhas insignes, zigomas memoráveis, arcadas orbitárias de frontão barroco e era de uma fealdade grandiosa e atraente. Apesar do cavanhaque e da triangulação de sua cara e cabeça, não tinha nada de mefistofélico. Lembrava, antes, mascarão no gênero dos da frisa de mármore do peristilo do jardim dionisíaco da Casa dos Amores Dourados, em Pompeia. Falava vagarosamente e em voz de baixo profundo; era de uma cortesia meticulosa, de uma cerimônia vigilante e nada se comparava ao prodígio de seu andar. Trocava lentamente os passos de sete léguas; colocava cuidadosamente o salto no chão e seu pé avantajado e sensível descrevia um movimento de cadeira de balanço, elevando o calcanhar, depois a sola e apoiando finalmente o joanete, o metatarso varo e o resto dos pododáctilos. Pronto, para um lado. Começava a tortura do outro e o dr. Belisário ia marchando, como aquela sereia de Andersen que trocou a cauda de peixe por pés — sobre cacos de vidro, fios de navalha, brasas vivas. Tio Salles e ele procuravam-se muito, por simpatia, por amizade, mas também por aproximação de exilados. Um e outro eram desse grupo de cearenses postos para fora de sua terra pela política local chefiada pelo comendador Antônio Pinto Nogueira Accioly. Foram muito perseguidos pelo *Velho*, mas ambos tiraram sua desforra. Meu tio, com a publicação do seu *O Babaquara*, em preparo na ocasião a que eu me reporto; o dr. Belisário, agindo junto ao marechal Hermes (de quem foi chefe de polícia) e sendo elemento decisivo na fofoca que levou a presidência da República a estimular e apoiar o movimento popular que deu com o Accioly em terra. Ao tempo dessas conspirações em Aristides Lobo, ele devia ir pelos seus quarenta e fumaça, pois nascera a 25 de maio de 1868, no Jaguaribe. Era bacharel formado no Recife, em 1892, e advogara no Amazonas antes de vir para o Rio. Vi-o várias vezes, depois, no seu cartório, que era uma espécie de clube de cearenses, como mais tarde o foi de mineiros outro cartório, o do dr. Duarte de Abreu. Este também não faltava em nossa casa e quando ele entrava só ou com a d. Albertina, em vez de se falar mal do velho Accioly, metia-se a catana no Antônio Carlos, no João Penido, no Valadares e no Vidalzinho. Era a vez de Juiz de Fora. O dr. Duarte, quando vinha para a Câmara, era nosso vizinho, pois sempre se hospedava com seu parente, o major Mendes, à rua do Bispo. Mais se mantinha o tom político da conversa, quando aparecia o coronel Benjamim Liberato Barroso, nosso parente, secarrão mas preciso, ouvindo muito e falando pouco. Geralmente ficava fechado em copas, por trás de suas lentes de míope. Empertigado numa cadeira ou andando — direito, esquerdo, direito, esquerdo, meia-volta! direito, esquerdo, direito, volver! — ao longo da sala, mas, quando resolvia contar, era um manancial inesgotável da história política do Ceará que ele governara em 1892, como vice em exercício, e que o destino reservava para novo mandato, em 1914. Tanto tinha ele de introvertido como sua mulher de extrovertida e encantadora. Maroquinhas Cruz Barroso. Achando que *Cruz* era pouco para sua doçura e suavidade, eu multiplicava no seu nome o símbolo da redenção, da fé, da paixão e, mal ela entrava em nossa casa, com o passo miúdo que lhe dava a saia *entravée*, que eu rompia aos gritos de *Maroquinhas Cruzcruzcruz!* A manifestação era retribuída com cardumes de peixes de chocolate.

Outro assíduo ao 106, também parente, primo-irmão de minha avó paterna, era o dr. João da Cruz Abreu. Médico, formado pela Faculdade da Bahia em 1892. Clinicava no bairro e dobrava o ser bom profissional com a personalidade de historiador e colaborador da *Revista do*

Instituto do Ceará. Era perseguido pela mesma asma tirana dos Costa Barros que cortava o fôlego de meu Pai e de minhas tias Dinorá e Alice. O João Abreu vivia agasalhado e nem no verão carioca deixava seu sobretudo marrom — do mesmo marrom de seus dedos magros, queimados de nicotina. Ele não cessava de fumar e alternava os cigarros de verdade, os de tabaco, com os de datura e beladona — favoráveis à sua respiração. Tinha a voz retumbante dos enfisematosos, era um conversador infatigável e cheio de verve. Impunha-se pelo critério, pela seriedade e por aquela austeridade simples que vim a tornar a admirar quando, mais tarde, encontrei nos caminhos da vida seus filhos Sílvio e Mário Froes de Abreu.

Quem aparecia muito era o nosso parente Ennes de Souza, em companhia da mulher, d. Eugênia Salles Rodrigues Ennes de Souza. *Tio* Ennes e *tia* Eugênia. Recordações amoráveis da infância... Durante nossos tempos de Juiz de Fora, mais de uma vez nos hospedamos em sua casa, quando vínhamos ao Rio. Ficava em Visconde de Figueiredo e quando a visualizo, logo surge sua varanda ao sol da manhã — sua varanda de grades prateadas e no alto da escada, espartilhada, toda de branco, estalando nos babados e engomados de sua matinê, a figura de *tia* Eugênia. Seu nariz aquilino, o penteado alto de seus cabelos brancos, o porte imperial de sua testa sugeriam figuras imponentes da história universal — Catarina da Rússia, Maria Teresa d'Áustria. Já do lado do coração, do espírito, da bondade, da participação — ela tinha alguma coisa da d. Carmo do *Memorial de Aires*. Vivia ajudando, agradando, obsequiando, amparando. Naquele alto de escada — levando gente que deixava, recebendo gente que chegava. Diariamente, por exemplo, sua cunhada Clara entrando ou saindo e me pondo embasbacado. Impressionava-me sua cor de marfim, seus cabelos de um castanho acobreado, seus olhos de âmbar, seus modos de deusa abundante — Ceres agrícola, Palas armada ou Juno, deusa dos reinos e rainha dos deuses. Ela e minha prima Mimi Paletta foram as mulheres mais peregrinamente belas em que já pus meus olhos. Ninguém. Nem as do cinema: que Francesca Bertini, Pina Menichelli, Valeska Suratt e Theda Bara — nenhuma! nenhuma era digna de atar os laços de seus sapatos. Os Ennes, no tempo de Aristides Lobo, iam, ela pelos cinquenta e poucos, o marido por seus sessenta e tantos, mas floridos, de pupila viva e sobrancelhas pretas. Ele tinha um ar de militar à paisana e punha o chapéu-coco todo puxado sobre o olho direito e descobrindo o toutiço repleto, ao jeito dos bonés dos generais franceses do tempo da guerra de 70 e dos nossos marechais da Proclamação da República e da Revolta da Armada. Como eles, *tio* Ennes tinha um adiantar de cabeça, como a resistir a ventanias de batalha.

Guardo também de Visconde de Figueiredo a imagem de Eponina. Sobrinha de tia Eugênia. Mocetona alourada e de olhos escuros. Ela tomava conta de mim e dos meus irmãos, quando nos hospedávamos na casa dos parentes. Sabia histórias tão lindas como as da Rosa, sobretudo uma, do mancebo índio que, para dar prova de amor pela cunhã, não hesitara em enfiar sua destra dentro de igaçaba cheia de taturanas, saúvas, escorpiões e lacraias. A bicharia deitou fogo na mão do guerreiro e ele sorrindo... O braço tão inchado que precisava quebrar o pote. Dor tamanha e ele sorrindo... Eu começava a chorar, não por causa do moço, mas por motivos mais complicados e que se explicavam pelas acusações que eu fazia à bela Eponina. Ai! Eponina, Eponina, você não era capaz de deixar ferrar seu braço por minha causa. Ela dizia que sim, sim, que deixava. Mas como é que eu poderia saber? Ingrata Eponina... Ela também vinha a Aristides Lobo. Ela e nossa prima Maria Ennes Belchior (Cotinha), filha de uma irmã do tio Ennes. Sempre cerimoniosa, muito míope, muito *stiff*, tudo no lugar, guarda-sol enrolado com esmero, a bolsa como insígnia na mão enluvada, chapéu, pluma e véu — ela era, como a Maroquinhas Cruz, outra fornecedora pontual de chocolates. Podíamos contar.

Causava sempre apreensão a presença simultânea dos Ennes e dos Modesto. Estes eram o pai, a madrasta e duas irmãs de meu futuro tio Heitor. É que o velho Modesto, Manuel Almeida dos Guimarães Modesto, *seu* Maneco — gaguejava e o *tio* Ennes não podia ouvir gago sem ser tomado de frouxos de riso. Não resistia. Ele mesmo provocava e não sossegava enquanto o *seu* Maneco não tomava a palavra para desfiar seus casos de Cataguases, da rua Bela de São João, de Todos-os-Santos, do dr. Titara, do major Sukow, da Abolição, da República e da Casa Comissária do Barão de Ipanema. Esta última palavra era o estopim e, quando o gago começava a explicar que o barão de Ip — Ip — Ip — o Ennes de Souza se continha para não completar aquele *Hip! Hip! Hip!* com o conveniente *Hurra!* e tinha de sair correndo e fungando para a sala vizinha, onde estourava. O *seu* Modesto não percebia, ou se percebia não passava recibo e continuava nas suas histórias intermináveis — discursivo, arengante, contador, prolixo e difuso como o são quase todos os gagos. Mas tirante aquela batida na primeira sílaba, até que a conversa do velho Ma-ma-maneco (como o chamava o Ennes de Souza) era bem saborosa. Meu Pai e tio Salles adoravam seus casos e o modo como ele os narrava. Falando de Todos-os-Santos e dos subúrbios, referia sempre o dr. Titara, dr. João Luís dos Santos Titara, seu compadre, afilhado de Caxias, veterano do Paraguai e, no seu tempo, o dono da maior clínica dos subúrbios. Um belo dia ficara paralítico. Pois continuou clinicando na cadeira de rodas, no porão habitável da casa dos Modesto, que o tinham recolhido e onde ele se casou *in extremis* com sua velha companheira. Quando contava da rua Bela de São João, abundava em minúcias sobre seu vizinho, o major Sukow, sua paixão pelas corridas de cavalos, sobre os casamentos em que estivera, de suas filhas Vera e Glika, que tinham convolado com os poetas Augusto de Lima e Luís Carlos da Fonseca. A Abolição, ele tinha visto em Cataguases e o êxodo da negrada largando a lavoura, metendo o pé na estrada e gritando que agora era tão bom como tão bom. A República e a deportação do *Banana*, gozara-a no Rio. Assistira, depois, à Revolta da Armada, batera-se como uma fe-fe-fe-fera na ponta da Armação e era Deus no céu e o marechal na terra. Repetira seu nome em dois filhos — Floriano, morto menino de febre amarela, e Floriana Peixoto, que se casaria mais tarde com seu primo Julinho Modesto. Eu também gostava dos casos do velho, através dos quais ia me impregnando do *humour* meio amargo e meio resignado, daquele sentido carioca, subúrbio e zona norte — melancolia e entrega — que eram sua tônica e que mais tarde fui reencontrar em Lima Barreto, de quem o seu Modesto era vero personagem. De traços tão veementes como Policarpo Quaresma, era um velho forte e espadaúdo, cabelos brancos *en brosse carrée*, barba e bigodes de idêntica prata. Fora casado primeiro com sua prima d. Elisa, irmã do médico Francisco de Borja Negreiros Modesto Guimarães. Desta tivera quatro filhos. O Jorge, o Heitor, o Osório e a Dadá. Depois de viúvo passara-se a segundas núpcias com a d. Isaura, de quem tivera mais três. O Floriano, a Floriana Peixoto, a Luth.

    Outros amigos, sempre presentes, eram o dr. Cândido de Holanda Freire e sua família. Era chamado por apócope-contração dr. *Candiolanda* e por ternura *dr. Candinho*. Era pernambucano e tinha mais de ornitológico que de humano nos olhos verdes, no longo bico que era seu nariz, na crista negra que fazia a cartola, na tesoura das duas abas do fraque e nos gorjeios da fala abafada — a mesma fala de todos os da família, dando a impressão de que as palavras eram mastigadas na boca com uma espumarada de açúcar. Era o doce falar de sua terra, de que guardei as notas e recupero deleitosamente cada vez que converso com pernambucano. Sua família compunha-se da esposa, d. Elvira, da cunhada solteirona, d. Amália, das filhas Cucé (que não era apelido, mas nome de batismo), Vitalina, Sinhá, Santa, Palmira e Marocas. Havia uma sobrinha, Maria Ema. Vejo esse grupo de senhoras como um conjunto de peles claras, roupas policrômicas, cabelos louros e olhos verdes de que só se destacam as fisionomias de duas. A de curvas suaves de Maria Ema e a de linhas agudas da Santa — míope, branca, dourada e luminosa —, das madeixas, da tez e da faiscação de seus óculos. Através das lentes viam-se as fendas felinas das pupilas claras. Curvava-se sempre, um pouco, chegando-se (do costume de aproximar a cabeça para ver melhor o interlocutor), e projetava o lábio inferior que só ele se movia durante a fala — como peça de boca de boneco de ventríloquo. Descobri depois seu símile no retrato de Harriet Constance Smithson — a bem-amada de Berlioz. Ela e Maria Ema tinham a mesma voz surda e aquele mesmo sotaque de fumaça e de garapa. Nosso conhecimento com sua família se dera por erro dos carteiros, que entregavam em nossa casa de Visconde de Figueiredo 7-C a correspondência do 7, que é onde morava o dr. Candinho. E vice-versa. Concorria para a confusão a identidade do último sobrenome, aquele Freire, bem pernambucano, de meu tio Júlio Augusto de Luna Freire e do dr. Cândido de Holanda Freire. Na hora das entregas das cartas trocadas, eram as explicações, depois as relações de vizinhos, as visitas, a amizade — vai ver até que somos primos! — e toda a família passando pelas mãos do dr. Candinho no consultório do largo da Carioca. Ele era formado em medicina e odontologia, mas só exercia a arte dentária. Minhas tias gabavam o nenhum esforço e a delicadeza com que ele desentocava os queixais mais enraizados, no meio de sorrisos e de arrulhos. Era um pássaro...

    Frequentava-nos também uma beldade que tio Salles chamava, machadianamente, a "desejada das gentes". Era da família de um amigo do Norte. Com poucos meses de Rio de Janeiro perdera o ar provinciano, aprendera a vestir-se, a calçar-se, a enchapelar-se, botara corpo, corneara o marido e virara naquela princesa, naquela rainha... Ela tinha o colo redondo e farto, a cintura fina, a amplitude de cadeiras, o vazado anterior fazendo concha, as nádegas levantadas e um remelexo do andar vagaroso que fixei para sempre. Mais tarde, quando pude dar comparações literárias a esses atributos físicos, colocava-os ora nas heroínas amplas e violentamente femininas de Machado de Assis, ora naquela fêmea cheia de curvas e luas cheias da "Empresa noturna" de Bocage. Ela gostava de conversar andando para cá e para lá, batendo sonoramente o tacão do salto alto, levantando a cabeça, ostentando o busto e trocando devagar os passos. A projeção anterior das coxas, nessa marcha, desenhava dum lado e do outro dobras na saia azul que sugeriam as idênticas da primeira anágua; depois as da segunda anágua, mais a borda do colete *devant-droit*, a seguir as dobras da camisa, embaixo, as da calça de babados e folhos — por fim as duas últimas que eram as das virilhas. Todos olhavam e cada um ia despindo e tirando o "*quanto cobria seu airoso corpo*".

Em 1908 eu tivera minha primeira revelação da morte, vendo passar o caixão do tio *Chiquinhorta*, roxo e tardo na hora de ouro. Logo depois a segunda, olhando a filha da prima Ernestina do *Hilário Tucano*, como uma santinha de cera, no seu esquife de seda branca. Soube ainda que morrera de tétano meu amigo Antônio, filho da d. Oldina e neto do dr. Rosa da Costa. A sala de visitas do 106 ia me mostrar outra vez a *esganada*, desta vez na figura de um anjinho. Mas essa história prende-se à de nossa mudança para o Rio e tenho de tomá-la um pouco de trás. Do tempo em que uma de minhas primas, filha do Paletta, quase morrera duma infecção puerperal. Foi salva, contra todas as regras da doença, por meu Pai e sobretudo pela dedicação de minha Mãe. Tínhamos nos mudado para a casa do Paletta na rua de Santo Antônio e depois acompanháramos sua família para a convalescença, na Fazenda da Creosotagem. Não me deixe, seu Nava, não me deixe — implorava o *Bicanca*. E meus pais não largaram a doente senão quando a viram sã e salva. Tinham resgatado uma vida à custa de noites perdidas e dias passados junto de uma cabeceira. Acontece que minha Mãe estava grávida e só deixou de cuidar da prima para, ela própria, recolher-se à casa de Inhá Luísa, onde a 17 de maio de 1910 nasceu minha irmã Ana. Uns vinte dias depois do parto, embarcou para o Rio e já no trem começou a sentir arrepios. No dia seguinte a febre subiu, virou febrão e começou em minha Mãe a infecção contraída tratando da sobrinha. Meu Pai chamou logo o dr. Duarte. O dr. Duarte pediu a presença de um especialista de senhoras e indicou o dr. Lincoln de Araújo, vizinho de bairro que, coerentemente, tinha domicílio na rua dos Araújos. Lembro-me bem de sua figura: fino, pequenino, magricela, olhos vivos, bigodes e cavanhaque, sempre de fraque cinza e chapéu do Chile. Ele e o dr. Duarte ministraram a quinina, o láudano, as cataplasmas emolientes; manipularam os drenos, os irrigadores; instituíram uma dieta de fome e sede, mas admitindo três ou quatro taças de champanha por dia. Quando as coisas ficaram pretas, mandaram chamar o dr. Miguel Couto. Horas antes da marcada para sua visita já estava brunida a bacia de prata, escolhida a mais rendada toalha de linho e desembrulhado o sabonete de Reuter novo em folha para o sacerdote purificar as mãos. Meu Pai foi buscá-lo de carro. À sua chegada, o dr. Lincoln e o dr. Duarte receberam-no no topo da escada. Trancaram-se na sala. Depois subiram. O Couto fez esvaziar uma mesa e ele próprio, com seus braços possantes, tirou a doente da cama para estendê-la no móvel duro onde iam examiná-la. Desceu e pude gravar indelevelmente sua figura. Nesse tempo o vitiligo ainda não o arianizara como na velhice e, em vez do rosado despigmentado que ele apresentava no fim da vida, tinha uma bela cor acobreada de moreno. Trazia da parte posterior da cabeça um pouco de cabelo, disfarçando a calva invasora. Sombra de olhos serenos e mansos, dentro do poço das olheiras. Os bigodes como roscas da Penha, como duas volutas entalhadas em ébano. Vestindo uma sobrecasaca marrom e a calça colante e estreita que lhe moldava a perna (anos mais tarde, um seu alfaiate que me cosia os ternos revelou que isto era uma de suas exigências). No fim da visita, nem sentou. Enquanto lavava as mãos, disse que estava de acordo com tudo que faziam os colegas, mas que queria apenas lembrar que dessem à doente injeções de *electrargol*. E você, Nava, vá todos os dias ao consultório para me dar notícias. O dr. Duarte e o dr. Lincoln foram levá-lo até o portão da rua, meu Pai até sua casa, de carruagem. Minha Mãe salvou-se. Estou a ver o dia em que ela desceu a primeira vez, depois de curada, vestida de tons verdes nos quais destacavam-se claros de uma echarpe florida de crepe da China. Toda pálida e rindo de alegria. O sol de Aristides Lobo inundava a casa e ela reintegrou a vida e a claridade. Milagre! Milagre do dr. Miguel Couto! Milagre do *electrargol*!

Como desde o início da febre lhe secara o leite, meu Pai fora à Maternidade das Laranjeiras e de lá voltara com uma preta lustrosa que dera à luz mais ou menos à época em que o fizera minha Mãe. Ama de leite de minha irmã, arranjada pelo próprio dr. Antônio Rodrigues Lima, eternamente grato a meu Pai por um artigo que este escrevera sobre a instituição dirigida pelo velho mestre. Com a ama viera seu filho, um molequinho fabuloso, cor de havana (aquela negra havia de ter sido repassada por galego), imediatamente *en vedette* e no colo dos patrões. Gordo, gordo, duma gordura dourada e contagiosa que foi passando para minha irmã. O mulatinho era tão corado que ficava cor de laranja madura, cor de cobre areado. E ria o dia inteiro, babando uma baba de leite e zumbindo que nem enxame de abelhas. Jamais chorava. Um dia, ninguém sabe por quê, foi aquela febre e logo as convulsões que só pararam quando ele se inteiriçou num último arranco e amoleceu, morto! no colo de minha Mãe. Ela e a negra, as duas e minhas tias choravam todas taco a taco. Sem parar. Meu Pai fez questão de enterro de branco e velório como de parente. O defuntinho foi para nossa sala de visitas. Sobre uma mesa coberta de forro de seda e colcha de renda, o caixão. No caixão de rosa e prata, o anjinho. Fizeram para ele uma túnica de Menino Jesus, sapatinhos de cetim pousados num bolo de algodão afeiçoado em nuvem e cheio de estrelas douradas. A testa cingida de uma profusão de flores e fios metálicos que faiscavam como artifício de São João. A linda cor de fruta sazonada do garoto fora substituída por um esverdeado de azeitona. Eu não me conformava com aquele aspecto e sobretudo com aquela imobilidade, aquele silêncio, aquele vácuo. Num momento de distração dos grandes, puxei-o pelas mãozinhas e desengrenei os dedos que ficaram apontando duramente para cima. Aterrou-me a rigidez coagulada que senti como uma espécie de resistência, de teimosia, de hostilidade. Aterraram-me o frio daquela carne impassível, a pálpebra de cera que eu abri e que não voltou a descer sobre um olho coberto de cinza. Eu queria arrancá-lo do caixão cujo fundo era alçapão abrindo na "treva do chão da cova". Não pude com o peso. Fui tomado do pânico em que havia aquele pasmo do trem entre o primata antropoide e o bicho hominídeo, quando pela primeira vez percebeu noutro bruto morto o albor da ideia da própria morte e, em vez de comer-lhe os restos, uivou de horror na escuridão da noite quaternária. A esse clamor inarticulado fenderam-se os céus e apareceu a destra divina para tocá-lo. Adão. Adão com cuja descoberta da morte desvendaram-se religiões, éticas, filosofias, culturas; grandezas, misérias; caridade e massacre; o ódio, o amor. Comecei a urrar também, todos acorreram, tia Candoca, escandalizada, recompôs, morto e mortalha. Meu Pai ficou indignado. Esse menino está ficando completamente idiota! Fui arrastado para fora da sala (Não quero que enterrem ele! gente! Não quero que enterrem ele!), pelo pátio cimentado, pela rua e fui dar acordo de mim em casa do *tio* Ennes e no quarto da Eponina. Eponina, Eponina, me conta aquela do moço índio. Ela contou e eu tornei a começar a chorar, agora de outro choro. Ai! Eponina, Eponina, você não é capaz de deixar ferrar seu braço por minha causa. Ela jurava que sim, que deixava... Mas como é que eu poderia saber? Rigorosa Eponina, suspende, suspende o golpe!

Quando voltei para casa corri à sala de visitas. Não havia mais câmara-ardente, nem sala de visitas. Tinham tirado vários móveis, posto uma cama larga, um armário e improvisado dormitório; tio Salles e tia Alice tinham chegado do Ceará. Ia ser tempo de figura em livro e de uma história saindo de cada estampa. Foi quando conheci Napoleão Bonaparte, Dom Quixote e Sancho Pança. Tio Salles apresentou-me os três no mesmo dia. O primeiro, de bandeira na mão, passando a ponte de Arcole. O segundo, recebendo a pranchada de cavaleiro, tendo para pôr à cabeça a bacia de barbeiro que era o elmo de Mambrino. O último, tal qual balão, sendo levitado pelas cobertas brandidas pela canalha hílare do pátio da estalagem. Ia ficar servindo para as visitas a segunda sala que havia na casa, dotada de entrada lateral. Era tão larga quanto a outra. Dominava-a, no alto da parede principal, um *pastel* tamanho natural: o retrato da prima morta em Juiz de Fora, operada pelo dr. Hermenegildo Vilaça — Alice, Cecinha. Uma moldura de cor creme. Para evitar a borração das moscas, o quadro vivia envolto num filó róseo e a fisionomia da menina surgia como de dentro de uma bruma matinal, com sua franja, os dois lacinhos nas têmporas e os longos cabelos de pajem se dobrando para dentro, na altura dos ombros. Ela era para mim lembrança imprecisa, entretanto sensível — parecida com aquela certeza que se tem de ter sonhado, estando, entretanto, impossibilitado de recuperar o sonho. Eu tinha incorporado dela alguma coisa indefinida, talvez memória de uma pele morena, de uns cabelos castanhos. De uma respiração, do eco de palavras esvanecentes. E mais a doçura. O retrato corporificava-a e ela iluminava a sala harmoniosa e singela como o resto da nossa casa. Em frente, outra manhã, numa aquarela de Artur Ferreira, onde barcos, velas e mastros se diluíam no ar e na água que não tinham limite preciso com as terras longínquas e com os céus distantes. Tudo se fundia como confeitos coloridos derretendo no guache de um creme de leite. O grupo de cadeiras, tirado da frente. As espreguiçadeiras, nos cantos, com os encostos cobertos por couro inteiro de não me lembro que bicho. Sei que de cerdas macias, em que se podia desenhar, pondo-as a *rebrousse poil*. Eu deixava sempre uma cara em cada um: Chiquinho, Lili, Jagunço. A mesa que tio Salles, aonde chegava, arranjava sempre igual, para trabalhar, e onde ele colocava seus apetrechos de modo invariável. A pasta confeccionada por ele. O renque dos dicionários. A espátula, o pote de goma, a tesoura, o porta-lápis barato, de metal dourado a purpurina e onde ficavam, em situação sempre idêntica, a caneta de pena fina de tia Alice, a de pena grossa do próprio tio Salles, o bicolor azul e vermelho, a raspadeira para apontar os lápis e apagar a escrita feita a tinta. Numa caixinha ao lado, os prendedores, os percevejos, as borrachas. Outra caixa, a dos charutos, que ele fumava cortados ao meio. O porta-caixa de fósforos de metal amarelo. As resmas de almaço e os dois pesos de papel que me encantavam. Um, velha ferradura. Outro, a secção de um trilho de estrada de ferro. Também dourados a purpurina pelo poeta. Todas as manhãs ele sentava-se cedo a essa mesa e escrevia até as dez, onze horas. Riscava, corrigia, lia baixo, rasgava, recomeçava; relia, rasgava outra vez, tornava a principiar, lia alto, retomava, até engastar o fecho de ouro na ourivesaria difícil do soneto ou do poema. Aí ele respirava aliviado, deixava cair a lima, o camartelo, o cinzel e acendia meio charuto. Em torno dele, a musa adejava com gestos precisos e silenciosos, nítidos e inaudíveis como o bater de asas de uma borboleta. Vem ver se está bonito, minha filha... Estava. E ela pagava com um beijo.

> Tu és a companheira estremecida,
> Que, enfrentando, animosa, o fado rudo,
> Me tens servido de piedoso escudo
> Contra os golpes mortíferos da vida.

> Este livro em que uma alma se retrata,
> Como se num espelho ela se visse,
> É uma pequena e comovida oblata
> Que deponho a teus pés, oh! minha Alice.

Essa sala, mais que a da frente, era o ponto de reunião dos parentes que vinham para o ajantarado de domingo. Eles acorriam de pontos diversos da zona norte, das ruas do Andaraí, Fábrica, Vila Isabel, Tijuca, São Cristóvão ou de mais longe ainda, do Rocha, Quintino, Piedade — lindas ruas chamadas do Açude, do Anil, Natalina, Primeira, Bonfim, Alegria, Esperança, Flores, Figueira, Ouro, Perseverança. Vinham dessas ruas cheias de famílias de militares, de funcionários em exercício, de viúvas de aposentados, de cartomantes, de tendas espíritas, de terreiros de candomblé, de cantigas ao sol, de namoros à lua, de modinhas suburbanas, do samba em gestação e que todas, direta ou indiretamente, se comunicavam com o Cemitério do Caju, onde seriam exatos e comidos pela terra insaciável aqueles Abreus, Barros, Palácios e Pamplonas que almoçavam dominicalmente no 106 da Aristides Lobo. Uns vinham todas as semanas. Outros, cada quinze dias. Outros, de raro em raro. Mas nunca passavam tempo demais sem aparecer.

    O primeiro a chegar era o tio Itriclio. Vinha sempre furioso contra os tempos. A pouca-vergonha. O desrespeito. A falta de educação. Sobretudo a última punha-o fora de si e ele, que era de uma cortesia vigilante com homens e mulheres, velhos e moços, pretos e brancos, desmandava-se quando não era tratado como tratava. Chamava a atenção, reclamava, olho de vidro coruscando, o de verdade fixo no interlocutor, e terminava urrando o próprio nome para todos ficarem sabendo com quem estavam falando. Itriclio Narbal Pamplona, às ordens! para o que der e o que vier. Isto no tom do paladino quando mandava gritar bem alto — Percival! e tirar a espada. O tio não a possuía. Sua única arma era o guarda-chuva, cuja ponteira de ferro tirava faíscas nas lajes do calçamento, e sua oriflama, o lenço vermelho, do rapé, que pendia entre as abas do fraque marrom. Abria-se com o João Abreu e depois de contar de cóleras, queria dizer de amores. Você não imagina, seu Abreu, o morenão que eu vi na esquina de Matoso com a praça da Bandeira. Que olhos, que cinta, que peito de rola, que... Mas o João Abreu, desinteressado da bunda da mulata, cortava cerce. Vamos falar de coisas sérias, seu Itriclio. Olhe suas netas ouvindo... Tinham vindo com ele. Filhas da sua falecida Maria do Carmo (Carminha), que fora casada com o capitão Hermínio Castelo Branco. Zélia, Eulina e Carmem — mais crescidas, e Eunice, minha preferida. Eunice, sempre toda de branco, vestido de renda e folhos de goma. A faixa escocesa. Meias pretas. Botinas pretas de biqueira de verniz e cano de pelica abotoado. Cabelos lisos com o laço de desenho igual ao da fita que lhe cingia o talhe. Uma marca de catapora na face. Os olhos. Os olhos iguais aos das irmãs, aos das tias, das primas, aqueles olhos demasiados das Pamplonas de que as pupilas imensas comiam a íris; a íris, o resto dos globos, as sombras destes e das olheiras, as faces. A Eunice, com seus olhos, era ver aquele *Angelo con cembalo* que Sano di Pietro pôs na sua *Madonna col Bambino e angeli*, da Pinacoteca de Siena. Às vezes o tio Itriclio chegava com o que ele chamava seu *estado-maior*. Então o *porta-chapéus* civil do 106 via bonés vermelhos abafando os chiles, os lebres, os cocos triviais e os guarda-chuvas e bengalas desmereciam diante das durindanas desafiveladas. O *estado-maior* do tio eram o genro Castelo e seu filho Cândido Pamplona (Candinho), também oficial do Exército. Aos dois juntava-se, às vezes, o engenheiro militar Alberto de Medeiros, marido de minha prima Elsa, filha de José Carlos da Costa Ribeiro. Aos três, o seu Maneco e seu filho Heitor Modesto — admiradores de Marte. E tome lá valentia. Tome lá ponta da Armação, Guerra de Canudos, Revolução do Acre, Revolta da Vacina. Quando começavam os hinos a Silva Travassos, a Lauro Sodré, a Gomes de Castro e Mendes de Morais; as espinafrações naquela já infâmia da vacina quanto mais obrigatória! e o cmporcalhamento do Oswaldo, *cruz-credo!* — meu Pai e tio Salles disfarçavam e abandonavam o campo sob pretexto de irem *fazer sala* a outros parentes que chegavam. Comendo os charutos de impotente raiva civilista. Quem estava chegando eram as manas Adelaide e Amélia, uma vindo dos lados do Bispo e a outra dos de Haddock Lobo, que, sem combinação prévia, encontravam-se matematicamente às onze horas, diante de nosso portão. Ambas muito míopes, só se identificavam a meio metro uma da outra e já se beijavam em lágrimas, das desgraças da semana. Imagine você, Sinhazinha! Nem me fale, Pequenina! E entravam as duas, seguidas do bando dramático dos filhos, para a enumeração dos cânceres, das apoplexias, das gangrenas, das anasarcas, das tísicas que, recém, tinham desabado sobre a família e os amigos. Eram viúvas — viuvíssimas, viuvérrimas

— e estavam sempre a caráter: fichu, *mitaines*, a capota do estado — de pluma negra vergando como cipreste ao vento dos cemitérios. Apesar de veteranas na condição, andavam afubladas num permanente sétimo dia, cobertas de crepe e recamadas de joias pretas. Eram magrinhas, imponderáveis, pródigas em choros, de uma delicadeza inimitável, de uma bondade evangélica e duma pureza de meninas. A Amélia (Sinhazinha) tinha sido a mulher de Teófilo Bezerra de Menezes, irmão do grande médico dr. Bezerra — o que depois de morto continuava clinicando pelo transe e pelos passes dos médiuns de todo o subúrbio. Com ela vinham mais olhos grandes, os de suas filhas. Os claros da prima Maria (Duducha), casada com Ângelo Cascão; os negros da prima Amélia, mulher de Frederico Ferreira Lima; os castanhos da prima Fausta, noiva de Zeferino Silva. A Adelaide (Pequenina) fora esposa do seu primo Cândido, filho de seu tio Cândido, neto de seu avô Cândido — o que a fazia sempre chorar quando abraçava o Candinho de tio Itriclio — o único sobrevivente de tantos Cândidos. Essa consanguinidade apurara no ramo da Pequenina não só os olhos, como a tuberculose dos Pamplona. Tinha três filhos — a Adélia, a Maria Zaira e mais o morgado, o Iclirérico Neto chamado ternamente o Queco. As duas moças eram altas, transparentes e oscilantes. Louras, dum louro desbotado. Olhos azuis, de um azul diluído. Claras e aéreas, vestiam-se sempre de tecidos vaporosos, às vezes ambas de branco, uma, cingida de azul, como Nossa Senhora de Lurdes, a outra, *cinta d'oliva* — qual *donna* do Poeta. Ou então, esta de mortalha rósea e aquela de mortalha celeste, tanto suas roupas davam a impressão de estarem vestindo corpos defuntos. A brancura da pele se lhes acendia nas faces das rosetas da febre hética e um sorriso lhes arrepanhava lábios e descobria dentes, emprestando às moças expressão triste e saudosa de ricto cadavérico. Pareciam heroínas de romance e sua presença sugeria a ideia de tardes frias, lagos, harpas, ângelus, círios, do queimar de incensos, do dobrar dos sinos... O mano tinha o mesmo jeito. A mesma cor dos lírios, o mesmo corado febril, o mesmo esgar, os ademanes dolentes, angulosos e corteses. Abria ao meio os cabelos mortiços e abundantes; tinha aquele ar sério e atento dos adolescentes que pressentem a terrível presença. Seus olhos luminosos, seu aquilino hebraico, sua beleza espectral fizeram-me identificar sua figura com a de Roderick Usher, quando vim a ler os contos de Edgar Poe. Cada domingo ele vinha mais acabado — o que fazia tio Salles considerar com melancolia e certo humor negro: *O Queco tá um caco...* Eu estremecia à frase tric-trac que soava aos meus ouvidos como entrechocar esquelético. Um belo dia, não vieram mais e o pessoal do 106 é que passou a visitá-los. Primeiro foi a Adélia. Coitada da Adélia. Depois o caco. Coitado do Queco. Em seguida a Maria Zaira. Coitada da Maria Zaira. Finalmente, a Pequenina. Coitada da Pequenina. Foram todos encontrar, no Caju, o primo Candinho, o tio Candinho, o tio Lequinho e a velha Irifila. Quem fazia contratosse com a tosse dos três irmãos era o genro civil de tio Itriclio, Alípio von Doellinger — o Minzinho — marido de sua filha Rita, a prima Ritinha. O Minzinho mal se sentava que lá vinha outro acesso e ele tinha de entrar sufocado, para escarrar na latrina e de cada vez puxar escrupulosamente a descarga. Nos intervalos ele palestrava entrecortado, com voz algodoada e rouca. Lá, nele, além dos pulmões, era também a laringe. Sua mulher tossia um pouco menos. Era alta, angulosa, descarnada e boa como as coisas boas. Sem filhos, ela se ocupava em ser a melhor esposa, a melhor filha, a melhor sobrinha, a melhor tia e a melhor prima do mundo. Conversava timidamente em tom a um tempo choroso e ridente. Tinha uma vaidade *junker* do seu *von* e sempre o acentuava quando dizia o próprio nome. Rita Pamplona von Doellinger. Nunca fora bonita, mas, em moça, ficara famosa pela elegância do porte e pelo seu ar sonâmbulo ao dançar a *chaloupée* — as cadeiras levantadas, o queixo no dorso da mão esquerda que pesava sobre o ombro direito do cavalheiro valsarino. Olhos fechados e vogando ao compasso ternário... Esse modo escandalizou o Ceará quando a prima Ritinha lá voltou, depois de mudada para a capital federal. O velho Feijó proibiu terminantemente que minhas tias imitassem a prima na dança imodesta.

    Mas já acabava o domingo, nas ruas escurecidas, que o gás de iluminação ia fazer virar num mundo verde e submarino. As visitas saíam uma por uma, demandando suas ruas da zona norte, onde havia restos de dobrados das retretas dominicais, farrapos de bandeiras de papel de seda, como numa permanente festa junina, e vendedores dos roletes de cana passados num barbante. Iam e vinham cantando. *Óoooooolha a cana, cana doce*. Os parentes iam sendo levados procissionalmente ao portão. Lembranças à Zebina, lembranças à Zélia. Eram as outras netas de tio Itriclio, filhas da Sinhá, que pouco apareciam. A noite mudava completamente a fachada de nossa casa, a paisagem da rua. Desmaiavam certas saliências, outras massas avultavam, como naqueles quarenta quadros em que Claude Monet pintou quarenta fachadas da catedral de Rouen, cada uma diversa, na luz dum minuto diferente. Como nas telas impressionistas, nossa rua, conforme a hora, mostrava casas que duma dureza de granito ao sol do meio-dia, viravam numa espuma de ouro à luz da tarde e por fim se esvaíam — evaporadas na bruma noturna. Lembranças à Marocas. Lembranças à Candinha. Estas eram as gêmeas, filhas da Irifila, que não gostavam de sair de casa. Lembranças ao Afonsinho e ao seu Chico. O Afonsinho era o Afonso Celso Pamplona, afilhado de batismo do visconde de Ouro Preto. Seu Chico era apelido que a Irifila pusera em sua filha Francisca — decepcionada com nascimento de mulher quando o que queria era filho macho. Conheci, além da Sinhazinha e da Pequenina, as duas gêmeas, Candinha e Marocas. Apesar de filhas do mesmo parto, eram completamente diferentes. A Candinha era seca, angulosa, de testa alta onde o frontal acabava, dos dois lados, em quina, formando como que ângulos de um móvel. Já a Marocas era toda em curvas, gorducha, corcovada e barriguda. Andava sempre com os cabelos puxados para trás e escorridos até a cintura numa trança de mandarim. Moravam no Andaraí e tinham horror à zona sul. Por isso concordavam discretamente quando a d. Isaura Modesto pontificava que mulheres que morassem para lá do Estácio ou da praça da Bandeira eram, a seu ver, iguais às da zona prostibular que se estendia do Centro à Lapa, ao Catete e que ela *d'autorité* — prolongava até Botafogo, Gávea e à nascente Copacabana. As duas manas pediam uma exceção para a rua Farani — ilha de honradez naqueles bairros de deboche — porque nela vivera o comendador seu pai.

Quando meu Pai deixou Juiz de Fora e mudou-se para o Rio veio morar com suas irmãs. Estudante, habitara à rua do Mundo Novo em companhia de meus tios Cândida e Júlio Luna Freire e, com Alice e Antônio Salles, uma pensão à rua das Marrecas 24. Quando aqui chegamos, reunimo-nos, em Aristides Lobo 106, a minhas tias Cândida e Maria Euquéria, a minha prima-irmã Maria, filha da primeira, e a minha tia-avó Maria Pamplona de Arruda. Pouco depois da nossa vinda, foi a dos Salles, tornando a chegar do Ceará. A casa era propriedade da primeira, que a comprara por 25 contos tirados de um seguro de vida de cinquenta, que lhe legara o marido, Júlio Augusto de Luna Freire, falecido a 15 de outubro de 1907, aos cinquenta anos, pois nascera a 4 de maio de 1857.

Tenho vaga ideia desse tio, já doente, deitado numa rede, sempre fumando o charuto de que a Morte se servira para feri-lo na bochecha e na face. Sua mulher, minha tia Cândida — tia Candoca, *dona Candidinha* —, viúva aos 34 anos, pois nascera em Fortaleza a 24 de março de 1873, vivia completamente para sua filha restante, Maria, interna, então, no Colégio Sacré-Coeur, ao alto da Boa Vista. Sustentava-se com os juros do que sobrara na compra da casa e de dar lições de piano no colégio em que estudava a filha. Ela preferia o que ganhava pelo trabalho ao que usufruía por preço da morte do marido. Esse dinheiro queima! dizia ela, referindo-se ao último. Minha tia era alta, magra, espigada, naturalmente elegante e, sem ser bonita, impressionava pela doçura do olhar, pela doçura da voz e pela suprema distinção que irradiava de toda a sua pessoa e de todas as suas atitudes. Grisalha antes dos quarenta, penteava seus cabelos com simplicidade, repartindo-os de lado e fazendo um coque ao alto. Vestia-se com apuro, sobriedade e não tenho a menor ideia de tê-la visto jamais de chinelas ou na intimidade de um penhoar. Já saía do quarto pronta, às vezes de chapéu, e batia-se para a Tijuca e para as lições do colégio. Acompanhei-a uma vez e nunca me esqueci da aventura dessa viagem e da subida de bonde até o Alto, entre sombras úmidas, manchas de sol, flores vermelhas, cheiros de mata e borboletas azuis. Ela me passara para dentro e ia na beira do banco — saia e echarpe batendo ao vento fresco da manhã. Enquanto foi dar suas lições, entregou-me às freiras. Guardei de duas os nomes que convidavam ao fácil calembur — mère Décourt e mère Dalloz — com que meu Pai amofinava a sobrinha. Minha tia voltava do Sacré-Coeur pelas quatro horas e passava o resto do dia ao piano ou agarrada aos livros. Eu gostava de admirá-la entregue a esses misteres e fascinava-me a capa de uma de suas coleções de romances, parece-me que chamada *Horas de Leitura*, onde havia uma dorida figura de senhora lendo e destacando seu perfil agudo e o luto de sua roupa, contra a claridade de uma janela ao fundo. Parecia minha tia e comecei a amar os livros. Aos sábados, quando voltava das aulas, já trazia sua filha para passar o domingo em casa. A pobre prima chegava entrouxada no espantoso uniforme do colégio. Sapatos rasos e opacas meias pretas. Saia *maria-mijona*, batendo nos tornozelos, feita de flanela e do mesmo xadrezinho miúdo de galinha-d'angola que subia pelas *bretelles*; blusa branca fechada até os dedos e até o queixo; cabelo escorrido para trás, tranças amarradas por fita preta. E o chapéu.

Era de palha dura, como os de homem, tipo *bilontra*, e preso aos cabelos por longos grampos acerados. A copa e a parte superior da aba eram da cor natural, mas a parte de baixo era de um marrom triste que refletia cor doentia e biliosa na face lavada das meninas. Mas logo a Maria subia correndo para tirar aqueles horrores e descer toda de branco, fresca, vernal, perfumada do pó de arroz, já soltos seus prodigiosos cabelos que davam na cintura e que luziam de duas cores — bronze-escuro e bronze-claro com reflexos de ouro-vermelho. E ria. Passava o domingo rindo com as amigas que vinham vê-la ou que ela ia ver. Eram todas do colégio. As radiosas rosas Berta e Marta de Campos Leuzinger. A singela violeta Maria Augusta Lisboa. Elas enchiam a casa; deslumbravam os grandes, falando francês; fazendo as reverências e as galinhagens que aprendiam com as *mères*. Das quatro, a mais linda era a Marta. Míope e ebúrnea Marta! Míope como a Santa Freire e mais clara que a Eponina... Marta! Ingrata Marta! que não se comoveu com um desenho que eu compusera para mostrar-lhe. Era um coração em chamas, encimado por uma cruz e trespassado de setas. Estava, como brasão, num paquife de raios e, no campo, eu escrevera minha divisa — Marta do meu coração! O resto da página de caderno eu enchera de cenas heroicas. O caçador que matava um tigre, à queima-roupa. Era eu. Um índio lanceando uma cobra. Ainda eu. Um moço de salto alto, tricórnio e cabeleira enlaçarotada à Luís xv — apunhalando outra serpente. Sempre eu. A Marta olhou o desenho, riu, chamou as outras e mostrou. Foi a galhofa e eu subi as escadas chorando. Duas. Eponina e Marta. O que vale é que nenhuma delas aplicou-me a rodada de palmadas com que Charles Nodier, menino, se viu gratificado por uma das amigas de seus pais a quem ele declarara também seu amor desatinado. A Maria Augusta Lisboa era pálida, ria pouco e ficava às vezes calada e ausente, inclinada sobre sua haste, como que já se entendendo com a Morte que a rondava. Ela vinha visitar minha prima acompanhada de sua mãe, d. Evangelina Burle Lisboa, conhecida como d. Vanju. D. Vanju era alta, maciça, com um jeitão de gendarme. A incerteza de seus gestos de míope e a suavidade de sua voz contrastavam com as inquirições a que gostava de se entregar. Minha tia via-se na corda bamba para responder por generalidades. D. Candoca, a senhora acredita que o dr. Ennes e a d. Eugênia sejam felizes? Neste triste mundo, d. Vanju, quem é que não é a um só tempo feliz e infeliz? Um a um. D. Candoca, afinal, quanto é que o dr. Nava ficou ganhando por mês? O bastante para viver, d. Vanju. Dois a dois. D. Candoca, a senhora acha que seu Heitor e a Bibi ainda adiam mais o casamento? Para a impaciência dos noivos, todo noivado é longo, d. Vanju. Três a três. Empate. Quando a *cross-examination* arrochava — d. Candoca, a senhora está certa da honestidade da Cacota? É verdade que o filho daquela senhora de sexta-feira deu um desfalque? — minha tia apelava para o acesso de tosse ou para a hora do remédio. O remédio era o *caldo de rã* que nessa época andava fazendo furor contra bronquites crônicas e fraqueza dos peitos. Preparava-se como caldo de galinha, só que usando rã em vez da penosa. Tomava-se às refeições ou aos golinhos pelo dia afora. Lembro-me da panela de ágate em que minha tia mandava preparar o cozimento e do aspecto do anuro descascado da pele. Parecia criança fervendo num caldeirão de bruxas.

A irmã mais moça de meu pai recebera, em lembrança de certa tia e madrinha de meu avô paterno, nome absolutamente igual ao desta antepassada: Maria Euquéria Nava. Além disso, quando ela nasceu, era tão mofina e miúda que o tio Itriclio, ao vê-la no primeiro banho, dissera logo que aquilo não era gente. Isto é um *belisco*... E a menina, além de Euquéria, teve de arcar com o apelido que pegara e *Belisco* ficou sendo. O Euquéria, ela rifou ao assinar o registro do casamento. O Belisco, depois, quando, com muita paciência e muito jeito, ela conseguiu modificá-lo no *Bibi* com que morreu. Tia Bibi. Delicada, reservada, discreta criatura. Viera do Ceará para morar com tia Candoca, fugindo ao ambiente de tragédia que ela passara a achar em Fortaleza, na rua Formosa, na casa paterna, depois do assassinato do noivo. Heitor Ferraz, gaúcho, cadete da Escola Militar do Ceará, abatido por engano. Lenta foi sua recuperação, feita principalmente à custa da convivência saudável da sua prima Maria Ennes Belchior (Cotinha), e da companhia alegre e descuidada da Maria Eugênia Salles Rodrigues (sinhá Cota) e da Eponina Pires Lima — respectivamente irmã e sobrinha da *tia* Eugênia. Foi em companhia destas amigas que uma tarde, ao Rocha, em casa de Ennes de Souza, viu o mesmo subir do porão onde ficava o escritório, em companhia de um moço que era o sósia do seu amado morto e que, como ele, envergava a túnica azul e a calça garance dos cadetes da Escola Militar do Realengo. Era tal e qual. Era o outro, sem tirar nem pôr. Seu pobre noivo como que ressuscitado! Quis fugir, não pôde e já o tio Ennes estava apresentando seu amigo e aluno de matemática, o cadete Heitor Modesto. Heitor! Além do mais, além da semelhança, da farda, até o mesmo nome! Heitor! Minha tia chorou a tarde inteira, a noite inteira e decidiu não mais pôr os pés na casa dos parentes para evitar a retomada daquela aparição. Inútil porque novos encontros iam ser provocados pelo gamado cadete, que tinha artes para se encontrar sempre no caminho do Conservatório de Música, à hora das entradas ou saídas dos cursos frequentados pela Bibi. Olhava, apenas; cortejava em continência e desaparecia. Nada mais discreto. Quanto mais esquiva se tornava a moça, mais respeitoso se mostrava o cadete. Apenas falava de longe, com os olhos, num namoro bem à moda da *belle époque*. Quem dava em cima, por ele, eram o Ennes de Souza, a *tia* Eugênia, a sinhá Cota e a Eponina — advogando sua causa e querendo vergar a moça irredutível no seu propósito de mandar passear mais esse candidato como já fizera com o João do Rego Coelho e o Eurico Cruz. Até que veio o abrandamento do calor e da febre amarela, junho chegou com seus dias luminosos, principiaram os *comícios rurais* daquele ano...

Chamavam-se *comícios rurais*, no fim do século passado e inícios do atual, as festas promovidas nos subúrbios por professores e militares, geralmente positivistas: todos republicanos, jacobinos, florianistas, e patriotas acrisolados. Eram concentrações de estudantes, caixeiros, jornalistas, cadetes, normalistas, famílias reunidas numa espécie de piquenique cívico entrecortado de orações inflamadas e do espocar dos rojões. Convidavam-se especialmente obreiros desta ou daquela fábrica ou empregados das chácaras e sítios das redondezas e todos confraternizavam no chouriço, na linguiça, no salame, na farofa, no peru, na peixada e na cerveja. Depois, discursos de instrução cívica destinados ao santo operário, ao beato camponês, em que se abriam perspectivas de fraternidade tão ingênua quanto aquela crença da coexistência pacífica das classes que era traçada na oratória florida dos patriotas — entre roncos de trombone, papocos de foguete e estalos de rolha de garrafa. Ennes de Souza, antigo abolicionista e republicano da propaganda, considerava essas festas como obrigação e tinha-as na conta de uma espécie brasileira do *culto da razão* dos hebertistas da Revolução Francesa. Não faltava a nenhuma. Nem ele, nem seu discípulo Tasso Fragoso, nem seu amigo e coestaduano Artur Azevedo.

Naquele São João, tinha-se preparado um vasto comício rural nos latifúndios de d. Clara Macieira, justamente a que deu seu nome à estação suburbana de *Dona Clara* e que é a avó ou bisavó do pintor Ismael Nery. Cedo se bateram para lá a equipe, a gente de Ennes de Souza e com eles, minha tia. Houve comezaina e confraternização. Houve patriotismo e discurseira. Quando o povaréu se dispersou, os *comiciantes* da cúpula, convidados pela família de d. Clara, entraram para o jantar. Da ponta da mesa o cadete Heitor Modesto saudou os donos da casa e a fidalguia da sua hospitalidade, falou em Clotilde de Vaux e, ao erguer sua taça, não o fez em direção dos anfitriões, mas na de minha tia — vermelha de vergonha e das cotoveladas entendidas que lhe davam a sinhá Cota e a Eponina. À tardinha, acenderam-se as fogueiras. Artur Azevedo, apesar de enormemente gordo, pulava-as com uma agilidade que não se podia suspeitar naquelas rotundidades de senhora. Isto ouvi de minha tia. Ele dava uma carreirinha curta e elevava-se no ar, certo como quem se levita — como Nijinsky no *Espectro da rosa*. Parecia pairar um instante sobre a corola das chamas, como imenso beija-flor, atravessava-as, baixava do outro lado e rebondissava em pulos decrescentes de balão de borracha. Seguiu-se o baile e foi nesse baile que minha tia confundiu o moço morto com o moço vivo e deixou-se arrebatar em louca valsa pelo cadete Heitor Modesto. Noiva. Noiva de novo... Só que os da família torceram o nariz. Escolher logo outro militar... Tinham custado a aceitar o primeiro. Relutaram mais para engolir o segundo e as coisas azedariam ainda quando o jovem Heitor Modesto, depois de um motim, foi desligado da Escola. Ele próprio conta esse incidente de sua vida, na resposta dada a um questionário feito por Gilberto Freyre, quando este preparava o seu *Ordem e progresso*. Foi o caso duma surra dada por ele e pelos companheiros no oficial de Estado. Era um tenente Cunha, que queria meter no xadrez o cadete Joaquim José de Andrade. O aluno protestou, admitindo a prisão, mas no Estado-Maior. O Cunha que não, que havia de ser mesmo é no xadrez. Não vou. Vai. Não vou. Vai e vai já, porque eu sou paraibano! urrou o tenente sacando a durindana. Aí os alunos, que já o tinham cercado, derrubaram o prendedor e começaram a sová-lo com a própria espada e com a bainha da dita. Acorreu o alferes Toscano, que começou a gritar pela guarda. A guarda! A guarda que carregue! A guarda ia carregar quando foi desarmada pelos amotinados. Foram desligados treze, entre os quais ele, Heitor Modesto, e parece que mais (ao que lembro de suas conversas) — Armando Camargo, João Silvestre Cavalcânti, Mário Hermes, Cândido Pamplona e Marcolino Fagundes. O segundo e o terceiro reverteram e seriam as únicas vítimas da revolta do general Travassos; o quarto, o quinto e o sexto também voltaram e chegariam ao generalato, ao marechalato, o último tendo sido mesmo do gabinete de Epitácio Pessoa. O caso do Modesto era mais grave porque agravado pela reincidência. Tempos antes ele já incorrera no mesmo castigo, por desacato ao sargenteante. O pior é que, naquele tempo, aluno desligado ia para a tropa. Os treze foram postos de soldados rasos. Imagine-se agora o que sofreu minha tia quando se viu noiva de praça de pré. A família não se conformava com aquilo. O nosso Modesto, sempre em maré de azar, culminou metendo-se num rolo noturno da rua Haddock Lobo e sendo preso, imaginem! pelo futuro cunhado, pelo próprio delegado de polícia Júlio Augusto de Luna Freire. Minha tia passou em lágrimas todo o tempo em que o noivo servia porque ele só tornou a ser recebido terminado o seu tempo na tropa e abandonados seus planos de carreira militar. Veio de civil e empregado numa casa de fazendas e armarinho. Recordo-me dele no fim desses tempos difíceis, chegando tarde a Aristides Lobo, trazendo sempre enormes embrulhos com os pedaços de fita, os restos de cadarço e as sobras de retalhos com que engambelava nossa tia Marout. Noivava, *sogrado* pela última. Nesses tempos, noivo não ficava sozinho com a noiva. Havia sempre tia viúva, cunhada solteirona, madrinha oficiosa, prima salamistroa ou toda a família reunida, para impedir as expansões sentimentais. O pobre Modesto noivava pouco, coitado! Mal tinha jantado e jogado uma bisca furtiva com a noiva e a tia vigilante — já surgia meu Pai de relógio na mão e sacudindo as correntes do cadeado do portão. Desculpe, *mestre* Heitor, mas é que já vão sendo as nove e meia... O aperreado noivado arrastou-se assim durante anos e nada de casamento — que o comércio não estava mesmo dando para sustentar mulher. Um verdadeiro beco sem saída. Quando se levantou a estrela do marechal Hermes e que o mesmo foi ministro é que as coisas mudaram. O Heitor Modesto tinha sido companheiro de Escola e era íntimo do Mário Hermes, era amigo do Fonseca Hermes e, aconselhado pelos dois, mandou às urtigas os ilhoses, os sutaches, os botões, os colchetes, os morins, todos os panos da loja, e meteu-se num concurso para redator de debates da Câmara dos Deputados. Com as humanidades do Colégio Anchieta e do padre Prosperi, com as matemáticas do Realengo e do Ennes de Souza, deixou os outros candidatos no chinelo. Primeiro lugar. Nomeação imediata por premência pessoal do próprio *Jangote*. Era uma situação. O 106 embandeirou em arco. No outro domingo, quando a d. Vanju veio se chegando, feito boi que experimenta a cerca, teve resposta alta. Então d. Candoca, esses noivos resolvem ou não resolvem? Já resolveram, d. Vanju, o casamento está marcado para dezembro próximo. O Heitor foi nomeado. Ganha sim, d. Vanju, ganha bem, ganha o bastante para começar a vida...

Minha tia-avó Marout, nos tempos de Aristides Lobo, ia ali pelos seus sessenta e poucos — pois que era de 44. Tinha sido moça bonita, mas a varíola acabara com sua mocidade, com seus dentes e a beleza de seus olhos grandes. Ficara aquela pele, no princípio, de lixa, depois, daquele macio de goiaba passada — cujo contato mole se sentia, quando sua boca funda beijava docemente. Moça ainda, enviuvara do mestre Peregrino Arruda, que ensinava latim e português na Fortaleza. Fora morar com a mãe e, quando esta morreu, embarcou para o Rio atrás de minha tia Bibi. Aqui, seguindo sua vocação, dedicou-se a ela, a tia Candoca, a minha prima Maria, a meu Pai, a minha Mãe, a mim e a meus irmãos. À sobrinha Ritinha, aos outros sobrinhos-netos, à família inteira. Repetia sem parar suas frases de sabedoria gregária. Minha gente, devemos viver uns para os outros, no sangue, porque os *amigos* só nos julgam pelo que temos. Amizade, dedicação, participação, solidariedade? Para o mundo isto é pouco, porque o que vale para ele é poder dar o que o dinheiro vale. Eu, que não tenho dinheiro, dou meu coração. Mas isso é moeda que reservo para os meus, para a gente de minha família. É Pamplona? Então tome. Ai! de mim, que cedo aprendi e quanto! como tinha razão a minha tia velha... Ganhei calos de trabalhar para os outros. Dei minha roupa. Mais que esta, tirei minha pele para participar melhor. Os a que servi amplamente, uns esqueceram. Outros pagaram com um coice. Outros, com moeda ainda pior que coice — que é aquela, azinhavrada, da gratidão contada e milimetrada. Fiz favores aos litros, dei de mim aos potes, às canadas — a todos e a propósito de tudo. Recebi de volta, em conta-gotas. Aliás nunca pedi esse *de volta*. Nunca fiz investimentos com minha prestimosidade. Quanto mais serviços presto a uma pessoa, menos me julgo autorizado a pedir-lhe um copo d'água na minha sede. Aquele a quem se serve é tabu...

Minha tia Marout, surda como uma porta — mouca, como ela dizia —, falava em dois tons. Às vezes baixo, num sussurro, às vezes alto, como clarim. Em casa, andava com os vestidos de xadrezinho branco e preto que sempre conheci como uma espécie de terceiro uniforme das viúvas da família de meu Pai. O segundo, que se vestia à tarde, para o jantar, também de xadrezinho branco e preto, comportava duas peças — saia e costume. Embaixo deste, a blusa de mangas compridas e a gola alta segura pelas *guimpes*. Botina de pelica, salto baixo, biqueira de verniz. A grande gala era de seda preta, uma espécie de matinê plissada, *mitaines*, fichu de renda ou mantelete de vidrilho, capota. Não havia nada mais regular que as horas da velha tia. Levantava cedo, com o dia. Inverno ou verão, banho frio. Ia depois para o sol, uma toalha nos ombros, os cabelos brancos soltos sobre ela, para secar. Penteava-os depois, com cuidado, examinando o pente, colhendo cada fio que saía e juntando-o a outros com uma pelota de cera. Assim engrossava o coque postiço que usava. O resto da manhã passava pulverizando juá para preparação do pó amarelo e amargo que era o dentifrício da família, preparando o chá de rã da tia Candoca ou limpando restos de suas pratas — um paliteiro que hoje continua ostentando, em minha casa, a figura do pavão de cauda aberta em que se fincam os palitos. Prata do Porto. De prata inglesa, a bandeja que vejo sempre em casa de minha prima Maria Augusta de Luna Albano. As colheres, garfos, um copo, os castiçais. Limpava com gesso e álcool, lavava depois com sabão, enxaguava, enxugava com um pano, secava ao sol, polia a flanela e guardava em grandes latas cheias de farinha de macaxeira. Nunca compreendi a vantagem da farinha. Com isto chegava à hora do almoço. Depois deste, terço inteiro oficiado de joelhos, diante do oratório — velas acesas e a lamparina. Ela rezava, não mentalmente, mas baixo e mexendo a boca de modo que se sentia a configuração labial das ave-marias e o mastigar dos padre-nossos. Depois era hora de ir à cidade, de ir à Ritinha ou de fazer compras nas lojas do Rio Comprido. De uma dessas saídas voltou com aquela maravilha japonesa que me entremostrou horizontes de poesia. Os gravetinhos que, postos dentro d'água, abriam em fabulosas flores verdes e azuis, vermelhas e amarelas. Quando não saía, cerzia ou fazia renda. Perguntava a um por um se já tinha acabado com o jornal. Se era sim, ela cortava o folhetim, lia e guardava para costurar em cadernos. Depois do jantar, fiscalização dos noivos e bisca. Jogava cantado e anunciando as cartas que descia, com seu sotaque de cearense, pondo tudo no singular — valete de *copa*! rei de *ouro*! rainha de *espada*! ás de *pau*! Adorava camarões, mas só os comia de venta tapada porque, se estremecia o gosto, odiava o cheiro. Tio Salles ficava indignado com estas suas baldas, principalmente com outra, a dos cordões e papéis, que irritava e vexava a família inteira. Quem chegasse com embrulho, visita que trouxesse presente, ela ficava rondando. Não sossegava enquanto não empolgava o barbante para enrolar e entesourar, os papéis para alisar e apartar em dois grupos. O primeiro, do papel grosso, rasgável, liso demais ou áspero. Não servia para. Ficava para novos embrulhos. O segundo era o dos papéis acetinados mas resistentes, macios e não derrapantes, amoldáveis mas não friáveis. Ela experimentava-lhes a contextura e a densidade e, se via que eram bons, cortava no jeito exato, empilhava e furava todas as folhas com a ponta da tesoura. Fazia e sumia para pendurá-los no prego. Isto acontecia perante os de casa, os íntimos, os de cerimônia e aconteceria face ao dr. Nilo Procópio Peçanha se ele condescendesse em sair do Catete e vir nos visitar na sua carruagem à Daumont. Se trouxesse embrulho... Os sobrinhos, calados, olhavam-se consternados. Tia Bibi tinha vontade de entrar de chão adentro, mas seu noivo cada dia trazia pacotes com papéis mais amplos e de grão mais *flatteur*... E era com um olho malicioso que acompanhava os preparos da tia Marout. Essa vida ela levaria ainda uns vinte anos. Faleceu em Fortaleza, em casa de minha avó paterna, na tarde de 5 de fevereiro de 1929. Tinha 85 anos de bondade. Vi-a há muito pouco tempo, nitidamente, como ela era, num sonho de aviso que me gelou os ossos. Apareceu de frente, toda de preto, e ficou me fitando com ar severo e duro. Aos poucos seus traços foram abrandando e suas linhas configuraram expressão de sobre-humana doçura na hora em que ela quebrou sua imobilidade, me chamou com a mão, esbateu-se, sumiu. Ai! minha tia, paciência, espere um pouco... Um dia será mas (como diria Casimiro, rearquejado por Carlos Drummond de Andrade) que isso não "seja já"...

Era sempre nessa dependência — meio sala, meio escritório — que nossa família se reunia para conversar. A Marout gostava de evocar a história de Carletto, Rocca e dos mancebos esganados. Foi meu primeiro folhetim de sangue... Eram irmãos. Empregados da joalheria do tio — o velho Fuoco. O primogênito foi na papa dos bandidos: acreditou no contrabando mirabolante e bateu-se com os dois, em busca do tesouro. Nesse tempo o mar não tinha sido aterrado e a igrejinha de São Cristóvão saía diretamente das ondas... Foi em frente de sua torre que todos tomaram o bote *Fé em Deus*. Era sábado. Rocca no leme, Carletto remando. O moço perguntava — onde? onde é? Ali, naquele navio. Passavam. Mas onde? onde é? Ali mesmo, naquele navio. Passavam outro navio. Vazio. Afinal, onde? onde? onde é que é? Aqui mesmo. Mas não havia joias e sim a corda que cortou o grito, serviu para amarrar a pedra e puxar o estrangulado para o fundo de lodo. Era sábado... Voltaram noite escura, Carletto rindo, Rocca chorando, e tomaram o carro cocheirado pelo *Moleque Epitácio*. Com as chaves do morto entraram e estavam saqueando quando o outro irmão bateu na porta. Também teve de ser estrangulado. Crime quase perfeito. Segunda-feira o velho abriu a loja: nem uma joia! Só o menino, todo azul, fedendo, numa nuvem de moscas! A polícia veio e resolveu a questão com toda a facilidade: claro como a água! O irmão matou o irmão para afanar tudo. E vai ver até que esse carcamano filho da puta foi cúmplice, para encobrir alguma falcatrua e dar o golpe na praça. Olha o velho Fuoco, levado para a central de polícia, aos encontrões. Só quando o mar devolveu o cadáver estufado, com um nó no pescoço igual ao do morto da loja, a polícia achou que devia seguir outra pista e soltou o ourives. O *Moleque Epitácio* bebeu e falou tanto que acabou denunciado e preso. Apura daqui, aperta dali, verificou-se que ele não era Epitácio nem nada e que a alcunha lhe vinha de ter sido cocheiro do dr. Epitácio Pessoa. O delegado pulou. Era aquele mesmo que falava mal do marechal. Nortista safado! O jovem político começou a ser seguido, vigiado e talvez acabasse inculpado se a denúncia de uma marafona não levasse os secretas até o quarto onde roncavam Rocca e Carletto. Quando sua filhinha mostrou o canteiro onde estavam enterrados os brincos, anéis e colares — o próprio Rocca afrouxou, deu o serviço completo porque era pai de família e queria atenuantes. Até que ele é que não tinha deixado o Carletto abrir a barriga do defunto — ave Maria! — e foi por isto que o corpo boiou no terceiro dia. O cúmplice, confrontado, cuspiu nas barbas daquele merda mole. Era um tigre! Morreu cardíaco, na Correção, nos tempos do Bernardes e do Valdemar Loureiro. O Rocca cumpriu a pena toda e foi solto muitos anos depois, cercado da simpatia da imprensa e do carinho do povo. Faleceu, coitado! justamente quando ia se firmando como cabo eleitoral. Meu Pai, ao fazer a barba, costumava cantarolar o *paso doble* inspirado no caso. Sol-lá-si-dó-ré-dó-si...

> Mandei fazer um terno
> de jaquetão,
> pra ver Carletto e Rocca
> na Detenção.

Logo, embaixo, o nosso copeiro, o Silvino, um mulatinho *presença* e cor de malva, de pixaim aberto ao meio, fazendo pastinhas do lado (como depois usaria o dr. Pedro Ernesto), emendava baixinho, num meneio de dança, com letra porca.

> Mandei fazer um terno
> de bananeira,
> pra ver Carletto e Rocca
> na caganeira.

Segundo folhetim — tim-tim por tim-tim. Mais sangue! A história de Euclides da Cunha contada por meu Pai. Tinha criado duas serpentes no seio. No princípio eram mofinas como fios de linha e frias. Ao calor daquele coração de fogo cresceram, puseram roscas, engrossaram, ficaram como torres — cheias de escamas de aço e anéis de ferro. No princípio, foi só a desconfiança. Isso é ovo de pardal em ninho de tico-tico, seu Coelho Neto! Depois aquele flagrante do largo da Carioca. A certeza e o desforço. A casa da Piedade. Ainda teve tempo de acertar uma das cobras, quebrar-lhe espinha e trem posterior, mas a outra veio vomitando fogo e acabou com ele. "Toma, cachorro!" Meu Pai terminava contando os lances da autópsia praticada por um Afrânio Peixoto lavado em lágrimas. No mármore do necrotério, aquele cérebro... *Ali estavam, no relevo de circunvoluções expressivas, as linhas essenciais do gênio e da paixão que tinham abrasado aquele mestiço neurastênico do litoral...*

Terceiro folhetim. Ainda sangue — *Primavera de sangue...* Quarto. Sangue real, de Portugal. Não d'el-rei que vai à caça, mas d'el-rei que foi caçado, no Terreiro do Paço. Caiu d. Carlos, caiu d. Luís Felipe e teria caído d. Manuel se a rainha d. Amélia, que tinha dois metros e era mais alta que a Bomar, não defendesse o príncipe, fustigando os assassinos com o ramo de rosas que suas mãos brandiram como látego de fogo. Quinto folhetim. O sangue de Batista das Neves tingindo as águas da Guanabara. Mas isso era motivo de discussões entre meu Pai e tio Salles dum lado, favoráveis ao *Almirante Negro* e contra a chibata, e o futuro cunhado Heitor Modesto do outro, que, hermista e com velhos pruridos de disciplina, era pela cal virgem cortando os pulmões dos presos nos calabouços da ilha das Cobras e pelos fuzilamentos em alto-mar, como os levados a efeito a bordo do *Satélite*. Outra história de sangue, sexto folhetim, era a que contava tio Salles e que se dera em Fortaleza. Passou para a crônica da terra como o *Três de Janeiro* pois foi nessa data que Pedro Augusto Borges, que governava o Ceará, deu cobertura a uma caçada de catraieiros e populares feita pelo batalhão dos Aprendizes Marinheiros e por uma companhia de polícia — todos esses facínoras sob o comando de um energúmeno. Esse Pedro Augusto Borges parecia mais um bestalhão do que um malvado. Ele e a família eram gozados como uns patuscos e só essa matança é que mostrou o seu fundo perverso. Era casado com uma senhora chamada Alexandrina, que, num Carnaval, durante o consulado do marido, anunciara que ia comparecer a um baile fantasiada de Eva. Juntou gente para ver as maçãs e ela surgiu com um vestido branco colante e uma serpente de pano a tiracolo. Sua carruagem aberta não podia avançar e ela de pé, indignada, mandava fustigar os cavalos e atropelar a canalha que tinha vindo para ver bunda de fora e que, frustrada, passava vaia. Melhor que o marido, que com ele a canalha foi mesmo à bala. Tinha uma filha, Xandoca, que, pelo apelido, havia de ser também Alexandrina. E o filho expiatório que se chamava Mário e em quem Pedro Borges pagou pelo massacre do *Três de Janeiro*. Esse moço padeceu e morreu da moléstia inominável. Quando houve aquela matança em Fortaleza, as pessoas de representação e as associações de classe apelaram para o presidente da República e para o senador federal Antônio Pinto Nogueira Accioly — que alternava mandatos com Pedro Borges. Era um no Senado e o outro na presidência do estado. Um na presidência e o outro no Senado. O Catete nem ligou. Quanto ao senador... solidarizou-se efusivamente com seu pupilo. Tio Salles contava estas histórias tremendo de indignação e elas levavam-no a seu assunto favorito — o velho Accioly. Ia logo buscar as laudas do livro que estava escrevendo e que devia ser o complemento e a continuação do libelo de Frota Pessoa. Lia alto. Era a crônica das violências, das pancadarias, das mortes, dos exílios, das perseguições e das patotas que se desenrolavam no seu estado natal. Eu, de tanto ouvir falar em Accioly e nas maldades de Accioly, acabei dando dimensões sobre-humanas ao oligarca. Já não era mais um semelhante. No meu terror eu procedia a misturas e sincretismos, transportava-o para a legenda e fazia dele um ogre, monstro composto como as hidras ou troço entre o bicho e o homem, como as harpias. E morria de medo da avantesma criada pela minha própria imaginação.

Outro assunto que dava pano para mangas era *hermismo* e *civilismo*. Já se sabe que o hermista único era meu futuro tio Heitor Modesto, por causa da Escola Militar, mais sua amizade com o Mário Hermes e com o *Jangote*. Dentro do 106 todos, até as crianças, usavam o distintivo civilista — o retrato do conselheiro Rui Barbosa numa espécie de broche de celuloide, redondo e cor de sépia. O Modesto também ostentava o do *hermismo*, exatamente igual ao dos adversários, só que em vez da face de Rui mostrava a cara do marechal. Com o chapéu emplumado, de dois bicos. Com todos os seus bordados e galões. Com aquele sorriso descuidado de militar feliz de que a caricatura se apossaria para — achatando a cabeça, ampliando a calva, subindo os ombros, engordando nariz e orelhas, levantando sobrancelhas, arreganhando a boca, acentuando a mosca e arrebitando os bigodes — transformar naquela fisionomia lorpa e alvar que as revistas ilustradas divulgariam largamente, num país desmandibulado de gargalhadas. Meu Pai e tio Salles malhavam a uma no adversário e reproduziam as anedotas que ocorriam sobre o futuro presidente. Nunca, jamais, homem público no Brasil passou por achincalhe igual. Tudo que se podia aplicar aos palermas, aos bocós, aos imbecis, aos idiotas, aos parvos, aos bacocos era atribuído ao candidato militar. Velhos casos e casos recém-inventados corriam a cidade e o país, fazendo rebolar toda a população. E seria assim até o fim do governo. No princípio poupara-se a família e ninguém fizera uma só pilhéria com d. Orsina, a primeira esposa do marechal. Mas quando ele enviuvou e logo depois passou-se a segundas núpcias, justamente com a caricaturista que engrossara a onda de ridículo que afogara sua campanha e o início do seu quatriênio — a chalaça solta apossou-se também da

d. Nair de Tefé e de seu pai, o velho barão de Tefé, como já tinha tomado conta do marechal e do mano *Jangote*. O exemplo vinha de cima. Maurício de Lacerda ameaçara um dia ler, da tribuna da Câmara dos Deputados, a correspondência do gamado presidente e da noiva — só não o fazendo diante de um Cunha Vasconcelos ameaçador como uma surucucu e querendo sacar da garrucha. Aquele língua forra do Rui tonitroava as últimas do adversário. O povo repetia o que dizia a oposição, o que a imprensa inventava, o que assoalhavam os inimigos. Criava. Por sua conta atribuía ao marechal todas as histórias pascácias do repertório de Calino, todos os casos porcos das sacanagens de Bocage, todas as letras membrudas das canções do Père Dupanloup. Acusava-se o chefe da nação de ter introduzido o *corta-jaca* nas festas do Catete. Afirmava-se que ele dava um azar de piteira. Nem seu nome podia ser pronunciado porque suas sílabas provocavam desgraças e atraíam calamidades. Nos salões, nos clubes, nas casas de família, nas ruas, nos botequins e nos bordéis, cuspia-se de banda, segurava-se no culhão esquerdo, tocava-se no pau, fazia-se uma figa e em vez de Hermes dizia-se cautelosamente "o homem", "ele", o *Dudu*. A *Careta* e mais tarde *O Malho* espalhavam rimas e motes. O Carnaval musicava. Cantava-se nas esquinas...

Ai! Filomena,
Se eu fosse como tu,
Tirava a urucubaca
Da careca do Dudu!

A propósito do *corta-jaca*, o Heitor Modesto, que era grande dançarino, gostava de mostrar o passo, cantarolando o *Ai! ai! como é bom dançar* — que fazia furor nos terreiros, nos bailes chulos e nos cabarés, mas que era severamente proscrito das salas de família e dos clubes da alta sociedade. Bailava-se o dito com o corpo teso, braço esquerdo esticado, elevando a dama sem rebolado de quadris. Todo o requebro era das pernas, desdobradas, multiplicadas num misto rápido de sapateado e de arrastado, um pé abrindo caminho para o outro e adiantando-se, na medida que a ponta do de trás percutia o salto do que deslizava na frente. Podia saracotear-se só ou com o par e o ritmo da música tinha o mesmo balanceado que chegou aos sambas de hoje, depois de passar pelos *tangos* de Nazareth. Era uma sucessão de meneios lascivos cuja rapidez e agilidade impediam, entretanto, a atracação e a masturbação esfregada dos ritmos de vagaroso vuco-vuco. Os da milonga argentina, por exemplo...

Eu não posso me lembrar senão de caso ou outro, das conversas de minha família, tais os referidos anteriormente. Se não recordo detalhes, fixei o espírito e a essência do que se dizia, principalmente do que se não dizia... Jamais ouvi maledicência veiculada por meus pais e meus tios, como nunca ouvi palavras azedas de disputa na minha gente paterna. A conversa geral era cheia de preferências pelas ideias, pelas coisas e causas nobres, pelos assuntos intelectuais — estes, versados simplesmente, como moeda de todo dia. Nenhum desses grandes ledores que eram meu Pai, tio Salles, tio Júlio, minhas tias Alice e Candoca se permitiam pedantismo ou brilho. Cultivavam a modéstia, a discrição, a compostura e a ausência de ostentação. Tudo neles, mesmo o banal e o corriqueiro, jamais descia ao vulgar. Tenho visto noutros, mas jamais ultrapassada, aquela distinção moral e intelectual que eram as tônicas do grupo familiar dentro do qual acordei para a vida e que davam à nossa gente (coincidente naquele tempo e naquele espaço) a consciência de um lugar certo, adequado e devido na sociedade da época — onde eram úteis — como peças de máquina — seus funcionários, comerciantes, médicos, notários, bacharéis formados, membros da nossa *intelligentsia* — para cujo *nível* seria tão extravagante ser bicheiro como ser eleito deputado. Ninguém tinha alma de parvenu. Nem seu instinto. Nem seu impulso. Nem sombra de *paraísmo*. A mentalidade era aquela mesma posta por Proust em suas personagens Flora e Céline — as tias solteironas do narrador de *À la recherche du temps perdu,* para quem Swann, em vez de subir, decresceu e ficou considerado como uma espécie de aventureiro, quando elas apuraram que ele frequentava o *côté de Guermantes* e que era amigo do duque d'Aumale e do príncipe de Gales. Tudo isto é que estava na base de nossa independência e de nossa liberdade, sentimentos que nos dão o que tantos desconhecem — este luxo e esta elegância de não pedir, de não querer, de deixar, de abandonar, de mandar à berdamerda os ricaços, os importantes e os governos. Duas vezes esnobei ou recusei desses cargos que são gulosamente cavados. Três vezes pedi demissão de outros que são disputados de unhas e dentes. Porque nessas horas eu estava envultado pelo 106 de Aristides Lobo. Por meu tio Antônio Salles, quando este recusou, porque recusou, a presidência da Padaria Espiritual; o lugar entre os fundadores da Academia Brasileira de Letras, que lhe oferecia Machado de Assis; o cargo de adido comercial em Londres e o de secretário particular do embaixador, que lhe queria dar Nabuco; quando ele renunciou às funções de secretário de estado, no Ceará, no governo Bezerril, e quando desdenhou ser deputado federal por sua terra. Estava envultado por meu tio Modesto (no nome e no feitio!), que duas vezes declinou ser deputado federal, pelo Espírito Santo e por Sergipe, ao tempo em que Bernardes fazia eleger Heitor de Sousa e Efigênio de Salles por estados colonizados pelo imperialismo mineiro. Não lhe ficava bem aceitar, como me contou depois, pois preferia conspirar, como já o estava fazendo, com os *tenentes*. Estava envultado por meu parente Ennes de Souza, que também gostava de fazer das suas... Ele era diretor da Casa da Moeda e seu ministro, o *Jota-Jota* Seabra. Um dia o *Cara-de-Bronze* deu uma *incerta* e foi ver cunhar em hora em que o chefe da repartição estava dando sua aula na Politécnica. Quando este soube da visita, chamou a saúde pública, pediu o expurgo da Casa da Moeda, e comunicou aos jornais o motivo por que fizera proceder àquela desratização. Foi demitido a bem. E bem ficou consigo mesmo. Desse incidente, nasceu, depois, a série "Só tu, Seabra, não sais..." de Antônio Salles, nos "Pingos e respingos" do *Correio da Manhã*.

> Sai do forno o pão quentinho,
> Saem do prelo os jornais,
> Sai o café do moinho...
> Só tu, Seabra, não sais!

> Sai do poleiro a galinha,
> E o galo festas lhe faz;
> Faz o mesmo com a vizinha...
> Só tu, Seabra, não sais!

Ainda desta *sala do meio* de nossa casa de Aristides Lobo 106, guardo outras duas recordações. A das malas que chegavam da Europa, que nem subiam, que eram estripadas ali mesmo, na ânsia de ver. A de um caderno de desenhos que me deu tio Salles. As malas vinham atochadas de encomendas feitas *Au Bon Marché*, de Paris. Primeiro chegavam os catálogos cheios de figuras de botinas de senhora, canotiers, espartilhos, chapéus para homens, capotes, roupas de toda sorte, agasalhos, brinquedos, blusas de mulher, gramofones, perfumes — tudo numerado e com o preço ao lado. O catálogo era motivo de longos debates. Feitas as escolhas, mandado o dinheiro, dentro de mês, mês e meio, no máximo dois, o malão era entregue em domicílio. Não havia nenhum cerimonial de alfândega no nosso país facílimo. As chaves já tinham chegado pelo correio. Era só abrir e — que deslumbramento! Lembro bem da última, contendo um terno de casimira azul para meu Pai — que acabou recortado para mim e herdado depois por meu irmão José; aquele costume de veludo preto de minha Mãe, realçado por sutaches negros, mais o chapéu e os sapatos para serem usados com ele. O chapéu era enorme, feito de uma trama dura, meio transparente e com cascatas de *pleureuses* descendo da aba. Tudo verde — verde o chapéu e verdes as plumas e os veludos da copa. Os sapatos, de bicos compridos e *talons bottier*, eram de cor *marron-mordorée* e tinham cintilações profundas como as das barrigas das moscas-varejeiras. Era com esse trajo fabuloso que minha Mãe saía airosa, aos sábados, com meu Pai, para as matinês do Lírico, para a *Viúva alegre*, para o *Conde de Luxemburgo*, para a *Princesa dos dólares*. Eu também tinha minha vez. Na mesma mala do terno de meu Pai e do costume de minha Mãe chegou-me um capote cor de havana (leve como pluma, quente como borralho) e uma fantástica roupa de marinheiro com três golas. A de flanela creme, do pano da blusa e da calça, com âncoras vermelhas bordadas; as postiças, uma de linho azul e âncoras brancas; a outra, de seda vermelha e âncoras de sangue mais escuro. E o cordão para segurar o apito. Às vezes saíamos todos nessa elegância de Europa, como Salomão na sua glória, para irmos nos mostrar na avenida Central, na rua do Ouvidor, no Alberto Amaral, no Zeca Moura, no Coelho.

Melhor que as roupas eram os brinquedos que chegavam nesses malões. O trem de ferro que já contei. Uma caixa de música com o marquês da sua tampa, o cabinho de louça branca da manivela de tocar a melodia e os primeiros compassos, sempre repetidos, das notas de ouro que anos depois eu reencontrei no "Minueto" de Beethoven. Uma esquadra inteira que eu comandava no nosso gigantesco banheiro de cimento, tão grande que um adulto ali podia boiar quando ele estava cheio d'água. Era nas suas ondas que navegavam os couraçados de metal. O primeiro era o maior e dava-se corda à sua hélice, virava-se o leme e ele ficava descrevendo círculos, trazendo na sua esteira os barcos menores que seguiam o mesmo rumo, pois tinham na proa e popa hastes imantadas que os faziam ligar-se em maravilhoso comboio. Uma lanterna mágica com lâmpada de querosene, cujo cheiro ainda sinto, com o do seu verniz quente e o do seu metal candente. Nela se passavam vistas e um filme sem fim de extremos colados, com um desenho animado que me enchia de pânico pelo mistério da repetição, da retomada. A banda circular, que não tinha fim, representava, em desenho animado, a história de um homem que entrava pela esquerda e fugia da perseguição que se não via, mas que era óbvia, saltando um muro e desaparecendo do outro lado. A paisagem ficava deserta um instante, mas logo o homem tornava a entrar pela esquerda, de novo pulava o muro e, mais outro instante, ficava deserta a paisagem. Um momento só, que lá vinha o homem (ladrão? bandido?) chegando para retomar a agonia de sua fuga e desencadear a minha também. A mesma angústia que senti anos depois, no Museu do Prado, diante de três quadros em série, mostrando a história de *Nastagio degli Onesti*. Lá vai a pobre vítima, toda nua, perseguida pelos cães e que, despedaçada por eles, revive sem lacerações, para outra vez ser perseguida, mordida, rasgada pelos mastins e sempre ressuscitar inteira para, novamente, ser filada e ainda feita em postas pela matilha furiosa. O suplício de Jezabel foi menor e mais tarde, na aula de francês do Pedro II, aprendendo a *Athalie* no *Théâtre classique*, eu padecia menos — que ela só morria uma vez aos dentes da cachorrada. Muito mais repousante que a lanterna mágica era ver, no epidiascópio, as vistas lustrosas que vinham como brinde nos maços de cigarro Veado que fumava meu Pai. Representavam o Pão de Açúcar, o Corcovado, perspectivas de Londres, vistas de Paris.

 Segunda recordação — o caderno. Era grosso, de folhas pautadas, de capa alaranjada. Presente de tio Salles, que fora comprá-lo comigo à rua Haddock Lobo — provavelmente para que eu deixasse de me associar aos papéis de sua escrivaninha. Pelo capricho da vida dos objetos, esse caderno ficou primeiro esquecido num caixote de livros de meu Pai. Quando ele reapareceu, fui aproveitando suas páginas em branco para novos desenhos que se superpuseram aos antigos como as camadas sucessivas de Troia e onde só eu — Schliemann! — distingo o que é 1910, 1911, 1914 e 1918. Tornou a sumir sepultado numa dessas fundas canastras que só se abrem por acaso. Ressurgiu furado de traças, já tocado pelo tempo e começando a representar o passado. Foi sendo guardado e hoje eu o contemplo como coisa preciosa, "como um copo de veneno", como bocado tangível de minha infância. Esse caderno traz nas suas páginas o pó de uma longa sequência de casas cujo ambiente tornou-se dele inseparável. Impregnou-se dos ares do Rio Comprido, do mofo de Juiz de Fora, da luminosidade de Belo Horizonte. Esteve na *Floresta*, em *Timbiras*, na *Serra* e *Padre Rolim*... Tem poeira carioca e poeira de Minas. Foi folheado por dezenas de mãos agora mortas, cujo suor vivo e cujas impressões digitais deixaram nele — para sempre! — seu traço. É desses objetos mágicos, embebidos de gente — gente falecida — cujo resto material é sentido pelos cães que uivam aos mortos ou pelos bruxos que os invocam. Esse caderno lembra sobretudo meu período de realeza em Aristides Lobo 106. Eu, sentado à escrivaninha de tio Salles, desenhando e enchendo de admiração meus pais e a roda deslumbrada das tias e tios. Esse menino é um gênio. Esse menino vai ser um Michelangelo. Não fui, ai! de mim. Mas era bom ser vedete, centralizar, ter segurança. Pouco tempo depois, no ambiente cor de cinza de Juiz de Fora, eu recordaria a rua Aristides Lobo e o Rio Comprido, como o pequeno rei negro de Alphonse Daudet evocando no escuro inverno parisiense a luz eterna e o calor africano de seu reino do Daomé — cheio de lajes de pedra, de rios rolando, túnicas azuis, colares de âmbar e tropas de elefantes... Abro o velho caderno e pela sua capa rasgada entro na minha infância, como Alice entrava, pelo espelho, na poesia do seu país de maravilhas. Nele desenhei canhestramente aquela primeira paisagem — um morro escarpado como o Corcovado, com duas palmeiras que se cruzam, uma cerca que impede e a pesada, a negra estrada se perdendo além. Vinham depois encostas dando em lagos azuis onde barcos vermelhos amarrados a estacas estavam impossibilitados pela corda de singrar, navegar, de sair. As colunetas da amurada do Flamengo e do cais do Pharoux, o navio *Pará* com suas cordas, chaminés, âncoras e as escadas do portaló que subi, para levar a bordo tio Salles indo para o Ceará e através de cujos degraus de madeira vazada eu via, embaixo, os pedaços de ouro, pérola e safira das ondas móveis do mar suntuoso. Paisagens com pastoras, casas de contornos vermelhos, fachadas policrômicas e telhados poliédricos que pareciam isbás da Ucrânia — mais coloridas que os bordados de uma gola búlgara. Senhoras com o corpo em S por força das saliências dos peitos e das nádegas acentuadas pelo colete *devant-droit*, meninos e meninas correndo para o colégio, soltando estrelinhas de São João ou brincando de Carnaval. Alegorias a Marta Leuzinger (Marta do meu coração!), jarros de flores e frutas, contorno dos pesos de papel de tio Salles — uma ferradura e uma secção de trilho. Personagens do *Tico-Tico* — Chiquinho, Lili, Jagunço, Vovô, Lulu, Zezé, Baratinha, Benjamim, Faustina e Zé Macaco. Esboços de histórias de quadrinho que eu compunha sob a influência daquelas figuras. Marinhas completas, com tudo, tudo, tudo — sol nascente, nuvens, vulcões em erupção, arco-íris, mares tranquilos, peixes-voadores, barcos ao mesmo vento, uns de velas pandas e outros de velas frouxas, praias cheias de palmeiras, náufragos, índios, matança do bispo Sardinha, conchas e caranguejos. *Andorinhas* puxadas a burro, os primeiros automóveis, os aeroplanos inaugurais. Reminiscências da passagem cheia de incidentes, de minha avó materna, de meus tios Meton, Hortênsia e Risoleta — como hóspedes, na rua Aristides Lobo 106. Caricaturas do Hermes e do velho Accioly. Novamente senhoras com penteados imensos, chapéus monumentais, sombrinhas de renda mais complicadas que repolhos e as saias, meu Deus! umas *entravées*, mal deixando andar, outras naquela indecência de *jupe-culotte* — que não era indecência nem nada e que era coisa muito mais recatada que as pantalonas de hoje ou as calças colantes dentro das quais tremem gelatinas de bundas moles ou babalalançam músculos retesos de nádegas firmes. As *jupe-culottes* constavam de calças à turca, indo até o tornozelo onde franziam, sobre as quais desciam saias fendidas aos lados ou, mais audaciosamente, à frente. A grita dos moralistas acabou com a cômoda combinação, usada muito pouco tempo, aí pelos anos 10, até por senhoras da alta como d. Alexina (de Almeida) Magalhães Pinto, a futura primeira-dama d. Nair von Hoonholtz de Tefé e d. Carmem Martinez Thedy de Bernardez, ulteriormente *ministra* do Uruguai. Lembro do escândalo de minhas tias e do deus nos acuda! de Aristides Lobo no dia em que a "desejada das gentes" — aquela adúltera! — foi nos visitar de *jupe-culotte*. Tia Candoca usou logo, com a filha, da telegrafia imperceptível que fazia minha prima Maria disfarçar, levantar-se, deixar a sala e recolher-se ao quarto — à mais leve aragem de inconveniência.

> [...] tua sala de jantar
> é simples e modesta como um tranquilo pomar [...].
> RONALD DE CARVALHO, "Interior"

Era isso mesmo. Para diante, abria na sala do meio; para trás, na que servia de copa, área com a escada para o andar de cima; dava numa passagem cimentada, ao lado, por duas portas com gradil, fazendo sacadas. Destas portas, as bandeirolas eram dotadas no centro de um vidro azul, através do qual a luz mal entrava que virava naquele prodígio de duas borboletas da Tijuca. Pela manhã, suas asas resvalavam na parede branca. Iam descendo, à medida que o sol subia. Progrediam um instante, na toalha de mesa e depois nas tábuas do assoalho. Eu fazia esforços para prendê-las, mas em vão! Minhas palmas só apertavam a madeira porque, com velocidade igual à do meu gesto, seu cetim e sua safira passavam para o dorso de minhas mãos. Volatilizavam-se depois, quando a luz galgava as alturas do zênite. Numa das paredes, outra aquarela de Artur Ferreira, uma natureza-morta — cajus amarelos, vermelhos, arroxeados, rebentando de maduros no meio de folhas verdes. Esse quadro foi conosco para Juiz de Fora, para Belo Horizonte, voltou ao Rio e está em Laranjeiras, na casa de minhas irmãs. Ao fundo, imenso *buffet-crédence* comprado por meu Pai, num leilão — móvel monumental e compósito que servia de guarda-louça, guarda-comida, aparador e mesa de servir. Também subiu pelo Caminho Novo, esteve em Juiz de Fora, foi para Belo Horizonte e fez de ara familiar na rua Januária, na rua Pouso Alegre, na avenida do Contorno, na Floresta, na Serra, no Bairro dos Funcionários e acabou, já com vidros e espelhos partidos, fechaduras quebradas, madeiras fendidas — no barracão da negra Clemência Ciriaca, quando minha Mãe mudou-se para o Rio. Além dessa peça, as cadeiras austríacas e a velha mesa sempre encimada por um dos prodigiosos potes de tia Bibi, onde as avencas, ao toque exímio de suas mãos, viravam tufos enormes de verdes plumas. Também eram verdes as bordas das mangas de vidro fosco que quebravam a luz crua de quatro bicos de gás, dois em cada ponta de um T invertido. Formavam par e desciam do teto, até quase em cima da mesa, para ficarem ao alcance das mãos que os acendiam, apagavam e lhes mudavam as camisas. Eu gostava de estar presente a essa cerimônia, para me apossar dos tripés de barro cozido que sustentavam estas *camisas* — feitas da trama muito fina de um tecido de fibra e metal, impregnado do magnésio, cuja incandescência transformava a mariposa vermelha da chama do gás numa luminosidade difusa e cor de opala. Era nessa sala de jantar que pela manhã eu admirava meu Pai já barbeado, banhado e irradiando cheiro de brilhantina, lendo os jornais, enquanto comia seus ovos quentes e tomava o café matinal. Ele já descia pronto para sair, mas ainda trazendo ao rosto, e comprimindo lábio superior e bochechas, um oito deitado, feito de tarlatana, que se prendia de cada lado, por alças elásticas, às orelhas. Esse instrumento servia para dar forma de caracol às guias de seus bigodes previamente empapadas dum duro cosmético à base de cera e lanolina. Ele encomendava os vidrinhos dessa goma, diretamente, ao Bon Marché. Todas as bigodeiras desse tempo eram modeladas, mediante esse grude, no dito tipo de caracol e mais nos de *punhal*, *estopim*, em *ponta*, em *rosca*, em *espiral*, *en croc*, *à la royale*, à *imperial*, à *gaulesa*, *espanhola* ou *turca*. Eles é que davam caráter e conferiam valor a essas insígnias de macho. À hora clara do almoço eu me interessava menos pela comida que pelo que ficava em cima da mesa — trançados de metal para receberem as travessas, as sopeiras e que eu gostava de abrir e fechar; os *descansos* dos talheres que eu transformava em rebanhos, engatava em comboios, fazia rolar sobre uma faca ou entre as palmas das mãos até que a cruzeta das suas pontas, girando rápido, se transformasse num círculo luminoso e leve de espuma e prata; os jarrinhos de flores que terminavam embaixo, num pé metálico vazado, onde se metia o rolo do guardanapo. Cada um tinha o seu, diferente, menos tia Alice e tio Salles, que possuíam melhor: duas fabulosas argolas de prata, com as bordas e o interior dourados, onde se enrolavam opulentamente as pesadas roscas de dragões chineses eriçados de cristas, unhas, escamas e línguas de vermeil. Nenhum tinha fim. Rolando a argola, via-se primeiro a cabeça de fauce hiante, depois o dorso, todo áspero, as patas da frente, os ganchos da barriga, as pernas de trás, o rabo serpentino — que terminava num dardo que fazia corpo com a língua acerada que vinha das goelas escancaradas do monstro que tornava a começar. Parecia a fita sem fim da minha lanterna mágica.

    Aos almoços de domingo, quase nunca faltava um íntimo amigo de meu Pai, seu antigo condiscípulo do Liceu do Ceará e engenheiro na capital federal. Era um homem cor de azeitona, muito moreno, queixo todo azul da barba escanhoada, sempre risonho, sempre de sobrecasaca. Vinha com o filho e com a senhora, que contrastava com o marido pela brancura da pele de porcelana. Tio Salles, que era dispéptico, ficava revoltado com a quantidade de salsicharias, de latarias, de peixes, aves, temperos, farofas, viandas, ovos, legumes, rizomas e cereais que aquela esgalgada família era capaz de devorar. Depois da sobremesa e das bananas, quando vinha o café, marido e mulher consultavam-se com o olhar e era o primeiro que reclamava do Silvino — para eles e para o menino — café com leite e pão com manteiga. E esvaziavam a cesta de pão; esbrugavam a latinha da Demany. Meu Pai disfarçava e ia buscar uma caixa de bicarbonato de sódio de Carlo Erba que insinuava no bolso de um Antônio Salles vertiginoso.

Não posso separar a reminiscência dos nossos jantares da figura daquela que d. Vanju chamava a *senhora da sexta-feira*, porque duas vezes coincidira com ela nesse dia da semana e que eu, de mim para mim, identificava como a *cara de cabra*. De fato ela, sem ser feia, tinha o perfil desses ruminantes, salvo os chifres, que estes, como se verá, ela reservava para o bode seu marido. Era entradota em anos, pequena de estatura, dona de boas carnes e gostava de fazer charme com todo mundo, inclusive crianças. A mim ela divertia, ao mesmo tempo que angustiava, com a história da moça do circo, que punha a cabeça dentro da boca do leão. Punha e tirava, sem ao menos amassar os cachos louros do penteado. Acontece que um dia, a fera fechou a boca! Ela ainda teve tempo de gritar — rezem por minh'alma! coitada, e já o seu corpo caía degolado, num mar de sangue, entre gazes e lantejoulas... Pois a nossa *cara de cabra* vinha sempre às sextas-feiras, para filar o jantar e pretextando gratidão por um favor que lhe fizera o Modesto. O caso era o de um desfalque que dera seu filho mais velho. O que ela pedira ao meu futuro tio era apenas que esse falasse ao *Jangote*, para este falar ao marechal, para o marechal mandar dizer ao juiz que acabasse com aquela patacoada de processo e que remetesse os autos para ela, *cara de cabra*, rasgar e ficar tranquila. Por mais que o Modesto dissesse que isto era coisa difícil de pedir, tanto ela insistiu, chorou, instou, ajoelhou, arrancou cabelo, deu ataque, chateou, encheu, que ele, farto, acabou apresentando-a, por carta, ao *Jangote*. Pois o impossível aconteceu e a obstinada senhora chegou um dia a Aristides Lobo, entoando loas à nossa Justiça e sobraçando os autos que ela fazia questão, dizia, de queimar em nossa casa, depois de beijar as mãos do seu Heitor, aquele santo! Beijou. Queimou. Anos mais tarde, no governo Bernardes, o moço reincidiu e perpetrou outro desfalque. A *cara de cabra*, que já sabia como, tornou a soverter os documentos do inquérito. E consumiria com outros, se o filho tivesse continuado de fora e necessitado daqueles expedientes. Mas não precisou mais não! porque saiu da ilegalidade, meteu-se na política, ficou importante, foi eleito e passou para dentro do queijo. Mesmo, um dia, na Câmara, ele chegou a esnobar o Modesto, que era redator dos debates. A *senhora das sextas-feiras* continuaria a nos frequentar sempre, nesta véspera de sábado, se não tivesse surgido uma história desagradável a seu respeito. Veio contada pelo seu Maneco, que a soubera pelo Bento Borges, que a ouvira do Lafaiete, que a escutara do Nestico Pires Lima — em casa do dr. Ennes. Era que a *cara de cabra* procurara como médico o marido de uma outra amiga de minhas tias, acabara empolgando o dito-cujo e tomando-o da legítima. O doutor, vidrado, saíra de casa, na Tijuca, largara os doentes, fechara o consultório e botara quarto na rua do Lavradio, onde dormia e recebia a amante para inefáveis matinês. Apura daqui, apura dacolá e a esposa ludibriada lembrou-se de que o marido virara a cabeça depois que recebera da cliente agradecida, para descansar, certo travesseirinho de cetim róseo, macio como nuvem. Aconselhada pela d. Isaura, fora ao terreiro de um macumbeiro, o Plínio, onde o presente foi eventrado. No meio da doce paina, amarrados com barbante preto e embrulhados com terra de cemitério, estavam uma cabeça seca de jararaca e uma imagem do Xangô são Jerônimo. Tudo foi descarregado e queimado segundo as regras e o marido infiel voltou ao toro como se nada tivesse havido. Até que veio mais. Só que minhas tias e minha Mãe, desconfiadíssimas, fecharam-se em copas e passaram a tratar a *cara de cabra* tão friamente que ela sumiu durante anos (para só reaparecer velha e alquebrada, aí por volta de 1936).

Às nove da noite, o chá era servido em mesa posta e chegava a hora de subir para dormir. Para isto eu tinha de passar espavorido pela nossa área, sob cujas escadas a horrenda besta vinha se esconder assim que a noite caía.

Era uma área além da qual se estendiam os mistérios inexplorados da cozinha, da despensa, dos quartos dos empregados, da descida para o porão, das latrinas e banheiros de baixo. A escadaria se me afigurava imensa. Subia, fazia uma volta, deixando por baixo um vão escuro, ocupado por uma mesa de mármore cheia de copos, xícaras, colheres, moringas e quartinhas. Duas bocas de gás, que serviam para fazer os cafezinhos sucessivos e para cozinhar as rãs favoráveis aos peitos de *dona Candidinha*. Mais nenhum conforto ou maquinismo — que nesse tempo não tinha. Isso de batedeiras, aspiradores, geladeiras e outras facilidades só viria na era da eletricidade. Água fresca era a dos potes e talhas deixados nos lugares sombrios. Exatamente como nossa área. Em dia de festa, sim, comprava-se uma barra de gelo para fazer sorvete, preparar refrescos e gelar a cerveja. Ferro elétrico? Isso foi conforto posterior. Nesse tempo era ferro mesmo, ferro de engomar, cheio de carvão e que se esquentava com o abanador vibrado numa espécie de culatra do instrumento, ou soprando, ou sacudindo de lá para cá. Ficava em brasa e esticava os linhos, os morins, os algodões, os americanos — dando ao quarto dos engomados aquele cheiro especial de coisa limpa e quente — que vive em nossa lembrança e nos complexos ancilares, de mistura com o bodum das negras no esforço de alisar as anáguas, os corpinhos, as ceroulas, as camisas, as camisolas, os lençóis, as fronhas.

  Essa nossa área era tão escura que, dia inteiro, ficava aceso, como luz votiva, um bico de gás sem *camisa* e sem manga de vidro. Assim descoberta e nua, aquela chama parecia borboleta presa, espalmando e batendo um par de asas cuja parte inferior era cor de anil e que ia ficando vermelha e dourada à medida que se subia. Mal iluminava aquele recanto. Ora, por ser assim escuro é que ele servia de couto noturno à alimária imunda. De dia ela era anfíbia e morava nas águas e lamas do rio Comprido — na promiscuidade das minhocas, lacraias, aranhas, lesmas e baratas. Quando caía o sol, vinha se chegando, trazendo o cheiro das cloacas e aninhava-se molemente sob a mesa de mármore, debaixo da escada. Mexia nos nossos talheres. Gargolejava, de madrugada, na caixa-d'água. Apagava o bico de gás. Comia a pena dos vasculhos e a palha das vassouras. Chupava as umidades vis dos panos de chão. Chamava-se *Babaquara* e faziam-me medo com a ominosa aparição. Coma direito, menino! senão o *Babaquara pegocê* de noite. Esse menino não para de falar, gente! parece até relógio de repetição. Cala a boca, Pedro, senão o *Babaquara*... Havia mais sombras, lêmures, avantesmas e larvas no arsenal familiar e que eram mobilizados contra minhas infrações. Deles me ficou a sensibilidade à presença dos demônios, a vidência intermitente dos mortos, a rudimentar e obscura capacidade profética, a "poesia em pânico", o terror das noites de insônia (em que regrido à infância desamparada!) e certa inquietação cósmica que pode bem ser caminho para Deus Nosso Senhor. Eram (fervilhando num pus fosforescente e noturno de luzes fátuas de cemitério, estrelas cadentes e santelmos azulados!) o Tutu Marambaia, a Cobra de Fogo, o Boitatá, o Coca, o Minhocão, a Mula sem Cabeça, o Manjaléu; o Saci-Pererê nos cortinados; o Papudo, com o bócio de gelatina cheio de criança comida; o Caboclo-d'Água, que enfiava o braço pelo encanamento e cutucava o cu das velhas sentadas na latrina; e o bicho Urucutum, que só comia buncá de menina ou de moça donzela. Mas o pior era mesmo o *Babaquara*... Eu folheava às vezes os livros de tio Salles e foi assim que descobri um álbum representando as pinturas truculentas e oníricas de Hieronymus Bosch. Desse mundo estranho, simbólico e alegórico de harpas, tambores e manivelas virando gente; de animais com expressão humana; homens e mulheres com jeitos animalescos; grifos e outros seres compostos como pássaros-peixes de asas de borboleta ou panteras com anéis de lagosta; desses diabos do *Julgamento final*; dessa gente de ventre aberto como casca de ovo quebrada e cujos membros eram troncos vegetais com os pés calçando caravelas; dessa farândola *rabelaisiana* (digo bem *rabelaisiana*, pois a pintura desbragada e anal de Bosch tem analogias com a prosa escatológica e senhorial de Alcofribas!), desse inferno de alucinações e trocadilhos com as cores, calembures com as formas, de ancas de onde saem torres, de cotovelos de que brotam galhos, de nádegas onde se cravam frechas simbólicas — eu tirava os elementos com que construía o meu monstro *Babaquara*. E fazia-o horrendo. A cara era aquela mesma do judeu nefando da *Coroa de espinhos* do mestre flamengo. Só que em vez de vermelha, era verde. Tinha coxas, como coxas de galinha cozida, a avantesma. Coxas moles e soltando a pele, como as que vêm boiando dentro dos caldeirões de canja fervida. Tinha a cabeça destampada e cheia de merda. A pança abria-se como armário e via-se, lá dentro, o cérebro do bicho abraçando uma salamandra e um ralo de esgoto. Cagava pela boca e *guspia* pelo cu. Eu morria de pavor daquela imundície e, na hora de dormir, subia as escadas correndo, olhos fechados para não vê-la — cantando, que canto o medo espanca. Cantava sempre a mesma música, talvez por inspiração dos utensílios pendurados num canto da área.

> Varre, varre, vassourinha,
> varre, varre, vassourinha,
> vem varrer meu coração...
>
> Rica vassoura,
> ai! quando serás minha?
> p'r'eu deste abano
> passar a varredor...
>
> Varre, varre, linda vassourinha,
> abana, abana oh! meu abanador,
> abana, abana oh! meu abanador...
>
> Sempre, sempre em movimento,
> sempre, sempre em movimento,
> vassourinha varre, varre...
>
> Rica vassoura...

Depois do almoço minha Mãe e minhas tias conversavam uns instantes à mesa, contavam um caso ou outro, riscavam a toalha com a unha, mas demoravam pouco nesse descanso de espírito. Geralmente era tia Alice que dava o brado com seu costumeiro — Vamos cuidar da vida, que a morte é certa! —, repetindo a "morte certa e hora incerta" de Aquilino Ribeiro, o *Ars longa, vita brevis* do velho Hipócrates e aquelas palavras do missionário, nos versos colhidos por Melo Morais Filho.

> Vida breve, morte certa!
> Do morrer a hora incerta...

Àquela lembrança da Morte que era estímulo para o aproveitamento do Tempo, subiam todas para o andar do alto. O ponto de reunião era a área cheia de sol que correspondia à escura, de baixo. Era larga, dava no banheiro de cima, no quarto de *d. Candidinha* e numa saleta onde ficavam o piano, as estantes de música e as de livros desta minha querida tia. O corrimão da escada, nesse andar superior, prolongava-se por uma espécie de grade guarnecendo todo o fundo daquele vão, formando um passadiço quadrangular. Eu entrava na estreita passagem e olhava, pela janela, os quintais vizinhos e uma nuvem livre, livre! que voava na direção de São Cristóvão. Cansava. Olhava para dentro e acompanhava o trabalho de minha Mãe e minhas tias. Cosendo, cerzindo, cortando, dobando, fazendo crochê ou tricô. As rodas de mão niqueladas das máquinas de costura luziam como as bordas da lua cheia e o ritmo pontilhado de suas agulhas casava-se à batida dos bilros de minha tia Marout fazendo renda. Ela contava os pontos, punha os espinhos, fazia os nós e da indústria de suas mãos nodosas ia saindo a trama que seguia os mesmos riscos que vinham de sua mãe, de sua avó, de mais longe ainda — de outras velhas mortas do Aracati, das ilhas, do Reino. Como sempre a pauta ondulada da teia fabricada sugeria a da cantiga de boca fechada que acompanhava a batida dos bilros. As amigas íntimas que chegavam durante o dia, ora a Santa Freire, ora a Maroquinhas Cruz, ora a prima Ritinha, ora a prima Cotinha Belchior — subiam para conversar, mas nunca o faziam de mãos vazias. Geralmente aderiam ao trabalho e iam ajudando a casear, a pregar colchetes, a embainhar saias brancas e cortar vestidos. A tarefa doméstica ia até as três, três e meia da tarde. Era a hora do mulherio se preparar para receber os maridos voltando da cidade. Era hora de providenciar a mesa do jantar.

 Na parte de trás deste andar ficava o quarto de minha tia Candoca. Era amplo e abria para os muros do 104 por uma janela lateral. Pelas duas do fundo, para os telhados das casas da margem esquerda do rio Comprido e para as distâncias das montanhas e dos céus da Tijuca. Esse quarto nunca servia de ponto de reunião e dentro dele só se falava baixo, só se andava na ponta dos pés. Tinha um tom grave e côncavo de capela, apesar do sol que o atravessava de lado a lado. Duas camas, a de minha tia e a da Maria, quando vinha do Sacré-Coeur. Dois armários imensos. Um lavatório antigo, de madeira escura e tampa de mármore vazada para receber uma bacia de prata desirmanada do jarro extraviado, que fora substituído por um de porcelana azul, com medalhões representando cenas pastorais. Uma rede, ocupando um canto. No outro, um oratório com o crucifixo, as imagens e as flores de pano, tudo posto sobre um baú fechado que encimava um consolo amarelo. Havia uma lamparina eterna e minhas tias quase sempre estavam ali acendendo suas velas bentas e desfiando seus rosários. Todo esse ambiente solene do quarto, seu tom de tristeza e seu cheiro a cera e sacristia vinham do fato de estarem no tal baú do oratório os ossos de minha prima Alice — morta em Juiz de Fora. Coubera a meu Pai exumá-los, lavá-los, trazê-los para o Rio e entregar à irmã a bagagem terrível. Ela ficou ali no quarto bem uns dois anos, até que minha tia mandasse erguer, sobre o túmulo do marido, a caixa de mármore para que passou o esqueleto. Tenho para mim que a pobre coitada retardou o que pôde a dor dobrada do segundo enterro da menina. E teria ela, na solidão e na saudade de suas noites de insônia, resistido à tentação mórbida de abrir aquele baú, de tocar naqueles ossos despojados, na caveira decomposta e de explorar a distância milimétrica e imensa que vai de nós ao não ser tangível? de que tentamos guardar a forma nos objetos-relíquia usados pelos nossos mortos, em sua vida, ou nas flores do seu caixão, ou nos seus retratos, ou nos seus cabelos. Ou ficando logo com o defunto em casa ou um pouco deles — tais a amada inteira! enterrada sob o leito ou o crânio viajor embrulhado no lenço vermelho — como está em *A noite na taverna*. Aquele pobre esqueleto, naquele triste quarto de viúva, dava à nossa casa de Aristides Lobo a dramaticidade da do dr. Antônio José Peixoto, guardando em seu consultório, de General Câmara, os restos amados da cantora Emília Mège. Ou a das paredes do Escorial — onde, nas noites de desespero e nada, Felipe II experimentava a coroa real de Aragão e Castela no crânio seco de d. Ana de Mendoza y la Cerda, princesa de Éboli... Eu sabia o que continha o baú e, quando entrava naquele cômodo, sentia sempre como que vaga presença. Uma ondulação no ar como à passagem de alguém, de branco, talvez só de sua sombra. Olhava rápido — já tinha sumido, mudara de lado, respirava, agora, atrás de mim. Chegava-me ao oratório, tocava a folha de flandres da caixa, passava a mão, deixava demorar a mão — como querendo retomar o gesto perdido de segurar a outra e de sentir-lhe de novo o calor dos dedos finos e morenos. Alice. *Minha filha*. Ai! éramos todos bem Pamplona — de Pamplona — *Pampeluna*, na Navarra espanhola...

A mesma gravidade de seu quarto, minha tia levava consigo para a saleta onde tinha seus livros e seu piano. As paredes, ali, eram revestidas de papel escuro, onde se alternavam motivos de tapeçaria, em alaranjado, azul e grená — que davam a todo o ar ambiente a mesma materialização e tonalidade observadas onde o sol só chega coado por vidraças de cor. De fato, essa peça não tinha janelas e só recebia luz da área das costuras, do quarto lateral de tia Bibi e do de meus pais, à frente. Tudo ali era simétrico e arrumado. Duas estantes de livros, uma de cada lado da porta, com os romances de *d. Candidinha. Suas Horas de Leitura.* Livros encadernados. Brochuras de capa branca e outras, de capa cinzenta, de que não me esqueci, pois eram os volumes que eu folheava para ver as figuras. Anos depois identifiquei as mesmas ilustrações, lendo Maupassant, Daudet, Mirbeau. Foi como um encontro de sombras da infância quando deparei com os desenhos de Vallet e Jeanniot em *Mademoiselle Fifi* e *Boule de suif*; os de Rossi e Myrbach em *Jack e Sapho*; outra vez os de Jeanniot e os de Carrey no *Le calvaire* e em *Sébastien Roch*. Eles me deram as chaves da literatura da tia — de suas boas leituras, do seu bom gosto. Na parede fronteira, entre dois braços de opalina para os bicos do gás, ficava o piano preto, ladeado por estantes menores, cheias de partituras musicais. Eu gostava de ficar sentado no chão, ao lado do Pleyel, orelha colada à madeira fresca e polida, ouvindo as escalas tocadas por minha prima, sentindo sua vibração penetrar na minha cabeça, que zumbia, zumbia e zumbia — toda repleta de abelhas. Acompanhava a monotonia daquela ascensão repetida, como escada que se galgasse, subindo três degraus e descendo dois; subindo três, descendo dois; três; dois; um, dois, três; um, dois. Uma nota era presa no ar como um pássaro e, partindo dela, subiam e desciam as outras, voando e solfejando. Os dó-ré-mis enchiam a casa, rolavam de escadas abaixo, rompiam porta afora, iam-se confundir com os barulhos da rua — ao sol; seus barulhos: gritos, cantigas, pregões, pragas e invectivas. Espraiavam, refluíam, subiam, tornavam e entravam pelos meus ouvidos. Nunca mais pude separar a lembrança da prima da sensação cromática das escalas musicais, nem do sol tinindo nas pedras da rua. Já sua mãe gostava de tocar à noite, quando a casa fechava e todos iam se deitar. Era quando ela povoava o silêncio com as cavalhadas e cargas das suas sonatas heroicas, com a tintinabulação de cristais estalando ao luar dos seus noturnos e com a plangência das gotas d'água dos seus prelúdios irremediáveis e cor de cinza. Essas notas de piano faziam parte do conjunto de ruídos que eram como a vibração instrumental das paredes de nossa casa. Fecho os olhos, hoje. Evoco Aristides Lobo e seu sobrado morto e demolido. Com os rumores da rua ouço os daquele piano para sempre suspenso no ar do Rio Comprido. As escalas do dia. As sinfonias da noite. Estas, quando morriam e minha tia entrava chorando no seu quarto, eram seguidas dum largo silêncio e depois pelos ruídos da caixa-d'água. Primeiro ela se enchia como um bicho respirando grosso no forro. Um bicho que depois se esvaziasse, roncando forte pelo *ladrão*. Isso se processava por intermédio de bulhas que imitavam máquinas de costura rodando, voando e correndo disparadas, dentro da noite escura. Esse matraquejar diminuía aos poucos e acabava substituído por uma discussão irritada de pessoas de que não se distinguissem as palavras, mas de quem se ouvissem as estridências da disputa e os clamores do bate-boca. Tudo o mais avultava de madrugada, quando o *Babaquara* punha o cu no *ladrão* e peidava de volta, gargolejando. Quando eu descobria a cabeça que tinha escondido sob travesseiros espavoridos, o sol estava entrando pelas janelas e minha prima já se sentara ao piano — pingando água dos cabelos soltos, subindo e descendo os degraus de ouro das escalas. Subindo três, descendo dois; três; dois; um, dois, três; um, dois...

Tanto tinha a saleta de música de solene e severa, como de alegre e ensolarado o quarto que se comunicava com ela e que era partilhado por minhas tias Marout e Bibi. Suas camas. Um guarda-roupa. Uma cômoda alta. Os retratos a óleo de meus bisavós Cândido José Pamplona e de sua mulher, d. Maria de Barros Palácio Pamplona. Minhas primeiras impressões *surrealistas*, nascidas de tia Bibi sentada num banquinho e penteando seus cabelos alfinetados na borda da cama. Sim, seus cabelos, mas os postiços. A franja, os molhos de cachos, as tranças, os coques — com sua sugestão de defunto, manequim, Senhor dos Passos. Não é que ela precisasse porque até que tinha cabelos e muitos, cabelos bonitos, castanhos e naturalmente ondeados. Mas é que naquele tempo era quase uma desonra não encher a cabeça daqueles suplementos, para poder construir os penteados monumentais que se usavam. Ainda desse quarto uma impressão que concorreu obscuramente para minha vocação médica. Ali assisti a meu Pai, Adolfo de Luna Freire, João Marinho e Antônio Austregésilo fazerem injeções venosas de 606 em minha prima Maria. Ela aparecera com uma febre violenta e dor de ouvido. Otite seguida de mastoidite. Meu Pai e o dr. Adolfo chamaram o dr. Marinho, que fez a operação e recomendou exame completo para verificação do estado geral. Os dois tios da doente concordaram em que viesse o dr. Austregésilo. Ele veio, de cavanhaque à Chico de Castro, punhos à Chico de Castro, sobrecasaca à Chico de Castro e, quando entrou em nossa casa, não parecia ter descido de um tílburi, mas estar saindo das páginas de Lima Barreto. Examinou detidamente minha prima e deu sua sentença, castigando a linguagem e tratando os colegas na segunda pessoa do plural:

> Assaz o demonstrastes, sábios confrades, que se trata de uma supurência óssea e que nesses casos, como em tudo da medicina, é preciso pensar sifiliticamente. Não vejo terapêutica que ao estado mais se adéque que as fleboclises de 606 — bem circuncluso por sérum açucarado.

Todas as semanas era aquela aplicação. A empola, pendurada num alto, cintilava como um topázio e a droga descia pelo comprido canudo de borracha até a agulha metida na veia. A doente, imóvel. Os quatro doutores inclinados sobre a cama, como se fossem figuras das *anatomias* de Rembrandt e de Gerard David. Vejo ainda a faiscação dos óculos de míope de Luna Freire, a pelada da nuca de João Marinho, a expressão de cuidado de meu Pai e o ar magistral do dr. Antônio Austregésilo Rodrigues Lima. Circuncluso! Minha prima curou, mesmo com o arsenical entrando no seu tratamento, como Pilatos no credo. Outros não aguentavam... No julgamento posterior do médico ilustre, como no daquele frei Genebro, de Eça de Queirós, que foi para o purgatório, depois de uma vida de santidade, pelo pecado cometido contra um porco — pesarão na balança, e quanto! aquelas palavras que foram lei na nossa medicina durante três décadas. As que mandavam "pensar sifiliticamente". Com elas e por elas o mercúrio, o bismuto e o arsênico foram dados indiscriminadamente e muita gente perdeu os dentes, muita gente perdeu a vida por obra e graça de uma locução pedante tomada como aforismo...

Mas o mais importante desse quarto de minhas tias é que nele, além dessa marca médica, eu tive outra. Ali se me desabrochou amor que nunca me deixou. O amor dos livros, o amor da leitura. Eu tinha diante dos olhos o exemplo de meu Pai, de suas irmãs, de seus cunhados, permanentemente atracados num volume da coisa impressa. Não possuía noção de leitura e já minhas tias mandavam para Juiz de Fora revista infantil que eu folheava e cortava. Vejo isto numa carta escrita por meu Pai a 22 de fevereiro de 1908, agradecendo a remessa de publicação chamada *Fafasinho*. Viveu só dois anos, 1907 a 1908. Não conheceu o destino de *O Tico-Tico*, que durou mais de meio século, 1905 a 1959. Ignoro as razões obscuras que me fizeram erigir o quarto lateral do nosso sobrado em sala de leitura. O silêncio? a claridade? sua janela aberta para as nuvens que passavam? Sei que para lá eu carregava exemplares do *Malho* e da *Careta*, onde me deleitava com os desenhos, as fotografias e ia soletrando, na última, penosamente, as "Cartas de um matuto", onde eram contadas, em verso, as bestidades do Tibúrcio da Anunciação. Ali, naquele quarto, viriam encontrar-se comigo e uns com os outros Napoleão, que me fora apresentado por tio Salles; Ali-Babá com sua caverna; Aladino com sua lâmpada; Simbá, o marujo, sempre chegando de uma de suas sete viagens prodigiosas; D. Quixote, Sancho e a Dulcineia; os personagens do *Tico-Tico*, da *Cabana do pai Tomás*, dos *Ovos de Páscoa*. Eu odiava os bandidos de que escapava Ali-Babá, ganhando seus cem anos de perdão; o velho infecto que fizera Simbá de montaria, o feiticeiro inimigo de Aladino; aquele repugnante canalha do Simão Legree; o infame Golo. Recebia com reservas Napoleão; os pais chatérrimos que descascavam a bunda do Chiquinho, palmatoando-a com escovas de cabelo; o enjoativo Saint-Clare; a escrotidão da Faustina e do Zé Macaco; o grão-senhor que se divertia mandando o pobre Sancho reinar na Barataria. Minha amizade ia para o Chiquinho, sua prima Lili, o moleque Benjamim, o *Vovô* e seus netos Lulu e Zezé. As minhas lágrimas para Evangelina agonizante, para D. Quixote morrendo, o negro Tomás apanhando, Elisa fugindo à deriva, sobre os blocos de gelo do rio Ohio, e Genoveva de Brabant errando nas silvas, vestida de seus cabelos. Eu fazia-a míope como a Santa Freire, loura como a Marta Leuzinger e bela, ah! bela como a Eponina Pires Lima. Mas toda a minha admiração eu reservava para a resoluta Cassy. Altiva mulata! Quando chegava aquele episódio da fuga, dos cães ladrando na charneca, de Emelina querendo desmaiar, eu perdia o fôlego, engolia períodos inteiros, lia sem separar as palavras, sua objurgatória à companheira — *Reanimate-mulherquandonãoomatote*! Mais inquietantes ainda eram uns álbuns com histórias e desenhos de Benjamim Rabier, que perturbavam a pura curiosidade infantil pelos animais, dando a seus macacos, cães e leões sentimentos e expressão humana. Eu achava terríveis aqueles felinos sorridentes, digerindo o caçador comido de que se viam, ao pé da fera, o casco colonial, a espingarda, as botas e a bolsa franjada. Horrendos seus cães salteadores fugindo num *fiacre* depois de suas efrações. Aquela malícia, que o humorista juntava ao bestial de seus bichos, comprometia-os mais que a ferocidade e obscuramente me enchiam de repulsa. Esta ainda era agravada pelo traço linear e simples do desenhista e pela impressão desértica que ele sugeria. Bons eram seus personagens humanos — homens de boné e *knickerbockers*, senhoras com calções bufantes — montando aquelas fabulosas bicicletas de vários selins em que podia pedalar uma família inteira. Esses, de Rabier, eram exatamente iguais aos figurantes *proustianos* do *Le chalet du cycle au bois de Boulogne*, por Béraud.

Com nossa mudança para o Rio e a moradia comum com minhas tias, vivíamos, no 106, como sardinha em lata. Os meninos tinham sido distribuídos cada um no quarto de um adulto. Coubera a mim e a minha irmã recém-nascida ficarmos no quarto da frente com meus pais. Era enorme e o melhor da casa. Todas as suas portas eram envidraçadas. Duas davam para trás, para a saleta do piano e para o quarto lateral. Outras duas, para a varanda da frente, com suas quatro estátuas de louça, a vista sobre os morros dianteiros e sobre o Corcovado com seu Chapéu de Sol. Para a direita de quem entrava, uma parede-cega com a oleografia representando Nossa Senhora da Conceição, de que minha Mãe não se separava e sob a qual morreu; um crucifixo de celuloide imitando, com perfeição, os de marfim. As camas, a cômoda, o guarda-casaca com seu espelho, o guarda-vestidos. Num canto da frente, à direita, a escrivaninha de meu Pai, por cima da qual, à noite, ele amarrava o longo fio da lâmpada elétrica para ler e estudar. Lembro-me do seu jeitão, curvo e sentado nesse canto, desunhando seus livros e preparando-se para os dois concursos que venceu muito pouco tempo antes de morrer. Para os cargos de médico-legista da polícia e médico da saúde pública. Não há incongruência quando falo em fio e lâmpada elétrica, depois de ter mencionado os bicos de gás e *camisas* de magnésio existentes em nossa casa. Realmente, ela era iluminada a gás, exceto em três dependências. Sala de visitas, a que lhe fazia seguimento e em cima o quarto de meus pais.

Os fundos do 106 davam para o rio Comprido e confrontavam com os das casas viradas para a atual Batista das Neves, derrubadas por ocasião da retificação das águas e da abertura de Paulo de Frontin. Quando eu cansava de olhar a rua, vinha ver o rio. Atravessava nossos coradouros e chegava a uma touceira de bananeiras, cercada por um banco arredondado que ia até o parapeito que encimava a correnteza. A gravura de Rugendas, mostrando como era o terraço do Passeio Público, dá uma ideia do que havia, em menor, no nosso terreno. Uns restos de azulejo muito antigo mostravam que aquilo devia ter sido construído antes da casa e pertencido a algum velho mirante a cavaleiro das margens do riacho. O nosso barranco era mais alto que o do outro lado, onde davam portões gradeados e em cujos paredões se incrustavam lajes, em várias alturas, formando degraus por onde se podia descer até as águas. Pelos gradis, sempre fechados, divisavam-se os fundos das casas e seus pátios, com latas de lixo, varais de que pendiam roupas desoladas, zincos, restos de tábuas, mais touceiras de banana ou de bambu. E sempre, ninguém! como se as casas fossem encantadas e vazias. A amurada tinha uma barra escura e pardacenta, indicando com sua altura a das cheias do rio — assim mesmo como idêntica, de limo, nos palácios de Veneza, mostra o limite das marés. Essa amurada, toda desenhada de uma geografia de liquens e de musgos, era coalhada dessas ervinhas e florinhas de barrancos, moles, oscilantes e coloridas — que nascem no meio de teias de aranha onde tremem, permanentemente, ciscos, folhas secas, moscas presas. Entre essas plantas sem consistência destacava-se, pela rigidez, pelo tamanho — árvore que subia aderente ao muro e cujas raízes se espalmavam duras como os dedos de um esqueleto. Eles seguravam os tijolos, pedras, restos de azulejo — neles penetravam e suas finas pontas bebiam, como por compridos canudos, a água do rio. O parapeito do nosso lado era largo, coberto aqui e ali por musgo verde e veludoso, fazendo placas sobre o granito. Eu deitava o rosto em cima deste, aplicava-lhe minhas mãos e meus braços, para sentir o frio da pedra ou o calor de que a tinha impregnado o sol. Olhava sua superfície e via sempre passando sobre ela a mesma formiga-carregadeira de cada dia, lutando com o tamanho da folha descomunal que levava, com esforço semelhante ao dum homem carregando seu destino. Às vezes fechava os olhos, para me concentrar só no ouvido, e captava, como um rasgar de seda que não cessasse, o sussurro do rio fluindo tão depressa quanto a vida que não espera. Uma flor se destacava de quando em quando — caía no rio, fugia levada pelas águas. Logo uma borboleta despetalava suas asas e ia voando entre os tufos verdes das duas margens. Nos remansos pousavam as *lavadeiras* com suas longas pastas e esquiavam em cima do espelho líquido. Pareciam diminuto e agudo maquinismo, uma pequeníssima orquídea ou bordado chinês tecido com fios de malva, pervinca, escarlate e similar.

O curso do rio Comprido era serpenteante e suas águas multiformes variavam cada dia. Às vezes, vinham dos altos, abundantes e barrentas das últimas chuvas, mas, geralmente, eram corrente cristalina onde minhas pedradas levantavam nuvens pardas, logo levadas pelas águas novamente tão transparentes que através de seu vidro podiam ser lidos os restos de jornal presos à terra do fundo. Mudava de cor. Descia todo luminoso e todo azul — *luzazul* — palíndromo de anil das lavadeiras das nascentes. Doutra feita vinha rubro de sangue, não sei se de tinturarias a montante ou se escorrendo do palácio de Lucrécia Bórgia — cuja história eu ouvira de tio Salles. Comumente era cor de prata nos rápidos da correnteza e debruava-se de bolhas verdes nos remansos onde o lodo tecia sua renda gorda. Cheirava a essa vaza, a ácido, a paul, a comida velha, a vegetal, a podre, a trampa. Dentro do rio, como fantasmas enganchados pelos pés, ondulavam plantas submersas. Seus galhos eram cabeleiras soltas ao vento e moviam-se silenciosamente entre duas águas — no ímpeto e na veemência de um furacão de cinema mudo. Entre estas madeixas, cor das tranças das uiaras, esgueiravam-se restos de objetos e fragmentos agora sem nome de velhos utensílios atirados ao rio. Cacos de garrafa, assentos de latrina, tampa de latas, vidros de remédio, penicos sem fundo, irrigadores furados, arcos de pipa, madeiras heteróclitas, panelas sem cabo, galhos secos, cabos sem vassoura, pés de cadeira, caixotes à deriva, câmaras de ar de bicicleta, parecendo longas serpentes lustrosas, panos como mortalhas sujas, restos de trapos e de papéis de todas as cores que os rodamoinhos d'água combinavam em florões e rosáceas logo desmanchadas e substituídas por joias e estrelas que se desfaziam e refaziam, como nas colorações e modulações sucessivas de um fantástico caleidoscópio. Mas vinham as grandes chuvas, as águas cresciam, sua força limpava o álveo e jogava o entulho nas ondas do mar puríssimo. Quando eram varridas essas escórias, reaparecia o leito do rio livre, nu, todo feito de pedras verdes que nem turmalinas ou cobertas de azinhavre e ferrugem como patacos de cobre ou estateras de ferro. Nesses tempos de águas baixas é que aparecia, sempre! uma ratazana na sua corrida obstinada, roliça e atarefada. Passava com pressa, sobre pezinhos dançarinos, rápidos como as rodinhas dum brinquedo. Chispavam as chamas de seus olhinhos de rubi. Quando eu a via, estremecia fundo porque já sabia, ai! o que lhe vinha atrás. Ela era um sinal. Eu apenas recuava com esforço, mas já não podia mais fugir — ficava imóvel, pesado e pregado ao chão, olhando fascinado a amurada de pedra que ela ia galgar, ela, a pastora hedionda dos ratos e das jias. Vinha dos escuros da ponte de Barão de Itapajipe, do meio de sapos enormes, inclusive um, o maior, cururu e todo de pedra. Não sei como a aparição subia o barranco nem sei como ela pulava o paredão. Quando dava acordo, ela estava rente a mim, como a fatalidade. Era uma negra sem peitos e sem idade, toda de branco, e sua cara não tinha olhos. Inclinava-se como numa cortesia e do seu nariz começava a chorrilhar um fio de sangue que tamborilava no lajedo e me respingava os pés. As casas, as árvores, as águas recuavam e eu ficava sozinho, num descampado imenso, entregue ao inelutável. Punha-me a gritar — urrava de horror! e ficava pasmo de sentir que, ao meu clamor, minha tia parava o piano na saleta, meu Pai virava na cadeira onde estudava e minha Mãe saía de sua cama, vinha até a minha, para ver o que havia. Encostava o rosto — a sentir se eu tinha febre, aconchegava as cobertas. Dorme, meu filho. Eu fechava os olhos e, dentro do silêncio, refeito, rompiam as notas vitoriosas do teclado. A casa, de repente sem lastro, sem âncoras, desprendia-se na correnteza do rio Comprido — navegando dentro de luares fantásticos, ao encontro da manhã.

Retomo a citação de Marcel Proust em que ele ensina que a nossa memória, geralmente, não fornece imagens cronológicas

mais comme un reflet où l'ordre des parties est renversé [...].

Isso vem a propósito de minhas lembranças dos bondes de burro. Neles andei, talvez numa de nossas viagens ao Rio ou, mais certamente, depois de nossa vinda definitiva de Juiz de Fora. Quando? não o posso dizer com exatidão, pois minhas recordações desse Aristides Lobo da infância surgem empilhadas e a fotografia positiva que delas obtenho resulta da revelação de vários negativos superpostos, cuja transparência permite que as imagens de uns se misturem com as luzes dos outros. O essencial é que me lembro dos bondes de burro com seus poucos bancos, com o condutor e o cobrador, os dois sem farda, de terno velho, colarinho duro, chapéu de lebre, ou chile, ou bilontra — e a bigodeira solta ao vento carioca. O primeiro governava os burros a chicotadas mais simbólicas que propriamente para valer e, principalmente, com a série de ruídos que tirava dos beiços, da língua, das bochechas, das goelas, e que eram muxoxos e chupões, assovios e estalos, brados monossilábicos e gritos churriados — a que as adestradas alimárias respondiam com o passo, a marcha, o trote, a andadura e a parada. De distância em distância as parelhas cansadas eram trocadas por outras mais frescas, nas *mudas* dispostas ao longo dos itinerários. Uma destas perpetuou-se no nome que se estendeu a um bairro todo — o da *Muda da Tijuca*. Lembro-me bem da que ficava à esquina de Marquês de Sapucaí e Salvador de Sá, onde foi depois uma estação de elétricos — estação não no sentido de paragem, mas do local onde se recolhiam os bondes. Quem vinha de Aristides Lobo, era ali que trocava os burros. Eles eram soltos ao mesmo tempo que as correntes que os prendiam à trave que era desengatada, conjuntamente, do veículo. Quando eles se sentiam livres, empinavam as cabeças, zurravam e corriam, sem necessidade de serem conduzidos, para dentro da *muda*, para suas águas e seu capim. Iam rebolando as ancas, repiqueteando os cascos ferrados, num tilintar de cadeias arrastadas. Compunham uma representação de movimento e som que vim a recuperar quando o cinema começou a explorar as dançarinas de rumba com suas bundas de potranca, suas caudas farfalhantes, seu agudo bater de saltos e suas secas castanholas. Sempre que as via, reinundava minha alma do encanto infantil com que assistia à troca das bestas naquela esquina. E sempre que passo nesse cruzamento de ruas, reassumo meus cinco, meus seis anos e ouço o trincolejar de grilhões raspando o lajedo. Os bondinhos de tração animal seriam substituídos pelos elétricos, na zona norte, aí por volta de 1909. Estes eram veículos mais solenes e cada vez que paravam faziam um ruído especial, parece que vindo de acumuladores colocados por baixo e que lembravam, em mais grosso, o golu-golu de um peru fazendo roda. Essa batida, entre líquida e metálica, entre pingo e gongo, subia do chão do bonde, ganhava os bancos, vibrava na carne dos passageiros, crescia dentro de mim numa bola de baba e naquela ânsia de vômito que me afogavam sempre, à altura de Salvador de Sá. A rua era exatamente como ela é hoje, com aqueles sobrados enjoativos de varanda fora a fora, que se repetem iguais uns aos outros, na monotonia de residência padronizada para funcionários. Por um reflexo condicionado, mal os via e o bonde parava — junto ao negro poste cintado de branco que era o *ponto* — que os peitos se me enchiam de azedo e eu vomitava de esguicho. Vaga e idêntica náusea me assalta até hoje naquele árido logradouro e, em *Marechal Hermes*, onde essa arquitetura indigente foi reproduzida nas fachadas viradas para o leito da estrada de ferro — à rua João Vicente. Íamos tomar nossa condução na própria Aristides Lobo, em Haddock Lobo ou no largo ao fim do Bispo, onde éramos servidos pelos bondes festivos do *Alto da Boa Vista, Muda, Tijuca, Uruguai, Uruguai-Leopoldo, Matoso, Bispo, Rio Comprido, Santa Alexandrina*. Conforme o escolhido, íamos à cidade pelo Estácio, por aquele mareio infindável de Salvador de Sá e Frei Caneca, para só retomar a alegria no campo de Santana — todo verde de suas árvores, todo vermelho do quartel de bombeiros, todo dourado de raios de sol e toques de clarim; na praça Tiradentes, onde um d. Pedro equestre surgia no meio de índios e bichos, brandindo as folhas da Constituição; e no largo da Carioca, todo sonoro de baleiros e jornaleiros, todo molhado e fresco do esguicho das bicas do seu chafariz. De outras vezes descíamos Machado Coelho e tomávamos pelo Mangue. Aquilo era uma amplidão cheia de luz, perfilando suas palmeiras intactas — então intactas! porque hoje elas estão sendo estupidamente derrubadas ou deixadas morrer sem substituição. Toda a zona do canal era pontilhada pelos quiosques quadrados, hexagonais, oitavados, verdes, azuis, amarelos, vermelhos — recobertos de seu telhado chinês, de cujas pontas pendiam bolas multicores. Neles se vendiam cerveja branca e preta, vinhos duros como pedras, a afiada cachaça, as sodas e gasosas fechadas por uma bola de vidro que a pressão empurrava e fazia funcionar de rolha. E mais o pão para a linguiça e a mortadela; o peixe frito no azeite, os pastéis, as empadas, as sardinhas, os acarajés, os bolinhos de bacalhau; doces, pamonhas, sequilhos; sorvetes e caldo de cana; carretéis de linha, botões, colchetes; papel, cadernos, envelopes, jornais, revistas e livrinhos de sacanagem. Depois do Mangue, a praça Onze ainda com o repuxo que lhe roubariam mais tarde e a velha Escola Benjamim Constant que a barrava transversalmente, de Visconde de Itaúna a Senador Eusébio. O campo de Santana, fronteiro à estrada de ferro e ao quartel-general, configurava com eles a praça da República — largo imenso cheio de mais quiosques, de burros sem rabo e de tílburis no ponto. Aquela riqueza da rua Larga, Uruguaiana cheia de baleiros e jornaleiros que confundiam seus gritos e seus pregões com os do largo da Carioca — centro da cidade, umbigo do mundo! com árvores vibrando da algazarra dos pardais e do zunir das cigarras. Devo a meu Pai e a meu tio Antônio Salles, com quem fazia esses trajetos, as primeiras informações que me chegaram sobre a toponímia carioca e assim o conhecimento de pessoas e fatos perpetuados nas placas das ruas — uns apontados à admiração e outros à execração a que tenho sido fiel a vida inteira. Era assim que eu tinha partido, antes de ter conhecimento. Não sabia quem era o marechal Floriano e já aprendera a ser antiflorianista. Ignorava tudo de tudo e já era setembrista, saldanhista e melista como aquele garoto do *Vitozemé*, de Artur Azevedo. Não sabia nada de nada, mas era por Prudente, Rui, Afonso Pena e contra Deodoro, Campos Sales, o Nilo, o Pinheiro, o *Dudu* e o *Cara-de-Bronze*.

Uma de minhas idas frequentes à cidade, com meu Pai, era para o tratamento de garganta no consultório do dr. João Marinho. Esse eminente otorrinolaringologista era então infenso à operação de amígdalas e gostava de fazer nas mesmas terapêutica conservadora. A especialidade de ouvidos, nariz e garganta, alternante como a medicina de que é parte, atravessa períodos favoráveis à amigdalectomia e depois fases desfavoráveis a essa intervenção. Tive a má sorte de ter começado meus abscessos periamigdalianos em era conservadora e foi assim que guardei, durante anos, a minha doença e os meus dois focos de infecção, para só ser operado quarentão, pelo meu colega José Kós. O consultório do dr. Marinho ficava em Quitanda n. 5 e eu era empurrado de escada acima, coração pequeno e antecipando a sensação aguda dos estiletes em brasa fincados nas goelas. Uma, duas, três, quatro, cinco vezes por sessão. Os olhos enevoados viam só a estrela vermelha da pequenina lâmpada elétrica do galvanocautério e a cintilação implacável dos óculos do médico. O ar ficava impregnado de um cheiro de churrasco e de auto da fé. Meu Pai, cúmplice, conversava com o verdugo. Este era magro, alto, elegante, olhos claros e cabelos castanhos. Deixava-os crescer um pouco, atrás, para cobrir, dum lado, pelada que tinha na nuca. Tive com ele depois outros contatos. Uma vez em São Paulo, onde fui procurá-lo para obter informações sobre seu avô, o dr. Manoel Joaquim de Valadão Pimentel, barão de Petrópolis, professor da faculdade e criador de nossa medicina interna. Valadão era o pai de d. Maria Francisca, mãe de João Marinho e mulher do conselheiro João Marinho de Azevedo Americano, que transmitiu ao filho o sangue de outro médico ilustre — o dr. Domingos Marinho de Azevedo Americano. Guardei dessa minha visita a João Marinho a impressão do bom gosto com que ele reunira sua biblioteca de clássicos da medicina e de clássicos portugueses, da prodigiosa memória de que ele era dotado e de sua capacidade de ditar em *ordem escrita* as suas lembranças. Ele não me deixara tomar notas do que dizia, com medo de falseamento da verdade, e fez questão de que eu escrevesse sob ditado. Terminado este e relidas as páginas de seu depoimento, nada houve a corrigir no texto que lhe brotara simples, perfeito, completo e acabado. Eu sugeri, nessa ocasião, que João Marinho escrevesse suas memórias e, como ele falasse em falta de tempo, ponderei que um homem que criava verbalmente como ele o fazia — não precisava escrever. Era só ditar, o que tinha de dizer, ao microfone de um gravador. Nunca fez isto, creio. Encontramo-nos depois, numa sessão em sua homenagem, na Academia Nacional de Medicina. Ele fizera um discurso lúcido, claro e objetivo. Discurso de moço. Entretanto, quando fui lhe falar, apanhei-o numa série de lapsos e enganos que mostravam que a idade já o estava incongruenciando com o Tempo. Quando me apresentei a ele, estranhei o tom logo íntimo e de igual para igual que ele me dava e mais os fatos de uma nossa pretensa convivência a que ele se referia e que eu ignorava! A conversa foi resvalando para um terreno tornado para mim irreal e vertiginoso — até que ele começou a falar em coisas precisas do *meu* tempo de interno da Casa de Saúde Eiras e eu compreendi que o dr. Marinho, traído pela memória e pela percepção do real, falava não comigo, mas com meu Pai! Não o desiludi, ao contrário, entrei de rijo nas histórias que conhecia dos Eiras, dos Schiller, dos Brandon, do gênio azedo do velho Furquim Werneck, de capengação do dr. Samico e dos rompantes do nosso querido Queiroz de Barros, hem? *mestre* Marinho — o nosso *Queirozão* com seu jeito esgrouviado e aquela bigodaça caída em cima da boca. Meu interlocutor interessado, divertido e lembradíssimo ouvia, aprovava, acrescentava, corrigia. Através de um espaço de quarenta anos, longe, além da Morte, ele conversava com meu Pai... Despediu-se encantado. Foi um prazer revê-lo, *seu* Nava. E como foi bom vosmincê ter deixado o interior para vir para o Rio. Como tudo correu bem e como sua entrada foi fácil na Academia... E a clínica, como vai? Então? E quando você for a São Paulo, apareça, homem! Minha casa é em Vitorino Carmilo 620. Não apareci. Nunca mais nos vimos neste mundo. Ele foi para o outro, o das sombras que tínhamos evocado juntos. Da sombra que ele um dia viu dentro de meu corpo — deslocado nas eras e tornado de repente translúcido.

Depois das cauterizações em que eu tinha a impressão de estar engolindo arame farpado posto em brasa, meu Pai me dava a compensação. Sorvete na Lalet e sessão de cinematógrafo. Lembro-me muito bem. Era uma casa de espetáculo ou talvez de simples mostra de filme como curiosidade, parece que na rua do Ouvidor. Chamava *Kinema* — com K e tudo. A sala, quando escurecida, continuava iluminada com lâmpadas vermelhas, como se usa hoje nas demonstrações audiovisuais — para permitir a escrita, aos que tomam notas, sem prejudicar as condições ópticas requeridas pela projeção. Na plateia que estou descrevendo, claro que ninguém tomava apontamentos e que aqueles focos vermelhos eram impostos pela conveniência. Não ficaria bem uma sala de breu, com damas e cavalheiros. O advento posterior dos bolinas como praga cinematográfica justificou a precaução. Gravei o vulto fantasmagórico dos empregados da casa, com grandes seringas parecendo as do *flit* porvindouro, soltando pulverizações de perfume por cima das cabeças dos espectadores. Luz vermelha e trescalar de olores... "Que mais queres"? amigo, para desencadear o *páthos*... Infelizmente não tenho a menor ideia dos filmes rodados e lamento essa lacuna de minha atenção, esse buraco de queijo na minha memória, pois, pela época, eu devia estar tendo a prerrogativa de ver as bandas heroicas da primeira fase do cinema, a pré-chapliniana, a que vem de 1895 e acaba no primeiro Carlito — *Making a living* — de janeiro de 1914.

Assim como hoje se desce de todo o Rio para admirar o Aterro e o novo Leme, naquele tempo migrava-se dos bairros norte e subúrbios para ver a avenida Central em construção. Era percorrida de carro aberto ou então, como o fiz, num auto-ônibus, talvez o primeiro daqui — um sem coberta, pintado de vermelho como as viaturas dos bombeiros e que fazia a circular Mauá-Monroe. Guardei, como se fosse ainda hoje, o dia magno em que o 106 veio à cidade incorporado, para deleitar-se com as perspectivas francesas da nova artéria; seus palácios em construção ou já prontos, na audácia de seus quatro, cinco, seis andares; os lampiões *art nouveau*, de vários braços, iguais aos dos bulevares de Paris; o palácio Monroe branco — como coberto de creme, bem enformado como um bolo de noiva; o obelisco, rente ao mar, tal e qual o Louqsor da praça da Concórdia; o conforto da fila de tílburis estacionada no centro do logradouro, com as bestas enchendo o asfalto de bosta; por fim, a consternação da família quando eu, saliente, querendo mostrar que já lia, berrei alto o que estava no cartaz enorme que sobrepujava tapume de construção: O SÂNDALO MIDY CURA A GONORRHEA! Disse, rolando bem nas campainhas aqueles dois Rs molhados no H, que davam a impressão de um corrimento ainda maior, corrimento daqueles bons, dos de *gancho*...

Se, com a de meu Pai, guardo a ideia dos passeios pela avenida em flor e das idas à rua da Quitanda para ver o dr. Marinho (com os sorvetes e sessões cinematográficas delas decorrentes), associo minhas primeiras impressões das ruas do Ouvidor, Gonçalves Dias e do largo de São Francisco a minha Mãe e a minhas tias Bibi e Marout, que eu acompanhava em suas expedições à *Raunier*, à *Colombo*, à *Salgado Zenha* e, na correria final, até o *Parc-Royal*. Elas preferiam as três primeiras lojas e, quando podiam, bem que esnobavam a última — menos fina, muito menos chique que as outras. Iam também às *Fazendas Pretas*, onde as viúvas da família se proviam de suas sedas, de suas capotas, de seus fichus e de seus vidrilhos. *Apreçavam*, bem sentadas diante de caixeiros dotados de paciência evangélica, o que queriam e o que nem de longe pretendiam comprar. Viam os cetins, os veludos, as belbutinas, os *repoussés*, os brocados, os tafetás, os tussores, as flanelas, as lãs, as caxemiras, as sarjas, os crepes da China, as gazes, os filós, os *voiles*; passavam para as rendas, as guipuras, os entremeios, os sutaches, as aplicações; iam às fitas de todas as larguras e de todas as cores — as próprias para faixas, as para enfiar em gola, camisa, camisola, calça, saia branca, corpinho e cabeção; desciam aos botões, colchetes, pressões; acabavam nos alfinetes de fralda, de segurança, de cabeça e nos de fantasia, com cabinhos mínimos de louça figurando aves, flores, borboletas e joaninhas. Não esqueciam os grampos de chapéu, sempre com novidades, inclusive os últimos, americanos, cuja ponta, depois de atravessar a copa, o coque, outra vez a copa, ia ser *embolada* por uma peça atarraxável, exatamente igual à do cabo. Ficava parecendo um halter. Quando se fartavam de *apreçar*, saíam, agradecendo, prometendo voltar, a caixeiros sucumbidos que as acompanhavam até a porta, como era costume nessas épocas de polidez e boas maneiras. Iam então aos chás, aos refrescos, aos sorvetes, às pamonhas, aos docinhos, aos pães de queijo, às coxinhas de galinha, aos camarões recheados, aos croquetes — tudo comido com os véus levantados até a altura do nariz. Iam subir e descer Ouvidor e Gonçalves Dias, para apreciar as vitrines e ver as outras senhoras que passavam com suas saias *entravées*, suas blusas *au petit col bombé*, suas bolsas a tiracolo, suas sombrinhas luxuriantes e seus chapéus de latifúndio — em que viçavam flores e pousavam aves. Eis senão quando eu ou a tia Marout acusávamos os primeiros sinais da urgência de uma dor de barriga, e, antes que tarde, virava o passeio naquela disparada para as instalações sanitárias do *Parc-Royal* — conhecidas e gabadas por todas as senhoras que vinham à cidade. Que asseio, que recato! Os meninos também podiam se esbaldar naquelas latrinas estupendas e cheirando a desinfetantes finos, a um tempo fenicados e sentindo a eucalipto e alcanfor.

Meu tio Antônio Salles, que se comprazia tanto com a companhia de crianças como com a de adultos, era o amigo adorado pelos sobrinhos. Entre estes, ele me preferia e é por isto que eu saía frequentemente com ele. Aos passeios que fizemos juntos, devo aquisições progressivas nos limites de minha geografia urbana que estendi a Santa Teresa, ao Flamengo, a Botafogo e à Copacabana das pitangueiras. Não sei qual dos seus amigos fomos um dia visitar em Santa Teresa. Sei que a casa era ampla, simples e que abria por largas janelas sobre o Pão de Açúcar, a entrada da barra e a linha mar e céu. Depois da perspectiva dos telhados urbanos, vistos de cima dos Arcos, aquela outra arrebatou-me de oceano afora. Longe, ele, oceano, era leve bruma sem limites precisos com os céus do mesmo azul. Essa cor preciosa e breve misturava-se ao ouro do dia maravilhoso e de vez em quando risco branco de espuma mostrava que as águas não estavam imóveis como as distâncias faziam parecer. À medida que se olhava a paisagem, via-se que suas cores vinham se encorpando e tomando tonalidades mais vivas com a aproximação. À direita e à esquerda eram os verdes violentos e profundos da mata; o aço das rochas descobertas e lisas; o terra de Siena, o cobre e o gris de barrancos cortados; a policromia dura das encostas cheias de casas, de faiscações de vidraça e chispas de claraboia. Tudo se diluía gradualmente e os planos longínquos se esbatiam — irreais na luz azul-clara, nos róseos de pétala e na fina poeira dourada. Cedo aprendi a perceber esse contraste tão vivamente apanhado nos desenhos e pinturas do velho Rio — como os feitos por Ender, Henderson, Mary Graham, Debret e Rugendas. Sempre com meu excelente tio fiz, certa noite, a descoberta do Flamengo e das luzes remotas de Niterói. De onde vínhamos? Gravei a visão noturna dos aléns da amurada que nesse tempo era feita em colunetas iguais às do monumento da Abertura dos Portos, ao fim do Russel, e semelhantes às do plano que divide a rua da Glória da avenida Augusto Severo, ou às que sobraram do lado marítimo do Passeio Público. Além delas o mar batia no enrocamento e coruscava mais longe, cheio de sereias de caudas reluzindo e de centelhas do dorso de monstros marinhos, entre os quais eu logo distingui as roscas dos dragões das argolas de guardanapo da mesa de Aristides Lobo. Estavam ali, naquela água de nanquim, levantando seus anéis de prata escura. A uma observação que fiz a respeito, meu tio Salles, que tinha imaginação, longe de me dissuadir como o faria um imbecil, mostrou-me logo, além dos familiares, outros dragões espojando na espuma e nas ondas. Assim fez-me aparecer, entre Rio e Niterói, o de são Jorge, as serpentes voadoras da Bíblia, o Lindwurm de Siegfried, a Tarasca de santa Marta. Deixando o mar povoado, mostrou-me o céu carioca cortado pelo voo dos grifos, das harpias e das asas de ferro do Leviatã. E mais, as encostas do Pão de Açúcar, da Urca, do Corcovado logo fervilhando de patas, caudas, focinhos e do vulto furtivo das empusas e dos lêmures. A reminiscência desse terror poético é que me permite trazer para a velhice restos intactos de mistério, de infância e minha crença na existência da serpente marinha, do monstro do lago Ness, do homem abominável das neves, dos discos voadores. Da minha casa da Glória, todas as noites, quando me debruço sobre a baía e vejo ao longe as luzes de Niterói — pressinto o vulto de tio Salles tornado imenso, enchendo a noite e mergulhando os pés nas águas onde nadam polvos, delfins, espadartes, cachalotes, lampreias e o Peixe-Megalodão. Fomos uma vez a Botafogo. Tomamos pelo Pavilhão de Regatas e viemos descendo em direção ao morro da Viúva. Havia um lugar onde o arruamento parava, pois o que é hoje a avenida Rui Barbosa não tinha ainda sido aberto. Nesse termo de rua o mar insistente ficava batendo e roendo. Tinha cavado por baixo e percebia-se o vaivém das ondas através de um buraco do asfalto, num ponto em que o calçamento abatera.

De Copacabana guardo uma imagem de sol e espumas bravas estrondando sobre areias cheias de conchas, da cabeleira verde das algas e das bexigas das águas-vivas que se estouravam com o pé. Vi também as pitangueiras. Tinha sido um piquenique do pessoal do 106 e mais dos Ennes de Souza, das Teixeiras e dos Modesto. É ainda como expedição familiar que lembro uma ida ao Jardim Zoológico, do que resultou a mudança periódica, para nosso quarto de dormir, dos leões, tigres, zebras, girafas, elefantes, jacarés e serpentes que em certas noites ali arranchavam fugidos do Lins Vasconcelos; também doutra ida ao campo de Santana, para assistir a uma Batalha de Flores. Nunca mais me esqueci dos carros e dos automóveis primitivos transformados em gôndolas, galeras, cestas e cisnes construídos com rosas, nem das senhoras e cavalheiros que de dentro desses veículos atiravam-se flores e sorrisos. Naquela ala do jardim que dá para o corpo de bombeiros, estes formaram para as continências ao presidente Nilo Procópio Peçanha, que chegou de carro aberto à Daumont, cercado de um piquete de lanceiros, para dar uma volta no parque sob uma chuva de flores e de acordes do hino nacional. Sorria largamente, o babalaô, e seus dentes lembraram-me teclas de piano, aparecendo dentro da beiçola que o cavanhaque e o bigode disfarçavam mal, mal. Procópio.

Cheias de aventuras eram também as saídas para o bairro. Frequentemente eu ia com tio Salles, de manhã, até Haddock Lobo ou até o Bispo. Descíamos ou subíamos a rua e eu ia fixando as fachadas das casas. Algumas ainda estão de pé e me empurram para a infância, cada vez que passo lá nos dias de hoje. Reconheço-as. O correr de casinhas humildes que vai até a esquina da travessa Rio Comprido. As lindas edificações de pedra, porão habitável, pilastras, fachadas de granito e escadas laterais se abrindo como leque e se espraiando como ondas que morrem. São quatro, duas a duas, parede-meia. Têm os números 71, 73, 81, 83 e datam de 1878. Há uns tapumes de construção diante do nosso 106, cuja área fronteira está atualmente na rua porque, seu alargamento estando sendo feito pelo lado par, o lajeado onde eu fazia correr meu trem de ferro é hoje passeio do logradouro. Minhas mesmas pedras. O meio-fio gasto pelas solas dos que entravam e saíam para visitas de aniversário, para os alegres ajantarados do domingo, para os velórios. O velho 189, lindo sobrado, chalé, com respiradouros do forro geminados e com a forma de dois trevos de quatro folhas, de duas eglantinas de quatro pétalas. O 186, com suas figuras de louça na cimalha. O prodigioso prédio de cunhais arredondados da esquina de Campos da Paz, com seu jardim lateral e suas duas palmeiras-imperiais. O velho largo — caminho de Estrela, Bispo, Santa Alexandrina. Passo na rua de hoje como na antiga, quando eu a subia ou descia. Nela encontro velhas sombras. Ponho minha mão na de tio Salles e vamos descendo para os lados de Haddock Lobo, do Estácio, para os rumos da infância e das horas perdidas. Cortávamos pela travessa do Rio Comprido e eu tinha de parar diante do estábulo que a enchia de moscas e do cheiro da bosta. Era escuro, atroado de mugidos e fedia. As vacas ficavam em duas filas, de rabos uma para a outra e viradas para as manjedouras atulhadas de capim, junto às paredes. Batiam de rabo e iam sendo ordenhadas e seu leite batizado com mijo era vendido na porta. Passava dos baldes imundos para as garrafas trazidas pelos fregueses. Seguíamos para a papelaria onde tio Salles comprava o almaço para as poesias e os cadernos, os lápis de cor para meus desenhos. Passávamos nas padarias, nas farmácias, nas tinturarias, no armazém, no açougue. Esticávamos o passeio até a avenida de casinhas cinzentas, onde entrávamos na habitação de solteiros do Heitor e do Lafaiete Modesto. Encontrávamos os dois, chinela cara de gato e camisolão de dormir, barbeando minuciosamente as faces. O primeiro, a papada bem principiada, o segundo, a queixada angulosa. O meu tio viera morar ali para ficar perto da casa da noiva e trouxera como companheiro de casa o primo, filho de seu tio paterno Sebastião Modesto. O Lafaiete era alto, claro, cabelos anelados, olhos azulados, rosto comprido e seco. Tinha um ar triste e sério, como se estivesse advertido da tragédia de sua vida. Anos depois, seu retrato começou a aparecer frequentemente nos jornais, pela cara de seu sósia o lorde Louis Mountbatten de Burma.

  Visitava-se no bairro e na zona norte. Com meu Pai eu ia sempre ver o dr. Duarte, em casa do major Mendes, ao Bispo. De manhã, segundo o costume cearense. Às vezes encontrávamos na porta o dono da casa, carregado de samburás e chegando das quitandas com as cenouras, os pepinos, as abobrinhas, os rabanetes e as frutas, cujo polido era imitado pelas faces vegetais do bravo militar. Àquela hora ele fazia os abastecimentos vestido de brim e com chapéu do Chile. Depois do rancho familiar é que ele se fardava e saía para o quartel-general. Com minhas tias e minha Mãe corríamos às primas. Íamos à Ritinha do Minzinho, à Sinhazinha, à Pequenina, à Marocas e à Candinha. As duas últimas moravam juntas, para os lados do Andaraí, e lembro de uma vez que lá fomos e ficamos sem poder entrar, porque a chave do cadeado do portão tinha sumido. Mesmo assim elas mandaram o moleque passar cadeiras por cima, obrigaram-nos a sentar do lado de fora, abancaram-se no jardim e a visita correu assim, debaixo do sol, com um cafezinho servido através do gradil. Tia Candoca, informada do caso, disse que já lhe acontecera o mesmo em casa do dr. Clóvis Beviláqua. A d. Amélia também oferecera um lanche na rua. Com tio Salles íamos ao Franco Rabelo, ao Virgílio Brígido. Sempre para a conspiração que culminaria, no princípio de 1912, com a deposição do comendador Accioly do governo do Ceará. Numa ou noutra casa estava sempre o monumental dr. Belisário Távora e foi numa delas que conheci o meu futuro amigo Américo Facó, que era de pequena estatura e batia no umbigo daquele. O coronel Marcos Franco Rabelo lembrava vagamente a figura do general Dantas Barreto. A mesma miopia, os mesmos óculos de fundo de garrafa, os mesmos bigodes em leque. Sua senhora, d. Maria Adelaide (Marocas), era a amabilidade em pessoa. Ela era filha do general Clarindo e de sua esposa, d. Maria Amélia (Maroquinhas), pertencendo assim a uma linha feminina que dera três mulheres de presidentes do estado do Ceará. Sua mãe, ela própria e sua filha Alfa, que se casaria mais tarde com Ildefonso Albano do Aratanha. O Virgílio Brígido era outro míope, também de bigodes em leque, mas acrescidos dum cavanhaque. Sua lembrança ficou ligada, na minha ideia, à de bagos de uva, porque uma vez, em sua casa, ofereceram-me um imenso cacho de ditas moscatel. Ao começar a chupá-las, fui assaltado de dúvidas. Seria elegante devolver da boca ao prato os caroços? assim como quem cospe. Que fazer com as cascas? Engolir? Cuspir? eis a questão... Na hesitação eu ia comendo e entesourando películas e pevides no vão da bochecha. Quando acabei, não podia falar porque sabia que não se fala de boca cheia. Não podia responder ao que me perguntavam e, de cara torta, comecei a chorar. Diante da mudez daquele pranto aflito e daquele repuxamento da boca,

Antônio Salles, alarmado, deu-me por estuporado e despediu-se. Só na rua eu despejei os bagaços e readquiri o verbo para substituir por indignação o susto do meu tio.

O cabeça-chata Virgílio Brígido morava no Rio, mas tinha uma fazenda em Minas, onde meus tios Alice e Salles passavam tempos. Ali escaparam inexplicavelmente de um desabamento provocado por raio caído sobre a ala da casa onde ficava seu quarto. Enquanto o mesmo ruía, o telhado saía em direção da ventania, ao tempo que soalho e paredes deslizavam, inteiros, para o lado contrário, onde cedera o alicerce. Tia Alice, que estava escrevendo, só deu acordo do acontecido quando começou a sentir a chuva grossa sobre a carta que redigia.

Ainda com tio Salles subi um dia as ladeiras da rua do Morro, onde morava não sei mais que amigo seu. Enquanto ele parava, no alto, para olhar a vista escampa e larga que dali se descortina — Santa Teresa, o Corcovado e a Tijuca levantando a cara e o nariz pico — eu atentei num pano de muro branco todo cheio de inscrições e desenhos pornográficos. Esse gênero de criação plástica é sempre levado a efeito com a pressa inspirada aos autores pelo medo de um flagrante e a pressa obriga-os a sínteses essenciais, às vezes tão fabulosas que só podem ser comparadas a certos *close-ups*, relances e *gags* achados pela suscetibilidade de um cinegrafista de gênio. Tal era o esboço que vi — que guardei de memória, como coisa perturbadora, posto que então incompreensível. Era uma mulher representada apenas no indispensável. Decepada, ela não tinha cabeça, nem braços, nem pernas. Era só um tronco, de cintura fina e cadeiras de bandolim, encimado pelos dois seios em orbe e terminado, embaixo, por um vão pregueado e violentamente aberto para poder dar passagem a uma espécie de pistom das locomotivas da Piau que se enterrava a meio, deixando para trás duas gamboas formidandas. Ao lado, sempre as mesmas bolas eram reproduzidas em outros grafites — um, discreto, parecia uma tesoura fechada e deitada, e o outro, desmesurado, repetia a forma enfática e a posição do falo-indicador que, anos mais tarde, eu encontraria em Pompeia e que emprestava à rua Mercúrio lembranças do Rio Comprido. Em torno, legendas. Uma dizia que A NÉLIA É GALINHA. Eu não podia conceber essa mutação em ave da d. Nélia, que era nossa vizinha, e ia sempre à cidade, toda risonha e toda enfeitada. Outras cifravam-se a uma palavra. A primeira era CULIÃO e esta, espertíssimo, matei logo: havia de ser cu de leão, cu do rei dos animais. Sopa. A outra, não entendi e tirei tio Salles da sua contemplação para pedir explicações. No princípio ele perturbou-se, mas logo se dominou e esclareceu tudo. O desenho do pistom, este não, porque estava muito malfeito. Os *indicadores* eram mesmo uma tesoura fechada e uma garrucha. Eu estava certíssimo. Quanto à palavra que eu não entendia, era um nome de gente, Carvalho, que um ignorante escrevera sem o V. Dei-me por entendido e tio Salles tirou o chapéu para enxugar a testa cheia de suor. Creio que esse foi nosso último passeio pelo Rio Comprido, pois em fevereiro de 1911 os tios seguiriam para o Norte, pelo navio *Pará*, que passou a figurar nas minhas sagas, cheio de gáveas, mezenas, traquetes e bandeiras ao vento...

> ...De ceste vie cy bouffez:
> Autant en emporte ly vens.
> FRANÇOIS VILLON, *Le testament*

Logo depois do embarque do cunhado, meu Pai começou a procurar casa para mudar-se. Queria ponto calmo, que ficasse perto da casa das irmãs e do hospital que ele começara a frequentar. Seus locais de trabalho eram a Delegacia de Saúde do Méier e o Serviço Médico-Legal da Polícia — onde exercia cargos conquistados por concurso e para que fora nomeado, apesar das tentativas da política dominante de Juiz de Fora para impedi-lo. Felizmente falhou essa manobra de campanário. Para chegar ao Méier, ele ia do Rio Comprido à cidade onde, no largo de São Francisco, tomava a condução para o subúrbio. Com os bombardeios da revolta do João Cândido, meu Pai, para evitar o centro onde caíam granadas, descobriu a estação de *Lauro Müller* e o trem da Central. Assim colocou essa parada entre os pontos em cuja proximidade queria casa. Esta ele descobriu e é uma que está de pé até hoje. Tem o número 371 de Francisco Bicalho. Fica na esquina de Presidente Vargas e suas velhas paredes, que abrigam, em cima, uma hospedaria e, no térreo, uma oficina mecânica, desagregam-se, aos poucos, sacudidas pelo fragor dos comboios elétricos que passam de instante a instante e pela trepidação das centenas de ônibus que vão e vêm. Essa casa, que fica num dos pontos mais insuportavelmente movimentados do Rio, encantou meus pais, em 1911, pelo aspecto quase rural de sua paisagem e pelo silêncio que a cercava — só cortado de longe em longe pelo apito de um expresso ou pelo badalar de sino de locomotiva manobrando. Lembrava a estação do Sossego e a lua de mel... Convinha admiravelmente. Estava a meio caminho da parada do trem do Méier, da Gamboa, da cidade e, pela ponte dos Marinheiros, era um pulo para a residência das manas e para o Colégio São José, que eu devia frequentar em 1912. Não frequentaria. Tampouco mudaríamos de casa. O destino estava tecendo outras teias.

Conquistados seus dois empregos, sem nenhuma proteção, devidos só ao seu esforço e capacidade mostrada em concurso público, meu Pai reaproximou-se dos colegas de quem se tinha distanciado durante o período de Juiz de Fora. Seus mestres, como Cipriano de Freitas, Carlos Eiras, Pedro Severiano, Antônio Rodrigues Lima e Miguel Couto, que fora paraninfo de sua turma. Velhos amigos, como Moura Brasil, Queiroz de Barros, Adolfo Luna Freire e João Marinho. Antigos companheiros de faculdade, como Aloysio de Castro, Moura Brasil Filho, Bruno Lobo, Adelino Pinto e Alberto Farani. Deixando de ser policlínico do interior, despido da qualidade de *médico-operador-e-parteiro*, dedicou-se exclusivamente à clínica médica. Frequentava a Gamboa e a Policlínica. Ia abrir consultório à rua da Quitanda 5, no mesmo prédio do de João Marinho, junto com seu querido amigo Alberto Amaral. Estava demorando, devido à moléstia que assaltara o último e que o prendera numa cadeira de rodas. Por pouco tempo, prognosticara o dr. Austregésilo. Infelizmente, ia ser para sempre.

Tenho os apontamentos da "conduta do legista", feitos por meu Pai, e neles, quando sextanista da faculdade, estudei muita coisa de medicina judiciária. Foi assim, com sua lembrança, que me enfronhei nas técnicas do exame pericial dos cabelos, sangue, esperma, mecônio, massa cerebral e matérias fecais. Como por sua voz aprendi as medidas de Oesterlin, a fórmula do reativo de Florence, o reconhecimento das manchas pelos métodos de Orfila, Galippe e Mansuino, a identificação do passamento súbito pela docimasia hepática de Lacassagne e os processos de Icard para a tanatognose. Lições sobre a Morte, vindas de além da vida. Sua lembrança, sua lição. No mesmo livro dos apontamentos profissionais, uma notinha mostrando que meu Pai continuava, nas lojas do Rio, a atividade maçônica iniciada em Juiz de Fora. Diz tripingante e sibilinamente:

> *Bernardino Je Baptista ∴ Ven ∴ Membro Honorario da Ass Ger 191 do regulam geral do Or ∴*

Na Delegacia de Saúde do Méier, o trabalho era, principalmente, o das visitas domiciliares para verificar as notificações compulsórias. Icterícia febril na rua Dias da Cruz. Caso suspeito de cólera em Capitão Rezende. Tifo em Arquias Cordeiro. Peste em São Brás. Lá ia o moço doutor no calhambeque da Saúde, tirado por magras pilecas, pelas ruas do subúrbio. Ia com alegria e boa vontade. Bem consigo e com a vida, bem remunerado e cheio de esperança, vendo no horizonte a clínica que não podia falhar, a academia com que já lhe acenara o Aloysio e quem sabe? a faculdade, com que todos sonhavam. Coragem! porque essa vida de plantão suburbano, entre febricitantes, e de plantão no necrotério, entre defuntos, é apenas o primeiro passo. E lá ia o doutor: ao sol, ao vento, à chuva, constatar os disentéricos, os variolosos, os tetânicos, os esporádicos e últimos casos de febre amarela. Assim é que naquele 30 de junho ele foi ver, na rua Honório, uma criança com difteria. Àquele frio e àquela umidade com que às vezes o Rio capricha e que eram nefastos ao seu peito amarrado pela asma. E logo, meu Deus! crupe, a moléstia que ele tinha horror de trazer para os filhos. Voltou impressionado com o que assistira, do menino queimando em febre e morrendo, todo azulado, do estrangulamento do garrotilho... Vi quando ele chegou em casa e quando um instinto profundo mandou-me gravar o que estava vendo. Passou pelo lado, parou debaixo das janelas da sala de jantar e disse a minha Mãe que mandasse levar um sabonete, uma toalha grande e seus chinelos para o banheiro de fora. Ficou esperando, meio curvado, olhando triste, triste, em direção ao rio Comprido — sob a chuva e os preságios! — coberto pelo chapéu de abas largas que pingava. Tive a impressão de que seu vulto se diluía no cinza da tarde, que perdia parte de seu contorno, como figura de um desenho em que se passa a borracha. Senti um frio por dentro e no susto, a caixinha de música que eu tinha nas mãos desprendeu-se, bateu no batente de pedra, quebrou o cabo de louça — descobrindo um arame duro, agudo e que feria. Meu Pai sumiu no cacifro onde se lavou, lá deixou toda a roupa para desinfetar, subiu a escada da cozinha, enrolado pela cintura e com o peito magro exposto à chuva. No quarto ele tomou o clássico leite pelando, com conhaque, mas quem disse que aquela chapueraba evitava gripe? Veio primeiro o esperado acesso de asma e às onze da noite o termômetro já tinha subido, como um foguete, para quarenta graus centígrados. E aquele arrepio, aquele bater de queixos. Não estou me sentindo nada bem. Vocês chamem o Duarte ou o Luna porque eu vou ter alguma. Hoje não, que não quero incomodar ninguém a esta hora e com esse tempo. Amanhã cedo. Vieram os dois. Antipirina. Poção de Todd. Cataplasma de mostarda. No terceiro dia as coisas se definiram e o dr. Duarte de Abreu enunciou o diagnóstico. Augusto e solene como um verso. Broncopneumonia gripal infecciosa. E nem ele nem o Adolfo estavam satisfeitos. Ainda se fosse num homem forte, vá lá... Mas numa criatura fraca, esgotada por dois concursos, pelo excesso de trabalho, num asmático que sufocava cada noite, que entrava em crise cada três dias... Com aquele enfisema...

Não tenho desse período nenhuma ideia da continuidade ou da sequência dos dias. Vejo estes, dentro das situações dominantes que os marcaram, como grandes clichês fotográficos em que meu Pai, minha Mãe, os médicos, meus tios, as visitas — aparecem imobilizados na mímica da esperança, da dor, do desânimo, espanto, desespero. Com estes quadros reconstituo, mais ou menos, o que foi o mês de julho de 1911. A impressão mais forte desse tempo é a do isolamento imenso em que vivi. A família cristalizara-se em torno do leito de meu Pai e o resto da casa era o vácuo em que as crianças caíam com igual velocidade, como as pedras, os chumbos e as penas dentro de um tubo de Newton. As paredes, as escadas, as janelas, os tetos — tudo tinha sido suprimido e só as pessoas recortavam-se como desenhos, onde as figuras existissem e se definissem sem o décor. Agindo soltas como os esboços de Leonardo da Vinci. Como eles, precisos. Simbólicos. Não era nunca de noite, nem de dia, dentro daquele túnel. Nada se modificara, mas tudo se alterara — tal o mesmo objeto fotografado aos raios do sol ou luz infravermelha. A Fatalidade já tinha chegado e ninguém a sentia porque todos estavam impregnados do corriqueiro, resistindo contra o drama — do mesmo modo que quem sai de avião, do Rio, em janeiro, leva para a Inglaterra uma reserva de calor que só lhe deixa sentir completamente o frio uns dias depois da chegada. Assim, o 106 só acordou para o gelo quando, com duas semanas de doença, os médicos chamaram em conferência o dr. Aloysio de Castro. Ele entrou magro, elegante, a face ebúrnea, bigodes noturnos, a calva principiando e com aquela atitude decorosa e perfeita que faziam dele o que identifiquei mais tarde como sendo uma mistura dos retratos do dr. Dieulafoy, de Edmond Rostand e do duque de Morny. Concordou com a suspeita do dr. Duarte e do Luna Freire sobre aquela febre que ia a 41, 42 graus, e que depois caía a 35. Podiam esperar a supuração que se formava. No caso, um abscesso de pulmão. Ele próprio, Aloysio, contou-me, anos depois, os lances dessa conferência. Veio outra onda de alarma quando o doente passou a confundir a mulher com as irmãs e um dia desconheceu o fraterno Zeca Moura Brasil, que deixou o aposento chorando. A Cotinha Belchior entrava e saía. O Ennes de Souza, engasgado, não quis subir. Todos desciam as escadas, eram chamados, corriam, voltavam, despencavam degraus abaixo, de novo subiam, mas tinham de vir, outra vez, buscar as toalhas, as chaleiras, os emplastros ou os caldos esquecidos. As poções, os xaropes, os eletuários cintilavam, de todas as cores, dentro de vidros cujas rolhas e gargalos se revestiam da chapeleta preguada de papel impermeável. *Agite antes de usar*. Misturavam-se às caixas cheias das pílulas rolando no licopódio, às das cápsulas, às dos papéis parafinados, às das empolas brancas da cafeína, da esparteína e das azuis do óleo canforado, cuja entrada em cena foi recebida como augúrio nefasto. Era considerado remédio extremo para males extremos. Minha Mãe aprendera a fazer as injeções e aplicava-as sem parar, na hora dos delíquios. O doente já não podia mais. O electrargol fracassou fragorosamente. Começaram as rezas, as promessas, as velas acesas, os projetos de subida da Penha de joelhos. Os conhecidos mandavam bentinhos, medalhas milagrosas, ágnus-deis. A d. Leonídia Teixeira chegou um dia brandindo uma saia branca da *santa* Zélia Pedreira. Eu olhava meu Pai, da porta, via-o apoiado em todos os almofadões da casa, não o reconhecia mais, não podia superpor sua figura familiar conversando de calças claras na saleta à que eu via ali, derrubada, como que possuída dum trem, dum troço, cabelos desgrenhados, barba enorme e todo ele cor de cera. Afinal rebentou o vaso da ira e depois da vômica a febre moderou seu incêndio, estabilizou-se entre 37 e 38, meu Pai parou de divagar, emergiu do delírio, passou a reconhecer as pessoas e a agradecer as xícaras de mingau que tomava confortado. Os médicos, entusiasmados, já falavam em convalescença e autorizaram o champanha quatro vezes ao dia. A 30 de julho de 1911, um mês depois de doente, meu Pai pasmou de repente, derramou a vasilha de leite que bebia sentado e caiu sobre os travesseiros. Todos acorreram aos gritos da tia Candoca chamando — o José está morrendo! —, minha Mãe quebrou a agulha da última injeção, e o crucifixo arrancado da parede passou para as mãos do agonizante. A vela do trânsito era um absurdo na luminosidade daquelas nove horas da manhã e um clamor atroou, rebentou contra as paredes como uma onda que sobe, submerge, estoura, baixa e recua fervendo. Quando a casa silenciou, todos foram cambaleando e abraçados para o quarto de trás, enquanto o Lafaiete e o Heitor Modesto trancavam-se no da frente carregando a casaca, botinas de verniz, roupas engomadas, a gravata imaculada, um vidro de álcool, o pacote de algodão e os apetrechos de barbear. Seria a última vez... Naquela manhã começara (não sei se para ele, que já não era mais dono nem de si mesmo) aquela marcação do nunca-mais e da última-vez. Nunca mais ele voltará a este quarto. É a última vez que desce estas escadas, pesando. Que passa nesta sala de jantar, carregado. Nunca mais sentará nesta saleta. É a última vez que ele ficará nesta sala, deitado, até ir-se desta sala, pela última vez, para nunca mais, para todo o sempre... Ficou um pouco naquela cama de ferro cujas bolas douradas repetiam, encurvando-a e emprestando-lhe as aberrações da sua esfericidade, sua alta figura que a morte esticara desmesuradamente. Esperando a entronização que não tardou da essa, dos tocheiros e do caixão de veludo agaloado. Naquela altura ele ficou distante, transmudou-se na coisa além das afeições, das convenções, dos contratos, das reciprocidades. Não podia dar mais nada. Receber mais nada. Nada. Não ser. Não ter. As expressões automáticas ainda lhe atribuíam, irrisoriamente, as últimas possibilidades de posse. O caixão dele, o enterro dele, a sepultura dele — mas nem isso! porque ele é que era do caixão, do enterro, da sepultura perpétua. Perpétua? Perpétua é a Morte. A dona é a terra... Eu vagava, extraordinariamente só naquela casa. Vi ainda o quarto revolvido, como depois dum crime ou orgia, com roupas caídas, vidros no chão, toalhas e algodões sobre as cadeiras — até que alguém veio, fechou as janelas e passou a chave nas portas, como quem tranca uma sepultura. Eu caminhava entre figuras em pranto, cochichos, bandejas de café e vinho do Porto, gente entrando e saindo, as coroas chegando e sendo penduradas nas paredes, como salva-vidas nas amuradas da nave que ia partir. Em destaque, a nossa, dos filhos e da viúva, com flores de biscuí tilintando musicalmente, como os pingentes de cristal do lustre da sala. Tudo cheirava a cera, tudo era crepitante como a chama das seis velas acesas e seu reflexo vermelho ensanguentava veludos e galões. Os parentes vieram chegando. A Pequenina e a Sinhazinha bem que tinham dito... Da casa de cômodos, ao lado, do 104, vinha o som arranhado dos discos que o malandro do Valdemar fazia girar pela noite adentro, com as músicas do "Dengodengo", do "Abre-alas", da "Casa Edison-Rio de Janeiro", "Adeus, Mimi, que eu vou partir agora, pra defender da pátria o pavilhão"... Aquela irreverência foi enchendo o Heitor, o Lafaiete, o Bento e o Nestico, que teriam ido quebrar o gramofone e a cara do Valdemar se as minhas tias em lágrimas — pelo amor de Deus! — não tivessem impedido. As cantigas foram morrendo e finalmente o velório foi passando para o bojo de um silêncio augusto e sonolento. A noite entrou pela madrugada de fábricas apitando e a madrugada, naquela manhã fresca e dos céus profundos do julho de Aristides Lobo. Toda a rua vibrava de luz quando o churrião encostou adiante do nosso portão, mais chegado ao do 104. Era pintado de preto, tinha colunas como um templo, cortinas negras esfiapadas e, no alto de sua boleia, sentava-se o Destino vestido de cocheiro e tendo à cabeça uma cartola cingida de crepe. O caixão desceu carregado pelo tio Itriclio, pelo Candinho, pelo dr. Duarte, pelo Ennes de Souza, pelo Heitor Modesto e pelo Paletta, chegado, cedo, de Juiz de Fora. Foi para o carro onde o amarraram e penduraram as coroas. Eu olhava da janela e vi o bolo de gente se desagregar e cada um recuar procurando seu tílburi. Quando todos estavam instalados e o cortejo pronto para seguir, o homem da cartola virou-se para a frente e varreu a rua com o pinguelim — num gesto de quem ceifa — e o enterro foi indo, para tomar, no Estácio, o funil do itinerário inevitável da praia das Palmeiras, da praia de São Cristóvão, da praia do Caju, da quadra 38, da sepultura perpétua 2502 do Cemitério de São Francisco Xavier. Desceram o caixão de meu Pai até um palmo acima do outro — segundo informou o Heitor Modesto quando veio, de volta, dar conta de tudo e entregar a chavinha a minha Mãe. Os dias seguintes, até a missa de sétimo dia na igreja de São Francisco de Paula (onde vários amigos-amigos-negócios-à-parte, dando pêsames, davam seu abraço de despedida de nossas relações), aparecem nas minhas recordações como uma sequência cujas cenas foram, umas, indelevelmente gravadas e, outras, sovertidas em espessa treva. Como a visão que tem o nadador bracejando em mar bravo que ora tudo abarca da crista da onda, ora nada vislumbra coberto pelo roldão. Mergulhando e emergindo. Não sei se sofri na hora. Mas sei que venho sofrendo destas horas, a vida inteira. Ali eu estava sendo mutilado e reduzido a um pedaço de mim mesmo, sem perceber, como o paciente anestesiado que não sente quando amputam sua mão. Depois a ferida cicatriza, mas a mão perdida é dor permanente e renovada, cada vez que a intenção de um gesto não se pode completar. Com a morte de meu Pai e tio Salles ausente, o mulherio de Aristides Lobo ficou como um bando de baratas tontas sem saber como nem por onde começar a deliberar. Minha Mãe queria ir para Juiz de Fora, para a companhia da Inhá Luísa, mas desta não havia notícias. Ficou-se esperando que o Paletta aparecesse para decidir-se a viagem, mas ele, nada. Como o Bicanca não tivesse dado as caras nem na missa de sétimo dia, o Heitor Modesto foi ao Grande Hotel da Lapa para saber se ele estava vivo ou morto. Temendo achá-lo gravemente doente. Na gerência teve as informações. Quem? o dr. Paletta? estava muito bem e embarcara para Juiz de Fora pelo noturno, no dia 31 de julho. Escafedera-se, pois, no próprio dia do enterro. Quando o Modesto chegou ao 106 dando notícias da embaixada, todos ficaram em silêncio. Tia Candoca, que lembrava que o velho Feijó viajara do Ceará, para vir buscar, no Rio, sua mãe viúva, deve ter estabelecido a comparação do procedimento tido pelos cunhados. Inda mais que Paletta não era só marido de irmã, mas, também, padrinho de casamento. Enfim, deixa pra lá. Minha Mãe não disse nada. Repetiu apenas que ia para Juiz de Fora e que podia muito bem viajar sozinha com os filhos de quem agora era pai também. No dia seguinte, o Lafaiete Modesto veio dizer que absolutamente não e que ele iria nos acompanhar na viagem.

 Foi assim que tivemos, para subir o Caminho Novo, a companhia e o amparo desse gentil-homem. Urgia o embarque porque a viúva estava no nono mês de gravidez e queria que a criança póstuma nascesse às mãos da Senhorinha e do Almada Horta. O *buffet-crédence*, o piano, o psichê, a escrivaninha de meu Pai, seus livros, os cajus do pintor Ferreira, o retrato de meu avô, as louças, os utensílios, a roupa de cama e mesa — foi tudo engradado dentro da casa de pernas para o ar e despachado em domicílio, para a rua Direita 179. Nós iríamos de rápido.

Cedo madrugamos no dia da viagem e saímos do Rio Comprido em dois tílburis carregados de malas, das tias, de nós, do Lafaiete e do Heitor Modesto. À hora de levantar, ainda escuro, ouvimos pela última vez o apito da fábrica e ao seu silvo lancinante minha Mãe começou a chorar — entendendo pela primeira vez aquele apelo prolongado que a chamava para sua vida de operária dos filhos, de proletária da família. Logo enxugou as lágrimas e tocou pra frente. Enterrou ali mesmo sua existência de *sinhá-Pequena* para iniciar a luta áspera da *dona-Diva*. O dia levantava-se pardo, como manhã de execução. Nas plataformas da Central rolavam carrinhos de bagagem cujas rodas de aço disparavam nos ladrilhos quadriculados e cinzentos, um ruído semelhante ao das descargas de fuzilamento. O trem saiu apitando e da janela demos adeus! às tias e a uma página da porca da vida. Minha Mãe, coroada pelo chorão, sentou-se no fundo, de frente para a máquina e para Minas Gerais, abraçando dois filhos de cada lado e trazendo o quinto na barriga. Estava enorme, de inchada, e toda vestida de negro. Em cada estação o Lafaiete descia para ir buscar leite, água mineral, brevidades, leite, biscoitos de polvilho, requeijão de Vassouras, água mineral, pastéis, almôndegas, pés de moleque, leite, água mineral. O chefe do trem passava gritando os nomes das estações. Mendes, Mendes, Barra do Piraí, Barra, Barra. Picotava os bilhetes. Juparanã, Entre Rios, Paraibuna. Os martelos de ferro tilintavam nas rodas do trem. Sobraji, Cotejipe, Matias Barbosa, Cedofeita. Os embrulhos e valises desceram dos porta-malas. Retiro. Juiz de Fora, Juiz de Fora. Duas e quarenta. Nenhum atraso. Tomamos o carro que subiu a rua da Imperatriz e foi batendo ao encontro da sombra que vinha do morro do Imperador. Na rua Direita 179 fomos recebidos pela Rosa. A Deolinda foi correndo chamar a *sinhá*, que estava em frente, em casa da mana Zina. Minha avó atravessou a rua e deu as notícias. A Berta não pôde esperar porque estava na Creosotagem. A Dedeta, porque tinha ido jogar croqué em casa das Raithe. Seu quarto está pronto. Vamos ver como é que se pode acomodar tanto menino. O Lafaiete estava achando tudo tão esquisito que nem aceitou o café. Muito obrigado, mas quero aproveitar o carro para ir para a casa de meu tio Júlio Modesto, onde vou me hospedar. Passou, cedo, no dia seguinte para despedir-se e voltar ao Rio. Dias depois, a 28 de agosto, nascia minha irmã Maria Luísa. A maçonaria de Juiz de Fora resolveu adotá-la e pensioná-la até sua maioridade. Minha Mãe, industriada pelo padre Leopoldo Pfad, recusou esse auxílio do *bode preto*. O dr. Duarte de Abreu não conseguiu fazer passar na Câmara um projeto de benefício para a viúva e filhos de um funcionário morto no trabalho. Estávamos a nada, mão na frente e outra atrás.

Rio, Glória, 1.II.1968 — 15.X.1970.

Posfácio
Móbile da memória*

Davi Arrigucci Jr.

PARA MEU PAI, leitor de Nava

> Com mão paciente vamos compondo o puzzle de uma paisagem que é impossível completar porque as peças que faltam deixam buracos nos céus, hiatos nas águas, rombos nos sorrisos, furos nas silhuetas interrompidas e nos peitos que se abrem no vácuo — como vitrais fraturados [...]. Um fato deixa entrever uma vida; uma palavra, um caráter. Mas que constância prodigiosa é preciso para semelhante recriação. E que experiência...
>
> PEDRO NAVA, *Baú de ossos*, 2ª ed., p. 41.

* Publicado originalmente em *Enigma e comentário* (Companhia das Letras, 1987).

O homem que escreveu essas linhas levou anos envelhecendo na quietude escondida, como um vinho bom, uma substância viva e generosa que trazia em si, antes de se dar a conhecer por inteiro. Foi acumulando aos poucos uma ampla e profunda experiência, amadurecida depois sem pressa, pacientemente, puxando pela memória raízes distantes, da infância, de outrora, para só então começar a narrar.

Ao se abrir, perto dos setenta anos, num momento da vida brasileira arrolhada pela pior repressão política, que tentava tapar com a censura e a mentira qualquer discurso inteligente sobre a história do país, Pedro Nava já estava quase tão velho quanto o século, e foi de fato um jorro o que tinha para contar sobre o nosso passado.

Os motivos que o levaram a escrever tanto, tão tardiamente e tudo quase de uma só vez — em curto espaço de tempo produziu seis grossos volumes de suas *Memórias* — pareciam meio misteriosos até mesmo para ele. Era impressionante escutá-lo falar sobre o assunto nas entrevistas que deu; sempre titubeava um pouco diante das razões mais fundas.* Nomeava, é claro, o desafio representado pelo espantalho da ditadura, logo apontado por Tristão de Athayde: razão externa forte, mas insuficiente como explicação intrínseca. Mostrava-se, por outro lado, consciente da cota de narcisismo inevitável em todo livro de memórias, mas se esquivava, procurando se apagar no pudor mineiro de falar de si mesmo, como quem tivesse buscado antes o testemunho que a autobiografia pura e simples, preferindo a situação de espectador de seu tempo. Entrava, porém, a falar da vida encurtada na velhice, da nostalgia da plenitude vital, que seria preciso reviver pelo discurso da memória, sugerindo um certo "desespero da finitude" e uma necessidade premente de combater a morte a todo custo, encontrando razões novas para prosseguir vivendo e não acabar como velho suicida.** Fala premonitória que Nava às vezes repetia, marcando ao mesmo tempo o espaço dramático de suas reminiscências como palco do discurso da vida contra a morte.

---

* Nestas considerações iniciais, baseio-me sobretudo numa gravação que me foi presenteada por um amigo, Gilberto Vasconcellos, autor de uma longa e notável entrevista com o escritor, até hoje só parcialmente editada.
** A expressão "desespero da finitude" pertence a Gilberto Vasconcellos, na referida entrevista.

E confessava também o prazer, a dor, a liberdade que sentia ao escrever. Comentava a sensação catártica de botar para fora tanta coisa guardada, de exorcizar fantasmas do passado, matando-os de novo bem mortos no papel. Insinuava o desejo de transgressão, de perder a compostura na escrita depois de uma vida inteira tão regrada como médico e professor, de viver de algum modo por escrito a grande liberdade que tanto admirava, por exemplo, na vida estuante de Vinicius de Moraes, o homem mais livre que conheceu. Razões fundas todas elas e muito misturadas que levavam Nava a trazer para a sua notável arte de conversador os grandes temas da vida e da morte, encarnados efetiva e concretamente a cada passo de suas *Memórias*.

Certo dia pôs mãos à obra, entregando-se inteiramente à tarefa de recriar o passado, à atividade manual de escrever, que de imediato o arrebatou, com tudo o que comportava de prazer e dor: Nava, conforme esclareceu, ia se sentindo realizado com aquele ato prazeroso e libertador, mesmo sabendo o quanto doía ir largando pedaços seus pelo caminho. O escuro já vinha chegando quando ele se dispôs a falar da continuidade da vida pela mágica da memória e deu à luz os guardados de seu baú, fazendo-se herdeiro e transmissor do legado de várias gerações. À beira do esquecimento, põe-se então a recordar quase com fúria como na antiga imagem do poeta épico que tivesse bebido das águas de Mnemosina, fonte e deusa da memória, musa de todas as formas de narrativa. E começou por quebrar a cara do preconceito corrente que reduz a velhice à ausência de desejo, à rigidez de atos e ideias, à improdutividade e à espera solitária da morte. Deu voz ao velho sem papas na língua, que havia nele e de repente se mostrou como criador pleno. Era realmente como se tivesse passado a vida toda afiando aquela linguagem inventiva, abundante e saborosíssima, completamente à vontade para deslizar pelos mais diferentes registros sempre com o mesmo vigor e muita felicidade verbal.

Surgia com uma sensualidade à flor da pele, do paladar e da palavra; dava total vazão a um apetite onívoro e a um gosto declarado e vivíssimo do prazer material. Sabia como poucos tratar a poesia do corpo ou retratar a face sinistra da enfermidade e da morte, entrando com um olhar enregelado de patologista pelas formas escabrosas da putrefação da matéria. Podia ainda alçar-se com facilidade a situações sublimes, patéticas ou trágicas, alumbrado e desesperadamente lírico ou briguento, a ponto de baixar rápido ao xingo e sempre ao palavrão cabeludo, dito de boca cheia, com propriedade maravilhosa e um senso do cômico verdadeiramente rabelaisiano. Nava tinha sido poeta bissexto, pintor bissexto, professor de medicina e médico contumaz. Agora era um escritor completo. A repercussão foi grande.*

NAVA NARRADOR

É muito difícil definir de imediato o que são as *Memórias*. Num certo sentido, grande parte da surpresa que causou a novidade de Nava como escritor se deve a algo tão velho quanto o homem: a capacidade de contar histórias. Isso não lhe retira mérito algum, ao contrário; ele é um narrador fora do comum. Um narrador que se embebeu profundamente na tradição oral, a dos contadores anônimos de casos, provavelmente filtrada pela roda da conversa familiar mineira e casada com um vasto saber erudito e as muitas leituras literárias. De qualquer forma, um narrador formado pela cadeia da transmissão oral da experiência através das gerações, por esse lento processo de assimilação do vivido que, depois da gradativa apropriação pela memória, se transforma na matéria-prima das narrativas que parecem não findar jamais, renascendo cada vez no quem quiser que conte outra — cadeia inumerável que nunca tomba definitivamente ao chão. Noutro sentido, sua novidade é fruto da criação moderna, que não reconhece fronteiras de gênero e se reinventa a cada lance, avançando consciente de si mesma e imbuída do senso relativo das escolhas por todos os caminhos possíveis (e às vezes também impossíveis) com que se depara, espalhada na multiplicidade. As *Memórias* são uma obra de arte complexa e podem desconcertar, desde logo, pela exuberância de suas múltiplas faces.

Seria ingênuo pensar que o autor que já em 1925 comentava o cubismo projetava abrasileirar a expressão com base na língua cotidia-

---

* Uma boa amostra do que foi essa repercussão se encontra nos sensíveis artigos de reconhecimento crítico escritos por Nogueira Moutinho, que acompanhou de perto e a cada passo a publicação dos diversos volumes das *Memórias*.

na e popular, submetia poemas escritos segundo os novíssimos padrões da poética modernista ao juízo crítico de Mário de Andrade, pudesse ser apenas um narrador primitivo, como os típicos da tradição oral, cinquenta anos depois.* No entanto, há uma raiz primitiva que procede de uma linhagem sem dono certo e de um fundo perdido no tempo, aflorando, transformada, no cerne da arte de Nava. Seu acesso a ela pode ter se dado através da tradição da conversa mineira (a das tardes propícias, nas horas de tomar a fresca na varanda; a dos grandes eventos familiares, festivos ou fúnebres...), que ele praticou durante anos a fio e onde pôde colher boa parte do material da memória familiar, armando-se depois com um grande aparato de documentação, que faz lembrar o do historiador moderno.

A medicina e as viagens devem também ter desempenhado seu papel: o médico de família do interior, obrigado sempre a andanças constantes e aos mais variados contatos com toda sorte de tipos humanos, saídos de todas as classes sociais, só pode ter enriquecido sua experiência pessoal dos homens e do mundo na labuta cotidiana, de que fazem parte, além disso, as muitas formas da narrativa oral: casos, anedotas, relatos pitorescos, conselhos, ditados... O jovem e incansável dr. Nava (e depois também dr. José Egon Barros da Cunha, seu *alter ego*) caminhou muito pelo Brasil e fora, viu muitos lugares e muita gente e, como sempre que isso acontece, ficam inúmeras histórias para contar. Tudo isso não pode ter sido sem consequências para a arte do narrador anos mais tarde. As próprias Memórias nos informam detalhadamente sobre essas matrizes de que derivaram componentes fundamentais no processo de sua composição e no seu modo de ser mais íntimo.

Nem podia ser diferente. Criado num meio onde a conversação com os mais velhos era uma instituição sólida — a família mineira — e logo também uma arte, com frequência uma arte requintada e sutil, Nava teve na raiz de seus livros uma aprendizagem demorada das formas da linguagem e da narração oral.

---

* Para se ter uma ideia precisa dessas preocupações de Nava com os problemas da arte moderna, basta consultar: Mário de Andrade, *O correspondente contumaz. (Cartas a Pedro Nava) 1925-1944*, ed. por Fernando da Rocha Peres, Rio de Janeiro, Nova Fronteira, 1982.

Por outro lado, a ampla e variada cultura literária que formou depois foi dirigida sobretudo pelas relações com o modernismo, num momento em que este se voltava para o primitivismo e buscava o contato direto com a realidade brasileira e seu passado, tal como se mostrava, por exemplo, na arquitetura das cidades coloniais e na tradição histórica de Minas. Na consciência do escritor que então se iniciava em *A Revista* — o órgão mineiro do modernismo, levado adiante por Carlos Drummond de Andrade, Emílio Moura, Martins de Almeida e Gregoriano Canedo — só pode ter se acentuado a importância daquela experiência direta de Minas, aparentemente acessível na própria linguagem cotidiana de Belo Horizonte, encruzilhada dos falares mineiros. Exatamente nessa época, Mário de Andrade chama a atenção de Nava para o perigo de se reduzir a expressão a "uma fotografia do falar oral", quando o que se buscava era "uma organização literária". E insiste ainda na necessidade de ir além de uma "organização apenasmente popular inculta regional", para chegar a uma "geral", capaz de incluir "todos os meios brasileiros burgueses e populares".* Uma lição para ser refletida.

É provável que Nava tenha acolhido bem o conselho de Mário, pois a prosa das *Memórias*, anos mais tarde, parece resultado de uma integração abrangente e literariamente organizada de uma quantidade espantosa de elementos das mais diversas procedências, tudo perfeitamente ligado e fundido numa sábia mescla estilística, onde nada falta: termos regionais e coloquialismos; palavras esquecidas, com o dom de ressuscitar o passado de que um dia foram parte; vocábulos cultos e preciosos, nomes exóticos que deixam sabor na boca; palavrões em quantidade; estrangeirismos, sobretudo galicismos abundantíssimos; tecnicismos da linguagem médica e científica em geral; neologismos; tesouros dos clássicos portugueses; uma verdadeira avalanche de nomes próprios, muitas vezes já esvaziados das pessoas ou lugares que os habitaram, com a rara e surpreendente poesia de seu puro som; latinismos e todo o baú de virtualidades da língua, atualizadas, arejadas, encarnadas concretamente e postas a caminhar na frase aberta e inclusiva sob a luz do presente. E tudo sem perder a soltura e a naturalidade da fala, como se Nava tivesse aprendido e incorporado sua linguagem mesclada,

---

* Cf. *O correspondente contumaz*, ed. cit., pp. 53-4.

saída da imitação e da estilização das múltiplas formas regionais e cultas da conversa e das leituras, feito uma segunda natureza. De certo modo, as *Memórias* são antes de mais nada uma presentificação dos guardados da memória da língua com que um Narrador reconstrói sua "crônica de saudades".

ANTECEDENTES

Mas um fato é verdade: o que Nava produziu não era o que se esperava habitualmente, pela tradição da memorialística brasileira. Livros importantes tinham sido feitos aqui no gênero de memórias, com maior ou menor interesse literário, mas nenhum deles pode ser tomado como um antecedente claro da sua obra. Nem mesmo dentro do quadro do gênero no modernismo, próximo por outros lados, se encontram laços de parentesco evidente. Basta refletir um pouco sobre alguns casos concretos.

Assim, por exemplo, o admirável *A idade do serrote*, de Murilo Mendes, que tem o dom de cativar pela força poética, fruto de uma linguagem tensa e condensada, cheia de achados de humor, de perfis escarpados e irreverentes, mas trabalhando a prosa no sentido da concisão descarnada das imagens e dos cortes bruscos do relato, em tudo avesso à expansão narrativa e à abundância verbal das *Memórias*. Caso parecido é também o das memórias desabusadas de Oswald de Andrade: *Um homem sem profissão* (*Sob as ordens de mamãe*), em que sua veia satírica produz páginas de uma graça e picardia da qualidade do *João Miramar* ou do *Serafim*, quer dizer, do melhor Oswald. Mas nelas falta propriamente a reconstrução organizada do passado, o documento de época, o retrato do sujeito, tudo se esbatendo num amálgama de impressões, em que se misturam lirismo e ficção, sem todavia configurar o desenho e o quadro característicos da obra de Nava. E se poderia citar ainda, para só ficar com os companheiros modernistas do memorialista mineiro, o *Itinerário de Pasárgada*, de Manuel Bandeira, livro difícil de classificar, em que os elementos autobiográficos e confessionais se misturam à reflexão sobre poética e ao comentário crítico, numa mesma prosa limpa e exata. Mas aqui estamos ainda mais distantes de Nava, que revela, porém, profundas afinidades com a obra lírica do poeta, como se verá. No mesmo sentido, seria também de pouca ajuda pensar nas memórias em versos de Drummond.

E há certamente toda a tradição restante do memorialismo que vem do século XIX, com o visconde de Taunay (embora suas *Memórias* só tenham sido publicadas neste século), com Nabuco, Helena Morley, Francisco de Paula Ferreira de Rezende (só dado a conhecer em 1944)... Uma tradição que continuou século XX adentro, com Oliveira Lima, Gilberto Amado, Cyro dos Anjos, Graciliano Ramos, Afonso Arinos de Melo Franco e tantos outros. Mas as *Memórias* de Nava se afastam muito das de todos eles e se encaixam mal nessa tradição, por mais que se reconheça nelas o esquema genérico da autobiografia, que na verdade aí assume uma feição muito peculiar. Enfim, é outra a família espiritual desse memorialista *sui generis*.

É curioso e mesmo paradoxal que as *Memórias* revelem mais afinidades íntimas com dois outros livros, também completamente diferentes entre si e à primeira vista muito distantes de seu universo, como são *Casa-grande & senzala* e *O Ateneu*. No entanto, ambos iluminam, cada qual a sua maneira, processos fundamentais na constituição do modo de ser delas em sua relação com o passado histórico brasileiro e a esfera autobiográfica do memorialista, ajudando mesmo a compreender o papel que nelas desempenha a imaginação ficcional.

COMPARAÇÕES EM FAMÍLIA

No livro de Gilberto Freyre, os elementos da farta documentação científica em torno de um tema sociocultural bem localizado e concreto — o microcosmo do engenho nordestino, baseado na monocultura latifundiária do açúcar e na força de trabalho escrava, sob o domínio patriarcal, de 1600 a 1800 — são mediados pelo olhar cúmplice de um antropólogo. Este penetra, na verdade, no interior de seu próprio mundo, carregado de experiência pessoal e armado com a sensibilidade e a linguagem de um escritor. O resultado é o que se está cansado de saber: uma obra mesclada e extraordinária, em que a visão marcadamente de classe dominante, com frequência preconceituosa e reacionária, não impede a construção de um monumento raro de arte literária e saber histórico. Seu ponto cego, megalomaníaco e enigmático é precisamente onde se revelam mais sua identidade profunda e sua alta qualidade artística, realizada na mescla da composição, espécie de analogia estrutural com o próprio processo de miscigenação que ela descreve. Ponto de fusão em que a reconstituição histórico-cultural do passado do país (ou de um certo passado), que serve admiravelmente ao autoconhecimento nacional, reverte sobre o presente e se faz ao mesmo tempo história íntima do autor. Fusão obtida pela alta intensidade da prosa gilbertiana, que, movida pelas pulsões do desejo e do gozo narcísico, revira voluptuosamente o traçado da formação nacional em resgate saudoso da intimidade particular, numa forma de confissão ou retrato familiar recortado sobre a experiência pessoal do escritor.

O que possa haver aí de evocação viva e buliçosa do passado brasileiro, de presentificação proustiana de um tempo perdido e reencontrado por um "senhorito fidalgo evocativo" (no dizer de Darcy Ribeiro), só se deixa explicar pelo candente sopro de arte que fez saltar para a vida aquelas figuras hieráticas de álbum de retratos da família patriarcal.* Para tanto, porém, devem ter sido decisivas a escolha do material, a natureza mesclada e heterogênea da própria documentação, coletada com largueza de vistas, profundidade, abundância e perícia exploratória. Jornais, revistas, diários íntimos, anúncios, receitas de cozinha e tantos outros documentos inusitados para a ciência do tempo, mas em plena voga nos achados da vanguarda artística da época, abriam para uma visão aderente ao cotidiano do senhor de engenho e seu *entourage*, trazendo para perto do leitor a realidade corriqueira e palpitante do passado. Isso foi sem dúvida a pedra de toque da invenção artística da obra, consubstancial com a própria matéria escolhida, e deve ter favorecido a desenvoltura literária do estilo de Gilberto, impregnado pelo gosto sensual e vívido das formas concretas.

Ao contrário de Gilberto Freyre, Nava começa por um discurso que promete ser fundamentalmente autobiográfico, mas logo se bifurca e desvia para perseguir rumos diversos, enlaçando a história íntima do

---

* Cf. Darcy Ribeiro, "Gilberto Freyre. Uma introdução à *Casa-grande & senzala*". Em seus *Ensaios insólitos*. Porto Alegre: L&PM, 1979, pp. 63-107. A referência se acha à p. 73.

indivíduo à história dos grupos com que ele se relaciona e fazendo do chão da memória o espaço mais amplo e complexo das relações sociais e históricas. Até onde são comparáveis, Nava parece inverter, assim, a direção que se encontra em *Casa-grande & senzala*. Ele caminha diretamente no sentido da história íntima, mas para isso tem de passar pela objetivação da experiência pessoal permeada pela herança e pelas contradições sociais, de que se faz portador. Ao tomar como fio de seu relato a genealogia de sua família, acaba realizando não apenas uma "exploração no tempo", mas se dá conta de que sua gente "é o retrato da formação dos outros grupos familiares do país", uma vez que tudo se acha "entranhado na história do Brasil".*

Desentranhar do passado e da terra onde cresceu o filão de sua história pessoal leva-o, portanto, a reanimar com a seiva viva da memória a grande árvore da vida familiar enterrada no tempo, com todo o emaranhado de suas raízes que a prendiam a um contexto histórico-social concreto e ainda mais fundo. Para isso, teve de devassar um bloco enorme da história do país, em busca do conhecimento de si mesmo, como se fosse obrigado a encarar a história da nação para reconhecer seu próprio retrato e poder situar-se diante do mundo. O projeto de Nava, implícito nas *Memórias*, é, portanto, o de uma narrativa enorme, de uma forma épica capaz de documentar o vasto conteúdo da formação sociocultural brasileira, já que a história que nos conta vai ganhando a dimensão simbólica do geral à medida que cresce e permite reconhecer cada vez melhor a imagem do destino singular de um indivíduo — de um "pobre homem" —, só compreensível pelas relações particulares múltiplas e complexas que mantém com um mundo ainda mais vasto, que é o seu e, até certo ponto, também o de todos nós. É por esse caminho, sempre esgalhado em muitas ramificações, que esse pobre homem avança no reconhecimento de sua *humaine condition*.

Por essa via, Nava parece retomar preocupações centrais do pensamento social brasileiro tal como se configurou na década de 1930, momento de resto decisivo na formação do escritor, voltando-se para a dificuldade de entender o Brasil — tendência que a obra de Gilberto Freyre decerto foi das primeiras e principais a manifestar num sentido

---

* Cf. *Baú de ossos. Memórias.* 2ª ed., Rio de Janeiro: Sabiá, 1972, pp. 186-7.

radicalmente moderno e crítico, apesar de todo comprometimento ideológico do autor com a *forma mentis* do passado tradicional que justamente ajudava a compreender em profundidade. Por isso mesmo talvez fosse interessante ainda aproximar as *Memórias* do ensaio fundamental de Sérgio Buarque de Holanda, *Raízes do Brasil*, em que a mesma preocupação aparece escorada por uma visada teórica e interpretativa desvencilhada do passado e, ao contrário, nitidamente empenhada em reconhecer os entraves com que sua herança emperrava o processo de modernização do país. Desde o início, Sérgio Buarque soube aliar ao lastro sólido e fecundo de sua formação hegeliana, weberiana e historista, uma fina e poderosa sensibilidade para o movimento vivo da particularidade histórica, revelando-se desde logo como um grande intérprete da história das mentalidades a quem não faltou o talento do escritor. No entanto, a comparação das *Memórias* com sua obra inicial é útil porque provoca um distanciamento imediato e revelador, fazendo saltar aos olhos formas distintas de uma preocupação semelhante com relação ao passado histórico. Torna-se evidente o quanto as *Memórias* encarnam uma forma específica do discurso literário, muitas vezes tendendo a confundir-se com a prosa de ficção, se comparadas ao discurso propriamente historiográfico, no qual a invenção ficcional tende pelo contrário ao grau zero, mesmo quando composto por um historiador com a sensibilidade literária de Sérgio Buarque de Holanda. Por aí se percebe também como pode ser esclarecedor quanto à verdadeira natureza das *Memórias* o paralelo com um livro de ficção, um romance como *O Ateneu*, que por outro lado tem caráter memorialístico, ao que parece preso à recriação da experiência pessoal do passado.

    Antes, porém, é preciso considerar o fato de que as *Memórias* estão longe de constituir um discurso literário uniforme, seja do ponto de vista de sua natureza, seja do ângulo de seu valor estético. Na verdade os seis volumes que o autor nos legou em vida têm valor bastante desigual, com descaídas sensíveis também num mesmo volume. Numa obra de tais dimensões e dessa natureza talvez fossem inevitáveis os desníveis e seria de estranhar que ele não encontrasse sérias dificuldades para sustentar a mão todo o tempo. De qualquer forma, é nítida a superioridade de fatura dos dois primeiros, *Baú de ossos* e *Balão cativo*, que nos dão a cada passo o sentimento forte e sobranceiro de obras-primas indiscutíveis. O terceiro, *Chão de ferro*, já é um tanto irregular, mas com momentos extraordinários. Os restantes — *Beira-mar, Galo-das-trevas* e *O círio perfeito* — ficam aquém dos demais, sem comprometer, porém, a impressão de força do conjunto e o interesse da leitura, nem deixam apagar a figura do grande escritor, pois várias vezes alcançam o mesmo brilho da prosa admirável das primeiras partes e seu poder de dar vida perene às imagens do passado.

O desdobramento do narrador no *alter ego*, José Egon Barros da Cunha, a partir do terço final do terceiro volume, embora tenha aparentemente facilitado o trabalho do memorialista em seu desejo de dizer sempre a verdade dos fatos, mesmo ao se aproximar do presente, criou problemas delicados de composição literária, pelas exigências já então ostensivas da construção ficcional. Com isso, foi possível ver aspectos decisivos dos livros anteriores. Tomou-se claro, a partir daí, como era sutil, lábil e extremamente natural a passagem entre realidade e ficção nos primeiros volumes e como a obra saía enriquecida pela ambiguidade do jogo construtivo em que colaboravam a memória e a imaginação.

Ficava assim patente que o tratamento ficcional de pessoas reais, evocadas pela memória com o auxílio da documentação e da experiência direta do autor, mas completadas e realçadas pela imaginação, havia transfigurado os livros iniciais numa galeria surpreendente de retratos notáveis. E se podia perceber com nitidez como a imaginação aparecia com a força de uma faculdade plasmadora ou estruturadora, no sentido do adjetivo *esemplastic*, criado por Coleridge, para indicar seu poder de unificar, e por isso de dar forma concreta à matéria heterogênea, dispersa e difusa do passado.* Via-se como ela funcionava também no sentido estrito de faculdade produtora de imagens visuais, revelando a marcante tendência pictórica de Nava, sua verve de caricaturista impiedoso, o pintor que ele era mesmo com palavras, coisa que não se podia esquecer, uma vez que um movimento constante de sua linguagem estabelecia sempre associações entre a galeria de retratos familiares e quadros famosos da história da pintura universal. E se podia ver ainda como, por obra da imaginação, frequentemente se combinavam detalhes visuais concretos com abstrações generalizadoras, mediante toda

---

* Ver S. T. Coleridge, *Biographia literaria*, Ed. J. Shawcross, Reimp. Oxford: Oxford University Press, 1965, vol. I, pp. 107 e 249.

sorte de analogias, não apenas pictóricas, fazendo do movimento contínuo para o estabelecimento de semelhanças ou dessemelhanças, conjunções ou disjunções, um traço mais geral do estilo, de que derivava, em grande parte, seu poder de surpresa. Por essa tendência essencial, fatos singulares da esfera íntima do narrador, ao serem evocados por sua memória, podiam atuar como ímãs sobre toda espécie de pormenores surpreendentemente vinculados pela atração comum e cada vez mais particularizados e concretos pelo jogo das múltiplas e mútuas determinações, até ganharem dimensão geral, universalizando-se. Um movimento como esse, imaginativo e universalizador, fundamental para a realização estética das Memórias, não podia escapar à argúcia de Antonio Candido.

Sempre atento, o crítico reconheceu logo o valor e a peculiaridade dessa "autobiografia ficcional", situando-a num lugar à parte dentro do memorialismo mineiro, para fundar a razão de sua excepcional eficácia literária não apenas na aliança entre memória e imaginação, mas numa verdadeira "estilística da universalização", cujos procedimentos descreve sinteticamente e exemplifica. Em seu modo de ver, aqueles primeiros livros de Nava entravam pelo terreno da ficção, aproximando-se da efabulação do romance; inventavam um estilo de grande densidade criadora; ultrapassavam mesmo os limites da autobiografia, passavam pela biografia e pela história de grupo, estendendo-se numa visada mais larga da sociedade brasileira, para acabar configurando uma determinada visão de mundo. E desse modo, abria espaço para o novo escritor entre as mais altas figuras da literatura brasileira contemporânea.*

Os livros posteriores não invalidariam o juízo de Antonio Candido, embora apresentem falhas visíveis, todas elas, aliás, quase sempre muito reveladoras do modo de ser peculiar das Memórias. A presença do *alter ego* como personagem ostensivo, e não mais como pessoa real tratada como se fosse personagem, altera bastante as regras do jogo, fazen-

---

* Ver Antonio Candido, "A autobiografia poética e ficcional na literatura de Minas". In: Afonso Arinos de Melo Franco e outros, *IV Seminário de Estudos Mineiros*. Belo Horizonte: UFMG, 1977, pp. 41-70. Ensaio reproduzido no livro do autor *A educação pela noite e outros ensaios*. São Paulo: Ática, 1987, com o título de "Poesia e ficção na autobiografia", pp. 51-69.

do o autor assumir a descoberto os modos da ficção, com os quais não se sente inteiramente à vontade. Deriva daí talvez certo desajeitamento em algumas passagens dos livros seguintes, que assumem a feição de algo híbrido ou compósito, perdendo a naturalidade da mescla anterior. O que era antes um evidente achado agora se torna um efeito buscado deliberadamente, sem a mesma eficácia. Com isso ficam realçados outros defeitos: redundâncias e cacoetes de linguagem; insistência nas comparações nem sempre felizes; repetições de assunto e, sobretudo, o esforço deliberado de estilo, buscando a página de antologia ou o *morceau de bravoure*, ou ainda glosando efeitos garantidos. Mas, em compensação, por aí se pode compreender um pouco mais claramente o que os primeiros livros tendiam a obscurecer, ou seja, que a tendência para a ficção das *Memórias*, bem realizada de início, não era exatamente para uma efabulação de romance, mas talvez para um tipo de prosa de ficção distinto, embora às vezes misturado ao romance, sempre aberto e receptivo, como se sabe, à mescla de gêneros. É o que se pode esclarecer ainda mais pela relação oblíqua que a obra de Nava mantém com *O Ateneu*.

São de fato vários os traços comuns com o livro de Raul Pompeia, tanto na matéria quanto no estilo. Em primeiro lugar, a evocação dos tempos de colégio, que serve de tema para os dois escritores (embora represente apenas uma porção da matéria de Nava) e, em ambos, parece uma retomada, ainda que com toda transformação possível da imaginação, da experiência pessoal direta. Dela parece provir o cunho memorialístico do livro de Pompeia, onde o passado revisto não é organizado propriamente na forma de um enredo realista tradicional, mas tratado de um ângulo subjetivo, como matéria de comentário e análise psicológica, intelectual e moral, tal como ela se mostra, de maneira impressionista, à visão emotiva de um narrador no presente. A vida no colégio é também o assunto de largos trechos das *Memórias*: no *Balão cativo* e no *Chão de ferro*, o narrador nos conta suas reminiscências da época de estudante, sobretudo, em páginas inesquecíveis, os anos do Colégio Pedro II, e parece fazê-lo sob as asas tutelares do romancista, diversas vezes citado. Mesmo afastando-se toda perspectiva biográfica na abordagem das relações entre Pompeia e a matéria evocada em seu livro (Mário de Andrade, como é sabido, via neste a vingança do autor contra o que padecera no Colégio Abílio), ainda assim as semelhanças temáticas são notáveis.

Mas, além disso, em ambos os autores se nota certa inquietação temperamental do estilo, sempre pronto para a veemência retórica, o traço enfático e emocional, a visão hiperbólica. E não é de espantar que coincidam no gosto pela caricatura. No entanto, onde a coincidência se mostra mais profunda e decisiva é na forma confessional da "crônica de saudades" que cada um utilizou a seu modo para transpor a experiência pessoal em prosa de ficção, mas sempre capaz de guardar a verdade íntima do tempo sentido, do passado experimentado como uma parte inarredável da integridade do ser que é preciso expressar de algum modo, recriar à distância, para que se possa reconhecer-se a si mesmo. Como observou Northrop Frye, a confissão, apesar de confundir-se frequentemente com o romance, como em Proust, é uma forma distinta de prosa de ficção, com uma longa tradição histórica, de que foram marcos, por exemplo, santo Agostinho e Rousseau, e com uma forma curta correspondente que é o ensaio informal do tipo daquele de Montaigne, em certos momentos presente na prosa das *Memórias*.* No dizer de Frye, ela é uma forma introvertida, mas intelectualizada no conteúdo, pois se volta por vezes para assuntos teóricos ou intelectuais, como a arte, a ciência, a religião etc. Há nela uma espécie de "história mental" de um só personagem, como é o caso do narrador em ambas as obras em foco, muito embora em Nava esse aspecto subjetivo se distenda no amplo panorama da história social e em Pompeia se funda ao universo das máscaras sociais que configuram o microcosmo do colégio e o quadro do romance.

Evidentemente, uma forma como a confissão também não basta para dar conta do modo de ser dessas duas obras por mais que se reconheça nelas a presença dos traços nomeados. A união com o romance no caso de *O Ateneu* e com a mescla narrativa das *Memórias* complica o modelo da confissão, tornando esses textos desafios complexos e particulares, avessos a toda redução ao esquema abstrato de um gênero específico. Mas, com certeza, compreendemos melhor a natureza deles se percebemos o caráter confessional da "crônica de saudades", expressão que serve de subtítulo ao livro de Pompeia mas também define, em larga medida, o que são as *Memórias*. Provavelmente neste último caso a

---

* Ver Northrop Frye, *Anatomia da crítica*, trad. Péricles E. da Silva Ramos. São Paulo: Cultrix, 1973, pp. 297-309.

palavra *crônica* caiba ainda melhor que no anterior, pelo cunho histórico da matéria, fazendo recordar a velha acepção do termo, evocando ela própria a tarefa do cronista medieval, narrador de outrora e precursor do historiador moderno. Para se entender, entretanto, as razões profundas da adequação desse termo à natureza íntima da obra de Nava, é preciso aproximar-se mais do método de composição e da própria linguagem que nela dão forma ao discurso da memória.

DISCURSO DO MÉTODO

A arte de Nava parte do inacabado: o que ficou do vivido, resíduos do tempo, guardados da memória — *baú de ossos*. E com esses fragmentos do passado recompõe a vasta e emaranhada *paisagem que é impossível completar*. Embora efetivamente inconclusas com o repentino desaparecimento do autor, no ponto em que ficaram com suas seis longas partes, as *Memórias* têm uma extensão monumental. Desde o princípio, porém, pareciam caminhar para uma forma de inacabamento: como abraçar todo o passado, fazendo ressurgir de peças soltas e caóticas a forma acabada de um mundo?

Ao contrário da obra de Proust, baliza inevitável nesse assunto em nosso século, elas não configuram um microcosmo. Tendem a alastrar-se, insinuando semelhanças vegetais e de vez em quando parecem gravitar em conjunções e disjunções estelares. Aos olhos do leitor, sugerem sempre um desenho fugidio; formam algo de sólido e *filou* ao mesmo tempo, de estático e permanentemente dinâmico a uma só vez, envolvendo relações complexas entre o detalhe e o conjunto móvel, esgarçado e aéreo. A tarefa ingente e leve que Nava se propôs implica o paradoxo de um projeto aparentemente impossível, abrindo-se para uma tendência a que a modernidade deu vazão. Seu método de trabalho dá o que pensar e se presta às mais diversas analogias.

A certa altura do volume inicial, o próprio memorialista se refere explicitamente à sua labuta para reconstituir o passado a partir das lembranças fragmentárias que dele ficaram, aproximando-a da anatomia comparada e da paleontologia: "A mesma de Cuvier partindo de um dente para construir a mandíbula inevitável, o crânio obrigatório, a coluna vertebral decorrente e, osso por osso, o esqueleto da besta". Estende em seguida o paralelo à atividade do arqueólogo: "[...] que da curva de um pedaço de jarro conclui de sua forma restante [...]".

As semelhanças são evidentes e falam por si mesmas; delas se depreende um aspecto plástico e artesanal na relação do memorialista com o seu material de trabalho, tomado bem palpável, concreto e um pouco tosco em sua simplicidade, como se dependesse sobretudo da habilidade das mãos, na escolha, combinação e soldadura das partes. Embora as comparações digam respeito às ciências, o seu efeito faz pensar noutra direção.

A insistência num modo de proceder que depende basicamente de um saber feito de experiência, como no trabalho manual do artesanato, e a própria natureza analógica das comparações, que já fazem parte do método, apontam antes para uma espécie de *ars combinatoria* e para certos procedimentos característicos da linguagem das artes, além de evocar o universo do narrador tradicional, do contador de casos que combina e recombina os motivos da tradição oral em suas narrativas ou do cronista medieval que, como um artesão da memória, modela com os fatos acontecidos a face do passado. Pode lembrar também algumas técnicas das artes, como a livre associação e a montagem das vanguardas artísticas do começo do século, em cuja ambiência Nava se formou, com seus múltiplos contatos com o modernismo, movimento atraído simultaneamente pela tecnologia avançada da modernização e pelas formas ditas primitivas, como as do conto popular e do mito.

Nos exemplos citados, há decerto o limite imposto pela lógica própria dos objetos do passado — uma parte exige o completamento necessário —, de modo que se procura reconstruir intencionalmente uma coerência perdida, de que sobrou algum elo intacto, resgatado do naufrágio dos anos. São, portanto, exemplos de um esforço restaurador da memória voluntária, que se apoia no documento existente para reconstruir o que um dia existiu.

Se fosse absolutamente fiel a essas comparações, a prosa das *Memórias* se regeria pelas relações de contiguidade entre os objetos ou entre suas partes, recompondo a partir de fragmentos da memória o passado global. Por mais lacunoso ou incompleto que fosse o resultado, ainda assim o método de trabalho seria em essência metonímico, partindo-se dos cacos em busca do todo significativo, numa aderência cerrada à ordem das coisas da realidade pretérita. O efeito poderia ser o de uma restauração realista, até onde se possa supor que a expressão verbal seja capaz de transpor adequadamente, sem transformação imaginária ou estilização, os eventos que descreve. Nesse caso poderia remeter de fato a um método bem próximo ao da historiografia ou ao daquelas outras ciências do passado.

Noutras passagens, porém, fica nítido o papel da memória involuntária no método de Nava, que, ainda como no caso de Proust, atribui a ela o poder da súbita iluminação do espírito e da revelação vital e instantânea de algo perdido que parecia irresgatável, mas inopinadamente emerge à luz da consciência. O memorialista é de vez em quando visitado por essas revelações repentinas, que parecem confundir-se com instantes epifânicos: são momentos de uma "esmagadora oportunidade poética", segundo diz, cristalizados em imagens, em torno das quais se juntam misteriosamente cacos do passado, numa unidade de intenso fulgor, de radiosa luz simbólica. Esses momentos equivalem à manifestação de uma totalidade, impossível de alcançar pelo movimento geral da reconstrução da memória, obrigada à lacuna e à falta, mas aparentemente resgatável na forma fugitiva do símbolo momentâneo.

A prosa das *Memórias* é às vezes pontuada por esses tempos fortes de *madeleines* recorrentes, quando se formam de súbito ao redor do fragmento totalidades esquivas, acompanhadas da sensação de um universo de novo presente no instante, como se este se iluminasse com a luz ainda vívida de estrelas extintas. Ao comentar esses momentos de iluminação espiritual, o narrador trata-os como produtos de uma química (e logo também de uma física) poética fundada em reações de analogia, como se ao destapar o baú de ossos pudesse provocar a ressurreição do passado. Um pedaço de cristal, atravessado de lembranças e salvo da dissolução do tempo, ao ser mergulhado no fluxo da memória, faz precipitar a cristalização total de um mundo desgarrado, que se recompõe, unifica e revive à luz do presente — verdadeira *luminescência*. Como no *alumbramento* de Manuel Bandeira, algo de essencial, de vital, se revela para o sujeito no fulgor instantâneo do símbolo que, como na imagem oracular e lírica da poesia primitiva, se abre à presença do insondável por outras vias. Nesses instantes, o que foi *é* de novo e um enorme halo significativo rodeia a imagem, com sua força plasmadora, capaz de dar forma ao caos dos elementos desfeitos no tempo. Aí se observa mais uma vez, associada à memória, a imaginação como força unitiva e enformadora, reunindo partes dispersas num todo significativo, ainda que passageiro.

Assim, por exemplo, postado diante da "máscara mortuária" a que estava reduzida a fachada de uma das casas de sua infância carioca, a do Rio Comprido, o narrador em vão procura recordar a antiga morada; súbito, um raio de luz reacende a vidraça de uma janela, trazendo de volta o mundo perdido no esquecimento duma forma que se quer total e simultânea:

> De repente uma acendeu e os vidros se iluminaram mostrando o desenho, trinta anos em mim adormecido. Acordou para me atingir em cheio, feito bala no peito, revelação — como aquele raio que alumbrou são Paulo e o fez desabar na estrada de Damasco. Na superfície fosca, alternavam-se quadrados brilhantes, cujos cantos se ligavam por riscos que faziam octógonos. Essa luz prestigiosa e mágica fez renascer a casa do fundo da memória, do tempo; das distâncias das associações, da lembrança. Como ela era! com suas janelas abertas ao vento, ao calor, às manhãs, aos luares. Foi aquele tumultuar, aquele entrechoque arbitrário de diversidades se conjuntando em coisa única: consubstanciaram-se as ferragens caprichosas da frente, os dois lances da escada de pedra, bicos de gás da sala de jantar, as quatro figuras de louça da varanda (Primavera, Verão, Outono, Inverno), um velho oratório, o baú cheio de ossos, o gradil prateado, o barulho da caixa-d'água, o retrato da prima morta, o forro de couro macio das espreguiçadeiras, o piano preto e o cascalhar de suas notas e escalas ao meio-dia, os quartos, os ângulos do telhado, os rendados de madeira da guarnição do frontispício, silêncios, risos, tinidos de talher, frescuras de moringas de barro, vozes defuntas em conversas de outrora, murmúrio noturno das ondas do rio Comprido, avencas e begônias, minha Mãe convalescendo, meu Pai chegando, minhas tias, as primas — tudo, tudo, todos, todos se reencarnando num presente repentino, outra vez palpável, visível, magmático, coeso, espesso e concentrado — tal a súbita franja feita por limalha de ferro atraída pela força dum ímã.*

---

* *Baú de ossos*, ed. cit., pp. 338-9.

Ainda que sujeito à linearidade da linguagem verbal, o trecho pretende sugerir, pela enumeração caótica de elementos de repente reconectados e pelo símile final do ímã, a experiência totalizante e a simultaneidade da visão momentânea. Poderia ser comparado, por exemplo, às imagens visuais realmente simultâneas que restauram o passado distante do velho personagem de Ingmar Bergman, ao simples reencontro dos simbólicos *Morangos silvestres*, junto à casa de verão dos tempos de juventude. Um pequeno fragmento imantado pela experiência vivida desencadeia o processo da imagem total, em ambos os casos. Ligado metonimicamente à realidade perdida, o símbolo é de novo a vida em sua plenitude, mas agora emoção contemplada, presença súbita sobre um fundo de ausência. O símbolo é; mas significa também o que falta, o que falta mesmo quando a vida ressurge presentificada na imagem.

Por isso, ao tentar recriar o passado, seja pela reconstrução documentada da memória voluntária, ou por esse método de presentificação tão aleatório da memória involuntária, o memorialista tem de lidar sempre com o que falta: tanto na reconstituição irrealizável de um todo único quanto no fragmento imantado pelo conteúdo da experiência, que dá vida ao símbolo, mas não pode evitar que seja apenas uma semelhança fugidia de uma totalidade perdida.

Lidar com a sensação da falta parece ser o destino das *Memórias*; elas historiam ausências; afinal, são uma crônica de *saudades*. A cada passo devem enfrentar o poder da morte: o fosso aberto pelo tempo e pelo esquecimento, contraparte da própria memória. No entanto, não constituem uma crônica saudosista; não formam um discurso desejoso e impotente diante de um passado que não volta mais e que tendam a superestimar, idealizando-o. O método de Nava é sempre um esforço de presentificação, sem excluir, porém, a consciência agudamente crítica perante o passado, que ressurge na voz do narrador como matéria altamente contraditória e problemática. Na verdade, como uma carga de fatos e emoções particulares de tal forma rica e conflitiva, com tal densidade humana, que só pode manter-se viva no presente, quando ainda é objeto tanto de ódios, repulsas tentativas de liberação ou superação, quanto de amores e desejos de perpetuação ou imortalização pela memória.

Assim as *Memórias* não se compõem de um discurso puramente narrativo, mas também de um verdadeiro diálogo dramático com o passado, com o que está morto e vivo, e no mais geral, com a própria ideia de morrer. Elas encenam o drama de um homem que vai arrastando consigo seus mortos e as muitas faces de si mesmo no decorrer do tempo, à medida que caminha para o palco do presente, onde sua principal antagonista é de fato a Morte.

O MÉDICO E A MORTE

É provável que em nossa literatura, excetuando-se a lírica de Manuel Bandeira, nenhuma outra obra tenha desenvolvido, como a de Nava, mais longa e constante meditação sobre a morte. As *Memórias* investem contra "o grande castigo da Morte", como se o memorialista retomasse com palavras a mesma luta que travara por mais de cinquenta anos manejando os instrumentos de médico.*

A medicina foi certamente muito útil à atividade literária de Nava, sob diversos aspectos. Em primeiro lugar, como ficou dito, por ter-lhe propiciado mobilidade, multiplicidade de contatos e proximidade com as formas da narrativa oral, tudo contribuindo para o maior acúmulo de experiência do mundo e dos homens, sem falar no exercício prático e direto da arte da conversa e da narração, que enformam de algum modo a prosa do memorialista. É curioso observar como a medicina lhe abriu caminho para as duas vias de acesso ao conhecimento que costumam estar na base da formação do narrador tradicional, explicando a fonte do saber de onde procedem suas narrativas. O narrador é, etimologicamente, aquele que sabe (já que a palavra remonta a *gnarus*), que conta um saber baseado na experiência; os modos tradicionais de se formar esse saber são as viagens ou, ao contrário, o sedentarismo, fazendo do marinheiro e do agricultor os protótipos do narrador oral, como viu Walter Benjamin.**

---

* A expressão citada pertence ao poema de Nava "O defunto", in: Manuel Bandeira, *Antologia de poetas brasileiros bissextos contemporâneos*. Rio de Janeiro: Zelio Valverde, 1946, p. 169. Nogueira Moutinho foi provavelmente o primeiro a reconhecer os ecos desse poema no interior das *Memórias*.
** Cf. Walter Benjamin, "O narrador. Considerações sobre a obra de Nikolai Leskov". In: *Obras escolhidas. Magia e técnica, arte e política*, trad. Sérgio Paulo Rouanet. São Paulo: Brasiliense, 1985, pp. 197-221.

A profissão ofereceu a Nava a dupla possibilidade: obrigou-o a andanças irrequietas pelo interior do Brasil, assim como o fixou por vezes à terra (como na ocasião de sua estada no oeste paulista); por fim, no Rio, onde se tornou também professor de medicina, os longos anos sedentários fizeram dele um repositório dos múltiplos ramos da memória familiar, procedente das mais variadas regiões do país: de Minas, Maranhão, Ceará, Bahia, Pernambuco etc.

Por outro lado, a medicina constitui também um importante veio temático das *Memórias*, um dos principais fios da meada da história íntima de Nava; ao tomá-lo como objeto de seu relato, acaba traçando a história exemplar da formação de um médico de seu tempo e, ainda mais largamente, um amplo panorama histórico da medicina brasileira, com suas grandezas e misérias expostas a ferro e fogo. O memorialista se muniu demoradamente da ciência, da sabedoria, da liberdade e da arte necessárias para apresentar esse quadro histórico por dentro como uma história vivida, intensamente experimentada no dia a dia, relatando-a como a narrativa da formação de um espírito diante da vida. Vê-se, por aí, como a arte ou ciência do médico deve ter pesado profundamente na constituição da própria visão de mundo do escritor, sobretudo porque ela se tornou para ele um modo de encarar o poder da morte: através do contato direto com as doenças e os doentes, com as fragilidades do corpo e os limites da vida humana, ela dá ao narrador de fato um conjunto de coisas conhecidas por experiência — uma poderosa ciência material da morte.

Pode ser decisivo notar como na formação espiritual do médico, conforme o narrador a delineia, penetram os elementos de um materialismo difuso, não necessariamente doutrinário, mas herdeiro decerto das doutrinas materialistas dos modernos representantes das ciências naturais, provavelmente difundidos, entre outros, nos cursos de patologia geral, a que se referem passagens do *Beira-mar*. Esse materialismo parece uma extensão, sob forma ingênua e vulgarizada, de tendências marcantes do pensamento filosófico da segunda metade do século XIX, como o evolucionismo spenceriano, o monismo naturalista de Haeckel, o positivismo etc. Todas muito influentes na direção das ideias do início do século no Brasil, onde, como mostrou Cruz Costa, logo desaguariam no sociologismo que, em chão social propício, acabaria dominando então a inteligência brasileira.* Mas o fato é que nos anos de formação de Nava na Faculdade de Medicina de Belo Horizonte, em meados da década de 1920, as ideias materialistas deviam corresponder a uma atitude cientificista vinda do outro século, mas muito em voga ainda entre os componentes da elite culta brasileira, como se vê um pouco antes, pelo livro de João do Rio *O momento literário*.

No caso específico de Nava, trata-se propriamente de uma atitude materialista, que às vezes dá a impressão de nascer diretamente da observação pura e simples das mazelas e prazeres do corpo, como se ela estivesse penetrada por um determinismo biológico ou naturalista, alimentando-se de um vago agnosticismo ou de um relativismo cético, que leva a encarar os fatos da vida sem nenhuma cerimônia e duvidosa transcendência. Tal atitude pode sugerir a postura do médico que buscasse, através da observação prática dos casos, os grandes princípios de uma patologia geral, súmula de "toda a filosofia médica", cuidando de encontrar as razões da vida e da morte — "amálgama inseparável" —, mas evitando toda afirmação cabal, resguardado numa prudente "dúvida filosófica".** Num dos trechos aludidos do *Beira-mar* — livro importante para a compreensão da formação do autor em seus contatos com o modernismo mineiro e com a medicina —, o memorialista se refere explicitamente a lições de materialismo cientificista que recebeu e a suas relutâncias em aceitá-las no todo. Lembra então velhas leituras vitalistas, de que lhe teriam ficado "uns molambos de crença informe que conservo e de que não consegui me libertar". Mas, ao topar com algum impenetrável mistério, a verdade é que se desvia sempre de toda inquietação religiosa que pudesse nutrir, voltando-se decididamente para considerar o destino da matéria dentro da ordem natural das coisas.

"Medicina antes de mais nada é conhecimento humano", se afirma ainda no *Beira-mar*. Realmente, a ciência médica parece ter afiado o

---

* Ver Cruz Costa, *Contribuição à história das ideias no Brasil*. Rio de Janeiro: Civilização Brasileira, 1967. Sobretudo o cap. 4 da Segunda Parte e o 1º da Terceira.
** Cf. *Beira-mar*. Rio de Janeiro: José Olympio, 1978, pp. 239 ss. As referências ao materialismo e às leituras vitalistas, comentadas a seguir, se acham às pp. 244-5.

olhar do memorialista, aguçando-lhe o senso material da realidade, que ele procura vasculhar com uma visada minuciosa, detalhista e muitas vezes implacável, em busca de um saber real das coisas e dos homens. Com isso consegue contrabalançar, em grande parte, certa tendência à aceitação complacente dos traços de classe, que se revelam na ênfase excessiva na genealogia (nem sempre funcional e esteticamente necessária ao desenvolvimento da narrativa) ou no gozo inconsciente de favores herdados da sociedade patriarcal, o que de alguma forma se traduz em determinadas facilidades de estilo. De modo geral, porém, a visão do memorialista parece sair enriquecida e fortalecida pela experiência do médico, tanto na consideração da dor quanto na do prazer, pois na maioria das vezes se mostra armada com o escalpelo do dissecador que não se detém diante das dificuldades e mesmo dos podres de qualquer assunto. Nava tende a ir ao fundo das questões, sejam elas as relações pessoais, de família ou da corporação médica, que ele escarafuncha e chacoalha com uma lufada de irreverência, de maus-tratos, com bravura e um senso crítico e corrosivo da comicidade das situações. Talvez tenha falado bem demais dos amigos, ou não tenha dito todo o mal que pensava dos inimigos, conforme chegou a reconhecer, mas nos faz pensar com frequência como seu espírito ganhou no contato com a independência crítica e intelectual do modernismo e como não perdeu a garra com o passar dos anos, tornando-se pelo contrário mais robusto e forte, para afirmar-se, por fim, corajosamente, perto de morrer.

    É da proximidade com a morte que sua narrativa tira a autoridade que a sanciona; não apenas porque o narrador é um homem velho e experiente que possa estar sentindo a vizinhança do fim, mas também porque ele é um homem afeito a observar a morte e o portador da memória dos que morreram e, de algum modo, lhe transmitiram o legado de sua experiência. O materialismo, profundamente incutido em seu espírito, se deixa ver sobretudo no modo como acompanha o destino natural da matéria para a destruição, mesmo quando à espera de ver renascer a vida perdida, por obra da ressurreição da memória. Nesse sentido, é reveladora em sua prosa a tendência para uma visão estética do mórbido, que não arrepia caminho nem mesmo diante das formas escabrosas da decomposição do corpo, como se quisesse retratar a morte em detalhes, com traços grossos de um naturalismo cru — "a morte com mau gosto!" —, conseguindo captar, no entanto, uma difícil poesia do sinistro. Parece voltar então à atmosfera lírica e patética dos versos de "O defunto", estranho e admirável poema que escreveu muitos anos antes e foi recolhido por Bandeira em sua antologia dos "poetas bissextos".*

Na verdade, as *Memórias* nunca deixam de reincidir no acento patético, fazendo retornar periodicamente como um apelo o *memento mori*. Além disso, nelas são recorrentes os grandes motivos que o tema da morte deu à história da literatura ocidental — a dança macabra, a decrepitude do corpo, o *ubi sunt?* — recorrentes e dominantes em momentos de perplexidade do homem diante da natureza perecível das coisas, como no declínio da Idade Média, conforme mostrou Johan Huizinga. Com eles voltam também os versos inesquecíveis de François Villon e volta sobretudo Manuel Bandeira, que dá a epígrafe de abertura das *Memórias*, com o extraordinário "Profundamente", uma das mais belas elegias da língua. Assim, desde o princípio, se insinua uma direção de leitura, como se estivéssemos diante de uma longa narrativa elegíaca, dominada pela "pergunta sem resposta" do "onde estão todos eles?".**

Na origem, como se sabe, a elegia foi antes um metro (o dístico elegíaco) que um tipo de poema, um tom (um modo lamentoso de considerar o tema) e uma situação ideal experimentada como ausência ou carência, mas uma situação inventada pelo desejo, misto de lamento e contemplação, quadro imaginário e muitas vezes puramente fictício, preso aos temas do amor e da morte, próximo do idílio, atravessado pela emoção da falta. Lamento marcado pela impossibilidade de atingir a situação ideal desejada, ela chama ao primeiro plano o vazio da ausência, sancionando o poder da morte. Coleridge considerou-a uma "forma de poesia natural à mente pensativa", transformando-a quase num estado de espírito ou num modo de ser do estilo.

Tanto no sentido mais estrito de lamento por uma pessoa morta quanto no mais amplo, de estilo meditativo, o termo *elegia*, se descartada a forma em versos, convém à prosa de Nava, vasta "crônica de

---

* "Eu quero a morte com mau gosto!" é outro verso de "O defunto". Cf. ed. cit., p. 170.

** "Pergunta sem resposta" é o título do ensaio de Augusto Meyer sobre o motivo do *ubi sunt?*, no seu livro *Preto & branco*. Rio de Janeiro: MEC/INL, 1956.

saudades". Ao buscar a presentificação do passado, as *Memórias* marcam simultaneamente o espaço da falta que faz o que se foi, impregnando-se do tom de lamento elegíaco. Por esse lado, de fato, se aproximam muito do universo lírico de Bandeira, onde o que falta é, entre outras coisas, um mundo parecido ao de Nava: o mundo da sociedade tradicional onde passaram a infância. Os mortos que ambos carregam são tão parecidos que se confundem até nos nomes. Rosa é, para ambos, a ama que conta histórias, a rapsoda, a imagem do narrador oral que transfunde a magia de suas ficções no imaginário infantil, marcando-o para sempre com o encanto da memória épica do passado. Sua evocação pertence, porém, à esfera mais íntima do sujeito e pode desaguar na expressão lírica da elegia, pois constituirá sempre também "uma esmagadora oportunidade poética". E em ambos a evocação trará de volta o símbolo, forma fugitiva do perecível que ilumina, profundamente, nossa frágil condição.

Contudo, é na visão da morte que divergem os dois autores, além, é claro, das diferenças óbvias que separam suas obras. É que a longa meditação que ambos realizaram em prosa e verso sobre o tema tem um sentido muito distinto em cada um. A lírica de Bandeira se deixa ler como uma lenta e sábia preparação para a morte, tornada aos poucos familiar e próxima, como se se tratasse de um fato comum da esfera da experiência do cotidiano, o que faz da poesia que sobre ela medita uma forma natural e humilde de aprender a morrer. Nas *Memórias* de Nava há uma luta constante contra a ideia de morrer, que, entretanto, volta sempre com um *ritornello* que pontuasse periodicamente o ritmo de hausto longo de sua prosa. É aí então que se pode compreender o fundamental no trato desse observador com a morte, avaliando mais a fundo o papel do olhar do médico na formação da visão de mundo do escritor. Ao recriar o passado em sua narrativa, o narrador reconstrói sua visão da história íntima e da história social como se elas acabassem por se confundir na verdade com o amplo emaranhado arbóreo de uma história natural, regida ciclicamente pelos movimentos de degenerescência e regeneração da matéria na natureza, onde a Morte retorna sempre como a iniludível figura recorrente.

ENCRUZILHADA: HISTÓRIA E NATUREZA

À primeira vista, Nava começa suas *Memórias*, conforme se apontou, por um discurso fundamentalmente autobiográfico, voltando-se para sua terra natal. Uma leitura mais detida revela, porém, que desde o princípio a volta à origem pessoal se enlaça à evocação de um passado maior — o da cidade de Juiz de Fora. Em tom de humildade, o sujeito das reminiscências refaz uma frase de Eça de Queirós com o nome antigo de sua terra, encolhendo-se diante de um espaço que se impõe pelo nome longo e sonoro, carregado da magia das sugestões imprecisas, mas poderosas: "Sou um pobre homem do Caminho Novo das Minas dos Matos Gerais". É bem verdade que, como costuma ocorrer com as memórias em geral e o autor reconhece, estas não escaparão a uma boa dose de narcisismo, o poético difuso que rodeia o lugar da origem podendo valer como índice da sua mitificação. Mas o caminho do narrador parece outro. Com fluência, ele vai rastreando o que se poderia chamar a memória topográfica de sua terra, ao mesmo tempo que evoca o que ali se passou. Assim, por exemplo, delineia na primeira encruzilhada de sua vida as direções opostas que a história do lugar abria ao seu futuro:

> Esse lado de Juiz de Fora, revolucionário, irreverente, oposicionista, censurante e contraditor — dizia sempre não! ao outro, ao do alto dos Passos — conservador, devoto, governista, elogiador e apoiante. No primeiro ouvia-se o rompante do guelfo Duarte de Abreu, mau político e invariavelmente bom homem ("Absolutamente!"), e no segundo a anuência do gibelino Antônio Carlos, bom político e variavelmente bom homem ("Perfeitamente, perfeitamente!"). Pois foi naquele lado fronda que nasci, às oito e meia da noite, sexta-feira, 5 de junho de 1903.*

Logo se percebe como nessa encruzilhada espacial, primeiro marco a que remonta a memória, o discurso autobiográfico tende a bifurcar-se também, desviando-se da referência estrita à pessoa do memorialista,

---

* *Baú de ossos,* ed. cit., p. 38.

para seguir os rumos da História: a história do lugar sendo reconstruída à imagem e semelhança de modelos da história universal, por força da tendência analógica do discurso. A *diversificação* que este sofre *parece* ser no rumo mais amplo das raízes históricas do sujeito, espalhando-se pelo chão social da memória. É por esse caminho que a história íntima do indivíduo tende a se prender à história dos grupos com que ele se relacionou, fazendo-se do lugar das reminiscências um intrincado de relações sociais e históricas concretamente determinadas no tempo e no espaço, podendo ainda, pelas relações de analogia, refletir modelos mais gerais.

Quando, porém, o narrador entra realmente em seu relato, se desvia de novo, até certo ponto, de si mesmo, ao partir da *ramificação* genealógica. O fio de sua narração segue os ramos da vasta árvore familiar, dispersando a origem e alastrando-se até os mais finos e distantes filamentos do parentesco; nesse processo se diversifica efetivamente a cada passo, desenhando figuras entrelaçadas que às vezes se parecem, por sua vez, a "verdadeiros homens-árvore como no mito de Dafne", embora tenham sido de fato homens reais, cujos retratos foi possível traçar com o apoio da memória familiar, transmitida pela tradição de gerações. Por essa via, a narrativa das *Memórias* se multiplica em mil e uma histórias diferentes, que podem ter base histórica real, mas não se concatenam segundo uma ordem propriamente histórica ou conforme as conexões necessárias à interpretação historiográfica. Na verdade, se encadeiam e se justapõem porque são galhos ou ramificações de um mesmo tronco, de uma árvore comum, que elas recompõem infindavelmente, com semelhanças e dessemelhanças entre si, parecendo-se ou não a fatos históricos universais, como se reproduzissem, num diagrama, a imagem natural da formação familiar. *A prosa das* Memórias *imita literalmente uma metáfora, um ícone das relações de família — a árvore genealógica —, e tornando-se ela própria um diagrama por assim dizer arbóreo da formação familiar, sempre diferenciado, imita ainda, oblíqua e analogicamente, o movimento mesmo da natureza em seu processo de perene diferenciação.*

A narração é aqui, portanto, um processo de criação de diversidades — de homens, coisas, acontecimentos; na verdade, ela põe em movimento imagens recriadas do passado (histórico ou não), com o auxílio da memória e da imaginação, com isso objetivando a experiência que o narrador teve ou herdou desse passado; nesse movimento, ela parece reproduzir, recriando-o à imagem e semelhança da própria natureza, o processo de produção natural da diversidade. Assim, num plano mais próximo, as *Memórias* se limitam à reconstrução histórica e imaginária do passado familiar do narrador (passado que ele conheceu diretamente ou dele teve notícia), onde cada ser ganha um perfil único e distinto, particularizando-se e concretizando-se depois pelas múltiplas determinações que recebe até adquirir uma dimensão geral, simbólica e humana, como se ressurgisse para a vida. Mas logo se percebe também que os seres desse modo recriados são partes de um movimento mais amplo que recompõe e reanima a grande árvore familiar, tecendo-se e entretecendo-se por semelhanças e dessemelhanças no vasto tapete arbóreo do conjunto. Compreende-se, por fim, que as *Memórias* acabam por se assemelhar ao reino da Natureza, com sua contínua produção da diversidade que jamais se totaliza, formando *uma paisagem que é impossível completar*, uma vez que se constitui pela justaposição infindável de elementos, numa soma inacabada, onde a identidade última parece dissolver-se no próprio emaranhado das semelhanças e dessemelhanças, das conjunções e disjunções, sem integrar nunca um todo, alastrando-se ilimitadamente.

Esse modo à primeira vista tão arbitrário de considerar a história dos homens contra o fundo de uma história natural, como se de repente fossem tão próximas, que já não se diferenciassem, por força das analogias, tem com certeza implicações profundas. Em primeiro lugar, torna-se agora bastante evidente como a visão do narrador das *Memórias* se confunde com o olhar de um cronista da história, para o qual é aceitável e comum que fatos históricos e da natureza se entrelacem numa mesma narrativa, uma vez que se fundem num mesmo curso natural das coisas. Seja porque se tem desse fluxo onde tudo se perde uma interpretação materialista e secularizada, como parece ser o caso de Nava, seja porque se possa ter para ele uma explicação providencial ou religiosa, como costumava ocorrer com os cronistas medievais.* Nesse sentido, a figura do narrador em questão parece evocar diretamente uma tradição mais próxima, a de outros velhos cronistas do Brasil, sobretudo por sua visão dúplice, ao mesmo tempo aderente ao real histórico e transfi-

---

* Walter Benjamin trata dessa questão em várias passagens do ensaio já citado (ver segunda nota da p. 453).

guradora da realidade do passado, reanimada pelo poder da imagem como se fosse uma gigantesca natureza viva.

Não deve ser impróprio, portanto, reconhecer nas *Memórias* a coexistência daquela tendência contraditória, apontada por Antonio Candido ao longo do processo de constituição de nossa literatura em suas relações com a vida social, caracterizada tanto pelo senso do concreto quanto pelo pendor para a transfiguração da realidade.* Conforme mostrou o crítico, desde os primeiros cronistas da terra é possível reconhecer a oscilação entre esses polos opostos, como se o conhecimento do país passasse necessariamente por essa "via contraditória". E de fato o reconhecimento mais objetivo de alguns, como Anchieta, Gabriel Soares de Sousa e Frei Vicente do Salvador, alterna-se com a inclinação visionária e transfiguradora de outros, como é o caso de Simão de Vasconcelos, podendo ainda coexistir em outros mais, como Antonil, tão agudo observador das mazelas do processo econômico da Colônia e, simultaneamente, preso às formas imaginárias da linguagem figurada com que por vezes transpõe a realidade descrita. Nava parece ter herdado essa tendência contraditória, combinando o registro objetivo e concreto da realidade a uma espécie de metamorfose mitificante pela qual transforma em natureza viva os ramos da árvore genealógica. E tal combinação não resulta para ele numa contradição consciente e problemática, mas numa mescla natural, apoiada pelo próprio modo de ser do estilo, que por isso lembra muito a tradição da literatura barroca, com seu jogo de diferenças aparentes. Nesta o senso das desproporções, das oposições e diversidades tende a se converter em semelhanças surpreendentes e termina por se acomodar, como apontou Gérard Genette, numa "felicidade de expressão".** O que é reconhecido como o outro, o diferente, reverte ao idêntico, que é o mesmo. A linguagem se transforma no meio natural — quase que se diria vegetal — dessa reversibilidade, pois a progressiva diferenciação em que se alastra é apenas a contrapartida de um movimento regressivo rumo à origem especular de uma identidade esquiva. Em seu périplo barroco, as *Memórias* avan-

---

* Ver Antonio Candido, "Literatura de dois gumes". In: *A educação pela noite e outros ensaios,* ed. cit., pp. 163-80.
** Cf. Gérard Genette "L'univers reversible". In: *Figures.* Paris: Seuil, 1966, p. 20. Ver também, no mesmo volume, o ensaio "L'or tombe sous le fer", pp. 29-38.

çam na presentificação, recuando às origens, em busca das mais fundas raízes da memória; recriam a diversidade do passado em direção ao presente, tentando reconstituir uma identidade difusa e inalcançável; esgalham-se em múltiplas histórias, confundindo-se com a imagem comum da árvore familiar; crescendo pelos dois lados, dissolvem-se na semelhança com o reino da natureza.

Essa aproximação da narrativa da formação familiar ao mundo da natureza tem ainda outra implicação profunda e delicada, pois leva o discurso do memorialista a costear todo o tempo a ideologia, às vezes nela incidindo. Se fossem a realização plena da tendência que revelam, as *Memórias* poderiam ser lidas e criticadas apenas como uma enorme construção ideológica. Seu fim último e inconsciente seria o de uma justificativa do presente com apoio na memória do passado, obedecendo a uma necessidade histórica da burguesia — no caso específico da precária burguesia brasileira, com passado obscuro, colonial e dependente, necessidade ainda maior — de remontar à origem, reconstituindo-a de acordo com sua perspectiva interessada de classe, a fim de sancionar a dominação atual. E a reconstrução do passado de uma classe, determinado por seus interesses particulares, tenderia a extrapolar seus limites para se confundir com a própria história geral da nação. Algo dessa espécie de obnubilação de classe se percebe por vezes em Nava, como já se notou, e parece ser inerente a um movimento narrativo que tende a converter a história em natureza; a contingência, em perenidade; a realidade do passado, em imagem; a genealogia, em mito da formação nacional. Mas as *Memórias* não se reduzem de forma alguma a isso, por mais que se perceba subjacente ao seu discurso um movimento compensatório de afirmação da origem.

A naturalização mitificadora da origem exige o esvaziamento de todo conteúdo real do passado, para convertê-lo em imagem de uma natureza inalterável. Tende a simplificar os problemas reais, eliminando o choque das contradições que dão complexidade e espessura à matéria histórica, anulando as marcas dos atos humanos que nela imprimiram vida e significação.* Ora, nada disso ocorre absolutamente nas *Memórias*,

---

* Na *Ideologia alemã* (trad. fr., Paris: Éditions Sociales, 1968, I, p. 55), Marx refuta, em tom polêmico, a atitude especulativa e abstratizante de Feuerbach diante dos objetos de certeza sensível, assinalando o fato de que mesmo o ser aparen-

onde, pelo contrário, o narrador está empenhado num diálogo dramático e muitas vezes crítico com uma matéria ainda palpitante, que ele procura trazer à tona do presente como coisa viva, atravessada pelos gestos humanos que permitem reanimar a grande árvore do passado. Aqui a natureza se move, como a narração que de algum modo a imita. E se percebe que a arte de Nava consiste precisamente em fazer reviver, inscritas no texto — tecido literário —, essas formas fugitivas em contínuo movimento, tiradas por imitação da história e da natureza. E ainda aqui, o que de fato vive gravado na linguagem, por sobre a cinza ligeira do passado, constitui o enigma que continua desafiando o crítico.

OS GESTOS REVIVIDOS

Antes de apanhar o fio genealógico de sua narração, tantas vezes ligada pelos laços de parentesco, e de dar início às histórias entrelaçadas por alguma ponta à sua própria vida, o narrador se detém por um momento num remanso reflexivo. O leitor, a esta altura, já tomou contato com a fluência caudalosa do discurso narrativo com que se abre o *Baú de ossos*, mas ainda está perto do começo das *Memórias*, quando se depara com uma espécie de comentário do memorialista sobre sua própria atividade, apresentada como se operasse com o depósito de reminiscências de várias gerações.

Trata-se de um longo parágrafo enumerativo, composto de camadas superpostas e às vezes como que intercaladas, parecendo uma amostra geológica do chão da memória, inserida como um inciso no meio do

---

temente mais natural (como uma cerejeira) depende do ato humano que o produziu, comercializou, transplantou etc. Deixa assim evidente o caráter ideológico de toda tentativa de naturalização de fatos históricos. No mesmo sentido, valendo-se da mesma passagem, Roland Barthes explica a ideologia burguesa que se oculta na tendência do mito hoje para converter a história em natureza, acentuando mais uma vez que até o objeto mais natural não deixa de trazer a marca mais ou menos memorável do ato humano que o produziu, arranjou, utilizou, submeteu ou rejeitou. Cf. "Le mythe, aujourd'hui". In: *Mythologies*. Paris: Seuil, 1957, p. 252.

discurso narrativo. Este se interrompe para descrever voltas meditativas sobre si mesmo, lembrado e consciente do próprio mecanismo da memória, tomada em sua dimensão social como um processo demorado de sedimentações e inesperadas ressurreições do repositório familiar. Nessas águas em remanso, algo se espelha das profundezas das *Memórias*: o método de composição; o modo de ser do estilo; a função do narrador. Este nos deixa entrever a sua face: ele surge ali como o narrador das lembranças de família, velho guardião e transmissor do legado cultural do passado, formador da tradição em cadeia através do tempo, portador da experiência viva das gerações pretéritas. Convém escutá-lo detidamente:

> A memória dos que envelhecem (e que transmite aos filhos, aos sobrinhos, aos netos, a lembrança dos pequenos fatos que tecem a vida de cada indivíduo e do grupo com que ele estabelece contatos, correlações, aproximações, antagonismos, afeições, repulsas e ódios) é o elemento básico na construção da tradição familiar. Esse folclore jorra e vai vivendo do contato do moço com o velho — porque só este sabe que existiu em determinada ocasião o indivíduo cujo conhecimento pessoal não valia nada, mas cuja evocação é uma esmagadora oportunidade poética. Só o velho sabe daquele vizinho de sua avó, há muito coisa mineral dos cemitérios, sem lembrança nos outros e sem rastro na terra — mas que ele pode suscitar de repente (como o mágico que abre a caixa dos mistérios) na cor dos bigodes, no corte do paletó, na morrinha do fumo, no ranger das botinas de elástico, no andar, no pigarro, no jeito — para o menino que está escutando e vai prolongar por mais cinquenta, mais sessenta anos a lembrança que lhe chega, não como coisa morta, mas viva qual flor toda olorosa e colorida, límpida e nítida e flagrante como um fato presente. E com o evocado vem o mistério das associações trazendo a rua, as casas antigas, outros jardins, outros homens, fatos pretéritos, toda a camada da vida de que o vizinho era parte inseparável e que também renasce quando ele revive — porque um e outro são condições recíprocas. Costumes de avô, responsos de avó, receitas de comida, crenças, canções, superstições familiares duram e são passadas adiante nas palestras de depois do jantar; nas das tardes de calor, nas varandas que escurecem; nas dos dias de batizado, de

casamento, de velório (Ah! as conversas vertiginosas e inimitáveis dos velórios esquentadas a café forte e vinho do Porto enquanto os defuntos se regelam e começam a ser esquecidos...).*

O que de imediato pode chamar a atenção nesse fragmento é que ele não apenas se refere à transmissão oral da experiência que constitui a tradição familiar, mas já se integra nesse mesmo processo, trazendo certas marcas do discurso oral, como se fosse o resultado de uma imitação ou estilização da linguagem da conversa que transmite entre os membros da família, em momentos exemplares da vida do grupo, referidos no texto, a memória do passado. A impressão que fica é a de uma maneira de escrever que evoca a fala com seus gestos. O narrador parece estar proseando, ao caminhar aparentemente sem rumo certo, dispensando qualquer roteiro prévio, entregue a um jeito de falar próprio de um tipo de conversação decerto culta, ilustrada, rica em expressividade imaginativa, em efeitos retóricos e poder de sugestão — donde sua gestualidade latente —, mas sempre conservando determinados traços e a comunicabilidade da linguagem coloquial.

Um dos traços distintivos mais claros da prosa de Nava, tal como se mostra nesse trecho, mas se poderia também estender de modo geral às *Memórias*, é o modo como utiliza os enlaces entre palavras, sobretudo entre orações e períodos. A marca da oralidade está aqui presente, suscitando um ritmo próprio, que se diria acompanhado pelo gesto a cada passo marcado no entroncamento das partes do discurso.

Assim, uma forma de enlace característica da fala e aqui muito ostensiva é dada pela repetição de *quês* e de *ee* (em menor escala, também *mas*), o que afasta desde logo esse tipo de prosa de certo figurino de como escrever bem, tal como o da escrita mineira por assim dizer clássica, muito policiada gramaticalmente e, sem dúvida, avessa a essas repetições. Pense-se, por exemplo, no caso oposto de Cyro dos Anjos, que as evitaria provavelmente a todo custo. No entanto, em Nava elas são funcionais e servem à expressividade gestual da fala, que se toma por padrão do estilo. Sendo pausas sintáticas, funcionam, porém, como elementos de ligação, verdadeiras muletas do fluxo do pensamento, dando continuidade

---

* *Baú de ossos*, ed. cit., p. 40.

ao fio do discurso e com isso contribuindo para o movimento da narração, que nelas encontra apoio e controle análogos ao que o gesto oferece à narrativa oral. Na verdade, essas pequenas paradas repetidas, assim como o ponto e vírgula, pontuam o relato periodicamente, marcando-lhe o ritmo e evocando diretamente o gesto do narrador, cuja presença vívida parece ter assimilado a figura primitiva do narrador da tradição oral, descrito no texto como o velho transmissor da herança cultural da família. Esses apoios gestuais do discurso conferem vivacidade dramática a um estilo que, sendo herdeiro da conversa familiar do passado, busca atualizar esse legado das gerações pretéritas, reanimando-o no presente. O procedimento que sugere a presença vívida da gestualidade na linguagem narrativa das *Memórias* contribui para o que nelas é o fundamental: o movimento de presentificação do passado. Da conversa, que se desenvolve em momentos exemplares da vida familiar quando se condensa e se transmite a experiência do passado, brota o movimento natural do estilo que faz reviver a tradição.

Ao beber da fonte da tradição oral, a prosa das *Memórias* se aproxima da matriz de toda narração — o ritual, movimento de gestos repetidos com que se busca atualizar um passado exemplar. As palestras que dão continuidade à tradição da família, valendo como fonte para o narrador, ocorrem precisamente, conforme se assinala no fragmento, nas ocasiões ritualizadas da vida do grupo social, que são também as ocasiões propícias à atualização de seu passado, pois nelas se renovam por assim dizer seus gestos simbólicos.

São momentos de ócio e lazer, de cerimônias festivas ou fúnebres, que, na perspectiva do texto, parecem propiciar "a esmagadora oportunidade poética", quando os gestos do passado encarnam na linguagem, fazendo reviver a experiência daquela sensação de ser tão elevada e intensa que encontramos na poesia, a que se referia Richard P. Blackmur.

Na década de 1940, esse crítico norte-americano procurou mostrar a importância do gesto para a linguagem das artes, destacando seu papel na literatura e, sobretudo, na poesia. Indicou como esse movimento paralinguístico pode integrar-se à forma artística, *como a linguagem ganha a força de gesto, transformando simples palavras em símbolos, carregando-se com um cúmulo de sentido, que não poderia ser expresso de outro modo em termos diretos.* Para ele, os gestos constituem o primeiro passo na formação dos símbolos, ao mesmo tempo que símbolos duradouros são portadores residuais de significados adquiridos através dos gestos.* Ora, tais observações convêm perfeitamente à prosa das *Memórias*.

Como se nota no trecho citado, o método do narrador familiar (ou do narrador) consiste exatamente em apanhar detalhes do passado, como os "daquele vizinho de sua avó", impregnados de significação pelo gesto humano que um dia lhes deu vida, projetando-os pela narração no sentido da nova vida simbólica do presente. Esses detalhes são propriamente figuras — poéticas: metonímias, resultantes de relações de contiguidade — partes imantadas que o vizinho arrasta consigo; e metáforas, produzidas pelo "mistério das associações", pela mágica abertura do *baú de ossos* — "caixa de mistérios". E são elas que, postas em movimento pela narração, chamam de novo à vida os gestos fugazes que se foram, revividos nos símbolos. Prosa dinâmica e plástica, que recria no vazio das ausências e das saudades — brecha aberta pelo tempo, pelo esquecimento e pela morte — uma espécie de escultura móvel, em que se resgata e condensa o passado.

A CONSTRUÇÃO ARBÓREA

A escrita, tal como se revela no fragmento destacado, segue o movimento volúvel da fala por entre os detalhes do assunto que vão se somando, à medida que ela envereda por novos rumos e acaba se ramificando em contínuas enumerações, incisos e parêntesis — traços marcantes também da oralidade —, sem aparentar outro esforço de estilo que não seja o de exprimir a mobilidade natural do pensamento no processo mesmo em que toma forma de linguagem. O resultado é uma prosa ao mesmo tempo abundante e solta, capaz de mover grandes massas com imponderável leveza. Mantém-se sempre comunicativa e bastante livre na construção da frase, no uso das palavras e da pontuação, tendendo claramente às formas elásticas da parataxe, com sua abertura a toda sorte

---

* Ver Richard P. Blackmur, "Language as gesture". In: *Language as gesture. Essays in poetry*. Nova York: Harcourt, Brace and Company, Inc., 1952, pp. 3-24. Cf. sobretudo pp. 4, 6, 16 e 17.

de acréscimos, emendas, desvios e recheios, sempre no mesmo pé de igualdade. E pelo ritmo largo, pelo torneio gestual e pelos recursos retóricos procura uma expressividade dramática e escultórica, sem nunca travar, porém, o movimento cursivo da escrita e a naturalidade como meta ideal da expressão. É de fato no enlace e na correlação das partes que esse estilo mostra a essência de seu modo de ser.

Um manejo peculiar da linguagem como o que aqui se dá pode lembrar antecedentes ilustres da história da literatura. Pensa-se logo num tipo de prosa que serviu de modelo para o que os estudiosos da estilística designam em geral por *estilo solto*, em oposição ao *style coupé* ou lacônico, com o qual o primeiro costuma alternar-se no período "clássico" da prosa barroca. Figuras tão diferentes como Montaigne, Bacon, Thomas Browne, Pascal e outros mais ilustram, por exemplo, as análises paradigmáticas desenvolvidas por Morris W. Croll em torno daquelas modalidades de prosa, que ele vincula por um lado a uma atitude cética e libertina do espírito muito corrente na época (a maneira solta) e, por outro, à atitude senequista e estoica igualmente presente no período (a maneira breve ou lacônica).* Os contrastes entre a soltura e a concisão são vistos sempre por esse estudioso em função dos liames sintáticos da frase, formas linguísticas concretas de articulação do pensamento e traços indicativos da postura do espírito diante do mundo.

Sem querer vincular a prosa de Nava diretamente à primeira dessas modalidades (o que equivaleria a desgarrar nosso escritor de sua situação histórica concreta, para acomodá-lo a um padrão tornado abstrato e a-histórico), é preciso convir, porém, que a designação de *estilo solto* cabe adequadamente à sua prosa, que, por outro lado, como se viu, por certos traços do pensamento e da expressão parece herdeira ainda da tradição do barroco, tão arraigada no Brasil. Além disso, a análise miúda da construção linguística pode realmente auxiliar na compreensão do modo de ser mais profundo das *Memórias*, pois nos leva a refletir sobre os vínculos fundamentais que articulam esse uso específico da

---

* Morris W. Croll, "The Baroque style in prose". In: Howard S. Babb (Ed.), *Essays in stylistic analysis*. Nova York Harcourt, Brace Janovich, Inc., 1972, pp. 97-117. (Tomei conhecimento desse ensaio por uma tradução inédita de Ivan Prado Teixeira, gentilmente cedida pelo prof. Segismundo Spina.)

linguagem a determinada visão do mundo. E aqui o ponto fundamental para essa reflexão — a ligadura sintática — é sugerido pela própria tendência analógica da prosa de Nava: a soltura das frases parece se fazer também, no plano do discurso, à imagem e semelhança do processo da natureza, implicando ligações profundas com a visão do narrador.

O parágrafo citado pode ainda ser o campo de provas para a análise. Ele se compõe de cinco períodos longos e acumulativos, relacionados entre si não por uma ligação subordinativa ou de dependência estritamente lógica (embora ocorram várias orações subordinadas no trecho), mas por uma espécie de encadeamento de "assunto-puxa-assunto". Os elos se encadeiam com frequência pela retomada de elementos dos membros anteriores, como no caso dos dois primeiros períodos; pela adição ou pelo acréscimo de mais um, como nos dois seguintes; finalmente, pela aposição, como no último segmento. Até certo ponto permanecem independentes e são antes ramificações amplas (por sua vez muito ramificadas internamente), ligadas com autonomia ao tronco básico do mesmo assunto, como grandes galhos semelhantes de uma árvore comum. Não são propriamente variações específicas de um tema único, mas desenvolvimentos e anexações que cabem no assunto geral. *A cadeia assim formada é fundamentalmente um procedimento justapositivo*, que tem a peculiaridade de se abrir sempre a novas emendas e à migração dos componentes internos que podem ser retomados, do mesmo modo que aceita encaixes ou incisos frequentes.

Essa construção aberta das sequências do discurso forma uma prosa arejada e libérrima, já que se interrompe e reata a todo instante, sensível a toda expansão ou desvio do pensamento. *Sugere, por isso, o movimento natural de um crescimento arbóreo sempre inacabado, pois tende a constituir uma enumeração infindável — no extremo, a cadeia ilimitada dos membros justapostos.* Na matriz da frase se refaz desse modo a imagem analógica da árvore e a imitação do processo natural, sem que se possa saber ao certo, como uma vez disse Sartre da própria natureza, se se trata de "um encadeamento cego de causas e efeitos" ou do "desenvolvimento tímido, incessantemente retardado, perturbado, atravessado, de uma Ideia".[*]

---

[*] Cf. Jean-Paul Sartre, "Les mobiles de Calder". In: *Situations, III*. Paris: Gallimard, 1976, p. 311.

Um rápido olhar no interior dos períodos pode revelar de imediato como a técnica da enumeração, cuja importância foi logo detectada por Antonio Candido, tem emprego constante na ramificação da prosa de Nava.* "Tão velha como o mundo", no dizer de Leo Spitzer, conforme se comprova por sua utilização no texto bíblico, a enumeração tem no entanto aqui um uso caracterizadamente moderno.** É bem verdade que ela aparece por vezes acompanhada de ênfase retórica pelo emprego simultâneo da anáfora (forma de repetição a que ela se ligou particularmente na Idade Média). Por vezes também, ocorre conjuntamente a omissão da conjunção aditiva e (o assíndeto, de uso clássico na Antiguidade e no Renascimento), alternando-se, aliás, com a reiteração enfática do e, como se nota na frase central do fragmento: "[...] a lembrança que lhe chega, não como coisa morta, mas viva qual flor toda olorosa e colorida, límpida e nítida e flagrante como um fato presente" (polissíndeto). Além disso, as enumerações que se encontram em quatro dos cinco períodos do texto comentado parecem conservar a forma tradicional, mantendo dentro de cada sequência a homogeneidade dos elementos enumerados. Contudo, nenhuma dessas é a sua característica principal.

Vistas em conjunto, essas enumerações revelam uma notável *heterogeneidade* de componentes, aproximando-se do universo das enumerações caóticas estudadas por Spitzer no verso livre moderno derivado de Walt Whitman. Se se atentar para o fato de que as *Memórias* são constantemente enumerativas, ramificando-se a todo instante e sempre acrescentando novidades, pelo processo de diversificação que lembra o da natureza, então se terá ideia de como a heterogeneidade da matéria arrastada para o bojo das frases é realmente avassaladora. *Na verdade, a*

---

* Cf. A. Candido, "A autobiografia poética e ficcional na literatura de Minas", ed. cit., pp. 58-61.
** Ver Leo Spitzer, "La enumeración caótica en la poesia moderna". In: *Linguística e historia literaria,* trad. esp., Madri, Gredos, 1955, pp. 295-346. Diferentemente de Antonio Candido, penso que a enumeração na obra de Nava também deve ser relacionada com a "enumeração caótica" moderna, estudada por Spitzer. Isso pelas razões expostas no texto, apesar da aparente homogeneidade que parece predominar dentro de uma mesma sequência, o que, aliás, nem sempre se dá, como se pode verificar, por exemplo, pelo trecho enumerativo sobre a casa do Rio Comprido, citado acima.

frase enumerativa de Nava é uma espécie de matriz receptiva da heterogeneidade do mundo. No processo crescente de sua diversificação, ela recolhe toda sorte de elementos, numa voracidade sem par, pois deve dar conta da diversidade ilimitada do real que se busca trazer à vida do presente. A ingente tarefa de presentificação exige uma forma igualmente ilimitada do meio linguístico para transfundir na tessitura do texto a multiplicidade do mundo que a memória evoca pela fala do narrador.

Nesse sentido, ela é rigorosamente um equivalente em prosa do verso livre do modernismo, de que parece uma herança viva. Como a quebra do metro tradicional no caso do verso livre, ela supõe uma abertura da técnica literária para novas e diversas esferas da realidade brasileira que se impuseram à consciência criadora de nossos escritores como matéria nova de literatura, ampliando-se o espaço do especificamente literário, em função do processo de modernização do país. Como um fruto tardio do modernismo mineiro, lentamente amadurecido, o estilo solto e moderno de Nava transpõe a vasta matéria do passado, carregada de elementos da velha sociedade tradicional brasileira, no rumo do presente, mediante um procedimento linguístico provavelmente aprendido com a vanguarda modernista. A mescla estilística resultante tende a dar sempre uma direção moderna à herança do passado, como se por esse meio a matéria herdada buscasse seu sentido na forma do presente.

Aí se verifica que esse tipo de frase enumerativa, misturando os componentes mais variados, é um meio literário perfeitamente coadunado ao tipo de documentação de que o autor se serviu na elaboração de seus livros, demonstrando a coerência profunda de seu método de trabalho. Essa documentação abundante e essencialmente heterogênea combina livros, diários, recortes de jornal, receitas de cozinha, bulas de remédio, fotos, folhetos, álbuns de retratos, quadros, desenhos, croquis e toda a parafernália de outros elementos sempre anexados ao manuscrito para consulta seguida e apoio da memória, ajudando a empurrar adiante o traçado da escrita. Do ponto de vista artístico, esse material heteróclito constitui não só uma forma de enumerar o vasto conteúdo do que um dia existiu em sua infindável multiplicidade, mas também um meio de alimentar a continuidade sempre inacabada da paisagem que a memória vai remontando no presente. Muito similar ao tipo de documentação que Gilberto Freyre utilizou na construção de *Casa-grande & senzala*, esse amplo material indicia um projeto maior e comum do modernismo, empenhado em redescobrir a realidade brasileira em seus múltiplos aspectos, muitos dos quais soterrados pela passagem dos anos sem aflorar à consciência nacional. E apesar de todo comprometimento de classe, em ambos os casos, se vê como por essa via foi possível chegar ao conhecimento mais profundo e geral dos modos de vida e sensibilidade da sociedade brasileira no seu dia a dia do passado, através de formas particulares e concretas de seu cotidiano, de repente chamadas à vida pelo toque de arte que aí desencadeou a ressurreição da memória.

O grande feito de Nava — enigma de sua arte — parece ser o de arrancar o passado da imobilidade de coisa morta. É de fazer andar de novo para nossos olhos surpresos uma figura como seu bisavô Luís da Cunha, saído do meio de canteiros e plantas, "todo úmido e cheirando a velho, a folha, a flor, a esterco", para caminhar em busca de mais uma noite de amor com Laura, cujo corpo de "bronze polido", iluminado contra a treva, contemplamos extasiados sob a luz do presente.*

    Um escultor, diante da matéria inerte, pode nos dar a sugestão do movimento. Alexander Calder, na década de 1930, foi além; captou o movimento em suas esculturas, tornando-as, no dizer de Sartre, "símbolos sensíveis da natureza".** Trabalhando com materiais pouco nobres, ou mesmo vis e desprezíveis, restos heterogêneos — pedaços de osso, de lata, de folha de zinco —, montou objetos inusitados que podem lembrar formas vegetais ou animais — palmas, pétalas, penas —, sem querer imitá-los diretamente. Objetos que jazem, como diz o filósofo, "falsamente adormecidos", até que uma brisa errante os toca e nasce ou renasce um *móbile*. "Pura alegria do equilíbrio", na expressão de André Breton, o móbile que se incorporou a nossa vida é o produto de um *bricoleur* que rearranjou resíduos do mundo num jogo vital, onde a matéria reanimada se reergue da terra como planta ou se move no céu como

---

* Cf. *Baú de ossos*, ed. cit., p. 197.
** Cf. o ensaio citado sobre Calder, p. 311.

constelação de estrelas.* Magia da arte, que faz o pesado ficar leve como pluma, o estático mover-se, a vida reencarnar na massa inerme a um simples sopro de ar.

Nava é também um *bricoleur*, artesão improvisado que mexe com um pouco de tudo e aprendeu pela lenta experiência a trabalhar com os resíduos do passado, com as sobras do tempo e os ossos da família. A grande árvore familiar a que deu vida é uma espécie de móbile da memória — formas fugitivas que imitam ainda de algum modo a natureza, ao sopro de um narrador. Será esta talvez sua vitória final sobre a Morte.

(1987)

---

* Cf. André Breton, "Genèse et perspectives artistiques du surréalisme". In: *Le Surréalisme et la peinture*. Ed. aum. Paris: Gallimard, 1965. Sobre o aspecto de *bricoleur* (termo tomado do Lévi-Strauss de *La pensée sauvage*. Paris: Plon, 1962, pp. 26 ss.), no caso de Calder, cf. Walter Zanini, *Tendências da escultura moderna*. São Paulo: Cultrix/MAC-USP, 1971, pp. 271-2.

Árvore genealógica

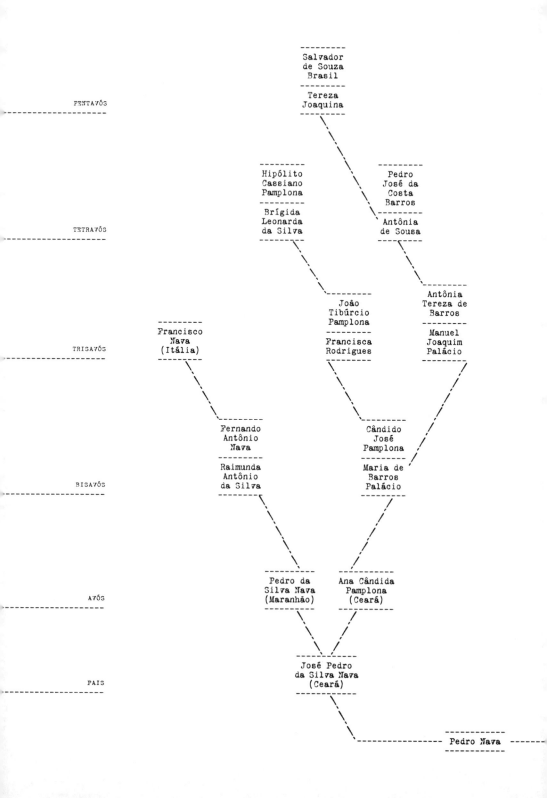

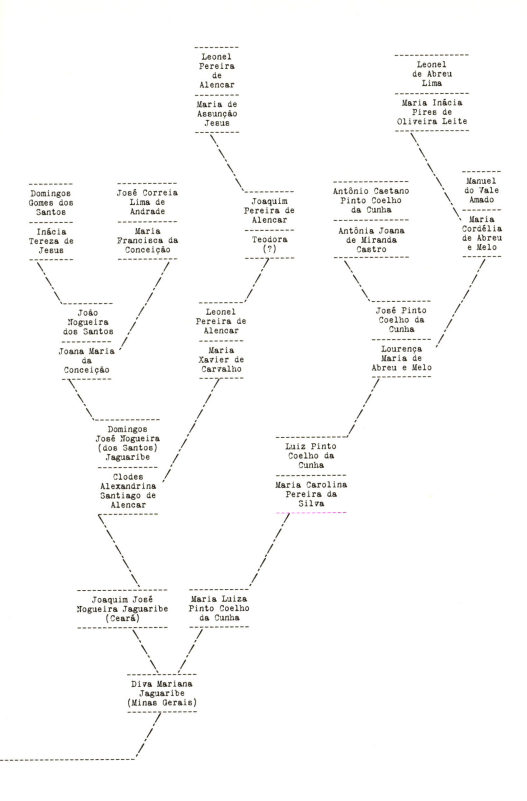

Índice onomástico

Abdul-Hamid, 240
Abigail (neta de Júlio César Pinto), 296
Abreu, Albertina, 315, 330, 331, 358
Abreu, Capistrano de, 50, 202
Abreu, Casimiro de, 237, 263, 381
Abreu, Duarte de, 38, 71, 72, 227, 270, 280, 313, 314, 315, 316, 318, 325, 326, 328, 330, 331, 358, 364, 419, 425, 426, 428, 431
Abreu, Francisco Bonifácio de, 214
Abreu, Francisco Ferreira de, 214
Abreu, João da Cruz, 63, 72, 358
Abreu, José Benício de, 214, 251
Abreu, José Bonifácio, 63
Abreu, Maria Alice, 63
Abreu, Mário Froes de, 359
Abreu, os, 51
Abreu, Raul Weguelin de, 315
Abreu, Sílvio Froes de, 63
Abreu, Sílvio Weguelin de, 315
Accioly, Antônio Pinto Nogueira, comendador, 81, 105, 106, 109, 121, 124, 358, 384, 385, 392, 420
Ada (neta de Júlio César Pinto), 296
Adda, marquês d', 42
Adolfo, dr. *ver* Freire, Adolfo Luna
Afonsinho *ver* Pamplona, Afonso Celso
Afonso I das Astúrias, 179
Afonso VI de Leão, 179
Afonso XIII, rei, 280
Afonso, barão de Pedro, 256
Agostini, Ângelo, 240
Agrata, Marco, 112, 120
Aguiar, Cândido Rodrigues de, 324
Aída (Aidinha) *ver* Paletta, Aída
Aiuruoca, barão de *ver* Leite, Custódio

Albano, José, coronel, 50
Albano, Maria Augusta de Luna, 79, 355
Albuquerque, Antônio, 151
Alegrete, Sátiro, 112, 120
Aleijadinho, 144
Alencar Filho, Meton da Franca, 242, 243, 291, 321
Alencar Neto, Meton da Franca, 165
Alencar, Ana Josefina de, 205
Alencar, Antônio da Franca, 261
Alencar, Antônio Leonel de, 206
Alencar, Antônio Meton de, 321
Alencar, Bárbara Pereira de, 204
Alencar, Clotilde Alves de, 261, 263
Alencar, Doroteia de, 204
Alencar, Estela de, 321
Alencar, Filoxenes de, 261
Alencar, Florinda Cândida de, 206
Alencar, Hortênsia Natalina Jaguaribe de, 192
Alencar, João Leonel de, 206
Alencar, Joaquim Leonel de, 206
Alencar, Joaquim Pereira de, 205
Alencar, José de, 50, 70, 205, 210
Alencar, José Leonel de, 206
Alencar, Josefa Senhorinha de, 206
Alencar, Laura de, 264
Alencar, Leonel Pereira de, 205
Alencar, Leopoldo Leonel de, 263, 264
Alencar, Manuel Leonel de, 206
Alencar, Maria Brazilina Leonel de, 206
Alencar, Meton da Franca, 108
Alencar, os, 198, 203, 207
Alencar, Otto de, 244, 263
Alencar, padre José Martiniano de, 205
Alencar, Praxedes da Franca, 261
Alencar, Praxedes Felismina de, 206
Alencar, Raimundo Leonel de, 206

Alencar, reverendo, 70
Alencar, Teodora de, 205
Alençon, Emilienne d', 61, 119, 240
Alexandre da Sérvia, rei, 240
Alexandrina, Rosa, 61, 63, 78, 244
Alexandrino, almirante, 205
Alfa *ver* Aratanha, Alfa
Algezur, conde de, 193
Alice (prima) *ver* Freire, Alice Luna
Alice, tia *ver* Salles, Alice
Alicínia (neta de Júlio César Pinto), 296
Almada, dr. *ver* Horta, Antônio Luís de Almada
Almeida Júnior, 240
Almeida, Correia de, padre, 113
Almeida, Heitor Modesto d', 260, 375, 385, 395
Almeida, Miguel Osório de, 349
Alphonsus, João, 131
Alpoim, brigadeiro, 189
Altivinho, 281
Altivo, "seu" *ver* Halfeld, Altivo
Alvarenga, Albino de, 259
Álvaro, "seu", 46
Alves, Castro, 43, 123, 263
Alves, Francisco Cândido, 235
Alves, Hermílio, 296
Alves, João, 324
Alves, Raul, 232
Alves, Rodrigues, 256
Alvim, Cesário, 235
Amado, Manuel do Vale, 166, 181
Amair (neta de Júlio César Pinto), 296
Amanajós *ver* Araújo, Amanajós de
Amaral, Alberto, 244, 260, 330, 423
Amaral, Isaac, 121
Ambrósio, dr. *ver* Braga, Ambrósio Vieira
Amélia, d. *ver* Menezes, Amélia de
Amélia, Maria (Maroquinhas), 420

Amélia, rainha d., 384
Amelita (irmã de Chiquinho), 72
Americano, Domingos Marinho de Azevedo, 214, 413
Americano, João Marinho de Azevedo, 214, 403, 412, 413, 415
Ana (escrava de Inhazinha), 227
Anchieta, José de, 462
Andersen, Hans Christian, 272, 357
Andrada, Adelaide Duarte de, 323
Andrada, Antônio Carlos Ribeiro de, 171, 317
Andrada, Azarias de, 326
Andrada, José Bonifácio Ribeiro de, 317
Andrada, os, 317
Andrade, Camilo Ferreira de, 254
Andrade, Cristóvão de, 284
Andrade, Cristóvão Rodrigues de, 156
Andrade, Elói de, 324
Andrade, Gomes Freire de, 185, 189
Andrade, Joaquim José de, 377
Andrade, José Corrêa Lima de, 200
Andrade, Manuel Ferreira de, 254
Andrade, Mário de, 9, 16, 118, 176, 317, 437, 438, 446
Andrade, Nuno de, 214, 249, 251, 254, 256
Andrade, os, 171
Andrade, Oswald de, 137, 439
Andrade, Rodrigo Melo Franco de, 25, 306
Andrès, as, 305
Andrés, Branca, 301, 302, 303
Andrès, Branca, 301
Andrès, Luís, 299
Andrès, Manuelita (Lilita), 301, 302, 303
Andrès, Maria Luísa (Malisa), 301, 302, 303
Angelico, Fra, 242

Antonico *ver* Horta, Antônio da Cunha
Antonil, André João, 124, 462
Antônio (neto de Antônio Rosa Lira da Costa), 306
Aracati, dona Chica do *ver* Pamplona, Francisca Rodrigues
Araldes, os, 180
Aranha, Graça, 44
Araripe, Tristão de Alencar, 204, 205
Araripe, Tristão Gonçalves de Alencar, 204, 205, 207
Araripe, Xilderico de Alencar, 204
Aratanha, Alfa, 420
Aratanha, Ildefonso Albano do, 420
Araújo, Amanajós de, 37, 280, 281, 286
Araújo, Antônio de, 221
Araújo, Antônio Simões de, 322
Araújo, Eduardo de, 324
Araújo, Elói de, 324
Araújo, Francisca Simões de, 322
Araújo, Lincoln de, 324, 364
Araújo, Manuel de, 221
Aretino, Spinello, 242
Arima (neta de Júlio César Pinto), 296
Aroeira, Bernardo, 286, 287
Aroeira, compadre *ver* Aroeira, Bernardo
Arouche, brigadeiro, 296
Arpenans, Chardinal d', 246
Arruda, Inácia Pires de, 192
Arruda, Maria Pamplona de, 48, 61, 62, 64, 65, 67, 68, 78, 79, 86, 244, 372, 378, 379, 380, 381, 400, 403, 415, 416
Arruda, Peregrino, 62, 65, 79, 80, 81, 107, 108, 379
Assis, Machado de, 113, 123, 134, 190, 210, 339, 363, 388
Assis, Teodorico de, 326
Ataíde (pintor), 346

Átila, 298
Austregésilo, Antônio, dr. ver Lima, Antônio Austregésilo Rodrigues
Avé-Lallemant, Roberto, 44
Ávila, Celso d', 37, 286
Ávila, João d', 323, 325, 326, 328
Avinhal, os, 180
Avis, Mestre de, 210
Ayres Neto, 260
Azevedo, Álvares de, 123
Azevedo, Artur, 123, 241, 263, 376, 412
Azevedo, João Marinho de ver Americano, João Marinho de Azevedo
Azevedo, José Olímpio de, 124
Azevedo, Mécia Vasques, 180
Azhof, Ivan d', 112, 120

Babinha, prima ver Orta, Bárbara Coutinho Gouveia d'
Badaró, os, 317
Baena, Alcindo de Figueiredo, 214
Baena, Sanches, 178
Baião, os, 180
Balbino, farmacêutico, 232
Baltar, dr, 242
Bandeira, Manuel, 16, 29, 191, 210, 282, 311, 337, 353, 439, 450, 453, 457
Bandeira, Paulino, 326
Bandolim, Alcino, 111, 120
Banville, Théodore de, 109, 123
Baptista, Bernardino Je, 424
Bara, Theda, 359
Barbaças, o ver Jaguaribe, Joaquim José Nogueira
Bárbara (mulata), 183
Bárbara, santa, 288
Barbosa, Antero José Lage, 235
Barbosa, Matias, 166, 171, 179, 185, 186, 221, 330, 430

Barbosa, Rui, 13, 36, 165, 286, 385, 417
Bardet, 250
Barnard, dr, 247
Barnum, 247
Barranca, Azevedo, 117
Barreira, Américo, 112
Barreira, Dolor, 111, 112
Barreto, Fausto, 229
Barreto, general Dantas, 420
Barreto, Lima, 361, 404
Barreto, Lívio, 112, 114, 117
Barreto, Maria Adelaide (Marocas), 420
Barreto, Mena, 88, 214
Barreto, Tobias, 106, 123
Barros, Antônia Teresa da Costa, 62, 64, 75
Barros, Antônio Manoel da Costa, 70
Barros, Bernardino de, 326
Barros, Dias de, 246
Barros, José Amintas da Costa, 70
Barros, Pedro José da Costa, 49, 70
Barros, Queiroz de, 260, 413, 423
Barros, Romualdo José Monteiro de, 322
Barros, Úrsula Garcia da Costa, 70
Barroso, Benjamim Liberato, 105, 358
Barroso, Gustavo, 176, 186
Barroso, Maroquinhas Cruz, 358, 360, 400
Basson, 262
Batalha, Silvino, 112
Batista, Benjamim, 245
Batista, João Benjamim Ferreira, 214
Batista, José Marciano Gomes, 148
Batista, Sabino, 110, 112, 114, 115, 116
Battistini, 124
Baudelaire, Charles, 339, 342
Beauclair, dr. Henrique de, 267, 274, 280, 281, 284, 326

Becker, Jacob, 293
Beethoven, Ludwig van, 268, 283, 389
Belchior, Cotinha, 64, 400, 426
Belchior, Custódio, 250
Belchior, Maria Ennes, 250, 360, 375
Belfaguer, os, 180
Belisarinho *ver* Pena, Belisário Augusto de Oliveira
Belisco *ver* Nava, Maria Euquéria
Belles, Leonel da Gama, 151
Bellini, Giovanni, 84, 138
Belona, 70, 205
Benta, Rosa de Lima, 272, 273, 274, 276, 283, 288, 289, 291, 293, 294, 297, 298, 302, 308, 360, 377, 430
Bento (negro), 272
Bergson, Henri, 239
Berlioz, Hector, 362
Bermudo II de Leão, 179
Bernard, Claude, 251, 323
Bernardes, Artur, 388, 396
Bernardez, Carmem Martinez Thedy de, 392
Berta, Evangelina, 293
Berta, tia *ver* Paletta, Maria Berta
Bertichen, Pieter, 189
Bertini, Francesca, 359
Bertioga, barão de *ver* Pinto, José Antônio da Silva
Beta, siá *ver* Elizabete (filha de Chico Horta)
Betim, os, 180
Beviláqua, Clóvis, 113, 420
Bezerra, Antônio, 112
Bezerra, Bento de Melo, 184, 185
Bezerra, Ulisses, 110, 115, 116
Bezerril, 105, 388
Bibi, tia *ver* Nava, Maria Euquéria
Bicanca *ver* Paletta, Constantino Luís
Bichat, Marie François Xavier, 247, 323

Bicudo, os, 180
Bilac, Olavo, 123, 229, 263
Biscuit (mancebo), 286
Bismarck, Otto von, 239
Bispo, Marcelino, 241
Bittencourt, Edmundo, 257
Bittencourt, marechal, 241
Bizarro, Lucas, 112
Blasques, Antônio, padre, 124
Bocage, Manuel Maria Barbosa du, 213, 363, 386
Bocaiuva, Quintino, 97
Boicininga, Flávio, 112, 120
Bomar, 384
Bonaparte, Napoleão, 342, 366
Bonifácio, José, 343
Bonnard, Pierre, 347
Borba (ou Barba), Martim Vasques, 180
Borda, Nhanhá da *ver* Duarte, Constança
Borges, Bento, 396
Borges, Pedro Augusto, 105, 384
Bórgia, Lucrécia, 408
Boscagli, Giuseppe, 240
Bosch, Hieronymus, 90, 398
Bosco, d., 135
Botão, Domingos Paes, 205
Botelha, Urraca Pires, 180
Botelho, Abel, 113
Botelho, Afonso, 180
Botelho, Diogo, 180
Botelho, Nuno Gonçalves, 180
Botelho, Pedro, 180
Botticelli, Sandro, 54, 84
Bouchard, Charles-Joseph, 323
Bracque, Georges, 314
Braga, Ambrósio Vieira, 230, 323
Braga, Belmiro, 271
Braga, Ernesto, 324
Braga, José, 232

Braga, Otília, 271
Branca, dona *ver* Andrés, Branca
Brancovan, princesa, 243
Brandão Filho, Augusto, 214
Brandão, Augusto de Souza, 214
Brandão, Luís de Melo, 324
Brandão, Silviano, 316
Brandão, Sousa, 326
Brandon, os, 413
Brasil Filho, José Cardoso de Moura, 244, 248, 259, 260, 389, 423
Brasil, d. Teresa Joaquina, 62
Brasil, Salvador de Souza, 62
Braúna, Cariri, 112, 120
Braveza, Antônio Nogueira da, 200, 202, 229
Braz, Wenceslau, 172
Breughel, 90
Brício Filho, 257
Brígido, José Maria, 112
Brígido, Leopoldo, 112, 122
Brígido, Virgílio, 109, 420, 421
Brito, Alfredo, 124
Brito, frei Bernardo de, 178
Brouardel, Paul, 125
Brown-Séquard, Charles-Édouard, 323
Buckle, Henry, 108
Bueno, Cornélio Goulart, 324, 326
Bulhões, Miguel Torquato de, 206
Burma, lorde Louis Mountbatten de, 419
Burnier, os, 317
Burnier, Penido, 252
Burton, Richard F., 173
Butte, mme., 48, 83, 84
Byron, Lord, 123

Cabral, Pedro Álvares, 127, 180
Cacota, 375
Caeté, visconde de, 182
Cajuí, Benjamim, 112, 120
Calino, 386
Calíope, 260
Calmon, Pedro, 185
Camargo, Armando, 378
Camargo, Maria Martins de Araújo, 208
Caminha, Adolfo, 110, 111, 113, 120
Caminha, conde de *ver* Souto Maior, Pedro Álvares de
Caminha, os, 74
Caminhoá, Joaquim Monteiro, 214, 247
Camões, Luís Vaz de, 123, 210, 343
Campebli, Sebastião Pera, 160
Campelo, Amaro, 246
Campelo, Jônatas, 246
Campinhos, Garibaldi, 324
Campista, David, 241
Campos, Francisco Luís da Silva, 117, 135, 171
Campos, Marcolina Ferraz de, 208
Campos, Martinho, 97, 230
Campos, Rubens, 274, 326
Campos, Salomé de Moura, 209
Cançado, os, 317
Cândida, Adelaide, 79, 104, 105
Cândida, Ana, 63
Cândida, tia, 83, 117, 148, 244, 373
Cândido, João, 241, 422
Candiolanda *ver* Freire, Cândido de Holanda
Candoca, tia *ver* Nava, Cândida
Cantani, 250
Capanema, Gustavo, 323
Capanema, os, 317
Cara-de-Bronze *ver* Seabra, Jota-Jota
Caraman-Chimay, princesa de, 243
Carandaí, barão de *ver* Pena, Belisário Augusto de Oliveira
Cardim, Fernão, padre, 124
Cardoso, Graco, 109

Cardoso, Sales, 323
Carletto, 241, 345, 382, 383
Carlito, 280, 414
Carlos de Portugal, d., 384
Carlos, Domingos, 125
Carminha *ver* Pamplona, Maria do Carmo
Carnaúba, André, 112
Carneiro, "seu" *ver* Carneiro, Manuel da Silva
Carneiro, Cecília, 309
Carneiro, Elisa, 243, 266, 309, 310, 311, 312
Carneiro, general, 70
Carneiro, Manuel da Silva, 243, 264, 266, 271, 309, 310, 311, 312, 331
Carneiro, Margarida, 309
Carneiro, Maria Lódia, 309
Carneiro, Renato, 309
Carnot, Sadi, 239
Caron, Hipólito, 175
Carrey, 402
Carvalho, Antônio Dias de, 326
Carvalho, João Paulo de, 246
Carvalho, José Pereira de, 204
Carvalho, Luís de Souza, 160
Carvalho, Luisinha de, 278
Carvalho, Manoel Antão de, 204
Carvalho, Maria Xavier de, 205
Carvalho, Ronald de, 393
Carvalho, Saint-Clair José de Miranda, 156
Cascão, Ângelo, 370
Cascão, as, 54
Casque-d'Or, 119
Castelo Branco, Zélia, 369
Castelo Branco, Carmem, 369
Castelo Branco, Eulina, 369
Castelo Branco, Eunice, 369
Castelo Branco, Hermínio, 369
Castilho, Antônio Feliciano de, 123

Castro, Aloysio de, 123, 214, 252, 253, 260, 423, 426
Castro, Antônia Joana de Miranda, 179
Castro, Antônio de, 114, 115
Castro, Armando Ribeiro de, 324
Castro, Chico de, 249, 255, 403
Castro, Eugênio de, 123
Castro, Francisca da Silva, 178
Castro, Francisco de, 214, 249, 250, 251, 252, 253, 259, 269
Castro, Francisco de Paula, 324
Castro, Gastão de, 112
Castro, Gentil de, 241
Castro, Gomes de, 369
Castro, Inês de, 178
Castro, João Batista de, 222
Castro, Salazar y, 178
Castro, Xavier de, 112
Catarina da Rússia, imperatriz, 359
Catas Altas, barão de, 182
Catavento, Frivolino, 120
Catila, 293
Cavalcânti, João Silvestre, 378
Cavalcânti, José de Moura, 112
Cavalcânti, Waldemiro, 112, 115, 116
Cavour, 356
Caxias, barão de, 167
Caxias, marquês de, 201
Cazuza *ver* Nava, José Pedro da Silva (pai)
Cecinha *ver* Freire, Alice Luna
Cego, Preto, 95
Celso, Afonso, 52
César, 110
Cesário, dr. *ver* Silva, José Cesário Monteiro da
Céu, Maria do (professora), 272, 287
Chagas Filho, Carlos, 214, 326
Chagas, Carlos, 241, 253
Chagas, Evandro, 326

Chagas, Íris, 326
Chagas, João, 35
Chaplin, Charles, 174, 313
Chapot, José, 246
Chapot-Prevost, Eduardo, 214, 241, 246, 247, 251
Charcot, Jean-Martin, 323
Chateaubriand, François-René de, 339
Chaves, Ana, 309
Chaves, Leocádio, 326, 328
Chico Diabo, soldado, 88
Chico meu filho *ver* Horta, Brant
Chiquinha, 157
Chiquinhorta *ver* Horta, Francisco Alves da Cunha
Cícero (bisavô de Rachel de Queiroz), 199
Ciprino *ver* Lage, Cipriano
Ciriaca, Clemência (negra), 393
Clarindo, general, 420
Clea, 109
Cló, prima *ver* Alencar, Clotilde Alves de
Cocais, barão de, 160, 193
Coco, Mané, 110, 111
Cocteau, Jean, 337
Coelho Júnior, Antônio Rodrigues, 211
Coelho Neto, 113, 383
Coelho, Gérson, 211
Coelho, Joana Carolina Pinto, 141, 149, 150, 184, 192, 288, 296
Coelho, João do Rego, 107, 244, 376
Coelho, José Luís Pinto, 182, 211, 212
Coelho, Júlio César Pinto *ver* Pinto, Júlio César
Coelho, Latino, 355
Coelho, os, 178, 211
Coelho, Pero, 178
Coelho, Rogério, 260
Coelho, Teodoro, 299

Comenale, Carlos, 232, 323
Comte, Augusto, 108, 119, 123
Conceição, Joana Maria da, 200
Conceição, Maria Francisca da, 200
Conselheiro, Antônio, 124
Constant, Benjamim, 71, 411
Corday, Charlotte, 287
Cordeiro, Antônio Xavier Rodrigues, 264
Corrêa, Francisco Simões, 232
Corrêa, Luís de Seixas, 55
Correia, Raimundo, 113, 120, 123
Correia, Sampaio, 324
Correia, Simões, 323
Correia, Tomé, 221
Corroti, Adelina, 58
Corroti, coronel Germano, 58
Costa, Alberto Teixeira da, 259
Costa, Alice Julieta Ferreira e, 209
Costa, Antônio Rosa Lira da, 305
Costa, Antônio Teodorico, 55
Costa, Batista da, 240
Costa, dr. Rosa da, 293
Costa, Duília Rosa da, 284, 306
Costa, Eduardo Borges da, 251
Costa, Irene Rosa da, 284
Costa, José Alexandre de Moura, 323
Costa, José Ribeiro da, 107
Costa, Julina Rosa da, 284, 305, 306
Costa, Lúcio, 251
Costa, Magalhães, 279
Costa, Manuel Dias Ribeiro da, 106, 107
Costa, Maricota Ferreira e, 291
Costa, Martins, 229
Costa, Oldina Rosa da, 284, 305, 306, 363
Cot, Pierre, 290
Cotrim, Maria Carlota Rodrigues Torres, 254
Coutinho, Afrânio, 343

Coutinho, Ana Antônia, 170
Coutinho, Honório Pereira de Azeredo, 170
Couto, Antônio do, 206
Couto, Miguel de Oliveira, 214, 249
Couto, Ribeiro do, 326
Cowper, William, 123
Crespo, Gonçalves, 263
Creuzol, os, 299
Crisólita (neta de Júlio César Pinto), 296
Crisóstomo, João, 232
Crissiúma, Ernesto de Freitas, 245
Cristo *ver* Jesus Cristo
Cross, Henri-Edmond, 347
Cruls, Gastão, 25, 239, 349
Cruveilhier, 245
Cruz, Dilermando, 279, 313, 314
Cruz, Eurico, 376
Cruz, Oswaldo, 241, 253, 256, 257, 299
Cunha Filho, Luís da, 140
Cunha, Álvaro da, 226
Cunha, Antônio Caetano Pinto Coelho da, 178, 179, 181
Cunha, Beatriz da, 226
Cunha, Euclides da, 241, 383
Cunha, Felício Muniz Pinto Coelho da, 181, 182
Cunha, Francisco Pinto da, 178
Cunha, Gastão da, 226, 241, 316
Cunha, José Feliciano Pinto Coelho da, 160
Cunha, José Luís da, 154, 285
Cunha, José Luís Pinto Coelho da, 179, 183
Cunha, José Maria Vaz Pinto Coelho da, 194, 272
Cunha, Luís da, 139, 140, 141, 142, 143, 144, 147, 148, 149, 150, 151, 152, 154, 155, 156, 157, 158, 159, 172, 174, 177, 179, 181, 182, 183, 192, 193, 194, 195, 196, 197, 198, 208, 214, 223, 224, 227, 228, 320, 323, 473
Cunha, Luís José Pinto Coelho da, 179, 181
Cunha, Maria Luiza da *ver* Jaguaribe, d. Maria Luísa da Cunha Pinto Coelho
Cunha, Mariana Carolina Pereira da Silva Pinto Coelho da, 195
Cunha, Modesto José da, 139, 147, 148, 150, 151, 182, 192, 193
Cunha, Regina Virgilina da, 38, 141, 143, 144, 147, 148, 149, 150, 183, 197, 222, 227, 284, 294, 295, 430
Cunha, Severino Ribeiro, 51
Cunha, tenente, 377
Curie, Pierre, 240
Curvelo, barão de, 148
Cuvier, 64, 448
Cypriano, L., 43

D'Arc, Joana, 77, 306, 307
D'Eu, conde, 97, 121
Dadinha, tia *ver* Rezende, Geraldina Tostes de
Dafne, 460
Dalí, Salvador, 64
Dalloz, mère, 373
Daniel, profeta, 138
Dantas, Pedro *ver* Moraes Neto, Prudente de
Dantas, senador, 99, 262
Dão, seu *ver* Alencar, Leonel Pereira de
Daudet, Alphonse, 109, 123, 319, 391, 402
Daumont, 381, 418
David, Gerard, 226, 404
David, Jacques-Louis, 226
De Chirico, Giorgio, 92, 343

Debret, Jean-Baptiste, 240, 247, 353, 417
Décourt, mère, 373
Dedeta, tia *ver* Jaguaribe, Risoleta Regina
Deibler, os, 214
Delafosse, Léon, 243
Deodoro, marechal *ver* Fonseca, marechal Deodoro da
Deolinda (empregada), 283, 291, 293, 297, 302, 430
Detzi, Artur, 235
Deus, João de, 123
Dias, Gonçalves, 93
Dias, José Custódio, 207
Dieulafoy, dr., 426
Dindinha (uma das filhas de seu Dão), 206
Dinorá, tia, 359
Diogo (pai de Sigerico), 179
Diomar, d. *ver* Halfeld, Diomar
Diva, d. *ver* Nava, d. Diva Mariana Jaguaribe (mãe)
Divino Mestre *ver* Castro, Francisco de
Doellinger, Alípio von, 371, 420
Doellinger, Rita Pamplona von, 371, 400
Dominguinhos *ver* Jaguaribe Filho, Domingos José Nogueira
Dondon *ver* Melo, Maria Feijó de
Doré, Gustave, 346
Dorgival, Maria (tataravó de Rachel de Queiroz), 199
Draco, 215
Draga da Sérvia, rainha consorte, 240
Dramençares, os, 180
Dreyfus, Alfred, 239
Duarte, Adelaide Lima, 317
Duarte, Carlota Lima, 227
Duarte, Constança, 322
Duarte, dr. *ver* Abreu, Duarte de

Duarte, Feliciano Coelho, 322
Duarte, Maria Cândida Lima, 322
Duarte, Raul, 280
Duclerc, 151
Duguay-Trouin, 151
Dumas, Alexandre, 38
Dumont, Santos, 241
Dupanloup, Père, 386
Durocher, Marie Joséphine Mathilde, 94
Dutra, Aristóteles, 326
Dutra, dr. José, 281, 325

Éboli, princesa de, 401
Echiguiz, os, 180
Edison, Thomas Alva, 210
Edwiges (filha de madame Butte), 83
Eiras, Carlos, 260
Elias, "seu" (barbeiro), 279
Elisa, d. *ver* Carneiro, Elisa
Elizabete (filha de Chico Horta), 148
Ema, Maria, 362
Emilieta (empregada), 135, 293, 307
Ender, 417
Ennes, Eugênia, 51, 102
Ennes, tio *ver* Souza, Antônio Ennes de
Epicuro, 256
Erba, Carlo, 395
Ermeninde, duque em Galiza, 179
Ernestico *ver* Lima, Ernesto Pires
Ernesto, dr. Pedro, 383
Eschwege, 181
Esteves, Albino, 171
Estigarribia, 201
Estouro, Policarpo, 111, 115
Eugênia, tia *ver* Souza, Eugênia Salles Rodrigues Ennes de
Euquéria, Maria *ver* Nava, Maria Euquéria
Euterpe, 259

Facó, Américo, 420
Facundo, major *ver* Menezes, João Facundo de Castro
Fagundes, Marcolino, 378
Farani, Alberto, 423
Faria, Anastácio Antônio de, 204
Faria, Rocha, 249, 251, 253
Fassheber, farmacêutico, 232, 324
Faure, Félix, 239
Feijó Júnior, Luís da Cunha, 125, 214, 251, 258
Feijó, Gentil Luís, 214
Felgueiras, Luís da Cunha Pinto *ver* Cunha, Luís da
Felipe II, rei, 401
Fenareto, 215
Fernandes, Antônio, 108
Fernandez, Munio, 179
Ferraz, Costa, 335
Ferraz, Heitor, 244, 375
Ferreira, Artur, 367, 393
Ferreira, Joaquim Antônio da Silva, 55, 80
Ferreira, Maria Inês Albano, 78
Fialho, José Antônio de Abreu, 214
Fialho, Sílvio de Abreu, 214
Fidié, sargento-mor, 43
Figueiredo, Paulo, 295
Filipina, Doroteia Augusta, 160, 162, 165, 170
Finlay, 106
Flechão *ver* Magalhães, Pedro Severiano de
Floriano, marechal *ver* Peixoto, Floriano
Florinda (tataravó de Rachel de Queiroz), 199
Fongaland, Guy de, 317
Fonseca, José Nava da, 107
Fonseca, marechal Deodoro da, 53, 124, 234, 241, 412

Fonseca, Paulino Nogueira Borges da, 208
Fontinelle, José Freire Bezerril, 105
Fortunato (carrasco) *ver* José, Fortunato
Fra Angelico, 242
Fraga Filho, Clementino, 214
Fraga, Clementino da Rocha, 214
Fragoso, Tasso, 376
France, Anatole, 31, 117, 122, 240, 354
Francis, 161
Franco, Afonso Arinos de Melo, 27, 252, 440, 445
Franco, Afrânio de Melo, 314
Franzen, Bernardino, 135
Freire Júnior, Domingos José, 229
Freire, Adelino de Luna, 108
Freire, Adolfo de Luna, 108, 403, 404
Freire, Alice Luna, 267, 366, 401
Freire, Cândido de Holanda, 356, 361, 362
Freire, Cucé, 362
Freire, Elvira, 362
Freire, José, 299
Freire, Júlio Augusto de Luna, 108, 244, 372, 378
Freire, Maria Luna, 63
Freire, Marocas, 362
Freire, Palmira, 362
Freire, Santa, 362
Freire, Sinhá, 362
Freire, Vitalina, 362
Freitas, Cipriano de Sousa, 88, 250, 251, 423
Freitas, Teixeira de, 87
Freitas, Tibúrcio de, 110, 112, 113, 120
Freud, Sigmund, 47
Freyre, Gilberto, 9, 89, 90, 377, 440, 441, 442, 472
Froilas, 179

Frontin, 241
Fuoco, o moço, 345
Fuoco, o velho, 382

Gabizo, João Pizarro, 214
Galeno, 228
Galeno, Juvenal, 112
Galippe, 423
Gama, Antônio Joaquim de Miranda Nogueira da, 168
Gama, Domício da, 113
Gama, Ernesto Velasco Nogueira da, 174, 175
Gama, Francisca Maria Vale de Abreu e Melo Nogueira da, 183
Gama, Inácio, 157, 159, 175, 176, 194
Gama, José Calmon Nogueira Vale da, 174
Gama, Maria Francisca Vale de Abreu e Melo Nogueira da, 174
Gama, Nicolau Antônio, 174
Gama, Saldanha da, 241
Garcia (filho de Gonçalo Munhes), 179
Garcia, José Maurício Nunes, 150
Gastão, príncipe, 88
Gauguin, Paul, 45
Gauthier, Théophile, 123
Geremoabo, barão de, 205
Gerin, Carlos, 326
Gerval, Anatólio, 112, 120
Ghirlandaio, Domenico, 84, 138
Gigon, 250
Giordano, Paulo, 112
Giotto, 138
Giuseppe, 41
Goeldi, Osvaldo, 299
Goering, marechal, 226
Gomes, Aires, 188, 317, 322
Gomes, Carlos, 84
Gomes, Francisco de Paula, 173
Gomes, João, 144

Gomes, Leandro, 201
Gomes, Lindolfo, 175
Gomes, Maximiano, 144
Gomide, desembargador, 289
Gonçalves, Carlos Paiva, 245
Gonçalves, Gregório, 309
Gonçalves, Jaime, 326
Gonçalves, Leopoldina, 309
Gonçalves, Marieta, 309
Gonçalves, Plácida, 309
Gonçalves, Tristão *ver* Araripe, Tristão Gonçalves de Alencar
Gonzaga, Chiquinha, 355
Gorceix, Henrique, 163
Gordo, major *ver* Horta, Antônio Caetano Rodrigues
Gosendes, os, 180
Goulue, 119
Gozzoli, Benozzo, 114
Graça, Doellinger da, 260
Graça, Heráclito, 44
Graça, sinhá, 44
Graco, Mário, 259
Graham, Mary, 417
Greffuhle, condessa, 344
Grille-d'Égout, 119
Grillo, Francesco, 41
Grimm, irmãos, 272
Gros, Antoine-Jean, 226
Guanabara, Túlio, 112
Guanabarino, Félix, 111, 120
Guedes, Jovino, 110, 111, 112, 121
Guilherme II, kaiser, 239
Guimarães Filho, Francisco Pinheiro, 214
Guimarães, Bernardo, 194, 213
Guimarães, Elisa Modesto, 361
Guimarães, Francisco de Borja Negreiros Modesto, 361
Guimarães, Francisco Pinheiro, 214
Guimarães, José Pereira, 214, 229

Guimarães, Luís de Castro Pinheiro, 214
Guimarães, Paula Nava, 40
Guimarães, Ugo de Castro Pinheiro, 214
Guinle, os, 330

Haeckel, 454
Hahnemann, Samuel, 71
Halfeld, o velho ver Halfeld, Henrique Guilherme Fernando
Halfeld, Altivo, 266, 279, 280, 281, 326
Halfeld, Ana Antônia, 160
Halfeld, Antônio Amálio, 160, 170, 172
Halfeld, Augusto Teófilo, 160
Halfeld, Bernardo, 166, 232
Halfeld, Candoca, 282
Halfeld, Carlos Augusto, 166
Halfeld, Carlos Oto, 160
Halfeld, comendador Henrique Guilherme Fernando, 35, 155, 156, 157, 159, 160, 171, 173, 177, 282, 285
Halfeld, Diomar, 282
Halfeld, Doroteia Ana, 160
Halfeld, Emília (Tostes), 166
Halfeld, Fernando Feliciano, 160
Halfeld, Francisco Mariano, 160, 170, 177, 279
Halfeld, Guilherme Justino, 160, 172, 177
Halfeld, Henrique, 166
Halfeld, Josefina Antônia, 160
Halfeld, Júlio Augusto, 166
Halfeld, Luís Joaquim, 166
Halfeld, Maria Berta ver Paletta, Maria Berta
Halfeld, Maria Luísa da Cunha ver Jaguaribe, d. Maria Luísa da Cunha Pinto Coelho
Halfeld, Matilde, 165

Halfeld, Pedro Maria, 160, 168
Hanot, 256
Hastoy, Gustav, 240
Heine, Christian Johann Heinrich, 123, 263
Heitor Modesto, tio ver Almeida, Heitor Modesto d'
Heitor, seu ver Almeida, Heitor Modesto d'
Henderson, 417
Henrique III, rei da França, 353
Henrique IV, rei de França, 281
Henrique, conde d., 179
Henrique, padre, 307
Henriques, Afonso, d., 180
Herbert, 108
Herculano, Alexandre, 123
Hermant, Abel, 243
Hermes, Fonseca, 378
Hermes, Mário, 378, 385
Hipócrates, 215, 228, 229, 230, 259, 323, 399
Hodgkin, 316
Homem, João Vicente Torres, 214
Homem, Joaquim Vicente Torres, 53, 100
Horn, Cristiano, 279, 281
Horta, Alberto da Cunha, 165
Horta, Almada ver Horta, Antônio Luís de Almada
Horta, Antônio Caetano Rodrigues, 197, 223, 281
Horta, Antônio da Cunha, 273, 274, 298
Horta, Antônio Luís de Almada, 281, 284, 326, 429
Horta, Brant, 37, 272, 273, 277
Horta, Caetano Alves Rodrigues, 174
Horta, Cândida Alves, 296
Horta, Chico ver Horta, Francisco Alves da Cunha

Horta, Florisbela Umbelina Rodrigues, 148
Horta, Francisco Alves da Cunha, 148, 284, 292, 294, 295, 296, 297, 363
Horta, José Alves da Cunha, 183
Horta, José Caetano Rodrigues, 174
Horta, Maria Teresa Rego Freitas, 296
Horta, Mário Alves da Cunha, 38, 295
Horta, Mariquinhas Brant, 272
Horta, Pedro Luís Rodrigues, 299
Horta, Quintiliano Justino de Oliveira, 160
Hortênsia, tia *ver* Jaguaribe, Hortênsia Natalina
Hotum, os, 171
Hufes, os, 180
Hugo, Victor, 123
Humberto, 295
Hungria, Olímpia, 232

Iaiá, tia *ver* Jaguaribe, Hortênsia Natalina
Ibiapaba, barão de, 80
Ibituruna, barão de, 234
Icard, 423
Inacinha, 157
Inglês, Guilherme Schire, 180
Inglês, Rogério Child Roland, 180
Ingres, Jean-Auguste-Dominique, 290
Inhá Luísa *ver* Jaguaribe, d. Maria Luísa da Cunha Pinto Coelho (avó)
Iola, os, 180
Ipanema, barão de *ver* Moreira, José Antônio
Irifila, tia *ver* Pamplona, Irifila
Isabel, princesa, 289
Isabelinha, 157
Isaura, d. *ver* Modesto, Isaura
Itanhaém, marquês de, 193
Itapuã, barão de, 125
Itatiaia, visconde de, 234

Itriclio, tio *ver* Pamplona, Itriclio Narbal

Jacinta (empregada), 293
Jacy, Bruno *ver* Ribeiro Júnior, José Carlos da Costa
Jaguar, Lúcio, 112
Jaguaribe Filho, Domingos José Nogueira, 208, 234, 235
Jaguaribe, Antônio Nogueira, 209
Jaguaribe, Clodes Alexandrina Santiago de Alencar, 198, 201, 203, 205, 206, 207
Jaguaribe, Clotilde Nogueira *ver* Nogueira, Clotilde Jaguaribe
Jaguaribe, Clóvis Nogueira, 268
Jaguaribe, d. Maria Luísa da Cunha Pinto Coelho (avó), 39, 141, 144, 147, 150, 154, 155, 157, 159, 174, 176, 183, 186, 190, 194, 196, 198, 222, 233, 237, 238, 242, 266, 274, 283, 284, 285, 286, 287, 289, 290, 291, 292, 293, 294, 307, 319, 329, 429
Jaguaribe, Domingos José Nogueira, 198, 202, 203, 208, 287
Jaguaribe, Hortênsia Natalina, 222, 264
Jaguaribe, João Nogueira, 208
Jaguaribe, Joaquim José Nogueira, 39, 198, 200, 208
Jaguaribe, Leonel Nogueira, 80, 208
Jaguaribe, Maria Berta, 222
Jaguaribe, Matilde Luísa, 227
Jaguaribe, Quincas *ver* Jaguaribe, Joaquim José Nogueira
Jaguaribe, Risoleta Regina, 235, 293, 306, 430
Jaguaribe, visconde de *ver* Jaguaribe, Domingos José Nogueira
Jaime (filho de Altivo), 281

Jandira, Mogar, 112
Jardim, Ernestina, 292
Jardim, Hilário Horta, 363
Jardim, Hilário Mendes da Cunha, 148
Jatahy, João Crisóstomo da Silva, 55
Jeanniot, 402
Jerônimo, são, 288
Jesus Cristo, 118, 137, 249
Jesus, Inácia Teresa de, 200
Jesus, Maria de Assunção de, 204
Jezabel, 390
Jiló, João, 133
Jó, 69, 193
Joaninha, tia *ver* Coelho, Joana Carolina Pinto
João VI, d., 188, 254
Joinville, príncipe de, 174
Jorge, Henrique, 111, 112, 115
José Maurício, padre *ver* Garcia, José Maurício Nunes
José, Fortunato, 143, 144, 145, 146
Jouvet, os, 299
Juca Horta *ver* Horta, José Alves da Cunha
Júlio, tio *ver* Pinto, Júlio César
Junqueiro, Guerra, 110, 113, 123
Juquita *ver* Coelho, José Luís Pinto
Jurema, Moacir, 111
Justiceiro, Pedro, 178

Kandalaskaia, Paulo, 112, 120
Kasher, os, 171
Kemper, os, 171
Kent, Rockwell, 352
Kierer, os, 171
Klaeser, os, 171
Kneipp, padre, 71
Kós, José, 412
Kremer, os, 171, 324
Kubitschek, Juscelino, 152

La Cerda, Ana de Mendoza y, 401
Labareda, Chico, 36
Lacassagne, 423
Lacerda Filho, Maurício, 247
Lacerda, João Batista de, 325
Lacerda, Maurício de, 386
Lachbrunner, reverendo, 83
Lafaietes, os, 317
Lage, Cipriano, 309
Lage, Francisco Isidoro Barbosa, 235
Lage, Isidoro, 233, 309
Lage, João Lopes de Abreu *ver* Lopes Filho
Lage, Joaquim da Costa, 160
Lage, José, 329
Lage, Lindolfo, 326
Lage, Mariano Procópio Ferreira, 156
Lalisa, 242
Lamartine, Alphonse de, 123
Lamballe, princesa de, 287
Lamennais, Félicité Robert de, 123
Lara, os, 180
Las Casas, Custódia de, 299
Las Casas, João Sabino de, 299
Laura (negra), 196, 197, 198, 227
Laura (neta de Júlio César Pinto), 296
Lavanha, 178
Leão XIII, papa, 301
Léger, Fernand, 346
Legras, 250, 282, 308
Leitão, coronel Antônio de Oliveira, 151
Leite, Carlos Barbosa, 326
Leite, Custódio, 160
Leite, Eugeninho Teixeira, 37, 294
Leite, Maria Inácia Pires de Oliveira, 181
Leite, Maximiano de Oliveira, 192
Leme, Augusto Brant Paes, 214
Leme, Rodrigues da Fonseca, 151
Leme, Silva, 178

Lemos (fotógrafo), 306, 311
Lenepveu, 307
Leonardo da Vinci, 242, 425
Leopoldina, imperatriz d, 190
Lépine, 323
Lequinho, tio *ver* Pamplona, Iriclérico Narbal
Leterre (retratista), 246
Licurgo, 54
Lilita, dona *ver* Andrés, Manuelita
Lima, Abdias, 118
Lima, Amélia Ferreira, 370
Lima, Antônio Austregésilo Rodrigues, 214, 403, 404
Lima, Antônio Rodrigues, 214, 423
Lima, Augusto de, 113, 123, 361
Lima, Eponina Pires, 375, 405
Lima, Ernesto Pires, 46, 396, 428
Lima, Frederico Ferreira, 370
Lima, Herman, 110
Lima, Ildefonso Corrêa, 80
Lima, João de Sousa Nunes, 156
Lima, Leonel de Abreu, 179, 184, 185
Lima, Leonor Alves de, 209
Lima, Luís Alves de, 92
Lima, Maria Jaguaribe de Alencar, 208
Lima, Maria José Nunes, 173
Lima, Otávio Rodrigues, 214
Lima, Rocha, 50
Lima, Silva, 125
Lima, Tristão Franklin de Alencar, 208
Lince, Miguel, 112
Lincoln, Abraham, 210
Lindoca, 272
Linhares, conde de, 94
Lino, José, 112, 122
Lisboa, Evangelina Burle, 374, 375, 379, 395
Lisboa, Maria Augusta, 374
Lobo, Bruno Álvares da Silva, 214
Lobo, Fernando, 306, 318

Lobo, Francisco Bruno, 214
Lobo, Roberto Jorge Haddock, 336
Loló *ver* Palácio, Rosa Alexandrina de Barros
Longfellow, Henry Wadsworth, 123
Lopes Filho, 110, 111, 112, 115, 116
Lopes, Henrique Ladislau de Souza, 214
Lopes, João, 50, 111, 112, 122, 246
Lopes, Renato de Souza, 214
López, Solano, 88, 204, 247, 261
Loti, Pierre, 109, 123
Louca, Rainha *ver* Maria I de Portugal, d.
Loureiro, Valdemar, 383
Lourença, d., 181
Loures, José, 326
Louzinger, Berta de Campos, 374
Louzinger, Marta de Campos, 374
Lúcia, 291, 293
Luís Felipe, d., 384
Luís XIV, rei da França, 344
Luís XV, rei da França, 353, 374
Luísa, Inhá *ver* Jaguaribe, d. Maria Luísa da Cunha Pinto Coelho (avó)
Luton, 250

Macaúbas, barão de, 87
Macedo, padre Roque, 178
Machado Sobrinho, 37, 279
Machado, Albino, 326
Machado, Pinheiro, 241, 355
Machado, Temístocles, 110, 112, 120
Machado, Teresa Albano Ferreira, 63
Macieira, Clara, 377
Maciel, José Álvares, 185
Maciel, Maximino, 259
Macrinus, imperador, 298
Madeira, Pinto, 200
Mãe-Dindinha *ver* Cunha, Mariana Carolina Pereira da Silva Pinto Coelho da

Mafalda, barão de Santa, 193
Mafoma, 132, 292
Magalhães, Agostinho de, 326
Magalhães, Balbino, 157
Magalhães, Elyezer, 54
Magalhães, Fernando, 214
Magalhães, Pedro Severiano de, 248, 249, 250, 262
Maia, Cláudio Velho da Mota, 214
Maia, Jorge Brandão, 110
Maia, Manuel Cláudio da Mota, 214
Maiwald, Paula, 260
Major *ver* Jaguaribe, Joaquim José Nogueira
Maldonado, Ana Flora Jaguaribe, 207, 209
Maldonado, Joaquim Guilherme de Souza, 209
Malibran, 124
Malisa, dona *ver* Andrés, Maria Luíza
Mallet, Pardal, 113, 263
Malmo, Fernandes, 280
Malta, Cristóvão, 325, 328
Maltus, Leandro, 245
Maneco, seu *ver* Modesto, Manuel Almeida dos Guimarães
Manet, Édouard, 267, 290
Mann, Thomas, 83
Manoelita, comadre, 286
Mansuino, 423
Mantegazza, marquês de, 42
Mantegna, 138
Manuel, d., 384
Manuelito, 295, 298
Marat, Jean-Paul, 287
Marbri, José, 112, 120
Maria Antonieta, rainha, 351
Maria I de Portugal, d., 188, 190
Maria Teresa d'Áustria, imperatriz, 359
Maria, Gabrio ou Galzio, 41
Mariana, infanta d., 190

Maria-Rosalina, 246, 251
Marieta, prima, 274
Marinho, cônego, 167
Marinho, dr. *ver* Americano, João Marinho de Azevedo
Marinho, Francisca Coelho, 184
Mariquinhas, tia *ver* Camargo, Maria Martins de Araújo
Marout, tia *ver* Arruda, Maria Pamplona de
Martial, René, 209
Martinho, dr., 284
Martins, Álvaro, 110, 111, 113, 115, 120
Martins, Francisco Dias, 80
Masaccio, 138
Massena, João Augusto de, 326
Matos, Alencar, 108
Matos, Alice de, 237
Matos, Antônio José de, 71
Matos, Artur Juruena de, 238
Matos, Celina de, 238
Matos, Clotilde de, 237
Matos, Domingos de, 237
Matos, Euzébio de, 124
Matos, Francisco de (Chiquito), 238
Matos, Joana Jaguaribe Gomes de, 208
Matos, João Paulo Gomes de, 208, 237
Matos, Leonel de, 238
Matos, Maria Celeste de, 237
Matos, padre Constantino de, 229
Matos, Paulo de, 238
Mattiolo, 41
Maupassant, Guy de, 402
Maurício, padre José *ver* Garcia, José Maurício Nunes
Mawe, John, 181
Mayer, Maria Inácia, 104, 105
Medeiros, Alberto, 356
Meissonier, 226
Melo, Altino Silvino de Lima e, 170

Melo, Antônio Feijó de, 104
Melo, d. Adelaide Cândida Pamplona Feijó de, 62
Melo, Heitor de, 181
Melo, Joaquim Feijó de, 48, 51, 55, 62, 63, 66, 79, 103, 104, 105, 108
Melo, José Feijó de, 104
Melo, José Fidélis Barroso de, 104
Melo, Josefina Antônia Lima e, 170
Melo, Lourença Maria de Abreu e, 179, 192
Melo, Maria Córdula de Abreu e, 181, 184, 185, 186
Melo, Maria Feijó de, 104
Melo, Pedro Maria Xavier de Ataíde e, 181
Memoranda (filha de Ermeninda), 179
Mendelssohn, Felix, 124
Mendès, Catulle, 109, 123
Mendes, major, 71, 72, 331, 358, 419
Mendes, Rodrigo, 178
Mendonça, José de, 284, 325
Mendonça, padre Joaquim Furtado de, 171
Mendoza, Lopo de, 112
Menelau, 149
Menezes, Adelaide de, 71, 369, 370, 371, 372, 420, 428
Menezes, Amélia de, 420
Menezes, dr. Bezerra de, 370
Menezes, Eduardo de, 323, 325, 328
Menezes, Fausta de, 370
Menezes, João Facundo de Castro, 74
Menezes, Teófilo Bezerra de, 370
Menichelli, Pina, 359
Merlo, Adriano, 306
Mérode, Cléo de, 119, 240
Meton, Antônio (primo), 268
Meton, tio *ver* Alencar Filho, Meton da Franca
Miano *ver* Moura, Maximiano Pinto de

Michelangelo, 391
Miliquinha, d., 61
Millet, 288
Mimi, 242
Minha-Joana (mulata), 59
Minu, d., 80
Minzinho *ver* Doellinger, Alípio von
Mirandão, 155, 156
Mirbeau, 402
Mirim, Sarazate, 112, 120
Mitre, 201
Moça, sá *ver* Rezende, Maria Carlota Tostes de
Modestina (filha de Chico Horta), 148
Modesto (filho de Chico Horta), 148
Modesto, Dadá, 361
Modesto, Floriana Peixoto, 361
Modesto, Floriano, 361
Modesto, Glika, 361
Modesto, Isaura, 361, 372, 396
Modesto, Lafaiete, 356, 419, 429
Modesto, Manuel Almeida dos Guimarães, 360, 369, 396
Modesto, Osório, 361
Modesto, Sebastião, 419
Mogudo, Elvira, 179
Mogudo, Vasco Martins, 179, 180
Moncorvo, dr., 93
Monet, Claude, 372
Mongubeira, Inácio, 112, 120
Moniz, Egas, 180, 210
Moniz, Gonçalo, 126
Moniz, Martim, 180
Montandon, 262
Monte Mário, visconde de, 221
Montebelo, 178
Monteiro, Azevedo, 246
Monteiro, Cândido Borges, 323
Monteiro, José Mariano Pinto, 264
Monteiro, José Orozimbo Pinto, 299
Monteiro, Ramiro Afonso, 124

Monterroyo, 178
Montor, os, 180
Montreuil, 299
Moraes Neto, Prudente de, 351
Moraes, José Caetano de, 172
Morais Filho, Melo, 399
Morais, Afonso de, 326
Morais, Mendes de, 369
Morais, Prudente de, 124
Moreira, Honório, 121
Moreira, José Antônio, 89, 360
Moreira, Juliano, 254
Moreyra, Álvaro, 191
Moreyra, Eugênia, 191
Morny, duque de, 426
Mota, Édson, 175
Mota, Leonardo, 110, 111, 112, 115, 120, 122
Mota, Venâncio Delgado, 172
Moura, Francisco Augusto Pinto de, 148
Moura, Francisco Pinto de, 309
Moura, Jacinto Pinto de, 309
Moura, José Augusto Pinto de, 326
Moura, José Pinto de, 309
Moura, Maria Cândida Pinto de, 147
Moura, Maximiano Pinto de, 148, 286, 309
Moura, Raimundo T. de, 112
Moura, Rubens Pinto de, 309
Moura, Zeca ver Brasil Filho, José Cardoso de Moura
Mucha, Alfons, 354
Múcio, 295, 309
Müller, Felinto, 260
Müller, Lauro, 241, 422
Munhes, Gonçalo, 179
Muniz, Sílvio, 246
Murat, Luís, 123
Musset, Alfred, 123
Myrbach, 402

Nabuco, Joaquim, 9, 123, 388, 440
Nabuco, José, 338
Nabuco, Maria do Carmo, 338
Naninda (neta de Júlio César Pinto), 296
Naninha ver Chaves, Ana
Nanoca, d. ver Nava, Ana Cândida Pamplona da Silva (avó)
Nascimento, Francisco José do, 74
Natividade, Guilhermina Celestina da, 166
Nava (marceneiro italiano), 42
Nava, Alice ver Salles, Alice
Nava, Ana Cândida Pamplona da Silva, 54, 55, 56, 57, 58, 59, 60, 61, 65, 67, 75, 76, 78, 100, 242
Nava, Ana Jaguaribe da Silva (irmã), 79, 363
Nava, Cândida, 244, 356, 366, 373, 375, 379, 380, 400, 427
Nava, condessa, 42
Nava, d. Diva Mariana Jaguaribe (mãe), 38, 39, 58, 66, 105, 118, 123, 131, 154, 156, 182, 183, 202, 203, 227, 232, 235, 236, 237, 238, 242, 264, 266, 267, 268, 270, 271, 274, 275, 277, 282, 283, 284, 286, 289, 293, 301, 302, 306, 308, 309, 313, 314, 315, 316, 320, 321, 329, 330, 331, 338, 363, 364, 365, 379, 389, 393, 396, 399, 400, 406, 409, 415, 420, 424, 426, 427, 428, 429, 430, 451
Nava, Dinorá, 79, 115
Nava, Fernando Antônio, 40
Nava, Francesco, 41
Nava, Francisco, 41
Nava, irmãs (italianas), 42
Nava, José (irmão), 281, 309, 389
Nava, José Pedro da Silva (pai), 10, 38, 39, 40, 47, 54, 59, 64, 66, 67, 71, 72, 79, 85, 87, 96, 103, 104, 105, 106,

107, 108, 109, 111, 115, 116, 118, 123, 124, 126, 135, 183, 203, 242, 243, 244, 245, 246, 248, 249, 250, 251, 253, 254, 255, 256, 257, 258, 259, 260, 261, 262, 263, 264, 265, 266, 267, 268, 269, 270, 271, 275, 279, 280, 282, 292, 293, 295, 306, 308, 309, 311, 312, 313, 314, 315, 316, 318, 320, 321, 325, 326, 327, 328, 329, 330, 331, 336, 338, 345, 352, 355, 356, 359, 361, 363, 364, 365, 366, 369, 372, 373, 379, 380, 383, 384, 385, 387, 389, 390, 393, 394, 395, 401, 403, 404, 406, 409, 412, 413, 414, 415, 419, 422, 423, 425, 426, 427, 428, 429, 451
Nava, Maria Beatriz Flores, 192
Nava, Maria Euquéria, 41, 85, 102, 103, 244, 375, 381
Nava, Paulo, 274, 281
Nava, Pedro (irmão do pai de Pedro Nava), 203
Nava, Pedro da Silva (avô), 16
Navarra, Gil, 109, 112, 120
Nazareth, Ernesto, 386
Nélia, d. (vizinha), 421
Nerval, Gérard de, 339
Nery, Ismael, 377
Nery, Quintiliano, 222
Nestico *ver* Lima, Ernesto Pires
Neves, Andrade, 88
Neves, Batista das, 384, 406
Nicota (prima), 273
Nietzsche, Friedrich, 171
Nijinsky, Vaslav, 377
Nilo, Alzira, 55
Ninico *ver* Silva, Antônio Monteiro da
Niobey, dr., 250
Nitsch, os, 171

Nobre, Antônio, 113, 210
Nodier, Charles, 374
Noemi, 109
Nogueira da Gama, visconde de, 192, 193
Nogueira, Clotilde Jaguaribe, 205, 208
Nogueira, dr. João Franklin de Alencar, 51
Nogueira, Manuel, 322
Nogueira, Maria Francisca, 322
Norem, Josy, 109
Noronha, Francisco Sá, 150
Nunes, Cristóvão Pereira, 326
Nunes, d. Adelaide, 61, 65, 79
Nunes, d. Emília, 61
Nunes, José, 80
Nunes, Lina, 79

O'Neill, Oona, 174
Odete (filha de Altivo), 281
Oesterlin, 423
Oldina, d. *ver* Costa, Oldina Rosa da
Olímpio, Domingos, 109
Olindas, os, 317
Oliveira, Climério Cardoso de, 124
Oliveira, Estevam de, 171
Oliveira, Gertrudes Rosa de, 254
Oliveira, Narciso Batista de, 299
Oliveira, Oswaldo de, 214
Oliveira, Patrício Martins, 194
Oliveira, Paulino de, 173
Olsen (fotógrafo), 242
Opala (neta de Júlio César Pinto), 296
Orfila, 323, 423
Orsina, d., 385
Orta, Bárbara Coutinho Gouveia d', 182, 288, 320
Ortigão, Ramalho, 113, 123
Osório (copeiro), 135, 269, 270

Otaviano, Francisco, 123
Otávio, Rodrigo, 123
Otero, Bela, 240
Ouro Preto, visconde de, 372

Pacheco, J. Insley, 259
Padilha, Teodorico, 259
Paes, Fernão Dias, 184, 199
Paio (filho de Garcia), 179
Pais, Garcia Rodrigues, 35, 151, 193
Paiva, João, 112
Paiva, Manso de, 241, 355
Paixão, Aurélio, 324
Paixão, Tibúrcio, 324
Palácio, Manuel Joaquim, 62, 75
Palácio, Maria de Barros, 49, 62, 78
Palácio, Rosa Alexandrina de Barros, 61, 78, 244
Paletta, Aída, 242, 321
Paletta, Constantino Luís, 233, 234, 235, 242, 268, 274, 280, 283, 313, 318, 319, 320, 363, 429
Paletta, Felipe, 280, 326
Paletta, Maria Berta, 165, 173, 176, 195, 196, 233, 235, 293, 320
Paletta, Maria Luísa, 306
Paletta, Stella, 233
Paletta, tio ver Paletta, Constantino Luís
Pamplona Neto, Iclirérico, 71, 370, 371
Pamplona, Adélia, 370
Pamplona, Afonso Celso, 113, 372
Pamplona, Arnulfo, 73
Pamplona, Asclepíades, 63, 73
Pamplona, Cândido José, 49, 62, 65, 403
Pamplona, Confúcio, 73
Pamplona, Durval, 80
Pamplona, Flávio, 80
Pamplona, Francisca Rodrigues, 62, 65

Pamplona, Frederico Augusto, 201
Pamplona, Hipólito Cassiano, 54, 62, 70
Pamplona, Iclirérico Narbal, 49, 51, 52, 53, 55, 62, 73, 75, 80, 87, 98, 99, 370
Pamplona, Iriclérico Narbal, 52, 62, 75, 80, 81, 87, 97, 98, 99, 100, 101, 102, 103, 371
Pamplona, Irifila, 51, 52, 53, 62, 75, 76, 80, 87, 97, 98, 99, 102, 371, 372
Pamplona, Itriclinho, 73
Pamplona, Itriclio Narbal, 63, 71, 73, 78, 356, 368, 369, 370, 371, 375, 428
Pamplona, João Tibúrcio, 62, 75
Pamplona, Maria de Barros Palácio, 65, 403
Pamplona, Maria do Carmo, 369
Pamplona, Maria Palácio, 51, 61
Pamplona, Maria Zaira, 71, 370, 371
Pamplona, Quintino, 73
Pamplona, Zaira, 54
Paraopeba, barão de ver Barros, Romualdo José Monteiro de
Parravicini, marquês de, 42
Parreiras, Antônio, 185
Passagem, barão da, 201
Passos, Guimarães, 263
Pasteur, Louis, 323
Patrocínio, José do, 123
Paula, princesa d., 190
Paulita, d., 53
Paulo, são, 451
Paz, Artur Fernandes Campos da, 336
Paz, Manuel Venâncio Campos da, 336
Peçanha, Nilo Procópio, 381, 418
Pedreira, Zélia, 426
Pedro I, d., 49, 62, 188, 217, 343
Pedro II, d., 143, 152, 188, 217, 221, 232, 240, 255, 324

Pedro, conde d., 178
Pedro, Henrique, 349
Peixoto, Afrânio, 124, 383
Peixoto, Antônio José, 95, 401
Peixoto, Carlos, 241
Peixoto, Floriano, 53, 108, 123, 124, 224, 225, 234, 241, 318, 336, 361, 412
Pena Júnior, Francisco Gonçalves, 324
Pena Júnior, Afonso, 156, 181
Pena, Afonso, 135, 241, 299, 316, 412
Pena, Belisário Augusto de Oliveira, 155, 156, 299, 300, 325, 327
Pena, Clementina, 293
Pena, dr. Feliciano, 156, 232, 293
Pena, dr. Luís Gonçalves, 36
Pena, Luís, 280
Pena, Raul, 326
Penido Filho, João, 326
Penido Júnior, João Nogueira, 323
Penido, Antônio Nogueira, 322
Penido, dr. João Nogueira, 168, 227, 234, 322
Penido, Elvira Couto Maia, 125
Penido, João Carlos Nogueira, 226
Penido, Maria Cândida Duarte, 194
Pequena, sinhá ver Nava, d. Diva Mariana Jaguaribe
Pequenina ver Menezes, Adelaide de
Peregrino, José, 326
Pereira, Adolfo Herbster, dr., 43, 48
Pereira, Antônio Pacífico, 124, 125
Pereira, Duarte Coelho, 178
Pereira, Emílio Machado, 326
Pereira, José Dias, 43, 90
Pereira, Maria da Costa, 322
Perrault, Charles, 272
Perugino, 84
Pesqueiro, Bento, 112, 120
Pessoa, Epitácio, 378, 382
Pessoa, Fernando, 210
Pessoa, Frota, 108, 385
Petrópolis, barão de ver Pimentel, Manoel Joaquim de Valadão
Pfad, padre Leopoldo, 274, 431
Piantanida, marquês, 42
Picanço, Jurandir, 261
Picasso, Pablo, 290
Picot, 250
Pietro, Sano di, 369
Pilatos, 404
Pimentel, Manoel Joaquim de Valadão, 249, 413
Pimentel, Maria Francisca, 413
Pinheiro Júnior, 246
Pinheiro, João, 241, 316
Pinto Coelho, os, 182, 198, 199
Pinto, Adelino, 423
Pinto, Alexina de Almeida Magalhães, 392
Pinto, Ernâni, 246
Pinto, José Antônio da Silva, 156
Pinto, José Mariano, 296
Pinto, Júlio César, 139, 144, 146, 147, 154, 164, 165, 182, 227, 228, 296, 299, 355, 356, 362, 387, 430
Pinto, Maria Augusta, 222
Pinto, Mariana, 140, 141
Pinto, Tiago, 323
Pinto, Túlio, 195
Pires, Aurélio, 181
Pires, Gudesteu, 234
Piriá, 313, 314
Pizarro, João Joaquim, 214
Plínio (macumbeiro), 396
Plutarco, 355
Poe, Edgar Allan, 370
Políbio, 215
Polignac, princesa de, 243
Pompeia, Raul, 87, 355, 446
Pompeu Filho, 50
Pompéu, Joaquina do, 316

Pompeu, padre, 80
Pongetti, Henrique, 41
Pontes, José Lopes, 214
Porcina (empregada), 286, 291, 293
Portela, dr. Pinto, 72
Porto Feliz, barões de, 208
Porto, Agenor, 214, 252, 314
Portugal, João Álvares, 160, 161
Pougy, Liane de, 119, 240
Prado, Caio, 114
Pravaz, 232, 323
Procópio, José, 326
Prosperi, padre, 379
Proudhon, Pierre-Joseph, 319
Proust, Marcel, 12, 15, 16, 58, 239, 243, 339, 341, 342, 387, 409, 447, 448, 450

Quadros, Edeltrudes Maria, 254
Queco ver Pamplona Neto, Iclirérico
Queiroga, Antônio Augusto, 143, 144
Queirós, Eça de, 113, 118, 123, 204, 210, 319, 404, 459
Queiroz, Batista de, 259
Queiroz, Joaquim Almeida, 323
Queiroz, Rachel de, 27, 61, 199
Queiroz, Urbano de, 324
Quental, Antero de, 123
Quetinha, d. ver Rodrigues, Henriqueta Salles Tomé
Quincas (avô) ver Jaguaribe, Joaquim José Nogueira
Quintela, Agnelo, 268, 326
Quissamã, sinhazinha do, 97

Rabelo, coronel Marcos Franco, 420
Rabelo, Francisco Eduardo, 214
Rabier, Benjamim, 405, 406
Rache, Guahyba, 248, 259
Racine, 123
Rafael Sanzio, 123

Rafaela, d., 274
Rainha Louca ver Maria I de Portugal, d.
Rais, Gilles de, 77, 275
Raithe, as, 430
Ramalho, os, 180
Rangel, Alberto, 182
Rangel, José, 323, 326
Raspail, 71
Rayol, 111
Redondo, Garcia, 113
Regina (neta de Júlio César Pinto), 296
Regina, tia ver Cunha, Regina Virgilina da
Regnault, 290
Rego, José Lins do, 278
Rego, Martinho Pereira, 204
Rembrandt, 90, 268, 404
Renato (fotógrafo), 311
Resende, Otto Lara, 127
Retiro, barão do ver Rezende, Geraldo Augusto de
Rezende, Benjamin, 295
Rezende, Donana, 157
Rezende, Geraldina Tostes de, 208, 230, 231
Rezende, Geraldo Augusto de, 172, 233, 234
Rezende, José Ribeiro de, 157
Rezende, Maria Carlota Tostes de, 230, 231
Rezende, Maria Luísa de ver Tostes, Maria Luísa de Rezende
Rezende, Prudente Augusto de, 172
Ribeiro Júnior, José Carlos da Costa, 106, 108, 109
Ribeiro, Aquilino, 194, 399
Ribeiro, Carlos Feijó da Costa, 64
Ribeiro, Carlota Duarte de Miranda, 322
Ribeiro, Constança Duarte Miranda, 323

Ribeiro, Domingos Nery, 222
Ribeiro, Elsa da Costa, 369
Ribeiro, José Carlos da Costa, 106, 107, 108, 109, 369
Ribeiro, José Cesário de Miranda, 281, 322
Ribeiro, José Onofre Muniz, 80
Ribeiro, Justo, 323
Ribeiro, Maria Feijó da Costa, 119
Ribeiro, Maria José de Miranda, 322
Ribeiro, Maria Luísa Nava (irmã), 162, 430
Ribeiro, Romualdo César de Miranda, 222, 227, 322
Ribeiro, Tiago Mendes, 171
Ribeyrolles, 92
Rigolot, 282, 308
Rimbaud, Arthur, 289
Rio Branco, barão do, 67, 202
Rirri *ver* Pedro, Henrique
Risoleta, tia *ver* Jaguaribe, Risoleta Regina
Ritinha, prima *ver* Doellinger, Rita Pamplona von
Rocca, 241, 345, 382, 383
Rocha, José Martinho da, 214
Rocha, Levy Coelho da, 248
Rocha, Martinho da, 326
Rocha, Neves da, 324
Rodrigues Júnior, conselheiro, 80
Rodrigues, Ana Nava, 40
Rodrigues, Fernando, 179
Rodrigues, Figueiredo, 246
Rodrigues, Henriqueta Salles Tomé, 87
Rodrigues, Maria Eugênia Salles, 375
Rodrigues, Maria Nava, 40
Rodrigues, Paula, 246
Rodrigues, Raimundo Nina, 124
Roentgen, 239, 259
Rolinha *ver* Maldonado, Ana Flora Jaguaribe

Romero, Sílvio, 108, 123
Romeu, Barbosa, 250
Rondon, Cândido, 238
Rosa (empregada) *ver* Benta, Rosa de Lima
Rossas, César, 107, 108
Rossi, 402
Rostand, Edmond, 426
Roussin, padre José de Sousa e Silva, 156, 171, 233
Roxas, João de Azevedo, 94
Rubens, Peter Paul, 123
Rugendas, Johann Moritz, 240, 247, 407, 417

Sá, Antônio de, 124
Sá, Artur, 151
Sá, Francisco de Arruda, 180, 181
Sá, Luiz, 112
Sabão, Rainha do, 313
Sabará, barão de, 148
Sabiá Xarope *ver* Andrade, Nuno de
Sabina (doceira), 247, 248
Saboia, Eduardo, 112, 120
Saboia, Vicente Cândido Figueira de, 229
Saião, Bidu, 260
Saint-Clair, dr., 156
Sales, Campos, 124
Salgado, Alfredo, 114
Salles, Alice (Alice Nava), 25, 54, 68, 108, 118, 119, 366, 367, 394
Salles, Antônio, 25, 64, 67, 81, 106, 108, 109, 110, 111, 112, 113, 114, 115, 116, 117, 118, 119, 120, 121, 122, 123, 243, 256, 257, 258, 260, 263, 271, 309, 351, 356, 357, 361, 362, 366, 367, 369, 370, 372, 384, 385, 387, 388, 390, 391, 392, 394, 395, 398, 405, 408, 412, 416, 417, 418, 419, 420, 421, 422, 429

Salles, Efigênio de, 388
Salles, tio ver Salles, Antônio
Salomão, rei, 389
Samico, dr., 413
Sampaio, Pedro, 86, 122
Sandim, d. Pais ou Pelaio Mogudo de, 179
Sanhaçu, Aurélio, 112, 120
Sanson, os, 214
Sanson, Raul David de, 349
Santa Helena, barão de, 223, 232
Santiago, Manuel, 240
Santos, Antônio Augusto de Andrade, 157
Santos, Antônio dos, 160
Santos, Domingos Gomes dos, 200
Santos, Edgard Quinet de Andrade, 326
Santos, João Nogueira dos, 200
Santos, Joaquim Cornélio dos, 92
Santos, Joaquim Mateus dos, 124
Santos, José dos, 112
Santos, Las Casas dos, 326
Santos, Manuel Pereira dos, 110
Santos, Mariquinhas Vidal de Andrade, 277
Santos, reverendo Raimundo Alves dos, 41
São Mateus, baronesa de ver Gama, Francisca Maria Vale de Abreu e Melo Nogueira da
Saraiva, Manoel Joaquim, 124
Saramenha, barão do, 234
Sardinha, bispo, 392
Sarto, Corregio del, 112, 120
Saxe, marquês de, 65
Schiller, os, 413
Schopenhauer, Arthur, 108, 123
Schubert, os, 171
Seabra, Jota-Jota, 388, 412
Senhorinha (parteira), 285, 286
Senra, Ernesto, 326
Serpa, Justiniano de, 112, 122
Serrano, Marcos, 112, 120
Seurat, 290, 302, 347
Severiano, Pedro, 55, 248, 249, 423
Shakespeare, William, 62, 94, 123
Sigerico, 179
Signac, 347
Silva, Aires Gonçalves Coelho da, 178
Silva, Antônio Monteiro da, 310, 312, 323, 326
Silva, Brígida Leonarda da, 62
Silva, Calina Couto e, 285, 291, 308
Silva, Cândido Inácio da, 150
Silva, d. Raimunda Antônia da, 40, 41, 43
Silva, Domiciano Monteiro da, 309
Silva, Domingos Carlos da, 124
Silva, Ernesto do Nascimento, 229
Silva, Esmeraldina Couto e, 308
Silva, Gualter, 114
Silva, Joana Carolina Pereira da, 193
Silva, João Damasceno Peçanha da, 229
Silva, João Emílio Ferreira da, 235
Silva, João José da, 214
Silva, Joaquim José da, 214
Silva, José Cesário Monteiro da, 281, 323, 326
Silva, José Joaquim da, 214
Silva, Júlia Couto e, 308
Silva, Luís Gomes da, 172
Silva, Mariana Carolina Pereira da, 141
Silva, Maude Monteiro da, 310
Silva, Miltinho Monteiro da, 310
Silva, Nominato Couto e, 309
Silva, Onofrina, 232
Silva, Otávio Barbosa de Couto e, 309
Silva, Otto de Alencar, 107, 264
Silva, padre José Augusto Ferreira da, 148

Silva, Soares da, 178
Silva, Zeferino, 370
Silva, Zica Monteiro da, 309
Silveira, Guilherme da, 252
Silveira, Maria da, 62, 72
Silvino (copeiro), 383, 395
Simini, 286
Sklodowska, Maria, 240
Smithson, Harriet Constance, 362
Soares, Raul, 316
Sobrinho, Galdino das Neves, 324
Sodré, Azevedo, 250
Sodré, Lauro, 241, 369
Soeiro (filho de Fernando), 179
Soeiro (pai de Diogo), 179
Sorrede, Mendo Paes, 178
Sousa, Cordeiro de, 178
Sousa, d. Antônia de, 62
Sousa, Epaminondas de, 326
Sousa, Gonçalo Mendes de, 180
Sousa, Heitor de, 388
Sousa, João Joaquim Lopes de, 41
Sousa, José de, 221
Souto Maior, Pedro Álvares de, 178
Souto Maior, Pedro Taveira de, 178
Souto, Amaro, 80
Souto, Carlota, 79
Souto, Jacinta, 79
Souto, Luís Felipe Vieira, 341
Souza, Antônio Ennes de, 41, 46, 83, 203, 360, 366
Souza, d. Eugênia Rodrigues Ennes de, 48
Souza, Eugênia Salles Rodrigues Ennes de, 359, 360, 375, 376
Souza, Mascarenhas de, 259
Spector, Moses, 341
Steinheil, madame, 239
Stokler, os, 317
Stowe, Harriet Beecher, 355
Studart, barão de, 86, 111

Sucupira, Tristão, 199, 204
Sue, Eugène, 165, 166, 285
Sukow, major, 360, 361
Suratt, Valeska, 359
Surerus, os, 171

Tabernáculo, madre Maria dos Santos *ver* Pinto, Mariana
Tácito, 107, 355
Tacques, os, 180
Tacques, Pedro, 178
Tasso, Torquato, 165
Távora, Belisário Fernandes, 357, 420
Távora, Manoel do Nascimento Fernandes, 107
Tefé, barão de, 386
Tefé, Nair von Hoonholtz de, 386, 392
Teixeira, Acácio, 324
Teixeira, Antônio Maria, 214
Teixeira, Francisco José, 125
Teixeira, Jacinto Pinto, 148
Teixeira, João Damacezar Gomes, 156
Teixeira, João Martins, 245
Teixeira, José Geraldo Gomes, 156
Teixeira, José Maria, 214
Teixeira, Leonídia, 426
Teixeira, Leopoldo César Gomes, 134
Teixeira, Mundola, 55
Teles, padre, 150
Tennyson, Alfred, 123
Teófilo, Artur, 112, 116
Teófilo, Raimundinha, 119
Teófilo, Rodolfo Marcos, 112, 119, 120
Teresa Cristina, imperatriz, 65
Terra, Felício, 255
Tesalo, 215
Tesinha, 242
Testut, 245
Theremin, Wilhelm, 94
Tibiriçá, os, 180
Tigre, Bastos, 189

Tinoco, os, 70, 89
Tiradentes *ver* Xavier, Joaquim José da Silva
Titara, João Luís dos Santos, 360, 361
Titita *ver* Jaguaribe, Clotilde Nogueira
Tolstói, Liev, 38
Tonho *ver* Jaguaribe, Antônio Nogueira
Torquemada, 228
Toscano (alferes), 377
Tostes, Antônio Dias, 166, 175
Tostes, Cândida Maria Carlota, 166
Tostes, Cândido Teixeira, 186
Tostes, Carmem Sílvia, 174, 195
Tostes, João de Rezende, 195
Tostes, Josefina, 157
Tostes, Maria Luísa de Rezende, 186, 231
Toulouse-Lautrec, Henri de, 308
Touriz, os, 180
Travassos, Silva, 369
Trescher, os, 171
Trindade, Raimundo, cônego, 178, 184
Tristão, Otoni, 326
Triste, Ana, d., 51, 204
Trovão, Lopes, 233
Trunecek, 250
Tubiga, Braz, 112, 120
Tucano, Hilário *ver* Jardim, Hilário Horta
Tui, visconde de *ver* Souto Maior, Pedro Álvares de
Tupiniquim, Wenceslau, 112, 120

Uberaba, visconde de *ver* Ribeiro, José Cesário de Miranda

Vaillant, 108, 122, 239
Valadares, Cecinha, 36, 309
Valadares, Francisco, 270
Valdemar (vizinho), 428
Vale, Francisco Ferreira do, 112, 116
Vale, José Maria de Cerqueira, 174
Valente, Leonor Afonso, 180
Valentim, Mestre, 94
Valentino, Rodolfo, 43
Vallet, 402
Van Dyck, Antoon, 123, 124
Van Gogh, Vincent, 290
Vanju, d. *ver* Lisboa, Evangelina Burle
Vanzetti, Sacco e, 122
Varela, Fagundes, 263
Vasconcelos, Cunha, 386
Vasconcelos, Diogo de, 151
Vaux, Clotilde de, 119, 377
Vaz Júnior, 89, 96, 101, 102
Vaz, primo *ver* Cunha, José Maria Vaz Pinto Coelho da
Ventre Livre (filho da escrava Ana), 227
Veríssimo, José, 113
Verrocchio, 138
Vespucia, Simonetta, 54
Vidal, Manuel, 309
Vidal, Maria Henriqueta, 157
Vieira, Antônio, padre, 124
Vieira, Ernestina Martins, 309
Vieira, Francisco Alves, 80
Vienot, 43, 67
Vilas Boas, desembargador, 178
Vilela, Antônio Goulart, 326
Villaça, Hermenegildo, 268, 326, 366
Villon, François, 99, 271, 422, 457
Vinadhara, Civa, 60
Vinci, Leonardo da, 242, 425
Vinelli, João Batista Kossuth, 214, 246
Virgílio, 107, 343
Visconti, Giovanni Maria, 41
Vítor, Carlos, 111, 112
Vitória, rainha, 240
Vitoriano, Joaquim, 111, 112
Vulpian, 251

Wahlstatt, Blücher von, 167
Weguelin, 315
Werneck, Furquim, 248, 413
Werneck, Hugo Furquim, 248, 249
Werneck, Paulino, 246
Werner, Guilherme, 173
Werner, os, 171
Whitman, Walt, 330, 471

Xandoca, 384
Xarope, Sabiá *ver* Andrade, Nuno de
Xavier, Joaquim José da Silva, 152, 184

Yâim *ver* Salles, Alice (Alice Nava)

Zaira, Maria *ver* Pamplona, Maria Zaira
Zebina, 54, 73, 371
Zerbini, dr., 246
Zezé, tio *ver* Cunha, José Luís da
Zina *ver* Cunha, Regina Virgilina da
Zobrizt, Samuel, 172
Zola, Émile, 123, 239, 355
Zona (pai de Fernando e filho de Freitas), 179
Zumba (tio), 263